Flavio Morgado



# Desenvolvendo APLICATIVOS EXCEL com ênfase na Saúde e Cálculos Nutricionais

VOLUME 1



EDITORA CIÊNCIA MODERNA

***Desenvolvendo Aplicativos Excel com ênfase na Saúde e Cálculos Nutricionais Volume 1***



**Editor:** Paulo André P. Marques
**Produção Editorial:** Dilene Sandes Pessanha
**Capa:** Daniel Jara
**Diagramação:** Daniel Jara
**Copidesque:** Equipe Ciência Moderna



**FICHA CATALOGRAFICA**

***MORGADO, Flavio Eduardo Frony.***

***Desenvolvendo Aplicativos Excel com ênfase na Saúde e Cálculos Nutricionais Volume 1***

Rio de Janeiro: Editora Ciência Moderna Ltda., 2024.

1. Informática. Programação. Microsoft Office
I — Título

ISBN: 978-65-5842-409-3
CDD 005.369

**Editora Ciência Moderna Ltda.**
**R. Alice Figueiredo, 46 – Riachuelo**
**Rio de Janeiro, RJ – Brasil CEP: 20.950-150**
**Tel: (21) 2201-6662/ Fax: (21) 2201-6896**
**E-MAIL: LCM@LCM.COM.BR**
**WWW.LCM.COM.BR** **10/24**

# Sobre o Autor

Flavio Morgado é Engenheiro de Alimentos com Mestrado em Ciência e Tecnologia de Alimentos pela UFV – Universidade Federal de Viçosa, MG, Brasil. Ele também é um desenvolvedor profissional de software especializado em VBA – Visual Basic for Applications, escritor de livros de informática e tradutor inglês-português de livros técnicos.

Até o momento, Flavio já escreveu mais de 30 livros (e traduziu vários), publicados no Brasil e nos Estados Unidos da América.

Atualmente, vive em Teresópolis, Rio de Janeiro.

# Dedicatória

*Para Bia, minha companheira, amiga, amante...*
*Uma mulher muito especial,*
*Capaz de demonstrar*
*Que o Sol nunca para de brilhar!*

# Reconhecimentos

Esse livro foi baseado nos conceitos que encontrei no incrível e super bem resumido livro de bolso chamado "Cálculos Nutricionais, Conceitos e Aplicações Práticas" – de Andréa Fraga Guimarães e Mônica Santiago Galisa, publicado no Brasil pela Mbooks. Meninas, vocês ainda não me conhecem, mas recebam meus maiores e melhores cumprimentos!

Desde que comecei a pensar na possibilidade de produzir algo que pudesse juntar computadores e ciências de saúde, um novo mundo se abriu diante dos meus olhos.

Toda informação, tabelas e dados técnicos que precisei colocar neste livro vieram destas bravas e persistentes pessoas que publicam informações preciosas e gratuitas na Internet. Está tudo lá: você só precisa aprender a juntar as peças corretas. Portanto, gostaria de agradecer à existência destes sites da Internet (em ordem alfabética):

ANVISA – Agência Nacional de Vigilância Sanitária: http://portal.anvisa.gov.br
Food and Agriculture Organization from the United Nations: http://www.fao.org
Institute of Medicine: http://www.iom.edu
United Nations University: http://www.unu.edu
Wikipedia: http://www.wikipedia.com

Quero agradecer também à Microsoft e a todos os profissionais do Microsoft Excel Development Team que nos fornecem essa soberba construção em software chamada Excel, tão versátil, poderosa e precisa. Como desenvolvedor profissional de software, sei como é difícil criar algo tão bom – mesmo que não seja perfeito, mas quem o é? Amigos da Microsoft, por favor, recebam meus mais profundos cumprimentos e saibam que têm todo o meu respeito e gratidão!

# Introdução

Esses dois livros foram criados com uma intenção muito simples: ensinar o Excel para todos os tipos de leitores, usando como ênfase a Saúde, um tema que é do interesse da maioria das pessoas, incluindo estudantes de todos os cursos superiores e profissionais de saúde – ou qualquer um que se interesse por assuntos nutricionais, seus cálculos e as aplicações dietoterápicas daí advindas – que sempre pensaram no Excel como um software místico, indomável, virtualmente impossível de se compreender e dominar.

Minha abordagem para mudar este cenário é baseada em duas ideias fundamentais: fazê-lo compreender o que é o software e como ele se comporta em seus mais básicos fundamentos, enquanto obtém as melhores técnicas que lhe capacite criar aplicações úteis e práticas, com qualidade suficiente para serem distribuídas – ou até vendidas - como belos e precisos pacotes de software desenvolvidos profissionalmente.

Para atingir meta tão ambiciosa, baseei minha metodologia de ensino do Excel no conceito de que é necessário aprender primeiro certas funcionalidades básicas, e então estendê-las passo a passo para a criação de algo mais complexo e aplicável. Esta abordagem irá permitir-lhe sentir aquela poderosa sensação de que está começando a dominar, de verdade, o Excel, por possuir uma sólida compreensão de sua filosofia e propósito.

Se você é um novato no Excel, estes livros também foram escritos para você, mas não foram feitos para serem lidos ao acaso. Seus capítulos foram concebidos para fornecer uma curva de aprendizagem que vai se inclinando do primeiro ao último capítulo e, como tal, recomendo-lhe lê-lo desde o seu início, aprendendo os conceitos básicos antes de empregá-los na criação de aplicações de planilha que forneçam um aspecto profissional, e que são neles baseados.

## Filosofia

A filosofia desta obra é usar exemplos e cálculos em saúde e nutricionais para ensinar como dominar o Microsoft Excel. E apesar de sua intenção primária não ser ensinar conceitos em saúde, nutrição ou dietoterapia, você encontrará muitas informações interessantes em suas páginas, já que seu foco lida com informações técnicas que afetam todos nós humanos: informações de saúde, nutricionais e dietéticas, que podem ser úteis para nos nutrir adequadamente, controlar nosso peso e viver uma vida saudável e melhor!
Baseei minha abordagem filosófica no ensino do Excel usando alguns conceitos simples:

- Compreender a filosofia das planilhas eletrônicas produzidas pelo Excel.
- Ler, interpretar e criar fórmulas simples ou complexas.
- Encontrar e usar funções úteis do Excel.
- Usar formatação para alterar a forma como o Excel exibe informações.
- Aplicar conceitos fundamentais de planilhas para se tornar mais produtivo.
- Despertar sua criatividade, para permitir-lhe encontrar o caminho para a criação de uma solução computacional para um problema capaz de ser resolvido por uma planilha eletrônica.

Na verdade, baseei minha abordagem para ensinar o Excel em um punhado de funções, funcionalidades e comandos, capazes de lhe fornecer um método de desenvolvimento de aplicações no Excel que não exijam habilidades de programação.

## O que há nestes livros?

Os dois volumes desta obra foram previamente concebidos para levá-lo a uma boa compreensão de cada funcionalidade ou conceito em seus capítulos iniciais, e então reaplicá-los de novo e de novo nos capítulos subsequentes, para ajudá-lo a implementar determinado efeito ou utilidade. Para ter uma ideia mais ampla do que existe em ambos os volumes, segue, abaixo, um resumo de seus capítulos:

No Volume 1:

- **Capítulo 1**, "Sobrevivência no Excel: Entendendo as Planilhas" explica o que é o Excel, como lidar com dados inseridos em células, como usar formatação para trocar a forma como os dados são exibidos, e como lidar com sua interface e segurança. Você aprenderá sua primeira função do Excel (SE( )) e irá entender como criar uma interface de aparência profissional. Este capítulo termina ensinando como quebrar a segurança do Excel (para que você realmente perceba que é capaz de dominá-lo).
- **Capítulo 2**, "Referências em Fórmulas: a chave da produtividade no Excel!" lida com um dos mais importantes princípios das planilhas eletrônicas: referências em fórmulas – a fórmula como se usa o poder do Excel para se criar uma, e apenas uma função, que seja capaz de ser propagada para muitas outras células. Neste capítulo, você também aprenderá como criar Formatação Condicional e irá criar uma bela tabela nutricional para controlar o IMC – Índice de Massa Corporal de qualquer pessoa.
- **Capítulo 3**, "Sua primeira aplicação em Excel: Gráfico de Acompanhamento do IMC!" é onde você começa a usar o poder do Excel para produzir uma aplicação de planilha simples capaz de controlar o peso de uma pessoa ao longo do tempo. Neste capítulo você também aprenderá bastante sobre dicas de construção de interfaces gráficas com o usuário, como criar e formatar gráficos, como usar as características de impressão e como tirar o máximo dos Modelos do Excel.
- **Capítulo 4**, "Usando Nomes, listas de Validação de Dados e funções de Procura" você aprenderá uma das mais básicas e poderosas características do Excel: nomes de faixa! Usando nomes de faixa você irá descobrir as listas de Validação de Dados do Excel e como usá-las para criar formulários de entrada de dados personalizados. Será também o seu primeiro encontro com as funções de pesquisa do Excel: PROCV( ), PROCH( ), CORRESP( ) e INDIRETO( ), e como usá-las para criar poderosas aplicações de planilha.
- **Capítulo 5**, "VD Pessoal – Valores Diários de Referência", você irá construir sua segunda aplicação nutricional de planilha – uma que é capaz de pesquisar uma tabela de dados nutricionais e retornar informações personalizadas. Aprenderá também como usar múltiplas planilhas para criar uma solução única e elegante, que esconde sua complexidade em planilhas ocultas na interface final com o usuário.
- **Capítulo 6**, "NET Pessoal: Necessidade Energética Total e Planilhas dependentes" expande os conceitos criados no Capítulo 5 para criar outra aplicação de planilha e adotar o conceito de "planilhas dependentes": planilhas que são salvas como Modelos mas necessitam de uma estrutura complementar para funcionarem corretamente. Você também aprenderá sobre como usar esta aplicação em conjunto com a que foi criada no Capítulo 3, "Gráfico de Acompanhamento do IMC".

No Volume 2:

- **Capítulo 7**, "O Criador de Etiquetas Nutricionais" é uma bela e útil aplicação de planilha que é capaz de gerar uma etiqueta de Informação Nutricional completa, usando os conceitos e técnicas já aprendidos nos capítulos anteriores. O capítulo fornece um conteúdo extra, onde você aprenderá sobre as Fontes do Windows para códigos de barra, como validar o dígito verificador de um código de barras EAN13 (utilizado nos produtos alimentícios em geral), e gerar sua simbologia em uma planilha do Excel.

- **Capítulo 8**, "O Compositor de Alimentos" demonstra como unir a funcionalidade da etiqueta de Informação Nutricional desenvolvida no Capítulo 7 para criar uma aplicação de planilha capaz de coletar dados nutricionais disponibilizados nas etiquetas nutricionais de itens alimentícios independentes, e utilizá-los para compor outros alimentos, enquanto gera automaticamente sua etiqueta de Informação Nutricional.
- **Capítulo 9**, "A Tabela Nutricional do IBGE" é um capítulo em que é demonstrado como obter gratuitamente a tabela nutricional conhecida como TCNACB – Tabela de Composição Nutricional dos Alimentos Consumidos no Brasil, fornecida gratuitamente pelo IBGE – Instituto Brasileiro de Geografia e Estatística, contendo informações nutricionais de mais de 1,950 itens alimentícios, com as especificações de até 38 diferentes nutrientes. Com ela você aprenderá a usar as ferramentas de filtro, classificação, e subtotal do Excel para lidar com grandes quantidades de dados, facilitando encontrar uma informação e criar as aplicações de planilha dos próximos capítulos deste volume.
- **Capítulo 10**, "O Compositor de Menus 4 Refeições" é uma aplicação de planilha que usa os conceitos e interface construídos no Capítulo 8 para criar uma ferramenta precisa onde se pode facilmente empregar até 20 diferentes itens alimentícios fornecidos pela tabela TCNACB-IBGE para criar uma receita, e fornecer o mais preciso perfil nutricional possível empregando os Valores Diários de referência definidos pela ANVISA!
- **Capítulo 11**, "O Planejamento Dietético" usa os princípios das aplicações de planilha anteriores para criar uma grande - e fácil de usar - aplicação de planilha capaz de compor um menu semanal com 4 refeições diárias (café da manhã, almoço, lanche e jantar), e analisar as informações nutricionais de qualquer dos dias da semana, suas refeições, ou de todos os dias juntos, com a precisão utilizada pela aplicação de planilha criada no Capítulo 10 "O Compositor de Alimentos IBGE".
- **Capítulo 12**, "Juntando Tudo!" cria uma grande aplicação de planilha usando todas as aplicações desenvolvidas nos dois volumes desta obra.

## Características especiais destes livros

Os livros "Desenvolvendo Aplicativos Excel com ênfase na Saúde e Cálculos Nutricionais" foram projetados para fornecer todas as informações necessárias para se compreender como replicar um comportamento, inserir uma fórmula, definir uma interface etc., sem afogá-lo em explicações inúteis ou vagas que necessitem de um conhecimento prévio, difícil de se obter. Para facilitar sua vida, este livro emprega certas características e convenções capazes de auxiliá-lo a tirar o máximo proveito de suas explicações e do próprio Excel:

- **Passos** – por todo o livro, cada tarefa a ser efetuada no Excel é enumerada ou resumida em procedimentos passo a passo.
- **Comandos** – usei o seguinte estilo para os comandos de menu do Excel: botão Formatação Condicional da área Estilos da guia inicial (indicando que você deve clicar no botão Formatação Condicional encontrado na área definida como Estilos contida na guia Página Inicial da barra de ferramentas do Excel).
- **Funções** – as funções de planilha do Excel aparecem em letras maiúsculas seguidas de parênteses de abertura e fechamento, formatadas com a fonte Arial Narrow: SE( ). Quando listo seus argumentos para explicar seu significado, eles aparecem em uma lista de marcadores, usando a mesma ordem e sintaxe fornecida na caixa de diálogo Argumentos da Função.
- **Linhas, colunas, endereços de células, nomes de faixa e planilhas** – o número das linhas, letras das colunas, endereços de células, e nomes de faixa e planilhas aparecem usando a fonte Arial Narrow para destacá-los do texto.
- Este livro também usa a caixa Atenção, para chamar sua atenção para informações importantes (ou meramente curiosas):

**ATENÇÃO:** A caixa de Atenção fornece complementos que lhe darão maiores informações sobre o tópico que está sendo discutido. Estes detalhes fornecem ideias, conceitos, opiniões e detalhes extras para melhorar a compreensão do que está ocorrendo ou sendo feito, oferecendo informações complementares sobre o assunto discutido ou sobre o comportamento inesperado do Excel para a tarefa ou funcionalidade que se pretende criar.

## Conteúdo Extra na Internet

Todos os exemplos apresentados neste livro estão disponíveis no seguinte endereço eletrônico:

www.lcm.com.br

São disponibilizados arquivos ZIP, um para cada capítulo dos livros. Além disso, serão disponibilizados neste endereço quaisquer correções, atualizações e informações úteis relacionados a esta obra (como alguns arquivos PDF contendo as informações nutricionais aqui discutidas).

## Seu retorno é (muito) importante!

Antes de continuar sua leitura, gostaria de mencionar que sua opinião é muito importante para mim. Realmente não sei quantos de vocês irão necessitar me escrever para fornecer algum comentário, mas espero que sempre que possível, eu possa responder a cada um individualmente, para resolver dúvidas ou problemas que por ventura apareçam. Como tenho outras atividades profissionais, algumas vezes pode demorar alguns dias para eu responder e, se possível, retirar sua dúvida. Por favor, tenha paciência, certo? Pode me encontrar no seguinte endereço eletrônico, colocando "EXCEL" como a primeira palavra da linha ASSUNTO da sua mensagem eletrônica:

flaviomorgado@gmail.com

Eu espero que você encontre dentro destes livros:

- Uma boa leitura, com uma nova abordagem – tentei colocar neles a minha forma pessoal de ensinar, para que você sinta como se eu estivesse ao seu lado, *conversando com você, ensinando você!*
- Uma boa surpresa! Espero realmente que encontre aqui um livro diferente daqueles que já leu sobre tecnologia, porque estou tentando passar mais do que explicações pueris – me esforcei intensamente para expandir sua capacidade profissional e fazê-lo descobrir que existe um novo mundo onde poderá ser mais um a explorar as infinitas possibilidades do desenvolvimento profissional de aplicações, usando todo o seu conhecimento e criatividade! É verdade: VOCÊ PODE, SIM!
- Que se divirta! Por favor, tente sorrir quando eu tento ser engraçado! A leitura técnica é muitas vezes chata, e se divertir quando se tenta aprender alguma coisa técnica pode ser a melhor forma de expandir sua mente e criatividade!

Que a luz nunca deixe de brilhar em ti, enriquecendo tua existência e ajudando-lhe a ajudar a todos aqueles que lhe procurem em busca de um auxílio ou solução – por mais simples ou complexa que esta lhe pareça!
*Flavio Morgado*

# Sumário

# Capítulo 1. Sobrevivência no Excel: Entendendo as planilhas

Esse capítulo foi projetado para ensinar-lhe o que é uma planilha eletrônica e como lidar com seus conceitos fundamentais Se você já possui uma boa compreensão das planilhas eletrônicas do Excel, poderá pular diretamente para o Capítulo 2, para aprender como fazer alguns cálculos (mas não deixe de olhar a seção "Ai meu Deus... esqueci a senha" ao final deste capítulo).

Mas se é uma dessas pessoas que acham o Excel muito difícil de usar, esse capítulo foi feito para você.
Neste capítulo você irá aprender:

- A filosofia do Excel: o que é uma célula e o tipo de dados que ela pode receber.
- Como formatar o conteúdo de uma célula para melhor refletir o seu significado.
- Como mover, copiar e propagar dados em células.
- Fundamentos das Fórmulas de planilha.
- Como usar Nomes para criar Fórmulas mais significativas.
- Como usar a função SE( ) do Excel.
- Como usar Formatação Condicional.
- Validar células de entrada de dados.

## 1.1 Anatomia da célula de uma planilha eletrônica

Todas as planilhas eletrônicas como o Microsoft Excel possuem uma abordagem unificada em sua estrutura (Figura 1.1).
A planilha é uma coleção de células – locais onde você coloca os dados.
A linha acinzentada acima da planilha (a que contém letras que nomeiam as colunas) é chamada de "cabeçalho de colunas".
A coluna acinzentada à esquerda da planilha (a que contém números que dão nome às linhas) é chamada de "cabeçalho das linhas".
A região de interseção entre qualquer coluna e linha é chamada de "célula".

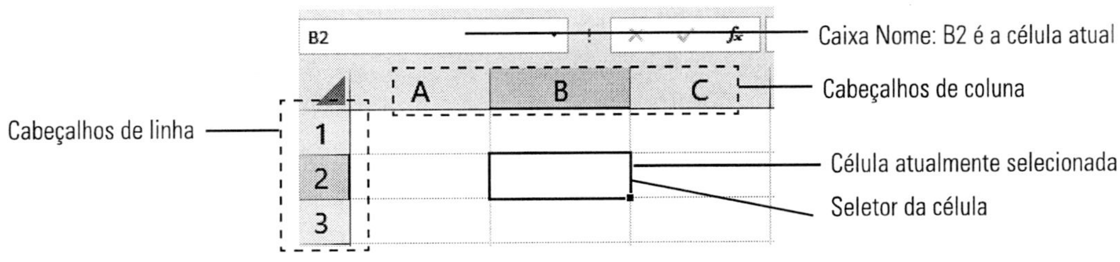


**Figura 1.1:** A estrutura básica da célula de uma planilha eletrônica.

Cada célula possui um endereço ou nome único, criado a partir da concatenação da letra de sua coluna com o número de sua linha (como A1, B2, C115 etc.).

Todas as células possuem a mesma funcionalidade: uma borda para indicar sua seleção e um quadradinho preto localizado em seu canto inferior direito, chamado de "Seletor da célula".

Cada vez que você clica ou navega para uma célula com as setas do teclado, esta se torna a célula atual, e seu nome é exibido na Caixa de Nome (a lista localizada no canto esquerdo acima do cabeçalho das colunas (logo acima da coluna A).

Uma "célula" é a mais básica estrutura de planilha, podendo receber qualquer tipo de dado (ou informação), propagar os dados ou realizar cálculos com os dados de outras células. Apesar de ser possível inserir quanta informação desejar em uma célula tente seguir uma regra simples para as planilhas eletrônicas: cada célula deve ter apenas um dado ou informação (número, texto, data etc.).

## Quantas células uma planilha do Excel possui?

Todas as demais planilhas eletrônicas usam uma matriz virtual (chamada "matriz esparsa") para definir as células de suas planilhas. Os arquivos .XLSX do Microsoft Excel 2007 ou superior fornecem planilhas com 16.384 colunas ($128^2$) e 1.048.576 linhas ($1042^2$) – ou exatamente 17.179.869.184 endereços de células possíveis de utilização.

Por que é uma matriz virtual? Porque todas estas células não existem de verdade. E muito provavelmente, se você tentar preencher todas elas com algum dado, mesmo que este seja um número de um dígito, sua planilha se tornará muito instável – e provavelmente inutilizável.

Então, para que tantas células? Apenas para permitir que você possa criar qualquer solução usando tantas linhas e colunas quanto necessário, e às vezes, manipular uma grande massa de dados, como os oriundos de grandes bancos de dados, permitindo analisá-los e realizar qualquer tipo de operação matemática que deseje com eles.
Vamos ver como se navega pelas planilhas eletrônicas do Excel.

## Movendo-se pela planilha

Você pode se mover pela planilha usando as teclas de seta do teclado, rolar seu conteúdo usando os botões deslizantes de suas barras de rolamento horizontal e vertical, ou usando a tecla Ctrl (Control) do teclado junto das teclas de seta, que apontam a direção do movimento que deseja executar, ou as teclas Home e End.
Vamos simplificar: suponha que você está na primeira célula de uma planilha vazia: a célula A1.

- **Para ir para a última coluna da planilha:** pressione Ctrl+Seta da direita. O cursor será movido para a última coluna, nomeada com as letras XFD, selecionando a célula XFD1 (coluna de número 16.384 da planilha).
- **Para retornar à célula A1:** ou primeira coluna da planilha, pressione Ctrl+Home.
- **Para ir para a última linha da planilha:** pressione Ctrl+Seta para baixo: o cursor será movido para a última linha, de número 1.048.576, selecionando a célula A1048576.

A última célula de uma planilha Excel é a de endereço XFD1048576, e acho que você já sabe como se deslocar até ela, a partir de qualquer célula da planilha. Basta seguir estes passos:

1. Pressione Ctrl+Seta da direita para atingir a última coluna (XFD).
2. Pressione Ctrl+Seta para baixo até atingir a última linha (1048576)

Atingir a última célula da planilha foi bem fácil, e como verá mais tarde neste capítulo, este endereço é muito especial.

---

**ATENÇÃO**: Para retornar à célula A1 a partir de qualquer lugar da planilha, pressione as teclas Ctrl+Home.

---

## O que pode ser inserido em uma célula?

Apesar de isto ser algo bem básico, ainda há muita gente que não entende qual é realmente o conteúdo de uma célula, ou mais importante, que seu conteúdo pode ser usado para fazer operações matemáticas. Vamos fazer um exercício muito simples e elucidativo.

1. Na célula A1, digite o seu nome completo (nome e sobrenome).
2. Na célula A2 digite o valor 1 (número 1).
3. Na célula A3 digite 1,1 (com uma vírgula).
4. Na célula A4 digite 1.1 (repare que agora é um ponto).
5. Na célula A5 digite 1200 kcal.
6. Na célula A6 digite seu número de telefone (use um hífen para dividi-lo em duas partes, como em 2641-7000).
7. Na célula A7 digite a data do seu nascimento.

A Figura 1.2 mostra o que acontece quando estas informações são digitadas em uma planilha do Excel.

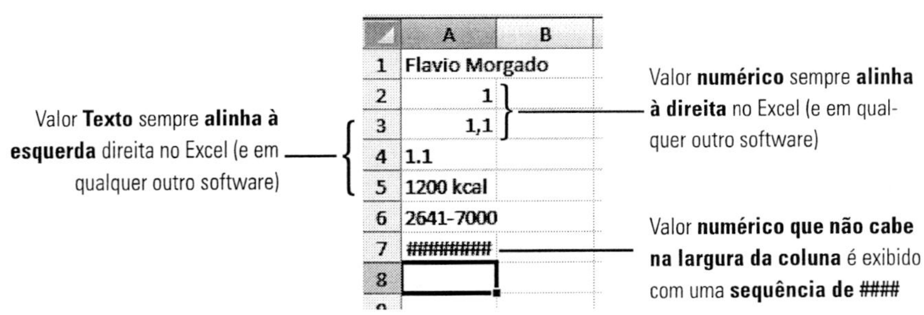


**Figura 1.2:** Diferentes tipos de valores inseridos em uma planilha eletrônica.

Você percebeu um comportamento comum dos valores digitados nas células da planilha? Olhe de novo para a Figura 1.2 – ela deve estar similar à *sua* planilha.

Observando a Figura 1.2 note que apenas os valores 1 (célula A2) e 1,1 (célula A3, que usa vírgula como caractere separador decimal), estão alinhados à direita (se a sua data de nascimento estiver correta, também estará alinhada à direita, apesar de na Figura 1.2 você ver apenas uma série de caracteres "#").

Isto significa que toda vez que se digita um valor numérico em uma célula (ou o Excel interpreta o valor digitado como um número), que este será automaticamente alinhado à direita. Por outro lado, toda vez que você colocar um valor não numérico, o Excel irá alinhá-lo à esquerda.

Isso porque no Excel, e em qualquer outro software, **números são sempre alinhados à direita** por padrão, enquanto **não números (ou textos) são sempre alinhados à esquerda.**
Esta é a primeira das mais simples regras para se utilizar uma planilha:

*"Por padrão, as planilhas eletrônicas sempre alinham números à direita."*
O corolário para esta regra é: *"Se o conteúdo da célula não se alinhar automaticamente à direita, então não é considerado um valor numérico."*

---

**ATENÇÃO:** No Excel, ou em qualquer outro software você pode mudar o alinhamento padrão, para o alinhamento que desejar (esquerda, direita, ou centralizado. o Excel não justifica o texto dentro de células). Fique avisado que, caso alterar o alinhamento padrão de uma célula, as regras acima deixarão de ser aplicadas.

---

Vamos entender o que realmente ocorre com os valores que você digita.

### Digitando texto em uma célula

Como deve saber, seu nome é o que se chama de "texto" e por padrão será sempre alinhado à esquerda. Mas olhe de novo para a célula A1, onde você digitou o seu nome (na Figura 1.2 você vê o meu nome).

Repare que quando o comprimento do texto inserido em uma célula é mais largo do que a largura da coluna onde a célula se encontra, ele passa por cima da borda direita da célula, invadindo a célula à sua direita, parecendo que ambas as células estão preenchidas (na Figura 1.2, meu nome parece ocupar as células A1 e B1).

Isso não é verdade! O valor digitado na célula A1 pertence apenas a esta célula. Ele usa o espaço disponível na célula B1 apenas porque B1 está vazia.

Se você colocar qualquer coisa na célula B1, o texto digitado na célula A1 será "truncado", passando a exibir apenas a extensão da largura da célula a qual pertence. A Figura 1.3 mostra o que acontece quando digito o valor 1 na célula B1: meu nome fica truncado, mostrando apenas os caracteres que cabem na largura da coluna A.

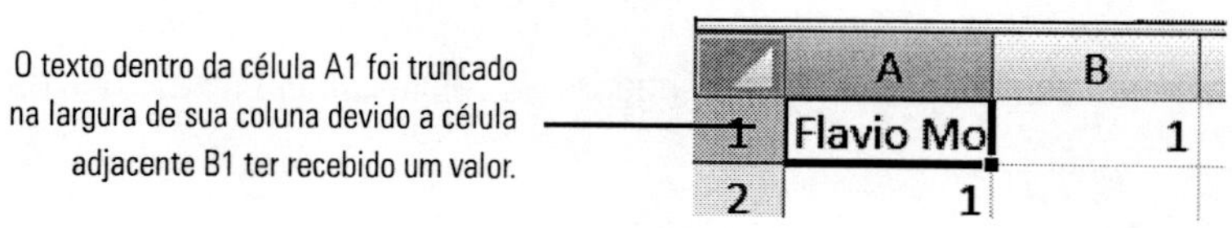


**Figura 1.3:** Quando você coloca algo em uma célula que foi invadida pelo texto da célula da esquerda, o conteúdo da célula da esquerda será truncado.

Para lidar com este comportamento e formatar o texto nas células, todas as planilhas eletrônicas oferecem três alternativas:

1. Aumentar a largura da coluna da célula que contém o texto digitado (todas as células desta coluna terão a mesma largura).

2. Quebrar o texto dentro da célula para fazer com que ela aumente sua altura, usando mais de uma linha de texto para exibir seu conteúdo (tornando esta linha fique mais alta do que as demais).
3. Mesclar duas ou mais células em uma única, obtendo maior espaço para exibir corretamente o texto.

Vamos ver cada uma destas alternativas com mais detalhamento.

**Alterando a largura de uma ou mais colunas**

A alternativa mais fácil para ajustar o conteúdo de uma ou mais células à largura da coluna a qual pertencem, é aumentar a largura da coluna. No Excel isso pode ser feito de duas formas distintas:

Aplique um duplo clique na borda direita do cabeçalho da coluna desejada. O Excel ajustará automaticamente a largura da coluna para permitir exibir o conteúdo do item mais comprido atualmente sendo exibido pela coluna.

Arraste a borda direita da coluna desejada (apontando e arrastando a borda direita do seu cabeçalho de coluna) até à largura desejada.

**Figura 1.4:** Aplique um duplo clique ou clique e arraste a borda direita do cabeçalho da coluna para ajustar a largura da coluna desejada.

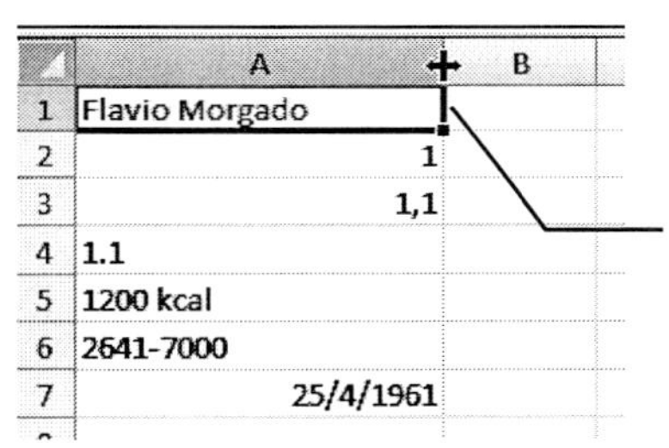


Para ajustar a largura de qualquer coluna, aplique um duplo clique ou arraste a borda direita do cabeçalho da coluna até à largura desejada.

A Figura 1.4 mostra que após aumentar a largura da coluna A, a célula A7 que contém minha data de aniversário ficou legível. Isso também é um comportamento comum no Excel: *quando um valor numérico é mais largo do que a largura da coluna a qual pertence, este será exibido por uma sequência de caracteres "#".*

Novamente, isto confirma que datas válidas são consideradas como números pelo Excel e, como tais, são alinhadas à direita por padrão.

Para alterar a largura de duas ou mais colunas de uma só vez, siga estes passos:
1. Clique no primeiro cabeçalho de coluna cuja largura deseja alterar.
2. Para selecionar colunas adjacentes, clique e arraste o mouse pelos cabeçalhos das colunas desejadas.
3. Para selecionar uma faixa contígua de colunas, clique no cabeçalho da primeira coluna, pressione a tecla Shift e, enquanto a mantém pressionada, clique no último cabeçalho de coluna da faixa.
4. Para selecionar colunas ao acaso, pressione a tecla Ctrl e, enquanto a mantém pressionada, continue a clicar nos cabeçalhos das demais colunas desejadas.
5. Quando todas as colunas estiverem selecionadas, coloque o cursor do mouse sobre a borda direita do cabeçalho de qualquer das colunas selecionadas e arraste-o para a largura desejada. Todas as colunas selecionadas ficarão com a mesma largura (a Figura 1.5 mostra este processo).

**Figura 1.5:** Clique nos cabeçalhos de coluna que deseja ajustar (use Ctrl para clicar em colunas não adjacentes. use Shift para selecionar uma faixa contígua de colunas) e arraste a borda direita do cabeçalho de qualquer das colunas selecionadas para ajustar a largura da seleção efetuada.

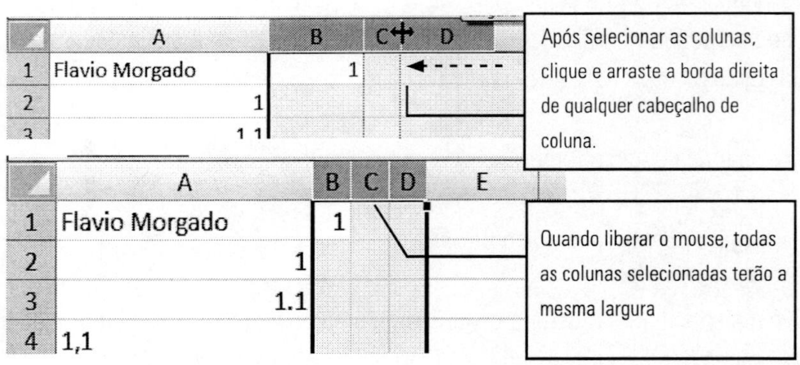


## Quebrando o texto das células

A segunda forma para se adaptar o texto em uma célula é quebrar o texto da célula forçando-a a usar mais de uma linha de texto para exibir seu conteúdo. Siga estes passos:
Selecione a célula (ou células) cujo texto deseje que seja quebrado.

Clique na ferramenta de Quebrar texto automaticamente, localizada no grupo Alinhamento da guia Página inicial da barra de ferramentas.

Alternativamente, clique com o botão direito na célula selecionada e, no menu de contexto que aparece, escolha Formatar células. Na caixa de diálogo Formatar Células, selecione a guia Alinhamento e marque a opção Quebrar texto automaticamente.

A Figura 1.6 mostra que a célula A1 teve o texto quebrado, passando a exibir seu conteúdo em uma única célula empregando agora duas linhas de texto. Note que todas as células desta linha possuem o dobro da altura das demais linhas da planilha.

**Figura 1.6:** A linha de uma célula cujo texto foi quebrado pelo Excel será mais alta do que as demais linhas da planilha.

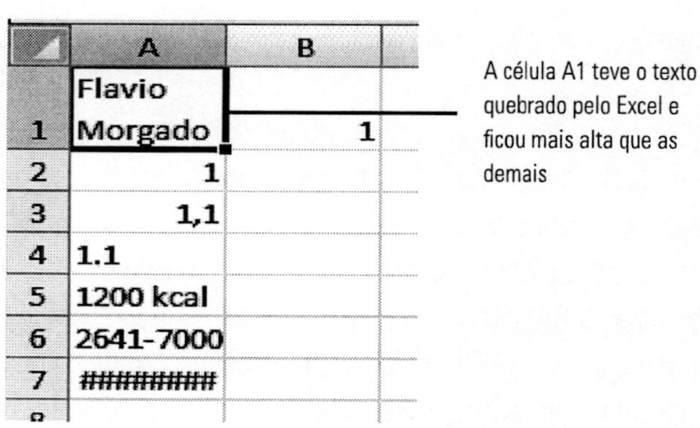


## Mesclar células no Excel

Você também pode mesclar uma ou mais células contíguas em uma única célula, que passará a ser exibida por múltiplas linhas e colunas (dependendo da faixa selecionada).

Ao fazer isso, o endereço (ou nome) da célula mesclada resultante, será o endereço da célula do canto superior esquerdo da faixa mesclada.

Para mesclar uma faixa de células em uma única grande célula, siga estes passos:

1. Selecione as células que deseja mesclar (elas devem estar contíguas umas às outras).
2. Clique na ferramenta Mesclar e Centralizar.

A Figura 1.7 mostra como a célula A1, contendo meu nome, foi mesclada às células B1, A2 e B2, criando uma grande célula que se espalha por duas colunas e duas linhas. Note também que a operação de mesclagem descartou os valores das demais células mantendo apenas o valor da célula situada no canto esquerdo superior da faixa (A1) como o novo valor das células mescladas (não se preocupe: o Excel sempre irá avisá-lo de que você irá perder o conteúdo das demais células antes de executar a operação – que por sinal, sempre poderá ser desfeita).

**Figura 1.7:** Para mesclar uma faixa de células em uma única grande célula, selecione a faixa que deseja mesclar e use a ferramenta de Mesclar e Centralizar. A célula mesclada irá receber o endereço e conteúdo da célula do canto superior esquerdo da faixa

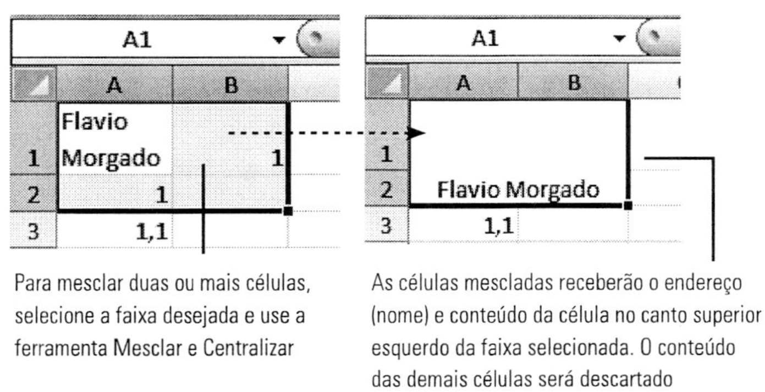


É muito importante que você se habitue com a mesclagem de células, porque faremos uso extensivo desse recurso ao criar o layout das aplicações citadas nos próximos capítulos deste livro.

#### Dividindo uma célula mesclada

Para dividir uma célula mesclada e retorná-la à normalidade, siga estes passos:

1. Clique na célula mesclada para selecioná-la.
2. Clique novamente na ferramenta Mesclar e Centralizar para separar as células.

Opcionalmente, clique com o botão direito na célula mesclada e, no menu de contexto que aparece, selecione o comando Formatar células. Na caixa de diálogo Formatar células, selecione a guia Alinhamento e desmarque a opção Mesclar células.

### Digitando números em células

Apesar de esta ser uma tarefa muito óbvia, muitas pessoas pouco acostumadas com as planilhas eletrônicas cometem erros simples ao digitar certos tipos de números em uma célula. Se você acha que não pertence a este grupo, olhe de novo para a Figura 1.6 e responda rápido: *"Porque certas células que aparentam ter um número, não estão alinhadas à direita, como o Excel faz por padrão ao receber um número em uma célula?"*

Na Figura 1.6 você pode notar que os números 1 e 1,1 estão alinhados à direita, enquanto 1.1 (que usa um ponto, como separador decimal) e também 1200 kcal, estão alinhados à esquerda. Isso ocorre devido àquela regrinha simples, estabelecida anteriormente neste capítulo, que diz que *"toda vez que uma célula é alinhada à esquerda por padrão, não contém um valor numérico!"*

A resposta é muito simples: sempre que o valor da célula contém um caractere não numérico, seu conteúdo é considerado como "texto"!

O Microsoft Windows possui uma opção no Painel de Controle que permite indicar qual é o caractere usado como separador decimal, dependendo das preferências regionais de qual o utiliza. Você pode alternar o separador decimal entre a vírgula (separador padrão para o Brasil) e o ponto (separador padrão para outros países, como os EUA).

Portanto, a regra é muito simples: não importa quantos dígitos numéricos você tecle em uma célula, se um dígito não numérico for inserido entre eles, o valor digitado será considerado como "texto."

É por isso que o valor 1,1 está alinhado à direita – ele emprega o separador decimal correto para *a versão brasileira do Microsoft Windows.* O número "1.1", por sua vez, usa como separador decimal o ponto: caractere que, para as preferências regionais do Brasil, é considerado como não numérico, fazendo com que o valor não seja mais considerado um número. Não para o Excel.

E caso tente executar alguma operação matemática com ele, seu valor será avaliado como 0 (zero), ou simplesmente ignorado pelo mecanismo de avaliação da planilha.

Outro erro clássico é inserir algum prefixo ou sufixo ao digitar valores numéricos, como por exemplo, o sufixo kcal em "1200 kcal", ou ainda pior, o "R$" em "R$ 1200,00". Se deseja inserir o valor 1200 kcal para efetuar algum tipo de cálculo nutricional a este valor, digite apenas seus números: 1200. Não insira qualquer caractere textual nele, porque o Excel não pode antecipar se você deseja inserir um número ou um texto.

**Inserindo um número como texto**

Muitos valores textuais inseridos em células de planilhas, são compostos apenas de números. Mas são considerados como texto, e devem ser tratados como tal: nós os chamamos de "códigos textuais numéricos.". Por exemplo, o seu CPF – Cadastro de Pessoa Física, é composto apenas de números, e você jamais irá desejar fazer com ele alguma operação matemática, como adicioná-lo a outro CPF, tirar sua raiz quadrada etc. Estas operações simplesmente não fazem sentido.

Este também é o caso dos números de telefone, identidade... Se você inserir um ou mais dígitos separados entre as partes do número, como em "2641-7000", ele se tornará automaticamente um texto – o hífen utilizado entre os números é um caractere não numérico e, pela regra estabelecida, o valor se tornará um texto.

Então, como é possível digitar um valor textual usando apenas números, tendo a certeza de que o Excel irá tratá-lo como "texto?"

Bem simples: digite uma aspa simples antes do número *textual* que deseja inserir. Isso provocará o alinhamento automático do número à esquerda, e o Excel irá ocultar a aspa simples que o precede ao exibi-lo na planilha (veja a Figura 1.8). Experimente isso:

1. Em uma célula vazia, digite 26417000 (um número de telefone simples, sem qualquer separador entre os dígitos). Ele será alinhado à direita, como qualquer outro número.
2. Em outra célula vazia, digite '26417000 (note que está prefixado por uma aspa simples). Ele será alinhado à esquerda, como qualquer outro valor textual. A aspa simples permanece contida no valor da célula, mas o Excel irá ocultá-la (observe a barra de fórmulas da Figura 1.9 e perceba que a aspa simples foi inserida como prefixo do número).

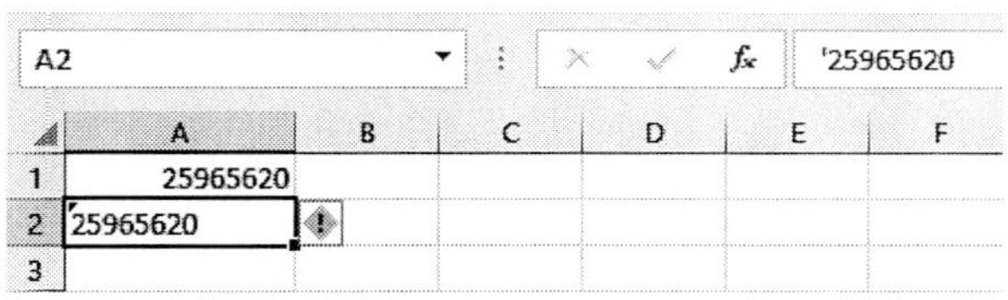


Quando você digita uma aspas simples antes de um número, ele passa a ser considerado como texto e alinhado à esquerda (a aspas será exibida na barra de fórmulas)

**Figura 1.8:** Sempre que você quiser inserir um "código textual numérico" (um valor numérico com o qual jamais será feita uma conta qualquer), prefixe-o com uma aspa simples. O Excel irá alinhá-lo automaticamente à esquerda, como o faz com qualquer outro texto.

### Inserindo percentuais

Quando desejar inserir um valor percentual, poderá fazê-lo de duas formas:
1. Insira o valor como um número decimal (um valor entre 0 e 1, onde 1 é 100%) e então aplique-lhe o formato Porcentagem.
2. Digite o valor percentual desejado, seguido do símbolo "%" (como em 50%).

Quando inserir um valor sem o símbolo "%", o Excel irá considerá-lo como um número ***SE*** usar o separador decimal correto. Se quiser inserir o valor 0,5 em uma célula (significando 50%), apenas digite o separador decimal (vírgula) seguido do número que deseja inserir, como ",5" (sem as aspas – não há necessidade de digitar o "zero" antes do separador decimal). Para ver o número ***formatado*** como porcentagem, clique na ferramenta de formatação Estilo porcentagem localizada na área Número da guia Página inicial.

Quando você formata um número como "porcentagem" o Excel irá:
1. Multiplicar o número por 100
2. Adicionar o sufixo "%" ao número.

De toda forma, o valor realmente inserido na célula será o valor numérico puro que você digitou (como 0.5 para o valor 50%, já formatado como Porcentagem). O que se vê exibido na planilha não é realmente o que está armazenado na célula. Mas quando digitar qualquer número seguido pelo sufixo "%" (como 50%), o Excel irá fazer o oposto: dividirá o número por 100, armazenará este valor na célula, e a formatará com o estilo Porcentagem.

### Removendo o estilo Porcentagem de uma célula

Para os iniciantes, o problema aparece sempre que uma célula tenha sido previamente formatada com o estilo Porcentagem e seu valor tenha sido excluído. Quando isso ocorrer, a célula se tornará vazia, e cada vez que um número for digitado nesta célula, será imediatamente multiplicado por 100 e sufixado com o caractere "%".

Você pode remover o formato Percentagem aplicado a uma célula usando outra opção de formatação, ou aplicando o estilo Geral à célula, seguindo estes passos:

1. Clique com o botão direito na célula e selecione Formatar células no menu de contexto que aparece.
2. Na guia Número, selecione o estilo Geral.
3. Clique em OK para alterar o formato da célula.

## Digitando datas em uma célula

Sempre que você supõe digitar uma data no Excel e pressiona Enter, o Excel analisa o valor digitado e, caso este seja avaliado como uma data válida, converte-a automaticamente para um número, formata-a com o estilo Data, e o alinha à direita na célula.

Uma data válida é aquela passível de existir no passado, presente ou futuro. Os computadores e o Excel compreendem como datas válidas quaisquer datas que possuam:

- O mês da data entre Janeiro (1) e Dezembro (12).
- O dia da data entre 1 e 31, considerando seu mês.
    - O último dia para Fevereiro deve ser 28, exceto para anos bissextos.
    - Nos anos bissextos, Fevereiro pode ter o dia 29.
    - Em Abril, Junho, Setembro e Novembro, o valor 30 deve ser o último dia do mês.
    - Em Janeiro, Março, Maio, Julho, Agosto, Outubro e Dezembro, 31 pode ser usado como último dia do mês.
    - O ano deve situar-se entre 0 e 2999.

Caso digite uma data inválida, como 30 de Fevereiro de qualquer ano, 29 de Fevereiro em anos não bissextos, dia 31 para Abril, Junho, Setembro e Novembro, ou dias maiores que 31 para os demais meses – uma data inexistente – o Excel considerará o valor como texto, e como sempre, irá alinhá-lo à esquerda. A Figura 1.4 exibe minha data de nascimento na célula A7. Como esta é uma data válida, foi automaticamente alinhada à direita. A Figura 1.9 exibe o Excel alinhando datas válidas e inválidas em suas células.

**Figura 1.9:** O Excel alinha à direita qualquer data válida. Isso ocorre porque o Excel converte a data para um número serial, onde o número 1 (dia 1) representa 1/1/1900.

O processo de conversão que ocorre quando ao se digitar uma data válida funciona assim:

- O Excel considera datas como números seriais, onde o número 1 equivale a 1/1/1900 (1 de Janeiro de 1900). 0 é 31/12/1899.
- Números negativos são datas ocorridas antes de 31/12/1899.
- Todas as demais datas serão convertidas para um número inteiro que conta os dias positivamente desde 1/1/1900 (negativamente para datas anteriores a 31/12/1899).

Isto possui uma implicação muito simples e poderosa: como datas são convertidas para números seriais, fazer contas entre datas torna-se uma tarefa trivial!

- Para saber quantos dias se passaram entre duas datas quaisquer, basta efetuar uma operação de subtração entre as datas.
- Adicionar ou subtrair um número inteiro de uma data, fornece outra data, no futuro ou no passado, respectivamente.

Assim, qualquer data no Excel torna-se um número inteiro, que é formatado para exibir a data correspondente, usando como base o primeiro dia do século XX, ou 1/1/1900.

Vamos ver como isso funciona porque às vezes, você pode estranhar o que ocorre quando não entende o que está ocorrendo na planilha. Tente este exercício simples:

Em qualquer célula, digite a sua data de nascimento. Se a data for válida, será automaticamente alinhada à direita (sinal de que o processo de conversão para número ocorreu normalmente).

Altere o formato da célula que contém sua data de nascimento para o formato Geral, escolhendo o botão "Geral" na barra de ferramentas de Formatação do Excel (use lista de estilos área Número da guia Página inicial).

O Excel irá alterar o formato da data de nascimento para um número geral. O número que você vê representa o número de dias passados desde 1/1/1900 até o dia de seu nascimento. Usando minha data de nascimento como exemplo, verá que nasci 22.395 dias após a data base (1/1/1900).

**Figura 1.10:** Se você digitar uma data válida em uma célula e trocar o seu formato para Geral, a célula contendo a data irá exibir o número de dias passados desde 1/1/1900. Este é o valor real que o Excel armazena na célula.

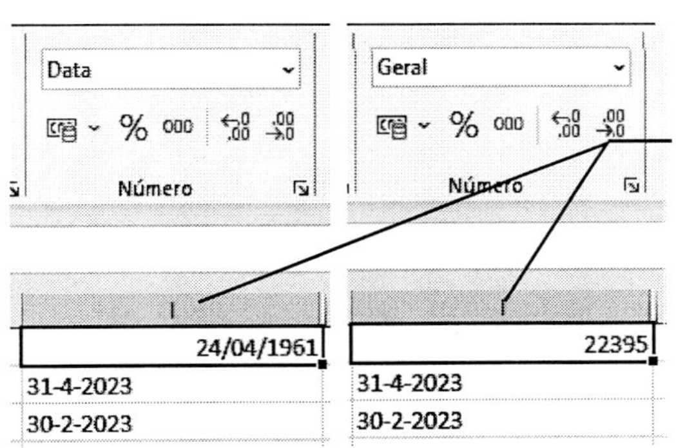


Quando uma célula que contém uma data válida tem seu formato alterado de Data para Geral, o Excel passa a exibir o verdadeiro valor da célula: o número de dias passados desde 1/1/1900

Apesar de esta informação parecer ser sem qualquer utilidade prática, é muito importante que você entenda o que realmente ocorre. Porque uma vez que seja digitado uma data válida em uma célula e seu conteúdo seja apagado, esta célula permanecerá formatada como o estilo Data! E por este motivo, qualquer outro número digitado na célula será automaticamente convertido para a data correspondente – um comportamento realmente inesperado para os novatos no Excel.

Tente isso:

1. Digite em qualquer célula a data de seu nascimento (sendo uma data válida, o Excel a converterá para o número serial correspondente da data e exibirá a data real).
2. Pressione a tecla Delete do teclado para apagar o conteúdo da célula.
3. Digite qualquer outro número na mesma célula. Por exemplo, digite 1000.
4. O Excel formatará o número como a data que representa o número de dias passados desde 1/1/1900 (uma data do início do século XX).

**Figura 1.11:** Quando você digita uma data em qualquer célula, apaga o conteúdo da célula e então digita um número qualquer nela, este será automaticamente convertido para uma data. E este estranho comportamento irá surpreendê-lo se você não entender o que realmente está ocorrendo.

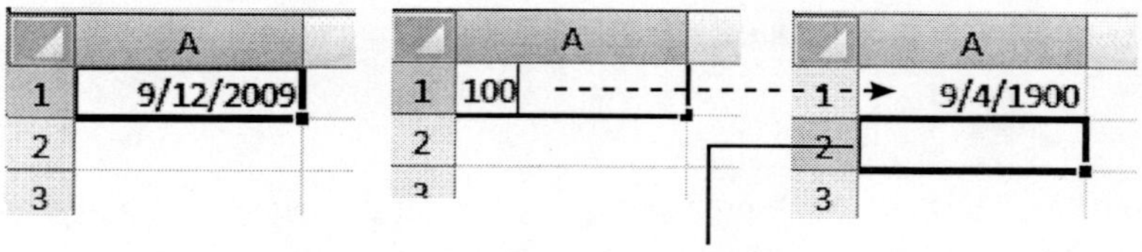


Células que tenham sido formatadas como Data pelo Excel, alteram qualquer número nelas digitados para uma data válida, até que você troque seu formato para um dos formatos numéricos disponíveis.

Para fazer com que o valor apareça novamente "como número," apenas escolha uma das opções da formatos disponíveis na área Número da guia Página inicial.

---

**ATENÇÃO:** É muito fácil perturbar um novo usuário do Excel apenas alterando o valor padrão das células da planilha para um dos formatos de data disponíveis. Até que o formato seja alterado, qualquer número digitado nestas células será automaticamente convertido para uma data – o que será considerado como algo muito, mas muito esquisito mesmo...

---

## Digitando horas em células

O Excel trata as horas da mesma forma que as datas: se digitar uma "hora válida", o Excel a converterá automaticamente para o número decimal que a representa.

Para o Excel, uma hora válida possui (obviamente....):

1. Horas variando entre 0 e 23.
2. O caractere "dois pontos" para separar a hora dos minutos (e também os minutos parte dos segundos, e assim sucessivamente para seus décimos).
3. Minutos, segundos e décimos de segundo variando entre 0 e 59.

Mas neste caso, ocorre um processo de conversão diferente: para o Excel uma "hora" é representada numericamente pela parte fracionária (ou decimal) do número! E como o Excel usa até 15 dígitos de precisão numérica, as horas podem ter uma precisão de até 18 milissegundos.

Você pode tentar o mesmo experimento feito anteriormente com as datas:

1. Em qualquer célula, digite uma hora válida, como 9:00 e pressione Enter.
2. Clique na célula em que digitou a hora e troque o seu formato para Geral.
3. O Excel irá exibir o verdadeiro valor armazenado na célula: um número fracionário com quantas casas decimais for necessário para representar a hora digitada.

**Figura 1.12:** Quando você digita uma hora válida em uma célula, o Excel executa um processo de conversão interno que troca a hora para um número decimal, armazena o número decimal na célula e então formata-a com o formato Hora.

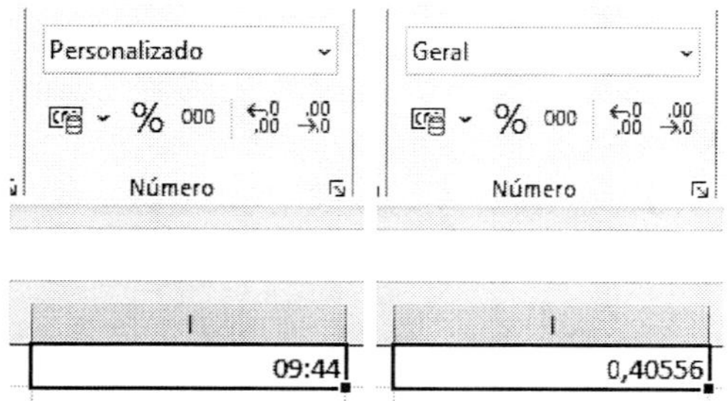


A implicação direta desta abordagem é bem simples: é trivial para o Excel fazer contas com horas! Se a qualquer momento você desejar saber a diferença de tempo entre duas horas quaisquer (mesmo em datas diferentes), basta subtraí-las. O número resultante, se formatado como "Hora" fornecerá a diferença das duas horas operadas.

Como ao se inserir datas, a célula na qual foi digitada uma hora será formatada com o formato "Hora" e, se você excluir seu conteúdo e tentar armazenar outro número nesta célula, o Excel irá exibi-lo automaticamente como uma hora – o que novamente, é um comportamento muito surpreendente e imprevisível para os novatos no Excel. Faça este exercício:

1. Digite 14:24 em qualquer célula e pressione Enter (ou selecione outra célula). O Excel converte a hora para o número decimal equivalente, armazena este valor na célula e aplica o formato Personalizado que representa horas (você verá uma hora regular na célula).
2. Pressione Delete para limpar o conteúdo da célula.
3. Digite o número 1,24 na célula.

O Excel irá formatar automaticamente o número 1,24 usando o formato personalizado Hora, mudando o valor para a hora que o representa, o que é bem imprevisível para os novatos...

**Figura 1.13:** Como com as datas, quando você digita uma hora em uma célula, apaga o seu conteúdo e digita um número qualquer nela (especialmente um número decimal), o número é automaticamente convertido para a hora correspondente. Estranho não?

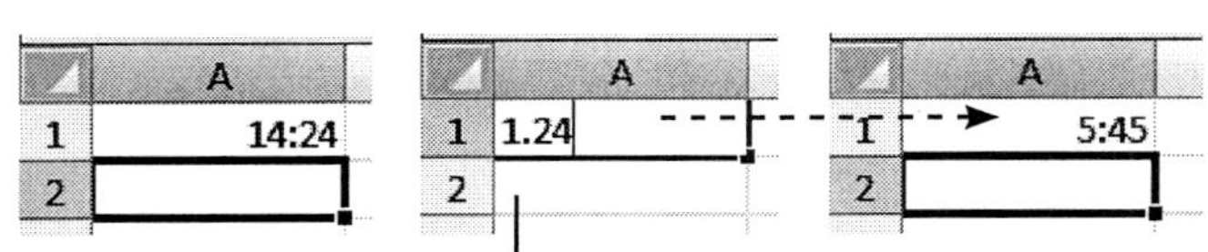


O Corolário para este comportamento com datas e horas é que o Excel (e qualquer outro software no Windows) pode armazenar simultaneamente datas e horas em um único valor numérico: a data constitui a parte inteira do número e a hora a parte fracionária.

Se quiser armazenar a data e hora de uma operação em uma célula, apenas digite a data, um espaço e então a hora. Se inserir, por exemplo, "25/5/2023 9:44" (sem as aspas, ou será considerado como texto), o Excel irá:

1. Verificar se a parte inteira é uma hora válida. Se for, a converterá para o número inteiro sequencial que representa o número de dias passados desde 1/1/1900.
2. Verificar se a hora é válida. Se for, a converterá para o número decimal que representa aquela hora.
3. Concatenar ambos os valores em um número real e armazenar o resultado na célula.
4. A célula será formatada usando o formato personalizado de Data e hora, e exibida de acordo.

E se você trocar o formato desta célula para Geral, verá um número real onde a parte inteira representa a data, e a parte fracionária representa a hora (veja a Figura 1.14).

---

**ATENÇÃO:** Se a largura da coluna for muito estreita para exibir este formato, o Excel exibirá uma sequência de caracteres "#", como forma de lhe avisar que a coluna não tem largura o suficiente para exibir o formato escolhido para a célula.

---

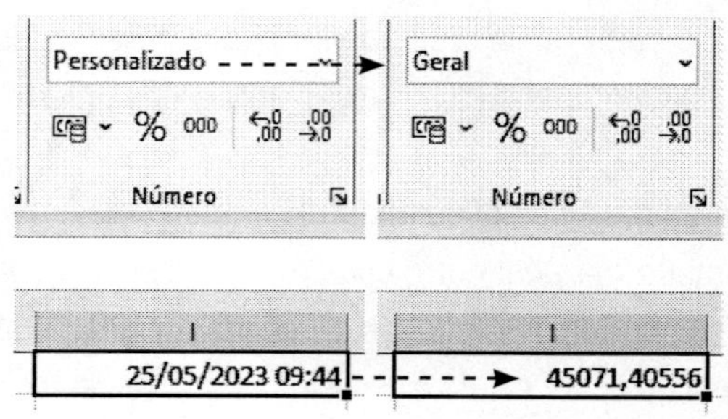


**Figura 1.14:** Se você digitar uma data e hora válidos, separados por um espaço em uma célula, o Excel converterá o valor para o número real que os representa, e formatará a célula com o formato personalizado "Data e hora". Se você trocar o formato para Geral, verá o valor que é realmente armazenado na célula.

## Formatos Personalizados: a forma que escolhemos para exibir valores

Se você está prestando atenção, deve ter percebido que os formatos Percentagem, Data e Hora (e outros formatos Personalizados) permitem ao Excel armazenar um valor específico em uma célula enquanto o usuário da planilha vê outro tipo de informação na célula em que o formato é aplicado: datas e horas são armazenados como números, apesar de exibir a representação equivalente de data e hora daquele valor. Percentuais são multiplicados por 100 e sufixados com o caractere "%". E os valores monetários, que não foram comentados, são prefixados pelo símbolo de Moeda definido nas Configurações Regionais e de Idioma do Windows.

Isso significa que o Excel permite formatar o valor de uma célula da forma que desejar. Há vários estilos de formatação predefinidos, e você também pode criar um estilo de formatação personalizado.

Vamos dizer que você queira adicionar o sufixo "kcal" a uma ou mais células do Excel enquanto mantém seu valor como número: você digita "1200" e vê a célula formatada exibir "1200 kcal" (alinhada à direita, como qualquer outro número válido).

Como já deve saber, se digitar "1200 kcal" em uma célula, o Excel considerará tal valor como "texto", o alinhará à esquerda e o tornará inutilizável para quaisquer cálculos futuros.

Se deseja utilizar tal "efeito visual" aos seus dados, deverá usar um Formato Personalizado criado por você, e o lugar do Excel para fazer este tipo de opção de formatação é a caixa de diálogo Formatar Células – que pode ser encontrada seguindo estes passos:

1. Clique com o botão direito na célula ou faixa selecionada em que deseja aplicar o formato e escolha a opção Formatar células no menu de contexto.
2. Na caixa de diálogo Formatar células que aparece, escolha a guia Número.
3. Na parte inferior da lista Categoria da guia Número, selecione a opção "Personalizado", exibindo a lista "Tipo" com os formatos personalizados já definidos para a Pasta de trabalho atual do Excel (Figura 1.15).

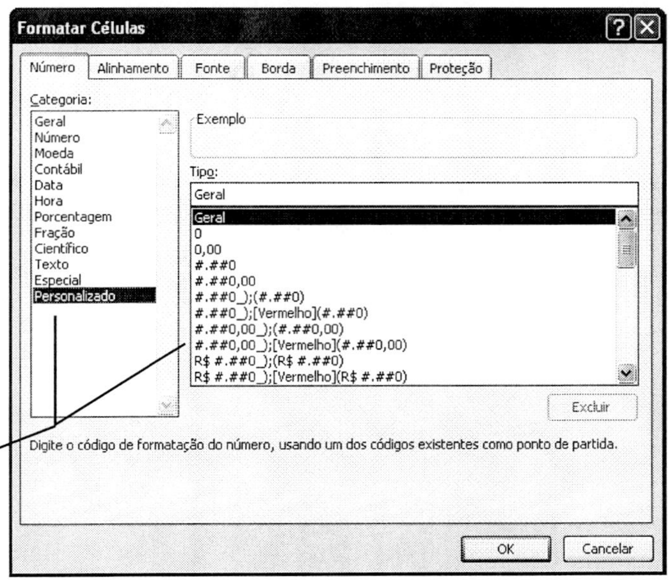


Escolha a categoria Personalizado na lista Categorias para fazer com que o Excel exiba todos os formatos personalizados da planilha atual

**Figura 1.15:** Para aplicar ou criar um novo Formato Personalizado em qualquer célula ou faixa de uma planilha, selecione a categoria Personalizado na lista Categoria da guia Número da caixa de diálogo Formatar Células. O Excel exibirá vários formatos personalizados, incluindo todos aqueles criados por você.

Para criar um Formato Personalizado no Excel você deve saber algumas coisinhas sobre suas características:

- Todo Formato Personalizado possui 4 partes passíveis de serem usadas, para formatar valores positivos, negativos, zeros e nulos ou texto (nesta ordem).
- Estas 4 partes são separadas por um caractere ponto e vírgula (;) – o separador de listas padrão do Windows.
- Não é necessário usar todas as 4 partes, podendo-se usar qualquer uma delas – desde que seja fornecido o ponto e vírgula separador das partes precedentes até obter a parte desejada.
- A primeira parte do formato é para números positivos. A Segunda parte para números negativos. A Terceira parte para valores iguais a zero e a Quarta parte é para valores nulos ou texto (veja a Figura 1.16).

**Figura 1.16:** Os formatos do Excel são formados por quarto partes para números positivos, negativos, zero e valores textuais.

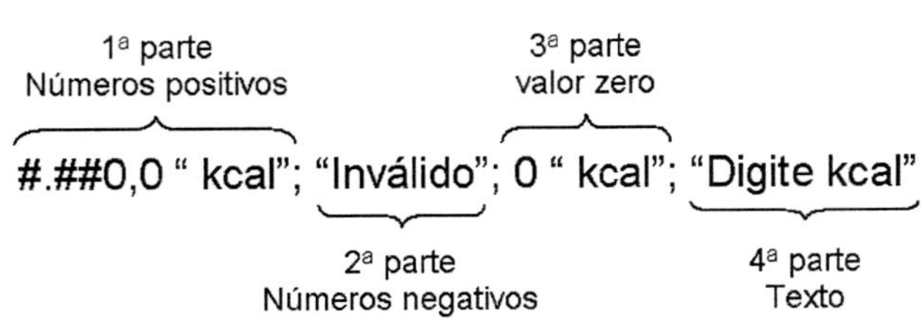


Observe os Formatos Personalizados exibidos na Figura 1.16 e também aqueles disponíveis na lista Personalizado da sua cópia do Excel (Figura 1.15) e você perceberá que todos usam os caracteres "#" e "0" para definir os formatos – apesar de certas vezes, usar também parênteses e o nome das cores entre colchetes (como [Vermelho]).

O significado destes símbolos para qualquer Formato Personalizado é:

- # – caractere que exibe os algarismos entre 1 e 9 na posição em que se encontra. Se o valor for zero (0) naquela posição, nada será exibido.
- 0 – caractere que força a exibição do algarismo "0", na posição em que se encontra.
- . (ponto) – símbolo para o separador de milhares e, como tal, se você existir no formato, será exibido naquela posição. Para fazer com que números maiores de 999 exibam o separador de milhares ".", use este formato:
- #.###
- Para exibir a parte decimal (fracionária) de um número, use o separador decimal ("," ou vírgula no Formato Personalizado. Se não usá-lo, a parte fracionária não será exibida e o valor será arredondado usando-se as regras convencionais de arredondamento (se o último dígito decimal não exibido à direita for igual ou maior que 5, o dígito a sua esquerda será acrescido de 1).
- Qualquer texto usado no Formato Personalizado deve ser envolvido por aspas duplas – e não se esqueça de adicionar um espaço entre o texto e a parte numérica.
- Qualquer cor que deseje usar para formatar qualquer das 4 partes do formato, deve ser envolvida por colchetes ([ ]).

A Tabela 1.1 mostra alguns formatos básicos para números positivos e o que o Excel exibirá na célula que receber os valores da coluna Valor.

**Tabela 1.1:** Uso básico dos caracteres "#" e "0" em Formatos Personalizados.

| **Valor** | **Formato Personalizado** | **O Excel exibirá** |
|---|---|---|
| (célula vazia) | # | Célula vazia |
| 1 | # | 1 |
| 1,2 | # | 1 |
| 1,5 | # | 2 (o número é arredondado) |
| 1000 | # | 1000 |
| (célula vazia) | #,# | , (separador decimal será sempre exibido) |
| 1 | #,# | 1, (separador decimal será sempre exibido) |
| 1.2 | #,# | 1,2 |
| 1.55 | #,# | 1,6 |
| 1000 | #,# | 1000, (separador decimal será sempre exibido) |
| 1000 | #,###.# | 1.000, (separador decimal será sempre exibido) |
| (célula vazia) ou 0 | 0 | 0 |
| 1 | 0,0 | 1,0 |
| (célula vazia) ou 0 | #,0 | ,0 (separador decimal será sempre exibido) |
| 1000 | #.###,0 | 1.000,0 |
| (célula vazia) ou 0 | #.##0 " kcal" | 0 kcal |
| 1 | #.##0 " kcal" | 1 kcal |
| 1000 | #.##0 " kcal" | 1.000 kcal |
| 1000 | #.##0,0 " kcal" | 1.000,0 kcal |

Para digitar um Formato Personalizado no Excel você seleciona a opção Personalizado na lista Categoria e então digita os caracteres de cada parte desejada do formato na caixa de texto Tipo (acima da lista de Formatos Personalizados).

**Figura 1.17:** Para criar o seu próprio Formato Personalizado, selecione Personalizado na lista Categoria e digite o formato na caixa de texto Tipo, logo acima da lista de formatos.

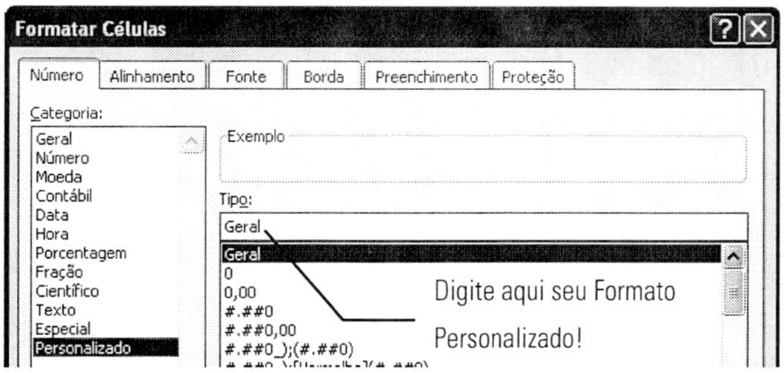


Você pode experimentar usar combinações de caracteres em qualquer parte de um Formato Personalizado. Vamos dizer que deseje exibir a palavra "Inválido" para uma célula onde se espera que digite um valor positivo e o usuário da planilha digita um valor negativo. Neste caso. terá de codificar as duas partes iniciais do Formato Personalizado, assim:

#.##0,0 " kcal". "Inválido"

**Tabela 1.2:** Exemplos do uso das primeiras duas seções de um Formato Personalizado.

| Valor | Formato Personalizado | O Excel exibirá |
|---|---|---|
| 1000 | #.##0,0 " kcal". "Inválido" | 1.000,0 kcal |
| -1000 | #.##0,0 " kcal". "Inválido" | Inválido |

Você também pode escolher estender este formato para tratar os valores zero e nulo de uma célula. Isso significa que você terá de codificar também a terceira e a quarta parte do Formato Personalizado. Se o valor for igual a zero, você quer que exiba 0 kcal (sem o ponto decimal) e se a célula estiver vazia, quer que apareça "digite kcal". O próximo formato fará o serviço:

#.##0,0 " kcal". "Inválido". 0 " kcal". "Digite kcal"

**Tabela 1.3:** Exemplos do uso das quatro seções de um Formato Personalizado.

| Valor | Formato Personalizado | O Excel exibirá |
|---|---|---|
| Célula vazia | #.##0,0 " kcal". "Inválido". 0 " kcal". "Digite kcal" | (permanece vazia) |
| 0 | #.##0,0 " kcal". "Inválido". 0 " kcal". "Digite kcal" | 0 kcal |
| 1.5 | #.##0,0 " kcal". "Inválido". 0 " kcal". "Digite kcal" | 1,5 kcal |
| 1.56 | #.##0,0 " kcal". "Inválido". 0 " kcal". "Digite kcal" | 1,6 kcal |
| 1000 | #.##0,0 " kcal". "Inválido". 0 " kcal". "Digite kcal" | 1.000,0 kcal |
| -1 | #.##0,0 " kcal". "Inválido". 0 " kcal". "Digite kcal" | Inválido |
| Espaço ou texto | #.##0,0 " kcal". "Inválido". 0 " kcal". "Digite kcal" | Digite kcal |

Também pode-se definir a cor de cada parte do formato, variando a exibição do valor inserido na célula. Para formatar valores positivos de azul, negativos de vermelho e zeros de verde, coloque o nome da cor desejada entre colchetes na parte desejada do formato (crie este formato e experimente-o como exercício)

#.##0,0 " kcal"[Azul]. "Inválido"[Vermelho]. 0 " kcal"[Verde]

---

**ATENÇÃO:** O nome das cores passíveis de utilização em um formato são: [Preto], [Azul], [Ciano], [Verde], [Magenta], [Vermelho], [Branco], [Amarelo]. Apesar de poder digitar o nome da cor tanto no início ou no fim de qualquer das partes do um formato, o Excel irá sempre colocá-la no início, tão logo a caixa de diálogo Formatar células for fechada.

---

Existem alguns outros caracteres utilizados pelo Excel para criar formatos personalizados, usados na formatação de texto, data e hora. O significado destes símbolos em qualquer Formato Personalizado é:

- $ - + / ( ) : ! ^ & ~ { } = < > ' (aspas simples): estes caracteres são sempre exibidos sem ser necessário colocá-los entre aspas duplas (use-os antes ou depois dos caracteres # e 0 do Formato Personalizado).
- _: o caractere sublinhado (_)insere um espaço entre os caracteres do formato.
- @: este caractere converte qualquer valor numérico para texto se usado sozinho na primeira, segunda ou terceira parte do formato (para formatar valores positivos, negativos ou zero). Se usado na quarta – e última – parte (a parte "Texto" do formato), permite que o formato mostre o texto inserido na célula. Isso significa que se você não usar o caractere "@" na quarta parte do formato, qualquer texto digitado na célula ***não será exibido***.
- *: O asterisco é usado para repetir o caractere (ou caracteres) colocado logo após ele. Este caractere é útil para criar uma trilha de caracteres capaz de preencher toda a largura da célula, antes ou depois do valor nela digitado. Para explorar sua funcionalidade, saiba que:
    - Se colocar o "*" ***antes*** da parte do formato, deverá ***alinhar a célula à direita***, preenchendo a parte esquerda da célula com o caractere correspondente (o caractere que vem depois do "*").
    - Se colocar o "*" ***depois*** da parte do formato, deverá ***alinhar a célula à esquerda*** preenchendo a parte direita da coluna com o caractere correspondente.

A Tabela 1.4 mostra como usar alguns destes caracteres especiais em qualquer parte de um Formato Personalizado do Excel.

**Tabela 1.4:** Uso dos caracteres de formatação especiais dos Formatos Personalizados do Excel.

| 1.1.0.0.0.0.1 Valor | Formato Personalizado | O Excel exibirá |
|---|---|---|
| 1 | $#.##0,00 | $1,00 |
| 1000 | $+#.##0,00. $-#.##0,00 | $+1.000,00 |
| -1000 | $+#.##0,00. [Vermelho]$-#.##0,00 | $-1.000,00 (valores negativos em vermelho) |
| -1000 | $+#.##0,00. [Vermelho]($#.##0,00) | ($1.000,00) (valores negativos entre parênteses e em vermelho) |
| 1000 | #.##0 " kcal" *. | 1.000 Kcal.................... (pontos preenchem à direita da célula – que deve estar alinhada à esquerda) |
| 1000 | *.#.##0 " kcal" | .............1.000 kcal (pontos preenchem à esquerda da célula – que deve estar alinhada à direita) |

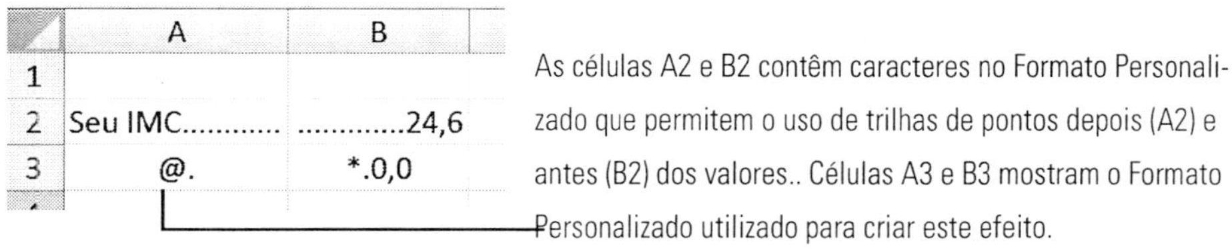


**Figura 1.18:** Use os caracteres especiais de formato (como o asterisco) para criar trilhas automáticas de pontos antes ou depois dos valores, melhorando a legibilidade da sua planilha.

## Usando fórmulas para executar cálculos úteis

Fórmulas são a principal atração e propósito das planilhas eletrônicas, além da razão do espetacular sucesso do Excel. Na verdade, elas são o cerne desta categoria de software e o motivo pelo qual são tão amados ou odiados.

Dominar o uso das fórmulas das planilhas eletrônicas é a forma mais fácil de permitir que "simples mortais" tornem-se um tipo de "programador de alto nível," capaz de desenvolver soluções para quase qualquer tipo de situação.

Para criar uma fórmula no Excel, você deve seguir algumas regras simples e diretas:

1. Toda fórmula deve começar com um sinal de igual "=".
2. Para tornar a fórmula útil, ela deve relacionar uma ou mais células usando operadores aritméticos ou funções (funções são códigos especiais que recebem um ou mais argumentos e retornam um ou mais valores, e o Excel possui muitas delas).

Antes de começar a criar qualquer fórmula, deve conhecer os símbolos aritméticos básicos usados pelo Excel (ou qualquer outro software) e como eles são avaliados para resolver as fórmulas criadas por você. A Tabela 1.5 mostra os principais operadores aritméticos e sua ordem de precedência (a ordem na qual serão avaliados quando o Excel resolver a fórmula).

**Tabela 1.5:** Operadores aritméticos do Excel e sua ordem de precedência, de cima para baixo.

| Operador | Operação | Ordem de precedência |
|---|---|---|
| ( ) | Parênteses | 1º |
| ^ | Exponenciação | 2º |
| * e / | Multiplicação e divisão | 3º |
| + e - | Adição e subtração | 4º |
| & | Concatenação | 5º |
| = < > <= >= <> | Comparação | 6º |

Esta tabela indica que quando criar qualquer fórmula no Excel, o cálculo que deseja efetuar ***não será*** resolvido da esquerda para a direita. Se usar parênteses – e você ***deve*** usá-los – todas as operações que colocadas dentro dos parênteses serão avaliadas primeiro. A exponenciação será avaliada antes da multiplicação e divisão, e as últimas operações avaliadas serão a adição e a subtração.

Vamos criar um cálculo nutricional simples: a determinação do IMC – Índice de Massa Corporal de uma pessoa qualquer. Por definição, o IMC de uma pessoa é calculado pela divisão do peso (em kg) pelo quadrado da altura (em metros). A fórmula básica para o IMC é definida como:

$$IMC = \frac{Peso\ (kg)}{Altura^2\ (m)}$$

Supondo que uma pessoa possua 72 kg e 1,70 m, para implementar esta equação usando uma fórmula no Excel, siga estes passos:

1. Em uma célula vazia, digite o sinal de igual (=) para iniciar a fórmula.
2. Após o sinal de igual, digite o peso em kg (72, sem a unidade de medida "kg").
3. Digite o operador de divisão.
4. Digite a altura (1,7, sem a unidade de medida "m") seguida pelo operador de exponenciação (^) e a potência a ser usada (2, para elevar ao quadrado), assim: = 72/1,70^2

Ao pressionar Enter, o Excel irá validar a fórmula e, se tudo estiver correto, o resultado será avaliado e exibido para você. A célula na qual digitou a fórmula exibirá o resultado do cálculo, e a Barra de fórmulas mostrará a fórmula inserida nesta célula (veja a Figura 1.19).

**Figura 1.19:** Criando a fórmula para o IMC – Índice de Massa Corporal de uma pessoa com um peso de 72 kg e 1.70 m de altura.

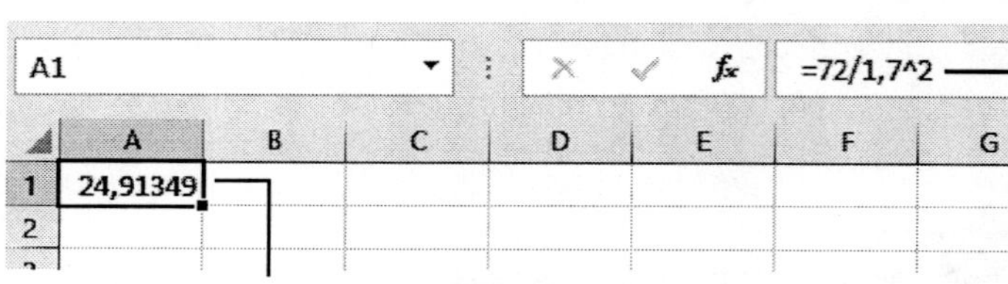


A Barra de fórmulas exibe a fórmula usada para calcular o que é exibido na célula

A célula A1 mostra o valor calculado do IMC para uma pessoa de 72kg e 1.70m

A fórmula exibida na Figura 1.19 é de utilidade limitada porque emprega valores constantes (o peso e altura atuais da pessoa) em sua construção. Isto significa que, se desejar achar o IMC de outra pessoa, terá de inserir outra fórmula usando novos valores de peso e altura desejados.

Para tornar uma fórmula mais útil, você deve "parametrizar" a fórmula, ou em outras palavras, tirar os valores constantes de dentro da fórmula, colocá-los em outras células e, na fórmula, referenciar os endereços destas células. Isso permitirá que se coloque o peso e a altura em duas células distintas, enquanto calcula, o IMC é calculado em uma terceira célula. E este é o princípio básico do Excel: criar uma "fábrica de cálculos!".

Vamos criar uma tabela onde as colunas mostram claramente o nome, o peso, a altura e o IMC de uma pessoa, assim como as unidades de medida utilizadas, como aquela que você pode ver na Figura 1.20.

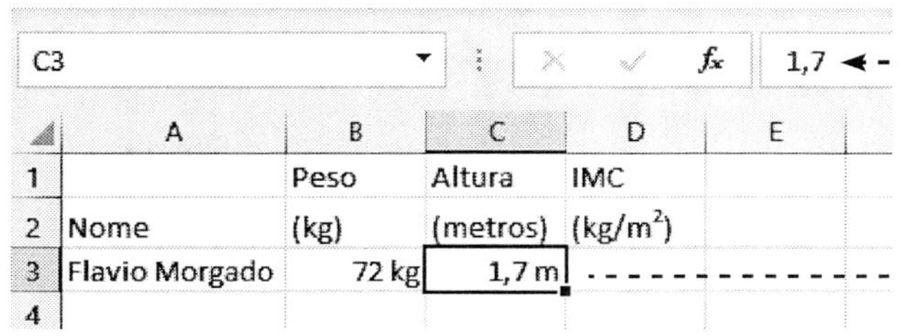


**Figura 1.20:** Para explorar a utilidade do Excel, vamos construir uma tabela onde você possa colocar os dados necessários para avaliar o IMC de muitas pessoas diferentes

Por acaso percebeu que tanto o peso como a altura exibidos na planilha possuem um sufixo para sua unidade de medida, apesar de estarem alinhados à direita? Olhe de novo a Figura 1.20 e note que a Barra de fórmulas para a célula C2 está mostrando o valor 1.7 enquanto que a célula C2 exibe o valor "1.70m"

Acho que já deve saber como isso foi feito! Usei um Formato Personalizado tanto para o peso como para a altura. Adivinhe como estes formatos foram criados?

Bingo! Para a célula onde se insere o peso (B2) usei o Formato Personalizado 0.0 " kg" (note o espaço logo após a primeira aspa dupla para separar o número da unidade de medida), enquanto que para a altura usei o formato 0,00 " m" (que também tem um espaço após a primeira aspa dupla).

Agora, posso calcular o IMC de qualquer pessoa usando uma fórmula que não empregue valores constantes: em vez disso, usa-se os endereços de célula para criar a fórmula. ***Nesta planilha***, supondo que o peso da pessoa está na célula B3 e sua altura na célula C3, a fórmula que se tem de criar é:
= B3/C3^2

Sacou? Você deve criar uma fórmula genérica que relaciona o conteúdo de duas outras células! Como esta fórmula usa os operadores aritméticos de divisão e exponenciação relacionando as células B3 e C3, ambas as células ***devem conter números*** ou a fórmula não poderá ser avaliada e o Excel irá retornar um erro (veremos como tratar a questão dos erros gerados posteriormente, ainda neste capítulo)

Para construir a fórmula do IMC na célula D3, siga estes passos:

1. Primeiro, selecione a célula D3, onde a fórmula deve ser inserida.
2. Na célula D3, digite o sinal de igual "=" para indicar ao Excel que você deseja iniciar uma nova fórmula.
3. Após digitar o sinal de igual, você deverá digitar o endereço ou selecionar a primeira célula usada no cálculo do IMC – a altura da pessoa. A forma mais fácil de se fazer isso é clicando ou selecionando a célula que contém o peso da pessoa (neste caso, célula B3), usando o mouse ou a tecla de seta da direita no seu teclado. A fórmula se tornará =B3 (note que o Excel usa uma borda tracejada piscante para chamar sua atenção de que esta célula foi inserida na fórmula).
4. Digite então o operador de divisão "/". Isso irá fazer com que o Excel pinte a borda da célula B3 com a cor azul e retorne à célula D3.
5. Agora, use novamente a tecla de seta da esquerda do teclado (ou o mouse) para selecionar a célula C3. A fórmula se tornará =B3/C3 (note novamente que agora ambas as células B3 e C3 possuem bordas de cores diferentes para chamar sua atenção de que ambas estão sendo relacionadas pela fórmula).
6. Finalmente digite o operador de exponenciação "^" seguido pelo número 2 para elevar a altura da pessoa ao quadra-

do. A fórmula se tornará =B3/C3^2 (veja a Figura 1.21).

**Figura 1.21:** Inserindo uma fórmula na célula D3 que relaciona duas outras células (B3 e C3) para calcular o IMC de uma pessoa.

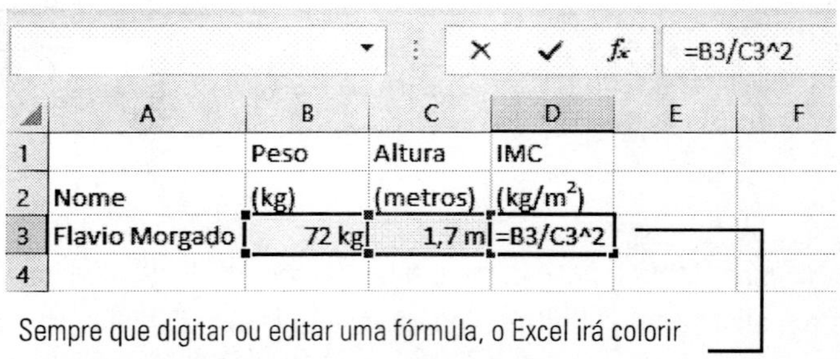


Quando pressionar Enter, o Excel irá avaliar a fórmula e, caso tudo esteja correto (ambas as células B3 e C3 contenham números), o Excel calculará o IMC na célula D3 (a Figura 1.22 mostra o resultado após ter sido criado um Formato Personalizado para o IMC, capaz de exibir sua unidade de medida (o formato é 0.0 " kg/m2")

**Figura 1.22:** A célula D3 agora possui o valor do IMC calculado e, devido ao seu Formato Personalizado, também exibe a unidade de medida para o IMC – Índice de Massa Corporal.

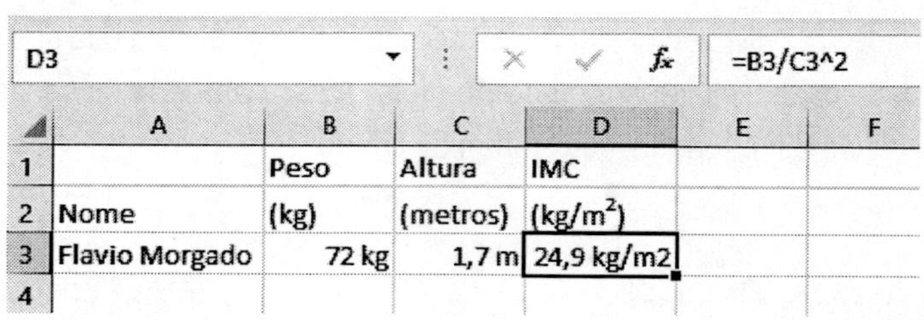


---

**ATENÇÃO:** Repare que a fórmula criada para calcular o IMC ***não é*** avaliada da esquerda para a direita. De acordo com a precedência dos operadores aritméticos definida na Tabela 1.5, o Excel irá avaliar primeiro o operador de potência (^), resolvendo o denominador da equação ao elevar ao quadrado a altura da pessoa, e então irá dividir o peso pelo quadrado da altura.

---

## Lidando com erros em fórmulas

Após ter criado a estrutura da planilha necessária para calcular o IMC de uma única pessoa, você provavelmente terá a intenção de propagar os formatos e fórmulas usados nas células B3, C3 e D3 para uma ou mais linhas abaixo (desde a linha 3 até linha... quem sabe?).

Antes de fazer esta propagação, você deve limpar o conteúdo das células que já receberam inserção de dados, com o intuito de propagar apenas a estrutura já criada. Na Figura 1.22 estas células são A3, B3 e C3 (o nome, peso e altura da primeira pessoa).

Selecione então as células A3, B3 e C3 e pressione Delete no seu teclado para limpar o conteúdo de todas as três células de uma só vez (a partir de agora, qualquer faixa contígua de células será referenciada usando o endereço da primeira célula da faixa separada da última por dois pontos, como em A3:C3). Após limpar o conteúdo desta faixa de células, sua planilha deverá estar como a que pode ser vista na Figura 1.23.

**Figura 1.23:** Após selecionar e excluir o conteúdo da faixa de células A3:C3, a fórmula contida em D3 (o IMC) passará a exibir a constante de erro #DIV/0!.

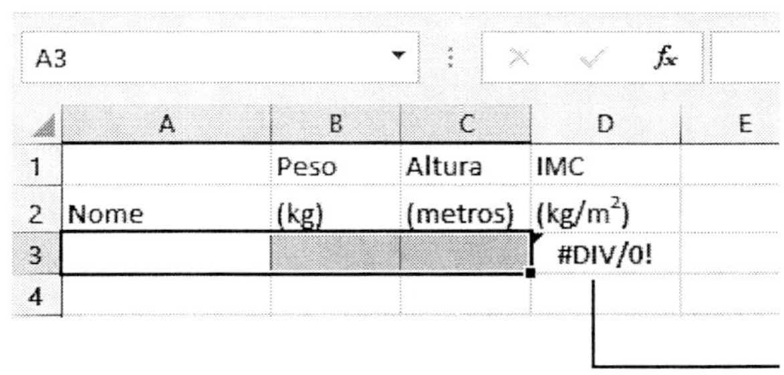


Quando o valor da altura na célula C3 inexiste, passa a ser considerado como zero. Como este valor é usado no denominador da fórmula da célula D3 para calcular o IMC, ocorrerá uma impossível divisão por zero, forçando o Excel a retornar a constante de erro #DIV/0!.

Esta é uma condição não antecipada! Você deseja criar uma planilha com várias células de altura em branco, mas não quer que as fórmulas de IMC utilizadas retornem a estranha constante de erro #DIV/0!. O que se pode fazer a respeito? O Excel pode lidar com este tipo de situação de duas formas diferentes:

1. Você pode estender sua fórmula usando a função SE( ) para testar se a célula usada como denominador da fórmula está retornando o valor zero e, caso isto seja verdade, alterar o denominador para um (1).
2. O Excel possui uma característica chamada "Formatação Condicional", que permite que você insira uma condição de teste para qualquer célula e, caso a condição seja avaliada como Verdadeira, aplique um atributo de formatação a uma ou mais células da planilha. Assim, pode-se tornar a cor usada para o conteúdo da célula igual à sua cor de fundo, tornando a condição de erro virtualmente invisível (ela ainda estará lá, mas não poderá mais ser vista).

Ambas estratégias são simples de implementar, mas precisam de uma boa compreensão da solução proposta (já que as utilizaremos extensivamente nestes livros). Vamos ver como funciona a primeira solução, o uso da função SE( ): a primeira função de teste do Excel que irá aprender neste livro (você aprenderá várias outras também).

**Usando a função SE( ) do Excel para testar o conteúdo de uma célula**

A função SE( ) é uma das mais importantes funções do Excel por criar a possibilidade da planilha tomar suas próprias decisões. É uma estrutura básica, amplamente utilizada em todas as linguagens de programação, e uma das mais complexas de se entender devido à sua sintaxe.

Para ajudá-lo a compreender a função SE ( ), vamos olhar uma declaração SE de alto nível implementada por qualquer linguagem de programação. Esta declaração possui três partes (também chamadas ***argumentos*** da função), e para explicá-la usando uma linguagem de alto nível (como o Português, que os computadores – ainda – não entendem) ela deve ser estruturada como se vê a seguir:

Se <condição> = Verdadeira
Então <faça algo aqui>
Senão <faça algo diferente aqui>

Vamos tentar entender cada uma destas partes:

1. A primeira parte de qualquer declaração SE avalia se o teste lógico <condição> retorna Verdadeiro ou Falso.

---

**ATENÇÃO:** Na matemática, um teste lógico é aquele que emprega os operadores de comparação "=", ">", "<", ">=", "<=" e "<>" (este último operador expressar a condição "diferente de") para comparar o valor de uma célula contra uma constante, ou comparar duas células entre si (o Excel possui funções capazes de comparar o valor de várias células de uma só vez).

O resultado da condição de teste terá sempre dois valores possíveis:

Verdadeiro: quando a condição testada é verificada. Note que para qualquer linguagem de programação usada no mundo, o valor Verdadeiro é qualquer valor diferente de zero.

Falso: caso a condição testada não é verificada. Para o Excel e todas as demais linguagens de programação, Falso é qualquer condição que, depois de avaliada, seja igual a zero.

---

2. A Segunda parte <faça algo aqui> é o que você quer que o Excel faça caso a condição testada seja avaliada como Verdadeiro: pode ser retornar um valor constante (um número), calcular uma expressão ou usar uma função para retornar um valor, devendo ser separada da condição de teste por um ponto-e-vírgula.
3. A Terceira parte <faça algo diferente aqui> é a outra possibilidade: o que você quer que o Excel faça caso a condição testada por SE( ) seja avaliada como Falso. Como dito antes, você pode retornar um valor constante, calcular uma expressão ou usar uma função para retornar um valor, devendo também estar separada da segunda parte por outro ponto e vírgula.

O Excel possui sua própria sintaxe para sua função SE( ) e você deve segui-la para fazê-la funcionar corretamente, como mostra a Figura 1.24.

A Segunda parte de uma função SE( ) é o valor a ser retornado se <condição> for avaliada como Verdadeiro

SE(<condição>;<valor se Verdadeiro>;<valor se Falso>)

A primeira parte de uma função SE( ) é a condição de teste, que será avaliada como Verdadeiro ou Falso

A Terceira para de uma função SE( ) é o valor a ser retornado se <condição> for avaliada como Falso

**Figura 1.29:** A estrutura e sintaxe corretas da função SE( ) do Excel.

Note que:

- A função SE( ) do Excel abre um parêntese após a palavra SE e fecha o parêntese após o argumento <valor se Falso>. E é obrigatório fornecê-lo ou o Excel irá reclamar com você!
- As três partes – ou argumentos – da função SE( ) são separadas com ponto e vírgula (o separador de lista padrão usado pelo Windows).
- Tanto a segunda quanto a terceira parte de qualquer função SE( ) pode usar outra função SE( ) (ou melhor, fazer outro teste) para retornar um valor. O Excel pode ***aninhar*** até 64 níveis de SE) – o que pode levá-lo à mais completa loucura. Sempre que você precisar fazer um teste adicional, por favor evite usar esta técnica!

Agora que já tem uma boa ideia de como a função SE( ) do Excel funciona, podemos usá-la para evitar que a condição de erro #DIV/0! apareça na célula D3 da Figura 1.23. Vamos estudar algumas possibilidades concentrando-nos na solução que desejamos fornecer para a célula que contém a fórmula do IMC:

1. Inevitavelmente, você deverá testar na primeira parte da função SE( ) (o teste <condição>) se o valor da célula C3 (altura da pessoa) usada no denominador da fórmula do IMC é igual a zero. Assim, a primeira parte da nossa função deve ser: =SE(**C3=0**
2. A Segunda parte da função SE( ) deve reagir de acordo com o teste feito na primeira parte (seja racional em relação ao teste feito na primeira parte). Como testamos se o valor da célula C3 é igual a zero, no caso de esta condição ser Verdadeira, a fórmula do IMC deve retornar o valor zero, já que o IMC não poderá ser calculado, assim: =SE(C3=0.**0**
3. A terceira parte ***desta*** função SE( ) será retornada apenas se a célula C3 possuir uma altura válida (neste caso, um valor de altura diferente de zero). Assim, a terceira parte ***desta*** função SE( ) deverá calcular o IMC, assim (note o parêntese de fechamento da função):
   =SE(C3=0.0.**B3/C3^2)**

Perceba que a função SE( ) recém-proposta pode ser usada de uma forma completamente diferente, dependendo da lógica que for empregada em sua construção. Se <condição> testar se a altura é ***diferente de zero***, então a fórmula para o IMC deverá ser colocada na segunda parte da função SE( ), assim:
=SE(C3<>0.B3/C3^2.0)

E isto não determina o fim das possibilidades lógicas. Por exemplo, você pode começar sua fórmula colocando o peso da pessoa (célula B3) logo após o sinal de igual, e então usar a função SE() para retornar um denominador válido para o cálculo do IMC (um denominador diferente de zero). Na primeira parte da função SE( ) você pode testar se a célula C3 é igual a zero, e caso isto seja verdade, dividir B3 (o peso da pessoa) por 1. senão, dividir pelo quadrado de sua altura, assim:
=B3/SE(C3=0.1.C3^2)

Percebeu? A última fórmula colocou a função SE( ) logo após o operador de divisão, retornando sempre um divisor válido! Você pode criar suas fórmulas usando qualquer tipo de lógica para evitar a divisão por zero no cálculo do IMC de uma pessoa. A próxima fórmula também irá funcionar:
=B3/SE(C3<>0.C3^2.1)

O que realmente importa nestes exemplos é que você entenda o que a função SE( ) faz, e como interpretar qualquer fórmula que a empregue em uma planilha como o Excel. A partir de agora, espero que você já esteja familiarizado com a sintaxe da função SE( ) porque eu irei usá-la em muitas outras fórmulas propostas por todo este livro.

A Figura 1.25 mostra que a célula D3 está usando a função SE( ) para evitar a divisão por zero. Note que ela agora mostra "0,0 kg/m2" em vez da constante de erro #DIV/0! (olhe para a barra de fórmulas e veja como implementei esta função na nova versão da planilha apresentada na Figura 1.22, anteriormente neste capítulo).

**Figura 1.25:** Usando a função SE( ) para evitar uma divisão por zero quando o peso da pessoa usado na fórmula ainda não foi definido (sendo assim considerado como igual a zero).

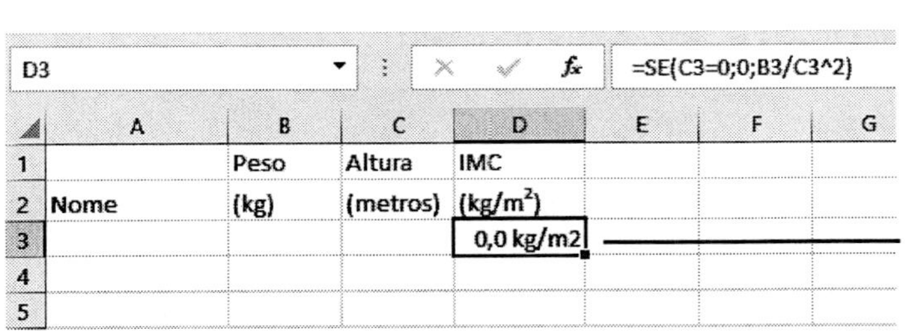


A função SE( ) inserida na célula D3 testa se a célula C3 (o denominador) é igual a zero. Se for, força o Excel a retornar zero. caso contrário, calcula seu IMC corretamente!

**ATENÇÃO:** O Excel não o obriga a usar as três partes – ou argumentos – da função SE( ): você pode usar apenas a segunda parte para retornar um valor, ignorando a terceira parte (usada apenas caso a condição seja avaliada como Falso).

### Usando a assistência do Excel para ajudá-lo com as funções

É possível que você continue pensando: *"Como esse Excel é difícil... esse cara acha que eu vou memorizar essa sintaxe complicadíssima?"*

Para ajudá-lo a se beneficiar das milhares de funções que o Excel pode oferecer, a Microsoft criou um "Assistente de funções" que irá lhe guiar na escolha da função correta (pesquisando-a por categorias) e também com os argumentos necessários para que a função funcione corretamente – assim como os resultados que elas retornam.

O "assistente de função" pode ser encontrado ao clicar no botão "*fx*" situado à esquerda da barra de fórmulas (observe este botão na Figura 1.25).

Vamos dizer que você deseja criar uma função SE( ) para resolver o problema da divisão por zero mostrado na Figura 1.25, usando o Assistente de função. Siga estes passos:

1. Primeiro, exclua a fórmula criada para o cálculo do IMC colocada na célula C3 (A fórmula era =SE(C3=0.0.B3/C3^2).
2. Com a célula C3 selecionada, clique no botão "Inserir função" (o "*fx*" exibido à esquerda da barra de fórmula). Isso fará com que o Excel exiba a caixa de diálogo Inserir função, como a exibida na Figura 1.26.
3. O assistente de funções lista as funções por categoria. Se ainda não usou este recurso, a categoria padrão selecionada será "Mais recentemente utilizada" e a função SE( ) deverá estar entre as primeiras da lista "Selecione uma função", exibida na Figura 1.26. Caso contrário, selecione a Categoria Lógico e localize a função na lista. Note que abaixo desta lista aparece a sintaxe da função selecionada, com uma breve explicação de sua utilidade.

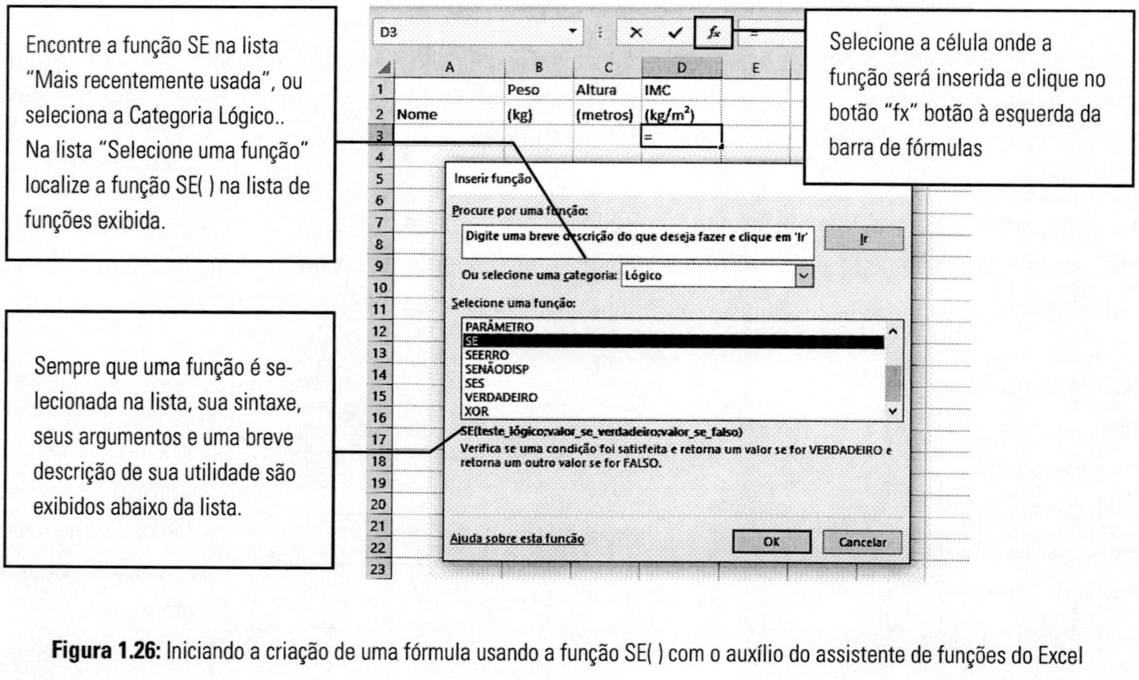


**Figura 1.26:** Iniciando a criação de uma fórmula usando a função SE( ) com o auxílio do assistente de funções do Excel

4. Após selecionar a função SE( ) na lista, pressione Enter ou clique em OK para exibir a caixa de diálogo "Argumentos da função". Nela você verá todos os argumentos que a função necessita, e irá ajudá-lo a *criar* a fórmula para utilizá-la (Figura 1.27).

**Figura 1.27:** Após pressionar OK o Excel exibirá a caixa de diálogo Argumentos. Todos os argumentos necessários para a função selecionada serão exibidos com caixas de texto, onde se pode inserir os valores desejados na fórmula.

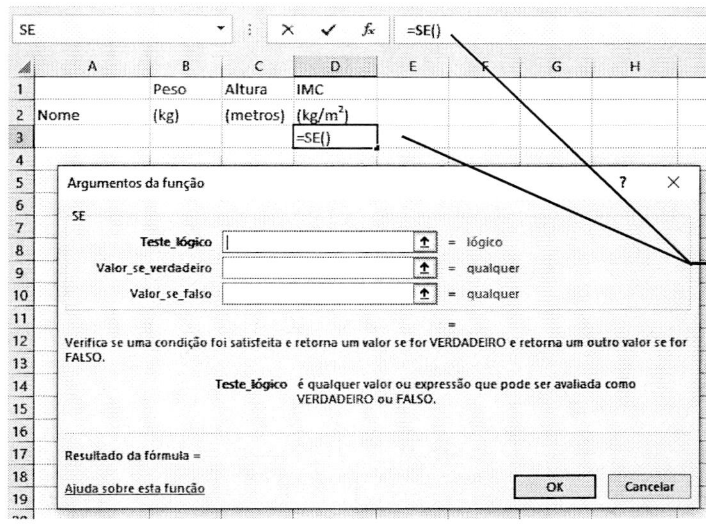


Sempre que você iniciar a caixa de diálogo Argumentos da função, o Excel colocará tanto na célula como na barra de fórmulas a função selecionada anteriormente na caixa de diálogo Inserir função.

5. Sempre que necessário, arraste a caixa de diálogo "Argumentos da função" pela sua barra de título para uma nova posição que permita ver as células a serem usadas na fórmula. A Figura 1.27 mostra esta caixa de diálogo reposicionada para exibir as células a serem usadas para criar a fórmula do IMC e evitar o aparecimento da constante de erro #DIV/0! (note na barra de fórmulas da figura que a função SE (já foi inserida na célula D3 sem qualquer argumento).
6. Para criar o teste lógico que a função SE( ) deve fazer, clique na caixa de texto do primeiro argumento (Teste_lógico) para selecioná-lo, e depois clique na célula C3. Isso fará com que o Assistente de Função insira o endereço da célula C3 neste argumento (Figura 1.28).

**Figura 1.28:** Clique em qualquer um dos argumentos da caixa de diálogo Argumentos da Função e então clique na célula cujo conteúdo você quer usar para o argumento selecionado. Esta figura mostra que você quer testar o conteúdo da célula C3 no primeiro argumento da função SE( ) do Excel.

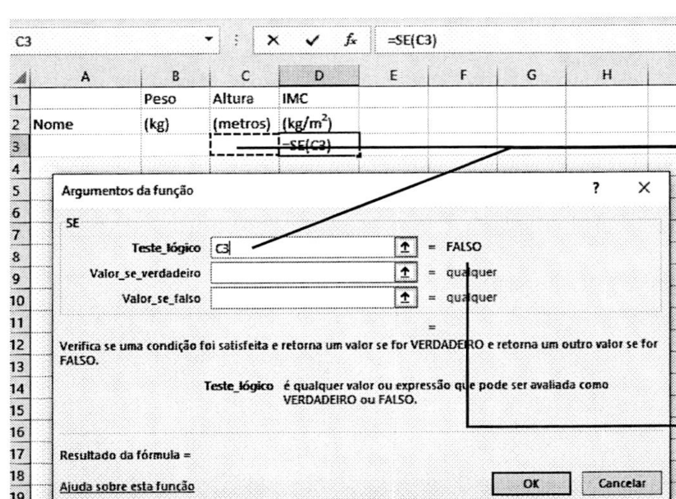


Quando você clica em qualquer um dos argumentos esperados para uma função e depois clica em uma célula, o Excel coloca o endereço da célula clicada dentro do argumento, usando uma borda piscante ao redor da célula para indicar sua seleção

O Excel avalia o argumento digita. Note que a célula C3 é considerada como Falso (porque ainda está em branco)

7. Digite o restante do teste a ser feito: C3=0 e clique no segundo argumento da função (note que o Excel avalia a condição do argumento Teste_lógico e exibe seu resultado– neste caso, Verdadeiro (porque C3 está em branco e portanto, *é considerado como igual a zero*) – no lado direito do primeiro argumento.
8. Estando com o cursor no segundo argumento, digite o que a função SE( ) deve retornar no caso da condição de teste retornar Verdadeiro. Como o Teste_lógico foi definido para C3=0, quando isto for verdade a função SE( ) deve retornar o valor zero, pois não será capaz de calcular o IMC de uma pessoa sem fornecer sua altura. Portanto, digite 0 (zero) no segundo argumento e selecione o terceiro argumento.
9. No terceiro e último dos argumentos da função SE( ), insira o que deseja que a função retorne caso o Teste_lógico definido em seu primeiro argumento seja avaliado para Falso. Como estamos testando C3=0, o terceiro argumento deve calcular o IMC. Portanto, clique na célula B3, digite o operador de divisão, clique na célula C3 e eleve-a ao quadrado usando o operador "^2" (sem as aspas, como na Figura 1.29)

Ao pressionar Enter, o Excel irá construir a fórmula usando a sintaxe correta para a função escolhida, armazená-la na célula selecionada, avaliar a fórmula e exibir o seu resultado – como se você mesmo a tivesse digitado diretamente na célula.

**Figura 1.29:** É assim que a caixa de diálogo Argumentos da Função deve ser definida para usar a função SE( ) do Excel na fórmula a ser inserida na célula D3 da planilha exibida na figura 1.28 de forma a evitar a divisão por zero e calcular corretamente o IMC da pessoa em questão.

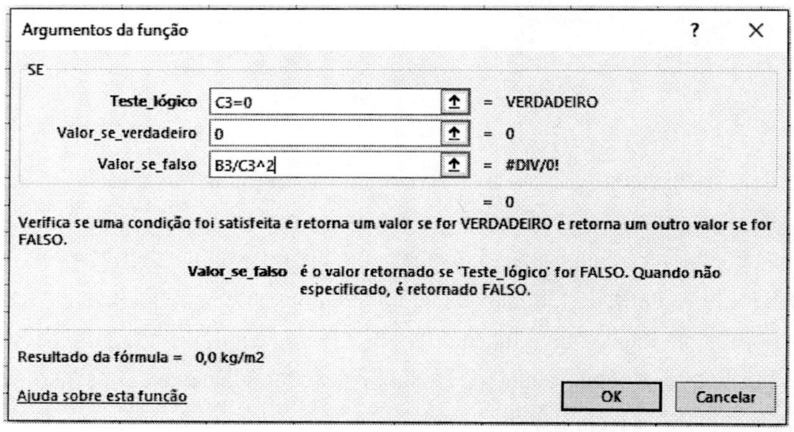


---

**ATENÇÃO:** Sempre que você começar uma fórmula usando uma função do Excel (ou selecionar na barra de fórmulas a parte da fórmula que possui uma função e seus argumentos), pressione o botão *fx* (Inserir função) para fazer com que o Excel exiba a caixa de diálogo Argumentos da Função, com os argumentos atualmente usados. Tente isso: crie qualquer uma das fórmulas propostas anteriormente usando a função SE( ) para se calcular o IMC em uma célula qualquer e tente exibir a caixa de diálogo Argumentos da Função para ela.

---

### Usando Formatação Condicional para ocultar erros em fórmulas

O Segundo método a ser empregado para ocultar erros em fórmulas é usar a opção Formatação Condicional. Neste caso, você também fará um teste lógico usando o valor de uma célula qualquer e, caso este teste seja avaliado como Verdadeiro, usará o seguinte truque: criará uma Formatação Condicional que trocará a cor do texto daquela célula para a mesma cor de seu fundo, ***ocultando*** virtualmente a constante de erro retornada pelo Excel.

Vamos continuar com o problema exibido na Figura 1.23: queremos lidar com a constante de erro #DIV/0! retornada pela célula D3 quando o Excel tenta calcular o IMC de uma pessoa cuja altura ainda não tenha sido definida. Siga estes passos:

1. Clique na célula que exibe a constante de erro. No caso da Figura 1.23, clique na célula D3 (constante de erro #DIV/0!).
2. Clique no botão Formatação Condicional localizado na área Estilo da guia Página Inicial da barra de ferramentas do Excel e selecione a opção "Nova regra" (Figura 1.30).
3. Você obterá a caixa de diálogo "Nova regra de formatação", onde deve selecionar a opção "Use uma fórmula para determinar quais células devem ser formatadas", que exibe a caixa de texto "Formatar valores em que esta fórmula é verdadeira" (Figura 1.31).
4. Neste caso, a condição que desejamos testar é se a célula C3 é igual a zero. Clique na célula C3 (denominador da fórmula do IMC) para fazer com que o Excel insira seu endereço na caixa de texto, desta forma: =$C$3
5. Digite o sinal de igual "=" e o zero para criar a condição "C3=0". A fórmula criada pelo Excel será =$C$3=0 (veja a Figura 1.32).

**Figura 1.30:** Para adicionar uma formatação condicional, uso o comando Formatação Condicional da guia Página inicial e escolha a opção Nova Regra..

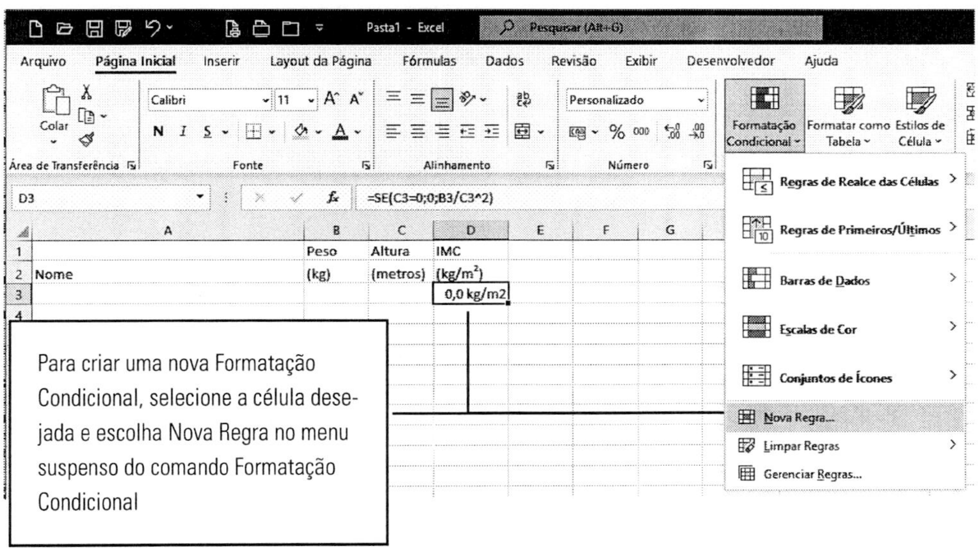


**Figura 1.31:** Use a opção Usar uma fórmula para determinar quais células devem ser formatadas da caixa de diálogo Nova Regra de Formatação Condicional para inserir a condição de teste e formatação a ser aplicada à(s) célula(s) selecionada(s).

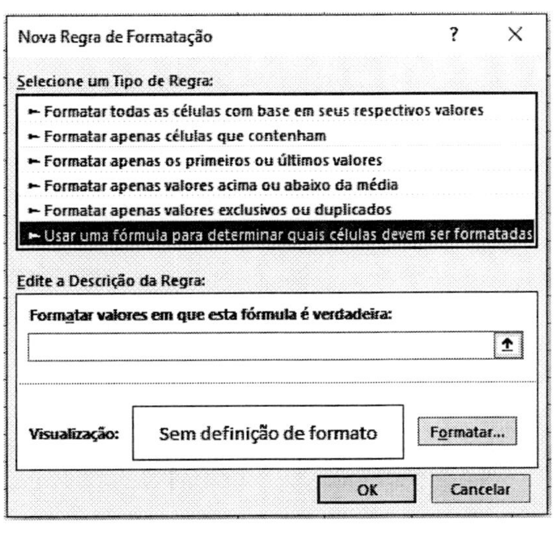

**Figura 1.32:** Na caixa de diálogo "Nova regra de formatação", escolha a opção "Use uma fórmula para determinar quais células devem ser formatadas, clique na caixa de texto "Formatar valores em que esta fórmula é verdadeira, e então clique na célula C3 (altura ou denominador da fórmula do IMC). O Excel criará uma fórmula inserindo o endereço da célula selecionada por você.

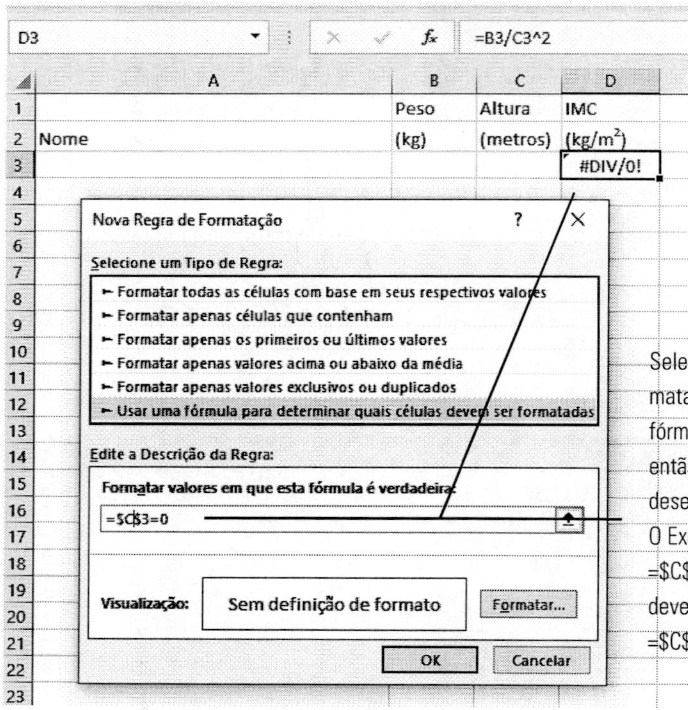


Selecione a opção "Formatar valores em que esta fórmula é verdadeira" e então clique na célula que deseja testar (célula C3). O Excel criará a condição =$C$3 nesta opção, que deverá ser completada para =$C$3 = 0

**ATENÇÃO:** Por enquanto, não se importe com o caractere "$" que o Excel utilizou ao inserir o endereço da célula selecionada na condição de teste – seu significado é abordado no Capítulo 2, ""Referências em Fórmulas: a chave para a produtividade no Excel".

6. Após criar a fórmula da condição a ser testada, clique no botão Formatar, para exibir a caixa de diálogo Formatar células. Como desejamos que a cor do texto da célula D3 fique igual à sua cor de fundo (Branco) sempre que a condição testada for verdadeira (=$C$3=0), selecione a guia Fonte e, na opção Cor, escolha a cor Branco (Figura 1.33).

**Figura 1.33:** Para tornar invisível a constante de erro #DIV/0!, escolha Branco para a cor da fonte da célula D3, já que esta é a mesma cor usada para formatar o fundo da célula. Como a condição de teste é =$C$3=0, sempre que C3 (altura) for considerado igual a zero, o texto da célula D3 será pintado de branco – mesma cor de seu fundo,

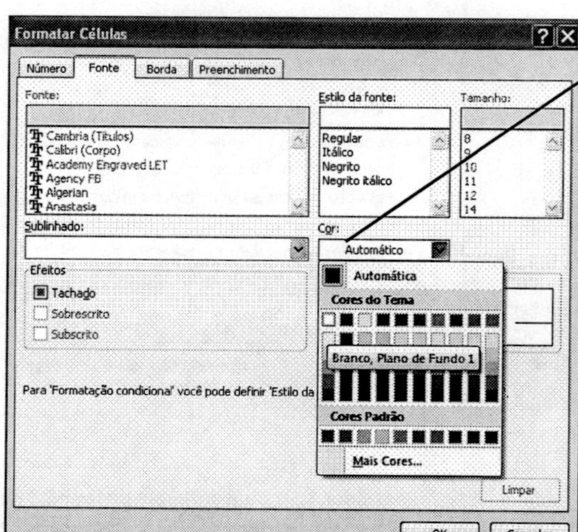


Para ocultar valores indesejados em uma célula, use na Formatação Condicional uma cor de texto igual à cor de fundo da célula, para formatá-la quando a condição de teste for considerada Verdadeira.

7. Após escolher o formato desejado a ser aplicado na célula, clique em OK para retornar à caixa de diálogo Nova Regra de Formatação, que agora exibirá no retângulo Visualização a cor de texto e de fundo a ser aplicado na célula: neste caso, deve estar completamente branca (Figura 1.34)

**Figura 1.34:** Após escolher o formato desejado a ser aplicado na célula e fechar a caixa de diálogo Formatar Células, o Excel retornará para a caixa de diálogo Nova Regra de Formatação, onde a área de Visualização exibirá um retângulo em branco, como formato escolhido: texto branco sobre um fundo branco.

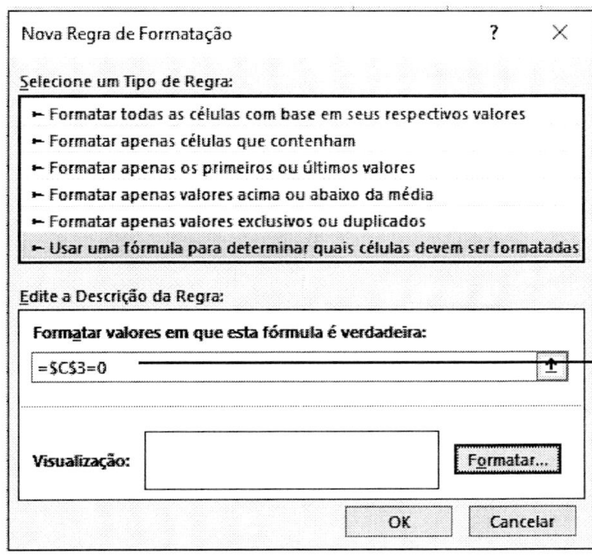


Sempre que esta condição for verdadeira, este será o formato a ser aplicado à célula D3: texto branco com fundo branco

8. Clique no botão OK para fechar a caixa de diálogo Nova Regra de Formatação e retornar para a planilha. A célula D3 deve estar completamente branca, já que a célula C3 está vazia (sendo considerada igual a zero). A partir de agora, caso seja digitado um valor de altura válido na célula C3, o IMC será calculado e exibido na célula D3! (Figura 1.35.)

**Figura 1.35:** Após criar o Formato Personalizado na célula D3, esta permanecerá em branco até que a célula C3 deixe de ser considerada igual a zero.

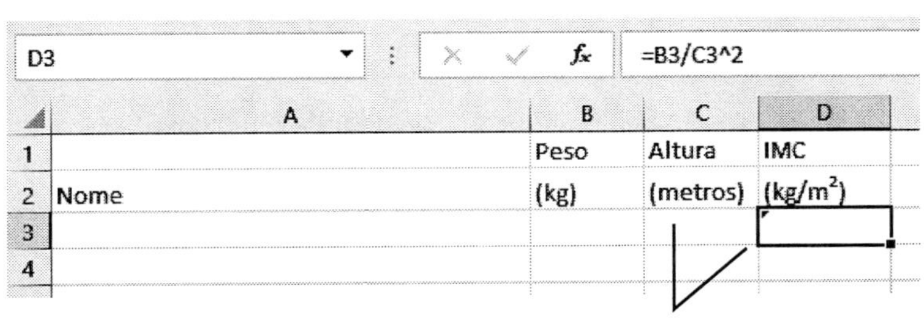


A fórmula da célula D3 usa a célula C3 como denominador em sua fórmula. Como C3 está em branco (sendo considerada igual a zero), a regra de Formatação Condicional entra em ação e aplica a cor Branco ao texto de D3 tornando a constante de erro #DIV/0! Invisível.

## 1.2 Copiando o conteúdo das células

Uma vez que todas as características fundamentais tenham sido aplicadas às células usadas para o cálculo do IMC de uma única pessoa (fórmulas, Formatos personalizados, e Formatação Condicional, para ocultar a constante #DIV/0!), torna-se trivial no Excel propagar os formatos e fórmulas definidos para a primeira pessoa para outras linhas da planilha passíveis de serem usadas para várias outras pessoas cujo IMC deseje calcular na planilha.

Esta ação pode ser efetuada após inserir os dados de outras pessoas na planilha – apesar de ser melhor fazê-lo ***antes*** desta inserção por razão óbvia: quem quer que use a planilha para calcular vários IMCs, supõe que todos os locais em que sejam digitados peso e altura *reajam* de forma idêntica ao da primeira linha de dados da planilha (no caso, linha 3).

Há três formas principais para se copiar ou propagar o conteúdo das células:

1. Use a ferramenta **Formatar Pincel:** que copia apenas os formatos de uma ou mais células para outras células da planilha. Ela pode ser usada para copiar apenas os formatos personalizados definidos nas células B3, C3 e D3 (peso, altura e IMC, respectivamente).
2. Use o **botão Seletor** da(s) célula(s): arraste o Seletor (quadradinho no canto inferior direito) de qualquer célula (ou faixa de células) em qualquer direção para propagar formatos e conteúdo. Ao arrastar o Seletor de células contendo fórmulas, o Excel a copiará os formatos existentes e ***propagará*** a fórmula para a nova célula, alterando todas as referências por ela utilizadas, de acordo com a direção do movimento efetuado.
3. Use **Copiar e Colar:** selecione a célula (ou faixa de células) que deseja copiar, pressione Ctrl+C (ou use a ferramenta Copiar encontrada na barra de ferramentas Página Inicial) para copiar conteúdo e formatos. Selecione as células que devem receber este conteúdo e pressione Ctrl+V (ou use a ferramenta Colar, também encontrada na barra de ferramentas Página Inicial).

Apesar de poder usar qualquer um destes métodos, se sua intenção for criar uma cópia dos formatos e fórmulas para uma faixa contígua de células, a forma mais fácil é selecionar a faixa de células que deve ser propagada, e arrastar a alça de seleção (no canto direito inferior da faixa) para todas as demais células que deseje usar para executar a mesma tarefa.

Supondo que se pretende replicar o cálculo do IMC para outras 19 pessoas, propagando a formatação e conteúdo das células B3:D3 para as células B4:D23 (onde B4 é uma célula da próxima linha onde será inserida a altura da segunda pessoa, e D23 é a última célula onde será copiada a fórmula do IMC da vigésima pessoa, siga estes passos:

1. Selecione as células de origem: B3:D3. Você pode fazer isso clicando em B3 e arrastando o mouse até D3, ou pode clicar em B3, manter a tecla Shift pressionada, e clicar em D3.
2. Estando com a faixa de células B3:D3 selecionada, aponte o mouse para sua alça de Seleção e arraste-a para baixo na planilha, até a célula desejada. Supondo que deseja copiá-la para outras 19 pessoas, arraste a alça da linha 3 até a linha 23 (Figura 1.36)

**Figura 1.36:** Para copiar a formatação e conteúdo de uma faixa de células, selecione primeiro as células de origem e então arraste a alça de Seleção na direção que deseja copiá-las (neste caso, arraste a alça de Seleção para baixo até à célula D23.

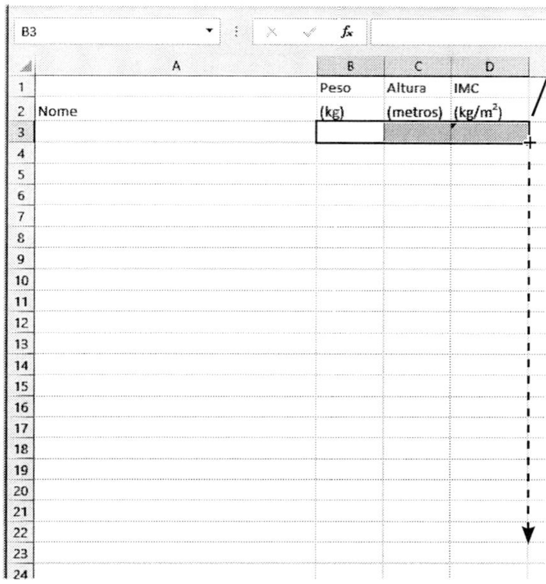


Para copiar a formatação e conteúdo da faixa de origem (células B3:C3) para outras 19 linhas, arraste sua alça de Seleção para baixo, até atingir a linha 23.

3. Ao liberar o botão do mouse, todas as fórmulas e formatações usadas pelas células de origem terão sido copiadas para as células de destino (Figura 1.37)

**Figura 1.37:** Quando liberar o botão do mouse, todo o conteúdo das células que foram arrastadas será copiado corretamente para as células de destino. Apesar de você poder usar facilmente os comandos Copiar e Colar, arrastar a alça de Seleção de qualquer faixa de células pode ser a melhor forma de se copiar e propagar seu conteúdo.

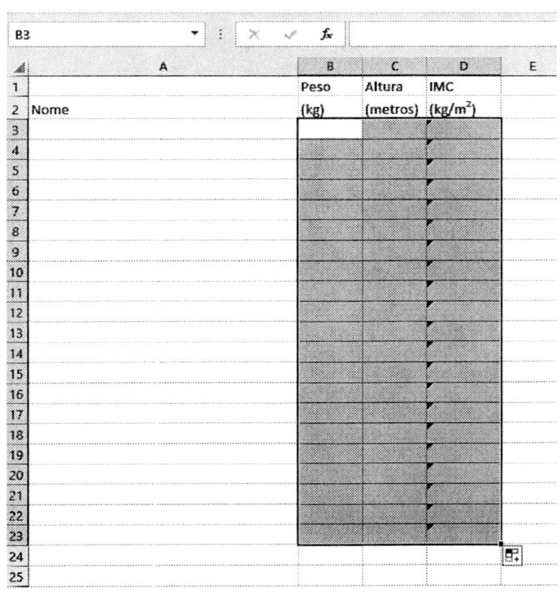


---

**ATENÇÃO:** Note que após ter copiado a faixa B3:D3 para a faixa B4:D23, as células recém-copiadas possuirão o mesmo Formato personalizado usado nas células de origem. Independente da estratégia de cópia utilizada, todas as referências de células das fórmulas copiadas refletirão o peso, a altura da linha e com que se encontram: o Excel altera automaticamente as referências de linha (e coluna) a cada nova fórmula criada.

---

## 1.3 Congelando sua planilha

Se você planeja criar uma planilha para cuidar do IMC de mais de 25 pessoas (talvez centenas delas), ocorrerá um efeito visual bem previsível se tiver de rolar a planilha do Excel para baixo: ao exibir as linhas ocultas da planilha (como por exemplo, linha 35 ou superior, dependendo da resolução do seu monitor ou do zoom atualmente utilizado pelo Excel), as primeiras duas linhas contendo os títulos de cada coluna da planilha, deverão sair da tela.

Isso pode criar certa confusão, já que o usuário da planilha ficará sem saber o que digitar em cada célula. A Figura 1.38 ilustra esta situação: o conteúdo das células B3:D3 continuou a ser arrastado até a linha 100: para que servem as colunas exibidas?

**Figura 1.38:** Após inserir um determinado número de linhas para calcular o IMC de mais pessoas, você poderá se encontrar em uma situação na qual não saberá o que digitar em cada uma das colunas, porque você perde a visualização dos títulos das colunas e a referência sobre o que digitar em cada célula.

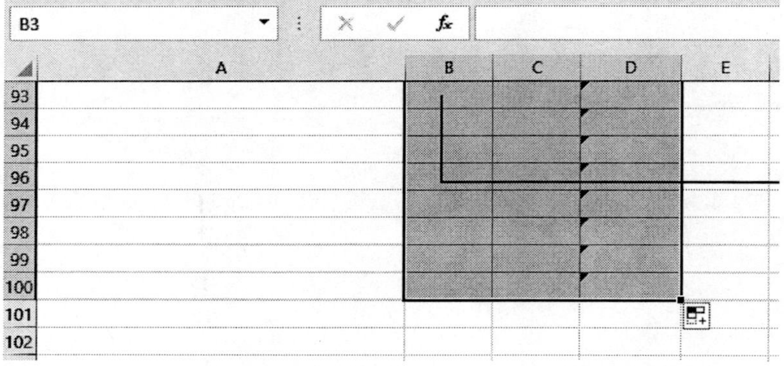


Onde estou? Que tipo de informação digito aqui? Isso sempre ocorre quando se rola a planilha para baixo (ou lateralmente), perdendo-se a referência dos títulos de coluna e/ou linha. Congele a planilha para resolver este problema!

Nestes casos, o Excel permite ***congelar*** linhas e colunas na parte superior da planilha, garantindo que elas fiquem permanentemente exibidas na tela. O processo de congelamento funciona desta forma:

1. Clique na célula localizada à direita da coluna, e abaixo da linha a ser congelada na planilha (o Excel sempre congela as colunas à esquerda e as linhas acima da célula selecionada).
2. Na guia Exibir da barra de ferramentas, selecione a opção Congelar Painéis para exibir sua lista suspensa, e escolha uma das três opções de congelamento disponíveis: Congelar Painéis, Congelar Linha Superior, Congelar Primeira Coluna.

Para manter as linhas 1 e 2 permanentemente exibidas na planilha (ou congeladas), siga estes passos:

1. Primeiro, exiba a planilha como ela deverá ficar ao ser congelada – neste caso, você deve exibir linhas 1 e 2.
2. Clique na célula B3 para congelar a coluna A e as linhas 1 e 2.
3. Clique na lista do comado Congelar Painéis da guia Exibir e selecione o comando Congelar Painéis (Figura 1.39).

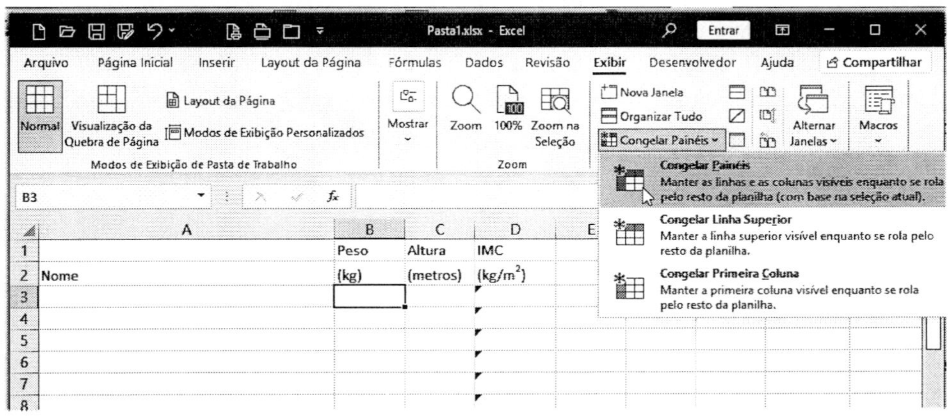


**Figura 1.39:** Para manter as primeiras linhas e colunas permanentemente na tela, mantenha visível a área a ser congelada e clique na primeira célula que fica móvel na planilha (a célula que será mantida no canto superior esquerdo da planilha) e aplique o comando Congelar Painéis. O Excel irá congelar as células à esquerda e acima da célula selecionada.

4. Após emitir o comando, o Excel congelará a planilha, inserindo duas finas linhas na cor Preto na planilha para indicar onde ela se encontra congelada (Figura 1.40.)

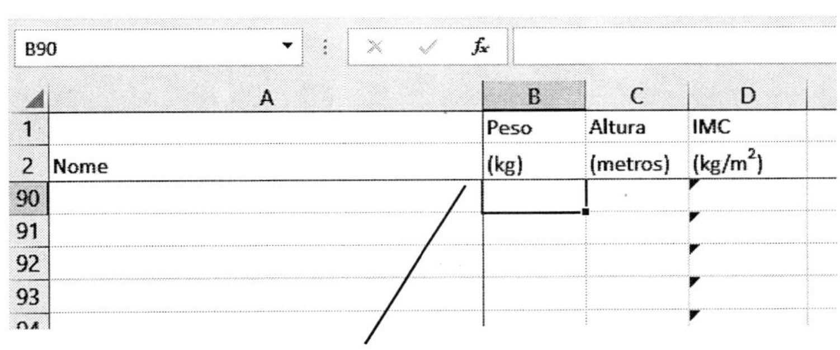


Estas duas linhas pretas exibidas na figura foram criadas pelo comando Congelar Painéis do Excel, para indicar onde a planilha está congelada (note que a linha atual é a linha 90, bem abaixo da linha 2)!

**Figura 1.40:** O Excel exibe uma fina linha na cor Preto para exibir onde a planilha está congelada. Para descongelar a planilha, selecione o mesmo comando de menu usado para congelá-la (que agora exibirá "Descongelar Painéis").

## 1.4 Protegendo a sua propriedade intelectual

Após criar uma solução eletrônica que considere valiosa para si ou para terceiros, pode ser que deseje tomar algum cuidado para proteger sua propriedade intelectual, devido a vários diferentes motivos.

Vamos supor, por exemplo, que distribua sua solução de planilha, com centenas de células previamente configuradas pelo uso de formatação e/ou fórmulas, para utilização por pessoas que não entendam o Excel (e acredite, elas são muitas...), e que ao utilizar sua solução, possam excluir acidentalmente fórmulas de uma ou mais células, remover toda uma linha ou coluna, ou até mesmo apagar a planilha inteira?

Existe outra situação que também é muito interessante: você adquiriu este livro porque pretende entrar no rentável negócio de soluções eletrônicas produzidas por planilhas. Quero dizer com isso que existe um vibrante mundo de oportunidades para todos os que acreditam ser capazes de criar excelentes, necessárias e desejáveis soluções usando seu mais que especial e muito difícil de se obter conhecimento!

Vamos dizer que você criou esta última solução – a planilha Calculadora de IMC – para um cliente específico, que o contratou para isso. Que tal empregar algum tipo de mecanismo de proteção a esta planilha, impedindo-a de ser inadvertidamente danificada?

Uma planilha eletrônica criada pelo Excel pode ser protegida de três formas diferentes:

- **Por senha de acesso:** restringe quem pode ter acesso aos dados da Pasta de trabalho do Excel.
- **Proteção da Pasta de trabalho:** impede alterações na estrutura da Pasta de trabalho (inserir, excluir, renomear planilhas, etc.).
- **Proteção da Planilha:** protege as células da planilha, limitando as ações do usuário,

Vamos ver cada uma destas soluções individualmente, da última para a primeira.

## Proteja as células da planilha

O primeiro passo para proteger sua planilha eletrônica com o Excel é ativar a proteção padrão de cada planilha, o que deve ser feito para cada planilha da Pasta de trabalho da sua solução que mereça esta consideração.

O processo de ativação da proteção é muito simples:

Na guia Revisão da barra de ferramentas do Excel, execute o comando de menu Proteger, Proteger planilha.

O Excel exibirá a caixa de diálogo Proteger Planilha, onde que permite selecionar as ações que podem ser feitas na planilha após ser a proteção ativada (Figura 1.41).

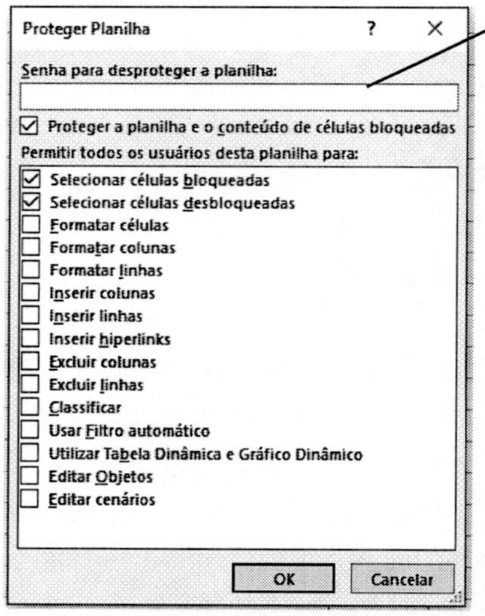


**Figura 1.41:** Use caixa de diálogo Proteger Planilha do Excel para indicar quais ações serão permitidas ao usuário na planilha protegida.

Por padrão, apenas as opções Selecionar células bloqueadas e Selecionar células desbloqueadas estão marcadas, permitindo ao usuário selecionar qualquer célula, mas não alterá-las. Todas as demais opções de proteção desmarcadas serão impedidas de serem efetuadas na planilha, e como efetuar formatação, inserir e excluir células, colunas e linhas...

Vamos ver o que acontece ao se proteger uma planilha, seguindo estes passos:

1. Execute o comando Proteger Planilha Ative para ativar o mecanismo de proteção de qualquer planilha. Apenas clique no botão OK da caixa de diálogo Proteger Planilha (sem digitar uma senha).
2. O texto do comando será alterado para Desproteger Planilha.
3. Selecione qualquer célula da planilha – mesmo que esteja vazia – e pressione a tecla Delete do teclado.
4. O Excel reclamará informando que não pode excluir o conteúdo da célula devido à sua planilha encontrar-se protegida (veja a Figura 1.42)

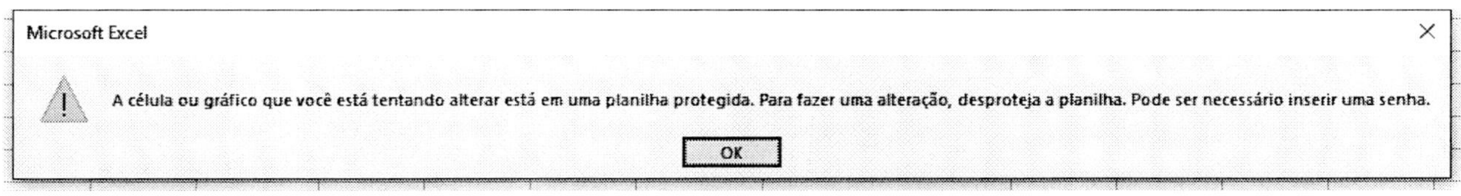


**Figura 1.42:** Após ativar o comando Proteger Planilha, o Excel protegerá todas as células da planilha tornando-as "somente leitura." Ao tentar excluir o conteúdo de qualquer célula, será exibido este aviso de proteção.

O motivo para este comportamento é que cada célula da planilha possui dois atributos de proteção: um para torná-la "somente leitura" e outro para ocultar sua fórmula (caso possua uma).

Isso quer dizer que *antes* de ativar o mecanismo de proteção da planilha, poderá escolher quais células permanecerão desprotegidas e quais terão suas fórmulas ocultas, protegendo virtualmente sua propriedade intelectual.

Para alterar a proteção padrão de qualquer célula, siga estes passos:

1. Desative a proteção da planilha executando o comando Desproteger planilha, caso tenha protegido-a anteriormente. Não é possível manipular os atributos de proteção das células em uma planilha protegida.
2. Selecione todas as células que deseje alterar a proteção padrão, clique com o botão direito do mouse na seleção e, no menu de contexto que aparece, escolha a opção Formatar células.

---

**ATENÇÃO**: Mantenha pressionada a tecla Ctrl enquanto seleciona as células a serem marcadas como desprotegidas.

---

Na caixa de diálogo Formatar Células, escolha a guia Proteção, onde encontrará duas opções: Bloqueadas e Ocultas.

a. **Bloqueadas**: todas as células estão bloqueadas por padrão, tornando-se "somente leitura" ao se ativar o mecanismo de proteção.
b. **Ocultas**: todas as células são não ocultas por padrão. Ao ativar esta opção a(s) célula(s) selecionada(s) que possui Fórmula deixará de exibi-la na barra de Fórmulas ao se ativar o mecanismo de proteção.

Use esta estratégia para lidar com a proteção de células em sua solução de planilha:

- Desbloqueie todas as células nas quais o usuário deve inserir dados. Estas devem ser as únicas células que o usuário pode acessar.
- Oculte todas as células que possuam fórmulas.
- Para auxiliar visualmente os usuários da sua solução de planilha a saber quais células podem ser alteradas (células desbloqueadas), pinte seu fundo e borda usando um esquema de color padronizado (empregue apenas cores claras, fornecendo uma aparência mais profissional à sua solução, permitindo que seja melhor impressa também), e forneça algum tipo de alerta, como *"Por favor, digite apenas nas células amarelas!"*

Agora, concentrando-se na solução de planilha para o IMC criada neste capítulo (vou considerar a que foi exibida na Figura 1.40, após remover todas as células copiadas para baixo, mantendo apenas as células A3:D3, com a planilha congelada na célula B3. Recomendo usar esta estratégia para protegê-la:

1. Desproteja todas as células de entrada de dados. Selecione as células A3:C3 (a faixa de inserção de Nome, Peso e Altura).
2. Pinte o fundo das células da faixa A3:C3 usando uma cor clara (escolhi a cor amarelo claro, clicando na opção Cor de Preenchimento da guia Página Inicial, escolhendo opção Mais cores... e selecionando o amarelo mais pálido disponível).
3. Clique com o botão direito na faixa A3:C3, selecione o comando Formatar Células e, na guia Proteção, desmarque a opção Bloqueadas.
4. Pressione OK para fechar a caixa de diálogo Formatar células. Agora, toda a faixa de inserção de dados desta solução de planilha está desprotegida, e possui a mesma identidade visual para auxiliar seus usuários a entender onde podem digitar dados (Figura 1.43)

**Figura 1.43:** Selecione a faixa de células de inserção de dados (células A3:C3 na planilha exemplo), pinte-as com uma cor suave (usei amarelo claro), clique com o botão direito na faixa selecionada, escolha Formatar Células e, na guia Proteção, desmarque a opção Bloqueadas. para desprotegê-las ao ativar novamente a proteção da planilha.

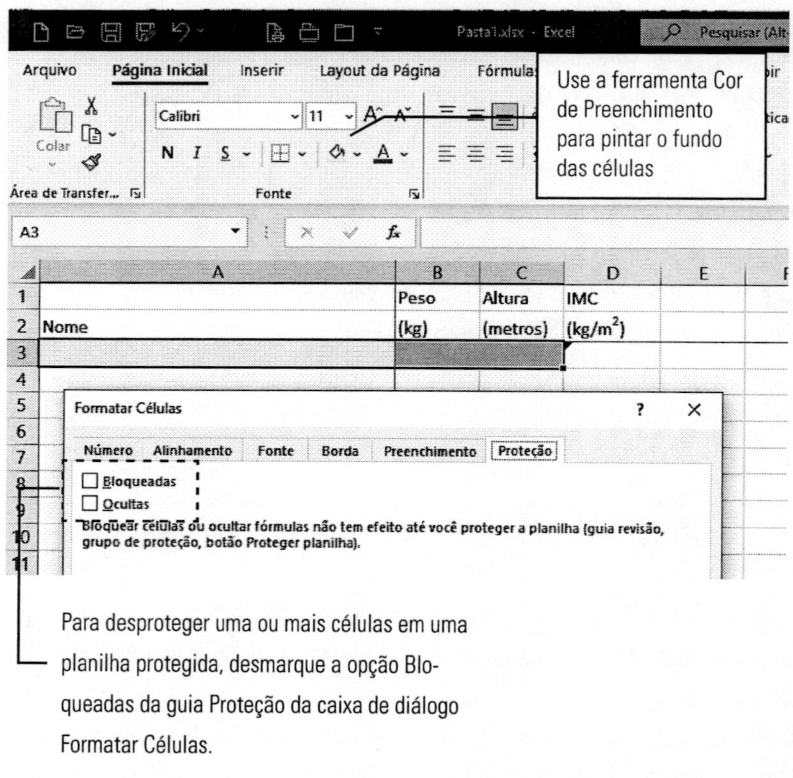


5. Para ocultar a fórmula do IMC e proteger sua propriedade intelectual, clique na célula D3 – onde foi inserida a fórmula – para selecioná-la.
6. Clique com o botão direito na célula D3, selecione Formatar células e, na guia Proteção da caixa de diálogo Formatar células.
7. Mantenha marcada a opção Bloqueadas e desmarque a opção Ocultas. Isso fará com que a fórmula fique invisível quando o mecanismo de proteção for ativado.
8. Pressione OK para fechar a caixa de diálogo e execute novamente o comando Proteger Planilha (Figura 1.44).

**Figura 1.44:** Selecione as células cujas fórmulas devem ser ocultadas (neste exemplo apenas a célula D3), clique com o botão direito na seleção e escolha Formatar células. Na guia Proteção, confirme se ambas as opções Bloqueadas e Ocultas estão selecionadas para proteger e *ocultar* a fórmula ao ativar a proteção do Excel.

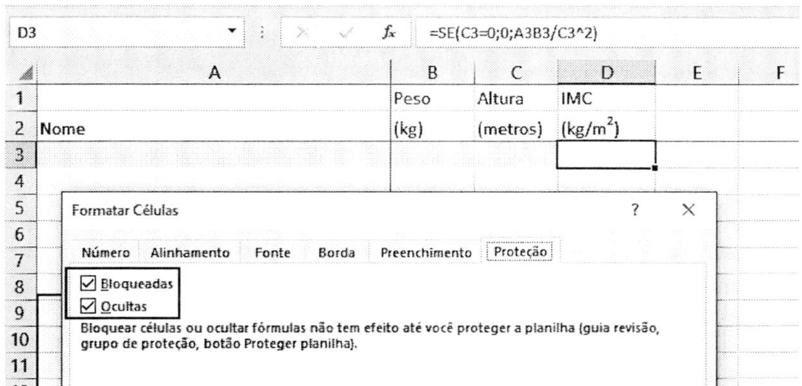


Para proteger sua propriedade intelectual, marque as opções Bloqueadas e Ocultas da guia Proteção da caixa de diálogo Formatar células para todas as células que contêm fórmulas.

Agora a planilha encontra-se protegida, permitindo a digitação apenas nas células desbloqueadas, e com a única célula que contém uma fórmula (*sua* propriedade intelectual) bloqueada e oculta: o usuário pode ver o valor retornado pela fórmula, mas não pode ver como a solução foi implementada!

Execute novamente o comando Proteger Planilha para ativar o mecanismo de proteção e ver estas opções em ação. Note que é possível inserir valores nas células A3:C3, pintadas com a cor amarelo e definidas como *Desbloqueadas*, enquanto a fórmula da célula D3, que contém os atributos *Bloqueadas* e *Ocultas*, calcula normalmente. Como a proteção padrão permite selecionar células bloqueadas, clique na célula D3 e verifique que a barra de fórmulas não exibe como este cálculo foi concebido (Figura 1.45).

Esta é exatamente a opção "como é que esse cara fez isso?" que você estava procurando!

**Figura 1.45:** Em qualquer planilha protegida em que as células de inserção de dados foram desbloqueadas e as de fórmula foram ocultas, você pode inserir dados naquelas em que a opção Bloqueadas foi desmarcada, e não pode ver as fórmulas daquelas cuja opção Ocultas foi marcada.

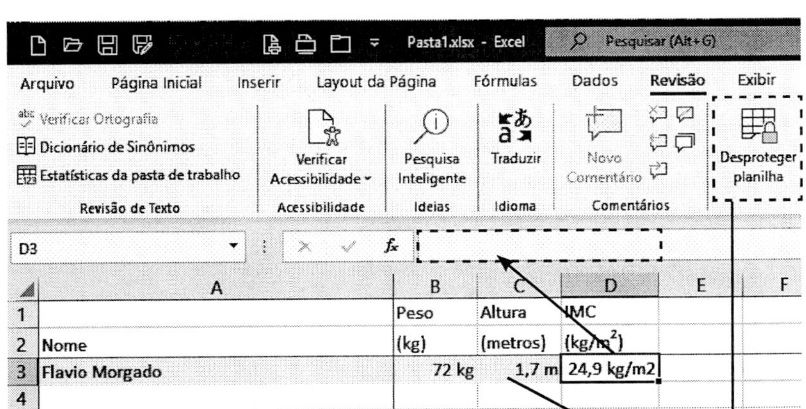


O Excel exibe o comando Desproteger Planilha como auxílio visual de que a planilha encontra-se protegida. Note que as células A3:C3 exibem dados em seu interior, enquanto a barra de fórmulas oculta a fórmula usada no cálculo do IMC!

## Proteja a estrutura da solução de planilha

O Segundo passo na proteção de uma solução de planilha significa proteger a *aparência* da solução.
Uma vez que você tenha desenvolvido uma solução, para fornecer-lhe uma aparência "profissional" poderá efetuar alguns truques simples:

1. Inserir linhas e colunas em branco e harmonizar a solução na tela.
2. Definir a dimensão da solução (nº de linhas /colunas usadas para digitação).
3. Ocultar linhas e colunas não utilizadas.
4. Ocultar as linhas de grade.
5. Eventualmente, ocultar guias de planilha usadas para cálculos intermediários, que não devem ser exibidas para o usuário.
6. Para facilitar sua compreensão, vamos continuar a nos concentrar na solução de planilha exibida na Figura 1.45. Como esta planilha encontra-se protegida, para inserir linhas e colunas para harmonizá-la na tela (deslocar a faixa A1:D3 da borda superior e direita da planilha), primeiro desproteja a planilha.

### Desbloqueie horizontalmente a planilha

Com a planilha desprotegida, insira linhas e/ou colunas para deslocar a solução das bordas da planilha. Minha primeira tentativa será inserir 3 colunas à esquerda da coluna A, e 2 linhas acima da linha 1. Siga estes passos:

1. Para inserir 3 colunas à esquerda da coluna A, clique no cabeçalho da coluna A e arraste o mouse até o cabeçalho da coluna C, selecionando 3 colunas.
2. Clique com o botão direito em qualquer das colunas selecionadas e escolha Inserir no menu de contexto que aparece.

Três colunas serão inseridas à esquerda da primeira coluna selecionada, deslocando a coluna Nome 3 colunas para a direita (Figura 1.46).

Para inserir três colunas à esquerda da coluna A, clique no cabeçalho da coluna A e arraste o mouse até o cabeçalho da coluna C. Clique com o botão direito na seleção e escolha Inserir

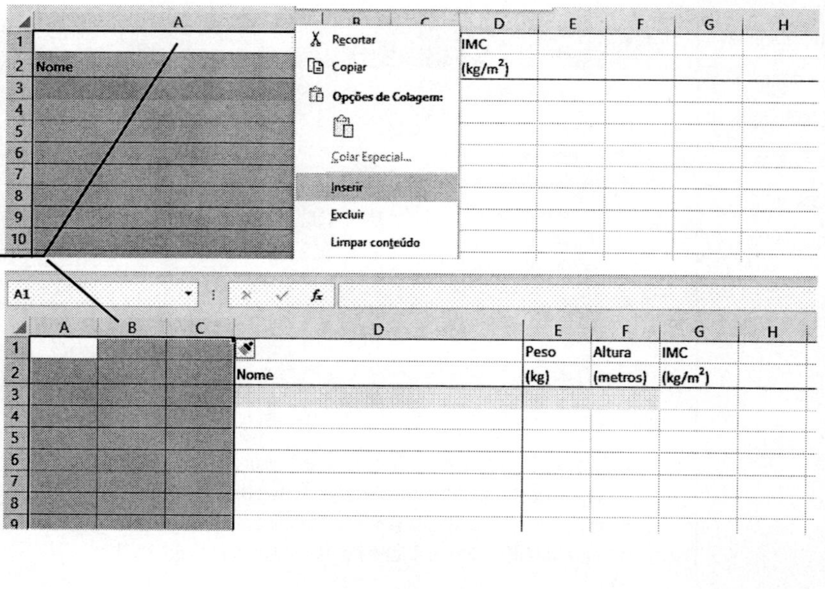


**Figura 1.46:** Inserindo três colunas à esquerda da primeira coluna para centralizar a solução de planilha

## Desbloqueie verticalmente a planilha

Use a mesma estratégia para inserir duas linhas acima da linha 1:

1. Clique no cabeçalho da linha 1 e arraste o mouse até o cabeçalho da linha 2, selecionando 2 linhas.
2. Clique com o botão direito no cabeçalho das linhas selecionadas e, no menu de contexto que aparece, escolha Inserir.

A Figura 1.47 mostra como a solução proposta na Figura 1.45 ficou após ser deslocada horizontal e verticalmente, tornando-se mais harmônica para o usuário.

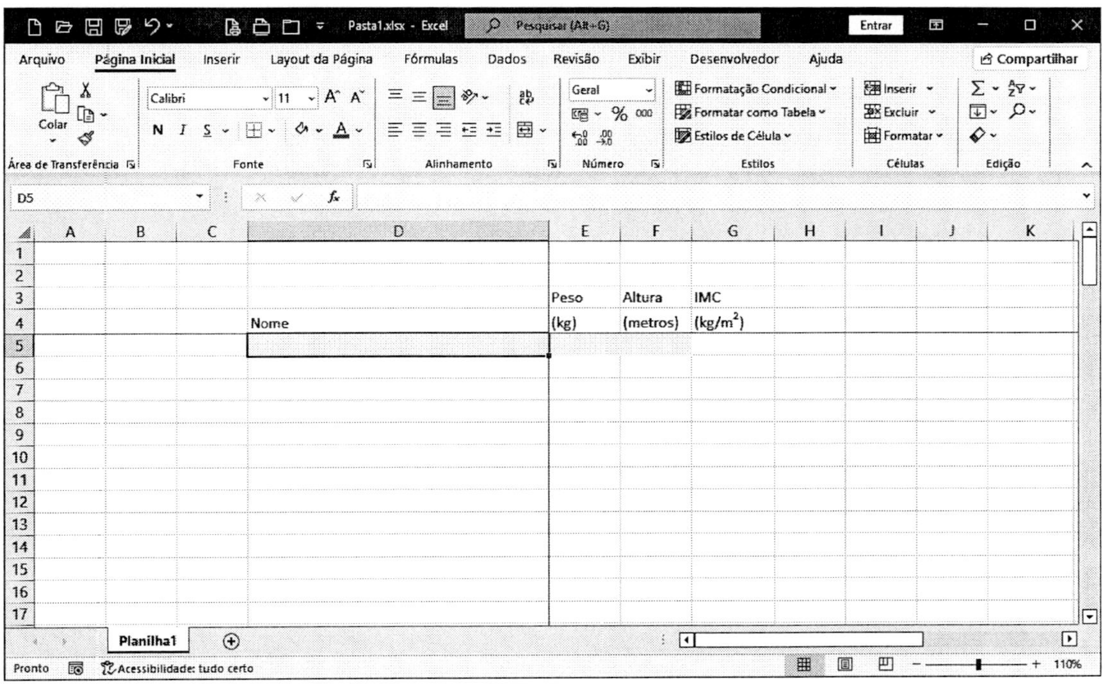

**Figura 1.47:** A solução de planilha após a inserção de 3 colunas e 2 linhas para melhor harmonizá-la na interface do Excel.

## Defina os limites da solução de planilha

Agora que a solução já está harmonizada e com as células adequadamente desbloqueadas e com as fórmulas ocultas, ela está pronta para ser propagada pelo número de linhas (ou colunas) que você, desenvolvedor, deseja disponibilizar para os usuários da solução de planilha.

Para fins didáticos, a solução proposta para cálculo do IMC será limitada à digitação de 30 pessoas, o que exige propagar as células D5:G5, da linha 5 da planilha (1ªlinha da área descongelada) para as linhas 6 a 34, que pode ser feito seguindo-se estes passos:

1. Selecione as células D5:G5 (células de dados e fórmula do IMC para a 1ª pessoa da planilha).
2. Arraste o Seletor das células selecionadas para baixo, até a linha 34, propagando formatos e fórmulas para a faixa D6:G34, permitindo o cálculo do IMC de 35 pessoas diferentes (Figura 1.48).

**Figura 1. 48:** Selecione as células formatadas para a 1ª linha da solução de planilha e arraste o seletor para baixo, propagando-as por quantas linhas desejar (no caso, até a linha 34).

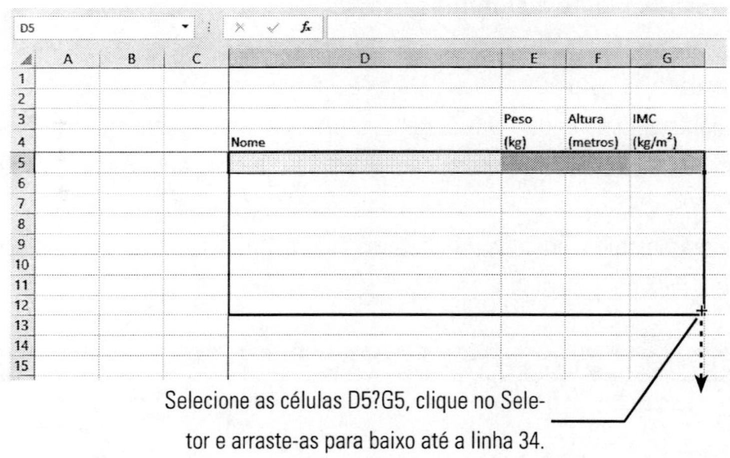


E uma vez que os limites da solução de planilha foram definidos, numere as linhas de inserção de dados para balizar o usuário da sua solução. Esta operação pode ser feita facilmente seguindo estes passos:

1. Digite 1 à direita da primeira célula de dados da solução (neste caso, célula C5)
2. Digite 2 à direita da segunda célula de dados da solução (célula C6).
3. Marque ambas as células, clique e arraste o Seletor para baixo, até a linha 34, numerando as linhas de inserção de dados (Figura 1.49).

**Figura 1.49:** Numere as linhas de inserção de dados da solução de planilha para indicar ao usuário quantas linhas de dados podem ser utilizadas.

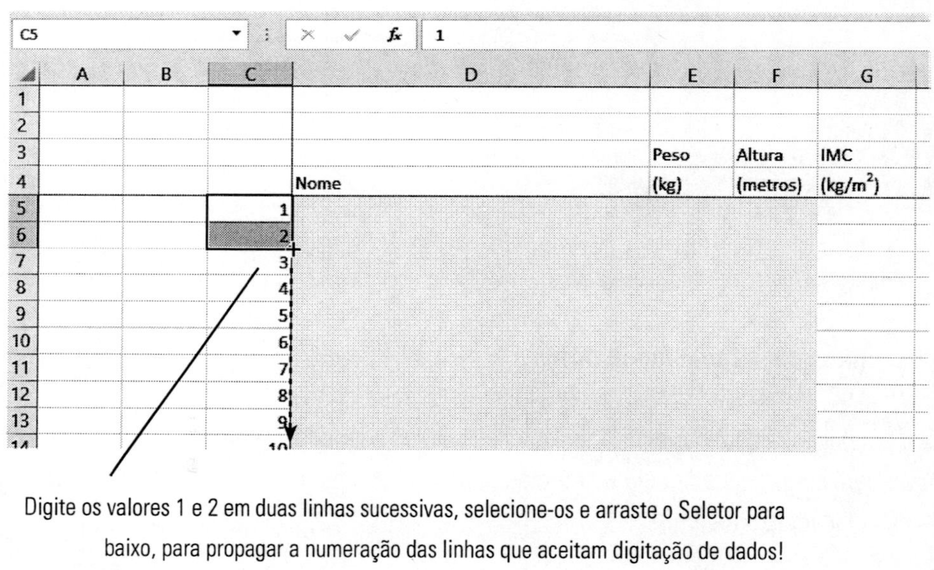


## Oculte linhas e colunas não utilizadas

Toda solução de planilha bem produzida deve ser congelada na tela para evitar que o usuário tenha a sensação de infinitude ao rolar a planilha para a direita ou para baixo, usando as barras de ferramentas horizontal e vertical do Excel.

Este é um truque simples e eficiente e funciona desta forma:

1. Identifique a última coluna que pretende deixar visível na tela. Na Figura 1.47 esta é a coluna K.

2. Clique no cabeçalho da coluna a sua direita (coluna L), para selecionar a 1ª coluna a ser ocultada.
3. Pressione Ctrl+Shift+Seta da direita para marcar todas as demais colunas da planilha.
4. Clique com o botão direito no cabeçalho das colunas selecionadas, e no menu de contexto que aparece, escolha Ocultar.

O Excel ocultará todas as colunas anteriormente selecionadas, deixando um espaço acinzentado em seu lugar (Figura 1.50)

**ATENÇÃO**: Para reexibir as colunas ocultas, clique com o botão direito do mouse no cabeçalho da última coluna visível, pressione Ctrl+Shift+Seta da direita (selecionando todas as colunas, inclusive as ocultas), clique com o botão direito na seleção e escolha Reexibir.

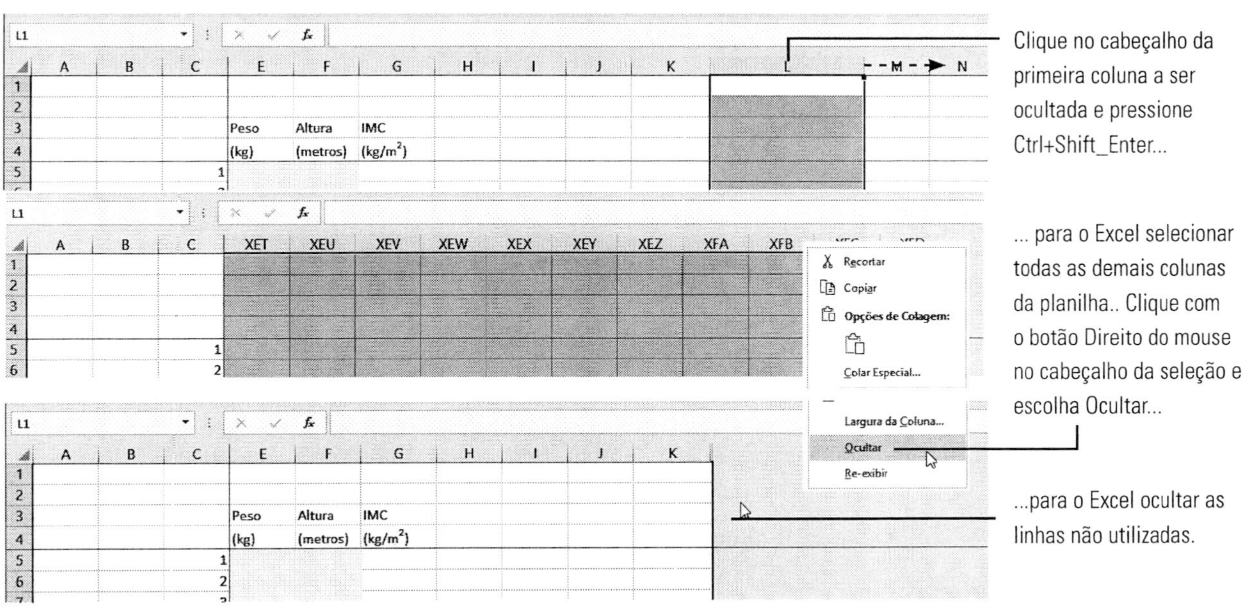


**Figura 1.50:** Oculte as colunas não utilizadas na planilha de cálculo do IMC para evitar a sensação de infinitude ao rolar a planilha para a direita.

Repita os passos do procedimento anterior para selecionada ocultar todas as linhas não utilizadas, a partir da linha 37 (deixe sempre uma ou duas linhas e/ou colunas não utilizadas visíveis na sua solução). Siga estes passos:

1. Role a planilha para baixo até exibir a linha 37.
2. Clique no cabeçalho da linha 37 para selecioná-la e pressione Ctrl+Shift+Seta para baixo. O Excel selecionará todas as linhas não utilizadas da planilha.
3. Clique com o botão Direito do mouse no cabeçalho das linhas selecionadas e, no menu de contexto que aparece, escolha Ocultar.

O Excel ocultará todas as linhas não utilizadas da planilha (Figura 1.51).

**Figura 1.51:** Oculte também todas as linhas não utilizadas da sua solução de planilha!

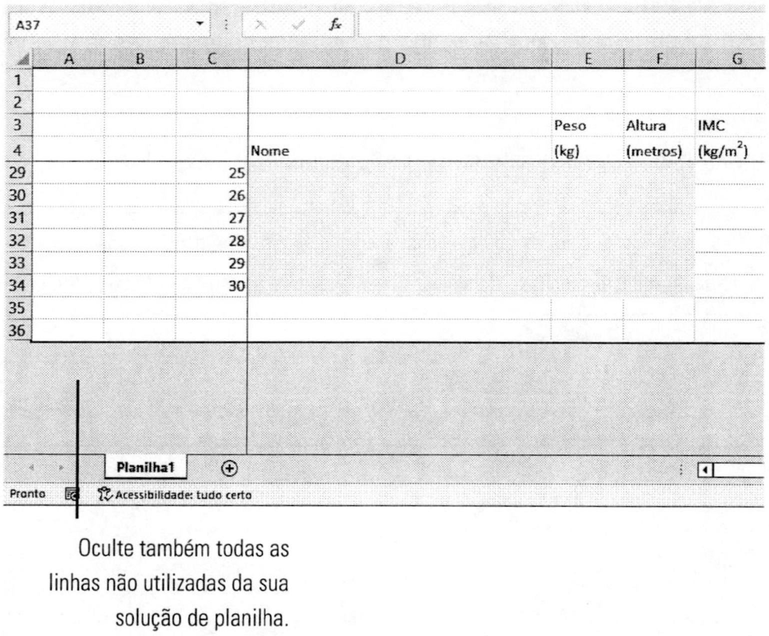


## Oculte Barra de fórmula, Linhas de grade, e Títulos

Agora que a planilha está congelada, e com as linhas e colunas não utilizadas já ocultas, oculte a Barra de fórmulas e impeça o usuário de alterar a altura/largura das linhas e colunas, desmarcando estas opções na interface ***desta*** planilha. Basta selecionar a guia Exibir da barra de ferramentas, e na área Mostrar, desmarcar as opões Barra de Fórmulas, Linhas de Grade e Títulos. O Excel removerá a Barra de Fórmulas, Linhas de Grade e os cabeçalhos de linha e coluna, deixando a solução de planilha com uma aparência bem mais interessante e profissional! (Veja a Figura 1.52).

**Figura 1.52:** Desmarque as opções Linhas de Grade e Títulos da guia Exibir para fornecer uma interface com aparência mais profissional para sua solução de planilha.

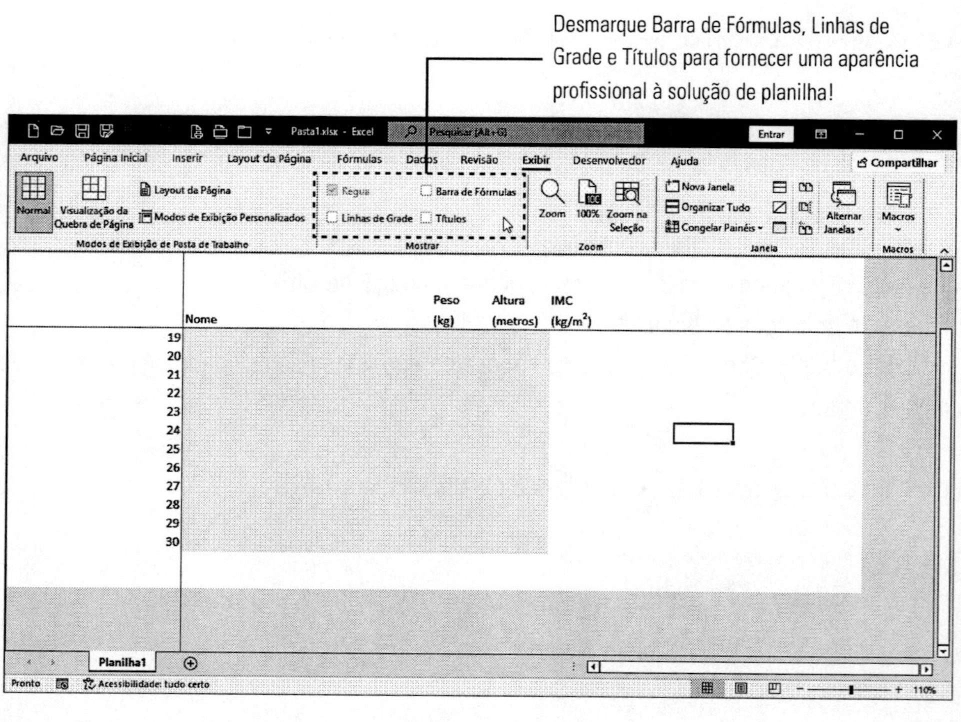

## Opcional: oculte as guias de planilha e barras de rolamento

Outras opções visíveis na interface da Pasta de trabalho que podem ser importantes para a usabilidade da sua solução são as guias de planilha e as barras de rolamento vertical e horizontal do Excel.

Como você já deve saber, cada Pasta de trabalho (ou Workbook) do Excel pode possuir até 256 guias de planilha (o padrão atual é exibir apenas a Planilha1 em cada novo arquivo do Excel). Em muitas soluções desenvolvidas no Excel – e espero explorar bastante isso nestes livros – é necessário utilizar-se de mais de uma planilha para se construir a solução desejada. Por exemplo, uma ou mais planilhas podem ser usadas para inserir tabelas de dados que fornecem informações técnicas utilizadas pela(s) planilha(s) que fazem a interface com o usuário. Eu as chamo de "planilhas parâmetro," porque são usadas para comparar ou pesquisar dados que fornecem informações úteis ao usuário.

Se você planeja impedir que os usuários de sua solução de planilha insiram, excluam ou ocultem/exibam quaisquer planilhas atualmente utilizadas, o melhor local para se fazer isso é na caixa de diálogo Opções do Excel (obtida ao clicar em Arquivo, Opções).

Para ocultar as Guias de Planilha e Barras de Rolamento:

1. Execute o comando Arquivo, Opções do Excel.
2. Clique na guia Avançado, role a interface até exibir a área "Opções de exibição desta Pasta de trabalho".
3. Desmarque as opções "Mostrar barra de rolagem horizontal", "Mostrar barra de rolagem vertical" e "Mostrar guias de planilha" (Figura 1.53).

**Figura 1.53:** Use a janela Opções do Excel 2007-2010 para proteger a estrutura visual da sua solução de planilha.

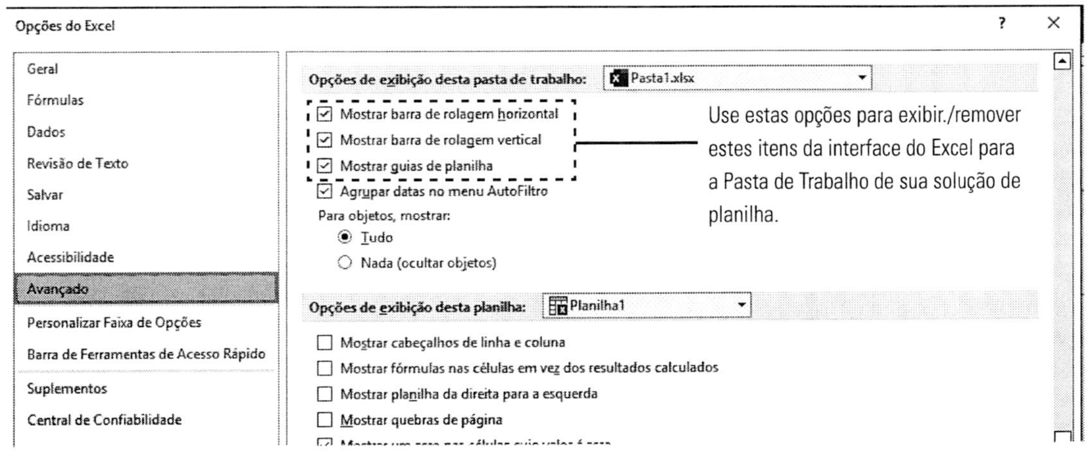


## Protegendo a estrutura da planilha

Quer escolha ocultar ou não as guias de planilha, você pode evitar que alguém insira, exclua, exiba ou oculte planilhas em sua solução – ou altere o tamanho e posição de qualquer planilha visível, caso esta não esteja maximizada na interface do Excel, protegendo o layout da sua Pasta de trabalho.

Isto pode ser feito escolhendo a guia Revisão e em seguida o comando Proteger Pasta de trabalho. O Excel fornecerá a janela Proteger Estruturas e Janelas exibida na Figura 1.54, onde poderá selecionar Estrutura e Janelas e se desejar, fornecer uma senha para evitar que qualquer um ***desproteja*** novamente a Pasta de trabalho.

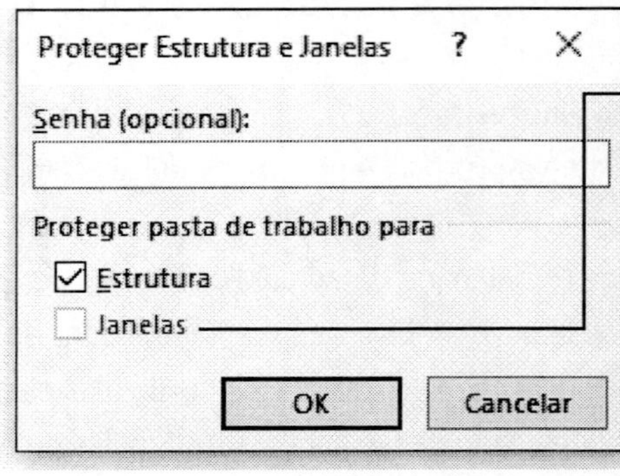


**Figure 1.54**: Use a caixa de diálogo Proteger Estruturas e Janelas, obtida ao executar o comando Proteger Pasta de trabalho da guia Revisão, para evitar alterações estruturais em sua solução.

A opção Janelas estará disponível se sua solução usar planilha restauradas (nãomaximizadas) naintetrface do Excel

## Proteja o acesso aos dados da Pasta de trabalho da solução Excel

A última opção de proteção para sua solução de planilha é aquela capaz de impedir o acesso ao conteúdo da Pasta de trabalho – ou arquivo do Excel. Siga estes passos:

1. Execute o comando Arquivo, Salvar e clique no botão Procurar (ou escolha uma das pastas já utilizadas na sua versão do Excel).
2. Na caixa de diálogo Salvar como que aparece, clique no botão Ferramentas, localizado na parte inferior direita para exibir seu menu, e escolha o item Opções gerais... para abrir a caixa de diálogo Opções gerais (Figura 1.55), onde poderá definir:

- Senha de proteção: utilizada para bloquear o acesso ao arquivo.
- Senha de gravação: utilizada para permitir salvar o arquivo caso seja alterado pelo usuário.

Pessoalmente, não gosto de soluções protegidas por senha de acesso – mas isso é uma questão pessoal. Portanto vá em frente, digite a senha desejada, confirme-a e feche o arquivo. A próxima vez que tentar abrir (ou salvar) esta Pasta de trabalho, o Excel irá solicitar esta senha para exibir (ou salvar) sua solução!

### Proteja suas senhas!

Tente criar uma metodologia para ajudar a lembrar das senhas utilizadas em suas aplicações de planilha, evitando que, eventualmente, possa ter dificuldade em reacessar as soluções criadas e protegidas por você:

1. Escolha uma senha segura para ***todas as suas soluções*** e fique com ela! Uma senha segura é... bem, não há senhas eletrônicas seguras. Mas quanto maior for a senha e quanto mais variável for o número e tipos de caracteres utilizados, mais tempo será necessário para encontrá-la usando algum aplicativo quebrador de senhas.
2. Se planeja criar senhas personalizadas para soluções ou clientes diferentes, forneça um prefixo ou sufixo com o nome do cliente ou solução, seguido por *"sua senha básica"*. Isso poderá ajudar a encontrar a senha utilizada em diferentes projetos criados por você.
3. Escreva a senha e coloque-a em local seguro, pessoal. Pode ser útil no futuro, após ter criado inúmeras soluções Excel para clientes diferentes.

**Figura 1.55:** Use o comando Arquivo, Salvar como, para exibir a caixa de diálogo Salvar como, e empregue o botão Ferramentas localizado na parte inferior direita para selecionar Opções gerais...e exibir a de mesmo nome, onde é possível decidir a Senha de Proteção e Senha de Gravação da Pasta de trabalho atual.

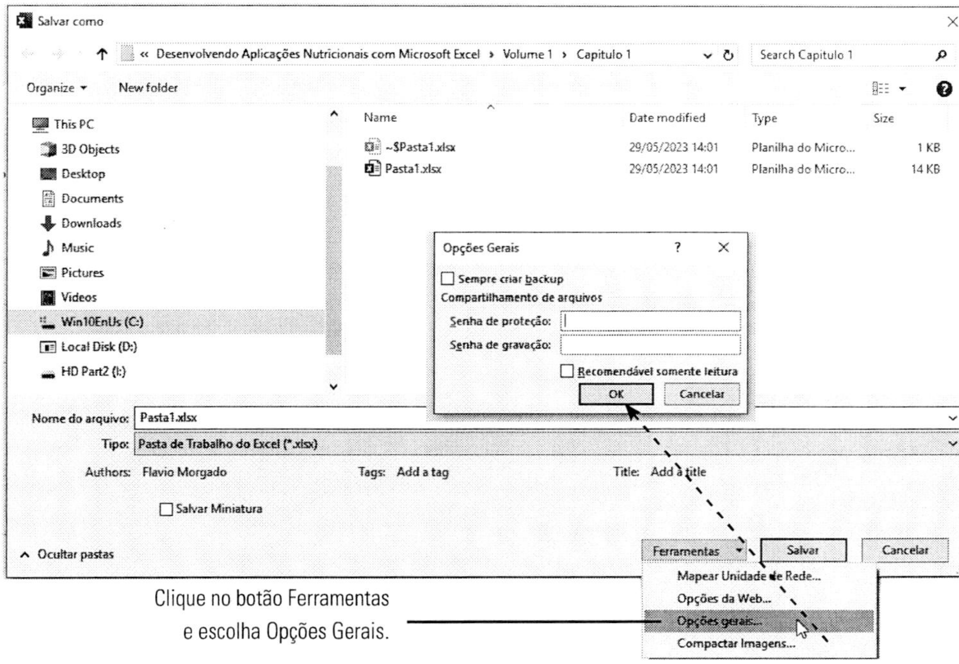


## 1.5 Resumo do Capítulo

Neste capítulo você aprendeu:

- O que é uma célula e como se mover pelos limites de uma planilha do Excel.
- Como o Excel lida com diferentes tipos de dados em uma célula.
- Que textos são sempre alinhados à esquerda por padrão, enquanto números são sempre alinhados à direita.
- Que você pode mesclar duas ou mais células em uma só, e separá-las novamente.
- Como usar formatos para fornecer mais informações para um valor digitado ou calculado em uma célula.
- Que as fórmulas do Excel sempre se iniciam por um sinal de igual "=".
- Como criar Formatos Personalizados para melhorar a legibilidade das suas planilhas.
- Como usar a função SE( ) do Excel para fazer com que a planilha tome suas próprias decisões.
- Como usar a Formatação Condicional para prever e evitar a exibição de erros em fórmulas (erro DIV#0!).
- Como congelar sua planilha.
- Como melhorar a aparência das suas soluções Excel ocultando linhas de grade, cabeçalhos de linha e coluna, guias de planilha e/ou barras horizontais/verticais.
- Como proteger sua propriedade intelectual criada no Excel.

# Capítulo 2. Referências em Fórmulas: a chave da produtividade no Excel!

Neste capítulo será abordado um assunto importante e difícil para os novatos na criação de planilhas eletrônicas, sejam elas do Microsoft Excel ou de qualquer outro fornecedor: como lidar com as referências de célula usadas nas fórmulas para torná-lo mais produtivo no processo de desenvolvimento das soluções de planilha.

## 2.1. O que são referências em fórmulas?

Imagine uma situação bem simples: você quer criar uma solução de planilha que possibilite fornecer os dados básicos de uma pessoa qualquer: Nome, Endereço, Telefone,... e então registrar sucessivas informações de Data, Altura e Peso, calculando automaticamente o IMC - Índice de Massa Corporal em cada data, com objetivo de efetuar um controle de peso.

Dependendo da idade da pessoa (especialmente crianças e idosos), pode ser necessário inserir sua Altura e Peso em cada uma das datas em que deseja calcular seu IMC.

Porém, para fins didáticos, vamos considerar apenas uma pessoa adulta normal, cuja altura deve se manter constante ao longo do tempo (salvo algumas exceções). Nesta situação, podemos considerar que a solução de planilha a ser criada, necessita de um local específico para se digitar os dados básicos da pessoa (no caso Nome e Altura) apenas uma vez, e então fornecendo espaço para digitar sucessivas Datas e o Peso medido em cada data, calculando seu IMC a partir de uma Altura constante.

---

**ATENÇÃO:** Este é um exemplo com a finalidade didática de se explicar como funcionam as Referências de fórmulas. Para que a planilha possa ser utilizada em qualquer caso (incluindo crianças em fase de crescimento, idosos que tendem a diminuir a altura com o avançar da idade, e outros casos especiais, será necessário oferecer espaço para digitar o peso e a altura à cada medição.

---

Esta planilha pode ser criada usando pelo menos dois tipos de layouts diferentes para registrar a data e o peso medido naquele momento, calculando seu IMC, usando um layout:

1. Coluna a coluna, onde a data e o peso são digitados usando duas linhas distintas e várias colunas.
2. Linha a linha, onde data e peso são digitados em várias linhas, usando três colunas distintas.

A planilha deve ser capaz de calcular o IMC dessa pessoa na mesma coluna (layout em linha) ou linha (layout em coluna) em que a data e peso são digitados. A Figura 2.1 mostra duas possibilidades para a implementação destas soluções de planilha.

Na primeira solução, digita–se datas e pesos coluna-a-coluna. na segunda digita-se linha-a-linha.

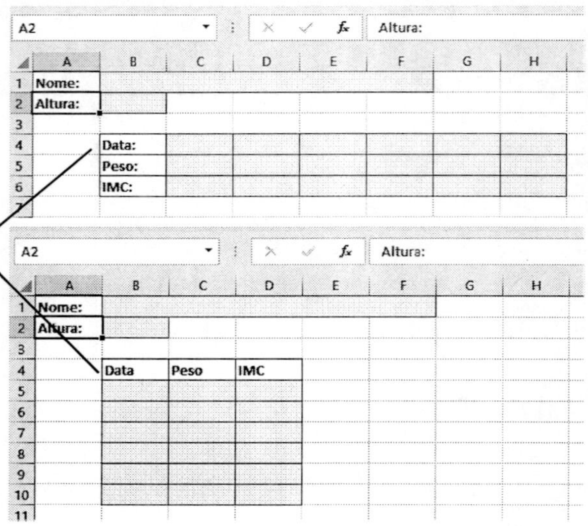


**Figura 2.1:** Dois possíveis layouts para uma solução de planilha que use uma linha do tempo para coletar dados para o controle do IMC de uma pessoa.

Apesar de serem bem simples, ambas as soluções exigem diferentes abordagens para a criação de uma única fórmula de IMC na primeira medida de peso de cada planilha, de forma que esta possa ser facilmente propagada para as demais células reservadas ao IMC.

Vamos ver cada abordagem separadamente, já que ambas constituem bons exemplos de como as "referências de fórmulas" podem trabalhar em seu favor.

## Usando o layout coluna-a-coluna

No caso do layout coluna-a-coluna exibido na parte superior da Figura 2.1, para calcular o IMC (peso/altura2) da primeira data, a fórmula deve ser inserida na célula D6 (IMC da primeira data), usando o peso contido em D5 e a altura contida em B2:

=D5/B2^2

A Figura 2.2 mostra o resultado da fórmula de cálculo do IMC inserida na célula D6 para alguém com 1,70m de altura e 72 kg de peso na primeira data.

Este é o IMC para uma pessoa adulta (altura constante) calculado para o seu peso na primeira data. Note que o peso é fornecido em kg e a altura em metros usando Formatos Personalizados diferentes

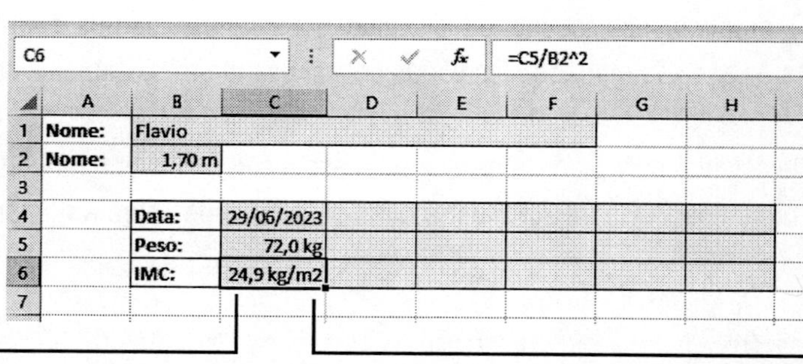


Para copiar esta fórmula para a célula adjacente (segunda data) arraste o seletor da célula D6 para a direita (o quadradinho situado no canto direito inferior da célula)

**Figura 2.2:** A fórmula para o cálculo do IMC inserida na célula D6 divide o peso contido na célula D5 (em kg) pelo quadrado da altura (em metros) contida na célula B2.

---

**ATENÇÃO:** Note que as células B2,D5 e D6 usam um Formato Personalizado para exibir seus sufixos de altura (m=metros), peso (kg) e IMC (kg/m2). A criação de um Formato Personalizado foi abordado na seção "Criando Formatos Personalizados para Peso e Altura" no Capítulo 2, "Sobrevivência no Excel: Entendendo as planilhas."

---

Agora deseja-se propagar a fórmula inserida em C6 para as demais colunas das datas futuras previstas na planilha. Neste layout de planilha os pesos medidos em cada data alocados ao longo da linha 5 (células amarelas D5 à H5). Parece bem razoável que deva existir um método onde você pode simplesmente copiar esta fórmula de IMC e colá-la nas demais células que efetuam o mesmo cálculo, evitando ter de redigitá-la em cada data futura.

Digite uma nova data de consulta na célula D4, um novo peso para o mesmo cliente na célula D5 e copie a fórmula do IMC inserida na célula C6 usando uma dessas técnicas:

1. Clique em C6, pressione Ctrl+C para copiar seu conteúdo, clique na célula D6 (próxima data a ser utilizada) e pressione Ctrl+V para colar a fórmula.
2. Clique e arraste o seletor da célula C6 (o quadradinho situado no seu canto inferior direito) para a célula D6.

Independente da forma escolhida, ao terminar de copiar a fórmula do IMC de C6 para D6, você verá que, apesar de haver inserido um peso correto na célula E5 para a segunda data, a fórmula copiada não parecerá estar correta, fornecendo a constante de erro #DIV/0!, indicando que o Excel não pode efetuar a divisão por zero! (Figura 2.3).

A constante de erro #DIV/0! aparece porque o Excel converte todas as referências de fórmula uma coluna para a direita (relativamente à direção em que foi copiada a fórmula!), fazendo a dividir do peso contido em E5 por uma altura inexistente contida em C2

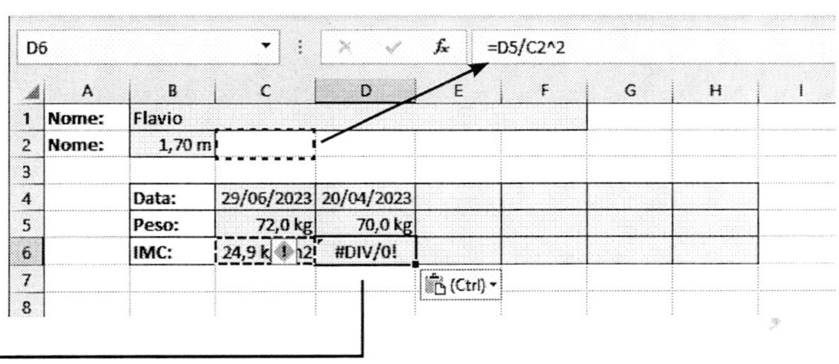


**Figura 2.3:** Quando você copiar a fórmula do IMC inserida anteriormente na célula D6 para a célula E6 (uma célula para a direita), o Excel incrementará em cada referência da fórmula uma coluna para a direita. Ele faz um bom trabalho com o novo peso, contido na célula E5, mas adivinha mal a localização da altura, trocando-a também da célula B2 para a célula C2 – onde não há nada digitado! em C2

Como a altura foi inserida na célula B2 e o peso da segunda data na célula C5 – 70 kg, o que realmente ocorreu com a fórmula copiada?
Como a fórmula de C6 foi copiada para a célula adjacente à sua direita, o Excel alterou todas as referências de coluna da fórmula original incrementando suas colunas em uma unidade (ou próxima letra do alfabeto)!

A fórmula original copiada, inserida em C6 é:
=C5/B2^2

E a nova fórmula em D6 se tornou:
=D5/C2^2

O Excel fez um bom trabalho ao converter o peso da referência D5 para o novo peso inserido em C5, mas isso não deveria ter ocorrido com a altura, que deve permanecer inalterada na célula B2. A nova fórmula atualizou esta referência para C2, que contém... NADA! O que força o Excel a efetuar uma impossível divisão por zero e alertar-nos com a constante de erro #DIV/0! – uma reclamação bem razoável!

**Consertando referências em fórmulas**

O que desejamos ao criar uma fórmula em uma dada célula, que deva ser propagada para várias outras células da mesma linha ou coluna da planilha, é poder informar ao Excel quais referências devem ser atualizadas na direção da cópia, e quais devem permanecer fixas, à medida que as novas fórmulas são propagadas.

Toda planilha eletrônica – desde a primeira de todas (chamada VISICALC, que usei no meu computador Apple II no início dos anos 1980) – usa o caractere "$" para preceder o endereço de coluna ou linha de qualquer referência de célula usada em uma fórmula, para indicar ao mecanismo de cópia da planilha, o que deve permanecer inalterado (ou fixo) quando a fórmula é propagada em qualquer direção. Funciona da seguinte forma:

- "$" precede a letra da coluna, fixa a coluna.
- "$" precede o número da linha, fixa a linha.
- "$" precede tanto a letra da coluna quanto o número da linha, fixa a célula!

Vamos examinar alguns exemplos simples para compreender este conceito:

=C3 É o que se chama de ***Referência Relativa***: ao copiar esta fórmula em qualquer direção, tanto o endereço da coluna como o da linha serão atualizados na direção da cópia. Ao copiá-la uma célula para a direita, a fórmula se tornará =D3 (atualizando a referência da coluna para a célula adjacente à direita). ao copiá-la uma célula para baixo, a fórmula se tornará =C4 (atualizando a referência de linha para a célula adjacente abaixo).

=$C3 Chamada ***Referência de Coluna Fixa***, indica que a letra da coluna não se altera. Ao copiar a célula para a direita (ou esquerda) na mesma linha, a fórmula permanecerá =$C3 (a referência da coluna não será atualizada). ao copiar a célula para baixo, a fórmula se tornará =$C4 (o Excel atualizará a referência de linha para a célula adjacente abaixo, pois o número da linha é uma ***referência relativa***).

=C$3 Chamada ***Referência de Linha Fixa***, indica que o número da linha não se altera. Ao copiar a célula para a direita, a fórmula se torna =D$3 (a referência da coluna será atualizada para a célula adjacente à direita). ao copiar a célula para cima ou para baixo na mesma coluna, a fórmula permanecerá =C$3 (a referência de linha do endereço da célula não será atualizada).

=$C$3 Chamada de Referência Absoluta, indica que ambas as referências de coluna e linha não se alteram, mantendo o endereço da célula na nova fórmula, não importa em qual direção a célula seja copiada (permanecerá sempre =$C$3).

Entendeu essa regra? Por favor, leia-a de novo, pois este conceito será amplamente utilizado pelo resto deste livro para torná-lo mais produtivo com as soluções de planilha que serão demonstradas.

## Fixando Referências com a tecla F4

Para ajudá-lo a usar o caractere "$" para fixar referências de células, o Excel oferece a funcionalidade da tecla de função F4. Enquanto estiver criando (ou editando) uma fórmula, sempre que o cursor estiver próximo ou dentro de um endereço de célula, e você pressionar F4, o Excel irá alterar seu estilo de referência:

1. A primeira vez que pressionar F4, o Excel colocará o caractere "$" antes da coluna da célula e do número da linha, tornando a célula uma ***Referência Absoluta.***
2. Pressionando F4 uma segunda vez, força-se o Excel a colocar o "$" apenas antes da letra que referência a linha, tornando-a uma *Referência Fixa na Linha.*
3. A terceira vez que F4 for pressionada, o Excel removerá o "$" da referência da linha e o adicionará na referência da coluna, tornando-a uma *Referência Fixa na Coluna.*
4. A quarta vez que F4 for pressionada, o Excel irá remover o "$" da referência de coluna tornando-a novamente uma *Referência Relativa.*

Vamos fazer um rápido exercício no Excel para entender isso de vez. Em qualquer célula da planilha, digite esta fórmula:
=C3

Não pressione Enter, para manter a célula em edição (se já pressionou, aplique-lhe um duplo clique ou pressione F2 para entrar novamente em modo de Edição). O cursor do Excel deve estar em qualquer local próximo da célula C3 dentro da fórmula (antes da letra C, entre a letra C e o número 3 ou à direita do número 3). Pressione a tecla F4: o Excel atualizará a referência para $C$3 (tornando-a uma referência absoluta), e a fórmula se tornará:
=$C$3

Pressione F4 outra vez e o Excel atualizará a referência para C$3 (fixando a linha da célula) e a fórmula se tornará:
=C$3

Pressione F4 mais uma vez. O Excel atualizará a referência da célula para $C3 (fixando a coluna da célula) e a fórmula se tornará:
=$C3

Pressione F4 uma vez mais e o Excel atualizará a referência da célula para C3, (tornando-a uma referência relativa) e a fórmula se tornará:
=C3

Se continuar a pressionar F4, o ciclo de alternância de referências reiniciará. A Figura 2.4 mostra este ciclo em ação a cada vez que a tecla de função F4 é pressionada, enquanto a fórmula estiver sendo editada no Excel.

**Figura 2.4:** Toda vez que você pressiona a tecla de função F4 ao editar uma fórmula, a célula próxima ao cursor terá seu estilo de referência alterado usando um ciclo de 4 passos: O Excel irá criar uma referência absoluta, fixar a célula, na linha, depois na coluna e retorná-la a uma referência relativa.

**=C3 → =$C$3 → =C$3 → =$C3**

A tecla de função F4 funciona em qualquer referência de célula em uma fórmula, alterando sua relatividade de todas as formas possíveis em um ciclo contínuo de quatro passos

Esta possibilidade tem um importante impacto nas fórmulas que necessita criar em uma planilha eletrônica: você deve planejar antecipadamente o que deverá ser ou não automaticamente atualizado na fórmula ao copiá-la para outras células da sua planilha.

Vamos nos concentrar novamente na fórmula do IMC que criamos na célula C6 da Figura 2.2 e que desejamos propagar para as células D6:G6 (as próximas datas possíveis onde um novo peso será inserido).
A fórmula para o IMC inserida na célula C6 da planilha da Figura 2.2 é:
=C5/B2^2

E queremos que ela se propague corretamente para a direita, nas células D6, E6, F6 e G6. Portanto, observe atentamente a fórmula e responda: "Quais referências de célula devem ser relativas e quais devem ser fixas?"

Obviamente, a célula C5 (o peso inserido para em qualquer data) deve ser alterado para D5, E5, F5, e G5 – locais onde serão digitados novos pesos nas datas futuras. Mas a célula D2 (a altura da pessoa em metros) não deve jamais ser alterada, mantendo-se uma referência fixa!

Assim, estando a fórmula da célula C6 em Modo Edição, coloque o cursor próximo da célula B2 (antes da letra B, entre B e 2 ou à direita do número 2) e pressione a tecla de função F4. A fórmula se tornará:
=D5/$B$2^2

---

**ATENÇÃO:** No Excel você pode colocar qualquer fórmula em "Modo Edição" de três formas distintas: clicando na barra de fórmulas, pressionando a tecla F2 ou aplicando um duplo clique na célula.

---

Agora, diga-me: isso funcionará quando o seletor da célula C6 for arrastado para a direita?
(Pense...)

...

SIM! Irá funcionar sim! A célula B2 contém a altura da uma pessoa adulta, e como espera-se que a altura de um adulto não varie em um curto intervalo de tempo, pode ser uma referência absoluta na fórmula. Por isso, o uso de dois "$": $B$2 – um para fixar a coluna B e outro a linha 2, tornando-a uma Referência Fixa.

Mantendo a célula C6 em edição e estando o cursor próximo à referência $B$2, pressione F4 novamente. A fórmula se tornará:
=D5/B$2^2

Agora, diga-me novamente: esta fórmula continuará a funcionar quando o seletor da célula C6 for arrastado para a direita? (Pense...)
...

NÃO! Não irá funcionar! A célula B$2 possui apenas a referência de linha fixa e, como ela será arrastada pelas colunas, a referência da coluna B será alterada para as demais colunas, tornando-se C$2, D$2, E$2 e F$2 – que são células vazias, forçando o Excel a fornecer a constante de erro #DIV/0!.

Mais uma vez, mantendo C6 em edição e com o cursor do Excel próximo à B$2, pressione F4 novamente. A fórmula se tornará:
=D5/$B2^2

Diga-me agora: isso irá funcionar?
(Pense...)
...
SIM! Irá funcionar, sim!!! Como queremos arrastar a célula C6 para a direita, fixando apenas a coluna B na referência de célula $B2 da fórmula, isto indica que a letra da coluna não será alterada.
Você entendeu este conceito?

Faça um grande favor: se o conceito de Referência Relativa e Absoluta permanece nebuloso para você, leia novamente os últimos parágrafos e refaça o exercício até que o compreenda, certo?

A Figura 2.5 mostra uma das formas de se definir a fórmula do IMC na célula C6 para a data da primeira consulta antes de arrastá-la (ou copiá-la) para as células adjacentes à direita, onde o IMC também será calculado.

**Figura 2.5:** Ao criar uma fórmula que será propagada para outras células da planilha, planeje antecipadamente quais células devem permanecer fixas e quais devem ser alteradas em relação à sua nova posição. A fórmula usada para o cálculo do IMC pode ser alterada para uma destas fórmulas, ambas válidas: =C5/$B$2^2 ou =C5/$B2^2

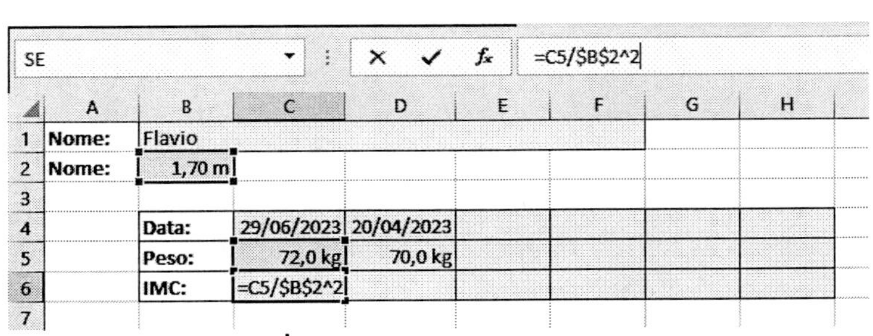


Antes de arrastar a fórmula para a direita, use a tecla de função F4 para fixar a referências B2 para a Altura, que não deve ser alterada quando a fórmula for propagada!

A Figura 2.6 demonstra que quando as referências de célula usadas na fórmula estão corretas, esta pode ser propagada para qualquer célula da planilha: a fórmula se ajustará para refletir dados da nova posição em que é copiada.

**Figura 2.6:** Quando a fórmula a ser propagada possui as referências fixas e relativas corretamente definidas, ao serem arrastadas (ou copiadas) para outras células, sempre utilizarão os dados corretos para seu cálculo.

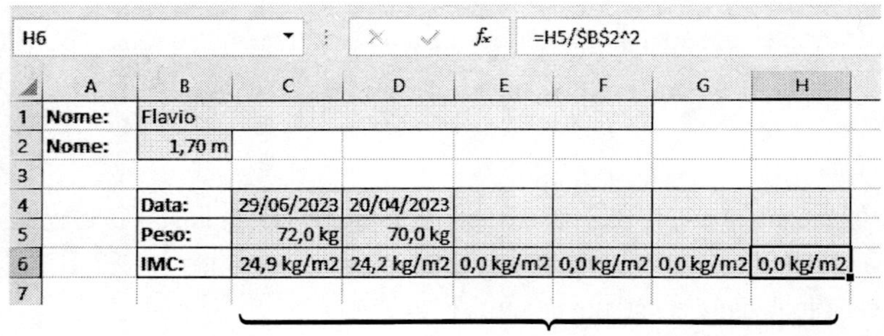


As células D6:H6 possuem fórmulas equivalentes para o cálculo do IMC em cada data possível, porque as referências da fórmula original inserida em C6 foram planejadas antecipadamente, indicando quais células devem variar e quais devem permanecer fixas antes de serem propagadas

## Usando o layout linha a linha

Neste momento da leitura, você já está mais do que pronto para criar a mesma planilha de IMC usando a segunda abordagem proposta para o registro dos pesos ao longo do tempo exibido na Figura 2.1, no qual as datas e pesos serão digitadas linha a linha.

Como pode ser visto na Figura 2.1, a fórmula para o IMC da primeira data deve ser digitada na célula D5, cujo seletor será arrastado para baixo, propagando sua fórmula nas células D6:D10.

A fórmula a ser inserida na célula D5 para calcular o IMC da primeira data, deve empregar o peso medido nesta data (inserido na célula C5) e a altura da pessoa (inserida na célula B2) será:
=C5/B2^2

Considerando que esta fórmula será propagada para as linhas abaixo, quais tipos de referência funcionarão para o denominador B2, para que todos os IMCs sejam calculados corretamente? Pense!

...

Pense um pouco mais...

...

Se estiver prestando atenção na fórmula e no layout da planilha, perceberá que o peso da primeira data, contido na célula C5, deverá ser alterado para cada célula abaixo (tornando-se C6, C7, C8, C9 e C10), enquanto a altura contida na célula B2 não poderá mudar a posição relativa da linha (linha 2).

Observe então esta fórmula:
=E5/$B$2^2

Responda o mais rápido que puder: "Esta fórmula funcionará ao ser arrastada da célula D5 para as células D6:D10?" PENSE!

...

SIM, ela funcionará! Tente então o próximo exemplo – observe todas as referências usadas na próxima fórmula e pense: ela irá funcionar também?
=$C5/B$2^2

PENSE!
...

SIM, definitivamente! A referência $C5 fixa a coluna C, e varia a linha 5. Como a fórmula será arrastada para baixo na mesma coluna (coluna D), apenas o número da linha será alterado. Note que a célula B$2 fixa apenas a referência à linha 2, indicando que ao ser arrastada para baixo na mesma coluna, esta referência permanecerá inalterada! Experimente!

A Figura 2.7 foi criada usando a última fórmula. Você pode tentar ambas as combinações para compreender o mecanismo e processo de propagação de fórmulas. E, se isso ainda estiver complicado para você, não se importe: serão usados muitos exemplos nestes livros para ajudá-lo a se tornar mais produtivo no Excel!

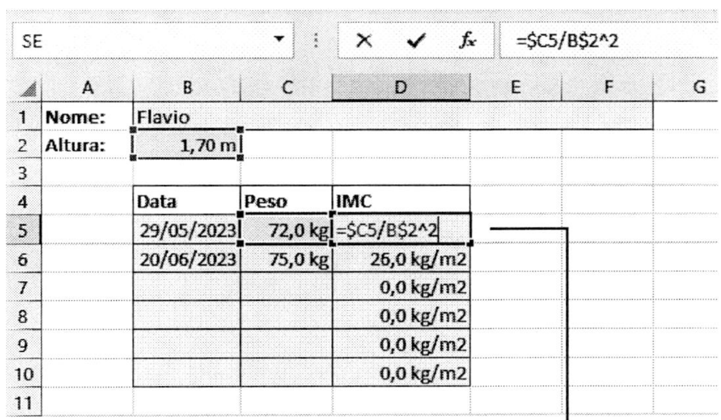


**Figura 2.7:** Ao variar o layout da planilha pode-se empregar outros tipos de referências nas células da fórmula do IMC, visando propagá-la na direção desejada. Raciocine antecipadamente sobre quais referências devem ser alteradas e quais devem permanecer fixas ao criar suas fórmulas!

A fórmula da célula D5 foi definida para =$C5/B$2^2 antes de ser arrastada para baixo, até a célula D10. Nesta situação, há outras formas de se usar as referências de célula que também funcionarão (como em =C5/$B$2^2). Isto porque queremos manter fixa apenas a célula B2 para todas as fórmulas propagadas na mesma coluna..

## 2.2 A Tabela de IMC

Agora que já foi demonstrado como funciona o mecanismo de referências de fórmula do Excel. Irei levá-lo um passo além para realizar a próxima tarefa: produzir uma tabela científica e popular para o IMC!

Há várias tabelas disponíveis para exibição do IMC, e caso faça uma pesquisa na Internet usando com as palavras-chave "tabela IMC" (sem as aspas) encontrará diversas delas, em formatos variados, incluindo a que está sendo exibida na Figura 2.8.

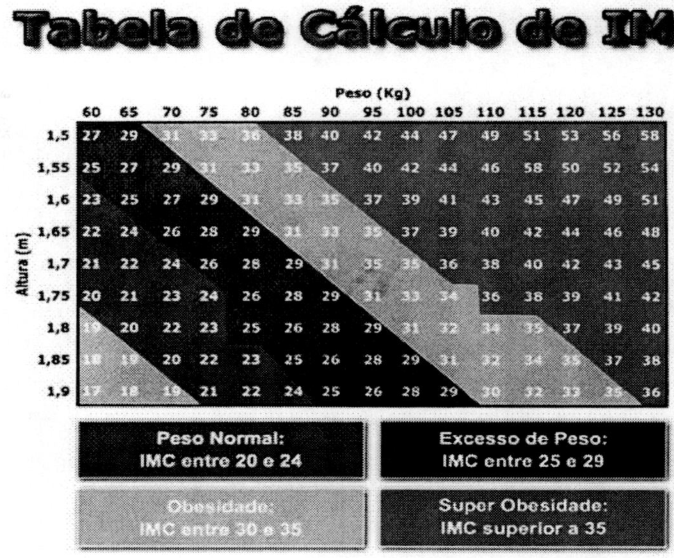


**Figura 2.8:** Popular tabela de IMC exibindo o peso na linha superior (entre 60 e 130 kg, aumentando a cada 5 kg) e a altura na primeira coluna (entre 1,5 e 1.9 m, aumentando a cada 5 cm).

A missão aqui é produzir uma cópia similar desta tabela usando o Excel e os princípios já apresentados neste livro até o capítulo atual.

A primeira linha da tabela exibida na Figura 2.8 fornece o peso, em quilogramas de um adulto, variando de 5 em 5 kg, enquanto que a primeira coluna fornece a altura, em metros, variando de 5 em 5 cm. Na interseção do peso e altura, encontra-se o IMC calculado para quem possua peso e altura similares.

Encontre o peso mais próximo do seu (o que for igual ou menor) na primeira linha, ache a altura mais próxima da sua na primeira coluna e verifique em qual categoria cromática situa-se seu IMC. Dependendo da região cromática em que caia no gráfico exibido na Figura 2.8, poderá se classificar como Baixo Peso (sem legenda), Peso Normal, Excesso de Peso, Obesidade ou Super Obesidade.

A Tabela 2.1 descreve como a OMS – Organização Mundial de Saúde segmenta as condições clínicas do peso de um adulto de acordo com o IMC calculado.

**Tabela 2.1:** Condição clínica de uma pessoa adulta, relativa ao seu IMC calculado, de acordo com a OMS- Organização Mundial de Saúde.

| IMC calculado | Condição clínica |
|---|---|
| < 16,5 | Subnutrição |
| 16,5 < IMC < 18,5 | Abaixo do peso |
| 18,5 < IMC < 25 | Peso normal |
| 25 < IMC < 30 | Sobrepeso |
| 30 < IMC < 35 | Obesidade (grau 1) |
| 35 < IMC < 40 | Obesidade clínica (grau 2) |
| >= 40 | Obesidade mórbida (grau 3) |

Nosso objetivo é construir uma tabela similar, com uma maior variação de peso e altura, usando a fórmula do IMC e os conceitos de referências relativas e absolutas citados nesta seção, empregando o recurso de Formatação Condicional citado no capítulo anterior, para colorir as células de acordo com o valor do IMC.

## Criando a estrutura da Tabela de IMC

O primeiro passo é criar a estrutura básica da tabela de IMC. Vamos começar em uma nova planilha do Excel, digitando "Tabela de IMC" na célula B1, 40 na célula B2 e 45 na célula C2.

Porque deixar a célula A1 em branco? Olhe de novo a Figura 2.8 e observe que a primeira linha contém o título da tabela, a segunda linha deixa a primeira coluna em branco e então recebe os pesos, e a primeira coluna é usada para as alturas.

Selecione então ambas as células B2:C2, clique e arraste o seletor da célula C2 (o quadradinho do seu canto direito) para a direita, até atingir a coluna T, gerando todos os valores necessários para compor a primeira linha de pesos da nossa tabela. A Figura 2.9 mostra como a tabela deve ser inicialmente definida e o processo de propagação de valores de peso em sua primeira linha.

**Figura 2.9:** Para criar a Tabela de IMC, reserve as duas primeiras linhas para título de pesos, e a primeira coluna para as alturas.

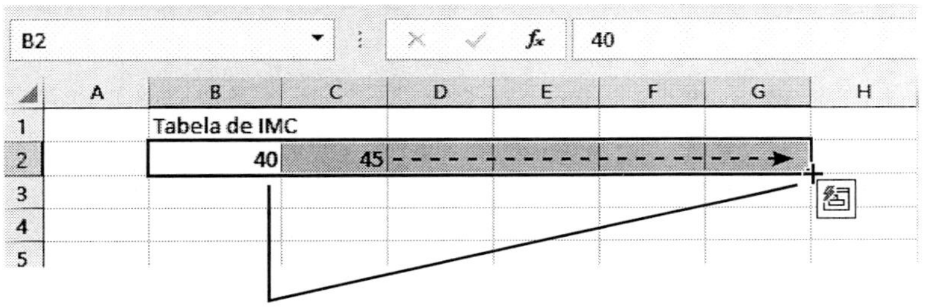


Estando com as células B2:C2 selecionadas, arraste o seletor da célula C2 para a direita, até que a pequena caixa abaixo indique 130 (até a coluna T).

---

**ATENÇÃO**: Ao digitar 40 em B2 e 45 em C2, selecionar ambas as células e arrastar o seletor para a direita, o Excel perceberá que a diferença numérica entre elas é de 5 unidades, e usará esta diferença para gerar os novos valores.

---

Precisamos agora reduzir a largura das colunas B até T de forma que a tela possa conter todas elas de uma só vez, o que pode ser feito seguindo estes passos:

1. Clique no cabeçalho da coluna B e, sem soltar o botão do mouse, arraste-o até o cabeçalho da coluna **T** (ou clique no cabeçalho da coluna B, pressione a tecla Shift e, enquanto a mantém pressionada, clique no cabeçalho da coluna **T**), selecionando todas as colunas da faixa.
2. Aponte o mouse para a linha vertical entre dois cabeçalhos de coluna selecionados e diminua sua largura arrastando-o para a esquerda, até atingir a largura desejada, como mostra a Figura 2.10

---

**ATENÇÃO**: A resolução atual de meu monitor indica uma largura de 3,86 unidades ou 32 pixels. Este valor pode variar para o seu computador, dependendo das dimensões de sua tela e resolução atual utilizada.

---

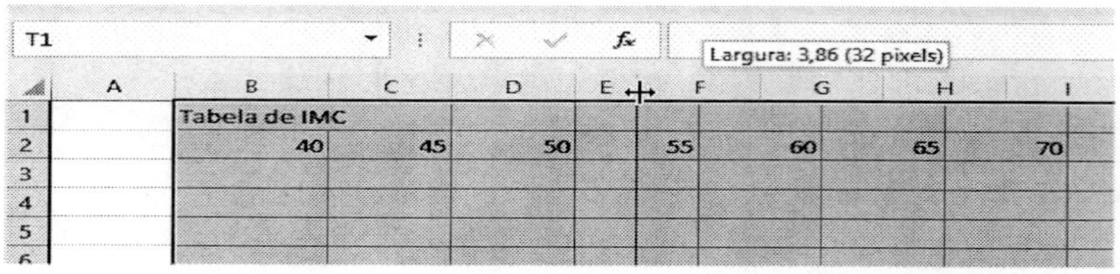


**Figura 2.10:** Para reduzir a largura de várias colunas de uma só vez, clique no cabeçalho da primeira coluna e então arraste o mouse pelo cabeçalho das demais colunas que pretende afetar. Selecione então a borda direita de uma das colunas selecionadas e arraste-a na direção da largura desejada. Todas as colunas selecionadas serão alteradas igualmente.

Mantendo as colunas B:T selecionadas, pressione o botão Centralizar situado na área Alinhamento da guia Página Inicial da barra de ferramentas do Excel, para fazer com que os valores sejam centralizados nas colunas.

Clique na célula A3 e digite o valor 1,4 (para 1,40 m de altura) e 1,45 em A4. Sua planilha deverá estar semelhante àquela exibida na Figura 2.11.

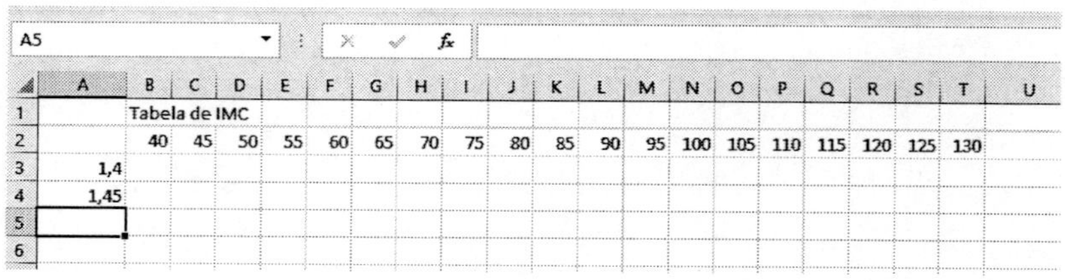


**Figura 2.11:** Sua cópia da planilha para o cálculo do IMC deverá estar formatada desta forma após ter definido a mesma largura para as colunas B:T, centralizado seus valores e inserido o valor das duas primeiras alturas nas células A3 e A4.

Usando a mesma técnica para propagar os números referentes às faixas de peso na linha 2, selecione as células A3:A4 (que contêm as duas primeiras alturas, separadas por um intervalo de 5 cm), clique no seletor da célula A4 e arraste-a para baixo, até atingir a célula A18 (ou o valor 2,15, referente a 2,15m de altura). A Figura 2.12 exibe como o layout fundamental da planilha de IMC deverá estar após esta operação.

**Figura 2.12:** A estrutura básica da planilha para o cálculo do IMC.

## Criando Formatos Personalizados para peso e altura

Para acrescentar um toque profissional à estrutura da tabela do IMC exibida na Figura 2.12, aplique dois formatos personalizados: um para os valores de peso exibidos na linha 2 (deverão receber o sufixo "kg", sem casas decimais) e outro para os valores de altura exibidos na coluna A (deverão receber o sufixo "m", com duas casas decimais).

Para criar tais formatos, siga estes passos:

1. Selecione as células B2:T2 arrastando o mouse sobre elas.
2. Clique com o botão direito em qualquer uma das células selecionadas e escolha Formatar células no menu de atalho que aparece.
3. Na guia Número, selecione o formato Personalizado na lista Categoria e, na caixa de texto Tipo, digite o seguinte formato (note que há um espaço entre a primeira aspa dupla e a expressão "kg").
   0" kg"
4. Pressione OK e o Excel formatará todos os números da linha 2 com o sufixo "kg", dispensando qualquer outro esclarecimento sobre o seu conteúdo (Figura 2.13).

**Figura 2.13:** Selecione as células B2:T2 e aplique nelas o Formato Personalizado 0" kg" (clique com o botão direito em qualquer célula selecionada, escolha Formatar células no menu de contexto e, na guia Número, selecione Personalizado na lista Categoria e digite o novo formato na caixa de texto Tipo).

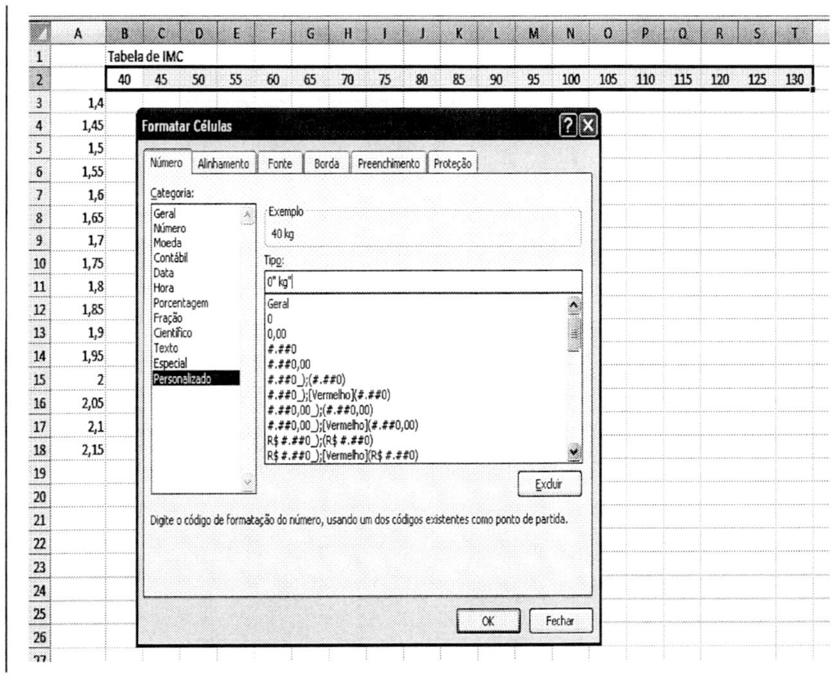


5. Selecione então as células A3:A18 (alturas), clique com o botão direito do mouse sobre a seleção, escolha Formatar células e crie o seguinte Formato Personalizado:
   0,00" m"

6. Clique em OK para aplicar o formato às células referentes às alturas, adicionando-lhes o sufixo "m" (Figura 2.14).

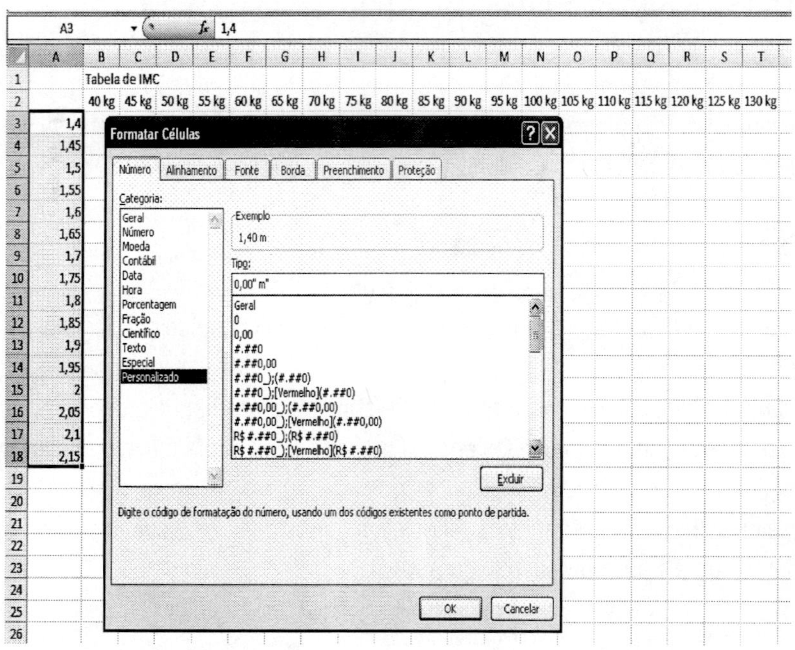


**Figura 2.14:** Selecione as células A32:A18 e aplique nelas o Formato Personalizado 0,00" m" (clique com o botão direito em qualquer célula selecionada, escolha Formatar células no menu de contexto e, na guia Número, selecione Personalizado na lista Categoria e digite o novo formato na caixa de texto Tipo).

---

**ATENÇÃO:** O formato usado para alturas, empregando o caractere "0" (zero), força a exibição do número zero onde ele aparece no formato. Por este motivo, alturas como 1,5, 1,6 e 2, passam a exibir um ou mais zeros nas casas decimais quando não há um caractere correspondente a ser exibido, tornando-se 1,50 m, 1,60 m e 2,00 m, respectivamente.

---

A Figura 2.15 exibe como a estrutura da planilha de cálculo do IMC deverá estar após a aplicação dos Formatos Personalizados para peso e altura nas células B2:T2 e A3:A18, respectivamente.

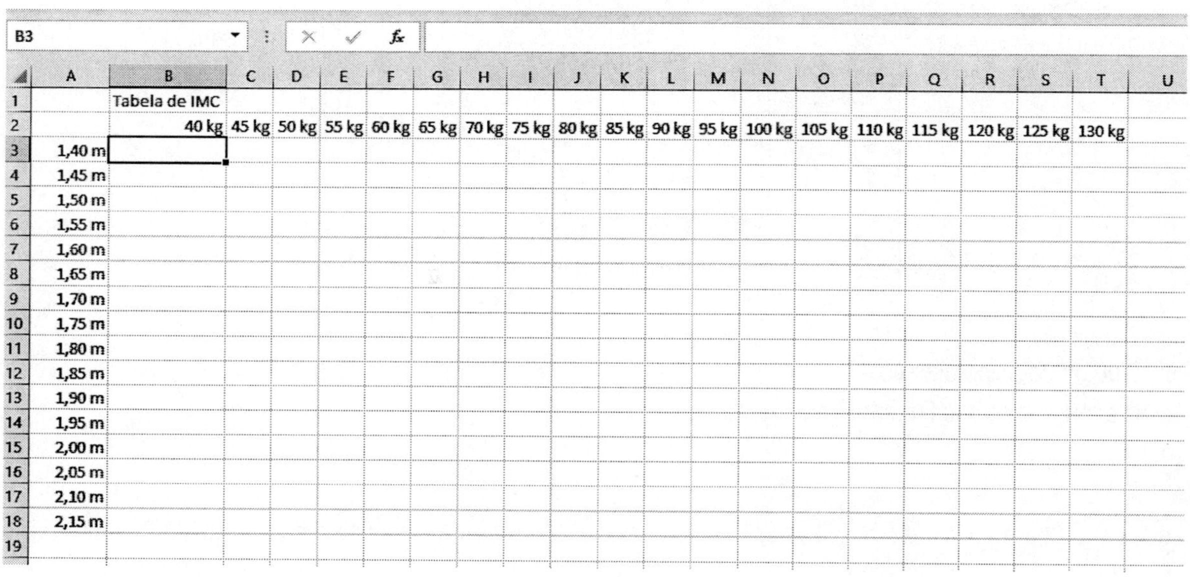


**Figura 2.15:** Aparência da planilha de cálculo do IMC após aplicação dos formatos personalizados para peso e altura.

## Criando a fórmula do IMC

A fórmula do IMC sempre divide o peso da pessoa pelo quadrado da sua altura, e deve ser inserida na célula B3 da planilha exibida na Figura 2.15, usando o peso contido na célula B3 e o quadrado da altura contida na célula A3, desta forma:
=B3/A3^2

Para criar esta fórmula, digite-a diretamente na célula B3 ou siga estes passos:

1. Clique na célula B3 e pressione = para iniciar uma fórmula.
2. Use a tecla de Seta para cima do teclado para selecionar a célula B2 (peso) – ou clique nela com o mouse. A fórmula se tornará:
   =B2
3. Pressione a tecla com o sinal de divisão "/" forçando o Excel a retornar à célula C3 e então use a tecla de Seta para a esquerda para selecionar a célula A3 (altura) – o clique nela com o mouse. A fórmula se tornará:
   =B2/A3
4. Pressione o símbolo de exponenciação "^" e o expoente 2, para elevar a altura ao quadrado. A fórmula se tornará:
   =B2/C3^2

Ao pressionar Enter, a fórmula calculará o IMC para o primeiro peso e altura, e sua planilha deverá ter uma aparência similar à exibida na Figura 2.16, após a mesma ter sido centralizada e definida para exibir apenas uma casa decimal de precisão.

**Figura 2.16:** Inserindo a fórmula do IMC para o primeiro peso e altura da planilha.

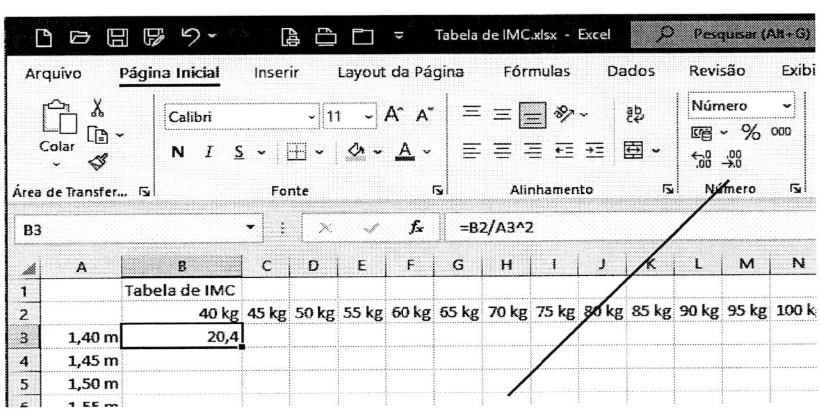


Use a ferramenta Diminuir Casas Decimais para usar 1 casa decimal na célula B3

Agora, pense: a fórmula calcula corretamente o IMC para o primeiro peso e altura, e deverá ser propagada para todas as demais células desta planilha: primeiro para as células B4:B18, na primeira coluna, e então para as células C3:T18, calculando o IMC para todas as demais combinações de peso e altura:

Responda rápido: o que ocorrerá com a fórmula digitada ao ser copiada a célula B3 para baixo? Como suas referências de células serão alteradas?
=B2/A3^2
...

PENSE!!!

...

**Como a referência B2 (peso) será alterada**

Ao copiar a fórmula para baixo, da célula B4:B18, a referência à célula B2 (peso) será alterada para B3, B4... B18... *e **não queremos** que isso aconteça!* Todas as fórmulas da coluna B devem manter fixa a referência à célula B2, variando apenas a altura utilizada, de acordo com a linha em que se encontre.

Agora pense o que ocorrerá ao copiar a célula B3 para a direita (propagando-a para C3, D3...T3, por exemplo): a coluna de cada célula mudará, e a referência da célula B2 na fórmula será alterada para C2, D2,... T2, e *nós **queremos** que isso aconteça!*

Olhe então para a fórmula abaixo e pense rápido:
=$B2/A3^2

Esta fórmula funcionará para ser arrastada para baixo e para a direita?
PENSE!

...

**NÃO! Definitivamente NÃO!** Queremos que para a referência de célula B2 a letra da coluna *SEMPRE mude e o número da linha NUNCA SE ALTERE!* Certo?

Olhe então para a fórmula a seguir e pense: esta fórmula funcionará para referenciar corretamente o peso em qualquer célula da planilha?
=B$2/A3^2

Pense de novo...

...

SIM! Está correta! A referência de célula B$2 garante que, ao ser copiada para baixo, jamais sairá da linha 2, pois o $ à esquerda do número da linha garante que este se manterá fixo, enquanto que ao ser arrastada para à direita, a coluna B será automaticamente alterada para C, D..., garantindo que cada fórmula da planilha tenha a referência correta para os pesos que estão em diferentes colunas da linha 2.

Para corrigir a referência da célula B2 na fórmula inserida na célula B3 você pode:

1. Digitar o caractere "$" à esquerda do número 2 (entre B e 2), tornando a referência B$2. ou
2. Colocar o cursor próximo à referência B2 e pressionar a tecla de função F4 duas vezes, até que a referência se altere para B$2.

**Como a Referência A3 (altura) será alterada**

Observe novamente a última fórmula e concentre-se na referência de célula A3, a altura utilizada para o cálculo do IMC da fórmula inserida em B3.
=B$2/A3^2

Como já deve ter notado, a referência de célula A3, a altura, deve manter-se constante em relação à coluna A, onde todas as alturas foram inseridas, mudando apenas o número da linha, de A3 para A4, A5,... A18.
Olhe então para a próxima fórmula, pense e responda rápido:
=B$2/$A3^2

Essa fórmula irá funcionar quando for arrastada para todas as demais células da planilha?
...

SIM! Definitivamente SIM! Como o caractere $ foi colocado à esquerda da letra A, isso garantirá que a letra da coluna permaneça inalterada quando a fórmula for copiada para a direita, enquanto o número da linha será alterado quando for copiado para baixo!

A fórmula cujas referências foram recém-ajustadas deverá:

- Manter fixas as referências para a linha 2, onde residem todos os pesos usados no cálculo do IMC, enquanto deixam a coluna B ser relativa à nova posição da fórmula (tornando-se B$2, C$2,... T$2).
- Manter fixas as referências para a coluna A, onde residem todas as alturas usadas no cálculo do IMC, enquanto deixam a linha 3 ser relativa à nova posição da fórmula (tornando-se $A3, $A4, ... +).

Para corrigir a referência da célula A3 na fórmula inserida na célula B3 você pode:

3. Digitar o caractere "$" à esquerda da letra A tornando a referência $A3, ou
4. Colocar o cursor próximo à referência A3 e pressionar a tecla de função F4 três vezes, até que a referência se altere para $A3.

A Figura 2.17 mostra esta fórmula perfeitamente definida e pronta para ser propagada para todas as demais células da planilha! Basta clicar no seletor da célula B3 e arrastá-lo para baixo, até atingir a célula B18. arraste então o seletor da faixa C3:C18 para a direita, até atingir a coluna T, propagando a fórmula corretamente por toda a planilha!

**Figura 2.17:** Após fixar as referências corretas de linha em coluna em todas as células de uma fórmula, você estará pronto para arrastá-la para várias outras células da planilha de forma a repetir rapidamente o mesmo cálculo!

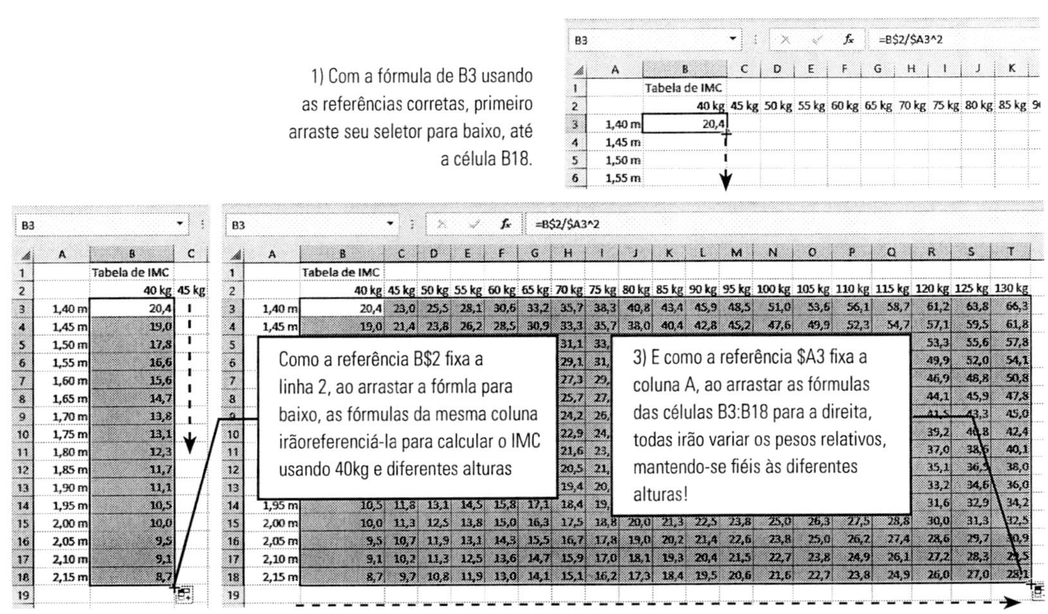

## Criando regras de Formatação Condicional

Para fazer com que as células calculadas da Tabela de IMC recebam uma cor de fundo de acordo com o IMC retornado por sua fórmula, empregue o recurso de Formatação Condicional, criando todas as regras desejadas na célula B3, e então, copie novamente esta célula para as demais células da tabela, fazendo com que a tabela seja automaticamente colorida.

### Regras para a Formatação Condicional

Como desejamos colorir as células da tabela empregando cores para diferentes faixas de IMC, uma boa atitude é definir previamente as regras a serem criadas, com as respectivas fórmulas e tipo de formatação a ser empregada (neste caso, cor de fundo e de fonte).

A Tabela 2.2 resume as condições clínicas estabelecidas pela OMS, e quais serão as fórmulas empregadas na criação das regras de Formatação Condicional, para que a tabela fique visualmente similar àquela exibida na Figura 2.8.

**Tabela 2.2:** Condições, fórmulas e formato usados nas regras Formatação Condicional para a tabela de IMC..

| Condição | Condição clínica | Fórmula | Cor de fundo | Cor da fonte |
|---|---|---|---|---|
| IMC < 16,5 | Subnutrição | =B3<16,5 | Azul claro | Preto |
| 16,5 < IMC < 18,5 | Abaixo do peso | =B3<18,5 | Azul médio | Preto |
| 18,5 < IMC < 25 | Peso normal | =B3<25 | Verde claro | Preto |
| 25 < IMC < 30 | Sobrepeso | =B3<30 | Amarelo | Preto |
| 30 < IMC < 35 | Obesidade (grau 1) | =B3<35 | Laranja | Preto |
| 35 < IMC < 40 | Obesidade clínica (grau 2) | =B3<40 | Vermelho | Branco |
| IMC >= 40 | Obesidade mórbida (grau 3) | =B3>=40 | Roxo | Branco |

A ideia fundamental é criar cada uma destas regras de Formatação Condicional na célula B3, testando o valor de seu IMC calculado, aplicando as fórmulas, e formatação (cor de fundo/fonte) de acordo com o proposto na Tabela 2.2. Siga estes passos:

1. Clique na célula B3, selecione a guia Página Inicial, clique no comando Formatação Condicional e escolha a opção Nova Regra.
2. Na caixa de diálogo Nova Regra de Formatação, escolha a opção: "Use uma fórmula para determinar quais células devem ser formatadas".
3. Use a fórmula indicada na primeira regra definida pela Tabela 2.2:
   =B3<16,5

---

**ATENÇÃO:** A fórmula pode ser automaticamente construída na caixa de diálogo Nova Regra de Formatação clicando na célula a ser testada por esta regra de Formatação Condicional (, célula B3). Ao clicar na célula, o Excel criará a fórmula usando o endereço da célula selecionada como uma Referência Absoluta, assim:

=$B$3

Como esta regra de Formatação Condicional será propagada para todas as demais células da tabela de IMC, use a tecla F4 para remover os caracteres $ (ou faça manualmente), mudando-a para uma Referência Relativa, assim:

=B3

---

4. Esta regra propõe usar a formatação Cor de Fundo Azul claro e Cor de Fonte Preto. Clique no botão Formatar e na caixa de diálogo Formatar Células, escolha a guia Preenchimento e selecione o tom de Azul claro desejado. A Figura 2.18 mostra este processo.

Após digitar a fórmula desejada,

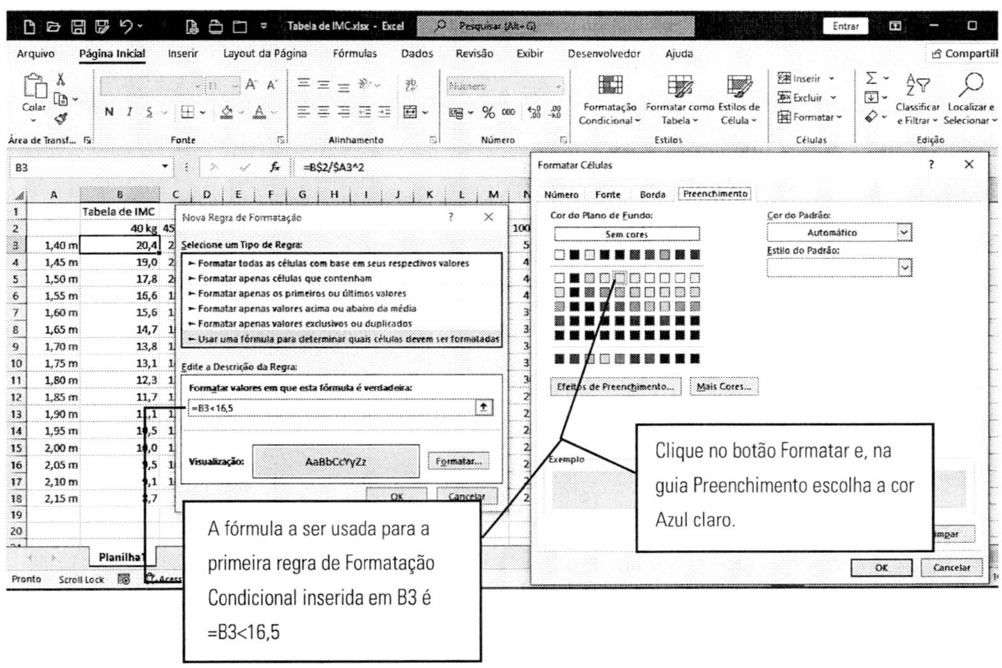


**Figura 2.18:** Este é o processo de criação para a primeira regra de Formatação Condicional inserida na célula C3.

Clique em OK para fechar a caixa de diálogo Formatar Células e novamente em OK para fechar a caixa de diálogo Nova Regra de Formatação. A primeira regra de Formatação Condicional foi criada com sucesso, e nada deverá ocorrer na célula B3 porque o valor do IMC calculado nesta célula é 20.4 (para um peso de 40kg e altura de 1,40m).

**Criando as demais regras de Formatação Condicional**

Para criar as demais regras de Formatação Condicional, use a partir de agora o Gerenciador de Regras de Formatação Condicional, encontrado ao se clicar no botão Formatação Condicional e depois em Gerenciar Regras (Figura 2.19).

**Figura 2.19:** Use a caixa de diálogo Gerenciador de Regras de Formatação Condicional para criar múltiplas regras sucessivas de Formatação Condicional a serem aplicadas a uma ou mais células da planilha.

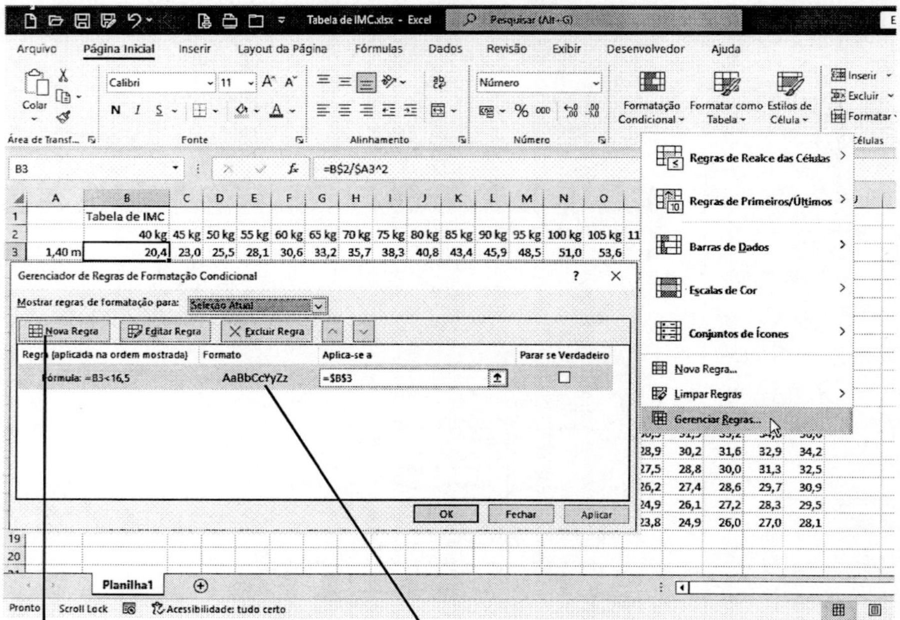


Use o botão Nova Regra para continuar a criar outras regras de Formatação Condicional na célula B3

Esta é a 1ª regra de formatação aplicada à célula B3

---

**ATENÇÃO:** Quando desejar criar duas ou mais regras de Formatação Condicional aplicadas a uma ou mais células da planilha, use o Gerenciador de Regras de Formatação Condicional – o processo se tornará mais fácil (e menos trabalhoso).

**ATENÇÃO:** Você pode selecionar todas as células que receberão as mesmas regras de Formatação Condicional antes de usar o comando Formatação Condicional, Gerenciar Regras.

---

Note que a Figura 2.19 já exibe a primeira regra de Formatação Condicional aplicada à célula B3, indicando a fórmula utilizada, o formato a ser aplicado e as células as quais se aplica.

Para criar a segunda regra de Formatação Condicional, siga estes passos:

1. Clique no botão Nova Regra do Gerenciador de Regras de Formatação Condicional, obtendo novamente a caixa de diálogo Nova Regra de Formatação.
2. Escolha a opção "Use uma fórmula para determinar quais células devem ser formatadas" e crie a fórmula definida na segunda regra da Tabela 2.2:
   =B3<18,5
3. Clique no botão Formatar, escolha a guia Preenchimento e selecione para Cor de Fundo um tom Azul médio (para indicar a condição de Baixo peso), como mostra a Figura 2.20.

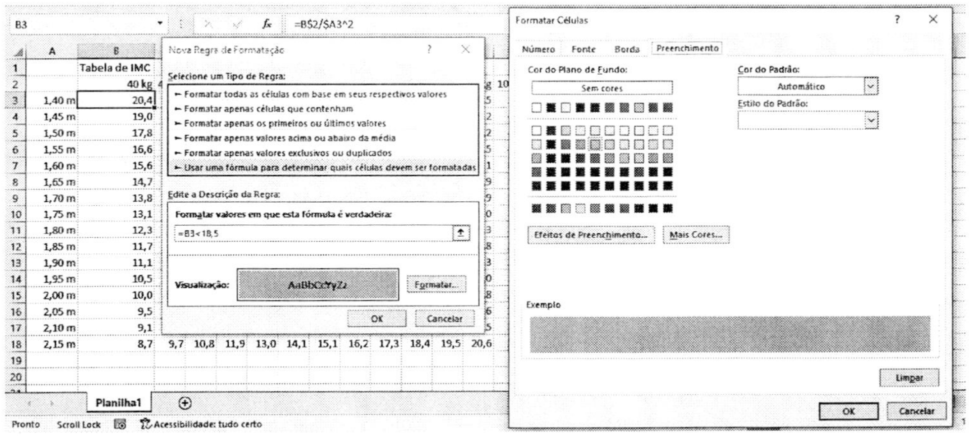

**Figura 2.20:** Criando a segunda regra de Formatação Condicional para destacar as células de IMC que indicam condição de Baixo Peso (B3 < 18,5) com a cor Azul médio.

Ao fechar a caixa de diálogo Formatar células e a caixa de diálogo Nova Regra de Formatação, a caixa de diálogo Gerenciador de Regras de Formatação Condicional deverá estar com a aparência da Figura 2.21, exibindo agora duas regras de Formatação Condicional a serem implementadas sucessivamente na célula B3.

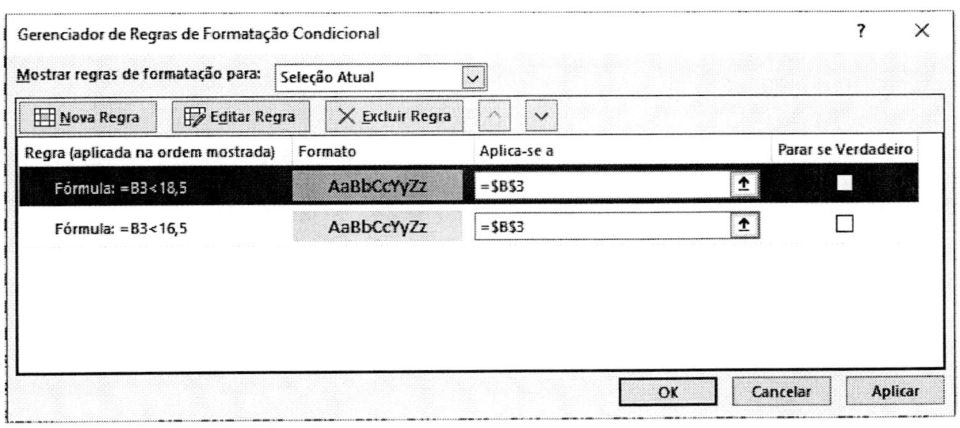

**Figura 2.21:** O Gerenciador de Regras de Formatação Condicional exibindo agora duas regras de Formatação Condicional a serem implementadas na célula B3.

Continue a usar o botão Nova Regra para criar as demais regras de Formatação Condicional para a célula B3 usando as fórmulas e formatos de cor de fundo e fonte citadas na Tabela 2.2. A Figura 2.22 exibe como a caixa de diálogo Gerenciador de Regras de Formatação Condicional deverá estar após todas as sete regras serem implementadas (a figura exibe as cinco últimas regras – observe a coluna Fórmulas).

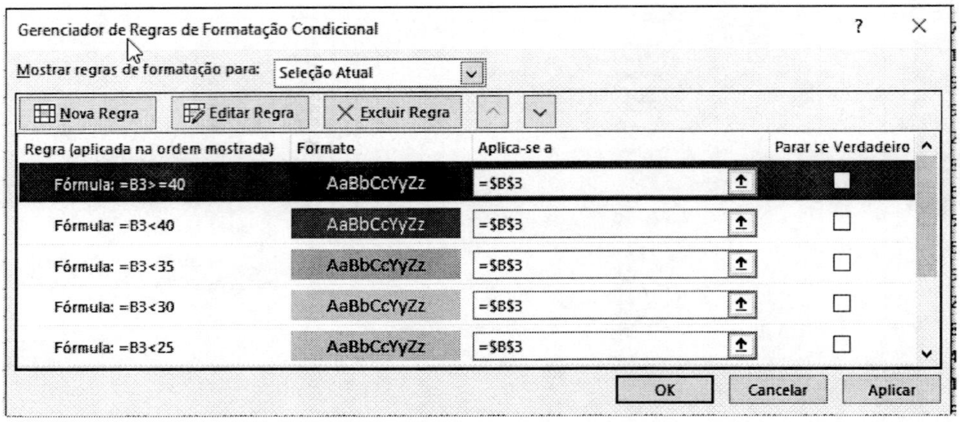


**Figura 2.22:** O Gerenciador de Regras de Formatação Condicional exibindo todas as sete regras de Formatação Condicional criadas para a célula B3 da planilha de cálculo de IMC. Note que a primeira e a quarta regras exibidas na figura usam Branco como cor de fonte de forma a melhorar o contraste do valor do IMC a ser exibido na tabela.

O processo de criação de regras de Formatação Condicional sucessivas para a célula B3 está terminado. Ao clicar no botão OK para fechar o Gerenciador de Regras de Formatação Condicional e aplicá-las à célula B3, verá que o Excel irá aplicar a penúltima regra da Tabela 2.1 (B3<40), pintando a célula de Vermelho e usando a fonte na cor Branco (Figura 2.23).

**Figura 2.23:** Após criar todas as regras de Formatação Condicional sugeridas na Tabela 2.2 na célula B3 e fechar a caixa de diálogo do Gerenciador de Regras de Formatação Condicional, o Excel imporá a esta célula a cor Vermelho com Fonte Branco, definida para a regra B3<40.

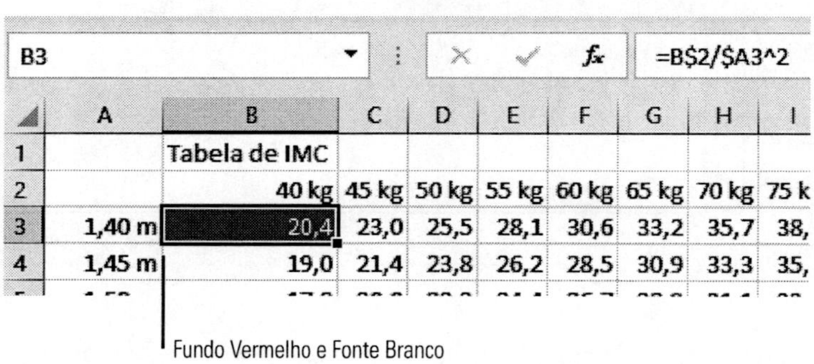


Sabe por que isso ocorreu?

Porque o Excel avalia as regras de Formatação Condicional de cima para baixo (da última regra inserida para a primeira) até achar uma condição satisfatória e então, deixa de aplicar as demais regras! Como a fórmula usada na segunda regra (B3<40) retorna Verdadeiro (B3 é igual a 20,4), o Excel aplica a formatação definida para esta regra e interrompe o processo de Formatação Condicional, ignorando as demais regras abaixo desta.

Isso quer dizer que você deve tomar uma destas decisões:

1. Criar as regras de Formatação Condicional na ordem que devam ser aplicadas (no caso, inserindo as regras da Tabela 2.2 de baixo para cima), ou
2. Trocar a ordem de avaliação das regras de Formatação Condicional, para que sejam avaliadas na ordem correta.

---

**ATENÇÃO:** Isto dependerá do tipo de teste lógico feito pelas fórmulas propostas para as Regras de Formatação Condicional. As regras propostas pela Tabela 2.são bem simples: a primeira testa se o valor da célula é <16,5, depois se é <18,5, em seguida se é <25, e assim sucessivamente, até a última, que verifica se é >=40. Ao criar regras de Formatação Condicional simples como estas, tenha em mente que o menor valor a ser testado deve ser avaliado na primeira regra de Formatação Condicional, e assim sucessivamente.

---

**Alterando a ordem de avaliação das regras de Formatação Condicional**

Para alterar a ordem de avaliação das regras de Formatação Condicional no Excel, selecione as células desejadas (no caso, apenas B3) e escolha novamente o comando Formatação Condicional, Gerenciar Regras, exibindo a caixa de diálogo Gerenciador de Regras de Formatação Condicional.

Na janela do Gerenciador de Regras de Formatação Condicional, selecione a primeira regra de Formatação Condicional (a mais acima) e, em seguida, use o botão Mover para baixo para posicioná-la no fundo da lista. Repita este procedimento para as demais regras até que o Gerenciador de Regras de Formatação Condicional exiba a sequência de regras sugerida pela Tabela 2.2, como pode ser visto na Figura 2.24.

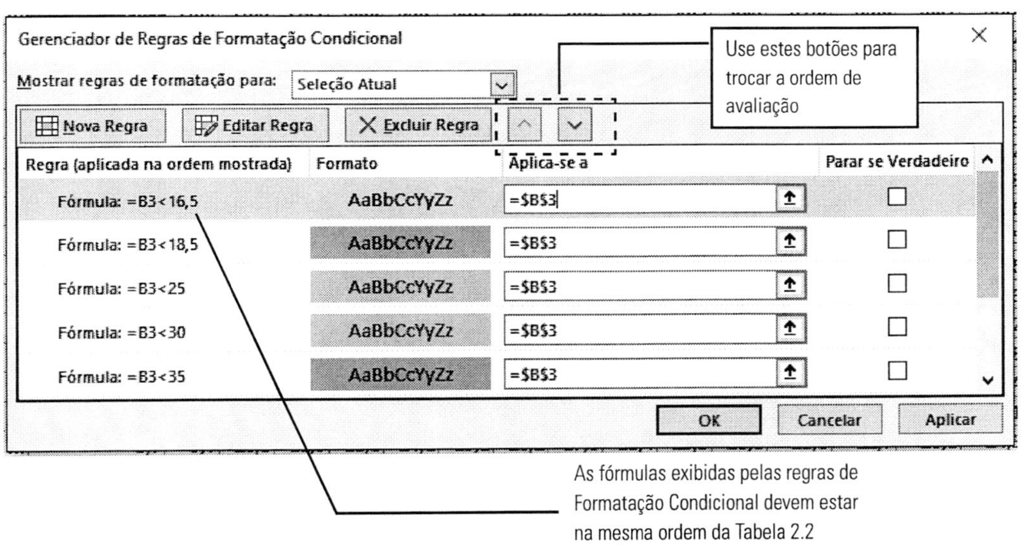


**Figura 2.24:** Use as setas Mover para baixo e Mover para cima para trocar a ordem de avaliação das regras de Formatação Condicional impostas para a célula B3 de forma que suas fórmulas estejam de acordo com a sequência sugerida pela Tabela 2.2.

Após colocar as regras de Formatação Condicional na sequência correta de avaliação e clicar em OK, o Excel irá aplicá-las novamente em sucessão, até achar uma equivalência. Desta vez, a célula B3 será corretamente pintada de verde, porque seu valor (2.24) encontra-se na faixa de valores prevista pela terceira regra (B3<25). Veja a Figura 2.25.

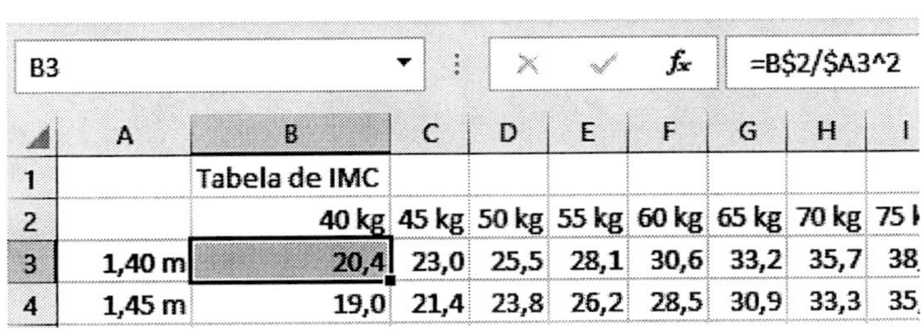


**Figura 2.25:** Agora a célula B3 está exibindo o fundo Verde, porque a regra de Formatação Condicional foi aplicada corretamente, de acordo com o padrão cromático citado pela Tabela 2.2.

---

**ATENÇÃO:** Pode ser necessário trocar a cor da Fonte de algumas regras de Automático para Preto, pois o Excel poderá utilizar a cor Branco para a Fonte quando julgar necessário, apesar de a regra exibir Fonte Preto.

---

## Fazendo a mágica!

Agora que todas as regras de Formatação Condicional foram criadas na célula B3, vamos fazer a mágica. Como esta célula possui tanto a fórmula como todas as regras de formatação necessárias para qualquer outra célula de cálculo do IMC, você poderá formatar a planilha usando dois métodos e três formas diferentes:

1. **Copiando apenas os formatos:** use a ferramenta Formatar Pincel para copiar apenas os formatos (neste caso, toda a Formatação Condicional) da célula B3 e arrastar o mouse por todas as demais células da planilha. Nesta situação, a fórmula das células não será alterada.
2. Copiando fórmulas e formatos: neste caso, use um dos seguintes métodos de cópia:
   a. **Use Copiar e Colar:** estando com a célula B3 selecionada, pressione Ctrl+C para copiar seu conteúdo (fórmula e formatos), selecione todas as demais células de IMC da planilha (faixa B3:T18) arrastando o mouse sobre elas ou use Ctrl+Shift+Seta para baixo e depois Ctrl+Shift+Seta para a direita) e pressione Ctrl+V para colar.
   b. **Arraste o seletor da célula** B3**:** clique no seletor da célula B3 e arraste-o até a célula B18, propagando fórmula e formatos para toda a coluna B. Em seguida, clique no seletor da recém-propagada faixa B3:B18 e arraste-a para a direita, propagando as fórmulas e formatos para as demais colunas da tabela.

A Figura 2.26 mostra esta mágica em ação usando o último método (arrastando o seletor da célula B3 para propagar fórmula e formatos por toda a planilha.

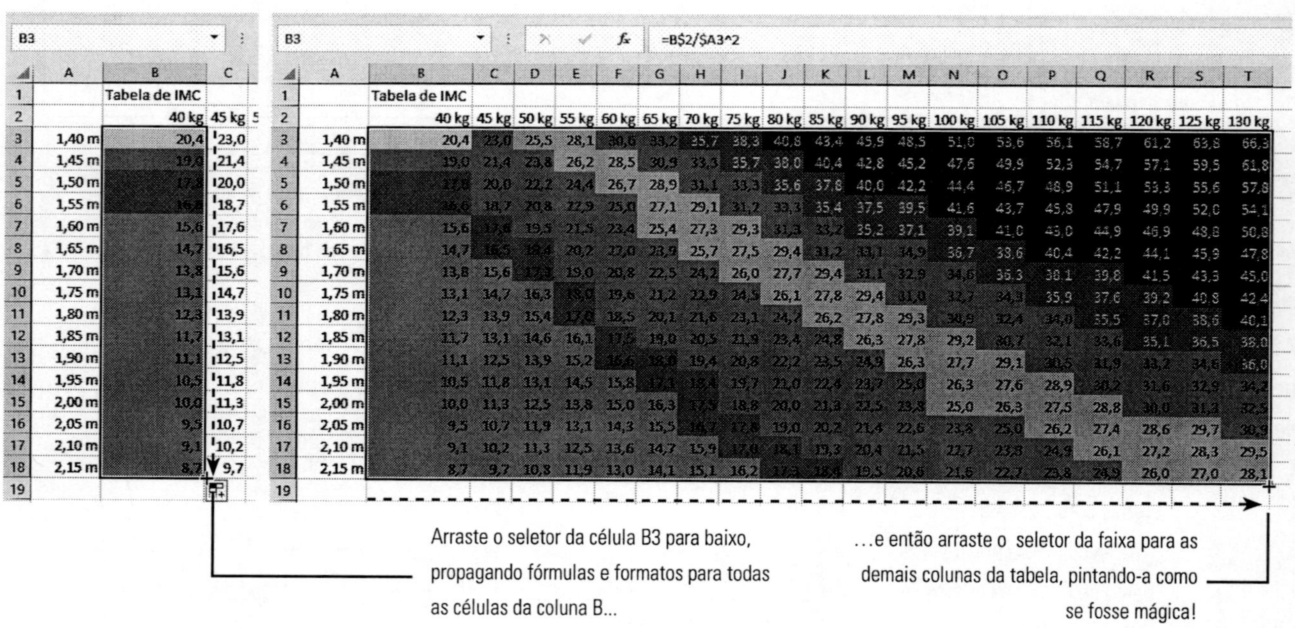


**Figura 2.26:** Após ter criado todos as regras de Formatação Condicional para a célula B3, propague tanto sua fórmula como seus formatos para as demais células da planilha de Cálculo do IMC, arrastando primeiro o seu seletor para baixo, colorindo todas as células da coluna B, e depois para a direita, colorindo as demais células da planilha.

Experimente todos os três modos! Ao fazê-lo você provavelmente sentirá aquela agradável sensação de, enfim, dominar o temível Excel!

Você acabou de aplicar o famoso efeito "UAU!"

## Transforme a planilha em uma Aplicação Excel

Até este momento, a planilha de Cálculo do IMC é apenas uma planilha de cálculo comum, e não uma Aplicação Excel. Para se tornar uma, ela deve permitir ao usuário manipular os dados exibidos, tornando-a mais útil e personalizável.

No caso do Cálculo do IMC, pode-se permitir que o usuário defina o Peso e a Altura iniciais da tabela, e seu intervalo de incremento, tornando-o capaz de manipular a precisão com que o IMC pode ser encontrado.

Para transformar a Tabela de IMC em uma Aplicação de Planilha, será necessário:

- Inserir quatro linhas acima da tabela.
- Criar células para a inserção de quatro informações distintas: Peso inicial e Incremento do peso (em kg), Altura inicial e Incremento da altura (em m).
- Criar fórmulas na primeira linha e coluna da tabela do IMC, de forma que qualquer alteração nestes dados seja refletido na tabela, atualizando-a automaticamente.

Siga estes passos:

1. Clique no cabeçalho da linha 1 e arraste o mouse até o cabeçalho da linha 4, para selecionar as 4 primeiras linhas da planilha (linhas 1:4).
2. Clique com o direito do mouse nos cabeçalhos selecionados e escolha Inserir no menu de contexto.
3. Nas células B2 e B3, digite os textos "Peso Inicial:" e "Altura inicial:", respectivamente.
4. Nas células E2 e E3 digite o texto "Incremento" (Figura 2.27),

**ATENÇÃO:** Pode ser necessário aumentar um pouco a largura das colunas onde são calculados o valor do IMC.

**Figura 2.27:** Insira quatro linhas na parte superior da planilha e digite o nome das informações que a Aplicação Excel deve coletar dos usuários para personalizar a planilha de Cálculo do IMC.

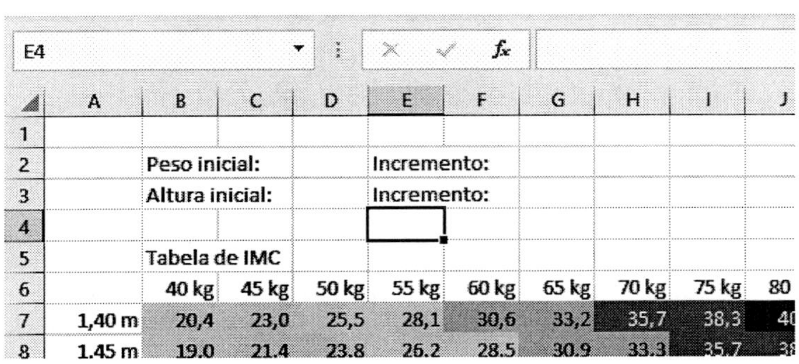


5. Supondo que sua planilha esteja idêntica à que é exibida na Figura 2.27, mantenha pressionada a tecla Ctrl e selecione as células D2:D3 e G2:G3, onde serão inseridos os dados de personalização.

6. Formate as células D2 e G2 (peso e seu incremento) com o formato Personalizado 0" kg", criado para formatar os dados da primeira linha da tabela

7. Formate as células D3 e G3 (altura e seu incremento) com o formato Personalizado 0" m", criado para formatar os dados da primeira coluna da tabela

---

**ATENÇÃO**: A propagação de formatos é facilmente obtida com a ferramenta Pincel de Formatação do Excel: clique em qualquer célula que possua o formato para selecioná-la, na guia Página Inicial clique na ferramenta Pincel de Formatação para copiar o formato, e então clique na célula desejada.

---

8. Use a ferramenta de Preenchimento para aplicar a cor Amarelo claro nas células selecionadas.
9. Clique na ferramenta de Bordas e aplique a opção Todas as bordas, para destacá-las na planilha.
10. Digite os seguintes valores nas células de inserção de dados: D2 = 40. G2 = 5. D3 = 1,4. G3 = 0,05 (o Excel aplicará automaticamente os formatos personalizados, Figura 2.28).

**Figura 2.28:** Formate as células de inserção de dados com o mesmo formato personalizado utilizado para formatar a primeira linha e coluna da tabela, aplique a Cor de Preenchimento Amarelo claro e bordas para destacá-las. Digite então os mesmos valores atualmente exibidos pela planilha de Cálculo do IMC.

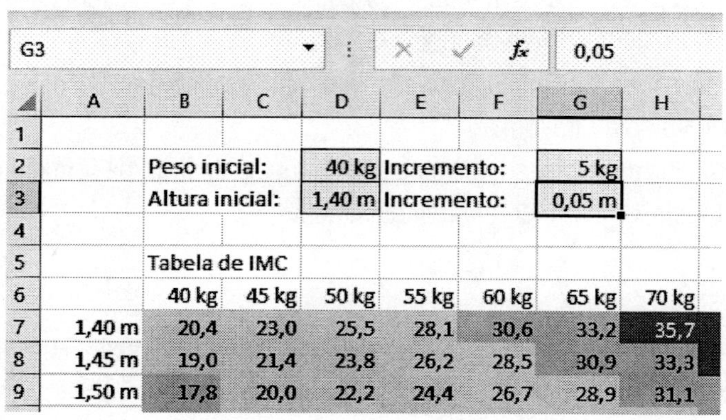


## Crie as fórmulas de propagação do Peso e seu incremento

Agora que a planilha possui células que definem os valores inicial de Peso, Altura e seu incremento, é hora de criar fórmulas para propagar estes valores na primeira linha e coluna da Tabela de IMC, para que esta se atualize de acordo com a vontade do usuário. Siga estes passos:

1. Selecione a célula B6 (primeiro item do cabeçalho da tabela, contendo o valor 40 kg) e digite a seguinte fórmula: =D2
2. Na célula C6 (segundo item do cabeçalho da tabela, contendo o valor 45 kg) crie uma fórmula que propague o valor da célula B6 acrescido do valor definido para o Incremento do peso (célula G2, que deve ser uma Referência Absoluta): =B6+$G$2
3. Após inserir a fórmula da célula C6, clique em seu seletor e arraste-o para a direita, até a célula T6, última célula do cabeçalho da tabela, propagando o incremento definido (Figura 2.29).

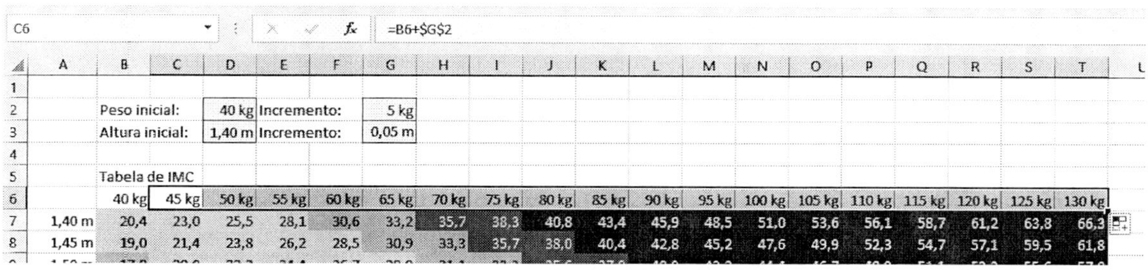


**Figura 2.29:** Para propagar o Peso inicial na primeira célula da primeira linha da Tabela de IMC, use uma fórmula que repita o valor da célula C2, onde está definido. Na célula à sua direita (C6), use uma fórmula que propague o valor da célula à esquerda (Referência Relativa) acrescido do Incremento do peso (Referência Absoluta) e propague-a para as demais células do cabeçalho da Tabela de IMC.

## Crie as fórmulas de propagação da Altura Peso e seu incremento

Siga os mesmos passos da seção anterior para criar as fórmulas que propagam a Altura inicial e seu incremento na primeira coluna da Tabela de IMC:

1. Selecione a célula A7 (primeira altura definida para a Tabela de IMC, contendo o valor 1,40 m) e digite a seguinte fórmula: =D3
2. Na célula A8 (segunda altura definida para Tabela de IMC, contendo o valor 1,45 m) crie uma fórmula que propague o valor da célula B7 acrescido do valor definido para o Incremento da altura (célula G3, que deve ser uma Referência Absoluta): =A7+$G$3
3. Após inserir a fórmula da célula A7, clique em seu seletor e arraste-o para baixo, até a célula A22, última altura na primeira coluna da Tabela de IMC, propagando o incremento definido (Figura 2.30).

**Figura 2.30:** Propague a Altura inicial na primeira célula da primeira coluna da Tabela de IMC, com uma fórmula que repita o valor da célula D3, onde está definida. Na célula abaixo (A8), use uma fórmula que propague o valor da célula acima (Referência Relativa) acresdido do Incremento da altura (Referência Absoluta) e propague-a para todas as demais células da primeira coluna da Tabela de IMC.

Agora ficou fácil! alterar o valor do Peso Inicial, Altura Inicial (ou seus incrementos) e observe como a planilha se refaz automaticamente, recolorindo as células de IMC empregando as regras de Formatação Condicional criadas para elas (Figura 2.31)!

**Figura 2.31:** Ao alterar os valores das células Peso Inicial, Altura inicial e seus incrementos, a Tabela de IMC se refaz automaticamente, recolorindo suas células de acordo com o IMC calculado,

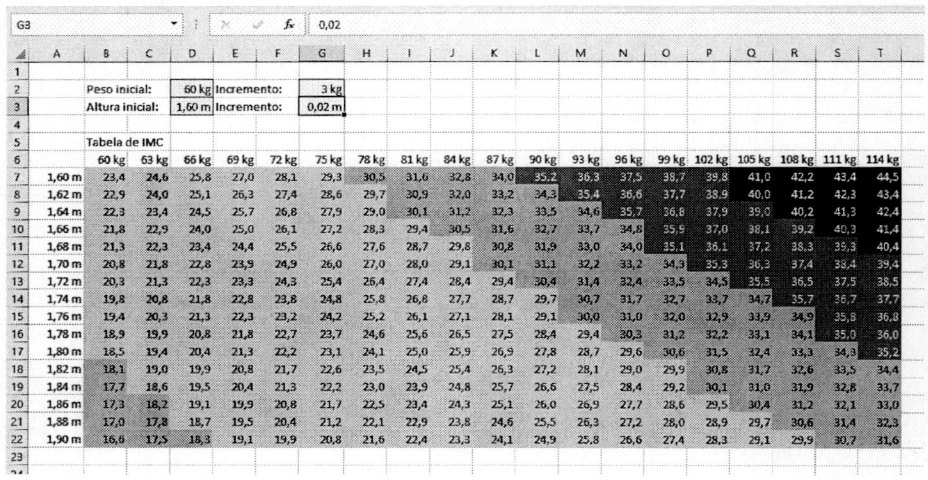

G3 | 0,02

Peso inicial: 60 kg Incremento: 3 kg
Altura inicial: 1,60 m Incremento: 0,02 m

Tabela de IMC

| | 60 kg | 63 kg | 66 kg | 69 kg | 72 kg | 75 kg | 78 kg | 81 kg | 84 kg | 87 kg | 90 kg | 93 kg | 96 kg | 99 kg | 102 kg | 105 kg | 108 kg | 111 kg | 114 kg |
|---|---|---|---|---|---|---|---|---|---|---|---|---|---|---|---|---|---|---|---|
| 1,60 m | 23,4 | 24,6 | 25,8 | 27,0 | 28,1 | 29,3 | 30,5 | 31,6 | 32,8 | 34,0 | 35,2 | 36,3 | 37,5 | 38,7 | 39,8 | 41,0 | 42,2 | 43,4 | 44,5 |
| 1,62 m | 22,9 | 24,0 | 25,1 | 26,3 | 27,4 | 28,6 | 29,7 | 30,9 | 32,0 | 33,2 | 34,3 | 35,4 | 36,6 | 37,7 | 38,9 | 40,0 | 41,2 | 42,3 | 43,4 |
| 1,64 m | 22,3 | 23,4 | 24,5 | 25,7 | 26,8 | 27,9 | 29,0 | 30,1 | 31,2 | 32,3 | 33,5 | 34,6 | 35,7 | 36,8 | 37,9 | 39,0 | 40,2 | 41,3 | 42,4 |
| 1,66 m | 21,8 | 22,9 | 24,0 | 25,0 | 26,1 | 27,2 | 28,3 | 29,4 | 30,5 | 31,6 | 32,7 | 33,7 | 34,8 | 35,9 | 37,0 | 38,1 | 39,2 | 40,3 | 41,4 |
| 1,68 m | 21,3 | 22,3 | 23,4 | 24,4 | 25,5 | 26,6 | 27,6 | 28,7 | 29,8 | 30,8 | 31,9 | 33,0 | 34,0 | 35,1 | 36,1 | 37,2 | 38,3 | 39,3 | 40,4 |
| 1,70 m | 20,8 | 21,8 | 22,8 | 23,9 | 24,9 | 26,0 | 27,0 | 28,0 | 29,1 | 30,1 | 31,1 | 32,2 | 33,2 | 34,3 | 35,3 | 36,3 | 37,4 | 38,4 | 39,4 |
| 1,72 m | 20,3 | 21,3 | 22,3 | 23,3 | 24,3 | 25,4 | 26,4 | 27,4 | 28,4 | 29,4 | 30,4 | 31,4 | 32,4 | 33,5 | 34,5 | 35,5 | 36,5 | 37,5 | 38,5 |
| 1,74 m | 19,8 | 20,8 | 21,8 | 22,8 | 23,8 | 24,8 | 25,8 | 26,8 | 27,7 | 28,7 | 29,7 | 30,7 | 31,7 | 32,7 | 33,7 | 34,7 | 35,7 | 36,7 | 37,7 |
| 1,76 m | 19,4 | 20,3 | 21,3 | 22,3 | 23,2 | 24,2 | 25,2 | 26,1 | 27,1 | 28,1 | 29,1 | 30,0 | 31,0 | 32,0 | 32,9 | 33,9 | 34,9 | 35,8 | 36,8 |
| 1,78 m | 18,9 | 19,9 | 20,8 | 21,8 | 22,7 | 23,7 | 24,6 | 25,6 | 26,5 | 27,5 | 28,4 | 29,4 | 30,3 | 31,2 | 32,2 | 33,1 | 34,1 | 35,0 | 36,0 |
| 1,80 m | 18,5 | 19,4 | 20,4 | 21,3 | 22,2 | 23,1 | 24,1 | 25,0 | 25,9 | 26,9 | 27,8 | 28,7 | 29,6 | 30,6 | 31,5 | 32,4 | 33,3 | 34,3 | 35,2 |
| 1,82 m | 18,1 | 19,0 | 19,9 | 20,8 | 21,7 | 22,6 | 23,5 | 24,5 | 25,4 | 26,3 | 27,2 | 28,1 | 29,0 | 29,9 | 30,8 | 31,7 | 32,6 | 33,5 | 34,4 |
| 1,84 m | 17,7 | 18,6 | 19,5 | 20,4 | 21,3 | 22,2 | 23,0 | 23,9 | 24,8 | 25,7 | 26,6 | 27,5 | 28,4 | 29,2 | 30,1 | 31,0 | 31,9 | 32,8 | 33,7 |
| 1,86 m | 17,3 | 18,2 | 19,1 | 19,9 | 20,8 | 21,7 | 22,5 | 23,4 | 24,3 | 25,1 | 26,0 | 26,9 | 27,7 | 28,6 | 29,5 | 30,4 | 31,2 | 32,1 | 33,0 |
| 1,88 m | 17,0 | 17,8 | 18,7 | 19,5 | 20,4 | 21,2 | 22,1 | 22,9 | 23,8 | 24,6 | 25,5 | 26,3 | 27,2 | 28,0 | 28,9 | 29,7 | 30,6 | 31,4 | 32,3 |
| 1,90 m | 16,6 | 17,5 | 18,3 | 19,1 | 19,9 | 20,8 | 21,6 | 22,4 | 23,3 | 24,1 | 24,9 | 25,8 | 26,6 | 27,4 | 28,3 | 29,1 | 29,9 | 30,7 | 31,6 |

## Toques finais

A Aplicação Excel "Tabela de IMC" exibida na Figura 2.31 está pronta, portanto, salve-a imediatamente! Forneça um nome útil e facilmente reconhecível, como "Tabela de Cálculo do IMC" (nunca aceite o nome padrão PASTA1 sugerido pelo Excel). Vamos adicionar alguns detalhes a esta aplicação para conceder-lhe uma aparência mais profissional.

### Adicione uma borda branca às células de IMC

Para discriminar melhor cada célula de IMC, use uma borda preta espessa ao redor da tabela, e uma borda branca, de 2 pontos de largura ao redor de cada célula onde o IMC é calculado. Siga estes passos:

1. Arraste o mouse sobre todas as células de IMC calculado, clique na Ferramenta de Bordas, e escolha o comando Bordas Externas Espessas, adicionando uma borda externa preta a todas as células selecionadas.
2. Mantendo as células de IMC selecionadas, clique novamente na Ferramenta de Bordas e escolha a última opção, Mais bordas, para o Excel exibir a caixa de diálogo Formatar células com a guia Bordas selecionada.
3. Na lista Cor da guia Bordas, escolha Branco.
4. Clique no botão Interna da área Predefinições para indicar que apenas as bordas internas receberão esta cor (Figura 2.32).

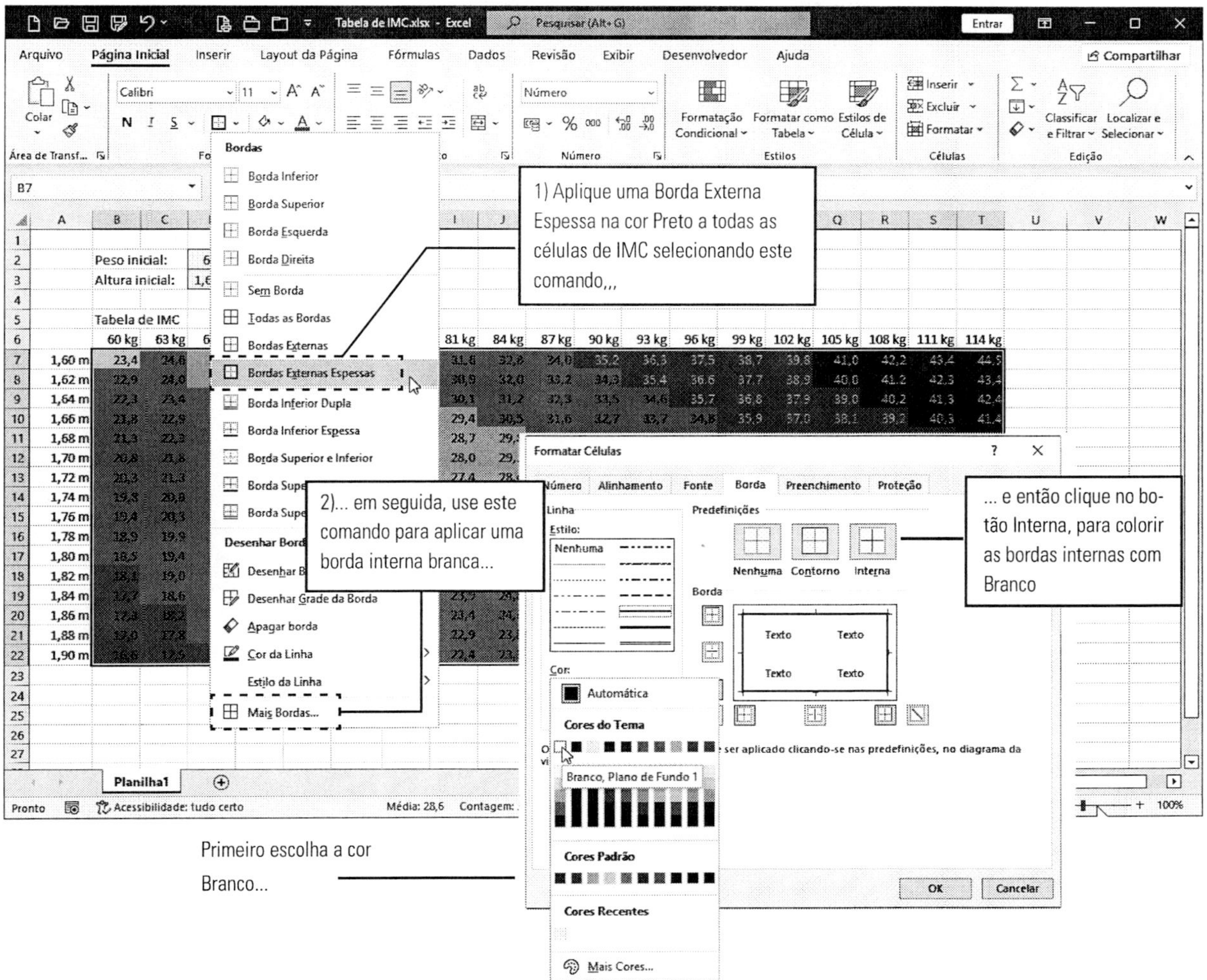


**Figura 2.32:** Aplique primeiro uma borda externa preta grossa a todas as células de IMC selecionando o comando Borda superior espessa. Em seguida, use o comando Mais bordas para adicionar uma borda interna branca.

5. Ao clicar em OK o Excel manterá a borda externa preta, adicionando uma borda branca ao redor das células de IMC calculado.
6. Ainda com as células de IMC selecionadas, centralize seus valores com a ferramenta de Alinhamento Centralizado (Figura 2.33).

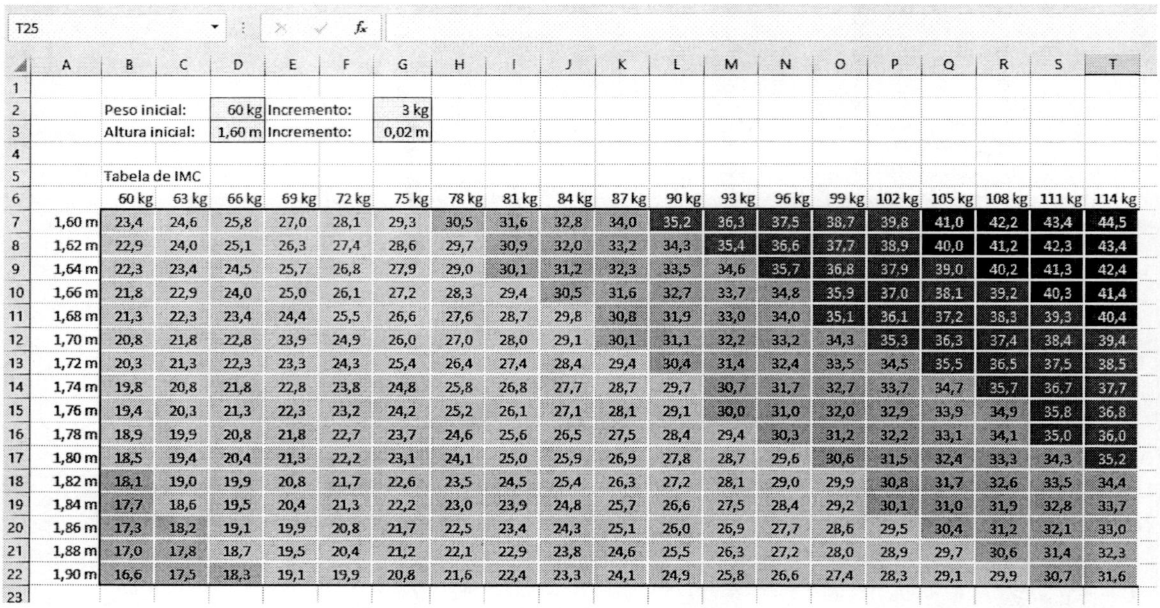

| | A | B | C | D | E | F | G | H | I | J | K | L | M | N | O | P | Q | R | S | T |
|---|---|---|---|---|---|---|---|---|---|---|---|---|---|---|---|---|---|---|---|---|
| 1 | | | | | | | | | | | | | | | | | | | | |
| 2 | | Peso inicial: | | 60 kg | Incremento: | | 3 kg | | | | | | | | | | | | | |
| 3 | | Altura inicial: | | 1,60 m | Incremento: | | 0,02 m | | | | | | | | | | | | | |
| 4 | | | | | | | | | | | | | | | | | | | | |
| 5 | | Tabela de IMC | | | | | | | | | | | | | | | | | | |
| 6 | | 60 kg | 63 kg | 66 kg | 69 kg | 72 kg | 75 kg | 78 kg | 81 kg | 84 kg | 87 kg | 90 kg | 93 kg | 96 kg | 99 kg | 102 kg | 105 kg | 108 kg | 111 kg | 114 kg |
| 7 | 1,60 m | 23,4 | 24,6 | 25,8 | 27,0 | 28,1 | 29,3 | 30,5 | 31,6 | 32,8 | 34,0 | 35,2 | 36,3 | 37,5 | 38,7 | 39,8 | 41,0 | 42,2 | 43,4 | 44,5 |
| 8 | 1,62 m | 22,9 | 24,0 | 25,1 | 26,3 | 27,4 | 28,6 | 29,7 | 30,9 | 32,0 | 33,2 | 34,3 | 35,4 | 36,6 | 37,7 | 38,9 | 40,0 | 41,2 | 42,3 | 43,4 |
| 9 | 1,64 m | 22,3 | 23,4 | 24,5 | 25,7 | 26,8 | 27,9 | 29,0 | 30,1 | 31,2 | 32,3 | 33,5 | 34,6 | 35,7 | 36,8 | 37,9 | 39,0 | 40,2 | 41,3 | 42,4 |
| 10 | 1,66 m | 21,8 | 22,9 | 24,0 | 25,0 | 26,1 | 27,2 | 28,3 | 29,4 | 30,5 | 31,6 | 32,7 | 33,7 | 34,8 | 35,9 | 37,0 | 38,1 | 39,2 | 40,3 | 41,4 |
| 11 | 1,68 m | 21,3 | 22,3 | 23,4 | 24,4 | 25,5 | 26,6 | 27,6 | 28,7 | 29,8 | 30,8 | 31,9 | 33,0 | 34,0 | 35,1 | 36,1 | 37,2 | 38,3 | 39,3 | 40,4 |
| 12 | 1,70 m | 20,8 | 21,8 | 22,8 | 23,9 | 24,9 | 26,0 | 27,0 | 28,0 | 29,1 | 30,1 | 31,1 | 32,2 | 33,2 | 34,3 | 35,3 | 36,3 | 37,4 | 38,4 | 39,4 |
| 13 | 1,72 m | 20,3 | 21,3 | 22,3 | 23,3 | 24,3 | 25,4 | 26,4 | 27,4 | 28,4 | 29,4 | 30,4 | 31,4 | 32,4 | 33,5 | 34,5 | 35,5 | 36,5 | 37,5 | 38,5 |
| 14 | 1,74 m | 19,8 | 20,8 | 21,8 | 22,8 | 23,8 | 24,8 | 25,8 | 26,8 | 27,7 | 28,7 | 29,7 | 30,7 | 31,7 | 32,7 | 33,7 | 34,7 | 35,7 | 36,7 | 37,7 |
| 15 | 1,76 m | 19,4 | 20,3 | 21,3 | 22,3 | 23,2 | 24,2 | 25,2 | 26,1 | 27,1 | 28,1 | 29,1 | 30,0 | 31,0 | 32,0 | 32,9 | 33,9 | 34,9 | 35,8 | 36,8 |
| 16 | 1,78 m | 18,9 | 19,9 | 20,8 | 21,8 | 22,7 | 23,7 | 24,6 | 25,6 | 26,5 | 27,5 | 28,4 | 29,4 | 30,3 | 31,2 | 32,2 | 33,1 | 34,1 | 35,0 | 36,0 |
| 17 | 1,80 m | 18,5 | 19,4 | 20,4 | 21,3 | 22,2 | 23,1 | 24,1 | 25,0 | 25,9 | 26,9 | 27,8 | 28,7 | 29,6 | 30,6 | 31,5 | 32,4 | 33,3 | 34,3 | 35,2 |
| 18 | 1,82 m | 18,1 | 19,0 | 19,9 | 20,8 | 21,7 | 22,6 | 23,5 | 24,5 | 25,4 | 26,3 | 27,2 | 28,1 | 29,0 | 29,9 | 30,8 | 31,7 | 32,6 | 33,5 | 34,4 |
| 19 | 1,84 m | 17,7 | 18,6 | 19,5 | 20,4 | 21,3 | 22,2 | 23,0 | 23,9 | 24,8 | 25,7 | 26,6 | 27,5 | 28,4 | 29,2 | 30,1 | 31,0 | 31,9 | 32,8 | 33,7 |
| 20 | 1,86 m | 17,3 | 18,2 | 19,1 | 19,9 | 20,8 | 21,7 | 22,5 | 23,4 | 24,3 | 25,1 | 26,0 | 26,9 | 27,7 | 28,6 | 29,5 | 30,4 | 31,2 | 32,1 | 33,0 |
| 21 | 1,88 m | 17,0 | 17,8 | 18,7 | 19,5 | 20,4 | 21,2 | 22,1 | 22,9 | 23,8 | 24,6 | 25,5 | 26,3 | 27,2 | 28,0 | 28,9 | 29,7 | 30,6 | 31,4 | 32,3 |
| 22 | 1,90 m | 16,6 | 17,5 | 18,3 | 19,1 | 19,9 | 20,8 | 21,6 | 22,4 | 23,3 | 24,1 | 24,9 | 25,8 | 26,6 | 27,4 | 28,3 | 29,1 | 29,9 | 30,7 | 31,6 |
| 23 | | | | | | | | | | | | | | | | | | | | |

**Figura 2.33:** A tabela de IMC com as células de IMC exibindo uma borda externa negra com bordas internas em branco, destacando os valores de IMC para cada faixa de peso e interseção de peso e altura.

## Crie uma legenda explicativa

Para fornecer significado às cores utilizadas nos diferentes valores calculados na Tabela de IMC, crie uma legenda cromática abaixo da tabela, como empregado pela Figura 2.8 que serviu de inspiração para esta aplicação.

Siga estes passos:

1. Clique em uma célula situada abaixo da tabela (deixe uma linha em branco entre a tabela e a primeira legenda). Para a planilha de IMC exibida na Figura 2.33, usarei a célula B24.
2. Usando a primeira regra de formatação exibida na Tabela 2.2, clique na ferramenta de Preenchimento e escolha o mesmo tom Azul claro utilizado para colorir as células pela regra de Formatação Condicional para Desnutrição.
3. Na célula imediatamente à direita (no caso C24), digite o significado desta cor Desnutrição.
4. Repita os passos 2 e 3 acima para as demais cores e condições a serem legendadas distribuindo-as nas linhas abaixo da tabela.
5. Finalmente, marque todas as células que receberam as cores de preenchimento da legenda e aplique uma borda espessa na cor Branco a todas elas, fazendo-as separar-se uma das outras (Figura 2.34).

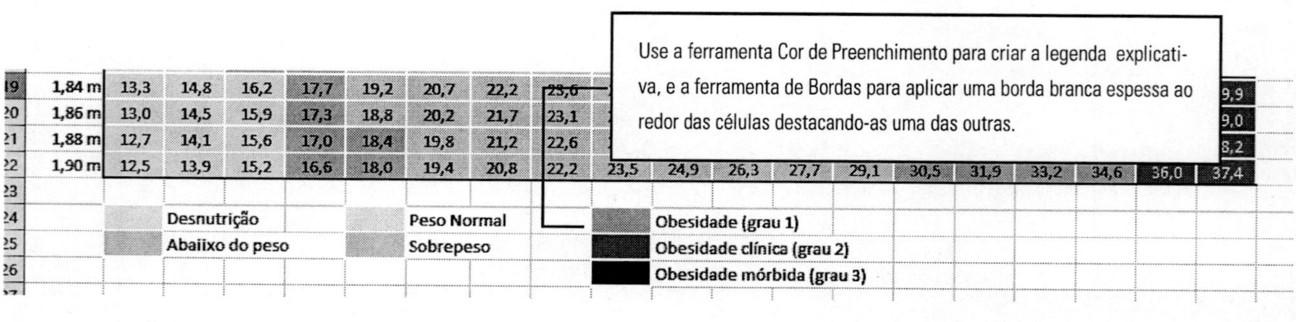


**Figura 2.34:** Use a ferramenta de Preenchimento para colorir as célula usadas para criar uma legenda explicativa abaixo da Tabela de IMC.

### Formate e centralize o título

Para melhorar o acabamento da tabela de IMC, formate o título acima da tabela com uma fonte grande (Calibre 24pt,Negrito) e centralize-o sobre a tabela com a ferramenta Mesclar e Centralizar (selecione as células B5:T5 acima da tabela de IMC antes de aplicar esta ferramenta, Figura 2.35).

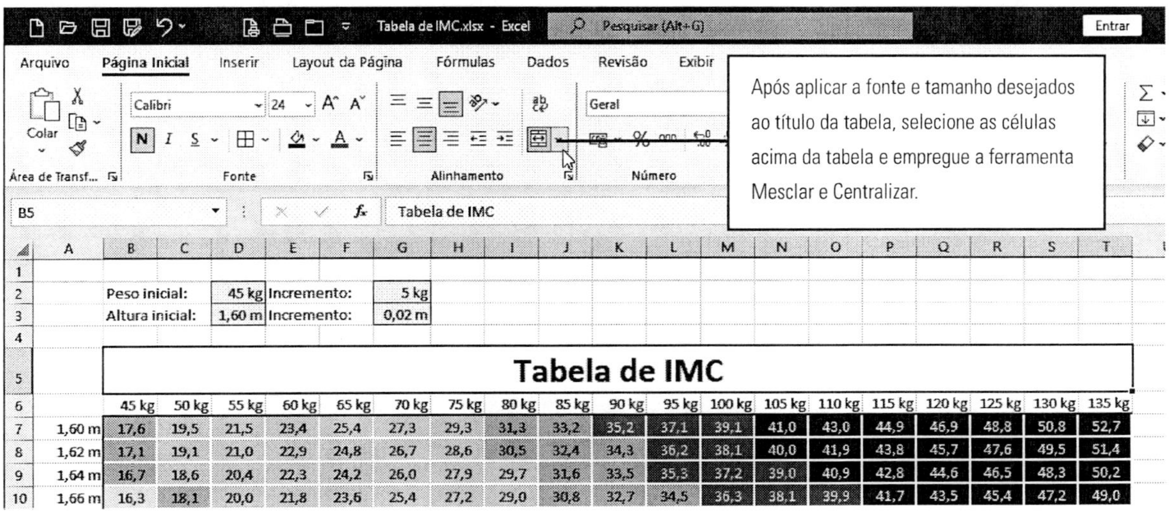


**Figura 2.35:** Crie um título eficaz, usando uma fonte de destaque e empregue a ferramenta Mesclar e Centralizar para centralizá-lo no topo da planilha.

### Desbloqueie as células de inserção de dados

Como citado na seção "Protegendo sua Propriedade Intelectual" do Capítulo 1, "Sobrevivência no Excel: Entendendo as planilhas", desbloqueie as células que podem receber dados do usuário de sua solução de planilha:

1. Selecione as células para inserção do Peso inicial, Altura inicial e seus Incrementos (células D2:D3 e G2:G3),
2. Clique com o botão direito na seleção e escolha Formatar células.
3. Na caixa de diálogo Formatar células, escolha a guia Proteção e desmarque a opção Bloqueadas (Figura 2.36).

**Figura 2.36:** Selecione as células que podem receber dados do usuário (D2:D3 e G2:G3) e na guia Proteção da caixa de diálogo Formatar Células, desmarque a opção Bloqueadas.

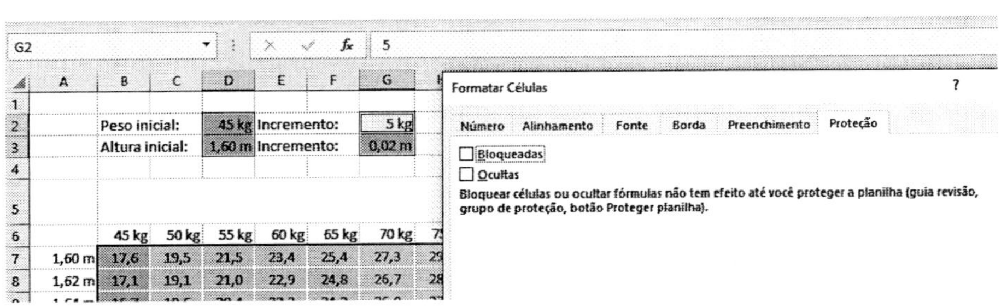


### Defina a área de impressão

Agora que a planilha está finalizada, é hora de indicar ao Excel quais células devem ser impressas na planilha Tabela de IMC. Recomendo deixar fora da impressão as linhas 1:4, onde se encontram as células para definição de Peso e Altura iniciais e seus Incrementos. Siga estes passos:

1. Selecione todas as células da Tabela de IMC, incluindo seu título, os IMC calculados e a legenda cromática abaixo da tabela (A5:T26).
2. Selecione a guia Layout da Página, clique em Área de Impressão e escolha Definir área de impressão.

O Excel definirá a área de impressão, exibindo linhas pontilhadas na tela para indicar as quebras de página criadas para as definições atuais de impressão (Figura 2.37).

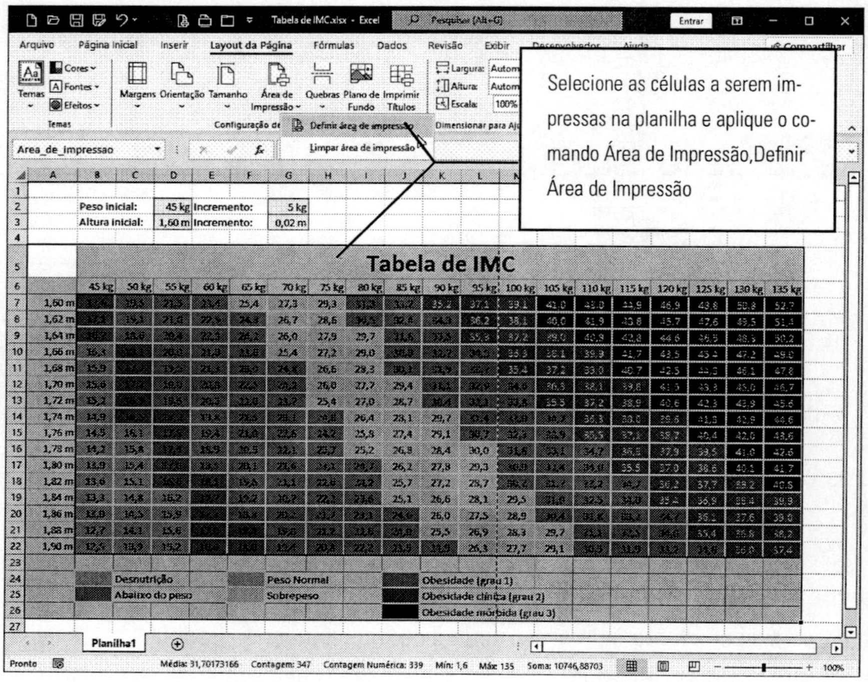


**Figura 2.37:** Definindo a área de impressão no Excel com o comando Layout da Página, Área de Impressão.

## Manipule as opções de impressão

A área de impressão selecionada na planilha será impressa pelo Excel empregando as definições atuais da impressora padrão definida em seu sistema (tamanho da página, orientação e margens).

O que significa ser necessário manipular as definições de impressão da planilha para que os dados sejam impressos como esperado, o que é feito executando o comando Arquivo, Imprimir, para que o Excel exiba como será a saída de impressão da área selecionada para as definições atuais. (Figura 2.38).

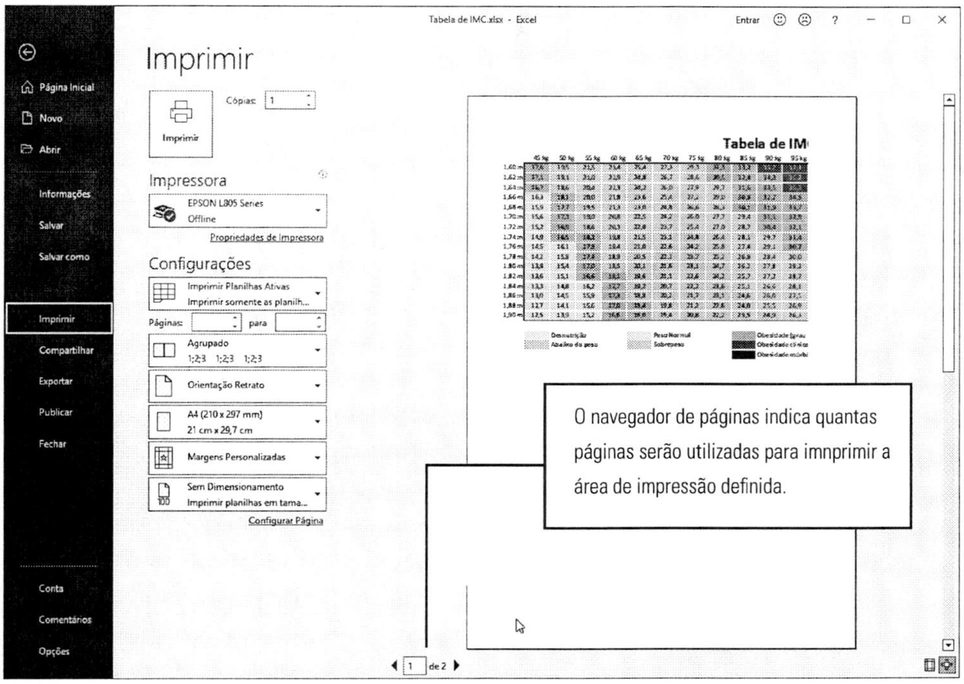


**Figura 2.38:** O comando Arquivo, Imprimir exibe como o Excel irá imprimir a área de impressão definida na planilha, usando as definições atuais da impressora padrão do sistema.

A figura 2.38 mostra que as definições atuais da impressora padrão do meu sistema (Página A4, Orientação Retrato), exigem duas páginas para imprimir a área selecionada (veja o navegador de páginas na parte inferior da janela).

Manipule, nesta ordem, as seguintes opções localizadas nas opções situadas à esquerda da janela Imprimir para manipular a impressão adaptando a área selecionada ao mínimo necessário de páginas impressas:

- Troque a orientação: na maioria das vezes, apenas mudando a orientação para Paisagem ajusta-se a impressão para uma página impressa.
- Reduza as margens utilizadas na impressão.
- Aplique um dimensionamento: o Excel pode forçar a área de impressão a ser impressa no número de páginas desejado (o que pode reduzir a legibilidade).
- Troque o tamanho da página: experimente usar um tamanho de papel maior (como papel Ofício e/ou Tabloide, se sua impressora os aceitar).

Para ajustar a área de impressão da planilha Tabela de IMC em uma única página de papel, foi necessário alterar a Orientação para Paisagem e empregar a opção Planilha em Uma Página (também empregou-se a centralização horizontal e vertical usando a guia Margens da caixa de diálogo Configurar Página, Figura 2.39).

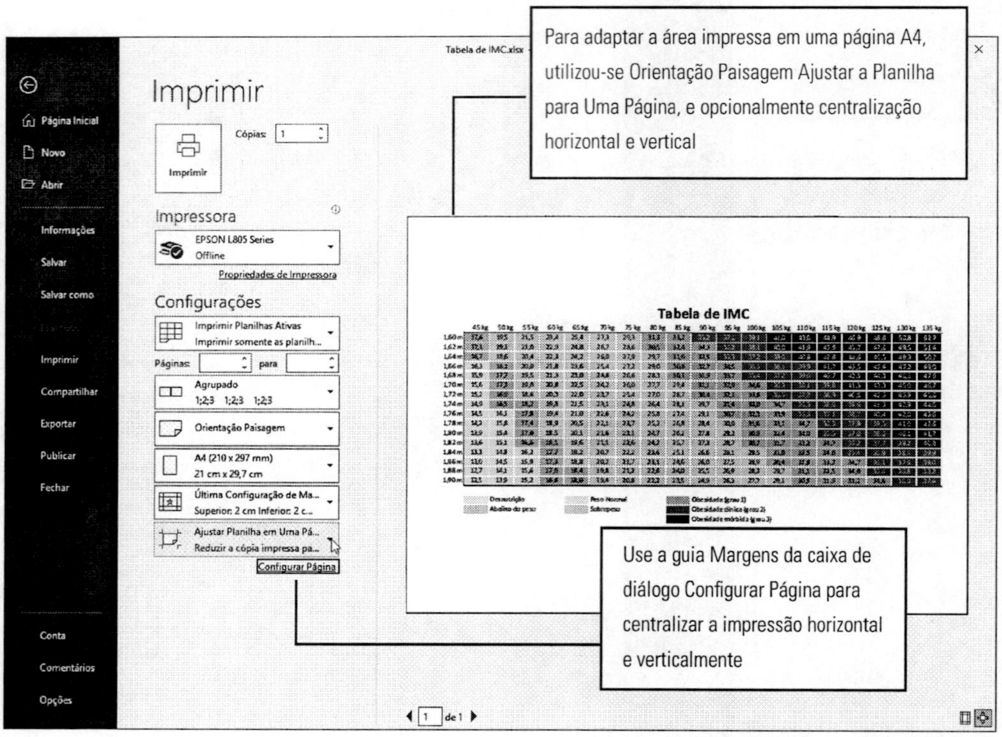


**Figura 2.39:** Após alterar a Orientação da impressão para Paisagem, o Excel passou a indicar ser necessário apenas uma página de papel A4 para a impressão da área selecionada.

## Oculte linhas e colunas não utilizadas

Após ter definido a área de impressão e ajustado as definições de impressão da planilha, chegou o momento de aplicar os toques finais à planilha, como citado na seção mesmo nome do Capítulo 2, "Sobrevivência no Excel: entendendo as planilhas": oculte as linhas e colunas não utilizadas pela planilha, deixando sempre uma coluna (e linha) em branco à direita (e abaixo) da área a ser exibida pela planilha:

1. Como a planilha Tabela de IMC utiliza até a coluna T, deixe a coluna U visível, clique no cabeçalho da coluna W e pressione Ctrl+Shift+Seta da direita para marcar todas as demais colunas da planilha.
2. Clique com o botão direito no cabeçalho das colunas selecionadas, e no menu de contexto que aparece, escolha Ocultar.
3. Para ocultar as linhas não utilizadas, mantenha visível a linha 27 (primeira linha em branco abaixo da legenda), clique no cabeçalho da linha 28 para selecioná-lo e pressione Ctrl+Shift+Seta para baixo e marcar todas as demais linhas da planilha.
4. Clique com o botão direito no cabeçalho das linhas selecionadas, e no menu de contexto escolha Ocultar.

## Remova Barra de Fórmulas, Linhas de grade, Títulos e Guias de Planilha

Selecione a guia Exibir da barra de ferramentas do Excel e na área Mostrar desmarque as opções Barra de Fórmulas, Linhas de Grade e Títulos.

Use o comando Arquivo, Opções do Excel, clique na guia Avançado, role a interface até exibir a área "Opções de exibição desta Pasta de trabalho" e desmarque as opções "Mostrar barra de rolagem horizontal", "Mostrar barra de rolagem vertical" e "Mostrar guias de planilha" (veja a Figura 1.53).

## Ative a proteção da planilha

Finalmente, ative a proteção da planilha aplicando o comando Revisão, Proteger Planilha para exibir a caixa de diálogo Proteger Planilha, na qual deve ser desmarcada a opção Selecionar células bloqueadas. Forneça uma senha de desproteção se o desejar, e clique em OK para aplicar a proteção (Figura 2.40).

**Figura 2.40:** Na caixa de diálogo Proteger Planilha, marque apenas a opção Selecionar células desbloqueadas antes de ativar a proteção. Isso fará com que o usuário da sua solução de planilha possa selecionar apenas as células desbloqueadas nas quais pode inserir dados para personalizar a solução.

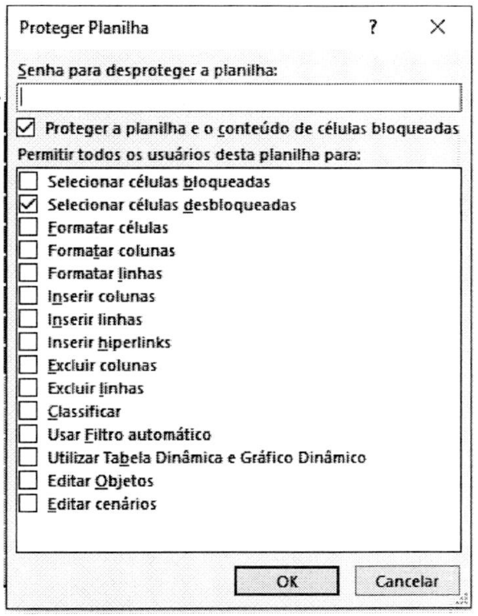


Ao fornecer uma senha, o Excel solicitará sua confirmação ao fechar a caixa de diálogo, impredindo que a planilha seja desprotegida.

Agora, apenas as células desbloqueadas (Peso e Altura iniciais e seus incrementos) podem ser selecionadas na planilha, que após receber todas as formatações cosméticas citadas nesta seção, deverá fazer com que a planilha Tabela de IMC fique similar ao que é exibido na Figura 2.41.

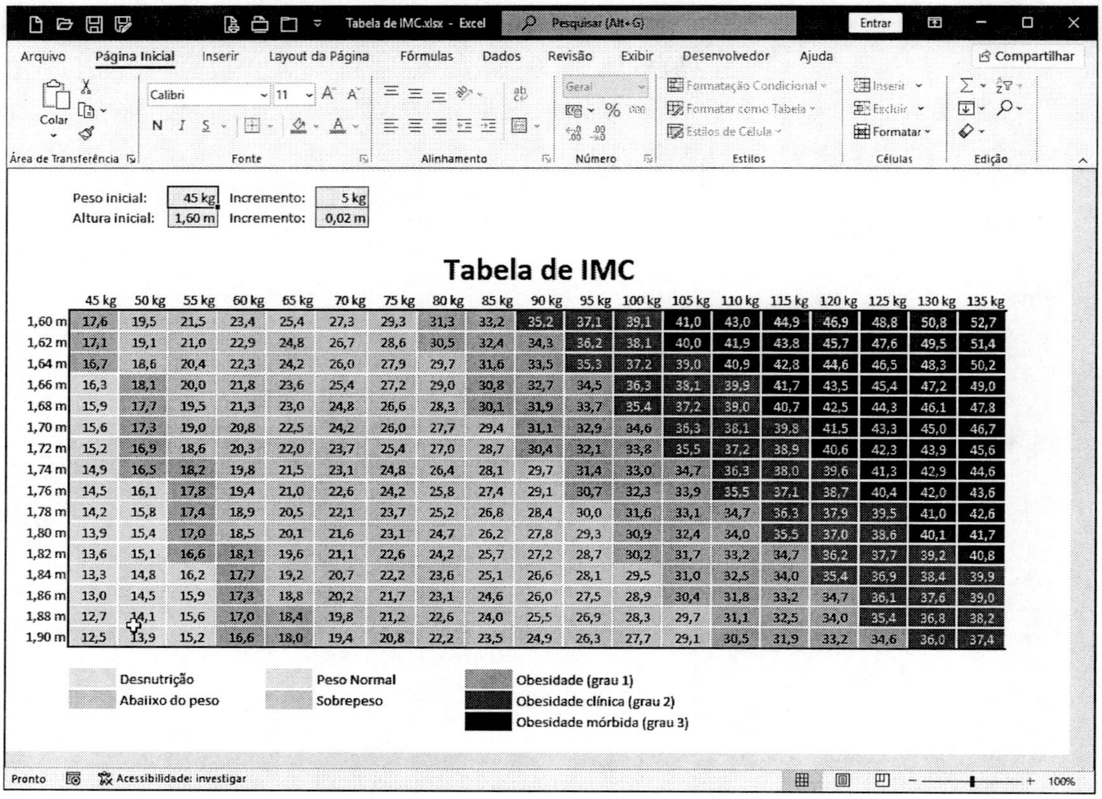

Peso inicial: 45 kg Incremento: 5 kg
Altura inicial: 1,60 m Incremento: 0,02 m

Tabela de IMC

| | 45 kg | 50 kg | 55 kg | 60 kg | 65 kg | 70 kg | 75 kg | 80 kg | 85 kg | 90 kg | 95 kg | 100 kg | 105 kg | 110 kg | 115 kg | 120 kg | 125 kg | 130 kg | 135 kg |
|---|---|---|---|---|---|---|---|---|---|---|---|---|---|---|---|---|---|---|---|
| 1,60 m | 17,6 | 19,5 | 21,5 | 23,4 | 25,4 | 27,3 | 29,3 | 31,3 | 33,2 | 35,2 | 37,1 | 39,1 | 41,0 | 43,0 | 44,9 | 46,9 | 48,8 | 50,8 | 52,7 |
| 1,62 m | 17,1 | 19,1 | 21,0 | 22,9 | 24,8 | 26,7 | 28,6 | 30,5 | 32,4 | 34,3 | 36,2 | 38,1 | 40,0 | 41,9 | 43,8 | 45,7 | 47,6 | 49,5 | 51,4 |
| 1,64 m | 16,7 | 18,6 | 20,4 | 22,3 | 24,2 | 26,0 | 27,9 | 29,7 | 31,6 | 33,5 | 35,3 | 37,2 | 39,0 | 40,9 | 42,8 | 44,6 | 46,5 | 48,3 | 50,2 |
| 1,66 m | 16,3 | 18,1 | 20,0 | 21,8 | 23,6 | 25,4 | 27,2 | 29,0 | 30,8 | 32,7 | 34,5 | 36,3 | 38,1 | 39,9 | 41,7 | 43,5 | 45,4 | 47,2 | 49,0 |
| 1,68 m | 15,9 | 17,7 | 19,5 | 21,3 | 23,0 | 24,8 | 26,6 | 28,3 | 30,1 | 31,9 | 33,7 | 35,4 | 37,2 | 39,0 | 40,7 | 42,5 | 44,3 | 46,1 | 47,8 |
| 1,70 m | 15,6 | 17,3 | 19,0 | 20,8 | 22,5 | 24,2 | 26,0 | 27,7 | 29,4 | 31,1 | 32,9 | 34,6 | 36,3 | 38,1 | 39,8 | 41,5 | 43,3 | 45,0 | 46,7 |
| 1,72 m | 15,2 | 16,9 | 18,6 | 20,3 | 22,0 | 23,7 | 25,4 | 27,0 | 28,7 | 30,4 | 32,1 | 33,8 | 35,5 | 37,2 | 38,9 | 40,6 | 42,3 | 43,9 | 45,6 |
| 1,74 m | 14,9 | 16,5 | 18,2 | 19,8 | 21,5 | 23,1 | 24,8 | 26,4 | 28,1 | 29,7 | 31,4 | 33,0 | 34,7 | 36,3 | 38,0 | 39,6 | 41,3 | 42,9 | 44,6 |
| 1,76 m | 14,5 | 16,1 | 17,8 | 19,4 | 21,0 | 22,6 | 24,2 | 25,8 | 27,4 | 29,1 | 30,7 | 32,3 | 33,9 | 35,5 | 37,1 | 38,7 | 40,4 | 42,0 | 43,6 |
| 1,78 m | 14,2 | 15,8 | 17,4 | 18,9 | 20,5 | 22,1 | 23,7 | 25,2 | 26,8 | 28,4 | 30,0 | 31,6 | 33,1 | 34,7 | 36,3 | 37,9 | 39,5 | 41,0 | 42,6 |
| 1,80 m | 13,9 | 15,4 | 17,0 | 18,5 | 20,1 | 21,6 | 23,1 | 24,7 | 26,2 | 27,8 | 29,3 | 30,9 | 32,4 | 34,0 | 35,5 | 37,0 | 38,6 | 40,1 | 41,7 |
| 1,82 m | 13,6 | 15,1 | 16,6 | 18,1 | 19,6 | 21,1 | 22,6 | 24,2 | 25,7 | 27,2 | 28,7 | 30,2 | 31,7 | 33,2 | 34,7 | 36,2 | 37,7 | 39,2 | 40,8 |
| 1,84 m | 13,3 | 14,8 | 16,2 | 17,7 | 19,2 | 20,7 | 22,2 | 23,6 | 25,1 | 26,6 | 28,1 | 29,5 | 31,0 | 32,5 | 34,0 | 35,4 | 36,9 | 38,4 | 39,9 |
| 1,86 m | 13,0 | 14,5 | 15,9 | 17,3 | 18,8 | 20,2 | 21,7 | 23,1 | 24,6 | 26,0 | 27,5 | 28,9 | 30,4 | 31,8 | 33,2 | 34,7 | 36,1 | 37,6 | 39,0 |
| 1,88 m | 12,7 | 14,1 | 15,6 | 17,0 | 18,4 | 19,8 | 21,2 | 22,6 | 24,0 | 25,5 | 26,9 | 28,3 | 29,7 | 31,1 | 32,5 | 34,0 | 35,4 | 36,8 | 38,2 |
| 1,90 m | 12,5 | 13,9 | 15,2 | 16,6 | 18,0 | 19,4 | 20,8 | 22,2 | 23,5 | 24,9 | 26,3 | 27,7 | 29,1 | 30,5 | 31,9 | 33,2 | 34,6 | 36,0 | 37,4 |



**Figura 2.41:** Aparência final da planilha de Cálculo do IMC, após receber as opções de formatação citadas, e estar protegida (com ou sem senha), permitindo selecionar apenas as células desbloqueadas.

## Resumo do capítulo

Neste capítulo você aprendeu:

- Que as referências de células de uma fórmula são alteradas ao copiá-la para outras células, alterando letras de coluna e números de linha de acordo com a direção em que a cópia é efetuada.
- Que as planilhas eletrônicas usam o caractere "$" antes do número de linha e/ou coluna, para fixar as referências de célula indicando o que pode ou não ser alterado quando a fórmula for copiada para outras células da planilha
- Que a tecla de função F4 pode ser usada para colocar o "$" antes da letra da coluna, do número da linha ou ambos, ensinando-lhe a sintaxe para fixar referências de células em fórmulas.
- Que ao planejar com antecedência as referências relativas e absolutas de uma fórmula, pode copiá-la para outras células da planilha ajustando-as automaticamente, para as novas fórmulas fornecerem a mesma funcionalidade da original.
- Que as referências de fórmula podem ser aplicadas na Formatação Condicional, permitindo ao Excel alterar a aparência das células baseando-se em valores calculados.
- Como escolher o que será impresso na planilha.
- Como imprimir a planilha usando o máximo de cada página impressa.

# Capítulo 3. Sua Primeira Aplicação Excel: Gráfico de Acompanhamento do IMC!

Neste capítulo será apresentado como empregar certas técnicas básicas de planilha para criar uma aplicação bem simples no Excel: uma planilha de acompanhamento pessoal da evolução do IMC de um adulto ao longo do tempo, usando as técnicas descritas até agora (e outras novas), chamada de "Gráfico de Acompanhamento do IMC!"

Se neste momento você não estiver interessado em saber como criar tal aplicação, mas sim verificar como utilizá-la, pule para a seção "Usando o Gráfico de Acompanhamento do IMC!" no fim deste capítulo, faça o download dos arquivos de exemplo e aprenda aplicá-la para seu próprio benefício.

## 3.1 A filosofia de uma "Aplicação de Planilha"

Vamos ser práticos: uma "Aplicação de Planilha" é apenas uma planilha eletrônica criada do Excel, que emprega fórmulas úteis e exibe certa funcionalidade básica: permite entrada de dados em células específicas, faz alguma validação nos dados, possui algum tipo de proteção intelectual e, entre outras coisas, pode ser reutilizada quantas vezes forem necessárias para executar a mesma tarefa.

Dito isto, a decisão que nos move a criar um Aplicação de Planilha baseia-se em alguma ideia ou no fato de alguém próximo a nós estar gastando uma grande quantidade de tempo repetindo uma mesma tarefa, que possa ser automatizada usando-se uma Pasta de trabalho do Excel.

Antes de começar a criar sua Aplicação de Planilha, uma boa ideia é desenhar um rascunho de como ela deverá se parecer – e eu já fiz isso! A Figura 3.1 exibe a ideia básica por trás da planilha a ser criada neste capítulo.

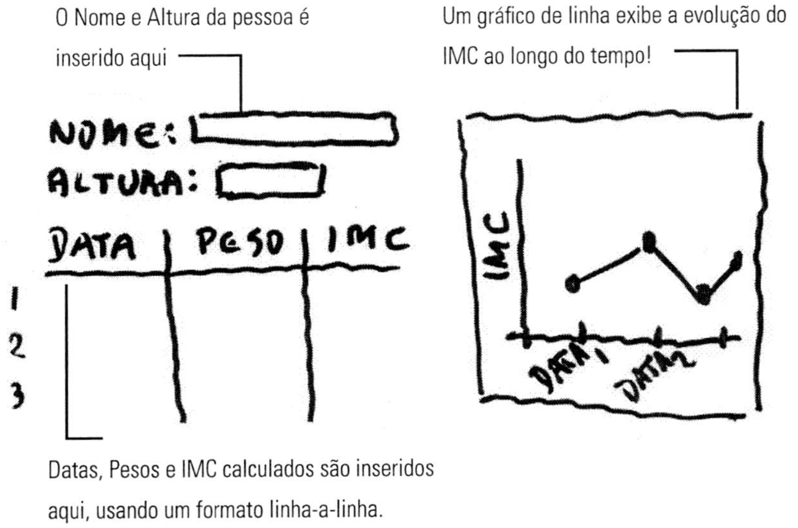


**Figura 3.1:** Este é o meu rascunho do Gráfico de Acompanhamento do IMC."

Como pode ver, esta é a *minha abordagem* ou melhor, *a minha visão* de como atacar um problema simples com o qual muita gente se preocupa: como seguir a evolução de seu peso e IMC ao longo do tempo, com o intuito de resolver dois importantes problemas atuais em saúde pública: a obesidade ou a anorexia.

A filosofia fundamental por trás do Gráfico de Acompanhamento do IMC é.

1. Identificar o nome da pessoa representada pelos dados da planilha.
2. Permitir inserir sua altura apenas uma vez (supondo que a aplicação será usada para acompanhar a evolução do IMC de adultos).
3. Fornecer espaço inserção de pares de data e peso na data capaz de acompanhar a evolução do peso por um período razoável
4. Calcular o IMC do paciente em cada data.
5. Gerar um simples – e belo – gráfico de evolução do IMC à medida que o usuário digite datas e pesos medidos!

## 3.2 Criando a estrutura da solução de planilha

A Figura 3.2 mostra como começar a criar no Excel a estrutura da aplicação de planilha a ser construída.

**Figura 3.2:** A estrutura básica para a aplicação de planilha "Gráfico de acompanhamento do IMC"

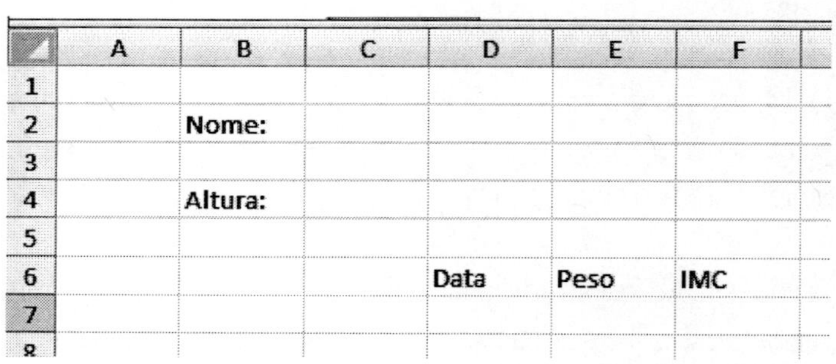


Como pode ver, nunca comece a criar uma solução de planilha usando a linha 1 ou coluna A. Apesar de poder inserir linhas ou colunas a qualquer momento (ou aumentar a largura da coluna ou altura da linha), recomendo sempre deixar algum espaço em branco na parte superior e no lado esquerdo da planilha para lhe dar maior liberdade criativa ao projetar a interface.

Foram digitadas as palavras "Nome:" (célula B2) e "Altura:" (célula B4), deixando uma linha em branco entre elas. O nome da pessoa será inserido na célula C2 e sua altura na célula C4.

A data das consultas será inserida na coluna D, os pesos medidos em cada data na coluna E, e os IMCs calculados nestas datas aparecerão na coluna F, logo abaixo da linha 6, onde foram digitados os títulos da tabela a ser usada para registrar as datas, pesos medidos e o IMC calculado (células D6, E6 e F6. veja a Figura 3.2)

Como o nome da pessoa será digitado na célula C2, selecione a faixa de células C2:F2 e clique na ferramenta Mesclar e Centralizar (localizada na área Alinhamento da guia Página Inicial do Excel) para criar uma única e larga célula para contê--lo. Alinhe a célula C2 à esquerda e centralize as células D6:F6 (Figura 3.3).

**Figura 3.3:** Transforme a faixa de células C2:F2 em uma única e larga célula selecionando-as e usando o comando Mesclar e Centralizar. A célula mesclada resultante passará a receber o endereço da primeira célula da faixa: C2.

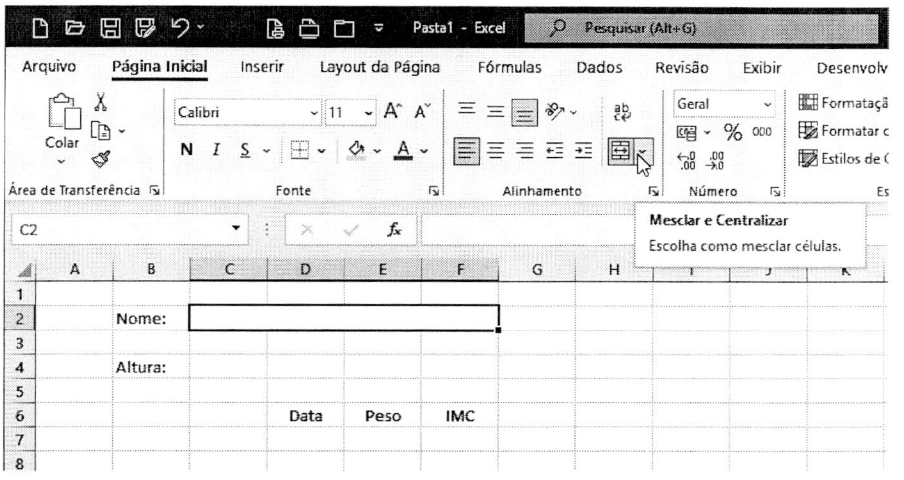

Lembre-se do que foi citado no Capítulo 1 sobre a construção de interfaces de planilha intuitivas e elegantes? Use uma mesma cor de fundo determinada em todas as células a serem usadas para interagir com os dados da aplicação. Portanto a célula C2 (mesclada na faixa C2:F2) foi colorida com o tom Amarelo claro e uma fina borda Azul (usando as ferramentas de Cor de Preenchimento e Bordas da guia Página Inicial do Excel). E uma vez que este padrão cromático foi aplicado à primeira célula de entrada de dados, reaplique-o nas demais células da planilha onde o usuário deverá digitar os dados de sua aplicação: célula C4 (altura). células D7:E7 (primeira data e peso registrados).

Como a célula F7 será uma célula de "saída" (retornará o valor do IMC calculado para a primeira data), deverá permanecer com o fundo branco, recendo o mesmo estilo de borda Azul das demais células de entrada. Aproveite também para dar destaque aos nomes de campo aplicando Negrito nas células C2, C4, D2:F2, como pode ser visto na Figura 3.4.

**Figura 3.4:** Aplique a mesma identidade visual (cor de fundo e de borda) para todas as células de entrada de dados da sua aplicação de planilha. Aquelas onde serão exibidos cálculos, devem receber a mesma cor de borda, mantendo porém o fundo branco,

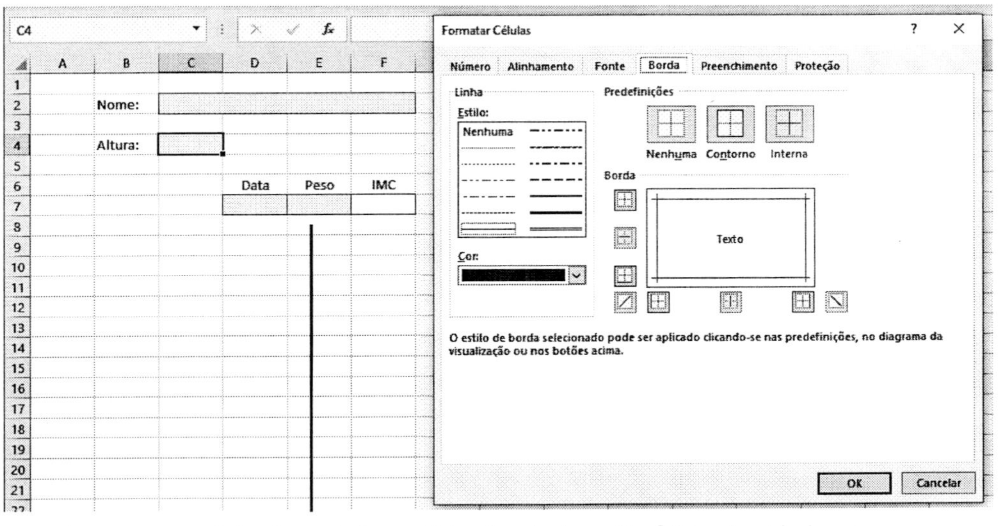

Use a mesma cor de borda para todas as células de entrada e saída. Células de saída devem ter a mesma cor de borda (e fundo branco)!

Agora crie os formatos personalizados para as células C4 (altura em metros) e D4 (peso em kg). Na célula C4 o Formato Personalizado será 0,00"m" (um zero seguido pela letra "m" envolvida entre aspas duplas, Figura 3.5), recebendo um alinhamento Centralizado.

**Figura 3.5:** A célula C4 deve receber o Formato Personalizado 0,00"m" para garantir que a altura apresente duas casas decimais de precisão e o sufixo "m" , indicando que deve ser digitada em metros.

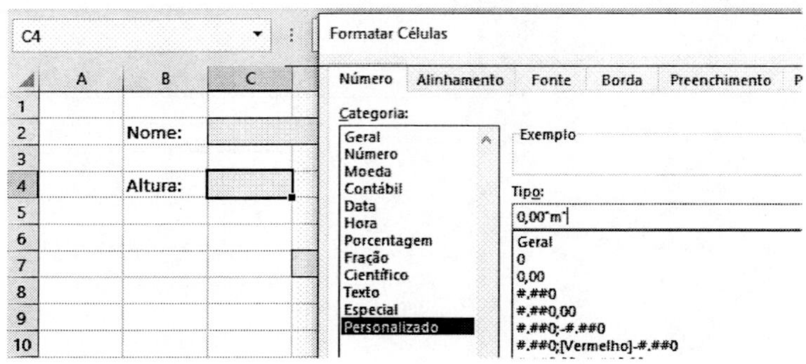


A célula D7 (primeira data) deve receber o formato Data (com o padrão dd/m/aaaa), deve ter sua largura aumentada para comportar este formato de data, e receber o alinhamento Centralizado. A célula E7 deve receber o Formato Personalizado 0,0"kg" mantendo alinhamento padrão à esquerda (Figura 3.6).

**Figura 3.6:** Célula D7, a data da primeira consulta, receberá o formato dd/m/aaaa, enquanto a célula E7 receberá o formato 0,0"kg".

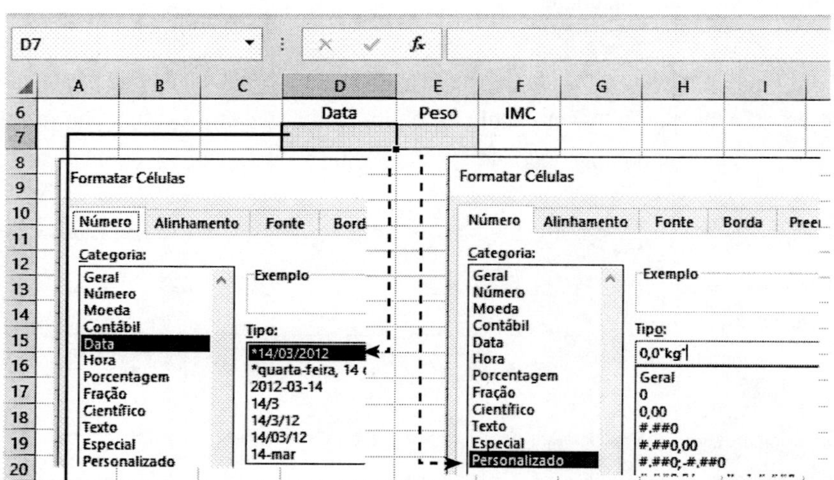


Você pode aplicar um Formato Personalizado clicando com o botão direito do mouse e selecionando Formatar células.

## Criando a fórmula do IMC

Como foi feito no Capítulo 2, usaremos na célula F7 a clássica fórmula para o IMC, que divide o Peso (kg) pelo quadrado da altura (m):

$$IMC = \frac{Peso(kg)}{Altura(m)^2}$$

Clique na célula F7 e digite esta fórmula (lembre-se de que ela será copiada para baixo para calcular o IMC das demais datas da aplicação):
=E7/$C$4^2

Note que na fórmula acima, a altura representada pela célula $C$4 é uma Referência Absoluta para permanecer inalterada na fórmula quando esta for copiada para as demais datas da planilha

---

**ATENÇÃO:** Como a fórmula será copiada para baixo na mesma coluna, a fórmula de cálculo do IMC também pode ser escrita desta forma (mantendo fixa apenas a coluna "C"):
=E7/C$4^2

---

A Figura 3.7 mostra que ao pressionar Enter após inserir a fórmula do IMC na célula F7, o Excel retorna a famosa constante de erro #DIV/0!, indicando não ser possível calcular uma divisão por zero.

**Figura 3.7**: A fórmula para o cálculo do IMC inserida na célula F7 gera a constante de erro #DIV/0! devido à altura ainda não ter sido digitada na planilha.

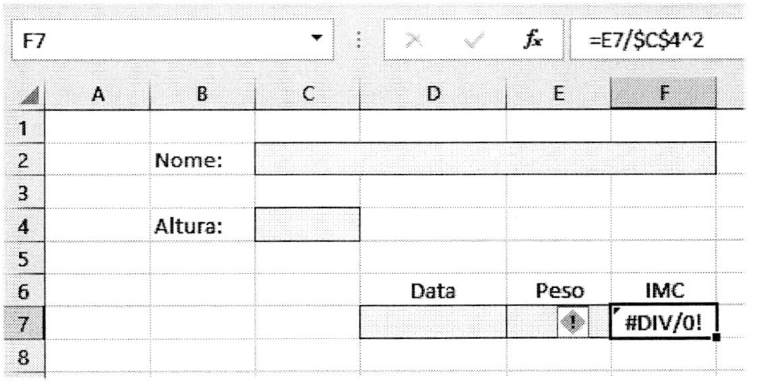


Baseado no que foi apresentado no capítulo anterior, há duas alternativas para se evitar o aparecimento deste erro na interface da aplicação:

1. Usar a função SE( ) para evitar a divisão por zero, ou
2. Usar Formatação Condicional para testar se o valor da célula C4 (altura) é igual a zero, e caso seja verdadeiro, colorir a fonte da célula F7 com a mesma cor de seu fundo (Branco), tornando constante de erro invisível.

Será utilizada a primeira abordagem, mas sinta-se livre para usar a segunda alternativa na sua própria planilha: ambas irão funcionar!

Assim a fórmula do cálculo do IMC na célula F7 deve ser alterada para:
=SE(C$4=0,"",E7/C$4^2)

---

**ATENÇÃO:** O capítulo 1 fornece uma explicação detalhada de como se usa a função SE( ). Note que caso a condição de teste seja verdadeira, a função retornará um espaço vazio (duas aspas duplas sucessivas), e verifique como foram utilizadas as referências às células C$4 e E7, permitindo a cópia da fórmula para baixo.

---

Aplique também alinhamento Centralizado e o Formato Personalizado 0,0 na célula F7, para garantir que o IMC seja exibido com uma casa decimal de precisão (Figura 3.8).

**Figura 3.8:** A célula f7 recebeu uma fórmula que impede a divisão por zero, e o Formato Personalizado 0,0 com alinhamento Centralizado.

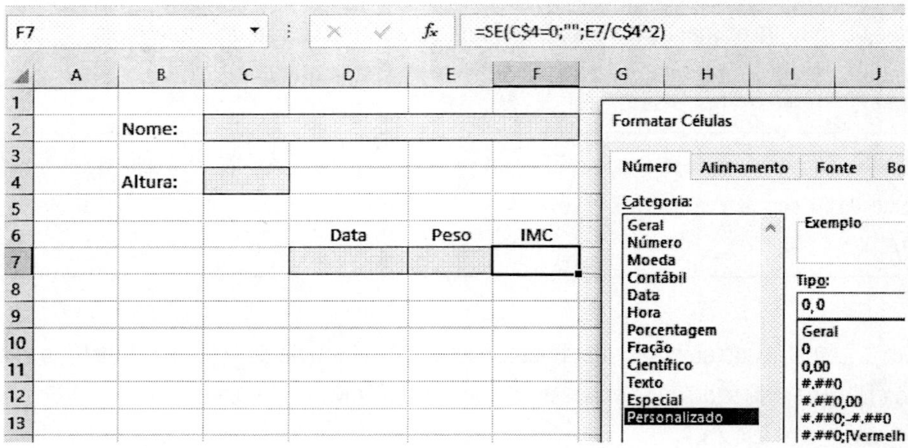


## Criando uma fórmula para "faixa de peso ideal"

Como temos a altura da pessoa, e como esta não será alterada para um adulto normal durante um bom intervalo de tempo, podemos usar os dados desta planilha para fornecer uma informação muito útil: a faixa de peso normal para uma dada altura.

Observando novamente a Tabela 2.2 do Capítulo 2, "Referências em fórmulas: a chave para a produtividade no Excel", pode-se perceber que a faixa de peso Normal é limitada para os valores 18,5 <= IMC < 25. Como o IMC é igual ao Peso (kg)/Altura (m)2, multiplicando-se qualquer destes limites pelo quadrado da altura obtém-se o peso ideal do paciente (em kg) para estes limites!

Assim, para se achar o peso mínimo em kg para a faixa IMC Normal, devemos multiplicar o limite inferior da faixa (IMC=18,5) pelo quadrado da altura em metros (célula C4), fazendo com que a fórmula do limite inferior de peso fique assim:
=18,5*C4^2

Usando o mesmo raciocínio, podemos obter também o peso máximo em kg, usando como valor limite IMC = 24,9 (último valor com uma casa decimal de precisão, menor que IMC = 25) usando esta fórmula:
=24.9*C4^2

Vou colocar esta informação na célula C5: a que se encontra imediatamente abaixo da célula que coleta a Altura da pessoa. Selecione a célula C5 e digite a fórmula do limite inferior de peso. A Figura 3.9 mostra que o peso mínimo será corretamente calculado por esta fórmula sempre que for digitada uma altura em metros, na célula C4.

**Figura 3.9:** Cálculo do limite inferior de peso (53,465 kg) para alguém que possua uma dada altura (1,70m), usando-se o limite inferior de IMC Normal (18,5).

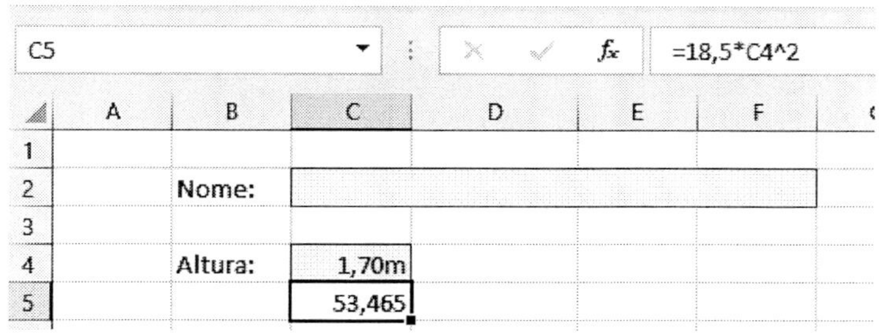


Podemos prefixar o valor do limite inferior de peso usando palavras significativas, como "Peso ideal entre" e fornecer o limite calculado. Esta estratégia pode ser implementada digitando-se o texto de prefixo dentro de aspas duplas no início da fórmula, seguido do operador "&" para concatenar o valor calculado, assim:
="Peso ideal entre " & 18,5*C4^2

Se você alterar a fórmula da célula C5 como sugerido, ao pressionar Enter o Excel irá avaliá-la e fornecer outro problema inesperado: o limite inferior de peso será exibido com o texto de prefixo, mas usando toda a precisão decimal retornada pela expressão calculada – podendo chegar a 15 casas decimais, dependendo da altura inserida (Figura 2.10).

**Figura 3.10:** Para adicionar texto como prefixo ou sufixo em uma fórmula, concatene-o usando o operador "&". Note que o Excel exibe o resultado do cálculo com a maior precisão possível, podendo usar até 15 casas decimais.

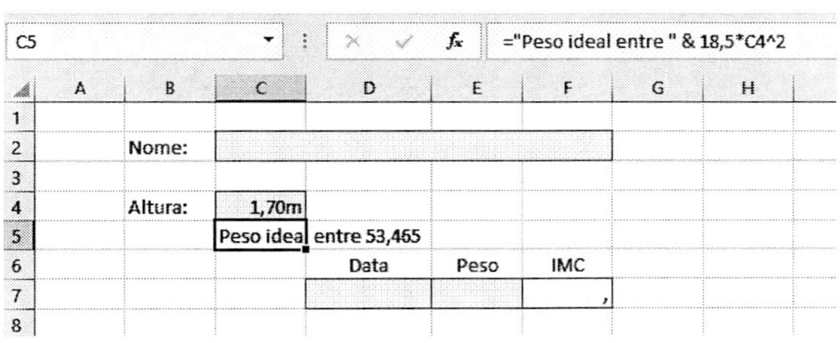


Sempre que você se deparar com algo inesperado nas computações do Excel – ou na forma como os resultados são exibidos – procure por uma função que lhe permita fazer o que deseja. Na maioria das vezes (senão todas) encontrará uma função que faz o trabalho de que necessita.

Neste caso particular, queremos arredondar o valor calculado para o limite inferior de peso para zero casas decimais. Assim, se procurar na categoria de funções Matemáticas e Trigonométricas do Excel, encontrará a função ARRED( ), que permite arredondar os resultados de qualquer cálculo usando esta sintaxe:
=ARRED(Valor, Núm_dígitos)

Onde

Valor: é o valor que deseja arredondar.

Núm_dígitos: é o número de dígitos a ser usado no arredondamento

Assim, se quisermos arredondar o limite inferior de peso para zero casas decimais na fórmula prefixada com texto usada na Figura 3.10, teremos de inserir nela a função ARRED( ), desta forma:

Este é o primeiro argumento da função ARRED( ): a fórmula cujo resultado queremos arredondar

Este é o segundo argumento da função ARRED( ): o número de dígitos usado no arredondamento

= "Peso ideal entre" & ARRED (18,5*C4^2. 0)

Sacou? Usei o caractere "&" para concatenar o texto prefixado com o valor já arredondado pela função ARRED(), calculado dentro do primeiro argumento da função (Figura 3.11).

---

**ATENÇÃO:** Uma excelente fonte de informação para se aprender tudo sobre a maioria das funções do Excel é o livro de Paul McFedries chamado "Fórmulas e Funções com o Microsoft Excel", publicado no Brasil pela editora Ciência Moderna.

---

**Figura 3.11:** Use a função ARRED( ) do Excel dentro das fórmulas em que você deseja exibir um ou mais valores calculados unidos por sequências de expressões de texto.

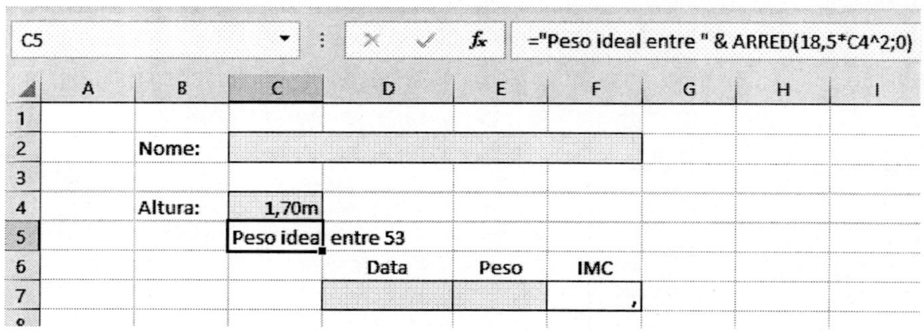


Como a fórmula para o cálculo do limite superior de peso é igual à anterior, usando-se o IMC = 24,9 (em vez de 18,5), podemos usar a mesma técnica: concatenar o artigo " e " (note os espaços antes e depois do artigo), seguido do limite superior de peso já arredondado pela função ARRED() e o sufixo " kg", usando esta fórmula (Figura 3.12):
= "Peso ideal entre " & ARRED (18,5*C4^2. 0) & " e " & ARRED (24,9*C4^2. 0) & " kg"

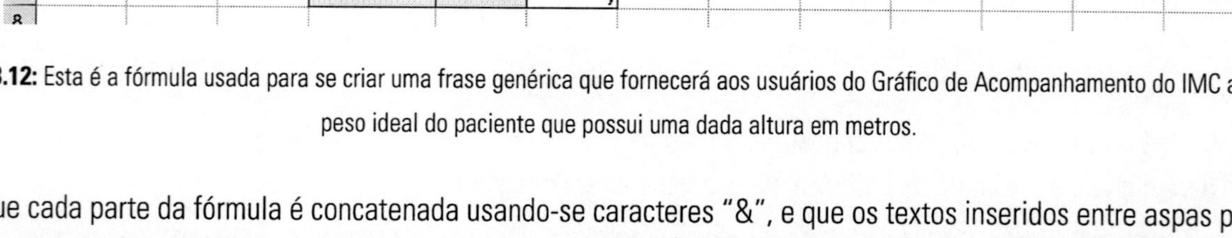


**Figura 3.12:** Esta é a fórmula usada para se criar uma frase genérica que fornecerá aos usuários do Gráfico de Acompanhamento do IMC a faixa de peso ideal do paciente que possui uma dada altura em metros.

Note que cada parte da fórmula é concatenada usando-se caracteres "&", e que os textos inseridos entre aspas possuem um espaço antes da sua primeira e/ou última letras, para que o resultado da fórmula fique adequadamente formatado.

Mas esta fórmula ainda tem um problema: sempre que a altura do paciente estiver em branco, a fórmula retornará o estranho valor "Peso ideal entre 0 e 0 kg".

O que não é exatamente um erro, mas é o tipo de má prática de programação em planilha que se deve evitar. Para contornar este problema, use novamente uma destas abordagens:

1. Empregue a função SE( ) para testar se a célula C4 é igual a zero e, caso seja verdade, retorne uma sequência vazia usando "" (duas aspas duplas em sequência). senão, retorne o mesmo resultado da fórmula, ou
2. Use a Formatação Condicional para ocultar o conteúdo da célula quando a altura ainda estiver em branco.

Como acredito que você já saiba como proceder no primeiro caso, desta vez usaremos a segunda opção: aplicar uma regra de Formatação Condicional na célula C5. Siga estes passos:

1. Clique na célula C5 (onde inseriu a fórmula para a faixa de peso) e execute o comando Formatação Condicional, Nova Regra.
2. Na caixa de diálogo Nova Regra de Formatação, selecione a última opção, "Use uma fórmula para selecionar quais células formatar"
3. Insira esta fórmula na caixa de texto que aparece:
4. =C4=0
5. Esta fórmula verifica se a célula C4 (altura em metros) é igual a zero. Caso seja verdade (ela está vazia ou é igual a zero), faça com que a cor do texto da célula C5 seja o mesmo da sua cor de fundo – clique no botão Formatar e na guia Fonte, escolha a cor Branco para o texto.
6. Pressione OK para aplicar a regra de Formatação Condicional à célula C5.

Agora experimente a planilha. Se fez tudo certo, toda vez que o valor da Altura definida na célula C4 for excluída (ou definida para zero), a Formatação Condicional entrará em ação e a célula C5 ficará como se estivesse em branco!

A Figura 3.13 mostra o processo de criação da regra de Formatação Condicional a ser usada na célula C5, onde é calculada a faixa de peso ideal de uma pessoa baseando-se em sua altura. Como toque final, formate o texto da célula C5 com uma fonte menor (experimente a fonte Calibri 9 pt).

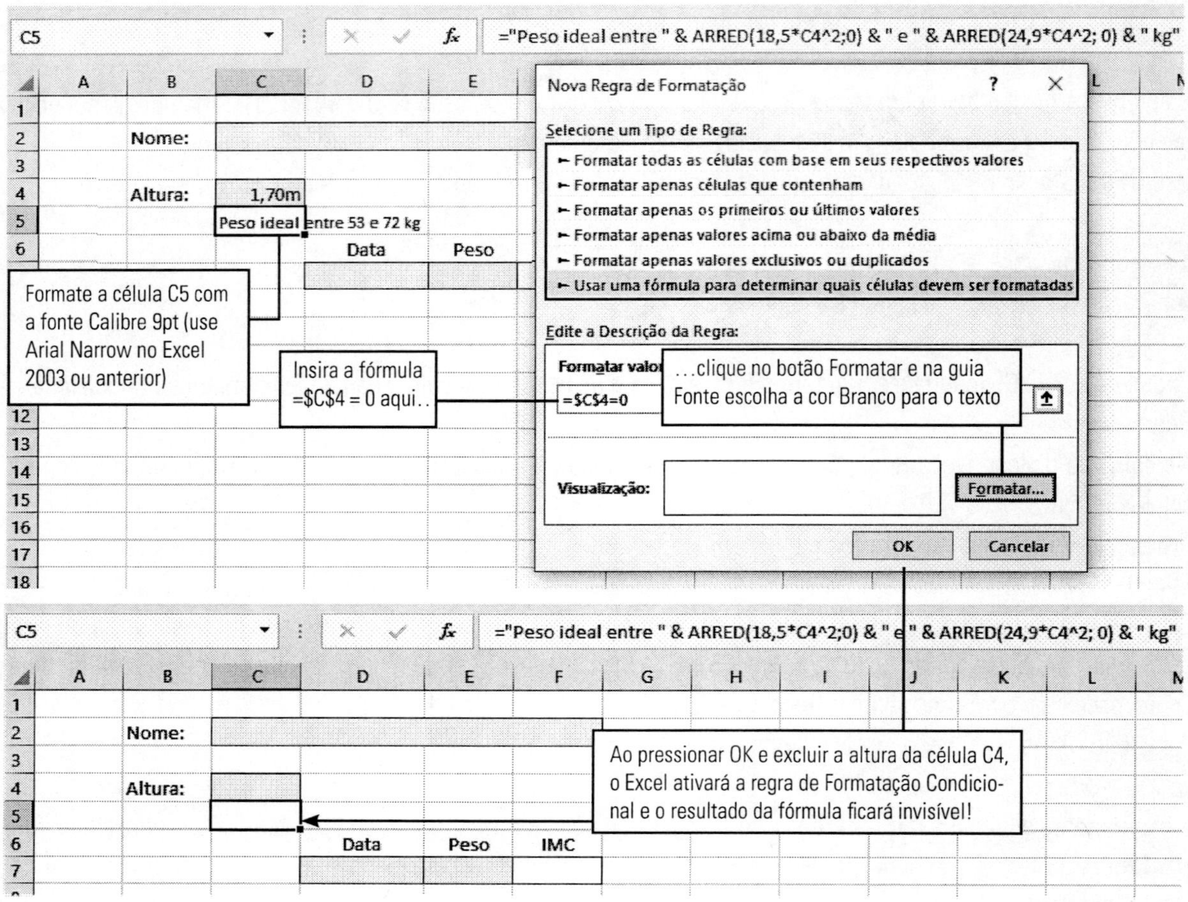


**Figura 3.13:** Para evitar mensagens inconsistentes, use a Formatação Condicional para pintar o texto das células com a mesma cor do seu fundo, ocultando resultados incorretos quando as fórmulas se referem a valores inexistentes na planilha.

## Propagando as células

Neste ponto estamos prontos para copiar ou propagar as células D7:F7 (data, peso medido e IMC calculado) para outras células abaixo.

Como a intenção é construir uma Aplicação de Planilha que use uma única tela, deixarei espaço para 20 datas distintas. Supondo que estas 20 datas sejam espaçadas por sete dias (uma semana), a planilha permitirá acompanhar a evolução de peso de qualquer pessoa por 5 meses consecutivos, por cada planilha do Gráfico de Acompanhamento do IMC.

1. Digite o número 1 na célula C7 à esquerda da primeira data e alinhe-o à direita.
2. Selecione a faixa de células C7:E7 e arraste o seletor da faixa para baixo, até a célula C26.

Ao liberar o botão do mouse, o conteúdo das células arrastadas (formato, conteúdo ou fórmulas) será propagado para baixo, criando a estrutura básica para a aplicação "Gráfico de Acompanhamento do IMC" que está sendo construída neste capítulo. Se você está seguindo as instruções fornecidas aqui, sua planilha deverá ficar similar ao que é exibido na Figura 3.14.

**ATENÇÃO:** Ao arrastar um valor inteiro pelo seletor da célula com a tecla Ctrl pressionada, o Excel acrescenta uma unidade ao valor na direção do arraste, permitindo efetivamente contar o número de células (linhas ou colunas) arrastadas.

**Figura 3.14:** Para ajudá-lo a arrastar células por um número específico, digite a contagem inicial na primeira célula da faixa selecionada antes de arrastar as células. Eu digitei o valor 1 na célula D7 para me ajudar a saber em que linha parar, já que desejo criar uma interface nesta aplicação de planilha capaz de seguir até 20 datas consecutivas de consultas em cada Gráfico de Acompanhamento do IMC,

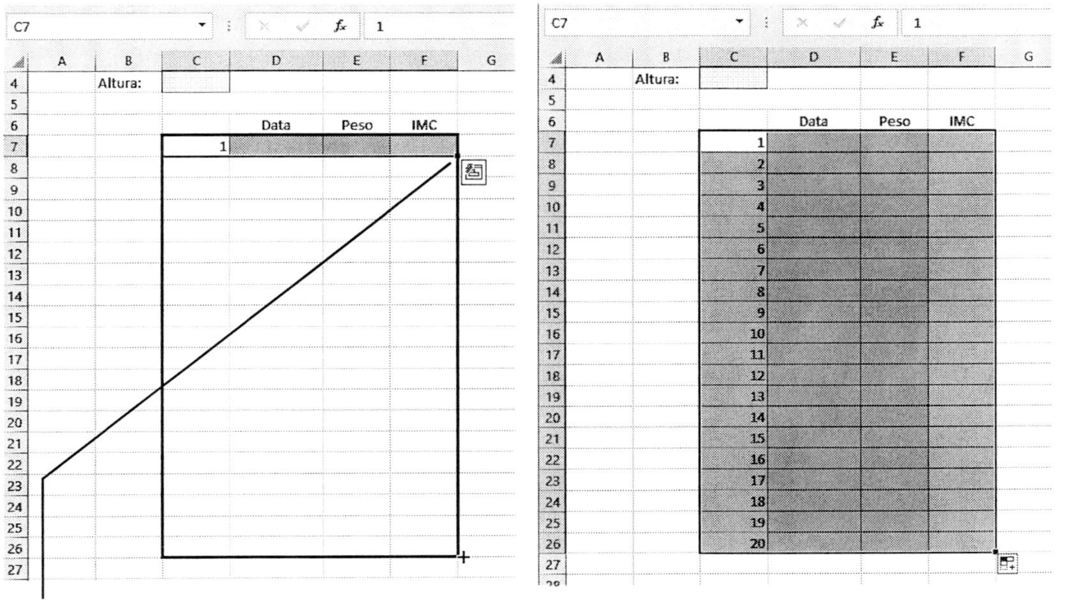

Digite 1 em C7, selecione a faixa C7:F7 e arraste o seletor para baixo, propagando a faixa por outras 20 linhas.

A Estrutura para a aplicação de planilha "Gráfico de Acompanhamento do IMC" está terminada: nome e altura aparecerão na parte superior da planilha, datas das consultas e o peso nelas medidos aparecerão nas células C7:F26, todas com a mesma identidade visual e fórmulas capazes de calcular o IMC (ou ocultar seu valor na ausência de um peso definido).

## Validando células de dados

O Excel possui uma opção capaz de fornecer um toque profissional para as soluções de planilha: é o comando Validação de dados (encontrado na área Ferramenta de Dados da guia Dados), fornece três opções: Validação de Dados, Circular Dados Inválidos, Limpar Círculos de Validação.

A opção Validação de Dados, fornece a caixa de diálogo de mesmo nome, onde é possível definir como validar a informação digitada antes desta ser inserida na célula, permitindo também fornecer instruções escritas para o preenchimento da célula, definir o tipo e/ou intervalo para o dado fornecido, e fornecer uma mensagem de erro personalizada para quando a validação falhar (Figura 3.15).

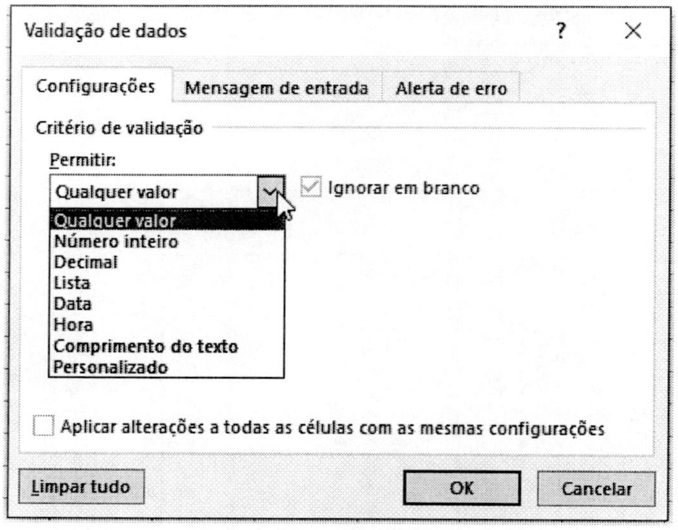


**Figura 3.15:**. Caixa de diálogo Validação de Dados do Excel exibindo a lista de opções de validação disponível.

A caixa de diálogo Validação de Dados possui três guias:

Configurações: define a validação de dados. Seu uso não é obrigatório, mas ao escolher uma regra de validação nesta guia, a célula (ou faixa de células) por ela validada limitará a inserção de dados às regras de validação definidas.

Mensagem de entrada: permite fornecer uma "dica", exibida ao selecionar a célula. É uma opção útil para indicar ao usuário o que deve – ou é permitido – ser digitado na célula.

Alerta de erro: fornece uma mensagem ao usuário quando a regra de validação é quebrada. Se não for utilizada, o Excel retornará uma mensagem padrão indicando que o valor é inválido, sem explicar o motivo. Portanto, use-a!

Considerando a estrutura da aplicação do "Gráfico de Acompanhamento do IMC" citada na Figura 3.14, pode-se intuir que as células:

- C2 (Nome da pessoa) pode limitar a quantidade de texto digitado no espaço a ela reservado (células C2 e F2): 40 caracteres deve ser suficiente para a digitação desta informação.
- C4 (Altura), pode limitar os valores para uma faixa de dados que englobe a altura em metros de qualquer pessoa adulta: entre 1,00m e 2,30m.
- D7:D26 (Datas), deve receber apenas datas válidas. A célula D7 – primeira data – pode receber qualquer data, mas cada data subsequente deve ser mais recente do que a anterior (a segunda data na célula D8 deve ser mais recente do que a primeira, na célula D7, e assim por diante).
- E7:E26 (Pesos), deve limitar os valores para uma ampla faixa de dados que englobe o peso em kg de qualquer pessoa adulta: entre 30 kg e 350 kg.

---

**ATENÇÃO:** É cada vez mais comum encontrar pessoas com peso acima de 150 kg, que possam se beneficiar do uso desta aplicação de planilha.

---

## Validando o Nome

Para criar uma regra de validação que permita validar o comprimento do campo Nome digitando no máximo 40 caracteres, siga estes passos:

1. Selecione a célula C2 (mescla de C2:F2), e execute o comando Validação de Dados, obtendo a caixa de diálogo Validação de Dados.
2. Na opção Permitir, escolha Comprimento do texto, mantendo selecionada a opção Ignorar em branco.
3. Na opção Dados selecione "É menor ou igual a".
4. Defina as opções Mínimo = 0 e Máximo = 40 (Figura 3.16)

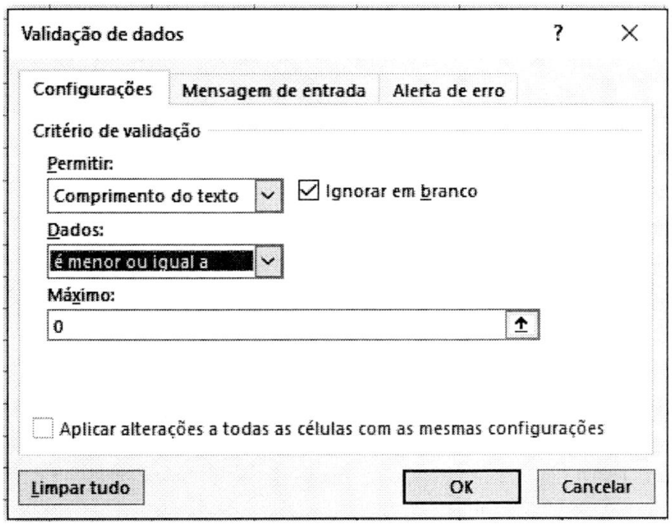


**Figura 3.16:** Esta é a guia Configurações da caixa de diálogo Validação de Dados do Excel, usada para validar a célula C2, permitindo a digitação de um máximo de 40 caracteres para o campo Nome.

### Crie uma Dica para o usuário

Para fornecer ao usuário da aplicação uma dica do que pode ser digitado na célula C2, Nome da pessoa, use a guia Mensagem de entrada da caixa de diálogo Validação de Dados:

- Mostrar mensagem de entrada ao selecionar célula: mantenha esta opção selecionada para o Excel exibir a Mensagem de entrada.
- Título: digite "Nome da pessoa" (sem as aspas).
- Mensagem de entrada: digite "Por favor, digite o Nome com até 40 caracteres!" (Figura 3.17)

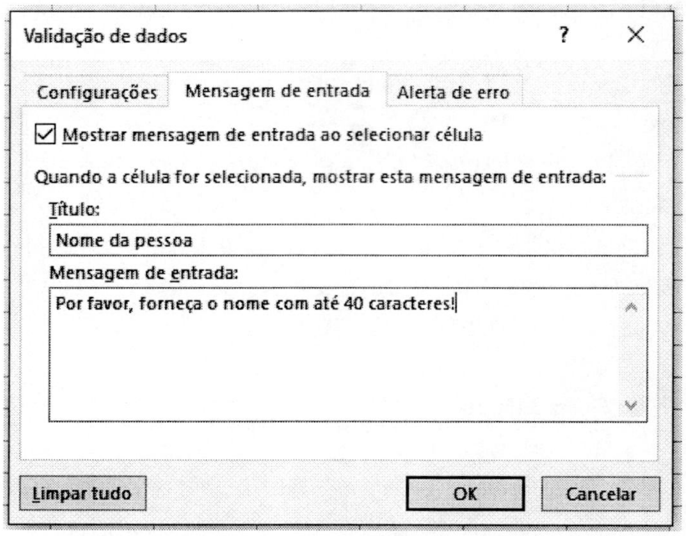


**Figura 3.17:** Esta é a guia Mensagem de entrada da caixa de diálogo Validação de Dados usada para fornecer ao usuário uma dica de como digitar dados na célula C2 – nome da pessoa.

### Crie um Alerta de erro

Se o comprimento digitado para o campo Nome tiver mais de 40 caracteres, a regra da Validação de Dados impedirá sua inserção na célula C2. Use a guia Altera de Erro para fornecer uma explicação ao usuário da aplicação do que está ocorrendo:

- Estilo: Informações.
- Título: Nome muito longo.
- Mensagem de erro: Por favor, digite o nome usando até 40 caracteres.

A Figura 3.18 mostra a guia Alerta de erro da caixa de diálogo Validação de Dados para a célula C2 (Nome):

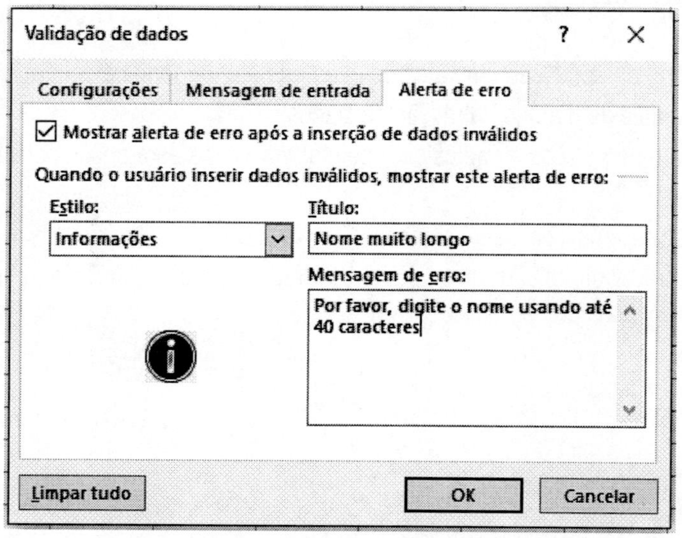


**Figura 3.18:** A guia Alerta de erro da caixa de diálogo Validação de Dados para a célula C2 (Nome), indicando a mensagem a ser exibida qundo a regra de validação for quebrada.

**ATENÇÃO:** Apenas o Estilo Parar impede a inserção do dado inválido. Os demais estilos exibem a mensagem de erro, mas permitem que o dado seja inserido assim mesmo.

Ao fechar a caixa de diálogo Validação de Dados para a célula C2, o Excel testará a regra de validação para a célula selecionada, exibindo a Mensagem de entrada criada para esta célula (Figura 3.19).

**Figura 3.20:** A Mensagem de entrada da Validação de Dados do Excel em ação: esta mensagem aparecerá sempre que a célula de C2 for selecionada.

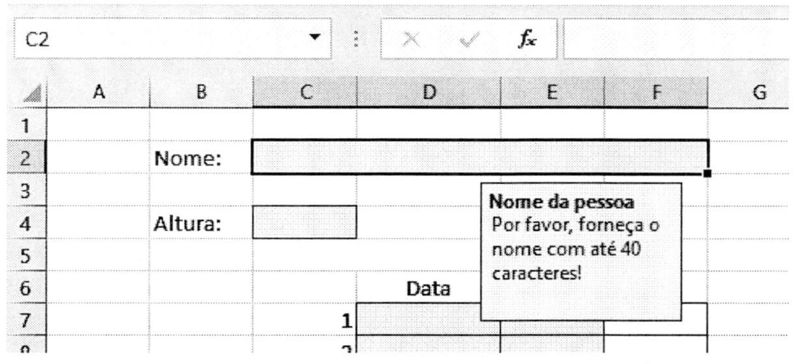


E caso tente inserir um nome cujo comprimento possua mais de 40 caracteres, ao pressionar Enter o Excel verificará a Regra de Validação vigente para a célula exibindo a caixa de mensagem de erro por ela definida (Figura 3.20).

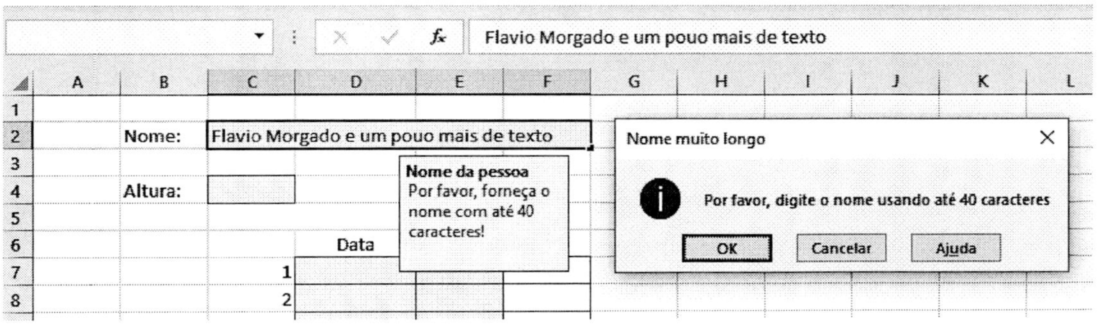


**Figura 3.21:** A mensagem de erro exibida pela Regra de Validação estabelecida para a célula C2 (o texto do campo Nome deve ter até 40 caracteres).

---

**ATENÇÃO:** Como o Estilo da Validação de Dados para o nome foi definido para Informações, o Excel exibe a mensagem de erro, mas permite sua inserção do texto.

---

## Validando a altura

A faixa de altura permitida para um adulto é algo complexo de se definir, podendo variar de cerca de 1,00 (ou até menos) atingindo 2,30m. Para permitir apenas alturas dentro desta faixa de valores, clique na célula C4 (Altura), execute o comando Validação de Dados e digite estas opções (Figura 3.21):

- **Configurações:** marque "Ignorar em branco"
  Permitir: Decimal.
  Dados: Está entre.
  Mínimo: 1.
  Máximo: 2,3.

- **Mensagem de entrada: marque** "Mostrar mensagem de entrada ao selecionar célula"
  Título: "Digite a altura em metros"
  Mensagem de entrada: "Altura entre 1,0m e 2,3m".
- **Alerta de erro:** marque "Mostrar alerta de erro após a inserção de dados inválidos"
  Estilo: Parar
  Título: "Altura inválida!"
  Mensagem de erro: "Por favor, digite uma altura entre 1,0m e 2,3m.".

**Figura 3.21:** Estas são as opções a serem inseridas na caixa de diálogo Validação de Dados para a célula C4: a altura em metros.

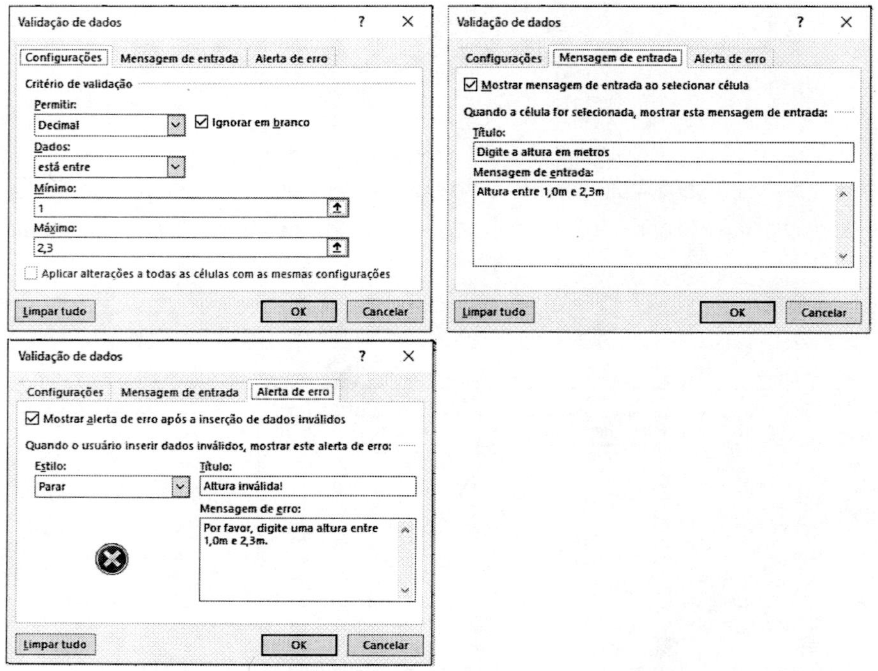


Ao pressionar Enter o Excel aplicará estas regras de Validação de Dados e você deverá ver algo similar ao exibido na Figura 3.22.

**Figura 3.22:** A Validação de dados definida para a altura em metros em ação (aguardando a digitação de um valor)

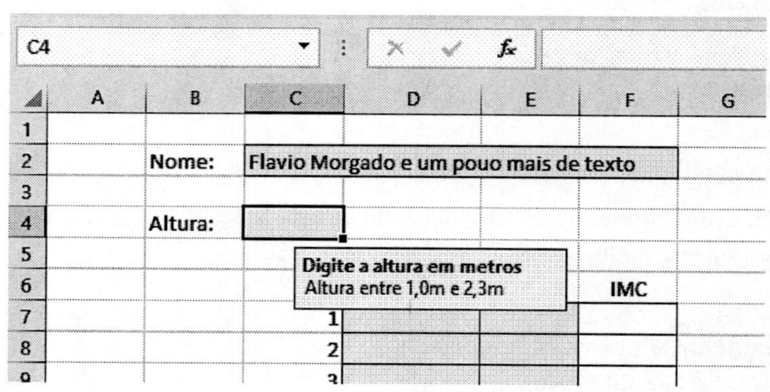


E caso tente inserir uma altura fora da faixa definida (valor entre 1 e 2,3), o Excel fornecerá uma mensagem solicitando que o valor seja corrigido (Figura 3.23).

---

**ATENÇÃO:** Como foi utilizado o Estilo Parar, o Excel não permitirá a inserção de valores que quebrem a regra de validação.

---

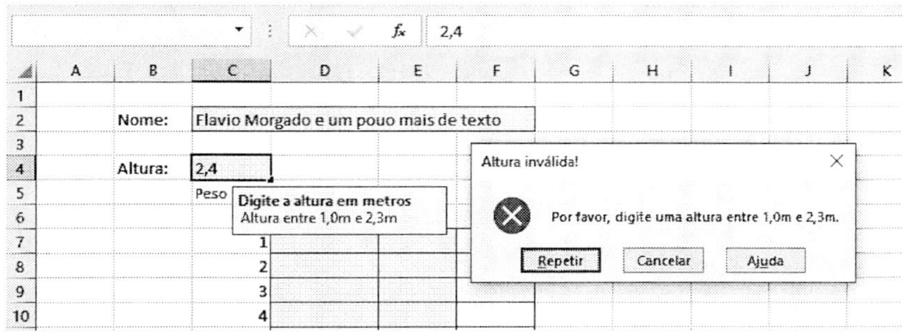


**Figura 3.23:** O Excel reclamará quando tentar inserir uma altura fora da faixa estabelecida pela regra de validação (apenas valores entre 1 e 2, 3m são permitidos)

## Validando Datas

A data das aferições de peso também devem ser validadas, mas será necessário usar diferentes tipos de Validação de Dados para dois tipos de datas: a primeira e as demais datas de aferição de peso.

### Validando a primeira data

A primeira data de medição pode ser qualquer data, já que a planilha poderá ser usada em qualquer momento, mas deverá ser uma data válida. Como você já sabe que datas válidas são números seriais, use a função ÉNUM() do Excel para validar o valor inserido na célula D7, desta forma:
=ÉNUM(D7)

Para utilizar esta fórmula em uma regra de validação, clique na célula D7 (primeira data), execute o comando Validação de Dados e digite estas opções (Figura 3.24):

- **Configurações:** marque "Ignorar em branco"
  Permitir: Personalizado
  Fórmula: =ÉNUM(D7)
- **Mensagem de entrada:** marque "Mostrar mensagem de entrada ao selecionar célula".
  Título: "Primeira Data!".
  Mensagem de entrada: "Digite a data usando o formato dd/mm/aa,".
- **Alerta de erro:** marque "Mostrar alerta de erro após a inserção de dados inválidos"
  Estilo: Parar
  Título: "Data Inválida!"
  Mensagem de erro: "Esta data não existe!".

**Figura 3.24:** Crie esta regra de validação para toda primeira data, exigindo ao usuário digitar uma data válida.

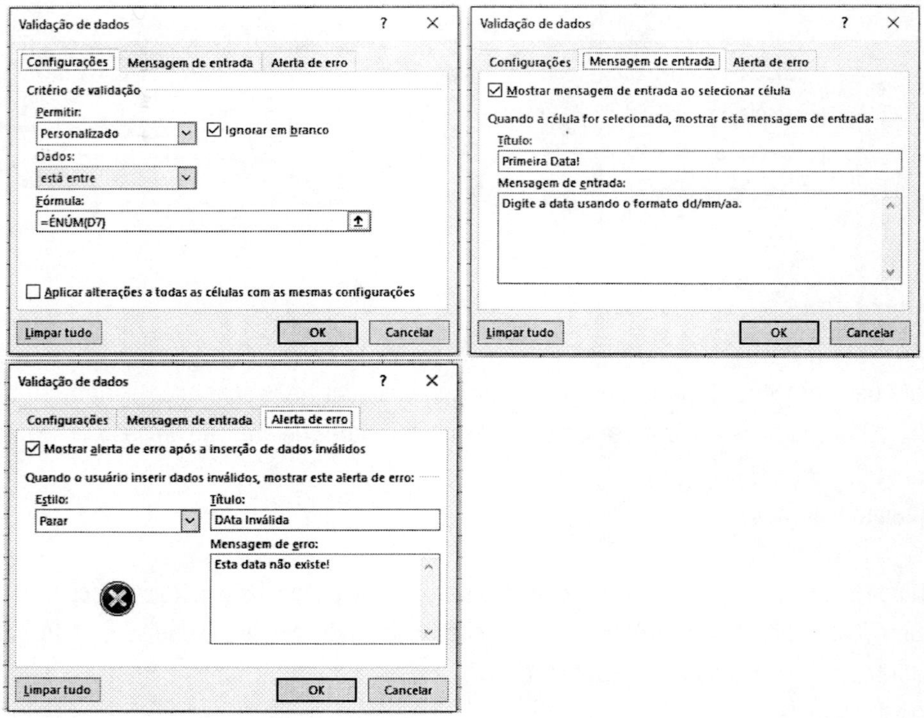


A Figura 3.25 mostra a dica fornecida pelo Excel quando a célula D7 é selecionada e a mensagem de erro exibida quando é digitada uma data inválida.

**Figura 3.25:** Estas são as opções a serem inseridas na caixa de diálogo Validação de Dados para a célula D7: primeira data de medição de peso.

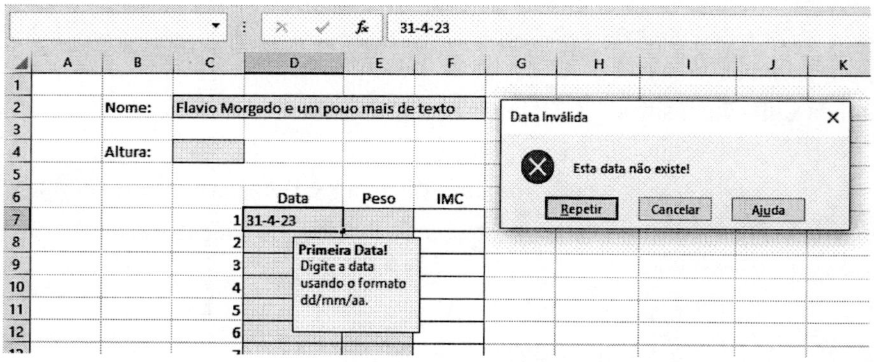


**Validando as demais datas**

Todas demais datas devem receber uma regra de validação que permita ao usuário digitar apenas datas que possuam um certo número de dias relativos à data anterior, inserida na planilha.

Quantos dias depois? Isso dependerá da estratégia de acompanhamento que se pretende adotar para o programa de controle de peso. Para fins didáticos, será utilizado o intervalo de 7 dias (uma semana), indicando que apenas datas com 8 ou mais dias serão permitidas.

Para impor esta regra em cada nova data, selecione a faixa de células D8:D26, execute o comando Validação de Dados e digite estas opções (Figura 3.26):

- **Configurações:** Permitir: Data.
  Dados: "Maior ou igual a".
  Data de início: =D7 + 7

---

**ATENÇÃO:** Perceba que a fórmula contém uma referência relativa à célula D7. Como foi selecionada a faixa D8:D26, e a fórmula aponta para a célula anterior (D7), o Excel a propagará alterando a referência para D8, D9... D26 para cada célula selecionada. Experimente!

---

- **Mensagem de entrada:** marque "Mostrar mensagem de entrada ao selecionar célula".
  Título: "Sobre esta Data".
  Mensagem de entrada: "Deve ter pelo menos 7 dias a mais que a data anterior".
- **Alerta de erro:** marque "Mostrar alerta de erro após a inserção de dados inválidos".
  Estilo: Parar.
  Título: "Data Inválida!".
  Mensagem de erro: "Esta data deve ter pelo menos 8 dias a mais que a data anterior."

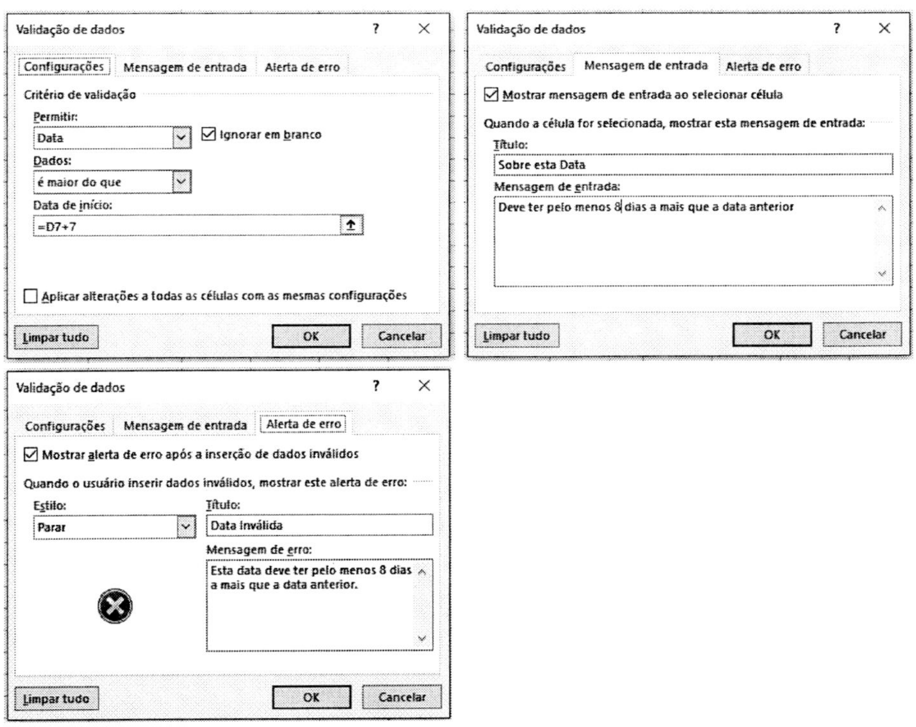


**Figura 3.26:** Crie esta regra de validação para todas as demais datas (menos a última), forçando o Excel a verificar se estas possuem menos 8 dias de diferença em relação à data anterior.

A Figura 3.27 mostra a dica de Validação de Dados e a mensagem de erro exibida, caso seja fornecida uma data inválida na faixa de células D8:D25.

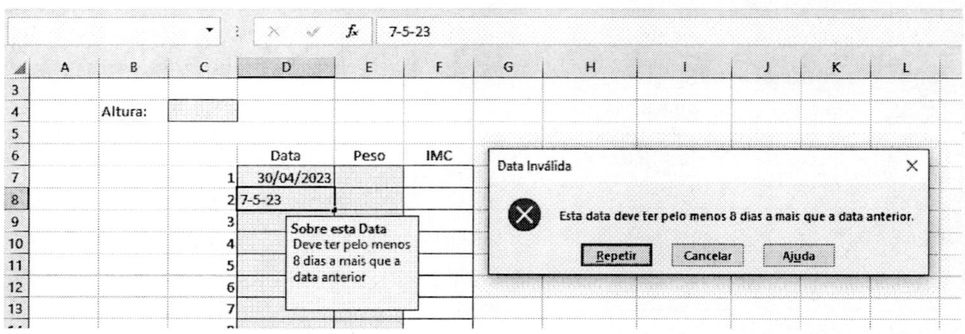


**Figura 3.27:** Esta é a dica para a inserção de novas datas para a segunda ou demais consultas.

---

**ATENÇÃO:** Se o usuário da sua aplicação não digitar qualquer valor na data da primeira consulta (ou data anterior a uma data intermediária), o Excel não fornecerá qualquer alerta. E não podemos fazer nada a respeito... Esta é uma das limitações da aplicação de planilha..

---

## Mensagem de entrada da última data

A última data é validada como todas as anteriores, mas por ser o local onde é inserido a última data permitida pela aplicação "Gráfico de Acompanhamento do IMC", troque o título de sua Mensagem de entrada, indicar ao usuário que a missão da planilha termina nela!

Selecione a célula D26, execute o comando Validação de Dados, selecione a guia Mensagem de entrada e troque seu título para "Última Data!". Será suficiente para fornecer um belo acabamento à aplicação (Figura 3.28).

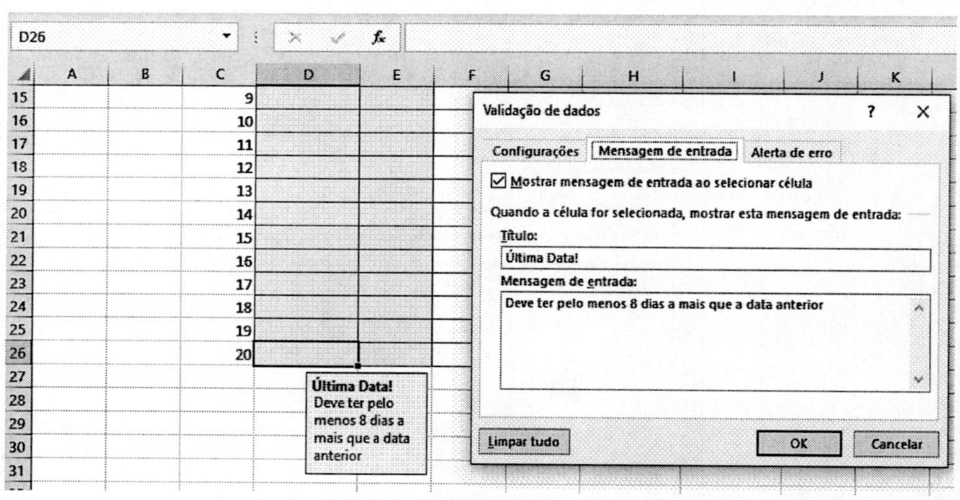


**Figura 3.28**: Esta é a guia Mensagem de entrada da Validação de Dados da data da última (célula D26). O Excel deve exibir uma mensagem diferente para alertar o usuário que as datas de registro de peso terminam nela.

## Validando Pesos

Para validar os pesos medidos em cada data, selecione a faixa de células E7:E26, execute o comando Validação de Dados e insira estas opções (Figura 3.29):

- **Configurações:** Permitir: Decimal.
  Dados: está entre.
  Mínimo: 30.
  Máximo: 350.
- **Mensagem de entrada:** marque "Mostrar mensagem de entrada ao selecionar célula".
  Título: "Peso nesta data".
  Mensagem de entrada: "Digite o peso (entre 30kg e 350kg".
- **Alerta de erro:** marque "Mostrar alerta de erro após a inserção de dados inválidos".
  Estilo: Parar.
  Título: "Peso inválido!".
  Mensagem de erro: "Por favor, insira um valor entre 30kg e 350 kg"

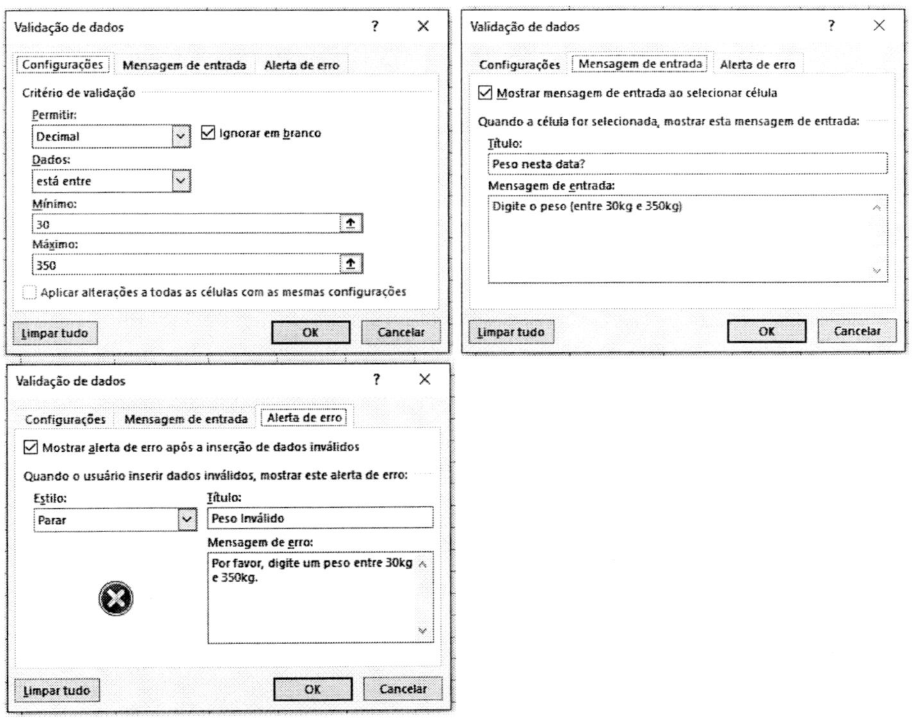


**Figura 3.29:** Estas são as opções que você deve inserir para a Validação de Dados das células D7:D26: os pesos medidos do paciente.

A Figura 3.30 mostra a dica da Mensagem de entrada e a mensagem de erro que aparece quando o usuário digita um peso inválido.

**Figura 3.30:** É assim que o Excel irá reclamar quando o usuário tentar inserir um peso inválido para qualquer data de consulta.

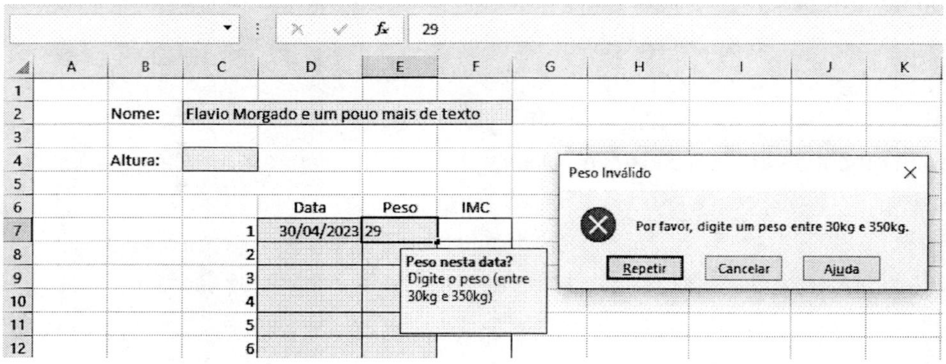


## Validando o primeiro peso medido

O valor do primeiro peso medido merece consideração especial. Como o Excel não possui uma provisão para controlar a ordem (ou sequência de células) que o usuário deva usar para inserir dados, podemos utilizar a primeira célula de inserção de peso para alertar o usuário de que deve digitar primeiro a altura correta do paciente, para que a aplicação possa calcular corretamente seu IMC na data em que ocorre.

Selecione a célula E7 – peso medido na primeira data – e altere o Título de Mensagem de entrada de sua Validação de Dados para:

- Título: "Peso na primeira data".
- Mensagem de entrada: Digite a altura do paciente antes do peso da primeira data (entre 30kg e 350 kg)"

Observe na Figura 3.31 a guia Mensagem de entrada e a dica exibida pelo Excel para a célula E7.

**Figura 3.31:** Esta é a guia Mensagem de entrada para o peso medido na data da primeira consulta.

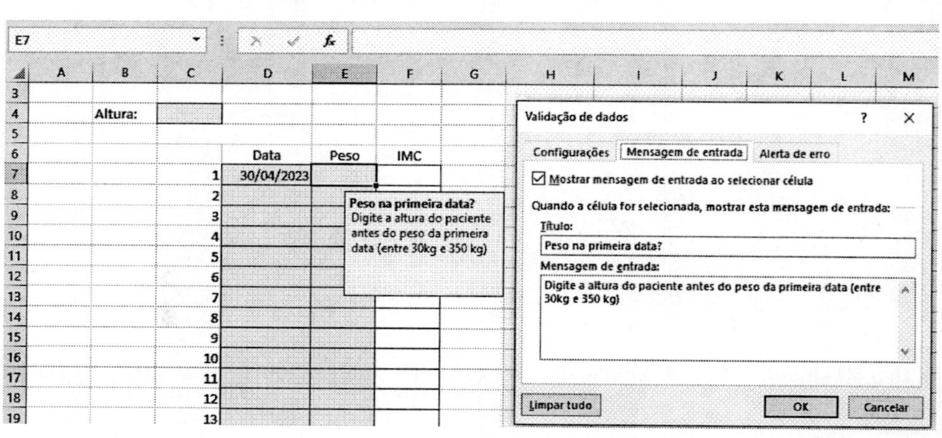


## Validando o último peso medido

Outra célula que merece consideração especial é a da última entrada de dados: o peso medido na última data disponibilizada pela aplicação. Esta célula finaliza a utilidade da planilha após um programa de controle de peso de pelo menos 5 meses (com intervalo mínimo de 8 dias entre datas), podendo ser utilizado para informar ao usuário o que fazer após digitá-lo.

Como verá na seção "Inserindo outra cópia da Pasta de trabalho," posteriormente neste capítulo, o usuário desta aplicação poderá inserir outra cópia da planilha de Gráfico de Acompanhamento do IMC na Pasta de trabalho atual, permitindo prosseguir com o programa de controle de peso desta pessoa por, no mínimo, outros 5 meses, se assim o desejar.

Neste momento da leitura, não é necessário se preocupar com o significado destas instruções – a explicação virá posteriormente e na hora certa: apenas selecione a célula E26 (peso na última data), execute o comando Validação de Dados, selecione a guia Mensagem de entrada e troque suas opções de Título e Mensagem de entrada para algo similar a isto:

- Título: "Último peso medido".
- Mensagem de entrada: digite este texto:
  Após inserir o último peso medido, você deve:
  1) Trocar o nome da planilha
  2) Salvar a Pasta de trabalho
  3) Inserir outro Gráfico de Acompanhamento do IMC nesta Pasta de trabalho.

A Figura 3.32 mostra estas opções em ação para o último peso medido.

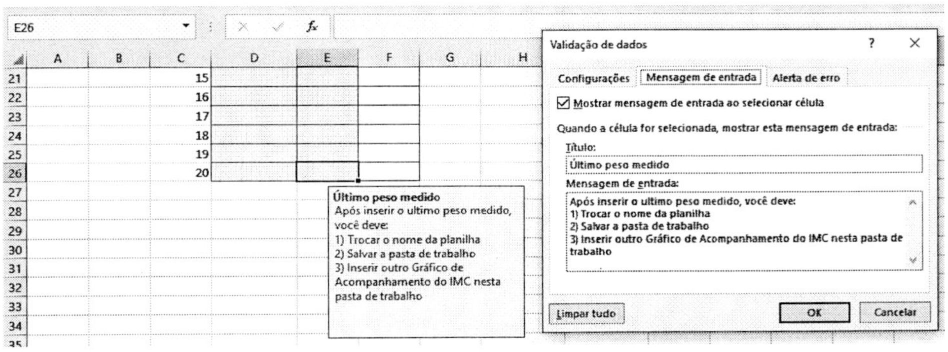


**Figura 3.32:** Esta é a guia Mensagem de entrada do peso medido na data da última consulta (célula E26). Ela fornece ao usuário uma dica do que fazer em seguida para continuar a acompanhar a evolução do IMC ao longo do tempo.

## Criando o Gráfico

Agora que a estrutura da planilha do "Gráfico de Acompanhamento do IMC" foi criada, é hora de criar o gráfico que permite seguir visualmente a evolução do IMC ao longo do tempo.

Antes de criar qualquer gráfico para uma aplicação de planilha, tente fazer um rascunho de como espera que ele se pareça. Eu fiz isso mentalmente, mas com o objetivo de compartilhar contigo a minha visão do gráfico a ser criado para este aplicativo, fiz um desenho similar, que você pode observar na Figura 3.33: ele deve plotar um grossa linha de tendência do IMC ao longo do tempo, exibir o valor de cada IMC medido, e fornecer linhas de controle como dicas visuais de onde se iniciam os limites das faixas de IMC de Subpeso, Normal, Sobrepeso e Obesidade (não precisa rir do meu esboço...).

**Figura 3.33:** Esta é a minha visão de como o gráfico deve ficar após a sua criação (na verdade, espero que fique bem melhor do que este...)

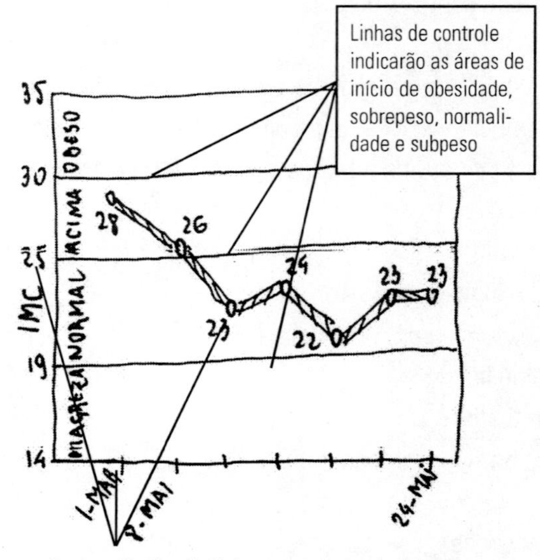


Será um Gráfico de Linha com uma escala fixa para o IMC no eixo Y, datas plotadas no eixo X, exibindo os valores de IMC próximos aos pontos plotados.

## Inserindo dados de exemplo

Para facilitar a criação de qualquer gráfico, é necessário possuir os dados que ele deve plotar. E esta é uma ótima oportunidade para testar as regras de Validação de Dados criadas para as células de inserção de dados da planilha. Vá em frente e digite datas de consulta e pesos para facilitar o processo de criação do gráfico (Figura 3.34).

**ATENÇÃO:** Para facilitar, digite uma data e peso iniciais nas células D7 e E7, e use uma fórmula nas células D8 e E8 que propaguem datas para frente e peso para baixo. Na célula D8 usei a fórmula =D7+8, que soma 8 dias à primeira data, e na célula E8 usei a fórmula =E7-4. Após selecionar as células D7:E7, arrastei o seletor para baixo, criando rapidamente as demais datas e pesos, permitindo gerar todas as faixas de IMC a serem exibidas pelo gráfico.

**Figura 3.34:** Estes são os dados de exemplo que eu digitei na estrutura da minha planilha de Gráfico de Acompanhamento do IMC para mostrar a evolução gráfica do IMC à cada consulta.

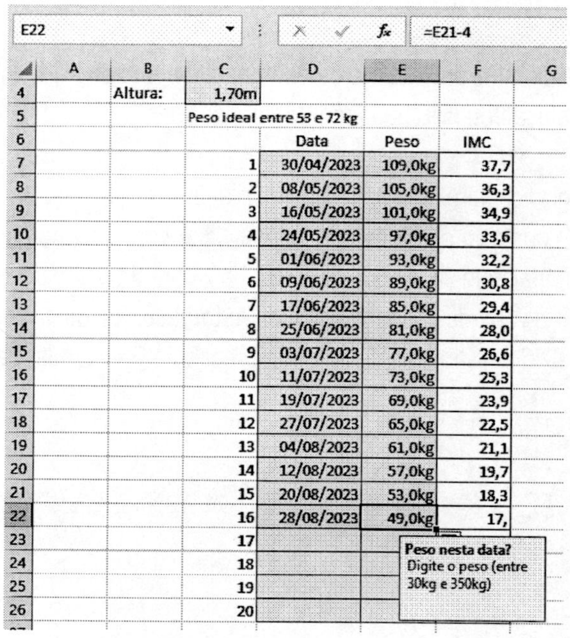

E22 | =E21-4

| | A | B | C | D | E | F | G |
|---|---|---|---|---|---|---|---|
| 4 | | Altura: | 1,70m | | | | |
| 5 | | | Peso ideal entre 53 e 72 kg | | | | |
| 6 | | | | Data | Peso | IMC | |
| 7 | | | 1 | 30/04/2023 | 109,0kg | 37,7 | |
| 8 | | | 2 | 08/05/2023 | 105,0kg | 36,3 | |
| 9 | | | 3 | 16/05/2023 | 101,0kg | 34,9 | |
| 10 | | | 4 | 24/05/2023 | 97,0kg | 33,6 | |
| 11 | | | 5 | 01/06/2023 | 93,0kg | 32,2 | |
| 12 | | | 6 | 09/06/2023 | 89,0kg | 30,8 | |
| 13 | | | 7 | 17/06/2023 | 85,0kg | 29,4 | |
| 14 | | | 8 | 25/06/2023 | 81,0kg | 28,0 | |
| 15 | | | 9 | 03/07/2023 | 77,0kg | 26,6 | |
| 16 | | | 10 | 11/07/2023 | 73,0kg | 25,3 | |
| 17 | | | 11 | 19/07/2023 | 69,0kg | 23,9 | |
| 18 | | | 12 | 27/07/2023 | 65,0kg | 22,5 | |
| 19 | | | 13 | 04/08/2023 | 61,0kg | 21,1 | |
| 20 | | | 14 | 12/08/2023 | 57,0kg | 19,7 | |
| 21 | | | 15 | 20/08/2023 | 53,0kg | 18,3 | |
| 22 | | | 16 | 28/08/2023 | 49,0kg | 17, | |
| 23 | | | 17 | | | | |
| 24 | | | 18 | | | | |
| 25 | | | 19 | | | | |
| 26 | | | 20 | | | | |

**Peso nesta data?** Digite o peso (entre 30kg e 350kg)

## Inserindo o gráfico

Para inserir qualquer gráfico, primeiro deve selecionar os dados a serem plotados e então, siga quatro regras simples:

1. Se for selecionada mais de uma coluna (ou linha) de dados, apenas o gráfico Dispersão (X,Y) usará a primeira coluna (ou linha) para os valores do eixo X. Todos os demais tipos de gráfico de linha, barra, coluna ou área plotarão todas as colunas (ou linhas) selecionadas como séries de dados.

---

**ATENÇÃO:** Esta regra não é seguida se a primeira faixa de dados contiver datas, horas ou texto. (Neste caso, o gráfico de Linha também usa a faixa mais à esquerda *ou acima) para os dados do eixo X.

---

2. Selecione todas as células a serem pelo gráfico em sua versão final – mesmo que ainda não preenchidas.
3. Para o gráfico de Pizza, apenas a primeira coluna (ou linha) será plotada.
4. Se as células na primeira coluna (ou linha) contêm texto (nomeando os dados) estes serão usados para nomear séries plotadas (e identificá-las na legenda do gráfico).

Como nossa intenção é plotar um gráfico de Linha, com datas no eixo ,X e IMCs no eixo Y, selecione todas as células que contêm estas datas (D7:D26), mantenha Ctrl pressionado e seleciona as células que contêm os valores de IMC (F7:F26).

---

**ATENÇÃO:** Mantenha a tecla Ctrl pressionada para selecionar dados de séries não contíguos (separados por linhas e/ou colunas).

---

Após selecionar os dados de Data e IMC, escolha a guia Inserir, clique na área Gráficos e, na ferramenta Inserir Gráfico de Linhas ou de Área, escolha o primeiro subtipo de gráfico linha disponível. O Excel criará um gráfico similar ao exibido na Figura 3.35 (que foi arrastado para a direita para melhorar a visibilidade da planilha).

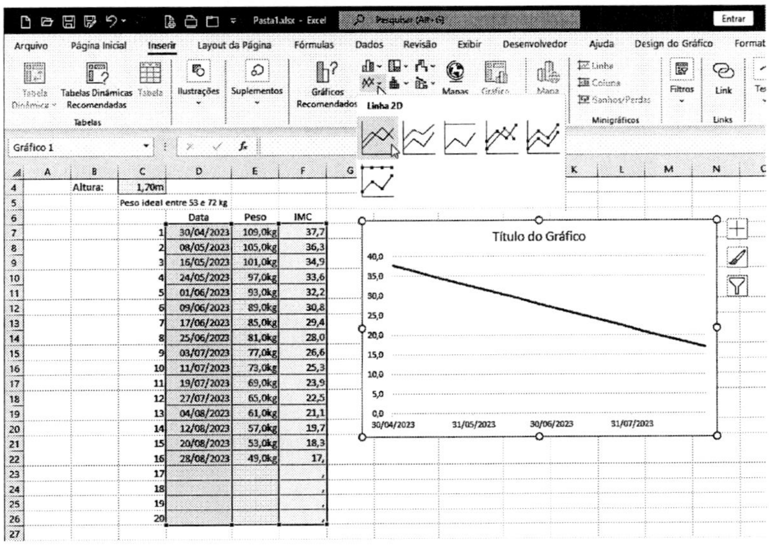


**Figura 3.35:** Primeiro, selecione as faixas de células a serem usadas pelo gráfico. Na guia Inserir, escolha na área Gráficos a ferramenta de Linhas e selecione o primeiro tipo de gráfico de linha: o mais simples deles!

---

**ATENÇÃO:** A fórmula utilizada para geração de peso decrescente (-4kg por data), produziu um gráfico perfeitamente linear, o que muito raramente ocorrerá em uma situação normal.

---

## Formatando a escala do eixo Y

Como pode ver na Figura 3.35, o Excel colocou a primeira série de dados (datas das consultas) no eixo X e os valores de IMC (segunda série) no eixo Y. Se tivesse selecionado outras colunas além destas duas, o Excel plotaria novas séries para cada coluna selecionada.

Note também que o gráfico inicia o eixo Y no valor 0 (zero), já que por padrão, o Excel coloca a interseção dos eixos X e Y no cartesiano ponto (0,0).

Como raramente teremos uma medição de IMC inferior a 15 (para anorexia) e superior a 45 (para Obesidade mórbida –a Tabela 2.2 indica as faixas de IMC definidas pela OMS), devemos alterar a escala do eixo Y para adaptá-la à faixa esperada de valores de IMC. Siga estes passos:

1. Clique (ou duplo-clique) em qualquer dos números da escala do eixo Y para selecioná-la.
2. Ou clique com o botão direito na seleção e escolha "Formatar eixo" no menu de contexto.

O Excel exibirá o menu flutuante Formatar Eixo, ancorado do lado direito da sua janela, com o botão Opções de Eixo selecionado (Figura 3.36).

---

**ATENÇÃO:** O menu é citado como "flutuante" porque pode desancorá-lo arrastando-o para dentro da planilha pelo seu título. Aplique um duplo clique em seu título para reancorá-lo na posição anterior.

---

**Figura 3.36:** Aplique um duplo clique nos números da escala do gráfico para formatar o eixo selecionado.

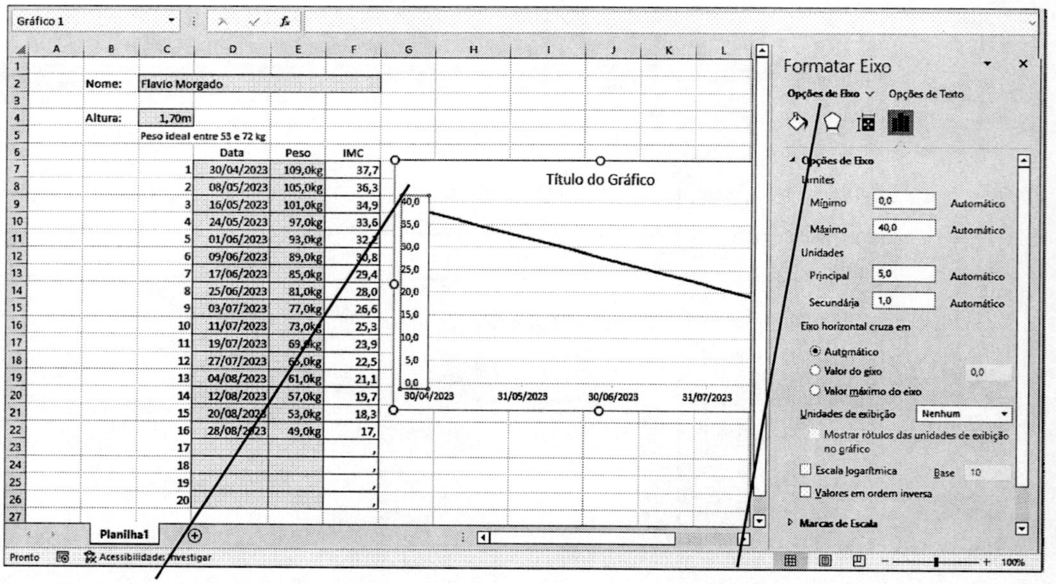


Aplique um duplo clique aqui...

"... para exibir o menu Formatar eixo" com o botão Opções de Eixo selecionado

Tendo o menu flutuante Formatar Eixo com o botão Opções de Eixo selecionado, altere os seguintes itens (mantenha as demais opções inalteradas):

- **Mínimo:** Fixo, 15 (valor inferior da escala para o eixo Y – onde o eixo X irá cruzá-lo
- **Máximo:** Fixo, 45 (valor superior da escala do eixo Y)

A cada alteração no menu flutuante, o Excel atualiza a escala do Eixo Y do gráfico, que deverá se parecer como o da Figura 3.37 (exibindo uma escala entre 15 e 45, após receber algumas alterações nos pesos aferidos, com objetivo de retirar a linearidade produzida pela fórmula de decrescimento utilizada na geração dos pesos).

**Figura 3.37:** O gráfico de IMC apresentando agora uma escala fixa de valores no eixo Y.

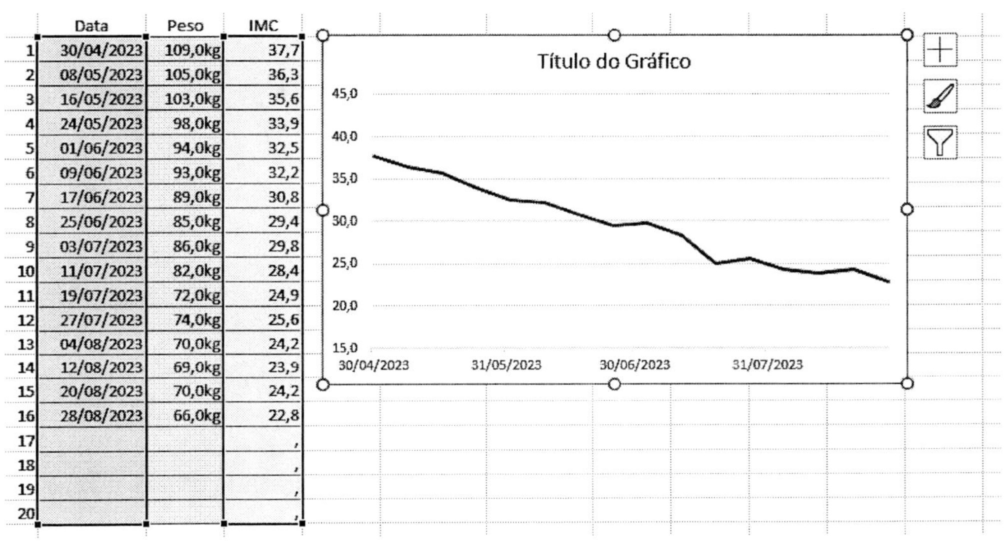


## Formatando a escala do eixo X

Como a escala do eixo X exibe as datas de coleta dos pesos, empregando um intervalo mínimo de 8 dias entre datas, é interessante exibir uma linha de grade principal para cada semana passada desde a data inserida na planilha, usando a linha de grade secundária para os dias entre datas. Fornecendo um recurso visual do intervalo de tempo decorrido entre quaisquer duas datas plotadas pelo gráfico.

Para alterar a escala do eixo X para que este exiba linhas de grade, usando uma linha mais grossa para cada data e uma mais fina para os dias entre elas, siga estes passos:

1. Aplique um duplo clique em uma data do Eixo X (ou clique com o botão direito em qualquer data e o comando Formatar Eixo).
2. O Excel exibirá o menu flutuante Formatar Eixo, ancorado do lado direito da sua janela, com o botão Opções de Eixo selecionado.
3. Nas opções Unidades, selecione estas opções (Figura 3.38):
   **Principal:** valor = 7, unidade = Dias.
   **Secundária:,** valor = 1 (Unidade foi automaticamente definida para Dias).
   **Base:** Dias (definida automaticamente ao escolhe-la na opção Principal)

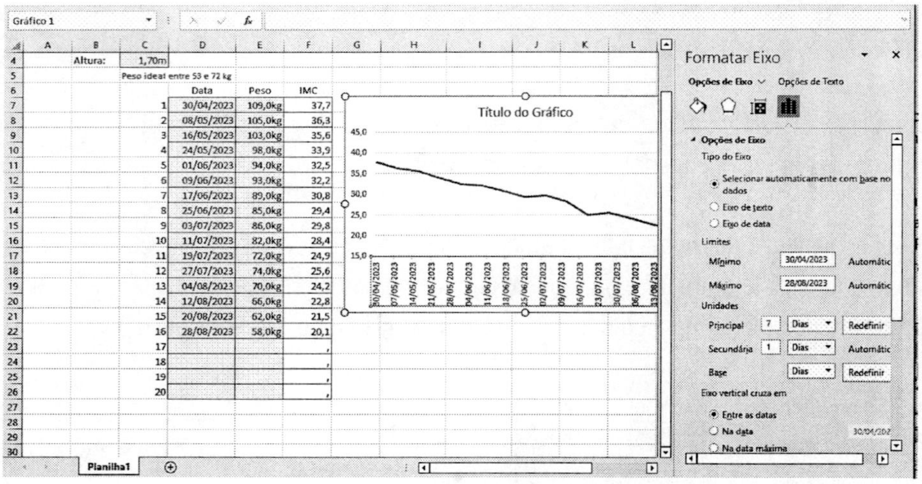

**Figura 3.38:** Alterando a escala do eixo X para formatar a unidade principal das linhas de grade para semanal (e a unidade secundária para diário).

**Exibindo Linhas de Grade**

Para forçar o Excel a exibir Linhas de Grade Principais verticais no gráfico, é necessário usar a guia Design do Gráfico (que aparece quando um gráfico está selecionado):

1. Selecione o gráfico na planilha.
2. Selecione a guia Design do Gráfico.
3. Clique no comando Adicionar Elemento de Gráfico.
4. Escolha Linhas de Grade, Vertical Principal (para semanas). O Excel adicionará linhas verticais finas na cor Cinza claro.
5. Aplique um duplo clique em qualquer Linha de Grade Vertical para exibir o menu flutuante Formatar Linhas de Grade, com a opção Opções de Linha de Grade Principal selecionada e defina estas opções (Figura 3.39):

   **Cor:** escolha um tom de Azul claro.

   **Largura**: 2 pt.

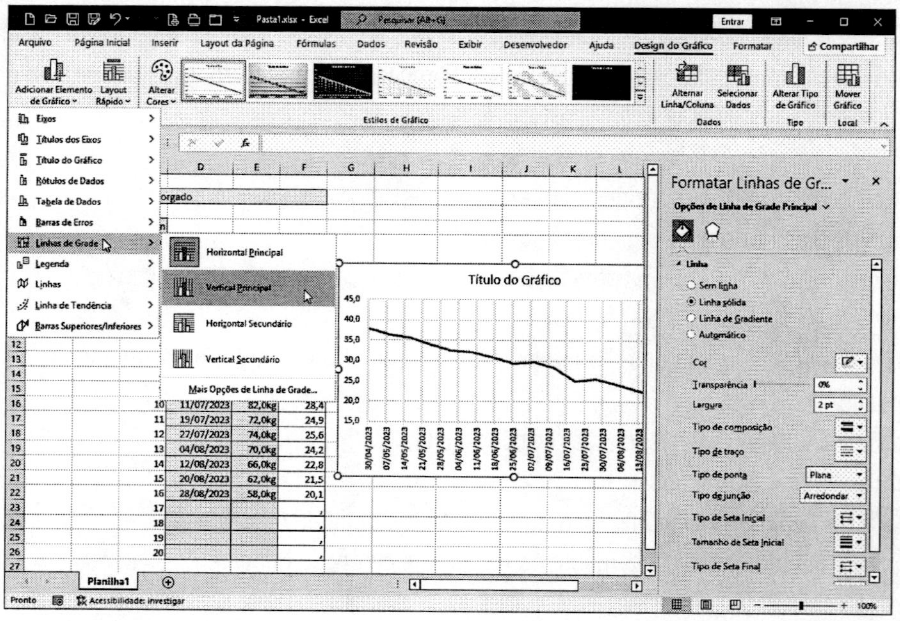

**Figura 3.39:** O Gráfico de IMC com linhas de grade principais verticais (a cada semana) permite uma observação mais intuitiva da passagem do tempo.

Repita os passos 2 e 3 da lista anterior, e escolha a opção Linhas de Grade, Vertical Secundário para fazer com que o Excel adicione linhas finas verticais na cor Cinza claro para designar os dias entre as datas (Figura 3.40).

**Figure 3.40:** O gráfico de IMC exibindo Linhas de Grade Vertical Principais (linhas espessas, cor Azul claro) e Secundárias (linhas finas, cor Cinza claro).

### Alterando a linha de plotagem do IMC

De acordo com o rascunho exibido na Figura 3.33, a linha de plotagem do IMC deve ser larga, exibindo marcadores circulares em cada ponto de IMC, com o valor plotado acima do marcador, como é comumente usado em gráficos de propaganda e informações financeiras em revistas, jornais, TV etc.

Para alterar a aparência da linha de plotagem, siga estes passos:

1. Aplique um duplo clique na linha de plotagem (ou clique nela com o botão direito do mouse e escolha o comando Formatar Série de Dados no menu de contexto) para exibir o menu flutuante Formatar Série de Dados (Figura 3.41):
2. Selecione o botão **Linha de Preenchimento** (a Lata de Tinta).
3. Na opção **Linha**, defina:
   **Largura** = 7 pt.
4. Na opção **Marcador**, expanda **Opções de Marcador** e defina:
   **Interno**
   **Tipo**: Circular (bola).
   **Tamanho** = 9.
5. Expanda Preenchimento e defina:
   **Preenchimento Sólido**
   **Cor**: Branco
6. Selecione o botão **Efeitos** (ponta de caneta).
   Expanda Sombra e defina:
   **Cor**: Azul claro.
   **Distância**: 5.

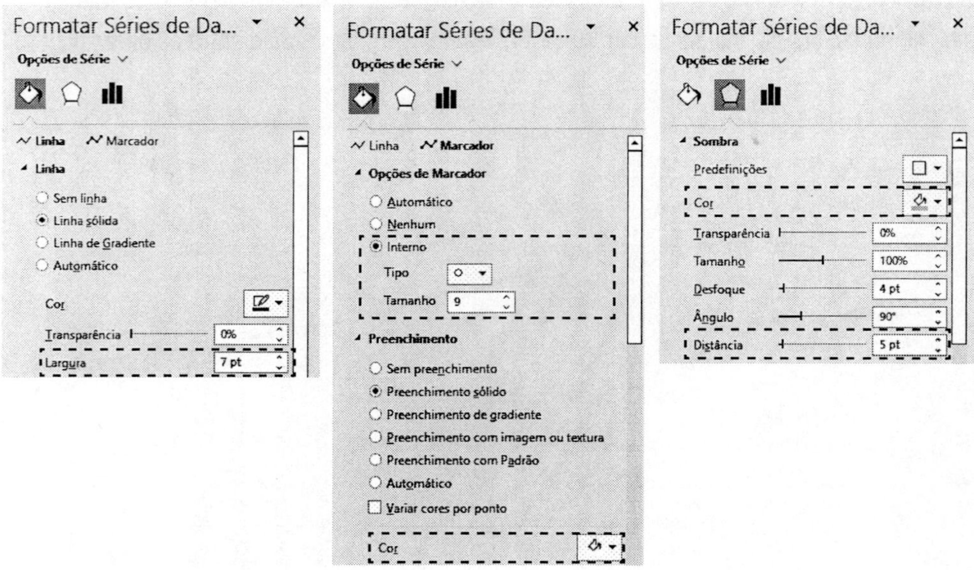


**Figura 3.41:** Use as opções do menu flutuante Formatar Série de Dados para definir a aparência da linha de plotagem (Linha Sólida, 7pt, marcador Circular de 9 pt e cor Branco, Sombra Azul claro com Distância = 5 pt).

A Figura 3.42 exibe a aparência final do gráfico após aplicar estas opções.

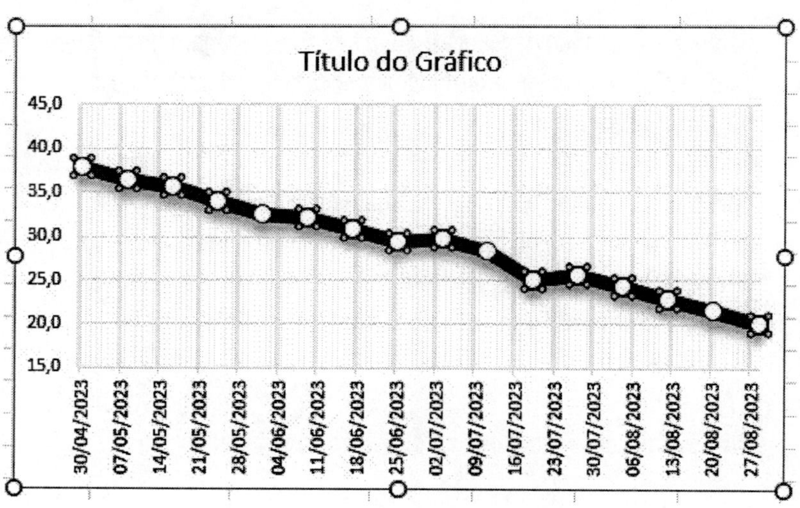


**Figura 3.42:** Para alterar a linha de plotagem do IMC, clique com o botão direito do mouse na linha de plotagem selecionada e escolha Formatar Série de Dados.

### Adicionando rótulos de dados

Para adicionar rótulos à linha de plotagem do IMC, siga estes passos:

1. Clique com o botão direito do mouse na linha de plotagem e escolha Adicionar Rótulo de Dados no menu de contexto.
2. O Excel adicionará o valor do IMC plotado ao gráfico (Figura 2.43).

**Figura 3.43:** Clique com o botão direito na linha de plotagem e escolha Adicionar Rótulo de Dados para o Excel exibir os valores plotados em cada ponto de dados

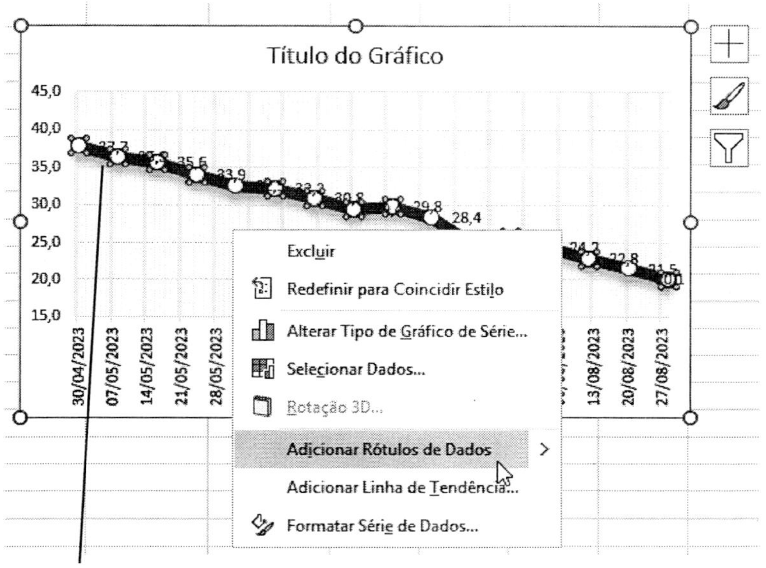


Aplique um duplo clique em qualquer rótulo de dados para exibir o menu flutuante que permnite formatá-los

3. Aplique um duplo clique em um dos rótulos de dados para exibir o menu flutuante. Formatar Rótulo de Dados com o botão **Opções do Rótulo** selecionado (Figura 3.44).
4. Expanda a opção **Opções de Rótulo** e na área **Posição do Rótulo** escolha a opção Acima:
5. Selecione o botão **Linha de Preenchimento**, expanda a opção **Preenchimento** e defina:
   **Preenchimento Sólido**
   **Cor**: Branco.
6. Expanda a opção **Borda** e defina:
   **Linha sólida**
   **Cor**: Preto.

O gráfico de IMC passará a exibir rótulos de dados acima de cada ponto plotado, devendo estar similar ao exibido na Figura 3.45.

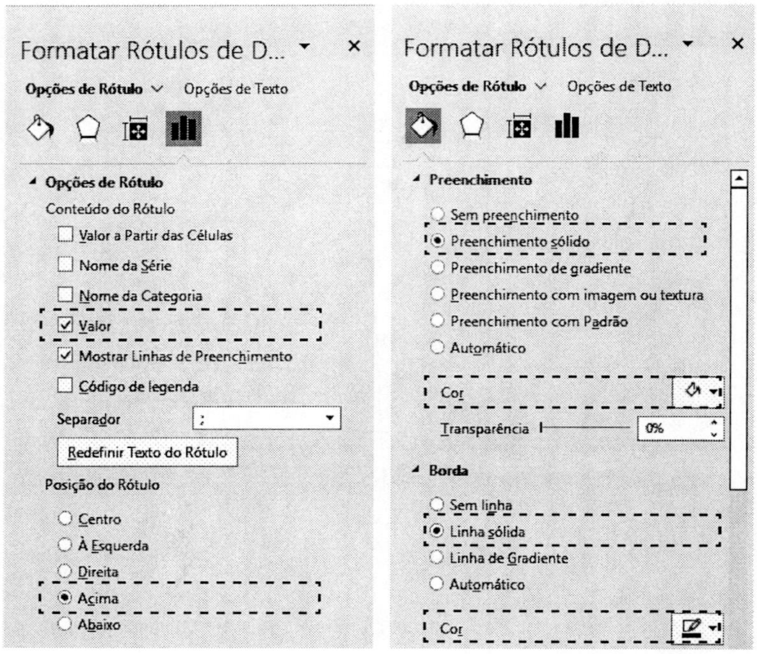


**Figura 3.44:** Opções do menu flutuante, Formatar Rótulo de Dados (Valor, Acima, Preenchimento Sólido e Cor = Branco, Borda Linha sólida e Cor = Preto)

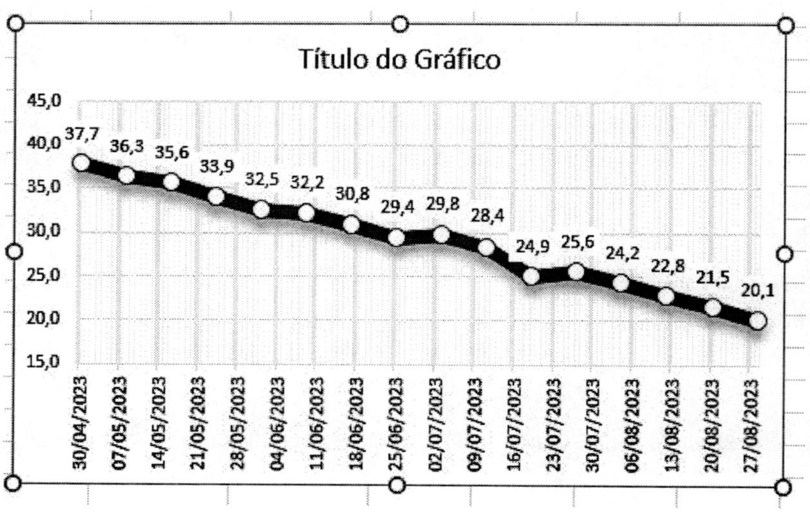


**Figura 3.45:** O Gráfico de IMC com rótulos de dados exibindo os valores de IMC em cada ponto plotado.

## Criando limites de controle no Gráfico do IMC

O rascunho exibido na Figura 3.35 indica que o Gráfico de Controle do IMC deve exibir áreas demarcadoras dos limites das faixas de IMC de Peso Normal (inicia-se no IMC=18,5), Sobrepeso (inicia-se no IMC=25), e Obesidade (inicia-se no IMC=30).

Estas áreas devem ser delimitadas por linhas tracejadas e receber cores específicas, capazes de sinalizar visualmente as situações de cada valor de IMC plotado no gráfico, usando estes atributos:

1. **Peso Normal:** linha de cor Verde, plotada no IMC = 18,5 sinalizando onde inicia a área de IMC *Normal.* A área que delimita esta condição deve se estender entre os valores de IMC = 18,5 e IMC = 25 e possuir a cor Verde-claro.

2. **Sobrepeso:** linha de cor Laranja, plotada no IMC = 25, sinalizando no gráfico onde inicia a área de IMC de *Sobrepeso*. A área que delimita esta condição deve se estender entre os valores de IMC = 25 e IMC = 30 e possuir a cor Amarelo-claro.
3. **Obesidade**: linha de cor Vermelho, plotada no IMC = 30, sinalizando no gráfico onde inicia a área de IMC de *Obesidade*. A área que delimita esta condição deve se estender entre os valores de IMC= 30 até o limite superior do gráfico (IMC = 45) e possuir a cor Rosa.

#### Adicionando linhas delimitadoras

A forma correta de se adicionar linhas delimitadoras dos limites do IMC no gráfico, é por meio da inserção de novas séries de dados, com valores constantes de IMC para as faixas definidas (18,5, 25e30), que se repitam pelo mesmo número de pontos de dados de IMC passíveis de serem calculados pela planilha.

Como o Gráfico de Controle de IMC utiliza a faixa de células F7:F26 para os valores calculados de IMC, devemos usar células próximas à coluna F (como a faixa H7:J26, usando uma coluna para cada faixa), preenchendo cada coluna com o mesmo valor de IMC. Ao solicitar ao Excel que plote estes valores no gráfico, será plotada uma linha horizontal em cada faixa, criando o efeito pretendido.

Siga estes passos:

1. Clique no gráfico para selecioná-lo e arraste-o para a direita na planilha, exibindo as colunas H, I e J.
2. Nas células H6, I6 e J6 digite as expressões "Normal", "Sobrepeso" e "Obesidade".
3. Na célula H7, I7 e J7 digite os valores 18,5, 25 e 30 (valores de IMC que iniciam as áreas de Peso Normal, Sobrepeso e Obesidade, respectivamente).
4. Selecione as células H7:J7 que contêm os valores de IMC e arraste o seletor da faixa para baixo, até atingir a linha 26 da planilha, copiando-os para todas as demais datas possíveis de serem plotadas no gráfico (veja a Figura 3.46).

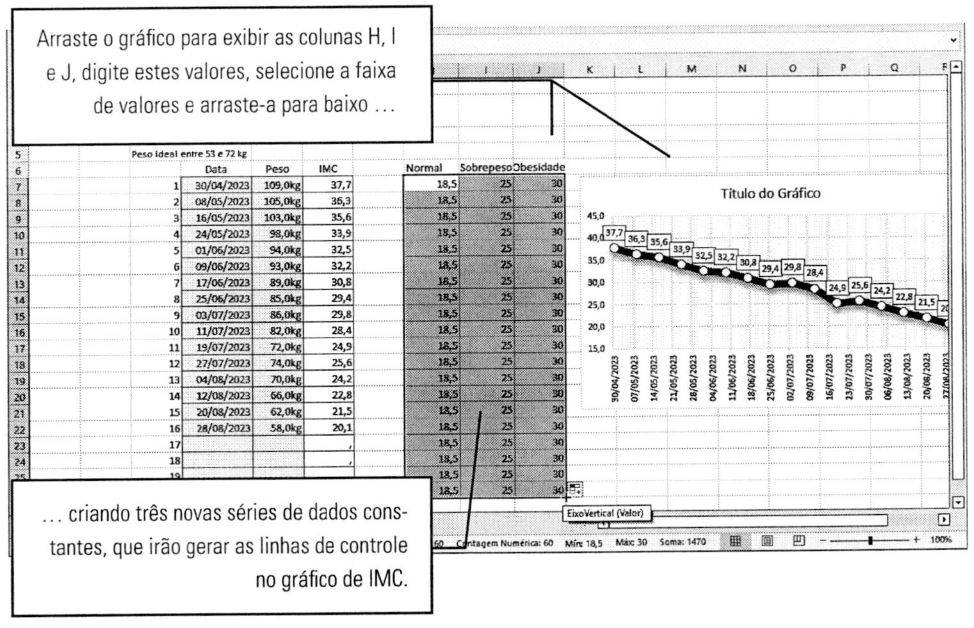


**Figura 3.45:** Para criar linhas de controle no Gráfico de IMC você precisa plotar três novas séries de dados usando valores constantes que irão refletir o início de cada faixa de IMC: uma série para o início da faixa de Peso Normal, uma para o início da faixa de Sobrepeso e uma para o início da faixa de Obesidade.

**Adicionando novas séries de dados ao gráfico**

Para adicionar três novas séries de dados ao gráfico do IMC, siga estes passos:

1. Clique no gráfico de IMC para selecioná-lo e na guia Design do Gráfico, selecione o comando Selecionar Dados
2. Na caixa de diálogo Selecionar Fonte de Dados que aparece, clique na seta para cima localizada à direita da opção Intervalo de dados do gráfico (Figura 3.47).

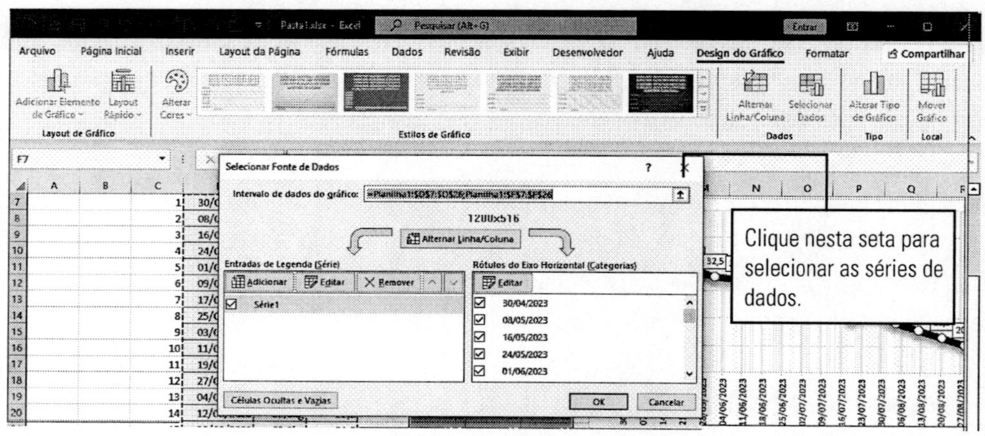


**Figura 3.47:** Para adicionar novas séries de dados a uma gráfico, clique no gráfico e execute o comando Selecionar Dados da guia Design do Gráfico.

O Excel recolherá a caixa de diálogo, permitindo a seleção dos dados desejados.
Para não desmarcar a faixa já selecionada (datas e IMCs calculados), mantenha a tecla Ctrl pressionada e arraste o mouse pela faixa H7:I26 (Figura 3.48).

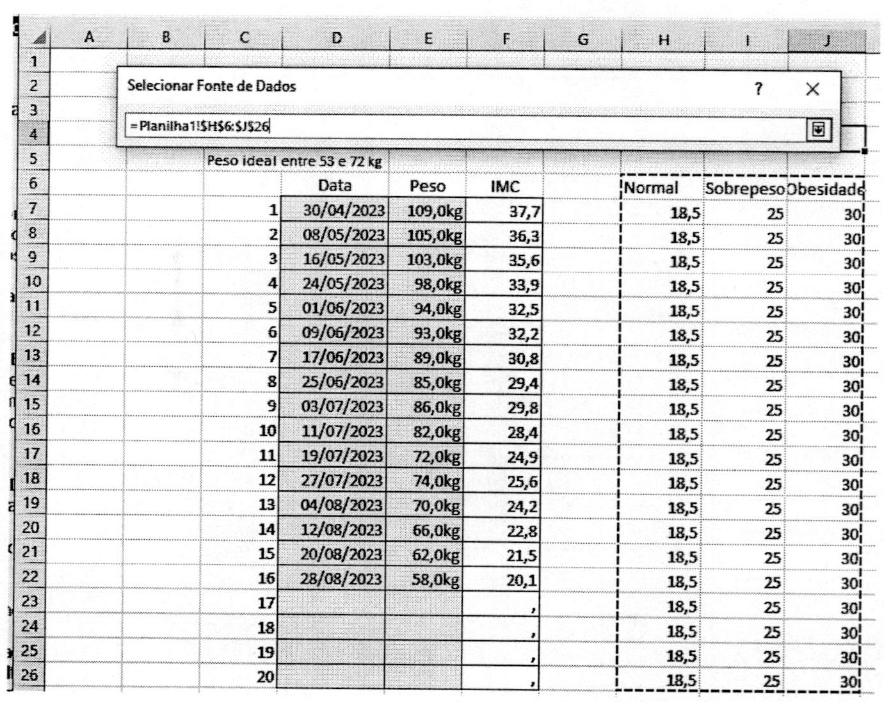


**Figura 3.48:** Ao clicar na seta localizada à direita da caixa de diálogo Selecionar Fonte de Dados, o Excel recolherá a interface, permitindo que os dados desejados sejam selecionados. Para manter a seleção anterior, mantenha a tecla Ctrl pressionada enquanto seleciona a faixa de dados com os valores constantes para IMC Normal, Sobrepeso e Obesidade.

Clique novamente na seta da caixa de diálogo Selecionar Fonte de Dados para adicionar as novas séries aos dados do gráfico (Figura 3.49).

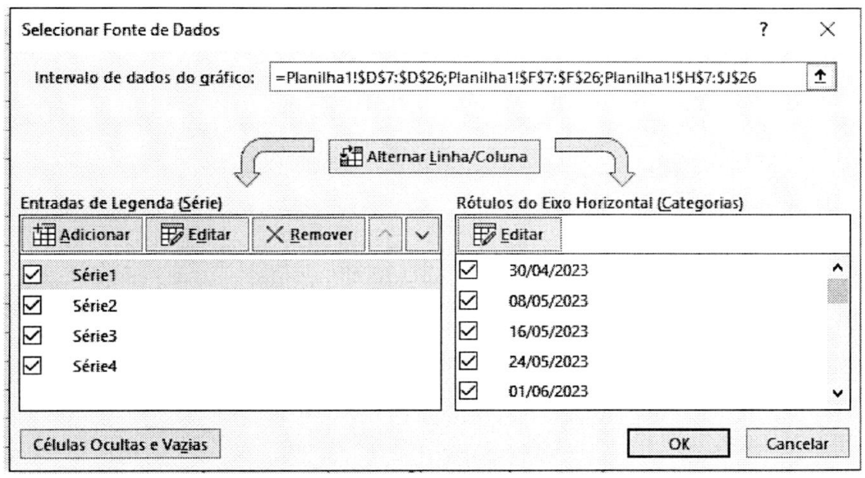


**Figura 3.49:** Após selecionar as novas faixas de dados, elas passam a pertencer ao intervalo de dados usado pelo gráfico, e aparecem na caixa de diálogo Selecionar Fontes de Dados com os nomes Série2, Série3 e Série4.

Agora você precisa entender algo importante: o Excel plota as séries de dados na ordem em que aparecem na lista Entradas de Legenda (Série) da caixa de diálogo Selecionar Fonte de Dados.

A Figura 3.49 indica que o Excel irá plotar primeiro a Série1 (dados de Data e IMC), e em seguida as linhas de controle na ordem em que foram inseridas: primeiro plotará a linha Normal, depois a de Sobrepeso e por último a de Obesidade.

Este comportamento tem um impacto no gráfico: como a linha de IMC é plotada primeiro, ficará por detrás das linhas de controle! Se quiser que a linha de IMC fique na frente delas, Série1 deverá ser posicionada como a última da lista da caixa de diálogo Selecionar Fonte de Dados.

Para alterar a ordem de plotagem das séries, clique no nome da série desejada na lista Entradas de Legenda (Série) e use as setas azuis (Mover para cima e Mover para baixo) para reposicioná-la na lista. A figura 3.50 exibe esta alteração, fazendo com que a linha para o IMC passe por cima das linhas de controle geradas pelas demais séries de dados.

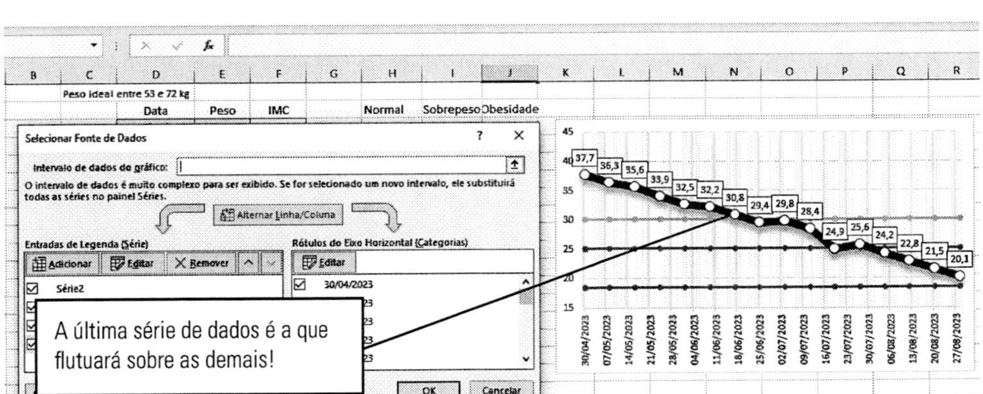


**Figura 3.50:** Altere a ordem em que as séries são plotadas para fazer com que a Série1 (os valores de IMC) passe para o fim da lista, forçando o Excel a plotá-la por último, fazendo-a flutuar acima das demais séries do gráfico – as linhas de controle!

Agora formate as linhas de controle Normal, Obesidade e Sobrepeso, removendo seus marcadores, trocando sua largura e cor padrão. Siga estes passos:

1. Clique na série de dados Normal para selecioná-la no gráfico (é mais fácil selecioná-la clicando nos marcadores), clique na seleção com o botão direito do mouse e, no menu de contexto escolha Formatar Série de Dados.
2. No menu flutuante Formatar Série de Dados, selecione o botão Linha de Preenchimento, escolha a opção **Linha** e defina:
3. **Linha Sólida.**
4. **Cor:** Verde.
5. **Largura:** 4 pts
6. Escolha a opção **Marcador**, expanda **Opções de Marcador** e selecione **Nenhum**.
7. Repita os passos 1 a 3 para as linhas de Sobrepeso e Obesidade, alterando suas cores para Laranja e Vermelho, respectivamente. O gráfico ficará similar ao que pode ser visto na Figura 3.51.

**Figura 3.51:** Este é o Gráfico de Controle de IMC após ser adicionado de três linhas de controle: a verde para peso Normal, a laranja para Sobrepeso e a vermelha para Obesidade.

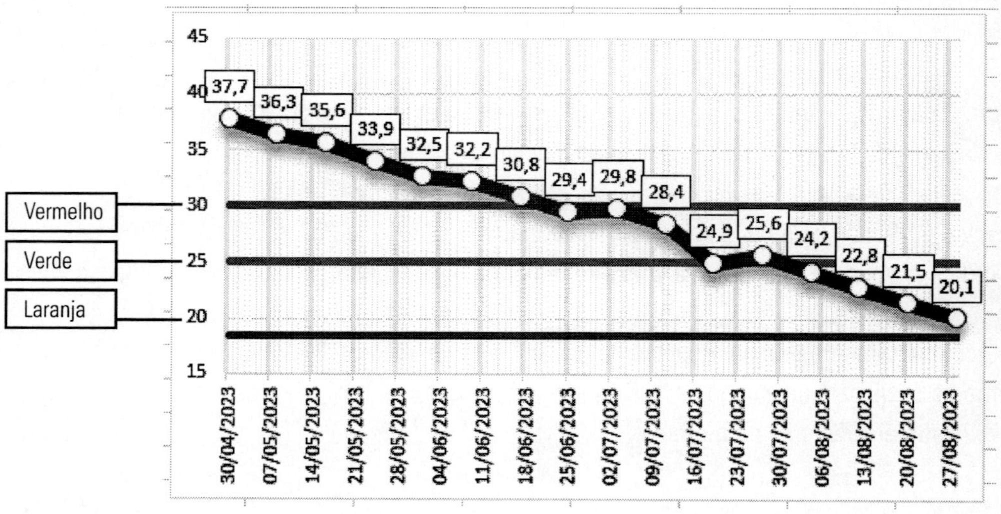


**Ocultando colunas da planilha**

As colunas H, I e J usadas para armazenar as séries Normal, Sobrepeso e Obesidade no gráfico, não precisam permanecer exibidas na planilha: oculte-as para criar uma interface mais limpa na aplicação de planilha.

Para ocultar as colunas H, I e J, siga estes passos:
1. Clique no cabeçalho da coluna H e arraste o mouse até o cabeçalho da coluna J. Todas as três colunas (H, I e J) deverão ficar selecionadas.
2. Clique com o botão direito em qualquer uma das colunas selecionadas e escolha Ocultar no menu de contexto.

Todas as três colunas ficarão ocultas na planilha, mas ao fazer isso, o Excel também removeu todas as três linhas de controle do gráfico quando as colunas que contêm suas séries de dados foram ocultadas (Figura 3.52)

Para exibir novamente as linhas de controle mantendo as séries de dados ocultas na planilha, siga estes passos:
1. Clique no gráfico para selecioná-lo

2. Escolha o comando Selecionar Dados da guia Design do Gráfico para exibir a caixa de diálogo Selecionar Fonte de Dados.
3. Na caixa de diálogo Selecionar Fonte de Dados clique no botão Células Ocultas e Vazias.
4. Na caixa de diálogo Configurações de Células Ocultas e Vazias, marque a opção Exibir dados em linhas e colunas ocultas. O Excel exibirá novamente as três linhas de controle no Gráfico de IMC (Figura 3. 53).

**Figura 3.52:** Ao ocultar colunas que contêm valores de séries de dados, o Excel oculta por padrão as séries associadas plotadas no gráfico

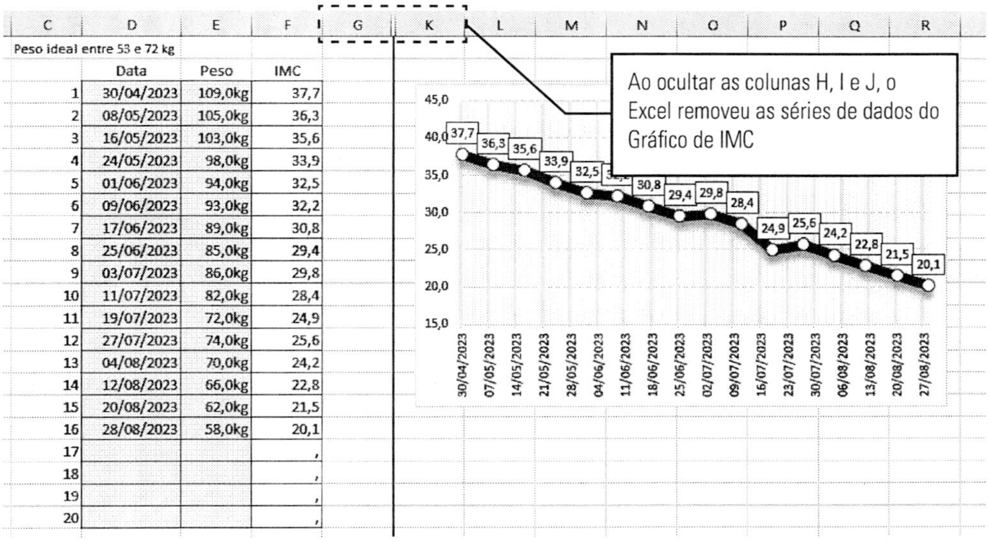


**Figura 3.53:** Use o botão Células Ocultas e Vazias da caixa de diálogo Selecionar Fonte de Dados para exibir a caixa de diálogo Configurações de Células Ocultas e Vazias, onde poderá marcar a opção Mostrar dados em linhas e colunas ocultas para forçar o Excel a plotar dados que se encontrem em linhas e/ou colunas ocultas.

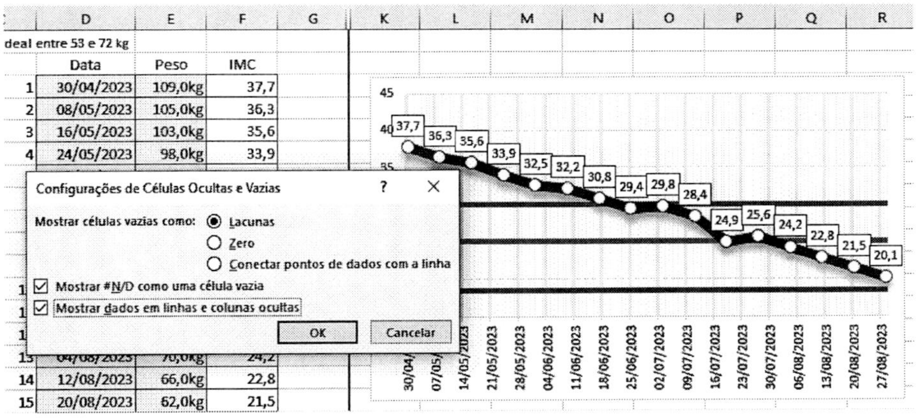


**ATENÇÃO:** A caixa de diálogo Configurações de Células Ocultas e Vazias também define como o gráfico irá lidar com os pontos de dados em que as células não contêm dados: Lacunas deixará o ponto em branco desconectando a linha. Zero irá plotar valores ausentes como zero. Conectar pontos de dados com a linha irá interpolar o ponto ausente.

## Reposicionando a interface

Como a estrutura da planilha de Gráfico de Controle do IMC está pronta, surge um assunto levado em consideração para as aplicações de planilha que desenvolver: o tamanho final da planilha usada pela aplicação.

Há vários tamanhos distintos de monitor de computador: podem ter a proporção normal ou widescreen, muito mais largos. E ainda há a questão da resolução utilizada pelo Windows: quanto maior a resolução, mais células podem ser exibidas de uma só vez.

Porque não há nada pior que planejar uma aplicação para uma enorme tela widescreen e depois ver sua linda aplicação falhar ao ser exibida em um monitor ou projetor multimídia convencional.

Pensando nesta possibilidade, modele sua aplicação para caber nos tamanhos convencionais de monitor, fazendo com que ela ocupe apenas parcialmente a tela, para que possa ser utilizada na maioria das instalações.

Com isto em mente, remodele a estrutura da planilha Gráfico de Acompanhamento do IMC após ocultar as colunas das H:J, usando o máximo espaço possível para a exibição da estrela da festa: o Gráfico do IMC. A Figura 3.54 exibe sua formatação final usando uma janela não maximizada do Excel para uma resolução padrão de 1920 x 1080 pixels.

**Figura 3.54:** Aparência esperada da planilha para o Gráfico de Acompanhamento do IMC após sua interface ser remodelada para aproveitar a maior área possível para uma resolução de 1024 x 768 pontos: a máxima utilizada por projetores multimídias.

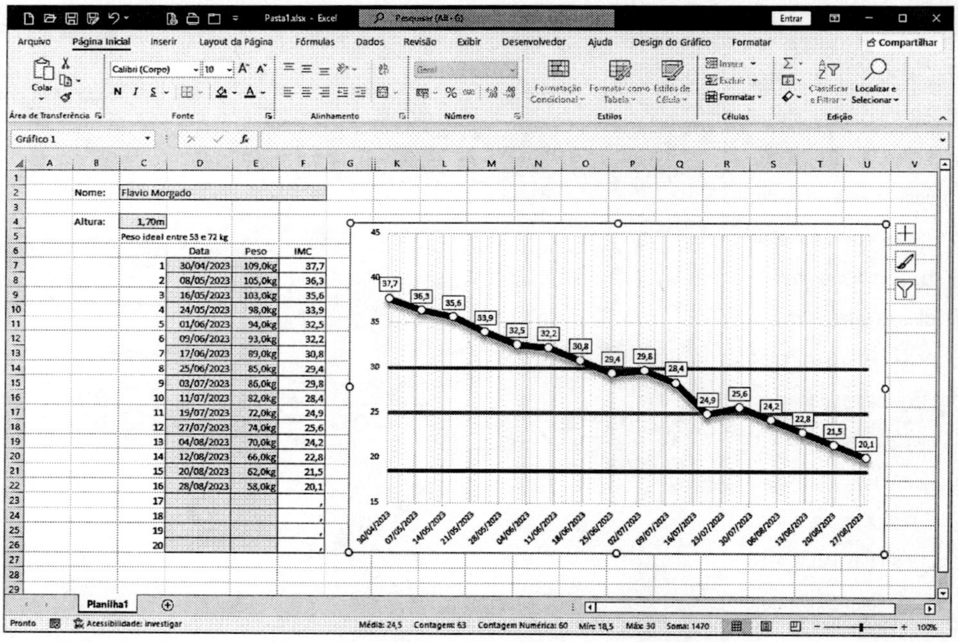

## Criando áreas no gráfico

Para finalizar o gráfico, devemos criar áreas coloridas para sinalizar as faixas de IMC para Subpeso (<18,5, cor Branco), IMC Normal (entre 18,5 e 25, cor Verde, a mais utilizada para refletir segurança), IMC Sobrepeso (entre 25 e 30, cor Amarelo claro), e IMC Obesidade (>30, cor Rosa).
Como o Excel não oferece uma forma para colorir áreas do gráfico, use um recurso simples: desenhe um retângulo sobre cada área, preencha-o com a cor desejada e aplique-lhe transparência para exibir o que está por detrás dele.

Para desenhar o retângulo da área Normal, siga estes passos:

1. Selecione o comando Formas na área Ilustrações da guia Inserir. E escolha a ferramenta Retângulo.
2. Desenhe um retângulo sobre o Gráfico de IMC, cujas dimensões cubra desde os valores da escala do eixo Y para a área Normal, distendendo-se desde a linha Normal (linha Verde, cobrindo-a), até abaixo da linha Sobrepeso (linha Laranja, Figura 3.55).

**Figura 3.55:** Use a forma Retângulo para criar áreas coloridas que sinalizem peso Normal, Sobrepeso e Obesidade no Gráfico de IMC, posicionados sobre as áreas associadas.

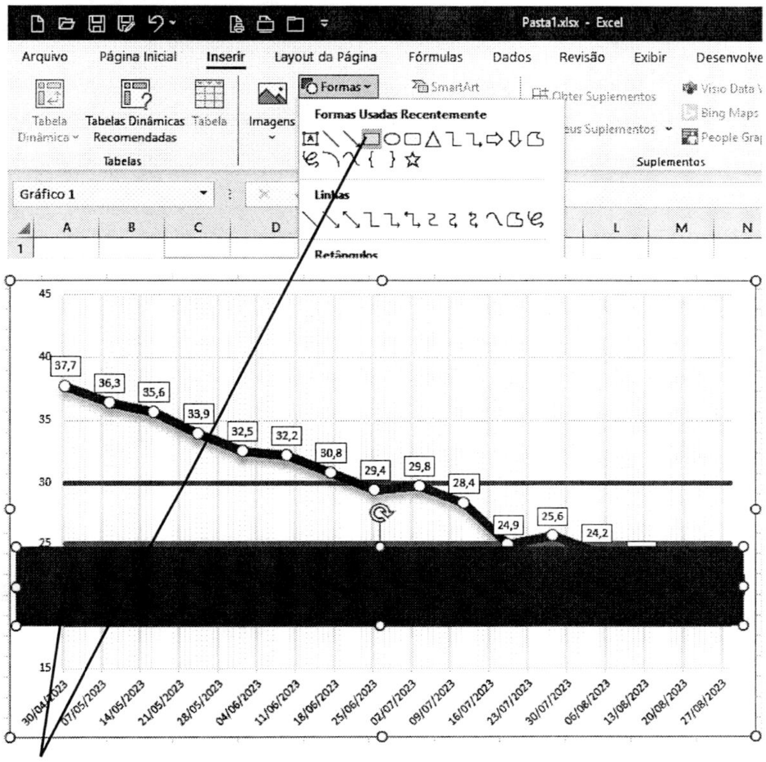


Selecione a ferramenta de Retângulo e arraste-o cuidadosamente sobre a área desejada, incluindo os dados de IMC do eixo Y (verifique se o retângulo da área Normal sobrepõe-se à linha Verde, deixando intocável a linha Laranja (de Sobrepeso).

3. Clique com o botão direito no retângulo desenhado, selecione Formatar Objeto no menu de contexto para abrir o menu flutuante Formatar Forma.
4. Clique no botão Linha de Preenchimento, expanda a opção Preenchimento e defina:
   **Cor:** mesma cor Verde brilhante usada na linha Normal.
   **Transparência**: 85% - tornando o retângulo verde transparente para exibir o gráfico atrás dele.
5. Expanda a opção Linha e escolha a opção **Sem Linha** (para tornar invisível a borda do retângulo). O Gráfico de IMC deverá ficar similar ao exibido na Figura 3.56.
6. Para criar o retângulo para a área de Sobrepeso basta clicar no retângulo verde para selecioná-lo, selecione Copiar e então Colar (ou use Ctrl+C para copiar e Ctrl+V para colar).
7. Arraste o retângulo copiado para cima, reposicione-o e redimensione-o para cobrir a área correta.
8. Troque a cor de preenchimento para a mesma cor Laranja usada na linha de Sobrepeso. Como o retângulo já utiliza uma transparência de 85%, a cor laranja ficará Amarelo-claro.

9. Repita os passos 5 a 8 para criar o retângulo rosa que delimita a área superior para Obesidade (empregue o mesmo tom de Vermelho usado na linha limite desta área. A transparência de 85% fará com que sua cor torne-se Rosa claro.

**Figura 3.56:** O Gráfico de Acompanhamento do IMC com um retângulo verde transparente delimitando a área de segurança para peso normal.

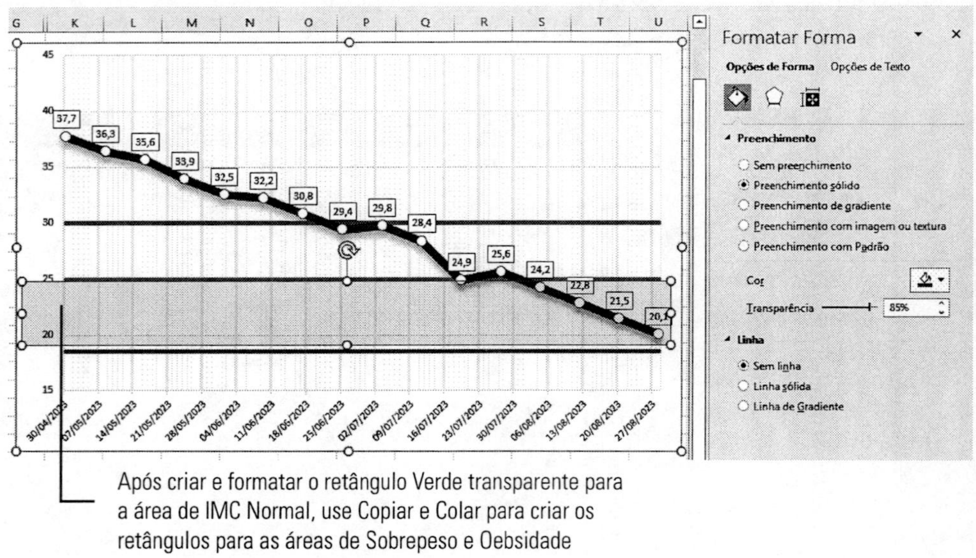


Após rearrumar cuidadosamente os três retângulos, com cada um sobrepondo apenas a linha que inicia sua faixa cromática, o Gráfico de Acompanhamento do IMC deverá estar similar ao exibido na Figura 3.57.

---

**ATENÇÃO**: Para alinhar corretamente os retângulos transparentes, use a tecla Shift (ou Ctrl) para selecioná-los, clique na guia Forma de Formato e na área Organizar, escolha o comando Alinhar, Alinhar à esquerda.

---

**Figura 3.57:** O Gráfico de Controle de IMC com três retângulos coloridos e transparentes sobre as áreas de IMC associadas, sinalizando a tendência do IMC ao longo do tempo.

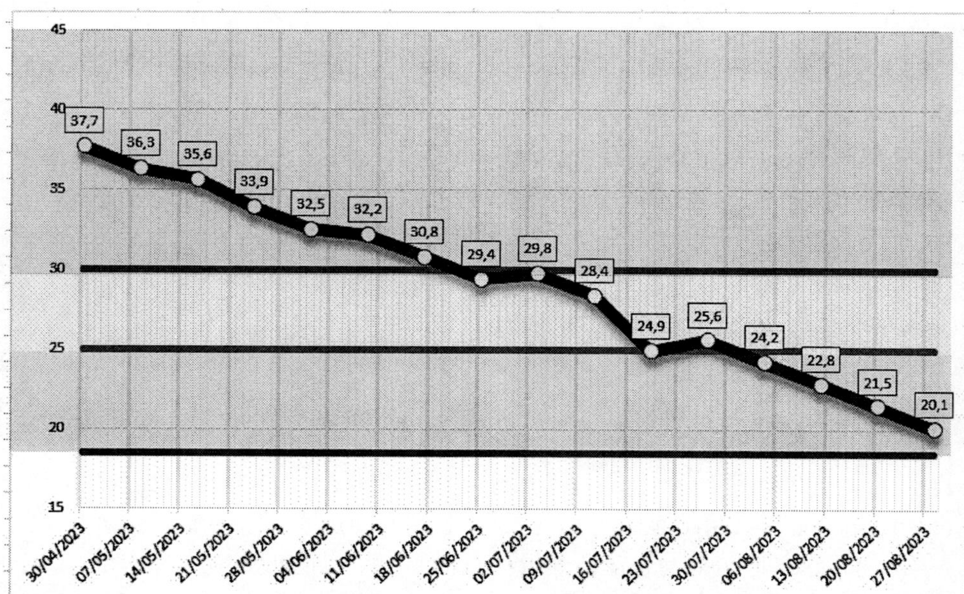

**Inserindo caixas de texto significativas**

Forneça uma indicação textual para as áreas do Gráfico de Acompanhamento do IMC, o que pode ser feito desenhando retângulos ou caixas de texto sobre o gráfico para sinalizar a significância de cada área cromática. Siga estes passos:

1. Na guia Inserir selecione o comando Formas e clique na ferramenta Retângulo.
2. Desenhe um Retângulo em qualquer lugar do gráfico. O Excel deverá desenhar um Retângulo Azul com cor de texto Branco.
3. Digite o nome da área que pretende identificar (Ex.: Obesidade).
4. Na guia Forma de Formato use as seguintes ferramentas para formatar o Retângulo:
   **Preenchimento da Forma:** Sem Preenchimento.
   **Contorno da Forma:** Sem Contorno.
   **Preenchimento de Texto:** Preto.
5. Clique na alça de rotação da caixa de texto e, mantenha a tecla Shift pressionada, rotacione-a em um ângulo de 90° (a tecla Shift ativa a rotação precisa a cada 15 graus).

---

**ATENÇÃO**: A alça de rotação é o pequeno círculo verde localizado acima de cada forma.

---

Posicione a caixa de texto rotacionada ao lado esquerdo do Eixo Y da área apropriada – neste caso, no meio da área rosa de Obesidade (Figura 3.58).

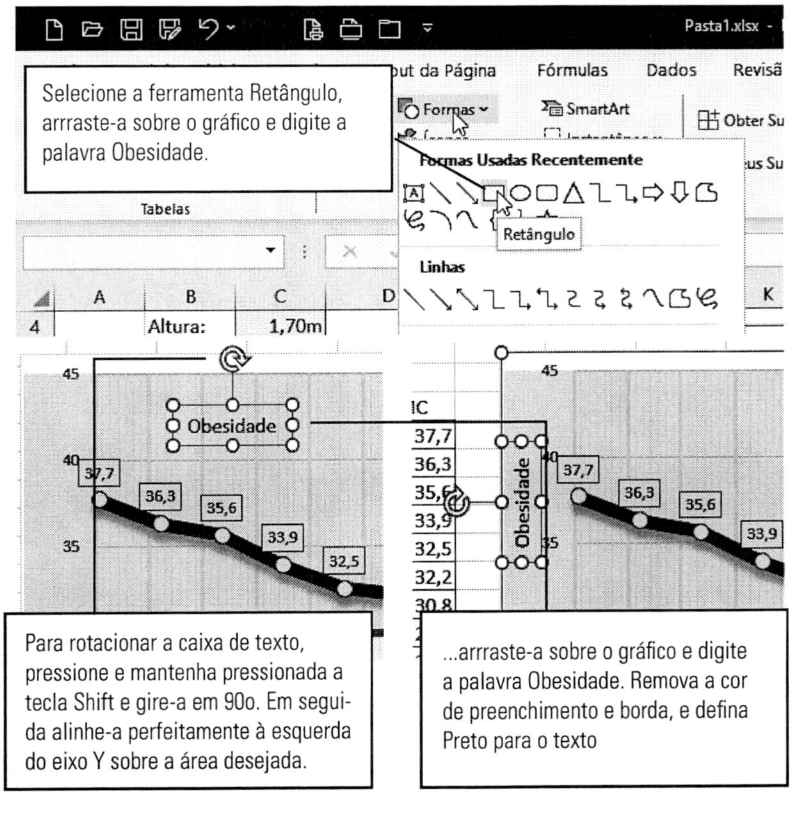


**Figura 3.58:** Use a ferramenta caixa de texto para desenhar uma caixa sobre o gráfico. Arraste então a alça de rotação da caixa e coloque o texto rotacionado na posição correta do gráfico.

Para identificar as demais áreas de IMC, clique na caixa de texto rotacionada, copie-a e cole-a sobre o gráfico, alterando o texto digitado para identificar as demais áreas do gráfico. Lembre-se de identificar também a área em branco associada à Subnutrição. A Figura 3.59 mostra como o gráfico ficará após todas as áreas coloridas referentes ao IMC serem identificadas.

**Figura 3.59:** O Gráfico de Acompanhamento do IMC com todas as quatro áreas possíveis identificadas. Usei uma fonte Calibri, 10 pontos para formatar as caixas de texto.

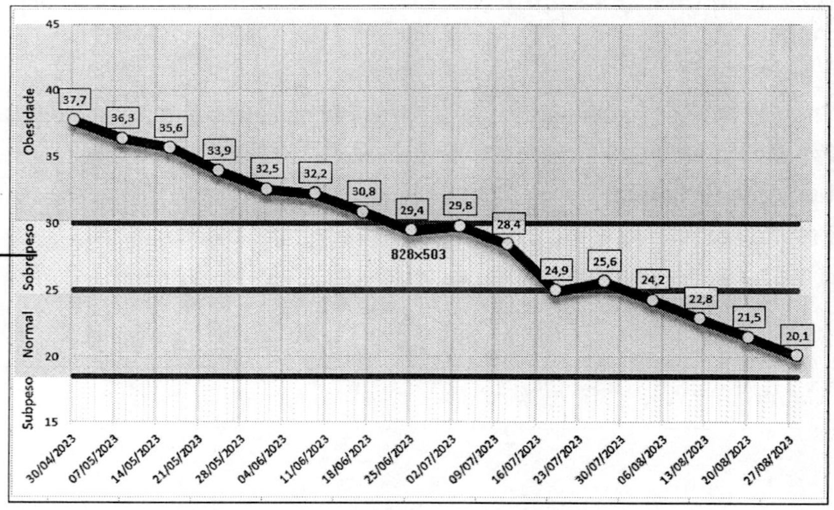


Use Retângulos para identificar as áreas críticas onde os dados de IMC são plotados

## 3.3 Toques finais

A aplicação de planilha está pronta e necessita de alguns ajustes para fornecer aquele toque profissional. São eles:

1. Criar um título para a aplicação na planilha.
2. Definir a área de impressão.
3. Desproteger as células de entrada.
4. Ocultar linhas e colunas não utilizadas.
5. Excluir dados existentes e criar Formatação Condicional (se necessário).
6. Renomear a planilha principal e excluir as planilhas desnecessárias.
7. Proteger a planilha *sem permitir* que o usuário selecione células bloqueadas.

Vamos executar cada um destes passos!

## O título da aplicação

Toda aplicação Excel merece um título adequado e visível para tornar compreensível o que ela faz – e se possível, fornecer alguma informação útil que explique o tipo de dado que coleciona, calcula e exibe.

Recomendo digitar o título "Gráfico de Acompanhamento do IMC (Índice de Massa Corporal) centralizado na parte superior do gráfico, usando uma fonte de grande tamanho para chamar a atenção do usuário.

Na interface exibida 3.54, o título deverá se espalhar pelas células da faixa K1:T2, que deverão ser mescladas em uma única grande célula, a ser formatado com a fonte Calibri 22, Negrito (veja a Figura 3.60).

**Figura 3.60:** Forneça um título significativo para suas aplicações mesclando células por várias linhas e colunas de forma a criar uma única grande célula usando o comando Mesclar e Centralizar.

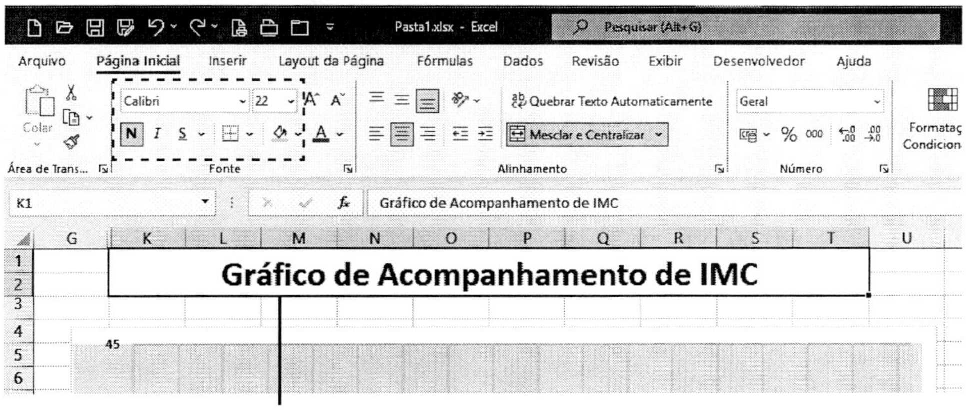


Mescle as células da faixa K1:T2 com a ferramenta Mesclar e centralizar para criar o título.da aplicação eformate-a com fonte Calibri, 22 pt, negrito)

Para dar um toque extra, forneça ao usuário uma informação útil logo abaixo do título da aplicação: o intervalo de datas utilizadas até o momento para acompanhar a evolução do IMC da pessoa referenciada.

Isso pode ser feito usando três truques simples: duas funções do Excel (funções MÍNIMO() e MÄXIMO()), e um Formato Personalizado.

As funções MÍNIMO( ) e MÄXIMO( ) do Excel serão usadas para retornar a primeira e última datas inseridas nas células D7:D26 (faixa onde devem ser digitadas), usando fórmulas simples como estas:
=MÍNIMO(D7:D26)
=MÄXIMO(D7:D26)

Estas duas fórmulas devem ser inseridas em duas grandes células mescladas na linha 3, logo abaixo do título da aplicação:

- =MÍNIMO(D7:D26) deve ser usada na célula mesclada da faixa K3:O3 (recebendo o endereço K3), e deve ser alinhada à direita.
- =MÄXIMO(D7:D6) deve ser inserida na célula mesclada da faixa P3:T3 (recebendo o endereço P3), e deve ser alinhada à esquerda.

---

**ATENÇÃO:** Deve ser cristalinamente claro para você a possibilidade de se usar a fórmula =D7 na célula mesclada K3 para retornar a primeira data, pois graças à Validação de Dados imposta nas células, deve ser a data mais antiga (todas as demais devem ser pelo menos 8 dias mais recentes do que a anterior). Porém, como este é um livro de aprendizado do Excel, a intenção é mostrar-lhe como usar o máximo possível das funções úteis do Excel em seu próprio benefício.

---

A Figura 3.61 mostra como a planilha deve se parecer após receber estas fórmulas nas células mescladas K3 e P3. Note que como a célula k3 foi alinhada à direita e a célula P3 foi alinhada à esquerda, o resultado final não é muito bom – devemos usar um Formato Personalizado na célula K3 para adicionar um texto capaz de concatenar ambas as datas logicamente.

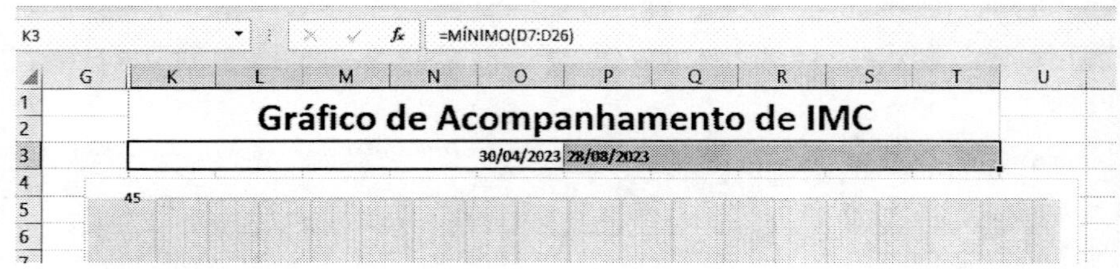


**Figura 3.61:** Após mesclar, alinhar e digitar as fórmulas das funções MÍNIMO( ) e MÁXIMO( ) nas células mescladas K3 e P3, elas devem passar a exibir a primeira e última datas inseridas na faixa D7:D26.

A meta é fazer com que a célula K3 retorne a primeira data desta forma:
De sexta-feira, 16 de Setembro de 2011 até

Portanto, o Formato Personalizado que desejamos construir para atingir este resultado deve ser igual a este:
Para inserir este Formato Personalizado:

1. Clique com o botão direito do mouse na célula K3 e selecione Formatar Células no menu de contexto.
2. Na guia Número, escolha a opção Personalizado e digite o seguinte formato na área Tipo (note os espaços usados nas preposições que estão entre aspas, necessários para unir corretamente o texto dos formatos de data retornados).
   "De "dddd, d" de "mmmm" de "aaaa" até "
3. Repita os passos 1 e 3 para selecionar a célula P3 e fornecer-lhe este Formato Personalizado (note que este formato não contém palavras de sufixo e prefixo, e como usa os espaços nas preposições):
   dddd, d" de "mmmm" de "aaaa

Após aplicar ambos os Formatos Personalizados, aplique a fonte Calibri 10 pt nas células mescladas K3 e P3, deixando a planilha similar ao que pode ser visto na Figura 3.63.

**Figura 3.63:** É desta forma que a aplicação de planilha do Gráfico de Acompanhamento do IMC deve se parecer após a inserção das funções MÍNIMO(D7:D26) e MÁXIMO(D7:D26) nas células mescladas K3 e P3, que receberam a aplicação de Formatos Personalizados.

## Definindo a área de impressão

Nunca se esqueça de definir a área de impressão da aplicação, pois é mais do que provável que os usuários desejem imprimi-la, muitas e muitas vezes.

Novamente, selecione todas as células da planilha que deseja imprimir (arrastando o mouse sobre elas – incluindo aquelas sobre as quais o gráfico se situa), clique na opção Área de Impressão da área Configurar Página da guia Layout da Página e escolha o comando Definir Área de Impressão (a Figura 3.64 mostra faixa B1:T26 selecionada).

**Figura 3.64:** Selecione as células da planilha a serem impressas e use o comando Definir Área de Impressão para indicar ao Excel que parte da planilha será impressa.

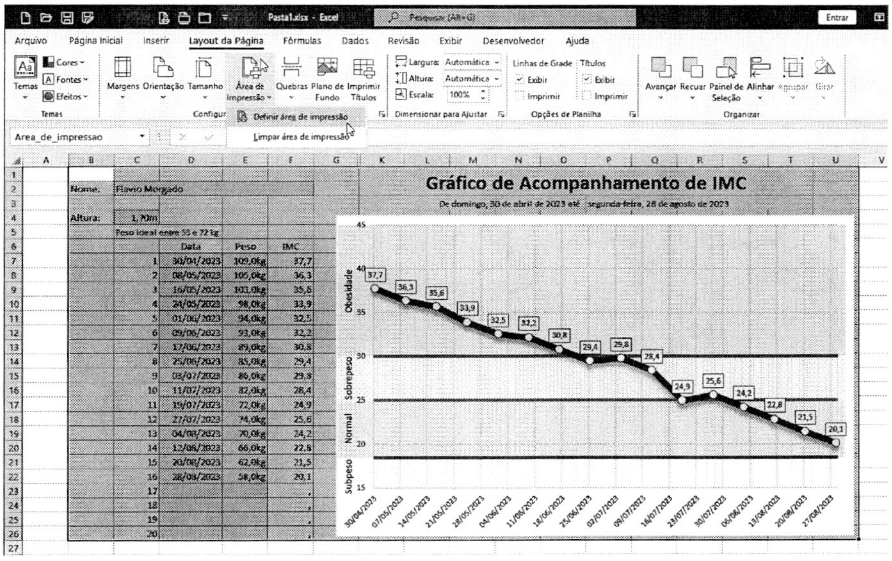


Em seguida, aplique o comando Arquivo, Imprimir e use os comandos laterais para definir Orientação Paisagem, e Ajustar a Planilha em Uma Página (Figura 3.65).

Clique no botão Visualizar a Impressão e verifique o resultado final esperado! Se necessário, use o botão Mostrar Margens e diminua as margens esquerda, direita, superior ou inferior até obter a impressão desejada (veja a Figura 3.65)

**Figura 3.65:** Esta é a janela obtida ao executar o comando Arquivo, Imprimir do Excel, onde pode escolher os detalhes da área a ser impressa (Orientação Paisagem e Ajustar Planilha em Uma Página).

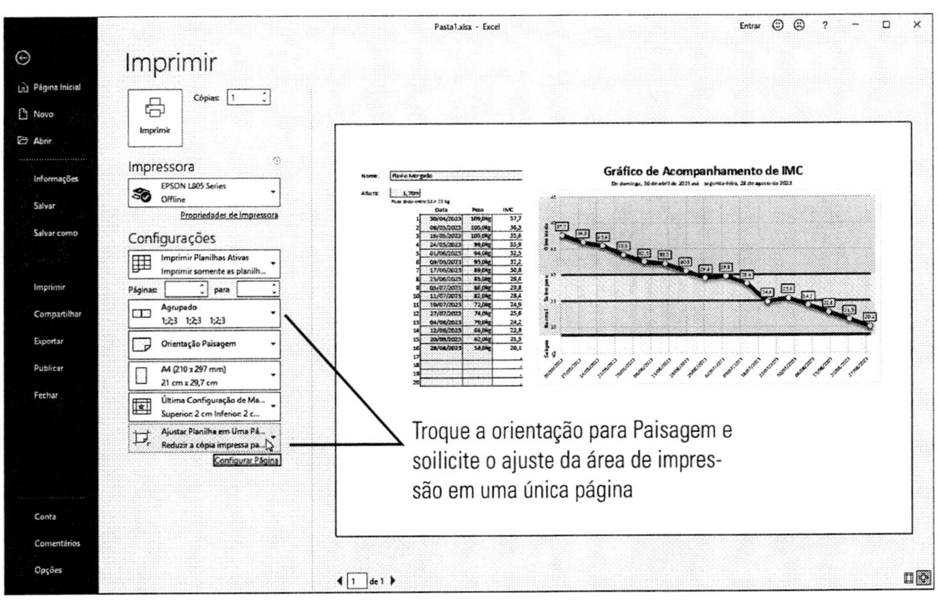

## Desproteja as células de entrada

Agora, desproteja as células de entrada de dados (C2, C4, D7:E26) para poder proteger a planilha:

1. Pressione e mantenha pressionada a tecla Ctrl para selecionar todas as células de inserção de dados (as que possuem uma borda azul e fundo amarelo claro: Nome, Altura, Datas e Pesos medidos em cada data).
2. Clique com o botão direito na seleção e escolha Formatar Células.
3. Clique na guia Proteção da caixa de diálogo Formatar Células e desmarque a opção Bloqueadas (veja a Figura 3.66).

**Figura 3.66:** Selecione as células de entrada de dados e retire o atributo Bloqueadas

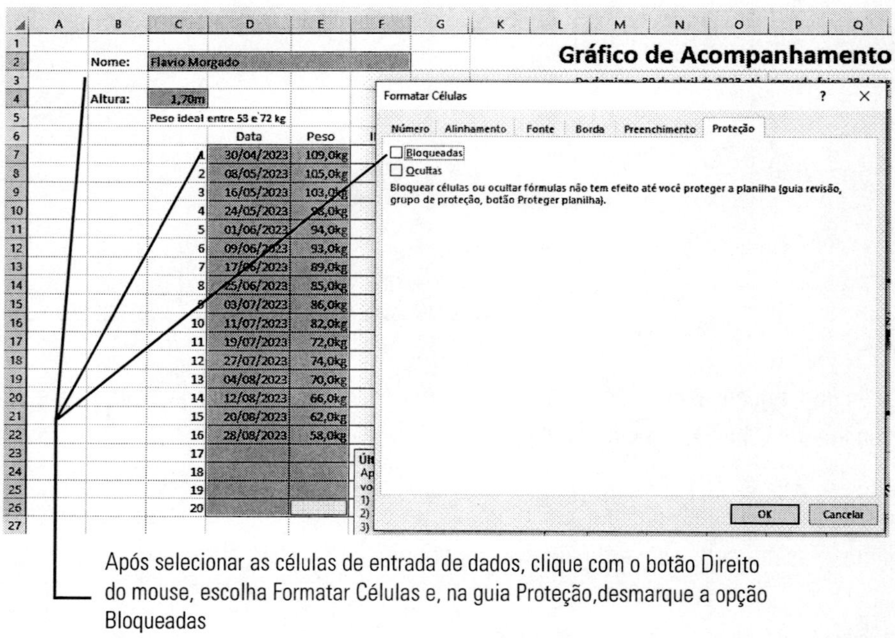


## Oculte e bloqueie as células com fórmulas

Para fornecer uma proteção extra à planilha, selecione todas as células contendo fórmulas (C5, K3, O3, F7:F26), , clique na seleção com o botão direito do mouse para exibir a caixa de diálogo Formatar Células, clique na guia Proteção e marque as opções Bloqueadas e Ocultas (Figura 3.67)

**Figura 3.67:** Bloqueie e oculte toda as células que contenham fórmulas.

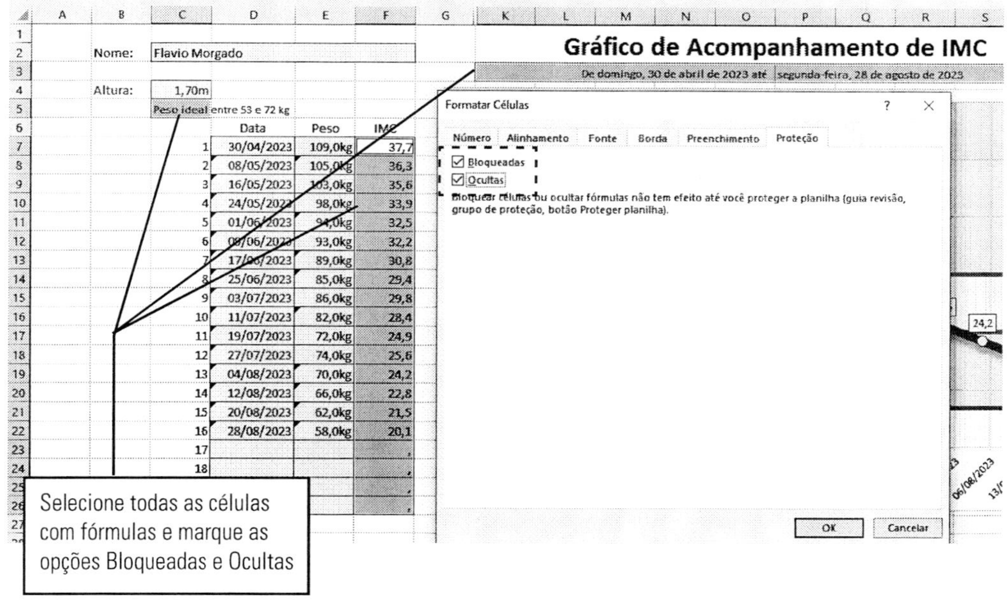


## Exclua os dados digitados e crie Formatação Condicional

Selecione todas as células de entrada de dados e pressione Delete para excluir o conteúdo digitado. Ao fazer isso, algumas células com fórmulas podem retornar erros ou conteúdo inesperado e, neste caso, será necessário criar uma Formatação Condicional para ocultar estes resultados (que aplique uma cor do texto igual a cor de fundo).

Este é o caso das células mescladas K3 e P3, usadas pelas funções MÍNIMO( ) e MÁXIMO( ) para retornar a primeira e última data de consulta logo abaixo do título da aplicação, que passam a exibir um texto esquisito e desconexo que deve ficar oculto aos olhos do usuário, retornado por sua Formatação Personalizada (Figura 3.68).

**Figura 3.68:** Após excluir os dados inseridos na aplicação, as fórmulas usadas nas células mescladas K3 e P3 passaram a exibir uma informação inválida, e necessitam de uma Formatação Condicional para ocultar este resultado.

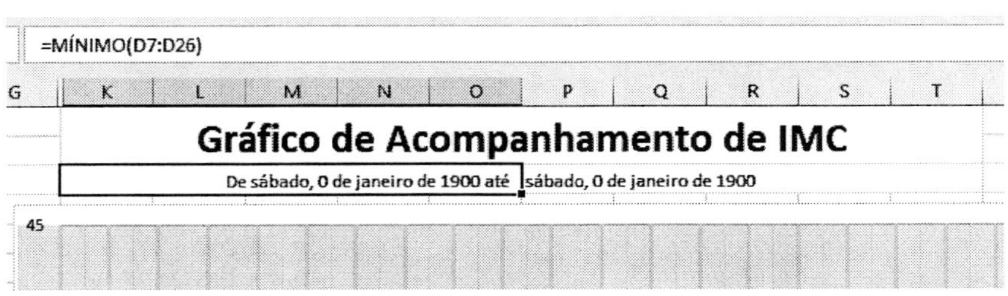


Para criar a Formatação Condicional necessária, use uma fórmula que verifique se a célula da data da segunda consulta ainda está em branco, verificando se esta é igual a zero, com uma fórmula simples assim: =D8=0 (o Excel considera células vazias como zero em operações matemáticas).

---

**ATENÇÃO**: Deve-se verificar a segunda data de registro, porque o texto retornado por estas células referem-se a um intervalo de pelo menos duas células.

---

Siga estes passos:

1. Selecione as células mescladas K3 e P3.
2. Clique na seleção com o botão direito do mouse e, na guia Página Inicial, clique em Formatação Condicional e escolha Nova Regra.
3. Na caixa de diálogo Nova Regra, selecione a última opção, "Usar uma fórmula para determinar quais células devem ser formatadas" e digite esta fórmula (note que a referência à célula D7 é absoluta).
4. =$D$7=0
5. Clique no botão Formatar e, na caixa de diálogo Formatar Células, escolha a guia Fonte e selecione a cor Branco para o texto.
6. Feche as caixas de diálogo abertas.

O Excel irá colocar a Formatação Condicional em ação, verificar se a célula D7 está vazia (ou é igual a zero) e pintar o texto das células mescladas G3 e O3 de branco, ocultando virtualmente a mensagem desejada (Figura 3.69).

**Figura 3.69:** Selecione as células mescladas K3 e P3 e crie uma Formatação Condicional que verifique se a célula D8 (segunda Data) está em branco usando a fórmula =$D$8 = 0. Caso seja verdade, use o botão Formatar para escolher Branco para o texto das células.

Como a segunda data está em branco, a Formatação Condicional entra em ação e oculta o texto das K3 e P3.

Texto branco sobre fundo branco.

## Oculte linhas e colunas não utilizadas

Como as planilhas do Excel possuem muitas linhas e colunas, é necessário ocultá-las para evitar que o usuário da aplicação possa rolá-la indefinidamente para à esquerda ou para cima, obtendo uma estranha sensação de infinitude na aplicação. Como a planilha Gráfico de Acompanhamento do IMC utiliza até a coluna U, deixe a coluna V visível, clique no cabeçalho da coluna W e pressione Ctrl+Shift+Seta da direita para marcar todas as demais colunas da planilha.

Clique com o botão direito no cabeçalho das colunas selecionadas, e no menu de contexto que aparece, escolha Ocultar. Para ocultar as linhas não utilizadas, mantenha visível a linha 27 (primeira linha em branco abaixo da legenda), clique no cabeçalho da linha 28 para selecioná-lo e pressione Ctrl+Shift+Seta para baixo e marcar todas as demais linhas da planilha.

Clique com o botão direito no cabeçalho das linhas selecionadas, e no menu de contexto escolha Ocultar.

## Oculte elementos da interface do Excel

Selecione a guia Exibir da barra de ferramentas do Excel e na área Mostrar desmarque as opções Barra de Fórmulas, Linhas de Grade e Títulos.

Use o comando Arquivo, Opções do Excel, clique na guia Avançado, role a interface até exibir a área "Opções de exibição desta Pasta de trabalho" e desmarque as opções "Mostrar barra de rolagem horizontal", "Mostrar barra de rolagem vertical".

## Renomeie a guia da planilha

Toda aplicação de planilha deve possuir um nome simples e sugestivo na guia da planilha situada na parte inferior da janela do Excel. Aplique um duplo clique na guia da planilha para colocar seu título em edição e digite "Gráfico de IMC".

## Proteja a planilha

Para terminar, proteja sua propriedade intelectual ativando o mecanismo de proteção da planilha Gráfico de IMC: na guia Revisão clique na opção Proteger Planilha e deixe marcada apenas a opção Selecionar células Desbloqueadas (Figura 3.70).

**Figura 3.70:** Marque apenas a opção "Selecionar células desbloqueadas" ao proteger sua aplicação de planilha, impedindo a exclusão não intencional de fórmulas e objetos que pertencem à aplicação.

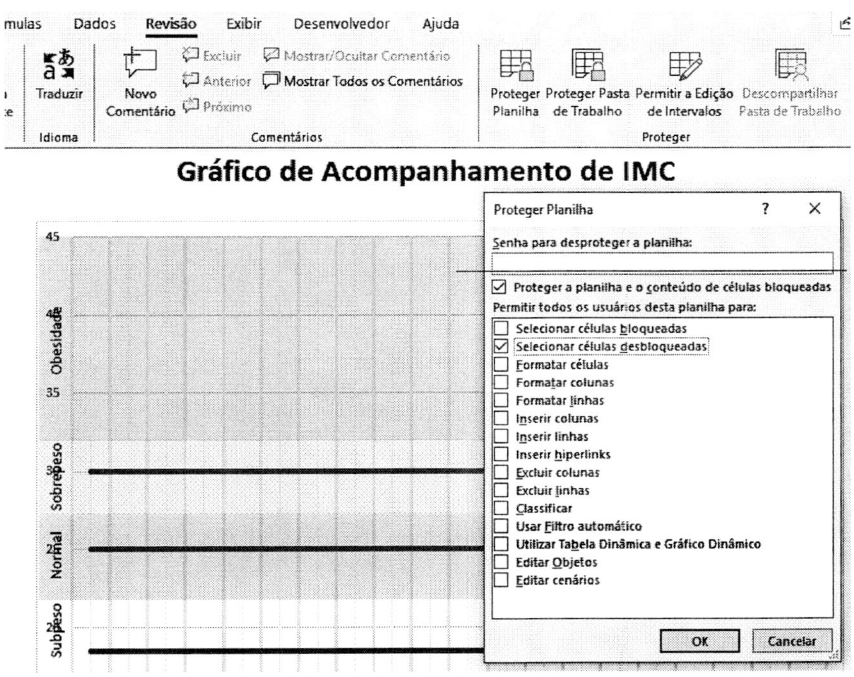


## Salve o seu trabalho!

Antes de salvar sua solução de planilha, clique na célula inicial pela qual os usuários devam iniciar a inserção de dados, sempre que uma nova cópia da planilha seja aberta pela primeira vez: a célula reservada para o Nome da pessoa. Então, salve sua planilha, fornecendo-lhe um nome significativo, como "Gráfico de Acompanhamento de IMC".

Parabéns!!! Sua primeira aplicação de planilha está pronta para ser usada! Ela deve estar semelhante à exibida na Figura 3.71: sem linhas de grade, títulos, com a planilha congelada sem exibir linhas de congelamento, renomeada e sem planilhas desnecessárias!

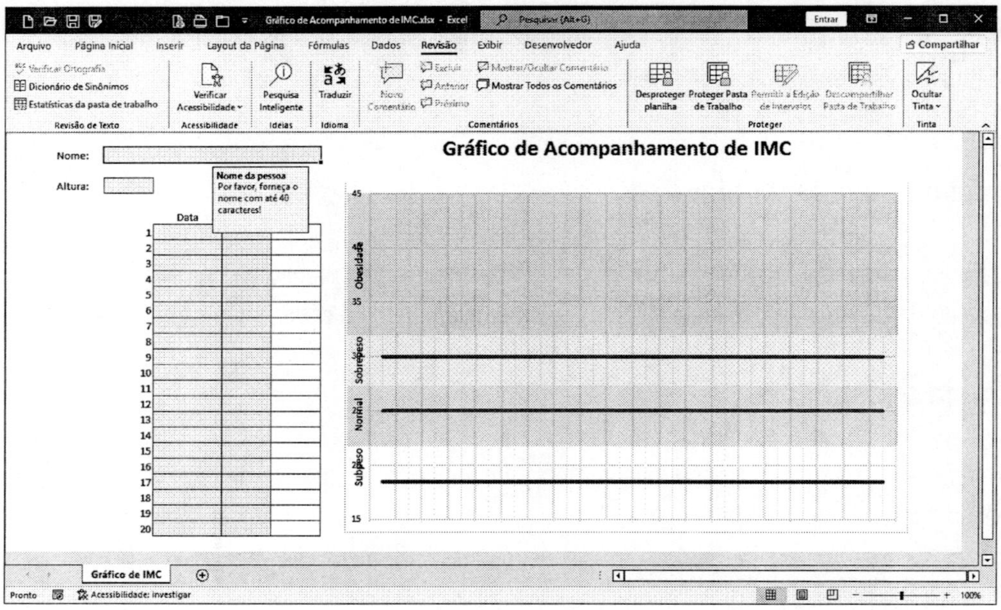


**Figura 3.71:** Após ocultar linhas e colunas não utilizadas, oculte a Barra de Fórmulas, Linhas de Grade, Títulos e as Barras de Rolamento Horizontal e Vertical..

## Salve de novo, como um Modelo do Excel

Após ter gravado a planilha do "Gráfico de Acompanhamento do IMC", é hora de salvá-la como um "Modelo do Excel". Todos os aplicativos do Office permitem que você salve seu arquivo como uma espécie de gabarito, chamado de Modelo, para que este seja facilmente reutilizado. O Gráfico de Acompanhamento do IMC *deve ser salvo* como Modelo, porque as aplicações Excel se tornam mais úteis quando você pode criar e alterar facilmente novas cópias delas, enquanto mantém intocável o arquivo original.

Para salvar sua aplicação de planilha como um Modelo do Excel, siga estes passos:

1. Clique na guia Arquivo, clique em Salvar como e depois em Procurar.
2. Na caixa de diálogo Salvar Como que aparece, clique na lista Salvar como tipo e selecione a opção "Modelo do Excel (*.xltx)".
3. Isso irá fazer com que o Excel mude automaticamente para a pasta padrão de armazenamento de Modelos do Office *no seu computador*, que deve ser localiza na sua pasta Documentos\Modelos Personalizados do Office.
4. Clique em Salvar para criar o Modelo do documento.

A Figura 3.72 mostra onde o Excel salva os MEUS MODELOS no MEU COMPUTADOR que ainda está usando a versão Português Brasil do Windows XP (o caminho para a pasta usada *no seu computador* será necessariamente diferente e dependente da sua versão atual do Windows).

**Figura 3.72:** Ao salvar uma Pasta de trabalho do Excel como Modelo, o Excel irá alternar automaticamente para a pasta padrão Documentos\Modelos Personalizados do Office.

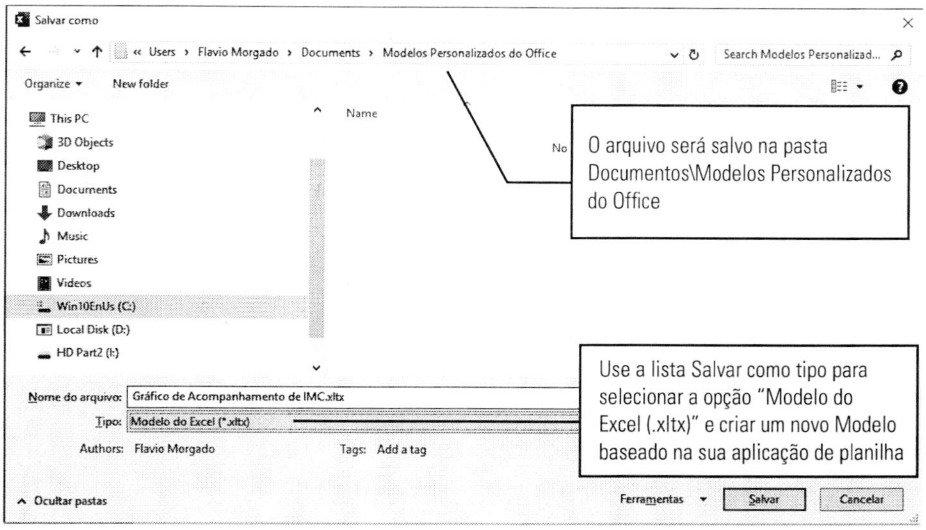


## 3.4 Usando o Gráfico de Acompanhamento do IMC

Os leitores deste livro que não estavam interessados em saber como criar esta aplicação no Excel, mas apenas em utilizá-la, foram aconselhados a pular diretamente para esta seção no segundo parágrafo deste capítulo.

E, caso ainda não possua uma cópia do "Gráfico de Acompanhamento do IMC", recomendo que obtenha o arquivo CAPÍTULO-03.ZIP, onde encontrará o arquivo "Gráfico de Acompanhamento de IMC.xltx", que pode ser descarregado diretamente do site do editor usando este endereço na Internet:

http://guiadadietaparaaplicacaoexcel.4shared.com

Após obter acesso a este arquivo, descompacte-o para a pasta Documentos\Modelos Personalizados do Office do seu computador, pois este modelo será usado para mostrar como ser produtivo com as aplicações em Excel.

## Usando o Modelo do Gráfico de Acompanhamento do IMC

Uma vez que você tenha uma cópia do arquivo "Gráfico de Acompanhamento de IMC.xltx" na pasta \Documentos\Modelos Personalizados do Office do seu computador, poderá criar novas cópias dela seguindo estes passos:

1. Abra o Microsoft Excel.
2. Na guia Arquivo, selecione a opção Novo e clique na opção Pessoal.
3. Clique no ícone do modelo Gráfico de Acompanhamento de IMC para que o Excel crie uma nova Pasta de trabalho que é uma cópia deste modelo, nomeando-a com o nome do modelo, acrescido de um sufixo numérico (como Gráfico de Acompanhamento de IMC1, Figura 3.73).

**Figura 3.73:** Ao salvar uma Pasta de trabalho do Excel como Modelo, o Excel irá alternar automaticamente para a pasta padrão Documentos\Modelos Personalizados do Office.

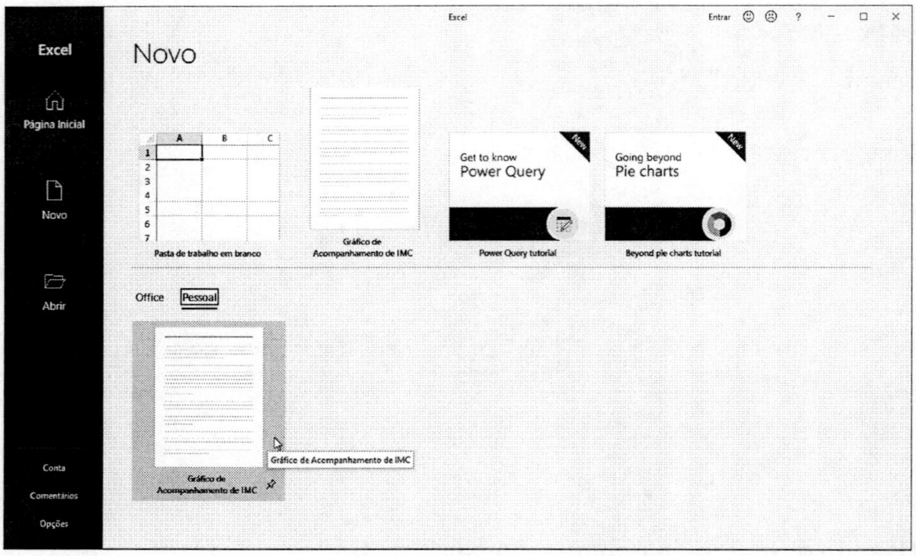


Após obter o arquivo com o nome padrão Gráfico de Acompanhamento de IMC1.xlsx, digite o Nome e Altura da pessoa que deseja controlar, efetue o controle do IMC, a primeira data de medição e o peso medido nesta data. Em seguida, salve a planilha inserindo o Nome desta pessoa, com algum método mnemônico de nomenclatura que lhe seja útil no futuro. Eu sugiro usar o Nome da pessoa acrescido da data da primeira consulta como um sufixo para o nome do arquivo.

Por exemplo: se você está salvando esta planilha para "Flavio Morgado" e a data da primeira consulta for 08/06/2023, acrescente estes dados como sufixo ao nome da aplicação, deverá ser nomeado o arquivo como:

Gráfico de Acompanhamento do IMC - Flavio Morgado – 08-06-2023.xlsx

No futuro, quando olhar para o passado – para o nome do arquivo armazenado em uma pasta – poderá se lembrar rapidamente quando iniciou o seguimento do programa de controle de IMC desta pessoa sem necessitar abrir o arquivo (Figura 3.74).

---

**ATENÇÃO:** É importante notar que você **não pode** usar barras e contrabarras na data inserida para compor o nome do arquivo, pois estes caracteres fazem parte de um conjunto restrito de caracteres que são usados para formar o caminho para o arquivo: use apenas hifens, quer seja ela armazenado no seu computador, numa rede de dados ou na Internet.

---

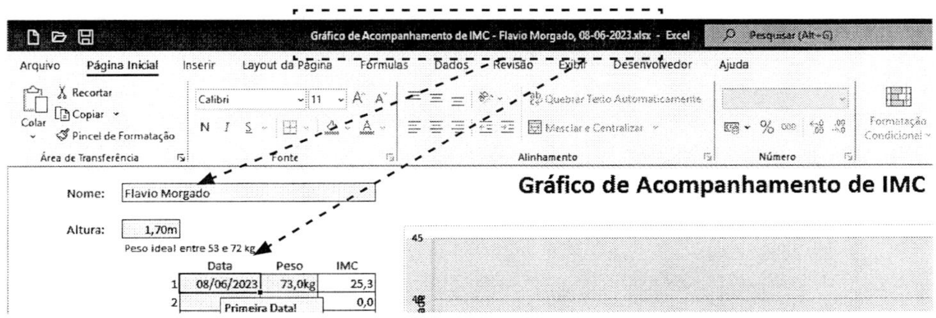


**Figura 3.74:** Use uma regra de nomenclatura que concatene ao nome do aplicativo, o da pessoa que o representa seguido data primeira data de coleta de peso, para ajudá-lo a saber quando se iniciou o acompanhamento do IMC.

Ao terminar de coletar todas as possíveis 20 datas e pesos permitidos pelo Gráfico de Acompanhamento do IMC, pode ser necessário inserir outra cópia desta planilha na mesma Pasta de trabalho para continuar o seguimento de programa de acompanhamento de IMC desta pessoa.

Ao atingir este ponto, o usuário da aplicação estará no peso medido da última data, a planilha de Gráfico de Acompanhamento de IMC deve fornecer uma dica sobre o que fazer a partir de agora. Uma boa ideia neste momento é renomear a guia Gráfico de IMC desta Pasta de trabalho usando o intervalo de datas por ela coberto.

Na Figura 3.75 você pode perceber que as datas variam de 08/06/2023 a 19/03/2024, e por este motivo, foi renomeada como "08-06-23 a 19-03-24".

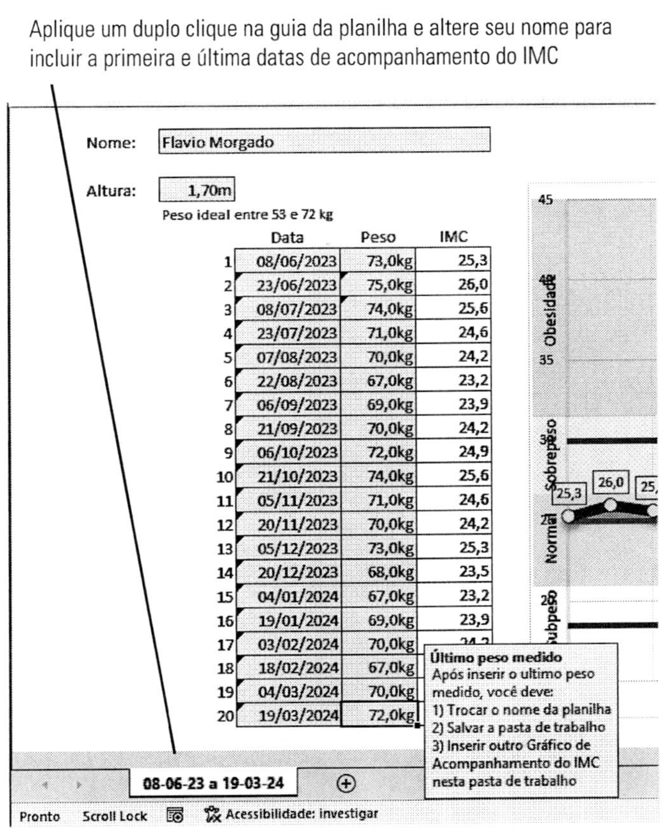


**Figura 3.75:** A célula reservada para o peso medido na última data usa uma Mensagem de Entrada da regra de Validação de Dados para fornecer ao usuário da aplicação uma dica do que fazer quando preencher todas as células da planilha.

## Inserindo outra cópia da aplicação

Para inserir uma nova cópia da planilha Gráfico de IMC, contida no Modelo Gráfico de Acompanhamento do IMC.xltx que foi armazenado na pasta \Documentos\Modelos Personalizados do Office, você tem duas opções?

1. Criar uma nova Pasta de trabalho a partir do Modelo.
2. Inserir o Modelo dentro da Pasta atual.

A primeira forma é o método padrão: você cria uma nova Pasta de trabalho a partir de um Modelo, e se quiser adicionar sua(s) planilha(s) em uma Pasta de trabalho já aberta no Excel, terá de mover (ou copiar) a(s) planilha(s) entre os dois arquivos.

A segunda forma é mais imediata, mas pode exigir que você manipule um pouco a estrutura de arquivos do seu computador para ativá-la na sua cópia do Excel.

Vamos ver como funcionam as duas formas, começando pelo método padrão: mover planilhas entre Pastas de Trabalho abertas no Excel.

### Movendo Planilhas entre Pastas de Trabalho

Para inserir uma nova planilha Gráfico de IMC a partir do arquivo Modelo Gráfico de Acompanhamento do IMC.xltx, e movê-la entre Pastas de Trabalho, siga estes passos:

1. Na guia Arquivo, selecione a opção Novo e clique na opção Pessoal, exibindo os Modelos criados por você.
2. Clique no ícone do modelo **Gráfico de Acompanhamento de IMC** para que o Excel crie uma nova Pasta de trabalho, contendo uma cópia deste modelo, nomeando-a como Gráfico de Acompanhamento de IMC1.xlsx,
3. Na Pasta de trabalho recém-criada, clique com o botão Direito do mouse na guia Gráfico de IMC e no menu de contexto escolha o comando Mover ou Copiar.
4. Na lista Para Pasta, selecione a Pasta de trabalho da pessoa em que deseja inserir uma nova cópia da planilha Gráfico de Acompanhamento do IMC (a lista Antes da Planilha exibirá todas as planilhas visíveis da Pasta de trabalho de destino)
5. Clique na opção (mover para o final) e clique em OK para mover a nova cópia para a Pasta de trabalho desejada (Figura 3.76).

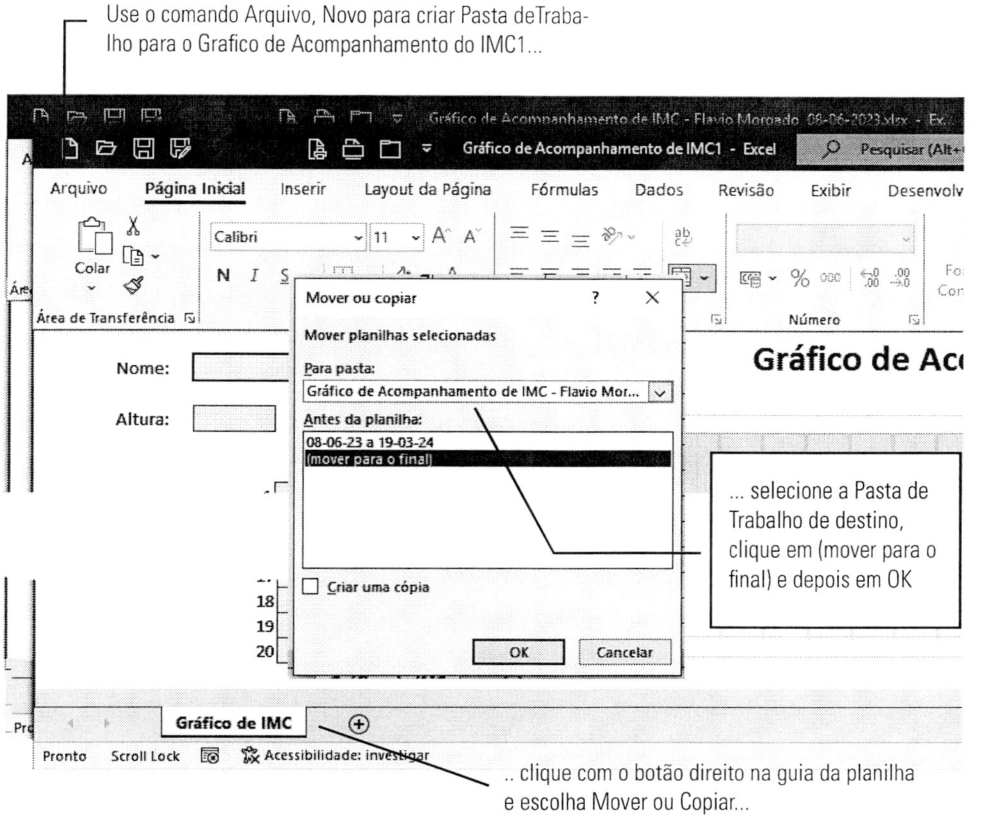


**Figura 3.76:** Sempre que precisar usar outro Gráfico de Acompanhamento de IMC, use o comando Arquivo, Novo para criar uma nova Pasta de trabalho a partir do Modelo salvo por você, e então clique com o botão direito na guia da planilha, escolha Mover ou Copiar... no menu de contexto e mova a cópia para a Pasta de trabalho de Destino..

Como o Excel exige que uma Pasta de trabalho tenha pelo menos uma guia de planilha, a recém-criada Gráfico de Acompanhamento do IMC1 será descartada, e sua planilha **Gráfico de IMC** será movida para a Pasta de trabalho desejada (Figura 3.77).

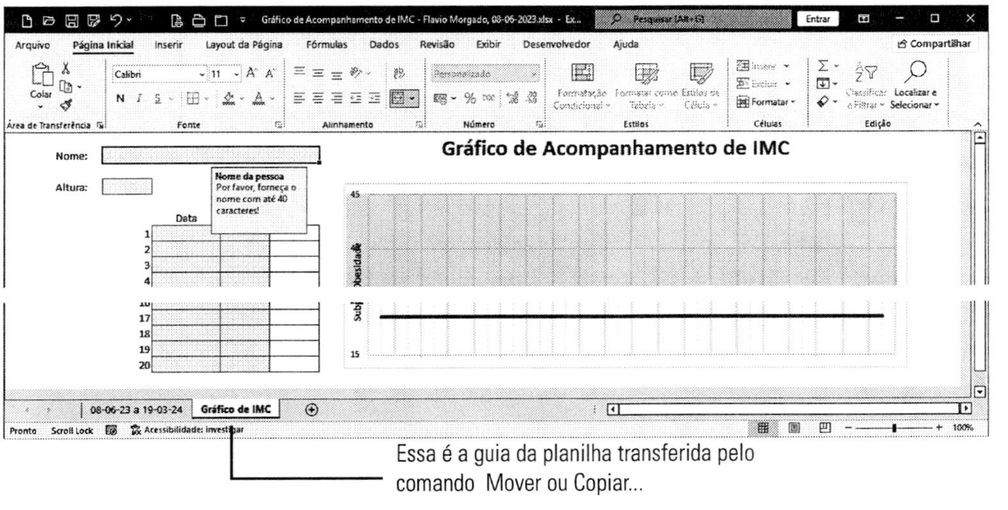


**Figura 3.77:** Resultado da movimentação da planilha Gráfico de IMC de uma nova cópia criada a partir do Modelo, e transferida para uma Pasta de trabalho que já possui dados de uma pessoa qualquer.

## Inserido um Modelo na Pasta de trabalho atual

A segunda forma de se inserir todas as planilhas de um Modelo em uma Pasta de trabalho, é seguindo este processo:

1. Clique com o botão Direito do mouse em qualquer guia de Planilha, e escolha Inserir.

2. O Excel exibirá a janela Inserir onde poderá selecionar o modelo desejado (Figura 3.78).

**Figura 3.78:** A janela Inserir do Excel, obtida ao clicar com o botão Direito do mouse em uma guia de planilha e selecionar o comando Inserir...

Clique com o botão Direito do mouse em uma guia de planilha e escolha Inserir....

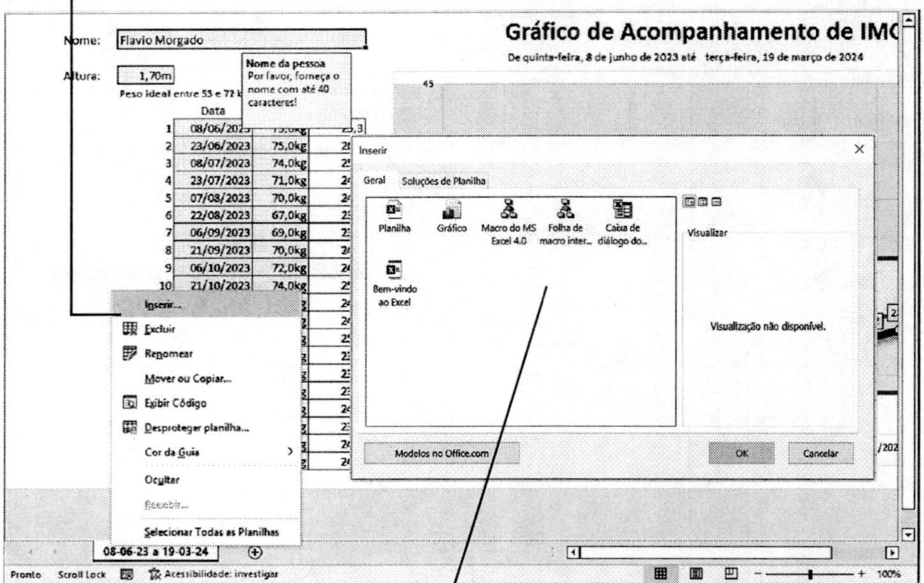


... para o Excel exibir a janela Inserir com alguns Modelos de documento (sem exibir seus Modelos personalizados).

Você deve ter percebido na Figura 3.78, que o Modelo Gráfico de Acompanhamento do ICM.xltx não está disponível na janela Inserir. Caso se depare com essa situação, será necessário fazer um pequeno ajuste no seu Windows para que a janela Inserir passe a exibir uma guia para a pasta \Documentos\Modelos Personalizados do Office, de onde poderá selecionar todos os modelos do Excel criados por você.

Para personalizar a janela Inserir do Excel, siga estes passos:

1. Abra o Explorador de Arquivos (pressione as teclas Windows+E ou encontre-o no menu Iniciar).
2. Localize a pasta \Documentos\Modelos Personalizados do Office, clique nela com o botão Direito e escolha Copiar.
3. Navegue para a seguinte pasta do seu computador:
   C:\Users\<usuário>\AppData\Roaming\Microsoft\Templates
4. Clique com o botão Direito do mouse dentro da pasta Templates e escolha Colar Atalho (Figure 3.79)

Um atalho para a pasta Modelos Personalizados do Office será criado dentro da pasta Templates, no caminho indicado do <usuário> atual, fazendo com que a janela Inserir passe a exibir a guia Modelos Personalizados do Office.

**Figura 3.79:** Copie a pasta \Documentos\Modelos Personalizados do Office, selecione a pasta indicada (C:\\Users\<Usuário>\AppData\Roaming\Microsoft\Templates) e cole nela um atalho para a pasta copiada

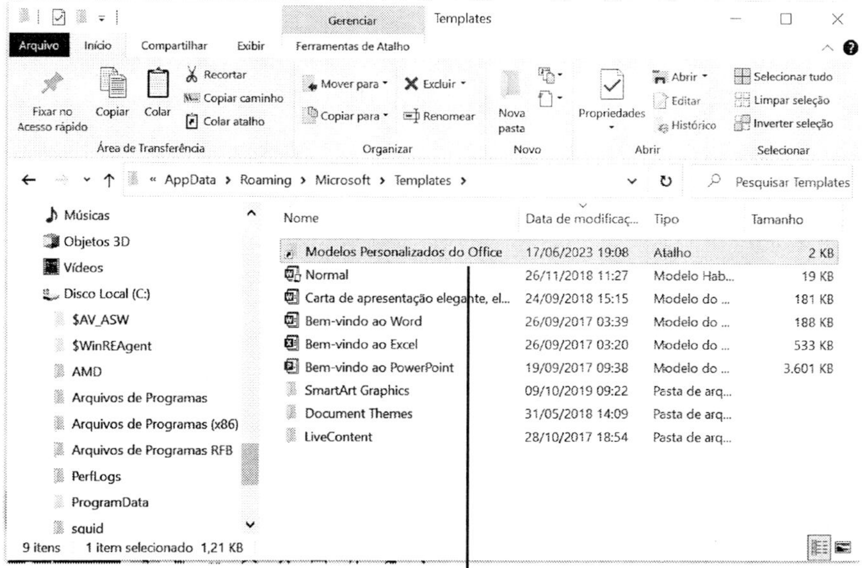


Ao colar um atalho da pasta Modelos Personalizados do Office na pasta C:\Users...\Templates, a janela Inserir do Excel passará a exibir uma guia que dá acesso aos seus modelos personalizados.

A partir de agora, para inserir uma cópia da planilha Gráfico de IMC na Pasta de trabalho atual, siga estes passos:

1. Clique com o botão Direito do mouse em uma guia de planilha e escolha Inserir.
2. Na janela Inserir, selecione a guia Modelos Personalizados do Office.
3. Clique no Modelo Gráfico de Acompanhamento de IMC e depois em OK.

Uma nova planilha Gráfico de IMC será adicionada na Pasta de trabalho atual (Figura 3.80).

**Figura 3.80:** Após personalizar a pasta Templates indicada, o Excel passará a permitir a inserção dos seus modelos dentro da pasta atual, a partir da guia Modelos Personalizados do Office da janela Inserir.

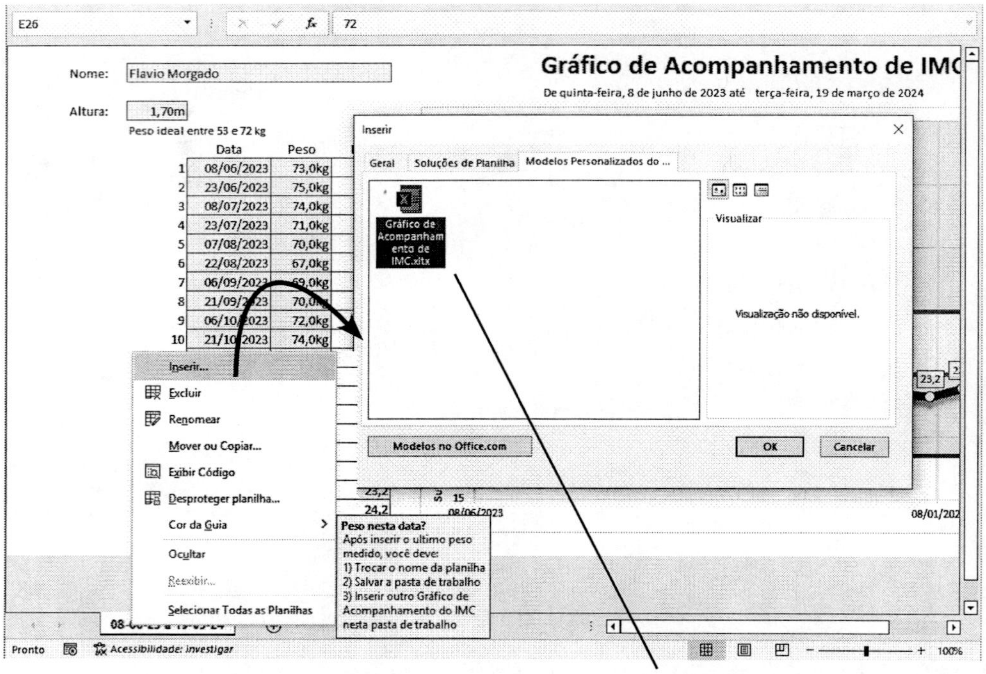

Após colar o atalho da pasta Modelos Personalizados do Office na pasta indicada, a janela Inserir passará a exibir a guia Movelos Personalizados do Office, permitindo selecionar seu Modelo e inseri-lo na Pasta de Trabalho atual.

**ATENÇÃO:** A partir de agora, este livro fará referência apenas a este método para se inserir Modelos Personalizados nas aplicações de planilha.

## 3.5 Exercícios

Tente fazer as melhorias na aplicação de planilha Gráfico de Acompanhamento de IMC exibidas na Figura 3.78.

**Figura 3.81:** A planilha Exercício – Gráfico de Acompanhamento do IMC oferece duas novas colunas: Folga, para medir a quantidade de peso a ganhar ou perder para entrar (ou sair) da área de IMC Normal, e %Dif., a diferença percentual encontrada no peso medido entre duas datas consecutivas.

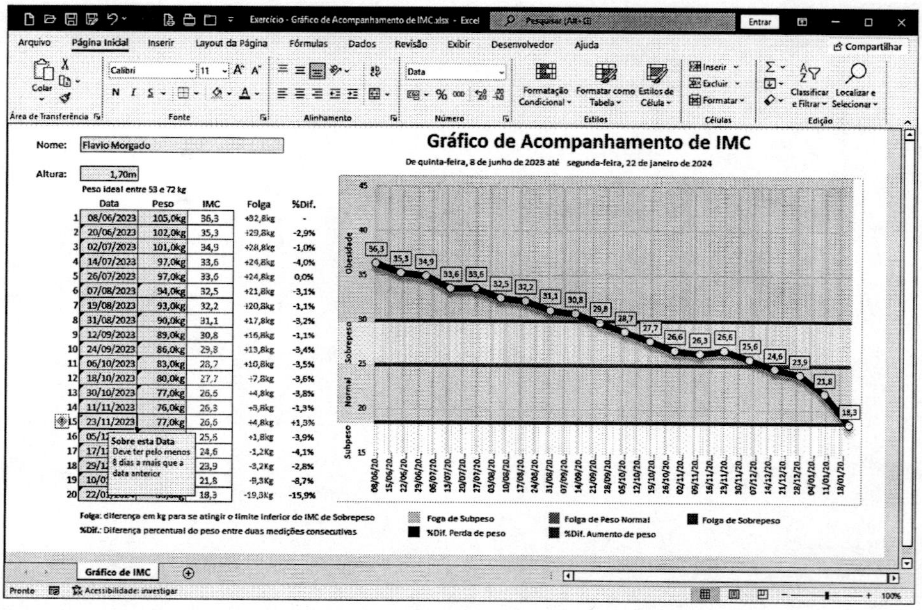

Além disso, ela exibe também uma formatação condicional para as colunas IMC e Folga. Tente efetuar as seguintes alterações no Gráfico de Controle do IMC para fazer este exercício:

1. Aplique uma Formatação Condicional às células que calculam o IMC (E7:D26) para que exibam cores associadas à faixa do IMC medido, usando estas regras e esquema cromático:
   - **IMC >= 25:** Sobrepeso e Obesidade, valores na cor Vermelho.
   - **18,5 >=IMC <25**: Normal, valores na cor Verde.
   - **IMC < 18,5:** Baixo peso e Subnutrição, valores na cor Azul claro.

2. Mova as células de registro de peso (C7:F26) uma coluna para a esquerda, e insira uma nova coluna à direita desta faixa, criando espaço para as colunas Folga e %Dif.
   - Folga – calcula a quantidade de peso em kg a (ou ganhar) para atingir a faixa de IMC Normal (entre 18,5 e 25). Crie uma fórmula que calcula a diferença entre o peso medido na data e o peso máximo necessário para atingir a faixa de IMC Normal (ICM = 25). Supondo que o peso está na coluna D, o IMC na coluna E, a Folga a ser inserida na célula F7 para o peso da primeira data será
     =(E7-25)*$C$4^2
   - Dif.% – calcula a % de Diferença de peso medido entre duas datas. Supondo que o peso está na coluna D, o %Dif a ser inserido na célula G8 para calcular a diferença de peso entre a segunda e a primeira datas, será:
     =SE(D8>0.(D8-D7)/D7."")

3. Na coluna Folga (E7:E26) aplique um conjunto de regras de Validação de Dados que usem o seguinte esquema:
   - **IMC > 25:** Sobrepeso ou Obesidade, cor Vermelho.
   - **18,5 <= IMC < 25:** Normal, cor Verde.
   - **IMC < 18,5:** Subpeso, cor Azul claro.

4. Na coluna %Dif. (G7:G26) aplique uma Formatação Condicional que use o seguinte esquema:
   - %Dif. positivo: ganho de peso, cor Vermelho.
   - %Dif. negativo: perda de peso, cor Azul
   - %Dif. = 0: pesos idênticos, cor Preto.

5. Usando a forma Retângulo, crie uma Legenda abaixo da área de inserção de dados para indicar o significado das colunas Folga e %Dif. e suas cores.

---

**ATENÇÃO**: Não se esqueça de testar a planilha quando as células de dados estão vazias. Pode ser necessário criar uma regra de Validação de Dados para ocultar constantes de erro retornadas pelo Excel, como citado anteriormente neste capítulo

**ATENÇÃO**: O arquivo Exercício - Gráfico de Acompanhamento de IMC.xlsx é obtido ao descompactar o arquivo CAPÍTULO03. Estude-o!

---

## Resumo do Capítulo

Neste capítulo você aprendeu:

- Qual é a filosofia por trás de uma Aplicação de Planilha.
- Como estrutura uma solução de planilha a partir de um rascunho antes de produzi-la.
- Como tirar vantagem das larguras de coluna, alturas de linha e células mescladas para compor a interface com o usuário.
- Como usar a Validação de Dados do Excel para validar valores digitados, exibindo mensagens de Entrada de texto, regras de Validação de Dados e Mensagens de erro.
- Como criar belos e coloridos gráficos no Excel.
- Como inserir linhas horizontais de valor constante em um gráfico.
- Como alterar a ordem que o Excel usa para plotar as séries de dados nos gráficos.
- Como formatar a escala dos eixos X e Y para adaptá-las às suas necessidades.
- Como fornecer alertas úteis aos usuários da sua aplicação (como a faixa de peso ideal e faixa de datas que a planilha cobre).
- Como e por que planejar antecipadamente a sua solução de planilha para transformá-la num Modelo do Excel.
- Como inserir uma nova cópia de sua solução na Pasta de trabalho atual.
- E finalmente, como usufruir do criativo processo de desenvolvimento de soluções simples que podem ser indefinidamente reutilizadas

# Capítulo 4. Usando Nomes, Listas de Validação de Dados e Funções de Procura

O Excel fornece a possibilidade de nomear uma célula (ou faixa de células), permitindo que as fórmulas se tornem mais legíveis, adicionando também uma maior consistência às soluções de planilhas criadas por você.

Usando nomes de faixa você pode acelerar o processo de desenvolvimento de suas soluções, obtendo maior proveito no uso das funções de pesquisa, capazes de pesquisar e retornar informações armazenadas em tabelas, como as informações de limite superior e inferior de ingestão de nutrientes fornecidos pela DRI – Dietary Reference Intake, informações nutricionais de alimentos fornecidos pelas tabelas nutricionais TACO – Tabela Brasileira de Composição de Alimentos e USDA – United States Department of Agriculture, esta última, a mais completa e precisa tabela de composição alimentar disponível.

Este capítulo tem por objetivo apresentar a utilidade do uso de Nomes no Excel, e como dominar duas das mais importantes funções de pesquisa a serem nas aplicações nutricionais citadas nos próximos capítulos: as funções PROCV( ), PROCH( ), CORRESP( ) e INDIRETO( ).

## 4.1 Nomeando células para criar fórmulas mais legíveis

Aplicações de planilha com ênfase na saúde ou com fins nutricionais necessitam de certos dados pessoais básicos, como peso, altura, idade e, eventualmente, sexo da pessoa a ser referenciada.

Considere por exemplo, que se deseje calcular o GEB - Gasto Energético Basal, que é definido pela energia, expresso em quilocalorias/dia, que uma pessoa necessita para sobreviver em repouso – um cálculo comumente efetuado para pessoas hospitalizadas.

Um dos métodos mais populares é o emprego das fórmulas para o GEB de Harris e Benedict (1918), disponíveis para ambos os sexos:

- GEB, Harris e Benedict, Homens:
  GEBh = 66,5 + (13,75 x <Peso em kg>) + (5,003 x <Altura em cm>) - (6,775 x <Idade em anos >)
- GEB, Harris e Benedict, Mulheres:
  GEBm = 655,1 + (9,563 x <Peso em kg>) + (1,850 x <Altura em cm>) - (4,676 x <Idade em anos>)

Você deve ter percebido a necessidade de criar uma estrutura de planilha para inserir o Nome, Sexo, Altura (em metros) e Idade (em anos) da pessoa cujo GEB deseja-se estimar, e então usar uma destas equações como uma fórmula do Excel. A Figura 4.1 mostra tal estrutura de planilha, com os campos necessários para se calcular tais valores.

---

**ATENÇÃO:** Em vez de digitar a estrutura de todas as planilhas citadas nas figuras deste capítulo, faça o download do arquivo CAPÍTULO04.ZIP para ajudá-lo a praticar os exercícios propostos, acessando este site na Internet:

---

http://pasta para arquivos

A planilha exibida nesta seção pode ser encontrada no arquivo Capítulo04-1.xlsx, que pode ser extraído do arquivo CAPÍTULO04.ZIP.

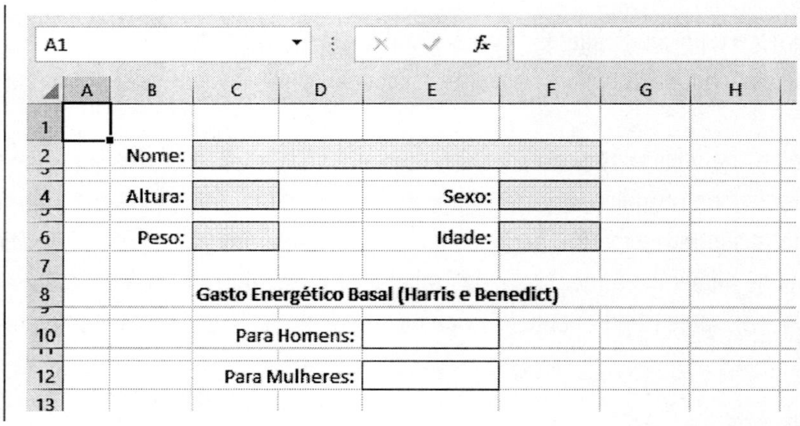


**Figura 4.1:** A estrutura básica de uma planilha para calcular o GEB – Gasto Energético Basal de uma pessoa, de acordo com as fórmulas de Harris e Benedict, baseadas em: Altura, Peso, Sexo e Idade,

Como pode ver, a Figura 4.1 usa a mesma estratégia de formatação tanto para as células de entrada de dados (Nome em C3, Altura em C4, Peso em C6, Sexo em F4 e Idade em F6), como para as que retornam o resultado de fórmulas (células E10 para homens e E12 para mulheres).

---

**ATENÇÃO:** As células C4, C6 e F6 usam Formatos Personalizados para acrescentar o sufixo de cada valor (m, kg e anos). Para saber como criar Formatos Personalizados no Excel, veja a seção Formatos Personalizados: "a forma que escolhemos para exibir valores" no Capítulo 1, "Sobrevivência no Excel: Entendendo as planilhas".

---

Note que as fórmulas de Harris e Benedict usam Altura em centímetros, enquanto a planilha coleta a Altura em metros. Como 1 metro tem 100 centímetros, teremos de multiplicar a altura por 100, dentro da fórmula, efetuando a correção necessária.

Para inserir a fórmula de Harris e Benedict para cálculo do GEB para Homens na célula E10, digite-a desta forma (considerando que a Altura está na célula C4, o Peso na C6 e a Idade na F6):
=66,5+(13,75*C6)+(5,003*C4*100)-(6,775*F6)

Da mesma forma, para usar a fórmula de Harris e Benedict para calcular o GEB de Mulheres na célula E12, digite-a desta forma:
=665,1+(9,563*C6)+(1,85*C4*100)-(4,676*F6)

Essa estratégia de planilha calcula o GEB para ambos os sexos (masculino e feminino) para uma pessoa com 1,70m de altura, peso de 71 kg e idade de 62 anos (a Figura 4.2 exibe estes resultados, usando o Formato Personalizado #.##0,0" kcal/dia" para adicionar o sufixo kcal/dia a ambas as células com fórmulas de cálculo.

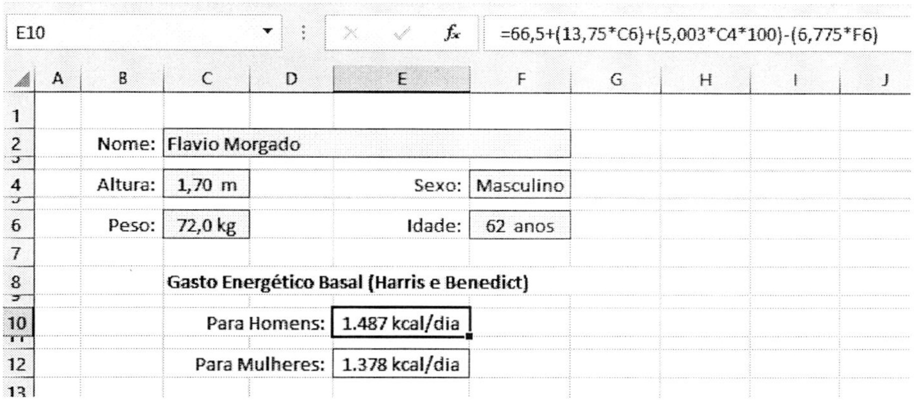


**Figura 4.2:** Esta planilha calcula o Gasto Energético Basal de acordo com as equações de Harris e Benedict para homens e mulheres usando sua Altura (em metros), Peso (em kg) e Idade (em anos). Note a fórmula para Homens digitada na Barra de Fórmulas. As células F10 e F12 usam o Formato Personalizado #,##0,0" kcal/dia" para exibir seu resultado.

Pense nisso: estas fórmulas seriam muito mais legíveis se pudéssemos usar palavras como "Peso", "Altura" e "Idade" em vez de os endereços de célula associados a cada atributo pessoal. A fórmula de Harris e Benedict para Homens poderia ser escrita assim:
=66,5+(13,75*Peso)+(5,003*Altura*100)-(6,775*Idade)

E a das mulheres se tornaria:
=665,1+(9,563*Peso)+(1,85*Altura*100)-(4,676*Idade)

A boa nova é que o Excel permite fazer isso: nomeie qualquer célula – ou faixa de células – com um nome apropriado e use este nome nas fórmulas que têm de construir.

## Nomeando células

Para nomear qualquer célula (ou faixa de células) no Excel, siga estes passos:

1. Clique na célula (ou selecione a faixa de células) que deseja nomear.
2. Clique na caixa Nome, a lista que mostra o endereço da célula localizada à esquerda da Barra de Fórmula.
3. Digite o nome desejado, sem espaços, e pressione Enter.

A Figura 4.3 mostra como nomear a célula C4 (Altura em metros) para "Altura".

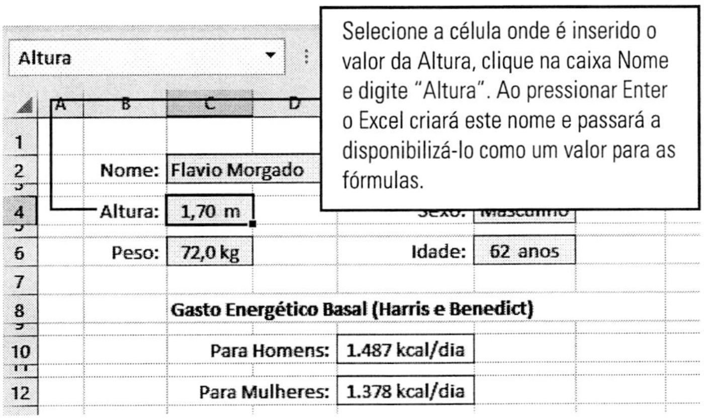


**Figura 4.3:** Nomeie a célula C4 (altura em metros) para "Altura" para permitir a criação de fórmulas mais legíveis.

Vá em frente e nomeie também o peso do paciente (em kg, na célula C6) para "Peso" e a idade (em anos, na célula E6) para "Idade".

Quando terminar de nomear estas células, selecione a fórmula de Harris e Benedict para homens e troque os endereços de célula pelo dos nomes a elas associados, seguindo estes passos:

1. Clique na célula cuja fórmula deseja alterar e coloque-a em modo de "edição":
   a. Aplicando-lhe um duplo-clique.
   b. Pressionando F2 para iniciar a edição.
   c. Clicando na Barra de Fórmulas.
2. Selecione a célula desejada dentro da fórmula (na própria célula ou na Barra de Fórmulas).
3. Use um destes métodos para trocar a referência de célula pelo nome a ela associado:
   a. Clique novamente na célula na planilha, substituindo sua referência por seu nome.
   b. Pressione a primeira letra do nome desejado. O Excel exibirá uma lista com as funções e nomes que se iniciam por esta letra, onde poderá selecionar o nome e pressionar a tecla Tab para substituí-lo.
   c. Pressione a tecla F3 para exibir a janela Colar Nome, selecione o nome desejado e pressione Enter para substituí-lo.

Para editar a célula E10 (fórmula de GEB para homens) e alterar a referência C6 da fórmula para seu nome associado (Peso), selecione a célula C6, e digite a letra "p", selecione "Peso" na lista e use a tecla Tab para trocar C6 por Peso na fórmula (veja a Figura 4.4)

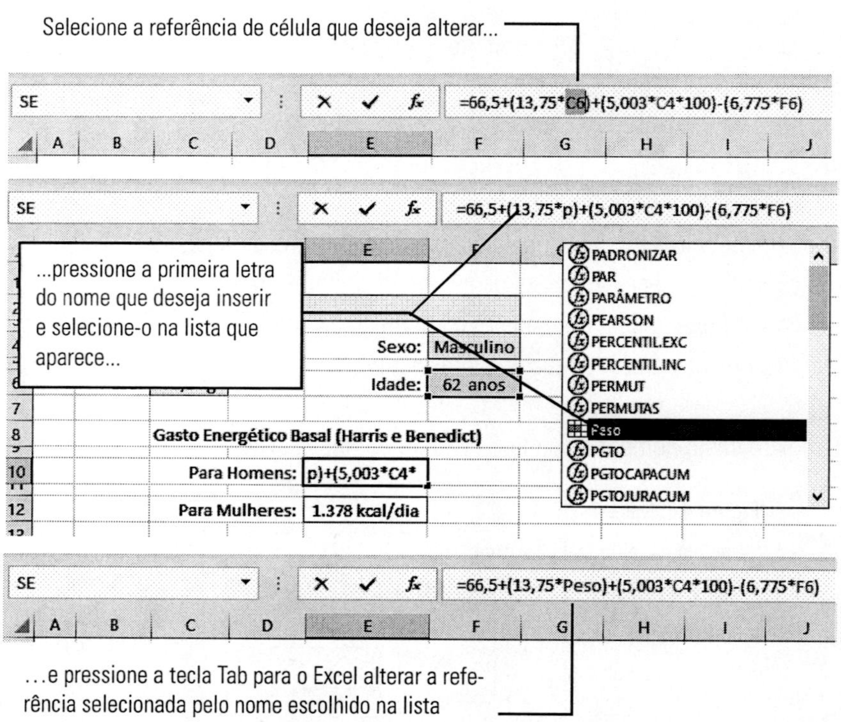


**Figura 4.4:** Para alterar uma referência de célula em uma fórmula para um nome, coloque a célula em modo de edição e, no Excel 2007 ou posterior, pressione a primeira letra do nome que deseja usar. Neste caso, o endereço da célula C6 será trocado pelo nome "Peso", portanto, pressione a letra "p", use o mouse ou a tecla de seta para baixo para selecioná-lo na lista e pressione a tecla Tab para trocar a referência na fórmula.

A Figura 4.5 mostra como usar a tecla F3 e a janela Colar Nome para substituir uma referência de célula por seu nome equivalente.

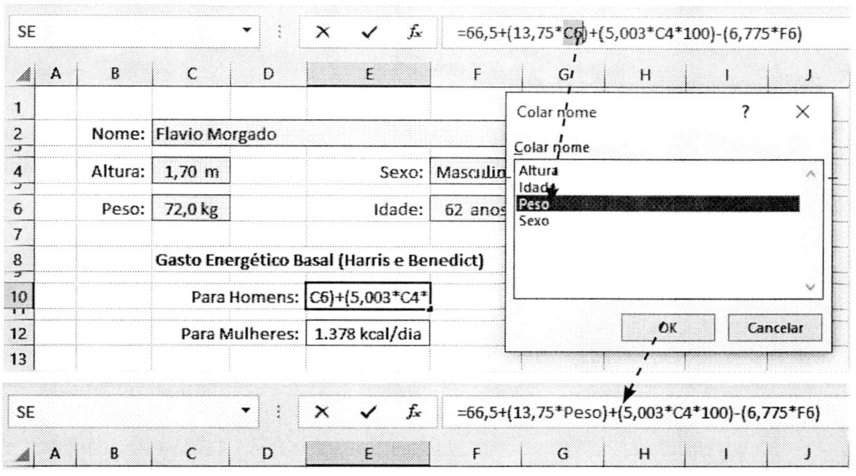

**Figura 4.5:** Alternativamente, selecione a referência de célula a ser alterada e pressionar F3 para exibir a janela Colar Nome, onde poderá selecionar o nome na lista e pressionar Enter para substituí-lo na fórmula.

A Figura 4.6 mostra como a fórmula de Harris e Benedict para mulheres aparece na Barra de Fórmulas após ter suas referências trocadas pelos respectivos nomes de faixa.

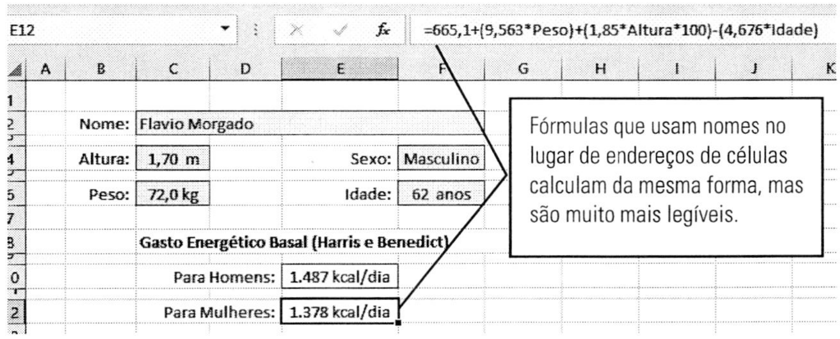


**Figura 4.6:** Qualquer fórmula que use nomes no lugar de referências de células se torna mais legível: use esta técnica sempre que possível para criar suas soluções de planilha.

## Dicas para nomear células e faixas

A partir de agora, sempre que quiser nomear uma célula ou faixa de células use estas regras de "melhores práticas de programação" para obter melhores resultados nas suas aplicações de planilha:

1. Nomes devem sempre iniciar com uma letra maiúscula, e todas as demais devem ser digitadas em minúsculas.
2. Use substantivos significativos para nomear células e faixas.
3. Se um Nome necessita de mais de um substantivo para identificá-lo, todos devem se iniciar com maiúsculas, sem espaços entre eles (Ex.: use AlturaEmCm para expressar uma célula cujo valor refere-se à altura em cm).
4. Apesar do Excel permitir Nomes com até 256 caracteres, mantenha-os o mais curto possível, sem que haja perda de seu significado.
5. Os nomes digitados na caixa Nome possuem "escopo de Pasta de trabalho", e, como tal, devem ser únicos para cada arquivo do Excel. Para usar nomes iguais em planilhas diferentes de um mesmo arquivo, deverá criá-los com "escopo de planilha" (leia a próxima seção).

**ATENÇÃO:** Para tornar suas aplicações de planilha mais facilmente reutilizáveis, use os mesmos nomes para o mesmo tipo de informação em todas as aplicações (Ex.: o peso, em kg, deve ser sempre nomeado como "Peso"). Esta é uma boa prática de programação e você deve se esforçar em segui-la.

### Escopo dos nomes

Todos os nomes criados por digitação direta na caixa nome do Excel possuem "escopo de Pasta de trabalho.", o que significa que eles devem ser únicos em um mesmo arquivo .XLSX do Excel, e que podem ser usados por qualquer fórmula de qualquer planilha da Pasta de trabalho.

Mas há momentos em que você deseja criar um nome de célula ou faixa com visibilidade apenas na planilha atual, indicando que só poderá ser usado por fórmulas desta *planilha*. Eles são chamados de nomes com "escopo de planilha."

Para criar um nome com escopo de planilha, siga estes passos:

1. Clique na célula (ou selecione a faixa de células) que deseja nomear.
2. Na guia Fórmulas do Excel, clique no botão Definir Nomes localizado na área Nomes Definidos, exibindo a caixa de diálogo Novo Nome..
3. Na caixa de diálogo Novo Nome, digite o nome na caixa Nome e use a lista Escopo para restringi-lo à planilha desejada,
4. Ao pressionar OK, será criado o nome com escopo da planilha selecionada.
5. Usuários do Excel 2003 ou mais antigo deverão digitar o nome usando o seguinte formato geral: NomeDaPlanilha!NomeDaFaixa (se NomeDaPlanilha contém espaços, deverá envolvê-lo entre aspas simples).

---

**ATENÇÃO:** É possível criar nomes com escopo de planilha na caixa Nome digitando o nome da planilha, o caractere ! (exclamação) e o nome desejado, usando a seguinte sintaxe:

NomeDaPlanilha!NomeDaFaixa

Obs. Caso NomeDaPlanilha contenha espaços, envolva o nome entre aspas simples.

---

## Gerenciando Nomes

Mais cedo ou mais tarde você acabará com um nome mal digitado que deseja alterar, ou substituir um nome por outro mais significativo. Quando isso ocorrer, poderá alterar – ou excluir – um nome usando a janela do Gerenciador de Nomes, que pode ser encontrado na guia Fórmulas, comando Gerenciador de Nomes (Figura 4.7).

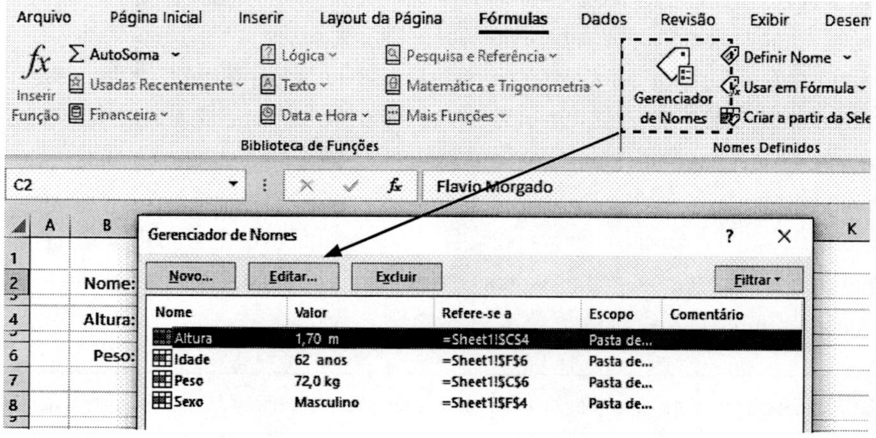


**Figura 4.7:** Use a caixa de diálogo Gerenciador de Nomes para adicionar, alterar ou excluir nomes da Pasta de trabalho atual do Excel.

**ATENÇÃO:** Após criar um Nome, você não poderá alterar seu escopo, mesmo empregando o Gerenciador de Nomes. Deverá excluí-lo e recriá-lo usando o escopo desejado.

## 4.2 Selecionando itens em Listas usando Validação de Dados

Observando a planilha usada para calcular o GEB, é fácil perceber que ela coleta o Sexo mas calcula o GEB para ambos os sexos. Uma forma de melhorá-la é retornar o valor do GEB baseado no sexo selecionado.

Sempre que quiser permitir ao usuário da aplicação escolher um valor de uma lista discreta de itens, use uma Lista de Validação de Dados para fornecer os itens selecionáveis. Este é o caso para a escolha do sexo: permitir uma alternância entre "Masculino" e "Feminino", os gêneros contemplados pelas equações de Harris e Benedict.

Para criar tal lista na célula F4, siga estes passos:

1. Selecione a célula F4 (valor do Sexo).
2. Na área Ferramenta de Dados da guia Dados, escolha Validação de Dados para exibir a caixa de diálogo Validação de Dados e selecione:
   **Permitir**: Lista.
   **Fonte**: Feminino.Masculino
3. Pressione OK para criar a Lista de Validação de Dados.

**ATENÇÃO:** No Windows em Português, uma lista de itens possui seus valores separados pelo caractere ponto e vírgula.

A célula F4 se tornará uma lista de duas opções, onde se pode selecionar apenas "Feminino" ou "Masculino" (Figura 4.8).

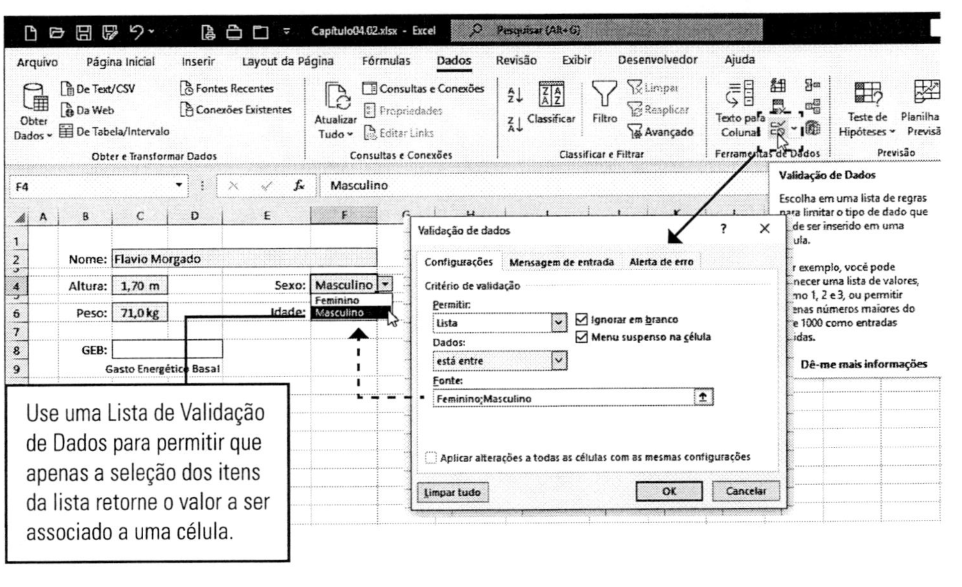


**Figura 4.8:** A caixa de diálogo Validação de Dados permite que você crie uma lista de itens para limitar as opções que os usuários de sua aplicação de planilha podem inserir em certas células importantes.

Agora que já sabe como restringir as opções do usuário com relação ao sexo, é hora de aprender como retornar o valor do GEB baseado no sexo escolhido, empregando a função de pesquisa PROCV( ) do Excel.

## 4.3 Usando a função PROCV( )

A função de pesquisa PROCV( ) do Excel é uma abreviação para "PROCura na Vertical". Ela é usada para percorrer a primeira coluna de uma tabela em busca de uma equivalência para o item pesquisado. Se esta for encontrada, PROCV( ) retornará este valor, ou qualquer outro que se encontre em uma coluna adjacente à direita da linha do item localizado. se não encontrar, PROCV( ) retornará a constante de erro #N/D (que significa Não Disponível).

Para usar a função PROCV( ) para retornar o GEB da pessoa baseando-se no sexo selecionado na Lista de Validação de Dados, será necessário uma nova estrutura de planilha, como a que pode ser vista na Figura 4.9!

---

**ATENÇÃO:** Você encontra esta planilha no arquivo Capítulo04-2.xlsx, que também está presente no arquivo comprimido CAPÍTULO04.ZIP.

---

Note que agora, há uma tabela que contém na primeira coluna o sexo, e na segunda o valor do GEB calculado para cada sexo, de acordo com as fórmulas de Harris e Benedict. E essa é uma ótima estratégia para se retornar valores baseando-se em Listas de Validação de Dados: uma tabela calcula todos os valores representados na lista, e a função PROCV() percorre esta tabela para retornar o valor calculado desejado.

A ideia é criar uma fórmula na célula C8 empregando a função PROCV( ) para retornar o valor correto do GEB sempre que um Sexo for escolhido na Lista de Validação de Dados da célula F4.

**Figura 4.9:** A melhor estratégia para se retornar valores baseando-se nas escolhas feitas em Listas de Validação de Dados, é empregar uma tabela que efetua todos os cálculos possíveis, e criar uma fórmula que utilize a função PROCV() para pesquisar na tabela, o valor selecionado na lista.

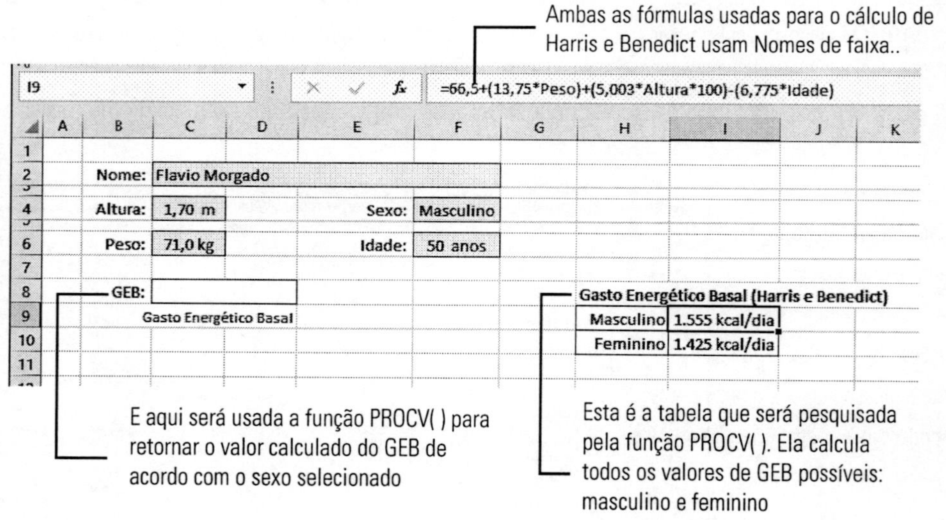


Para criar esta fórmula você deve compreender primeiro a sintaxe e o significado dos quatro argumentos da função PROCV( ) do Excel:

PROCV(Valor_procurado. Matriz_tabela. Núm_índice_coluna. Procurar_intervalo)

Onde:

- Valor_procurado: valor procurado na primeira coluna da tabela.
- Matriz_tabela: tabela representada por uma faixa ou nome de faixa, cuja primeira coluna o Valor_procurado é pesquisado.
- Núm_índice_coluna: o número da coluna de Matriz_tabela que contém o valor a ser retornado. Se Núm_índice_co-

luna for:

Menor que 1, PROCV( ) retornará #VALOR!

Maior do que o número de colunas em Matriz_tabela, PROCV( ) retornará #REF!

- Procurar_intervalo: valor lógico que especifica se PROCV( ) deve localizar uma correspondência exata ou aproximada. Se Procurar_ intervalo for

  FALSO: a busca será por uma correspondência exata.

  VERDADEIRO ou omitido: se uma correspondência exata não for encontrada, será retornado o maior valor mais próximo de Valor_procurado (exige que a primeira linha da tabela esteja classificada em ordem ascendente).

---

**ATENÇÃO:** O Excel e muitas linguagens de programação, consideram o valor 0 (zero) como FALSO. Qualquer outro valor é considerado como VERDADEIRO. Portanto, quando quiser usar o valor FALSO, digite o algarismo 0 (zero) ou a constante FALSO, e para VERDADEIRO, digite o algarismo 1.

---

Para facilitar, vamos usar um exemplo simples com a planilha exibida na Figura 4.9. Note que:

1. O item que queremos procurar será selecionado na célula F4 (sexo), que será usada como primeiro argumento da função PROCV( ), chamado Valor_procurado:
   =PROCV(F4.
2. A tabela de Harris e Benedict, digitada na faixa de células H9:I10 será usada como o segundo argumento da função PROCV( ), chamado Matriz_tabela:
   =PROCV(F4. H9:I10,
3. A informação que desejamos – o Gasto Energético Basal, baseado no sexo selecionado – é calculado na segunda coluna da tabela e será usado no terceiro argumento da função PROCV( ) chamado Núm_índice_coluna:
   =PROCV(G4. H9:I10. 2
4. E queremos que a função PROCV( ) faça uma pesquisa exata pelo sexo selecionado, utilizando FALSO no quarto argumento, chamado Procurar_intervalo:
   =PROCV(G4. H9:I10. 2. FALSO)

Siga estes passos para usar a função PROCV( ) para selecionar o GEB do paciente baseado no sexo selecionado:

1. Selecione a célula C8, que receberá a fórmula com a função PROCV( ).
2. Clique no botão fx (Inserir Função) localizado à esquerda da Barra de Fórmulas, para exibir a caixa de diálogo Inserir Função.
3. Na caixa de diálogo Inserir Função, localize a função PROCV na lista Selecione uma função, (pode ser necessário selecionar "Pesquisa e Referência" na lista Categoria) e pressione OK para abrir a caixa de diálogo Argumentos da Função.
4. Na caixa de diálogo Argumentos da Função, você encontrará todos os quatro argumentos da função PROCV() (Figura 4.10).

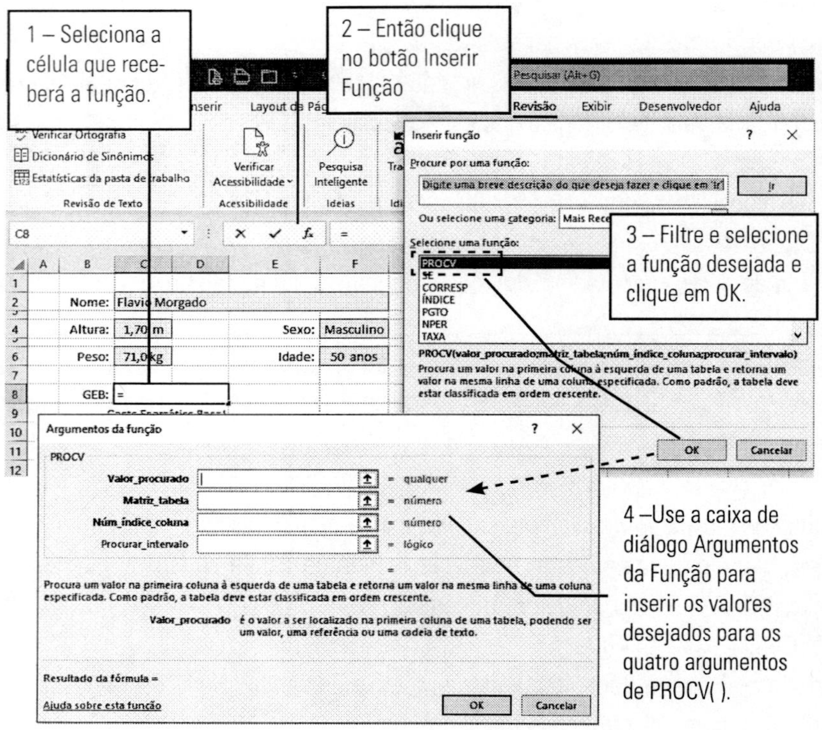


**Figura 4.10:** Para inserir a função PROCV( ) em uma fórmula, clique no botão Inserir Função, selecione a função desejada na lista (você pode filtrar as funções por categoria para ajudá-lo a encontrar a que deseja), e então no botão OK para exibir a caixa de diálogo Argumentos da Função.

Como a caixa de diálogo Argumentos da Função permite que você clique nas células da planilha para inserir referências de células nas caixas de texto dos argumentos exibidos, siga estas instruções para aprender a utilizá-la para inserir os argumentos da função PROCV( ):

1. Arraste-a pela sua barra de título para um local abaixo da célula C8 (onde a fórmula será inserida.
2. Clique no argumento Valor_procurado e então, clique na célula F4 (sexo), inserindo este endereço na caixa de texto Valor_procurado (Figura 4.11).

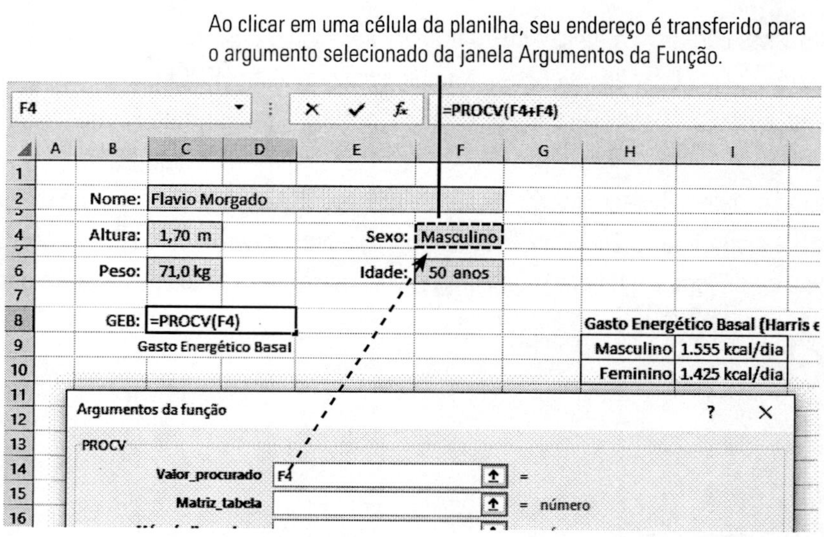


**Figura 4.11:** Para inserir referências na caixa de diálogo Argumentos da Função, clique no argumento desejado e depois no endereço de célula que deseja utilizar. Esta figura mostra que você deve clicar na célula F4 (sexo) para o argumento Valor_procurado da função PROCV( ).

3. Repita os mesmos passos selecionando o argumento Matriz_tabela e então arraste o mouse para selecionar a faixa H9:I10, selecionando toda a tabela (sem seu título, Figura 4.12).

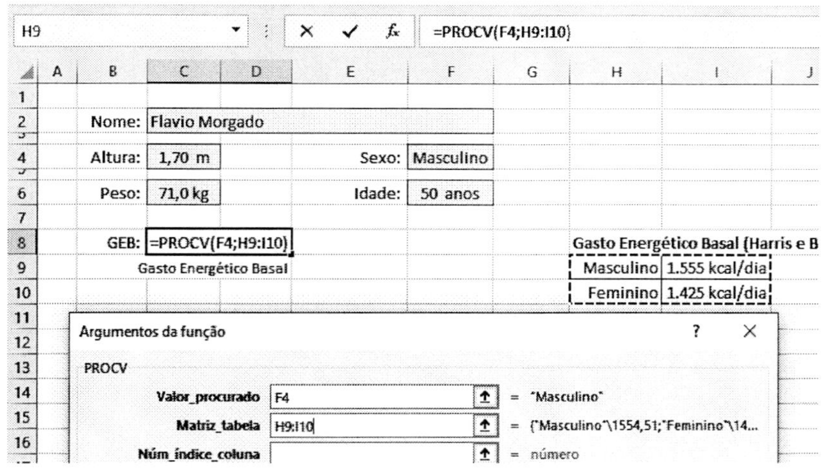

**Figura 4.12:** Para o argumento Matriz_tabela, selecione as células utilizadas para calcular as equações de Harris e Benedict (sem o título superior), arrastando o mouse pelas células H9:I10.

4. Para os dois últimos argumentos, Núm_índice_coluna e Procurar_intervalo, você deverá digitar os valores desejados diretamente nas caixas de texto:
   a. Núm_índice_coluna é o número da coluna da tabela definida no segundo argumento que deseja retornar quando a função PROCV( ) encontrar uma equivalência para o argumento Valor_procurado em sua primeira coluna: é a coluna 2, o valor calculado pela fórmula de Harris e Benedict para o sexo escolhido.
   b. Procurar_intervalo é o argumento que indica para a função PROCV( ) a precisão da pesquisa. Para uma pesquisa exata, digite a palavra FALSO (ou o número 0) na caixa de texto do argumento (Figura 4.13).

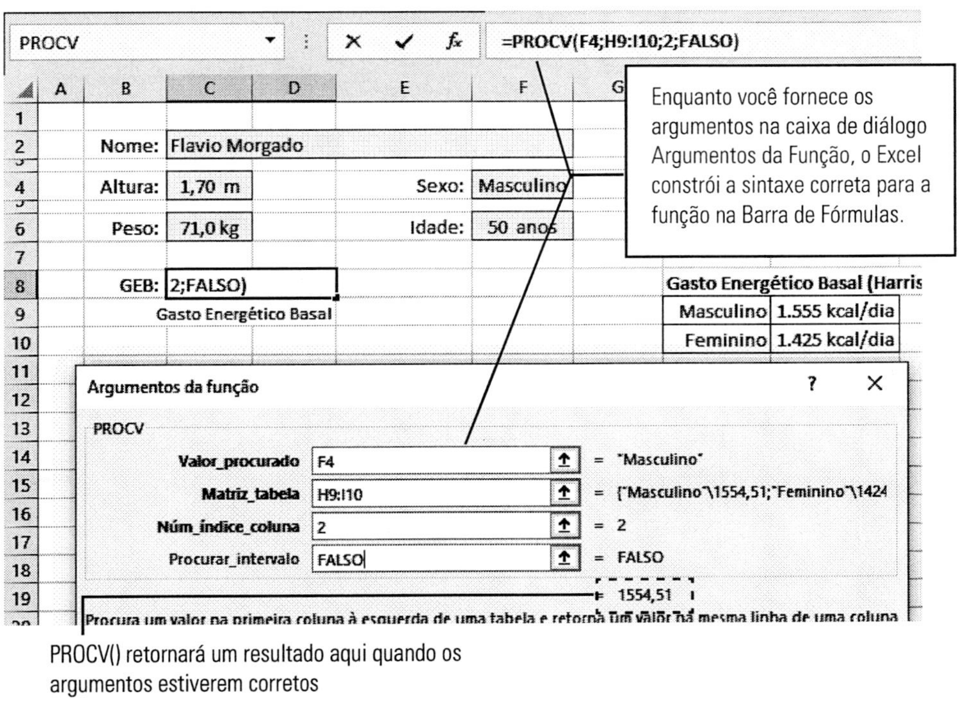


**Figura 4.13:** Os últimos dois argumentos para a função PROCV( ) devem ser digitados diretamente nas suas caixas de texto: digite 2 para o argumento Núm_índice_coluna para retornar o valor da segunda coluna da tabela de Harris e Benedict sempre que uma equivalência for encontrada. digite FALSO no argumento Procurar_intervalo para forçar uma busca exata.

Note que a caixa de diálogo Argumentos da Função retorna o resultado da função selecionada (PROCV()), caso os argumentos fornecidos estejam corretos. Ao pressionar OK, o Excel insere a função PROCV( ) na célula C8 com os argumentos fornecidos e a avalia para o sexo selecionado (Figura 4.14).

**Figura 4.14:** A partir de agora, sempre que o sexo do paciente for trocado na Lista de Validação de Dados da célula F4, a função PROCV( ) inserida na célula C8 irá procurar por este sexo nas células da tabela de Harris e Benedict e retornará o valor correto do GEB a ele associado.

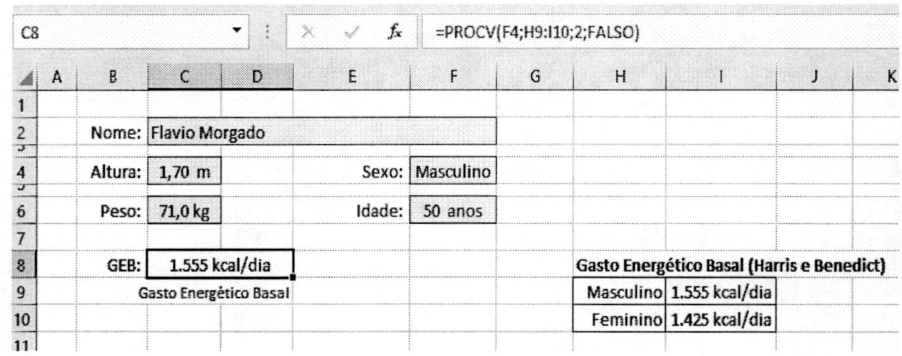


Vá em frente e experimente! Troque o sexo do paciente para Feminino e observe como o valor do GEB é automaticamente atualizado na célula C8. Depois, exclua o valor do Sexo e verifique que PROCV( ) retorna a constante de erro #N/D (Não Disponível), indicando que não conseguiu encontrar este valor (nulo) na tabela pesquisada (Figura 4.15)!

**Figura 4.15:** Se o valor procurado (Sexo na célula F4) não for encontrado, a função PROCV( ) retornará a constante de erro #N/D, indicando que este valor não está disponível na tabela de Harris e Benedict localizada nas células H9:I10.

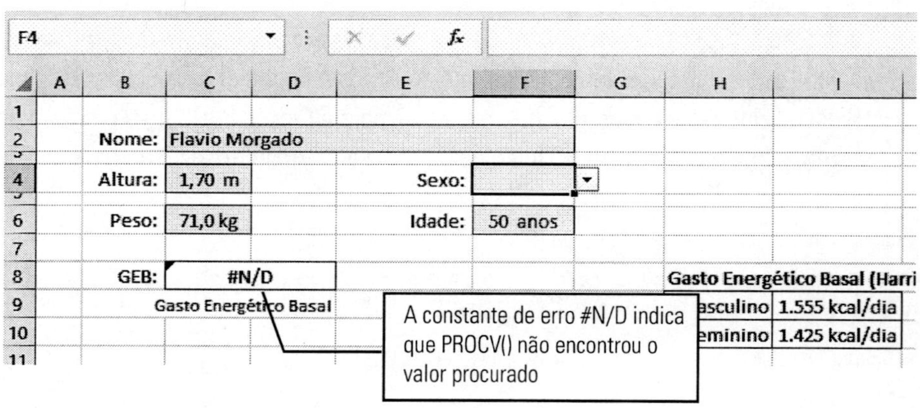


Vamos parar um instante para observar com maior atenção a estrutura da função PROCV( ) exibida na Figura 4.16, para compreender sem sombra de dúvida sua sintaxe, porque ela será utilizada muitas outras vezes nos demais capítulos deste livro.

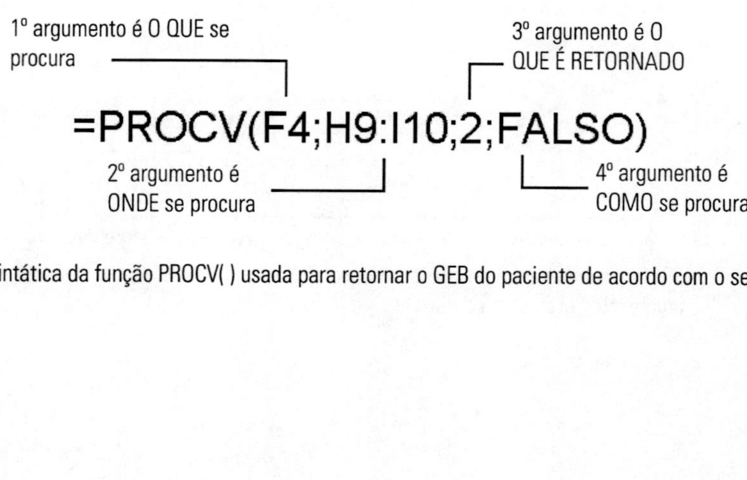


**Figura 4.16:** A estrutura sintática da função PROCV( ) usada para retornar o GEB do paciente de acordo com o sexo selecionado na célula F4.

Como este capítulo pretende lidar com Nomes associados a uma célula ou faixa de células, vamos nomear então as referências utilizadas nesta fórmula para torná-la mais legível:

1. Célula F4, o sexo da pessoa, deve ser nomeada como... "Sexo"
2. A faixa de células H9:I10 deve receber um nome significativo que defina seu conteúdo. Como esta faixa é usada para calcular as fórmula de Harris e Benedict para ambos os sexos, nomeie-a como "HarrisBenedict" (Figura 4.17),

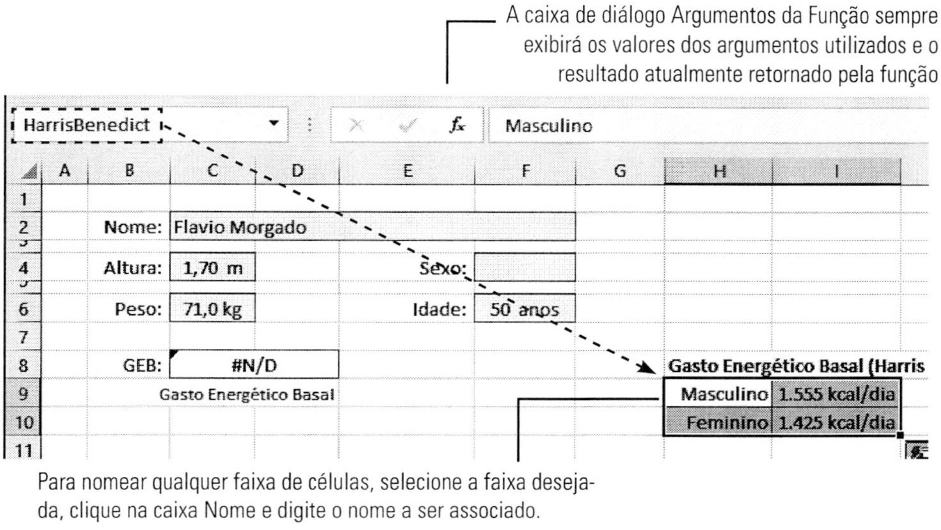


**Figura 4.17:** Para nomear qualquer faixa de células, primeiro selecione a faixa, clique na caixa Nome e digite o nome desejado. A partir de então, você será capaz de selecionar esta faixa a qualquer momento, expandindo a caixa nome e escolhendo-a na lista.

---

**ATENÇÃO:** Você pode nomear qualquer faixa de células – mesmo faixas não contíguas! (Use a tecla Ctrl para selecionar células ou faixa de células ao acaso)

---

Agora que já nomeou todas as células envolvidas com a função PROCV( ) empregada para retornar o GEB do paciente dado seu sexo, repita o exercício anterior para recriar a função usando nomes de faixa, em vez dos endereços de célula. Siga estes passos:

1. Clique na célula C8 para selecioná-la (ela deve conter a fórmula com PROCV( )).
2. Clique no botão Inserir Função (o botão "fx" localizado à esquerda da Barra de Fórmula) para exibir a caixa de diálogo Argumentos da Função.
3. O Excel colocará os argumentos atualmente usados pela função nas respectivas caixas de texto da caixa de diálogo Argumentos da Função (Figura 4.18).

---

**ATENÇÃO:** Sempre que uma célula contendo uma função do Excel é selecionada, ou se seleciona a parte da fórmula que contém a função e seus argumentos, ao clicar no botão Inserir Função (fx), o Excel exibirá a caixa de diálogo Argumentos da Função indicando os argumentos atualmente utilizados, ao mesmo tempo que exibe seu o valor à direita de cada caixa de texto, além do valor retornado pela função, abaixo da última caixa de texto visível.

---

**Figura 4.18:** Quando você coloca o cursor dentro de qualquer função ou argumentos e clica no botão Inserir Função, o Excel fornece a caixa de diálogo Argumentos da função associando os argumentos nas respectivas caixas de texto.

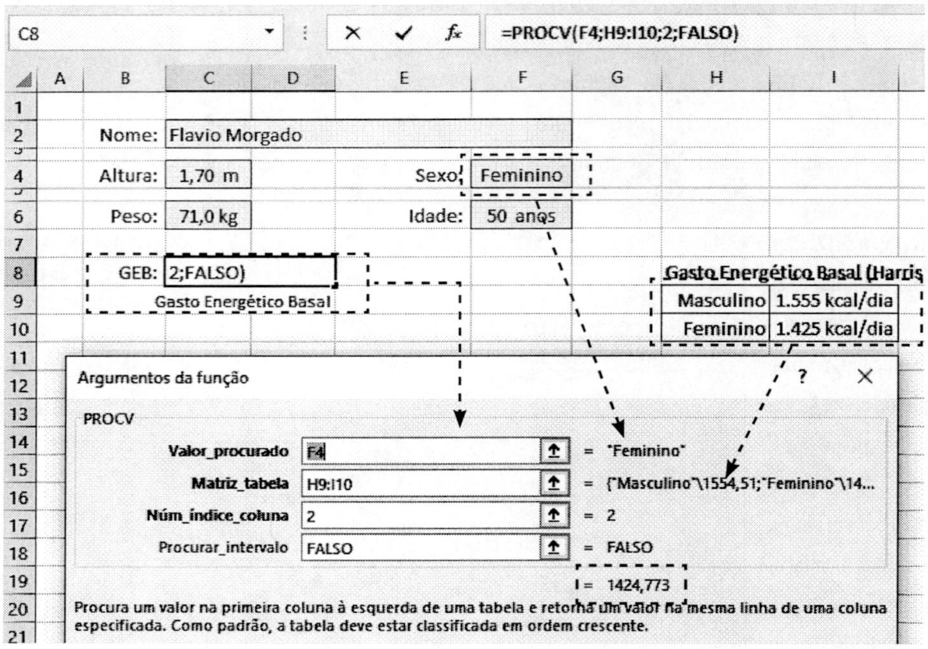

4. Selecione o argumento Valor_procurado e pressione a tecla de função F3 do teclado, obtendo a janela Inserir Nome, onde poderá selecionar o nome Sexo para substituir o endereço F4 usado neste argumento (Figura 4.19).

**Figura 4.19:** Para alterar ou inserir um nome de faixa em um argumento da caixa de diálogo Argumentos da Função, selecione o argumento a ser alterado, pressione a tecla de função F3, escolha o nome de faixa desejado e pressione OK para inseri-lo.

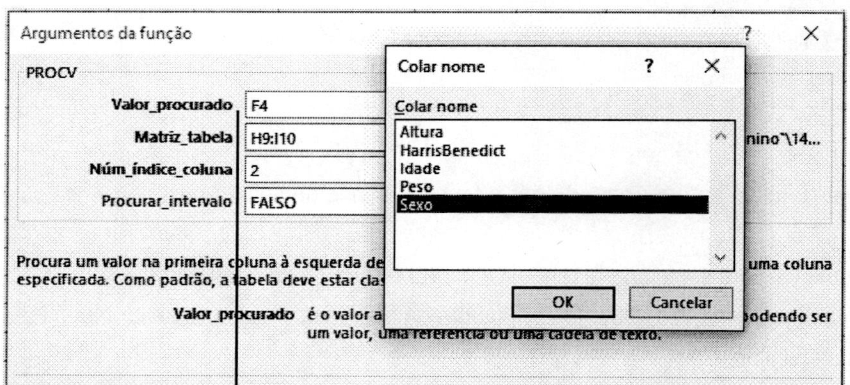

Pressione F3 aqui e selecione o nome Sexo para substituir esta referência no argumento Valor_procurado

5. Repita os mesmos passos para o argumento Matriz_tabela: pressione F3 para exibir a janela Colar Nome, selecione o nome HarrisBenedict e pressione Enter para efetuar a substituição (Figura 4.20).

**Figura 4.20:** O Segundo argumento da função - a tabela onde deseja efetuar a busca – deve ser alterado para o nome Harris-Benedict que a representa.

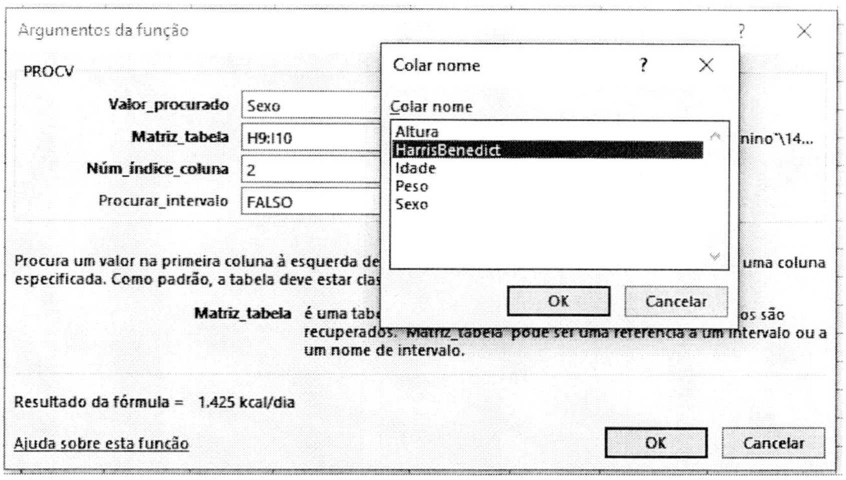


Ao pressionar Enter na caixa de diálogo Argumentos da Função, a fórmula com a função PROCV( ) se tornará mais legível, passando a exibir nomes de célula e faixa, como exibido na Figura 4.21. Qual método prefere usar para as referências empregadas em suas fórmulas: endereços de célula ou nomes?

**Figura 4.21:** É assim que a função PROCV( ) ficará ao empregar Nomes em vez de endereços em seus argumentos. Agora é mais fácil dizer que esta função PROCV( ) pesquisa pelo Sexo selecionado, na tabela HarrisBenedict, retornando sua segunda coluna, ao efetuar uma busca por equivalência exata (o quarto argumento FALSO significa busca exata)

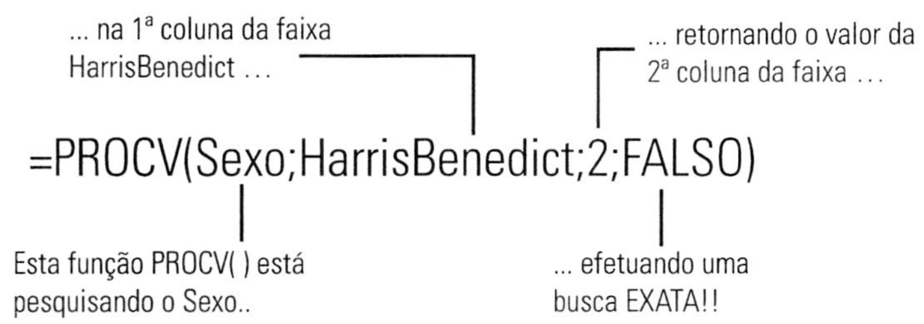


**ATENÇÃO:** A pequena tabela criada para calcular as equações de Harris e Benedict exibida nas últimas figuras deste capítulo, pode ser arrastada para qualquer outra posição desta planilha (Plan1), ou recortada e colada em qualquer outra planilha desta Pasta de trabalho (Plan2 ou Plan3). Indiferente de para onde seja movida, o nome HarrisBenedict que a referência será automaticamente atualizada para refletir as células em que for reposicionada.

## Pesquisando Valores Diários da ANVISA

Podemos praticar bons exemplos de pesquisa com a função PROCV( ) usando a tabela de "Valores Diários" publicada pela ANVISA, cuja origem e local em que se encontra na Internet são comentados no próximo capítulo.

Para facilitar sua utilização, use a Pasta de trabalho ANVISA Valores Diários.xlsx, extraia a Pasta de trabalho ANVISA Valores Diários.xlsx do Arquivo04.zip, que contém a planilha ANVISA VD com os dados de Valores Diários propostos pela ANVISA (Figura 4.23).

**Figura 4.23:** A planilha ANVISA VD da Pasta de trabalho ANVISA Valores Diários.xlsx" encontrada no arquivo CAPÍTULO04.ZIP.

Os números na linha 5 e coluna A serão usados como guia para as funções PROCV( ) e PROCH( )

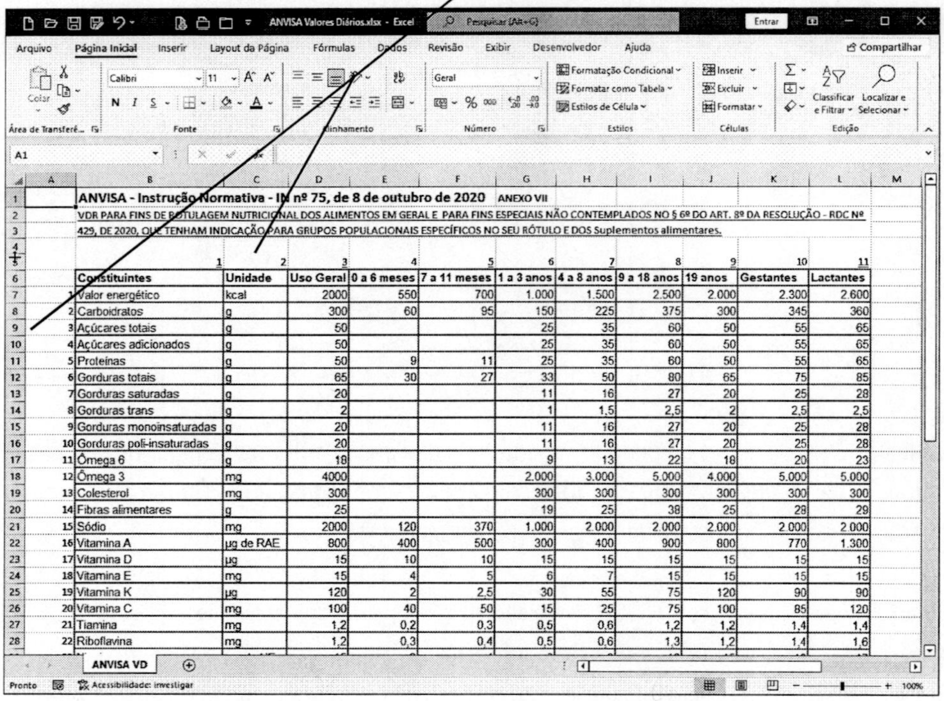

**ANVISA - Instrução Normativa - IN nº 75, de 8 de outubro de 2020** ANEXO VII

VDR PARA FINS DE ROTULAGEM NUTRICIONAL DOS ALIMENTOS EM GERAL E PARA FINS ESPECIAIS NÃO CONTEMPLADOS NO § 6º DO ART. 8º DA RESOLUÇÃO - RDC Nº 429, DE 2020, QUE TENHAM INDICAÇÃO PARA GRUPOS POPULACIONAIS ESPECÍFICOS NO SEU RÓTULO E DOS Suplementos alimentares.

| | 1 | 2 | 3 | 4 | 5 | 6 | 7 | 8 | 9 | 10 | 11 |
|---|---|---|---|---|---|---|---|---|---|---|---|
| | **Constituintes** | **Unidade** | **Uso Geral** | **0 a 6 meses** | **7 a 11 meses** | **1 a 3 anos** | **4 a 8 anos** | **9 a 18 anos** | **19 anos** | **Gestantes** | **Lactantes** |
| 1 | Valor energético | kcal | 2000 | 550 | 700 | 1.000 | 1.500 | 2.500 | 2.000 | 2.300 | 2.600 |
| 2 | Carboidratos | g | 300 | 60 | 95 | 150 | 225 | 375 | 300 | 345 | 360 |
| 3 | Açúcares totais | g | 50 | | | 25 | 35 | 60 | 50 | 55 | 65 |
| 4 | Açúcares adicionados | g | 50 | | | 25 | 35 | 60 | 50 | 55 | 65 |
| 5 | Proteínas | g | 50 | 9 | 11 | 25 | 35 | 60 | 50 | 55 | 65 |
| 6 | Gorduras totais | g | 65 | 30 | 27 | 33 | 50 | 80 | 65 | 75 | 85 |
| 7 | Gorduras saturadas | g | 20 | | | 11 | 16 | 27 | 20 | 25 | 28 |
| 8 | Gorduras trans | g | 2 | | | 1 | 1,5 | 2,5 | 2 | 2,5 | 2,5 |
| 9 | Gorduras monoinsaturadas | g | 20 | | | 11 | 16 | 27 | 20 | 25 | 28 |
| 10 | Gorduras poli-insaturadas | g | 20 | | | 11 | 16 | 27 | 20 | 25 | 28 |
| 11 | Ômega 6 | g | 18 | | | 9 | 13 | 22 | 18 | 20 | 23 |
| 12 | Ômega 3 | mg | 4000 | | | 2.000 | 3.000 | 5.000 | 4.000 | 5.000 | 5.000 |
| 13 | Colesterol | mg | 300 | | | 300 | 300 | 300 | 300 | 300 | 300 |
| 14 | Fibras alimentares | g | 25 | | | 19 | 25 | 38 | 25 | 28 | 29 |
| 15 | Sódio | mg | 2000 | 120 | 370 | 1.000 | 2.000 | 2.000 | 2.000 | 2.000 | 2.000 |
| 16 | Vitamina A | µg de RAE | 800 | 400 | 500 | 300 | 400 | 900 | 800 | 770 | 1.300 |
| 17 | Vitamina D | µg | 15 | 10 | 10 | 15 | 15 | 15 | 15 | 15 | 15 |
| 18 | Vitamina E | mg | 15 | 4 | 5 | 6 | 7 | 15 | 15 | 15 | 15 |
| 19 | Vitamina K | µg | 120 | 2 | 2,5 | 30 | 55 | 75 | 120 | 90 | 90 |
| 20 | Vitamina C | mg | 100 | 40 | 50 | 15 | 25 | 75 | 100 | 85 | 120 |
| 21 | Tiamina | mg | 1,2 | 0,2 | 0,3 | 0,5 | 0,6 | 1,2 | 1,2 | 1,4 | 1,4 |
| 22 | Riboflavina | mg | 1,2 | 0,3 | 0,4 | 0,5 | 0,6 | 1,3 | 1,2 | 1,4 | 1,6 |

Para ajudá-lo a lidar com os dados desta planilha usando as funções de pesquisa do Excel, foram criados os seguintes nomes de faixa, facilmente encontrados ao se expandir a lista da caixa Nome do Excel:

- ANVISA_VD: todos os valores da tabela, situados na faixa B7:L49.
- ANVISA_VD_Grupos: todos os grupos de estágio de vida listados na linha 6, situados nas células D6:L6 (de Uso geral até Lactantes).
- ANVISA_VD_Constituintes: nome dos nutrientes exibidos na coluna B, situados nas células B7:B49 (de Valor Energético até Zinco).

A Figura 4.24 mostra estes nomes de faixa, que podem ser facilmente selecionados pelo Excel escolhendo-os na caixa Nome, situada do lado esquerdo da Barra de Fórmulas.

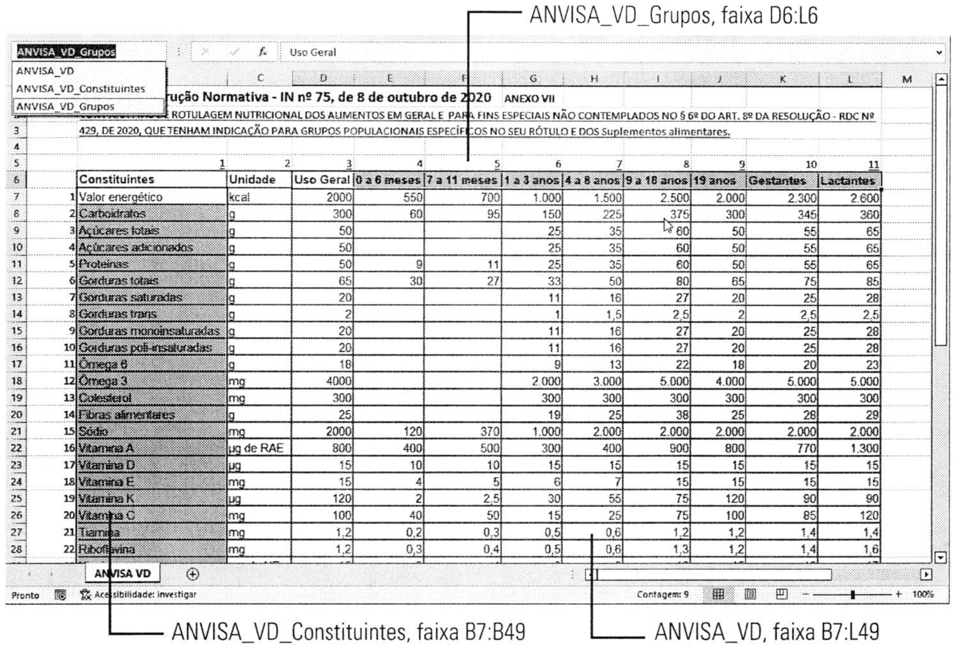


**Figura 4.24:** A planilha ANVISA_VD da Pasta de trabalho ANVISA Valores Diários.xlsx contém três nomes de faixa: ANVISA_VD, ANVISA_VD_Grupos e ANVISA_VD_Constituintes, que podem ser pesquisados com as funções de pesquisa PROCV( ) e PROCH( ) do Excel.

## Salve ANVISA Valores Diários.xlsx como um Modelo do Excel

Tendo aberto a Pasta de trabalho ANVISA Valores Diários.xlsx, salve-a como um Modelo do Excel para poder reutilizá-la nas próximas seções deste capítulo, seguindo estes passos:

1. Na guia Arquivo, clique em Salvar como e depois em Procurar.
2. Na caixa de diálogo Salvar Como, clique na lista Salvar como tipo e selecione a opção "Modelo do Excel (*.xltx)".
3. O Excel mudará automaticamente para a pasta Documentos\Modelos Personalizados do Office.
4. Pressione OK para salvar o arquivo como um Modelo do Excel (que trocará sua extensão para .xltx) e, em seguida, feche a Pasta de trabalho ANVISA Valores Diários.xltx (Figura 4.25).

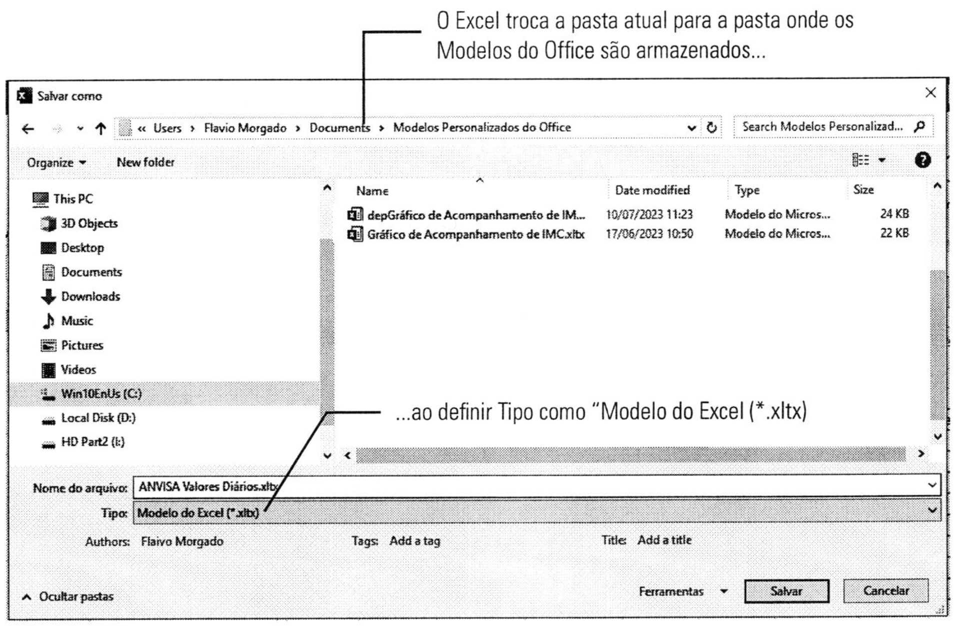


**Figura 4.25:** Salvando o arquivo ANVISA Valores Diários.xlsx como um Modelo para reutilizá-lo nas operações de pesquisa citadas neste capítulo..

## Inserindo uma cópia de ANVISA Valores Diários.xltx em outra Pasta de trabalho

Para inserir uma cópia do Modelo ANVISA Valores Diários.xltx em uma nova Pasta de trabalho do Excel, use os mesmos passos citados na seção "Inserido um Modelo na Pasta de trabalho atual", comentada no Capítulo 3, "Sua Primeira Aplicação Excel: Gráfico de Acompanhamento do IMC"(esta operação pressupõe que você colou um atalho para a pasta Modelos Personalizados do Office dentro da pasta C:\Users\...\Templates):

1. Crie uma nova Pasta de trabalho em branco (o Excel a nomeará como Pasta1.xlsx, ou similar).
2. Clique com o botão Direito do mouse na guia Planilha1 e escolha Inserir para exibir a janela Inserir.
3. Na janela Inserir, selecione a guia Modelos Personalizados do Office, escolha o Modelo ANVISA Valores Diários.xltx e clique em OK para inserir uma cópia da planilha ANVISA VD nesta Pasta de trabalho.

A Figura 4.26 mostra a nova Pasta de trabalho contendo duas planilhas: e ANVISA VD (recém-movida do Modelo respectivo) e Planilha1 (em branco).

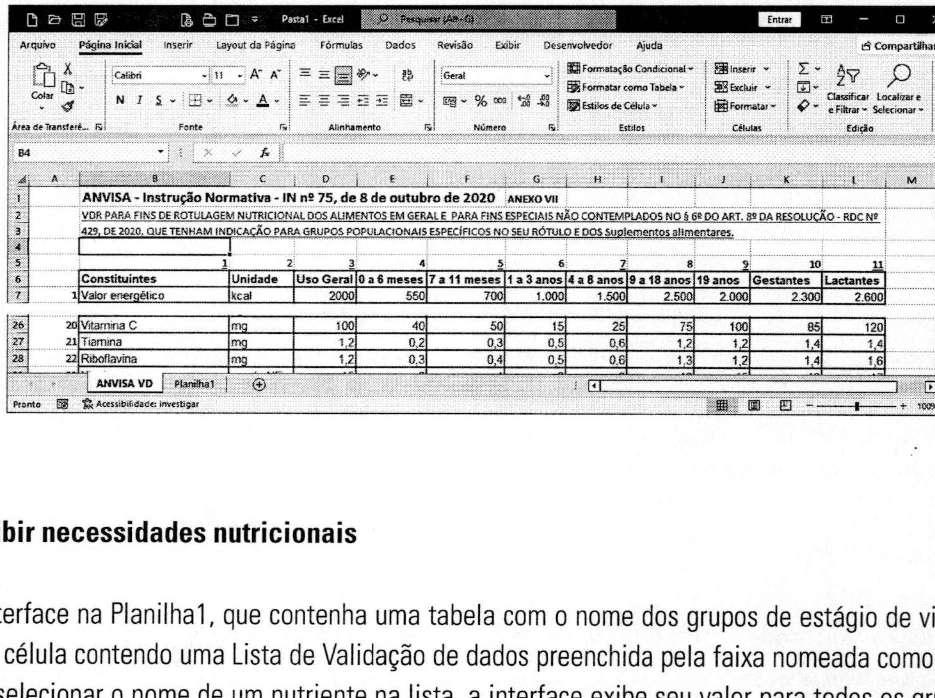

**Figura 4.26:** Para usar uma cópia do Modelo de planilha ANVISA VD em suas aplicações, clique com o botão direito em qualquer guia de planilha, escolha Inserir para exibir a caixa de diálogo Inserir e aplique um duplo-clique no Modelo ANVISA Valores Diários.xltx.

## Usando PROCV( ) para exibir necessidades nutricionais

A ideia agora é criar uma interface na Planilha1, que contenha uma tabela com o nome dos grupos de estágio de vida e dos macronutrientes, e uma célula contendo uma Lista de Validação de dados preenchida pela faixa nomeada como ANVISA_VD_Constituintes: ao selecionar o nome de um nutriente na lista, a interface exibe seu valor para todos os grupos de estágio de vida empregando a função PROCV( ).

Para criar esta interface, siga estes passos:

1. Na recém-inserida planilha ANVISA VD, selecione a faixa de células B5:L6 (faixa contendo os números e títulos das colunas) e pressione Ctrl+C (ou clique em Copiar na guia Página inicial) para copiá-la para a Área de Transferência (Figura 4.27).

**Figura 4.27:** Após inserir a planilha ANVISA VD em uma nova Pasta de trabalho, selecione sua faixa de células B5:L6 e pressione Ctrl+C para copiá-la para a Área de Transferência do Windows.

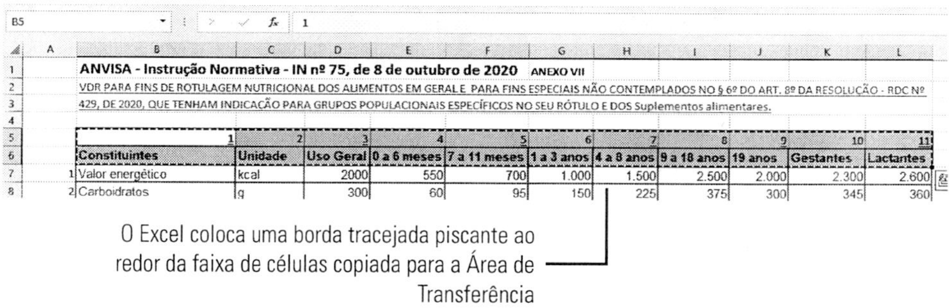


2. Selecione a guia Planilha1, clique na célula B2 e pressione Ctrl+V para colar a faixa recém-copiada (ou clique Colar na guia Página Inicial).

3. Selecione as colunas das células copiadas e ajuste sua largura (aplique um duplo-clique na borda direita do cabeçalho de uma das colunas selecionadas, Figura 4.28).

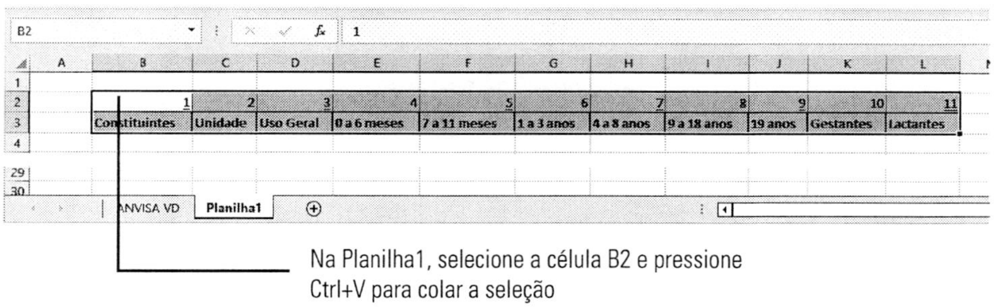


**Figura 4.28:** Após ter copiado os números de coluna e títulos da planilha ANVISA VD, selecione a guia da Planilha1, clique na célula B2 e cole as células copiadas. Clique com o mouse nos títulos das colunas copiadas e aplique um duplo-clique na borda de uma delas para ajustar automaticamente a largura das colunas.

Agora crie uma Lista de Validação de Dados na célula B4 para permitir escolher qualquer dos nutrientes contidos na coluna B da planilha ANVISA VD:

1. Na Planilha1 clique na célula B4 e escolha o comando Dados, Validação de Dados.
2. Na caixa de diálogo Validação de Dados, guia Configurações, defina:
3. Permitir: Lista.
4. Fonte: pressione F3 para exibir a caixa de diálogo Colar Nome, selecione o nome de faixa ANVISA_VD_Constituintes e pressione OK.
5. O Excel inserirá a fórmula =ANVISA_VD_Constituíntes na opção Fonte da caixa de diálogo Validação de Dados.
6. Clique em OK para criar a Lista de Validação de Dados na célula B4 e nomeie-a como Nutriente (Figura 4.29)

**Figura 4.29:** Selecione a célula B4 de Planilha1 da Pasta de trabalho atual, e crie uma lista de Validação de Dados para selecionar qualquer nome de nutriente contido no nome de faixa ANVISA_VD_Constituintes.

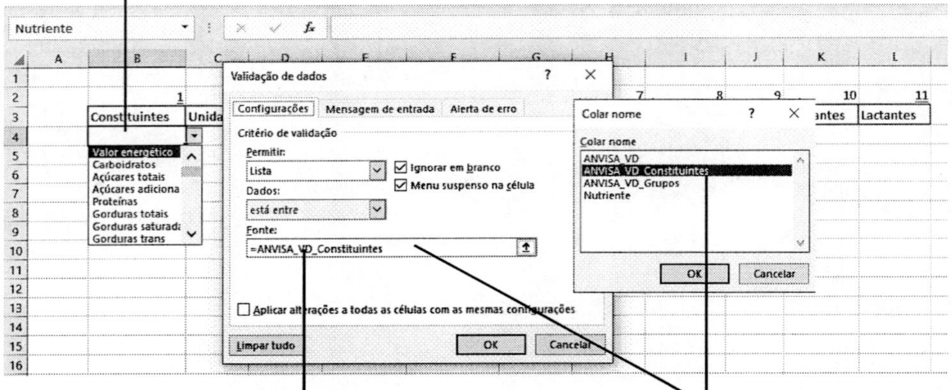


A Planilha1 agora possui uma lista de Validação de Dados na célula B4 (nomeada como Nutriente) que permite selecionar o nome de qualquer dos nutrientes listados na coluna B da planilha ANVISA VD, e está pronta para usar a função PROCV( ) para recuperar as recomendações de macronutrientes para o grupo selecionado.

## Recuperando dados da planilha ANVISA VD

Vou solicitar toda a sua atenção para a técnica a ser descrita para recuperar dados usando a função PROCV( ) para grandes tabelas, porque ela será usada outras vezes nos demais capítulos destes livros.

Observe a Figura 4.29 e repare que agora existe uma estrutura na Planilha1, com uma Lista de Validação de Dados na célula B4, preenchida pelos dados da faixa de nome ANVISA_VD_Constituíntes, além de exibir os números e títulos de coluna copiados da planilha ANVISA VD.

O objetivo é selecionar o nome de qualquer nutriente na lista e recuperar seus Valores Diários para cada coluna da planilha ANVISA VD. Isto pode ser feito criando-se uma *única fórmula* que empregue a função PROCV( ) na célula C4, para pesquisar pelo nome do nutriente selecionado na célula B4 (Nutriente), na tabela representada pelo nome de faixa ANVISA_VD, e retorna o valor da coluna cujo número encontra-se acima dos títulos das colunas.

Para a fórmula a ser inserida na célula C4, este valor deve representar a quantidade do nutriente selecionado na célula B4 (Nutriente) para o item "Unidade". Siga estes passos:

1. Selecione a célula C4, clique no botão Inserir Função (fx), selecione a função PROCV( ), pressione OK para exibir a caixa de diálogo Argumentos da Função, defina:
   **Valor_procurado:** Nutriente (pressione F3 e escolha-o na janela Colar Nome).
   **Matriz_tabela:** ANVISA_VD (pressione F3 p e escolha-o na janela Colar Nome).
   **Núm_índice_coluna:** C2 (célula acima do item "Unidade", que contém o número da coluna associada ao nome de faixa ANVISA_VD).
   **Procurar_intervalo:** FALSO (pesquisa exata).

2. Neste momento, a Barra de Fórmulas deve exibir esta fórmula (Figura 4.30):
=PROCV(Nutriente;ANVISA_VD;C2;FALSO)

**Figura 4.30:** A caixa de diálogo da função PROCV( ) inserida na célula C4 da Planilha1, para retornar o valor da coluna "Unidade" para o nutriente selecionado na célula B4 (Nutriente), precisa que sua lista de argumentos seja definida com as referências exibidas nesta figura.

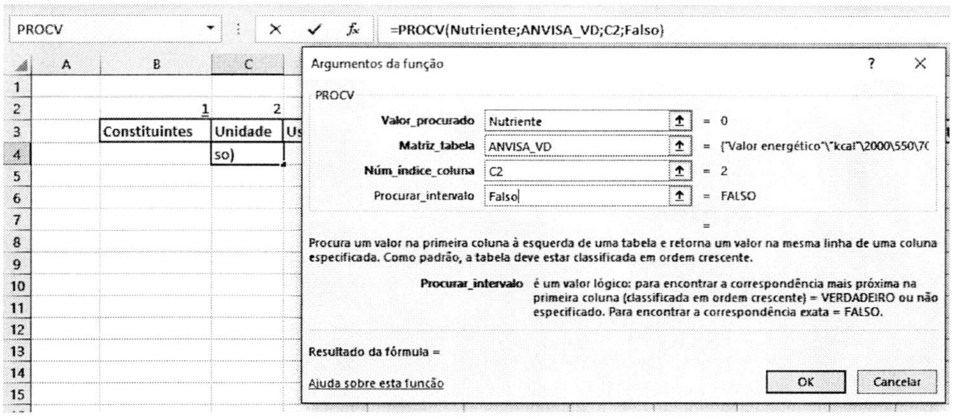

Antes de fechar a caixa de diálogo Argumentos da Função, observe todos os argumentos digitados e PENSE: *"Ao copiar a fórmula criada para "Unidade" para a direita, suas referências serão atualizadas corretamente para recuperar o Valor Diário do nutriente selecionado para os demais grupos de estágio de vida?*
Certamente!
Observe que:

- as referência nomeadas (Nutriente e ANVISA_VD) são absolutas e se manterão constantes.
- a referência à célula C2 (coluna do nome de faixa ANVISA VD onde se encontra o valor desejado) será alterada para D2 (Uso geral), E2 (0-6 meses), e assim por diante.
- A constante FALSO não será alterada.

Clique em OK para fechar a caixa de diálogo Argumentos da Função e inserir a fórmula na célula C4, que deve retornar a constante de erro #N/D (Não Disponível), caso não haja um item selecionado na lista de Validação de Dados da célula C4.

Em seguida, arraste o seletor da célula C4 para direita, copiando sua fórmula para as células D4:L4 (Figura 4.31).

**Figura 4.31:** Uma vez que a fórmula está corretamente definida, está pronta para ser propagada para as demais colunas da planilha: arrastando seu seletor para a direita!

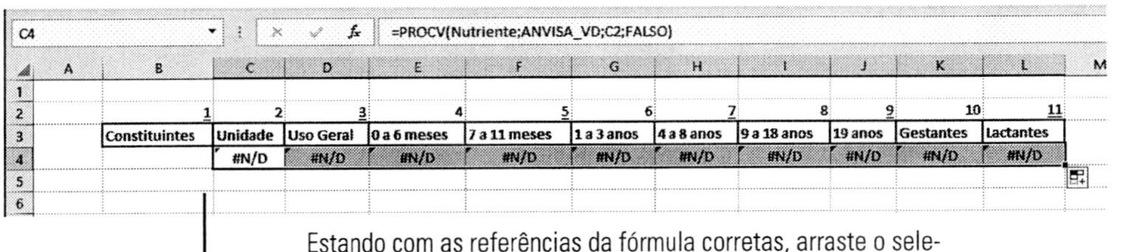

Estando com as referências da fórmula corretas, arraste o seletor da célula C4 para a direita, propagando-a nas células D4:L4

Após propagar a fórmula para todas as demais colunas da tabela, clique na célula B4 e selecione o nome de um dos nutrientes. O Excel retornará seu valor para cada um dos grupos de Estágio de vida, como exibido na planilha ANVISA VD (Figura 4.32).

E você criou só uma fórmula!

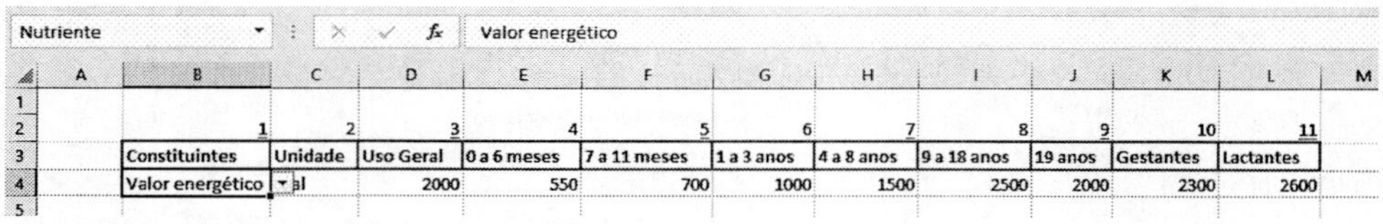


**Figura 4.32:** Quando as fórmulas são criadas corretamente, manipulando-se as referências fixas e relativas, é necessário criar apenas uma fórmula que pode ser facilmente propagada por várias outras células. Agora, ao selecionar um nutriente na célula B4, o Excel irá recuperar rapidamente seu valor para todos os demais grupos de estágio de vida, como exibido pela planilha ANVISA VD.

## 4.4 A função PROCH( ) do Excel

A função PROCH( ) do Excel é útil quando se deseja pesquisar células localizadas nas colunas da primeira linha de um nome de faixa por um valor específico e, se o encontrar, retornar qualquer item de outra linha na mesma coluna da tabela pesquisada.

A sintaxe de uso da função PROCH( ) é:

PROCH(Valor_procurado, Matriz_tabela, Núm_índice_linha, Procurar_intervalo)

Onde:

- **Valor_procurado:** valor a ser procurado na primeira linha da tabela.
- **Matriz_tabela:** nome ou faixa de células onde a tabela reside.
- **Núm_índice:** número da linha que contém o valor a ser retornado. Este valor deve ser maior que 1.
- **Procurar_intervalo:** valor lógico que especifica se PROCH( ) deve localizar uma correspondência exata ou aproximada. Se Procurar_ intervalo for

  FALSO: a busca será por uma correspondência exata.

  VERDADEIRO ou omitido: se uma correspondência exata não for encontrada, será retornado o maior valor mais próximo de Valor_procurado (exige que a primeira coluna da tabela esteja classificada em ordem ascendente).

Como você pode estar se sentindo confuso pelo Excel oferecer duas funções de pesquisa distintas, com nome similar. A Figura 4.33 mostra a diferença entre as funções PROCV( ) e PROCH( ) caso elas sejam usadas para pesquisar o valor do nutriente "Açúcar adicionado" para o grupo de estágio de vida "4 a 8 anos" (35 gramas) na tabela da planilha ANVISA VD.

**Figura 4.33:** Diferenças entre as funções PROCV( ) e PROCH( ) do Excel.

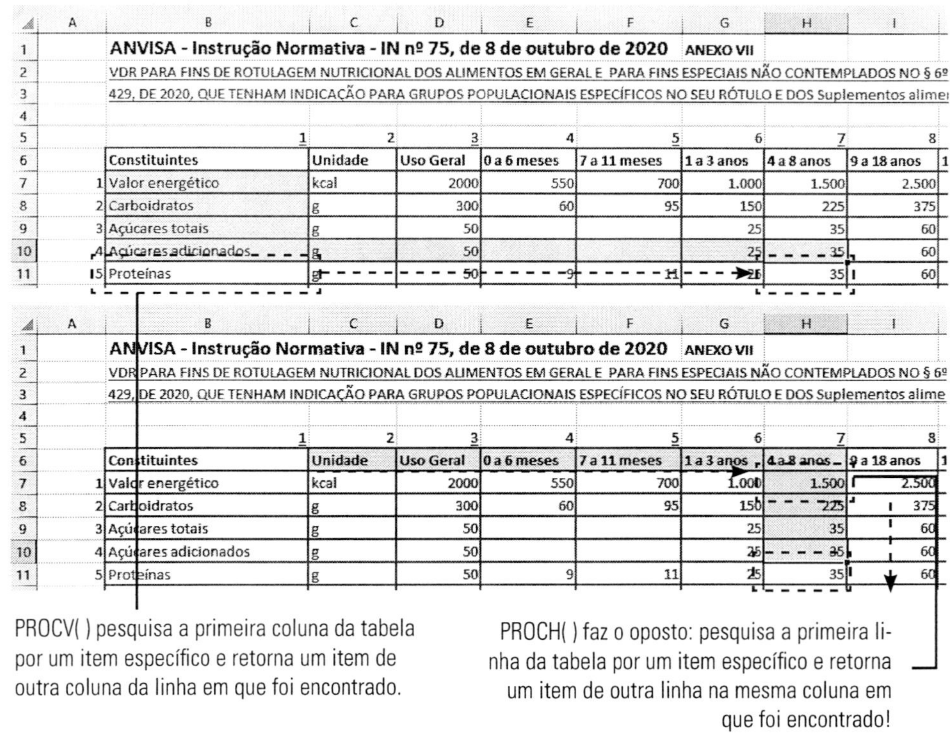


Vamos supor então que você queira selecionar um grupo de Estágio de vida e então encontrar os Valores Diários de todos os nutrientes a ele relacionados. Neste caso, é necessário criar uma interface que contenha uma Lista de Validação de Dados na sua parte superior para selecionar o grupo de Estágio desejado, e então usar a função PROCH( ) para retornar os Valores Diários dos nutrientes a ele associados na planilha ANVISA VD.

1. Vamos criar tal interface de planilha seguindo estes passos:
2. Clique no botão Nova Planilha (botão circular "+", à direita das guias de planilha) para criar uma nova planilha em branco (Planilha2).
3. Copie a faixa de células A4:B49 da planilha ANVISA VD (esta faixa contém todos os números de linha e o nome dos nutrientes) e cole-a na célula A2 da Planilha2.
4. Ajuste a largura da coluna B para que o nome dos nutrientes fiquem legíveis.
5. Na célula C1 digite **Estágio de vida** e ajusta a largura da coluna C.
6. Selecione a célula C2, clique no comando Dados, Validação de Dados para exibir a caixa de diálogo Validação de Dados e defina:

   **Permitir**: Lista.

   **Fonte**: ANVISA_VD_Grupos (pressione F3 e selecione-o na janela Colar Nome).
7. Ao fechar a caixa de diálogo Colar Nome, o Excel inserirá a fórmula = ANVISA_VD_Grupos na opção Fonte da caixa de diálogo Validação de Dados.
8. Clique em OK na caixa de diálogo Validação de Dados para criar a Lista de Validação de Dados na célula C2 e nomeie-a como EstágioDeVida (Figura 4.34)

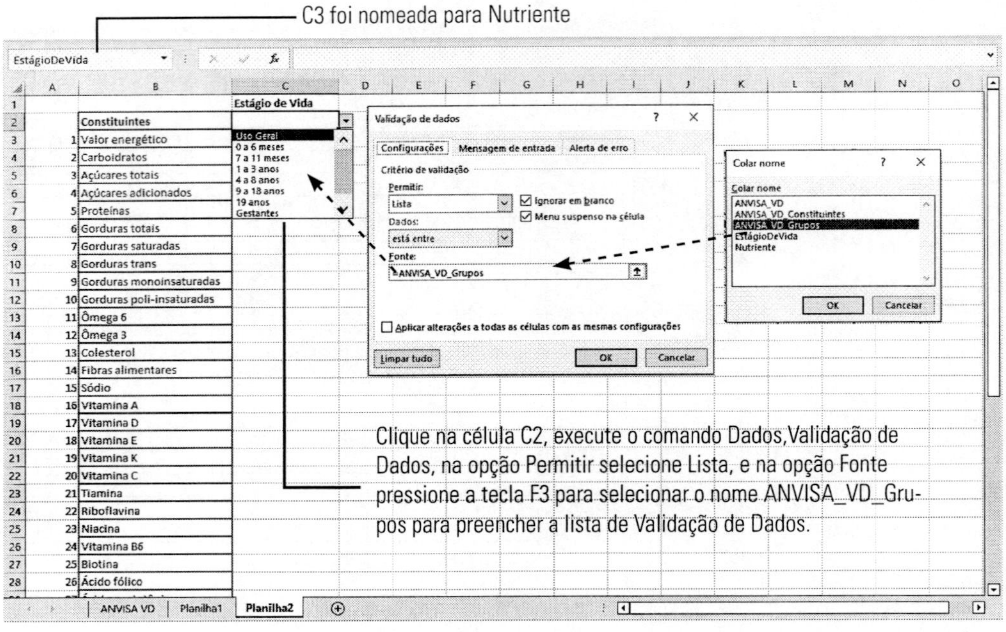


**Figura 4.34:** Copie as células A6:B49 da planilha ANVISA VD e cole-as na célula A2 de uma planilha vazia da mesma Pasta de trabalho. Alargue a coluna B para exibir a descrição completa dos nutrientes e crie a lista de Validação de Dados com os grupos de Estágio de vida na célula C2.

O objetivo é selecionar qualquer grupo de Estágio de vida na lista de Validação de Dados da célula C2 e recuperar seus Valores Diários para todos os nutrientes disponíveis na planilha ANVISA VD.

Para fazer isso, teremos de criar uma *única fórmula* na célula C3 para recuperar o Valor Diário do item "Valor Energético", usando a função PROCH( ) para pesquisar pelo grupo de Estágio de vida selecionado na célula C2 (nomeada como EstágioDeVida), no nome de faixa ANVISA_VD_Grupos, e retornar o valor de cada nutriente situado na coluna B de Planilha2, cujo número de linha associado ao nome de faixa ANVISA_VD encontra-se na coluna A da linha correspondente.

Desta vez, a situação é um pouco mais complexa porque a planilha ANVISA VD não possui um nome de faixa associado à faixa de células D6:L49, que inclui o nome dos grupos de estágio de vida e seus Valores Diários: esta faixa deverá ser selecionada manualmente para ser pesquisada. Siga estes passos:

1. Na Planilha2 (exibida na Figura 4.34), selecione a célula C3, clique no botão Inserir Função (fx), na lista Categoria selecione Pesquisa e Referência e escolha a função PROCH( ).
2. Pressione OK para exibir a caixa de diálogo Argumentos da Função e defina:
   **Valor_procurado:** EstágioDeVida (pressione F3 e escolha-o na janela Colar Nome).
   **Matriz_tabela:** clique na seta à direita do argumento, clique na guia da planilha ANVISA VD e arraste o mouse pelas células D6:D49 e pressione Enter para o Excel inserir este endereço:
   'ANVISA VD'!D6:L49
   **Núm_índice_linha:** A3 +1 (célula à esquerda de "Valor Energético", que deve ser somada do valor 1 para indicar a linha correta da faixa 'ANVISA VD'!D6:L49 definida no argumento Matriz_tabela.
   **Procurar_intervalo:** FALSO (pesquisa exata)

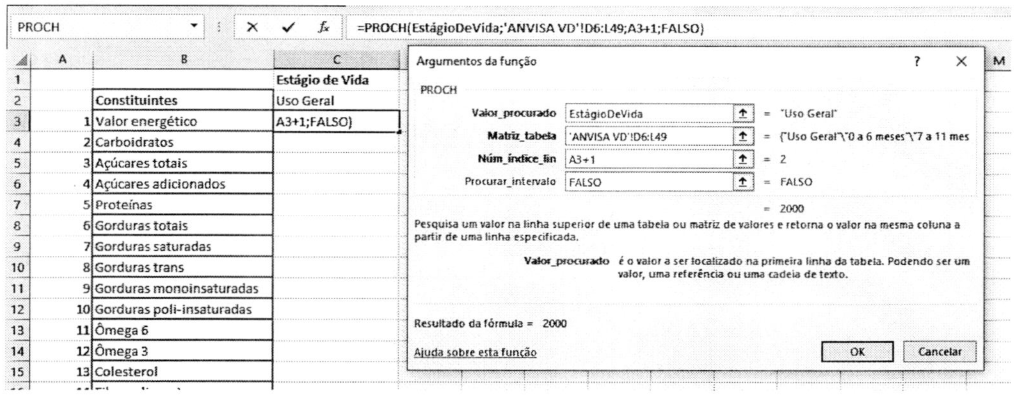


**Figura 4.35:** A caixa de diálogo da função PROCH( ) para a linha "Valor Energético" deve ter a lista de argumentos definida com as referências exibidas nesta figura.

Mais uma vez, antes de fechar a caixa de diálogo Argumentos da Função, observe todos os argumentos digitados e PENSE: *"Ao copiar a fórmula definida para "Valor Energético" para baixo, suas referências serão corretamente atualizadas para recuperar os Valores Diários dos demais nutrientes?*

Certamente que NÃO! Observe que:

1. A referência nomeada EstágioDeVida é absoluta e se manterá constante.
2. A referência 'ANVISA VD'!D6:L49 é relativa e será alterada.
3. A constante FALSO não será alterada.

Então, selecione a referência relativa inserida no argumento Matriz_tabela e pressione a tecla F4 para transformá-lo em uma referência absoluta, tornando-se 'ANVISA VD'!$D$6:$L$49.

Pressionar OK para fechar a caixa de diálogo Argumentos da Função e inserir esta fórmula com a função PROCH( ) na célula C3: =PROCH(EstágioDeVida;'ANVISA VD'!$D$6:$L$49;A3+1;FALSO)

Vá em frente, clique no seletor da célula C3 e arraste-a para baixo até a célula C49, propagando sua fórmula para os demais nutrientes da Planilha2. As células C3:C49 devem retornar o Valor Diário correto para o grupo de Estágio de vida selecionado na célula C2, pois a única referência relativa usada na fórmula (C3+1), se corretamente atualizada (para C4+1, C5+1... C49+1).

Selecione então qualquer grupo de Estágio de vida na lista de Validação de Dados da célula C2 e observe os Valores Diários a ele associados serem corretamente retornados pela função PROCH() (Figura 4.36).

**Figura 4.36:** Agora que você já corrigiu a fórmula com a função PROCH( ) definida para o primeiro grupo de Estágio de Vida, usando referências corretas, propague a fórmula da célula C4 para os demais grupos de idade, arrastando seu seletor para baixo.

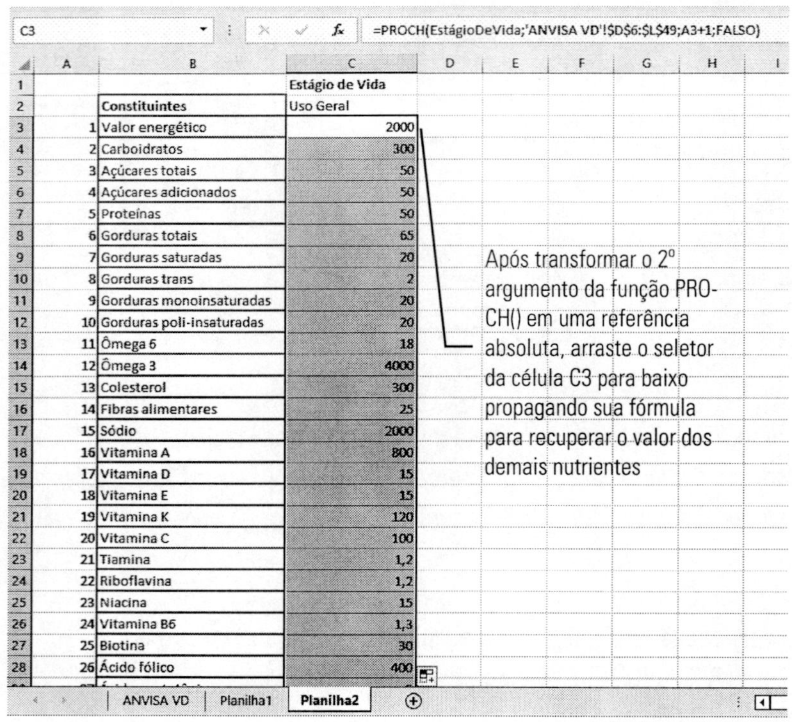


| | A | B | C |
|---|---|---|---|
| 1 | | | Estágio de Vida |
| 2 | | Constituintes | Uso Geral |
| 3 | 1 | Valor energético | 2000 |
| 4 | 2 | Carboidratos | 300 |
| 5 | 3 | Açúcares totais | 50 |
| 6 | 4 | Açúcares adicionados | 50 |
| 7 | 5 | Proteínas | 50 |
| 8 | 6 | Gorduras totais | 65 |
| 9 | 7 | Gorduras saturadas | 20 |
| 10 | 8 | Gorduras trans | 2 |
| 11 | 9 | Gorduras monoinsaturadas | 20 |
| 12 | 10 | Gorduras poli-insaturadas | 20 |
| 13 | 11 | Ômega 6 | 18 |
| 14 | 12 | Ômega 3 | 4000 |
| 15 | 13 | Colesterol | 300 |
| 16 | 14 | Fibras alimentares | 25 |
| 17 | 15 | Sódio | 2000 |
| 18 | 16 | Vitamina A | 800 |
| 19 | 17 | Vitamina D | 15 |
| 20 | 18 | Vitamina E | 15 |
| 21 | 19 | Vitamina K | 120 |
| 22 | 20 | Vitamina C | 100 |
| 23 | 21 | Tiamina | 1,2 |
| 24 | 22 | Riboflavina | 1,2 |
| 25 | 23 | Niacina | 15 |
| 26 | 24 | Vitamina B6 | 1,3 |
| 27 | 25 | Biotina | 30 |
| 28 | 26 | Ácido fólico | 400 |

**ATENÇÃO:** A Pasta de trabalho Pesquisar ANVISA Valores Diários.xlsx encontrada no arquivo CAPÍTULO04.ZIP, contém as planilhas ANVISA VD, Planilha1 e Planilha2 que reproduzem os exemplos das funções PROCV( ) e PROCH( ) citados nesta seção.

## 4.5 Pesquisa dupla

Para encontrar informações em tabelas de dados, às vezes é necessário empregar duas listas de Validação de dados, que permitam selecionar itens contidos na primeira linha e na primeira coluna da tabela, com o intuito de retornar o valor encontrado nesta interseção linha/coluna.

Para fazer isso é necessário efetuar duas pesquisas sucessivas:

1. A primeira pesquisa encontra o número da coluna (ou linha) na primeira linha (ou primeira coluna) da tabela que contém o item selecionado em uma das listas.
2. A segunda pesquisa emprega o número retornado na primeira busca, como terceiro argumento de uma função PROCV( ) ou PROCH( ) para encontrar o valor selecionado na segunda lista, localizado onde a coluna e a linha se interceptam na tabela de dados.

Este tipo de pesquisa é chamada "pesquisa dupla", e a Figura 4.37 ilustra esta estratégia para pesquisar dois itens selecionados em células com diferentes Listas de Validação de Dados (uma para escolher o grupo de Estágio de vida e outra para escolher o Nutriente), e obter o valor desta interseção no nome de faixa ANVISA_VD da planilha ANVISA_VD.

**Figura 4.37:** A estratégia básica para efetuar uma pesquisa dupla, necessita da seleção de dois itens em listas de Validação de Dados distintas, empregando as funções PROCV( ) ou PROCH( ).

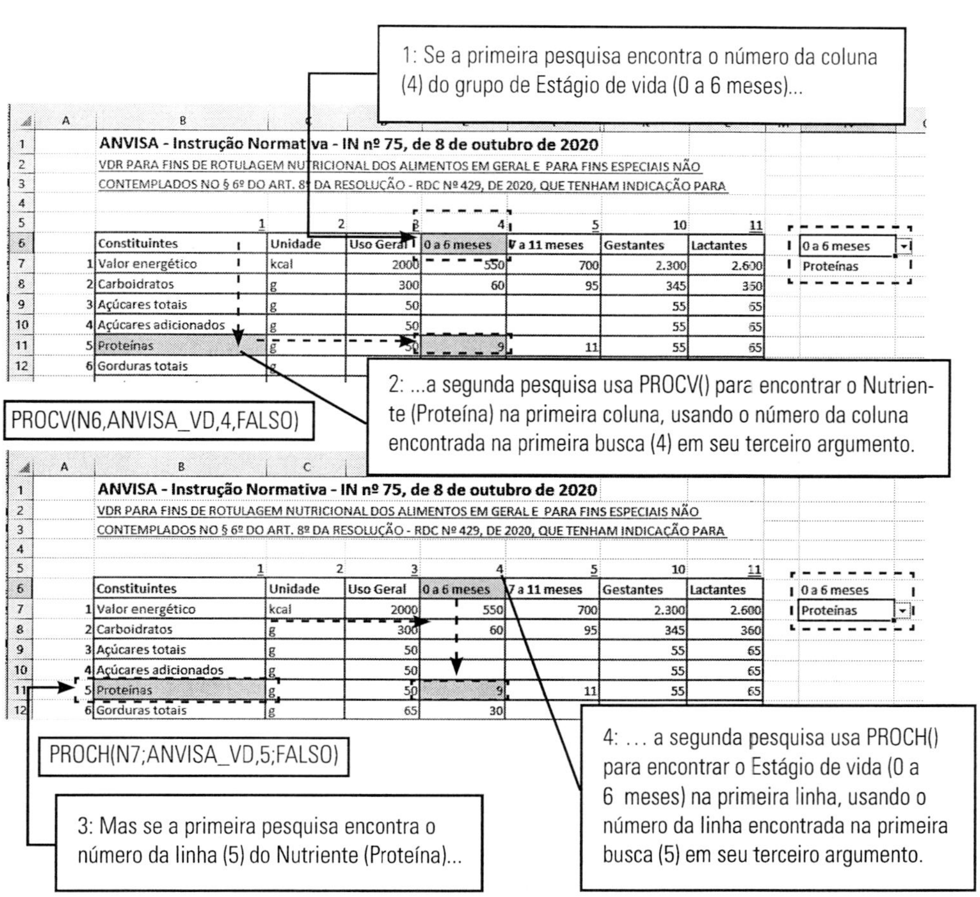


A pergunta é: *"Como obter o número da coluna (ou linha) no primeiro passo da estratégia de pesquisa dupla?"*

## Primeiro passo: use a função CORRESP( ) do Excel

A função CORRESP( ) do Excel retorna exatamente a informação que desejamos no primeiro passo da estratégia de pesquisa dupla: o índice ou posição de um item na faixa pesquisada. Sua Sintaxe é:

CORRESP(Valor_procurado, Matriz_tabela, Procurar_intervalo)
Onde:

**Valor_procurado:** valor pesquisado na faixa.

**Matriz_procurada:** nome ou faixa de células onde o valor se encontra.

**Tipo_correspondência:** valor numérico inteiro que especifica como a busca será efetuada.

- 1: encontra o **maior valor que é menor ou igual** ao Valor_procurado. (exige que o argumento Matriz_ procurada esteja em **ordem ascendente**).
- 0: encontra o primeiro valor exatamente igual à Valor_procurado.
- -1: encontra o **menor valor que é maior que ou igual** a Valor_procurado (exige que Matriz_ procurada esteja em **ordem descendente**)

Vamos empregar os exemplos citados na Figura 4.37, usando PROCV( ) e PROCH( ). Ambos encontram o item escolhido empregando diferentes estratégias de pesquisa dupla.

Mas antes de fazer isso, é necessário aprender uma estratégia simples para lidar com duas ou mais funções complexas ao construir fórmulas no Excel: o uso de outras células para retornar resultados intermediários.

---

**ATENÇÃO**: Para criar a estratégia de pesquisa dupla exibida na Figura 4.37, insira uma cópia do Modelo de planilha ANVISA Valores Diários em qualquer Pasta de trabalho do Excel e crie duas listas de Validação de Dados usando os nomes de faixa ANVISA_VD_Grupos e ANVISA_VD_Constituintes (o que recomendo fazer como exercício).

**ATENÇÃO**: O arquivo CAPÍTULO04.ZIP contém o arquivo Capítulo 04-04.xlsx, que fornece as planilhas Pesquisa Dupla PROCV e Pesquisa Dupla PROCH, que efetuam esta estratégia de pesquisa as funções CORRESP( ), PROCV() e PROCH( ).

---

### Use outras células para retornar resultados intermediários

Como pode ver na Figura 4.37, usei as listas de Validação de Dados para selecionar tanto o grupo de Estágio de vida como o Nutriente (e se você ainda estiver em dúvida sobre como criar uma lista de Validação de Dados, retorne à seção "Selecionando itens usando uma lista de Validação de Dados", anteriormente neste capítulo).

Suponha então que se deseje usar a função PROCV( ) para encontrar o valor do item situado na interseção dos valores selecionados de ambas as listas, ou em termos mais simples, considerando-se as células N6 e N7 da Figura 4.37, *"Qual é a recomendação da ANVISA para o grupo de Estágio de vida '0 a 6 meses" do nutriente 'Proteína"?*

De acordo com a estratégia da pesquisa dupla, precisamos encontrar primeiro o número da coluna relativo ao grupo de Estágio de vida "0 a 6 meses", no nome de faixa ANVISA_VD_Grupos usando a função CORRESP( ). Siga estes passos:

1. Selecione a célula N5 (acima da Lista de Validação de Dados para grupos de Estágio de vida) como célula intermediária para receber a fórmula que usa a função CORRESP( ).
2. Clique no botão Inserir Função (*fx*), na caixa de diálogo Inserir Função escolha a categoria "Pesquisa e Referência" e selecione a função CORRESP( ) na lista.
3. Clique em OK para exibir a caixa de diálogo Argumentos da Função para a função CORRESP() e defina:
   **Valor_procurado:** N6
   **Matriz_procurada:** ANVISA_VD_Grupos (pressione F3 e escolha-o na janela Colar nome)
   **Tipo_correspondência:** 0 (ou Falso para pesquisa exata, Figura 4.38).

**Figura 4.38:** O argumento Valor_procurado para a função CORRESP( ) terá de pesquisar o grupo de Estágio de vida selecionado na célula N6 no nome de faixa ANVISA_VD_Grupos..;

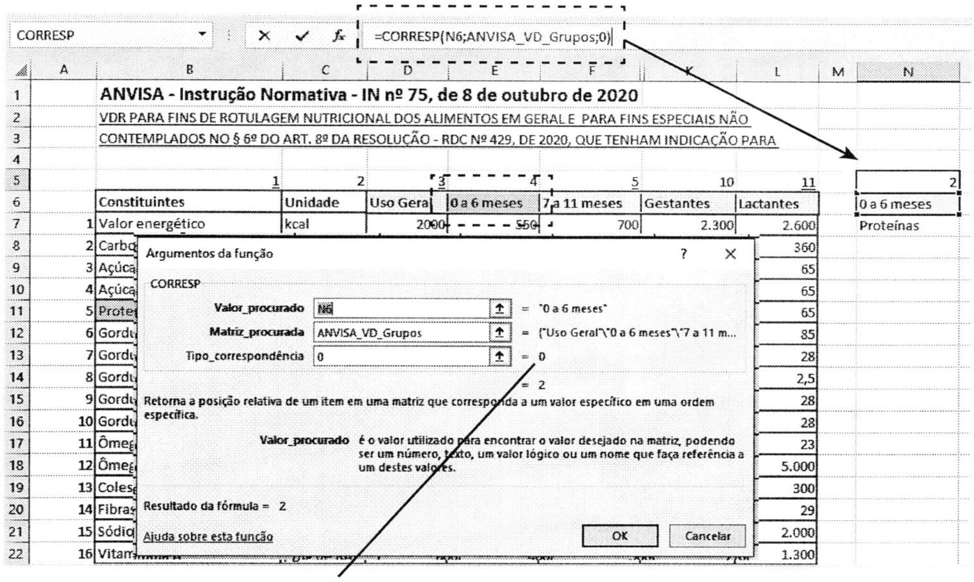


Matriz_procurada deve ser definido para o nome ANVISA_VD_Grupos.
Tipo_correspondência = 0 define uma pesquisa exata

Ao pressionar OK na caixa de diálogo Argumentos da Função, o Excel criará a fórmula na célula N5 e avaliará seu valor (2). Agora dê uma boa olhada na estrutura da função CORRESP( ) recém-criada para entender sua sintaxe, quando necessitar utilizá-la para desenvolver suas soluções de planilha (Figura 4.39).

**Figura 4.39:** A estrutura sintática da função CORRESP( ) que foi usada para retornar a posição relativa do grupo de Estágio de vida "0 a 6 meses" (selecionado na lista de Validação de Dados da célula N6), dentro da faixa ANVISA_VD_Grupos..

1° argumento, O QUE é pesquisado

3° argumento COMO é pesquisado

=CORRESP(N6;ANVISA_VD_Grupos;0)

2° argumento ONDE é pesquisado

## Observe o valor retornado por CORRESP( )

A Figura 4.38 exibe que a função CORRESP( ) retorna o valor 2 para indicar que o grupo de Estágio de vida "0 a 6 meses" encontra-se na 2ª posição do nome de faixa ANVISA_VD_Grupos, enquanto a tabela contida na planilha ANVISA VD exibe o número 4 acima deste nutriente, como sua posição relativa dentro do nome de faixa ANVISA_VD.

---

**ATENÇÃO:** Retorne à Figura 4.24 e verifique que o nome de faixa ANVISA_VD (B7:L49) está deslocado uma linha abaixo e duas colunas à esquerda do nome de faixa ANVISA_VD_Grupos.

---

Por este motivo, o valor retornado no primeiro passo da pesquisa dupla efetuado com CORRESP( ) deve ser acrescido de 2 para retornar o índice de coluna correto em relação à faixa ANVISA_VD, que será utilizada pela função PROCV( ) para pesquisar o valor desejado.

## Segundo passo: usando a função PROCV( ) do Excel

Para criar a função PROCV( ) que efetua o segundo passo da estratégia de pesquisa dupla, siga estes passos:

1. Clique na célula N8 (abaixo da lista de Validação de Dados que escolhe o Nutriente) como para inserir o valor retornado pela função PROCV( ).
2. Clique no botão Inserir Função (fx), selecione a função PROCV( ) na caixa de diálogo Inserir Função, exiba a caixa de diálogo Argumentos da Função e defina (Figura 4.40):

   **Valor_procurado:** N7

   **Matriz_tabela:** ANVISA_VD (pressione F3 para exibir a janela Colar Nome e selecione-o na lista).

   **Núm_índice_coluna:** N5+2 (valor retornado por CORRESP( ) acrescido de 2).

   **Procurar_intervalo:** FALSO (pesquisa exata).

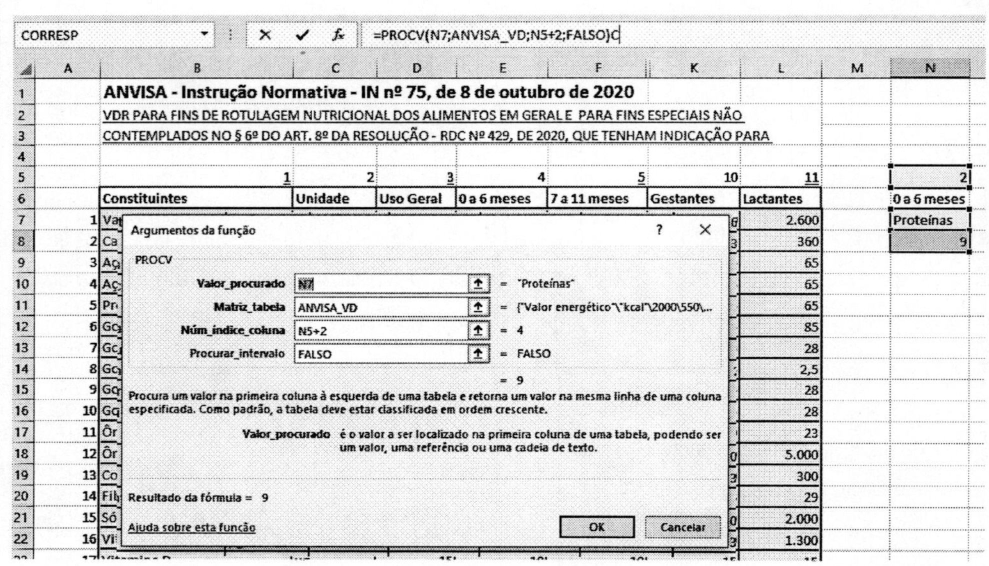


**Figura 4.40** É assim que você deve definir a função PROCV( ) para efetuar o segundo passo desta estratégia de pesquisa dupla: o argumento Núm_índice_coluna deve ser definido para o resultado retornado pela função CORRESP( ) na célula K4 acrescido de uma unidade.

A Figura 4.41 mostra o resultado final: agora é possível selecionar qualquer combinação de grupo de Estágio de vida e Nutriente e obter seu Valor Diário recomendado pela ANVISA, usando a estratégia de pesquisa dupla com as funções CORRESP() e PROCV()!

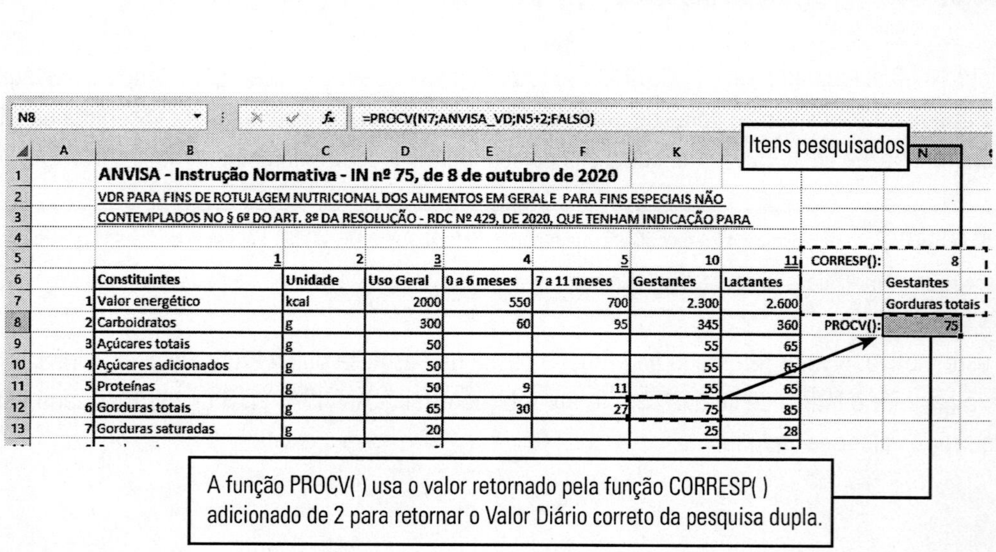


**Figura 4.41:** A célula N7 possui uma função PROCV( ) que usa o valor retornado pela função CORRESP( ) inserida na célula N5, em seu terceiro argumento, efetuando o segundo passo da pesquisa dupla no nome de faixa ANVISA_VD..

Para terminar este exemplo, observe na Figura 4.42 a função PROCV( ) recém-criada na Figura 4.49 e veja se entende o que a função faz!

**Figura 4.42:** Esta é a função PROCV( ) criada para efetuar o segundo passo de uma pesquisa dupla na tabela DRI.

1º argumento O QUE é pesquisado

2º argumento ONDE é pesquisado

=PROCV(N7;ANVISA_VD;N5+2;FALSO)

3º argumento O QUE RETORNAR: CORRESP( )+2

4º argumento COMO é pesquisado

## Pesquisa dupla com funções aninhadas

Chega o dia em que sua experiência no Excel permiti-lhe interpretar e criar fórmulas que usem funções aninhadas, em vez de usar células intermediárias para armazenar resultados.

Não há nada de errado em usar uma ou mais células para armazenar resultados intermediários: na verdade é uma boa prática de programação ser perseguida, porque permite observar se os cálculos intermediários estão corretos, antes de utilizá-los como argumentos de funções em outras fórmulas.

Note que ao usarmos esta estratégia neste exemplo, foi possível perceber a diferença entre o número da coluna retornado pela função CORRESP( ) no primeiro passo da pesquisa dupla e o índice de coluna necessário para o terceiro argumento da função PROCV( ) usada no segundo passo.

O que acha então de usar ambos os passos em uma única fórmula, criando o que se chama de "ninho de funções" (uma função dentro da outra)?

Neste caso, será necessário copiar a fórmula usada pela função CORRESP( ) no primeiro passo (sem o sinal de igual) e colá-lo no local do terceiro argumento (N5) da função PROCV( ) usada no segundo passo da pesquisa dupla, criando uma fórmula que executa, em um único passo a estratégia de pesquisa dupla (Figura 4.43).

**Figura 4.43:** Para efetuar a pesquisa dupla em um único passo, copie a função CORRESP( ) usada no primeiro passo e cole-a no lugar da referência N5 do terceiro argumento usado pela função PROCV( ) no segundo passo da estratégia de pesquisa dupla.

**=CORRESP(N6;ANVISA_VD_Grupos;0)**

+

=PROCV(N7;ANVISA_VD;**N5**+2;FALSO)

=

=PROCV(N7;ANVISA_VD; CORRESP(N6;ANVISA_VD_Grupos;0)+2;FALSO)

É verdade, é uma fórmula impressionante! Mas acredito que você já seja capaz de entender que ela usa duas funções aninhadas para executar a estratégia de pesquisa dupla em uma única fórmula!

**ATENÇÃO:** Muitos usuários avançados do Excel preferem usar funções aninhadas em suas fórmulas para obter o resultado desejado. Mas toda vez que você tentar entender uma função aninhada, faça sua engenharia reversa, copiando a função aninhada (a que está **dentro**), para outra célula da planilha, verificando qual resultado ela retorna. É uma boa prática de programação e um método simples de entender a racional usada por outra pessoa para criar fórmulas úteis e complexas.

**ATENÇÃO:** Como exemplo para você a Pasta de trabalho Pesquisa Dupla em ANVISA Valores Diários.xlsx, encontrada no arquivo CAPÍTULO04.ZIP efetua a estratégia de pesquisa dupla usando as funções PROCV() e PROCH() de forma independente ou com uma única fórmula empregando funções aninhadas. Deixo para você a tarefa de estudá-las.

## 4.6 Criando listas de seleção em cascata

A última técnica a ser citada neste capítulo para a construção de boas aplicações de planilha no Excel é a de criação de duas ou mais Listas de Validação de Dados que se atualizam em cascata, permitindo-se fazer seleções sucessivas, baseadas nas escolhas anteriores.

A expressão "Listas de Validação de Dados em cascata" indica a necessidade de selecionar um item na primeira lista, e então usar este item para preencher os itens na segunda lista, permitindo-se fazer uma segunda seleção baseada na primeira.

A estratégia para produzir listas em cascata necessita de uma tabela que possua pelo menos duas colunas: a primeira coluna identifica os itens por um aspecto comum a todos eles (como uma Categoria), enquanto a segunda coluna indica os itens de cada Categoria.

Para que isto funcione:

1. Classifique a tabela desejada executando o comando Página Inicial, Classificação Personalizada, usando a coluna Categoria no primeiro nível de classificação, e no segundo nível de classificação, os itens de cada Categoria.
2. Na tabela classificada, selecione as células dos itens que pertencem a uma categoria e nomeie a seleção usando o nome da Categoria a eles associada.
3. Crie uma segunda tabela contendo os nomes de faixa associados a cada Categoria, e nomeie esta faixa com um nome reconhecível (como "Categorias")
4. Crie então as duas listas de Validação de Dados, definindo na guia Configurações da caixa de diálogo Validação de Dados, o argumento Fonte:
   - Na primeira lista, pressione F3 e selecione na janela Colar Nome o nome de faixa atribuído para a lista de Categorias definida no passo 3.
   - Na segunda lista, use uma fórmula que empregue a função INDIRETO() do Excel, fornecendo-lhe como argumento o endereço da primeira Lista de Validação de Dados, para preenchê-la com os itens da Categoria selecionada na primeira lista.

No arquivo Capítulo04.zip, você encontra a Pasta de trabalho Tabela Nutricional.xlsx, em que a planilha Tabela Nutricional possui uma pequena tabela de alimentos, onde sua primeira coluna indica a Categoria dos alimentos (Frutas, Legumes e Verduras), a segunda coluna o nome dos Itens alimentares associados à cada Categoria, e outras seis colunas que fornecem os dados nutricionais destes alimentos (Figura 4.44).

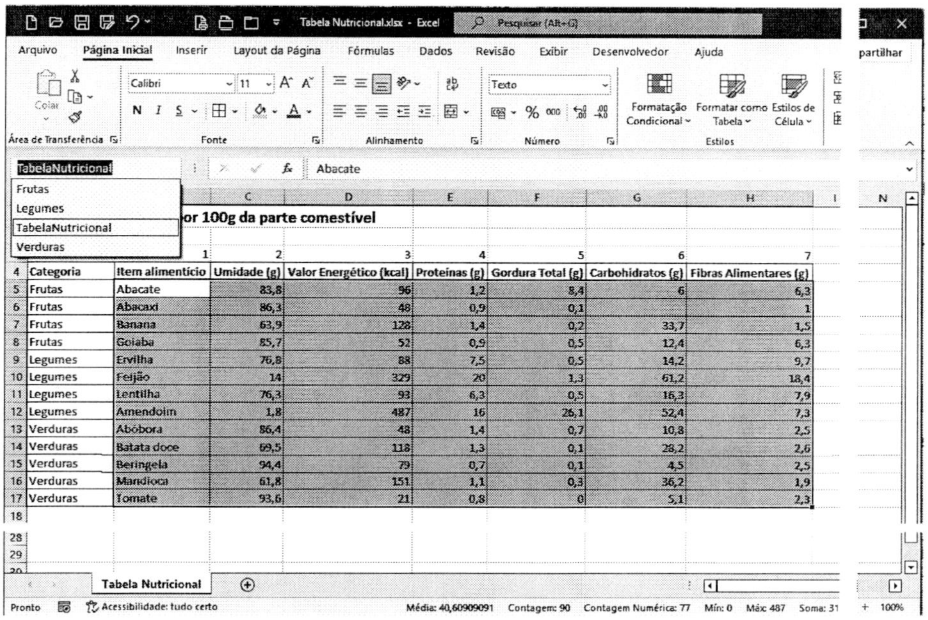

| Categoria | Item alimentício | Umidade (g) | Valor Energético (kcal) | Proteínas (g) | Gordura Total (g) | Carbohidratos (g) | Fibras Alimentares (g) |
|---|---|---|---|---|---|---|---|
| Frutas | Abacate | 83,8 | 96 | 1,2 | 8,4 | 6 | 6,3 |
| Frutas | Abacaxi | 86,3 | 48 | 0,9 | 0,1 | | 1 |
| Frutas | Banana | 63,9 | 128 | 1,4 | 0,2 | 33,7 | 1,5 |
| Frutas | Goiaba | 85,7 | 52 | 0,9 | 0,5 | 12,4 | 6,3 |
| Legumes | Ervilha | 76,8 | 88 | 7,5 | 0,5 | 14,2 | 9,7 |
| Legumes | Feijão | 14 | 329 | 20 | 1,3 | 61,2 | 18,4 |
| Legumes | Lentilha | 76,3 | 93 | 6,3 | 0,5 | 16,3 | 7,9 |
| Legumes | Amendoim | 1,8 | 487 | 16 | 26,1 | 52,4 | 7,3 |
| Verduras | Abóbora | 86,4 | 48 | 1,4 | 0,7 | 10,8 | 2,5 |
| Verduras | Batata doce | 69,5 | 118 | 1,3 | 0,1 | 28,2 | 2,6 |
| Verduras | Beringela | 94,4 | 79 | 0,7 | 0,1 | 4,5 | 2,5 |
| Verduras | Mandioca | 61,8 | 151 | 1,1 | 0,3 | 36,2 | 1,9 |
| Verduras | Tomate | 93,6 | 21 | 0,8 | 0 | 5,1 | 2,3 |

**Figura 4.44:** A Pasta de trabalho Tabela Nutricional.xlsx contém a planihla Tabela Nutricional que fornece uma pequena tabela de alimentos a ser usada para produzir duas Listas de Validação de Dados em cascata com o Excel.

A Figura 4.44 mostra que a planilha Tabela Nutricional da Pasta de trabalho Tabela Nutricional.xlsx possui quatro nomes de faixa:

- TabelaNutricional: faixa B5:H17, selecionada na figura acima, contendo o nome de todos os Itens alimentícios e seus dados nutricionais.
- Frutas: faixa B5:B8, contendo o nome das frutas.
- Legumes: faixa B9:B12, contendo o nome dos legumes.
- Verduras: faixa B13:B17, contendo o nome das verduras.

## Colando nomes de faixa na planilha

Sempre que tiver de lidar com planilhas de dados que possuam vários nomes de faixas, você pode solicitar ao Excel que os cole em alguma planilha da Pasta de trabalho atual, facilitando sua utilização para criar o sistema de Listas de Validação de Dados em cascata.

Siga estes passos para colar os nomes na planilha Tabela Nutricional:

1. Selecione a célula J5 (abaixo do título "Nomes de Faixa"), onde há espaço para o Excel colar os nomes de faixa.
2. Na guia Fórmulas, área Nomes Definidos, escolha o comando Usar em Fórmulas, Colar Nomes para o Excel exibir a caixa de diálogo Colar Nome.
3. Clique no botão Colar Lista para produzir a lista de nomes e endereços de faixa atualmente definidos na Pasta de trabalho atual (Figura 4.45).

**Figura 4.45:** Uma guia Fórmulas, use o comando Usar em Fórmulas, Colar Nomes... para colar uma lista de nomes de faixa e seus endereços diretamente na planilha!

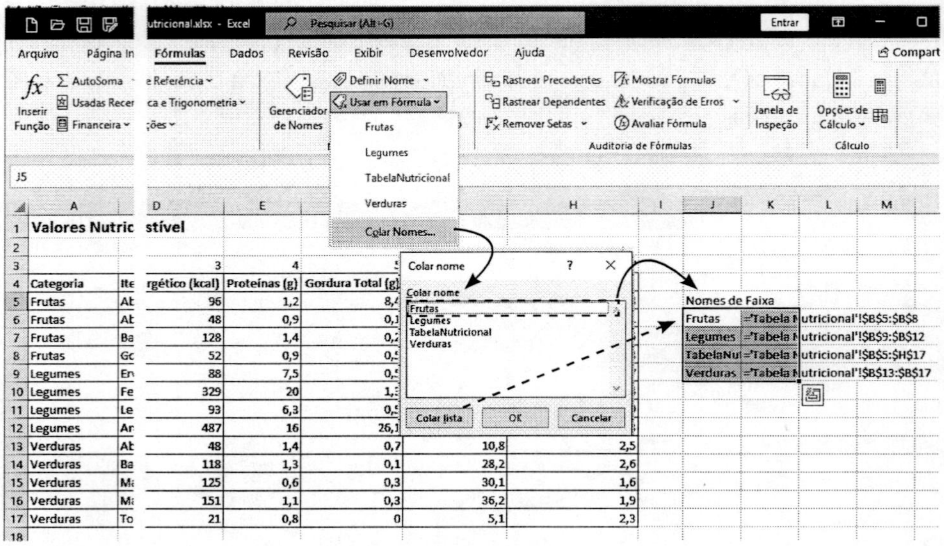

4. Retire o nome TabelaNutricional da lista de nomes: selecione as células J8:K8 (que representam o nome Vegetais e seu endereço), aponte o mouse para a borda da seleção e arraste-a para cima, sobrescrevendo o nome TabelaNutricional.
5. Selecione as células J5:J7 que possuem a os nomes das categorias de alimentos e nomeie-as como Categorias (Figura 4.46).

**Figura 4.46:** Remova o nome TabelaNutricional da lista de nomes colada pelo Excel, e nomeie a faixa J5:J7 contendo os nomes das categorias de alimentos como Categorias

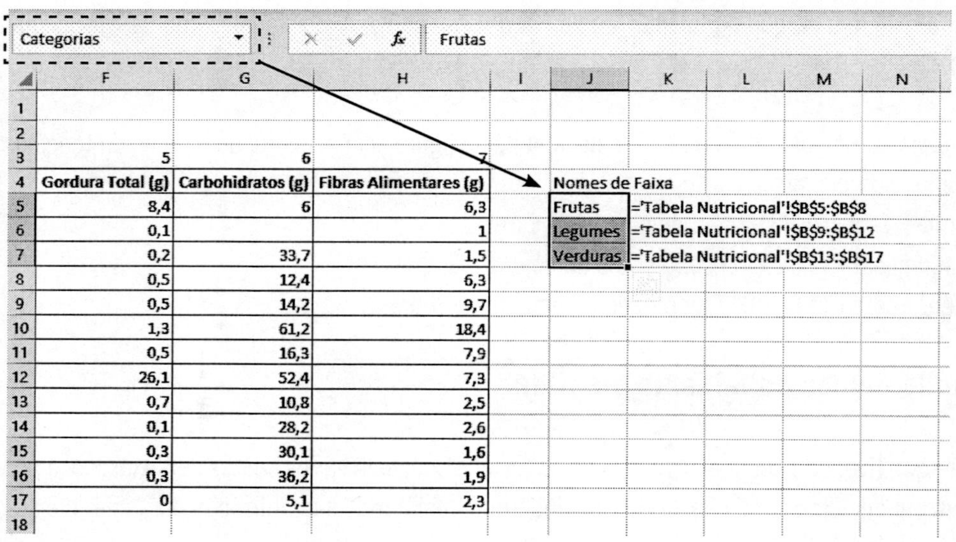

A ideia agora, é produzir uma primeira lista preenchida pelo nome de faixa Categorias, contendo os nomes das categorias de alimentos, selecionar nesta lista uma categoria e preencher a segunda lista usando apenas os alimentos associados à categoria selecionada.

Para fazer isso, é necessário primeiro compreender a sintaxe da função INDIRETO() do Excel.

## Usando a função INDIRETO( ) do Excel

A função INDIRETO( ) é usada quando se precisa fornecer um texto representando um nome de faixa a ser usado como argumento para outra função – ela transforma o texto recebido em uma referência absoluta as células que este representa (se houver).

A sintaxe da função INDIRETO( ) é:
INDIRETO(Texto_ref, a1)

Onde:

- Texto_ref: é um texto ou referência de célula contendo um texto, cujo valor pode ser transformado em uma referência a outra faixa de células.
- a1: opcional, é um valor lógico que especifica o tipo de referência em Texto_ref:
    - VERDADEIRO ou omitido: Texto_ref é uma referência no estilo A1 (o estilo usado neste livro, empregando letras de coluna e números de linha para nomear células).
    - FALSO: Texto_ref é uma referência no estilo R1C1 (outro estilo de referências, onde as linhas são prefixadas pela letra "R" (de Row) seguida do número da linha, e as colunas prefixadas pela letra "C", seguida do número da coluna, onde a coluna A=1).

---

**ATENÇÃO:** Apesar de raramente usarmos o estilo de referência R1C1 em fórmulas do Excel elas podem ser muito úteis para criar Macros no Excel que empreguem referências relativas.

---

Esta explicação indica que você pode usar o texto "Frutas" (associado ao nome de faixa que representa as células B5:B8 da planilha Tabela Nutricional), como uma referência indireta em uma fórmula ou expressão, fornecendo-lhe como argumento para a função INDIRETO(), onde tal referência seja aceita (como em um argumento de função ou no argumento Fonte da caixa de diálogo Validação de Dados), desta forma:
=INDIRETO("Frutas")

Ou digitar o texto "Frutas" em uma célula qualquer, como A1, e usar esta expressão:
=INDIRETO(A1)

O que é idêntico usar o próprio nome de faixa na expressão:
=Frutas

Vamos ver como isso funciona de forma mais prática seguindo estes passos:

1. Na planilha Tabela Nutricional, selecione a célula J9, escolha o comando Dados, Validação de Dados e na caixa de diálogo Validação de Dados, defina:
   **Permitir**: Lista
   **Fonte**: Categorias (pressione F3 e o selecione na janela Colar Nome).
2. Ao pressione OK, o Excel inserirá a fórmula =Categorias na opção Fonte da caixa de diálogo Validação de Dados.
3. Clique em OK para criar a Lista de Validação de Dados na célula J9 e selecione uma categoria na lista de Validação de Dados da célula J9.
4. Selecione a célula J10, escolha o comando Dados, Validação de Dados e na caixa de diálogo Validação de Dados,

defina:
**Permitir**: Lista
**Fonte**: =INDIRETO(J9)

5. Clique em OK para criar a Lista de Validação de Dados na célula J10

---

**ATENÇÃO**: Se não houver um item selecionado na lista de Validação de Dados da célula J9, o Excel exibirá uma mensagem de erro indicando que "a fonte resulta em erro". Ignore a mensagem e prossiga.

---

6. Selecione uma categoria na lista de Validação de Dados da célula J9 e verifique que a lista de Validação de Dados da célula J10 exibe apenas os itens alimentícios associados à categoria selecionada (Figura 4.47)!

**Figura 4.47:** Após selecionar uma Categoria na lista de validação de dados da célula J9, a lista de Validação de Dados da célula J10 se atualiza para exibir os Itens alimentícios associados a esta categoria, por usar no argumento Fonte da caixa de diálogo Validação de Dados, a expressão =INDIRETO(J9).

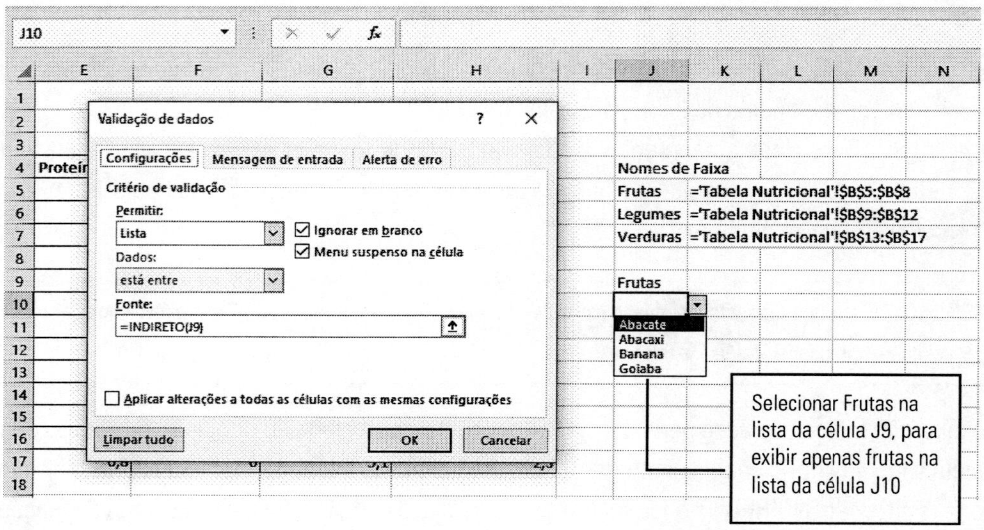


## Criando uma interface para a Tabela Nutricional

A missão agora é criar interface com listas de Validação de Dados em cascata para permitir a seleção de categorias e alimentos da planilha Tabela Nutricional e retornar seu perfil nutricional em uma nova planilha criada na Pasta de trabalho Tabela Nutricional.xlsx.

Siga estes passos:

1. Na planilha Tabela Nutricional, selecione a faixa A3:H4 (para copiar a linha com os números das colunas associadas ao nome de faixa TabelaNutricional e os títulos das colunas) e pressione Ctrl+C para copiá-la para a Área de Transferência do Windows.
2. Clique no botão circular Inserir Planilha ("+" à direita da planilha Tabela Nutricional) para inserir a Planilha1, em branco, na Pasta de trabalho atual.
3. Na Planilha1 recém-inserida, selecione a célula A1 e pressione Ctrl+V para colar as células copiadas
4. Clique no cabeçalho da coluna A, arraste o mouse até a coluna H e aplique um duplo clique na borda direita do cabeçalho de uma das colunas selecionadas para ajustar suas larguras (Figura 4.48).

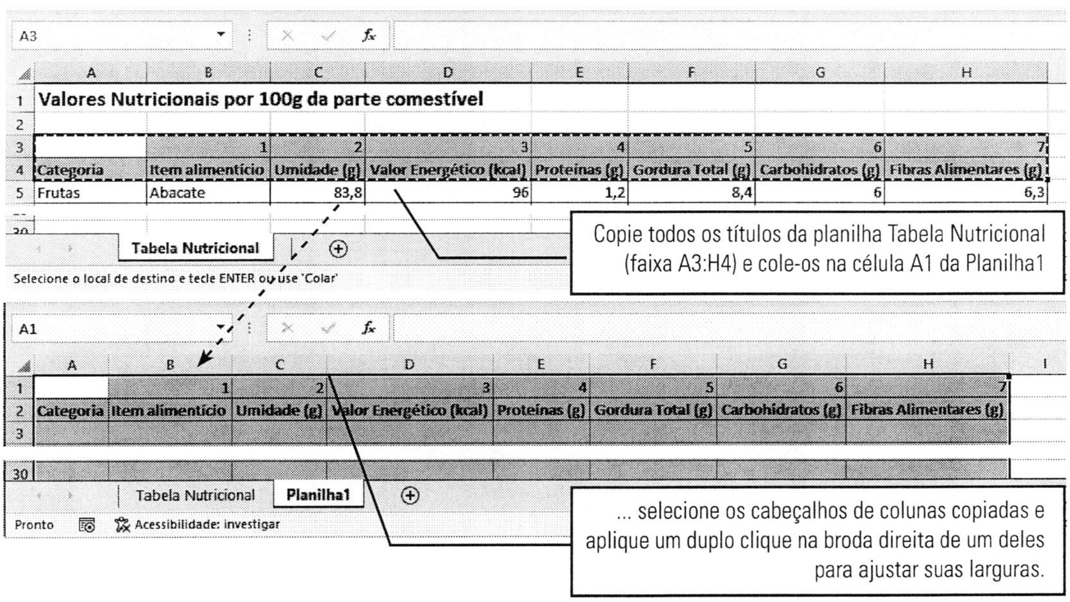


**Figura 4.48:** Copie a faixa de células A3:H5 da planilha Tabela Nutricional e cole a faixa copiada na célula A1 da recém-inserida Planilha1, e então ajuste a largura das colunas.

5. Para criar a primeira Lista de Validação de Dados na Planilha1, selecione a célula A3, clique no botão Validação de Dados para criar a primeira lista de Validação de Dados e defina:
   **Permitir**: Lista
   **Fonte**: =Categorias (pressione F3 e selecione-o na janela Colar Nome).

6. Pressione OK para fechar a caixa de diálogo Validação de Dados e criar a primeira Lista de Validação de Dados na célula A3.
7. Selecione uma categoria de alimentos na célula A3 (para evitar que o Excel se queixe ao criar a segunda lista).
8. Para criar a segunda Lista de Validação de Dados, selecione a célula B3 clique no botão Validação de Dados para criar a primeira lista de Validação de Dados e defina:
   **Permitir**: Lista
   **Fonte**: =INDIRETO(A3)

9. Pressione OK para fechar a caixa de diálogo Validação de Dados e criar a segunda Lista de Validação de Dados na célula B3 (Figura 4.49).

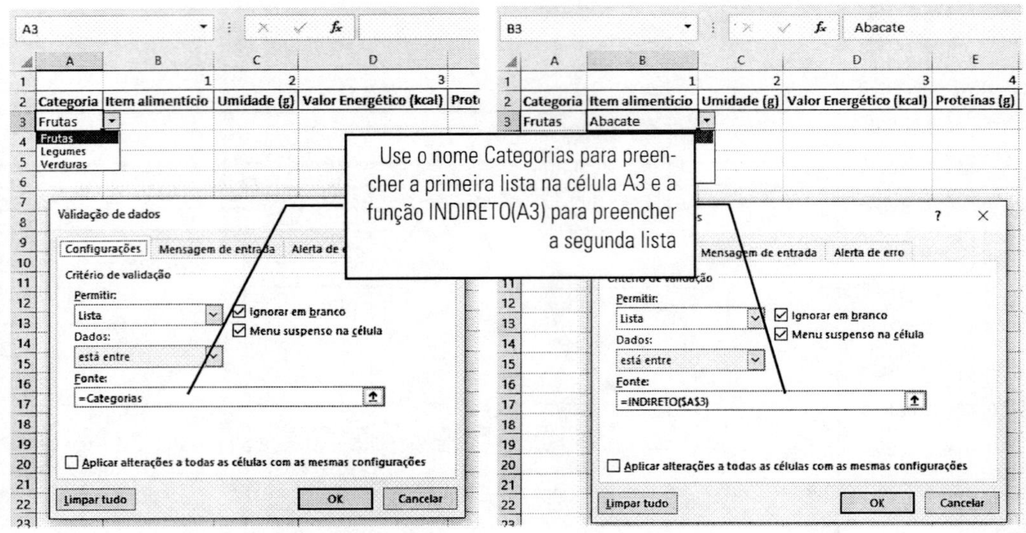


**Figura 4.49:** Use o comando Dados, Validação de Dados para criar na célula A3 a primeira Lista de Validação de Dados preenchida com o nome de faixa Categorias, e use a função INDIRETO(A3) para criar a segunda Lista de Validação de Dados na célula B3.

## Pesquisando a faixa TabelaNutricional

O exercício recém-terminado criou a estrutura básica que será utilizada para criar outras aplicações de planilha do Volume 2 desta obra. Ela permite a seleção de um entre milhares de alimentos, escolhendo primeiro sua Categoria para depois selecionar um dos alimentos restritos a esta categoria.

Agora é hora de criar uma única fórmula na célula C3 usando a função PROCV() para pesquisar a faixa TabelaNutricional pelo alimento selecionado e retornar o valor de seus nutrientes. Siga estes passos:

1. Selecione a célula C3 (Umidade para o alimento selecionado em B3), clique no botão Inserir Função (fx), escolha a função PROCV( ) e, na caixa de diálogo Argumentos da Função, defina (Figura 4.50):

   **Valor_procurado:** $B3 (como a fórmula será arrastada para a direita e para baixo, a coluna B deve permanecer fixa e a linha 3 deve ser relativa)

   **Matriz_tabela:** TabelaNutricional (pressione F3 e selecione-o na janela Colar Nome).

   **Núm_índice_coluna:** C$1 (posição do item "Umidade" na faixa TabelaNutricional: mantenha a coluna C relativa para se tornar E, F etc. ao copiar a fórmula para a direita, e a linha 1 fixa para não se alterar ao copiar a fórmula para baixo).

   **Procurar_intervalo:** FALSO (pesquisa exata).

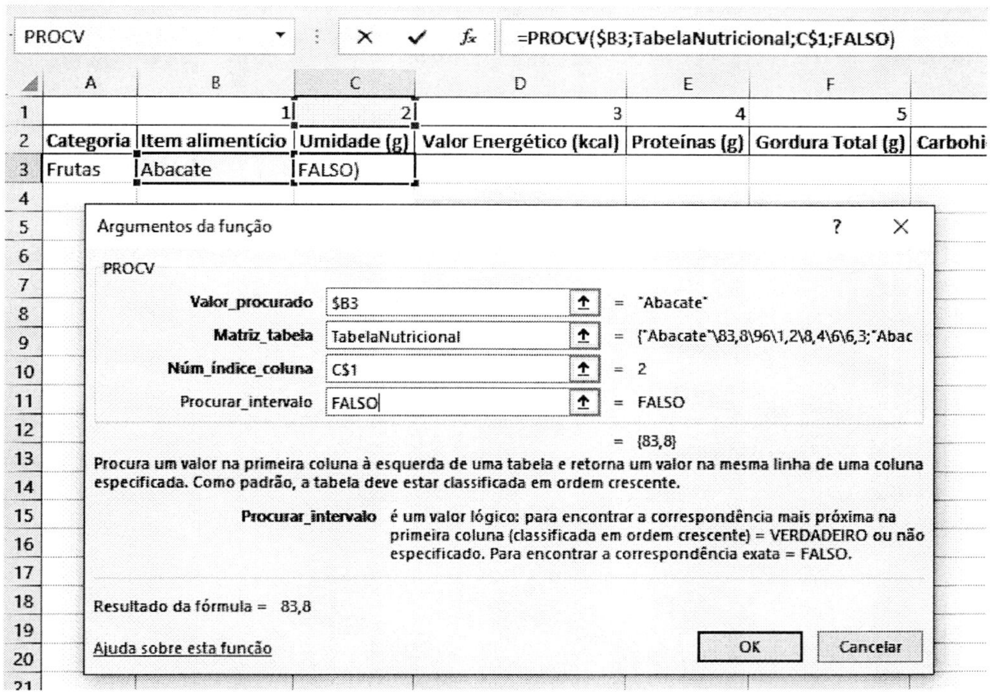


**Figura 4.50:** Insira na célula C3 da Planilha1 uma fórmula que use PROCV( ) com referências relativas e absolutas a linhas e colunas, capaz de permitir propagá-la para todos os demais nutrientes.da mesma linha.

Ao pressionar OK, a função PROCV( ) será inserida na célula C3 e você estará pronto para propagá-la para as demais colunas de nutrientes da tabela. Mais uma vez, observe a Figura 4.51, que detalha como a fórmula da célula C3 utiliza a função PROCV( ) para retornar o valor dos nutrientes do alimento selecionado na Lista de Validação de Dados da célula B3.

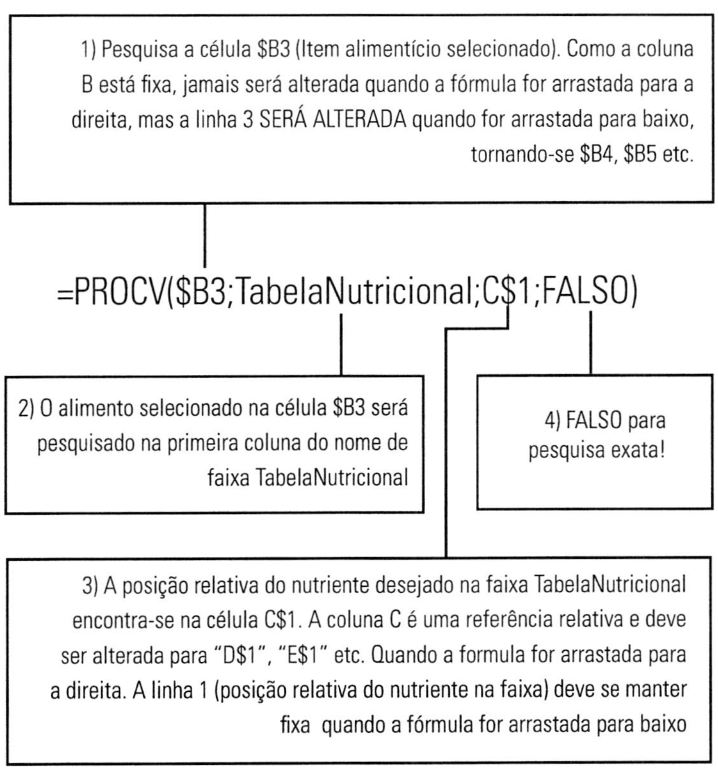


**Figura 4.51:** Esta é a função PROCV( ) a ser usada para retornar todos os macronutrientes associados ao alimento selecionado na célula C4. Observe seus argumentos relativos e absolutos para entender exatamente como criar uma única fórmula capaz de ser válida para toda uma tabela.

A fórmula com PROCV( ) inserida na célula C3 está pronta para ser arrastada para a direita e recuperar o valor dos demais nutrientes da mesma linha: clique no seletor da célula C3 e arraste-o até a célula H3. O valor dos demais nutrientes do alimento selecionado será atualizado de acordo com os dados da planilha Tabela Nutricional (Figura 4.52).

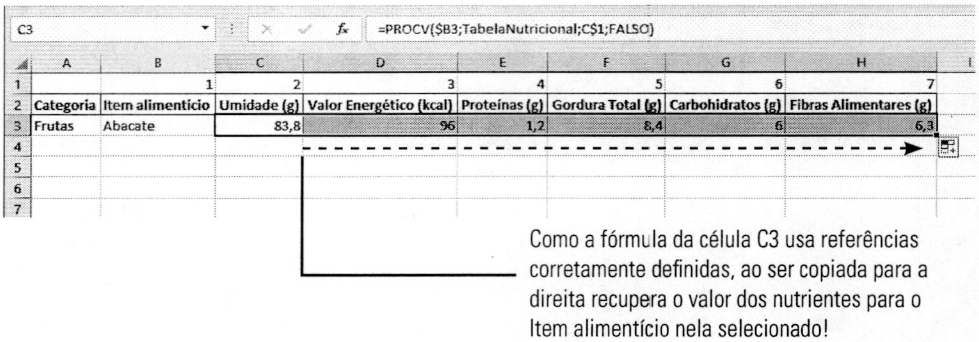


**Figura 4.52:** Quando se cria uma fórmula pensando em como ela será propagada, usando referências fixas e relativas em seus argumentos, você pode arrastá-la para várias outras células para efetuar o mesmo cálculo: retornar o valor dos nutrientes dos alimentos selecionados no nome de faixa TabelaNutricional!

Vá em frente e tente selecionar outra categoria e/ou alimento e perceba como a tabela é rapidamente atualizada com todos os macronutrientes.

Para terminar este capítulo, copie a faixa de células A3:H3 (listas de Validação de Dados em cascata e fórmulas com PROCV( )) para a faixa de células A4:B10:

1. Selecione as células A3:B3 e pressione Delete para excluir a Categoria e Item alimentício selecionados antes de propagá-las (o Excel retornará a constante de erro #N/D – Não Disponível, por não haver um item selecionado na célula B3).
2. Selecione agora as células A3:H3 (da coluna da lista Categoria até a coluna do último nutriente retornado, Fibras Alimentares (g)).
3. Arraste o seletor da faixa A3:H3 para baixo, atingir a célula L10.

**Figura 4.53**: Para finalizar este capítulo, exclua os valores selecionados nas listas Categoria e Item das células A3:B3, selecione as células A3:H3 e arraste seu seletor para as células A4:H10. Teste a aplicação e verifique como ela é capaz de selecionar múltiplos alimentos e recuperar seus valores nutricionais!

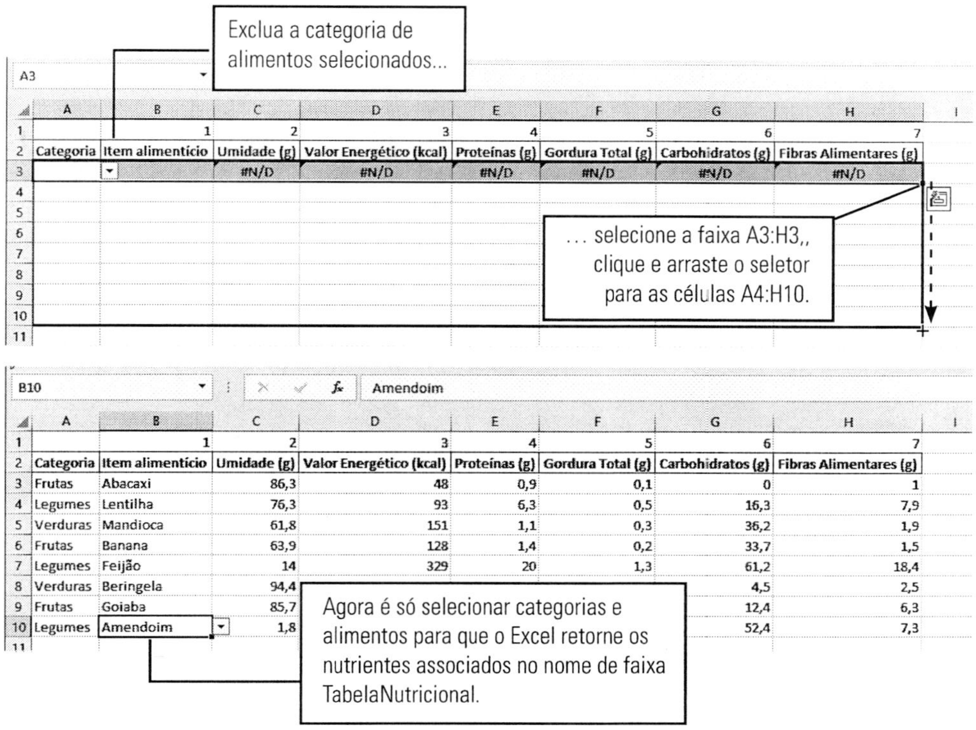


Você possui agora múltiplas listas de Validação de Dados em cascata para selecionar diferentes categorias e itens alimentícios, usando fórmulas capazes de retornar seus dados nutricionais.

Teste-a! Este é o princípio fundamental a ser usado para criar outras aplicações nutricionais de planilha!

---

**ATENÇÃO:** O Pasta de trabalho Tabela Nutricional Completa.xlsx encontrada no arquivo CAPÍTULO04.ZIP contém a Planilha1 proposta, com as Listas de Validação de Dados em cascata e fórmulas propostas nesta seção.

---

## 4.7 Resumo do Capítulo

Neste capítulo você aprendeu:

- Como nomear células e faixas para criar fórmulas mais limpas e compreensíveis.
- Como criar nomes complexos usando duas ou mais palavras para associá-los a células e faixas.
- Como gerenciar os nomes criados em qualquer Pasta de trabalho do Excel.
- Como usar os nomes para criar Listas de Validação de Dados.
- Como usar a função PROCV( ) para pesquisar a primeira linha de qualquer faixa (ou nome) e retornar o valor associado em outra coluna da mesma linha da faixa pesquisada.
- Como usar a função PROCH( ) para pesquisar a primeira coluna de qualquer faixa (ou nome) e retornar o valor associado em outra linha da mesma coluna da faixa pesquisada.
- Como usar a função CORRESP( ) para retornar a posição relativa do item pesquisado dentro de qualquer faixa de células.
- Como efetuar estratégias de pesquisa dupla usando duas Listas de Validação de Dados e as funções CORRESP( ), PROCV( ) e PROCH( ).

- Como criar Listas de Validação de Dados em cascata usando a função INDIRETO( )
- Como criar uma estrutura que emprega Listas de Validação de Dados em cascata e a função PROCV( ) para permitir a seleção precisa de categorias e itens alimentícios de uma tabela nutricional e retornar o valor de seus nutrientes.

# Capítulo 5. VD Pessoal – Valores Diários de Referência

O princípio básico de desenvolvimento de aplicações de planilha reside na produção de pequenas soluções que compartilhem um sistema de nomenclatura comum, tanto para Modelos como para nomes de faixa. Esta estratégia permite que você crie soluções baseadas em Modelos inseridos em uma mesma Pasta de trabalho, montando rapidamente a aplicação de planilha – e suas fórmulas – seguindo o mesmo princípio que fez sucesso na indústria manufatureira.

Neste capítulo você criará sua segunda aplicação de planilha para executar uma tarefa simples: coletar dados pessoais básicos usando nomes de faixa, selecionar seu grupo de estágio de vida usando uma lista de Validação de Dados, e retornar suas necessidades diárias de ingestão de macronutrientes, vitaminas e elementos, usando as funções PROCV( ) e PROCH( ) do Excel.

Minha visão para o layout básico desta aplicação é compartilhada contigo na Figura 5.1 (Por favor, não ria do meu rascunho...)

**Figura 5.1:** Este é um rascunho básico do VD Pessoal – Valores Diários de Referência.

As primeiras linhas coletam (e calculam) dados básicos

Seleciona-se então o Sexo e grupo de estágio de vida que o paciente pertence e suas necessidades de ingestão diária para macronutrientes, vitaminas e sais minerais são listados aqui!

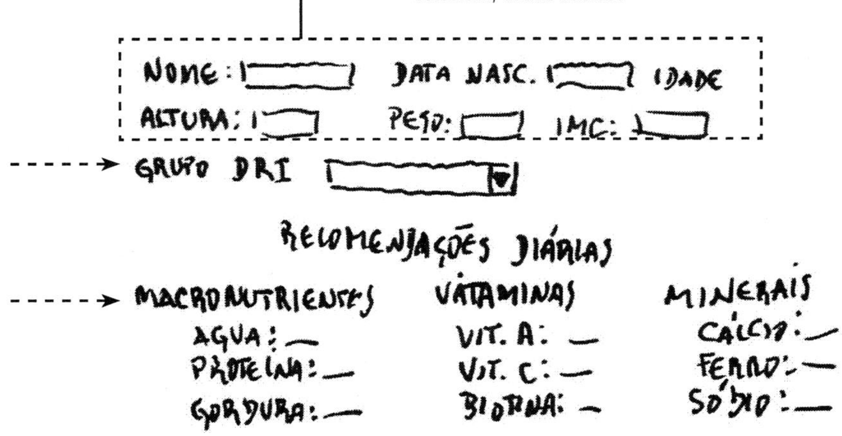


A meta deste capítulo é conduzi-lo pelo processo criativo de desenvolvimento desta aplicação preparando duas soluções de planilha simples e úteis, para serem usadas como Modelos do Excel passíveis de ser facilmente incorporados em qualquer Pasta de trabalho, permitindo-lhe tornar-se um valioso membro da ODEX - Ordem dos Desenvolvedores Excel: esse grupo especial de pessoas consideradas rápidas e precisas no desenvolvimento de soluções de planilha.

## 5.1 Criando as soluções de planilha

A primeira parte deste capítulo lida com o processo de desenvolvimento de duas soluções básicas de planilha: uma que coleta e calcula os dados básicos de uma pessoa, e outra que retorna suas necessidades nutricionais baseadas nas tabelas dos Valores Diários de Referência publicadas pela ANVISA.

Ambas soluções de planilha, parcial ou totalmente implementadas podem ser encontradas no arquivo CAPÍTULO05.ZIP, que pode ser descarregado do site do editor deste livro acessando este endereço na Internet:

www.lcm.con.br

Como este é um livro introdutório ao Excel, recomendo abrir as pastas de trabalho citadas – ou criá-las por si mesmo – e fazer alguns ajustes (como criar fórmulas e formatação) para que possa compreender como cada uma delas funciona, aumentando suas habilidades no Excel ao mesmo tempo que entende seu mecanismo para adaptá-las às suas necessidades. A segunda parte do capítulo usa estas soluções de planilha – além do Gráfico de Acompanhamento de IMC , desenvolvido no Capítulo 3, para criar uma aplicação de planilha mais complexa, útil e colaborativa.

---

**ATENÇÃO:** Como esta solução têm por objetivo a saúde pessoal, o termo "paciente" será utilizado para referenciar o registro dos dados pessoais, e a expressão "consulta" para designar datas coletadas para o "paciente".

**ATENÇÃO:** A aplicação de planilha final, chamada VD Pessoal – Valores Diários de Referência.xlsx, a ser criada neste capítulo, também está disponível no arquivo CAPÍTULO05.ZIP.

---

Mãos à obra!

## Usando a planilha Dados Básicos.xlsx

A partir de agora, as demais aplicações de planilha construídas neste livro, necessitará de uma planilha para coletar e identificar dados pessoais, como nome, altura (em m), peso (em kg, em uma data específica), data de nascimento etc. calcular seu IMC e faixa de peso ideal – como mostrado no meu lindo rascunho exibido na Figura 5.1.

Dentro do arquivo CAPÍTULO05.ZIP você encontra o arquivo Dados Básicos.xlsx: uma planilha simples que pode ser usada para coletar dados básicos de qualquer pessoa, e a Figura 5.2 mostra sua aparência inicial, apontando os nomes de faixa nela existentes.

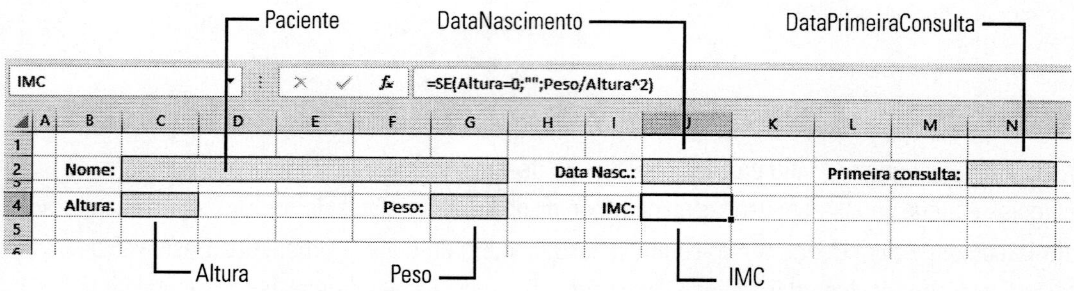


**Figura 5.2:** O arquivo Dados Básicos.xlsx para coletar dados pessoais.

Como você pode ver, a Pasta de trabalho Dados Básicos.xlsx usa apenas as linhas 2 e 4 para coletar dados pessoais do paciente, usando a forma indicada anteriormente de formatação da interface para coleta de dados: células com fundo amarelo claro e bordas azuis. A célula G5, logo abaixo do peso do paciente possui uma fórmula que retorna a faixa de peso ideal, similar àquela criada na seção "Criando a fórmula de 'faixa de peso ideal'" no Capítulo 3, "Sua primeira aplicação Excel: Gráfico de Acompanhamento de IMC".

Algumas das células da planilha Dados Básicos.xlsx receberam nomes de faixa, para permitir a construção de fórmulas mais legíveis usando referências a nomes fixos. A Figura 5.3 mostra a janela do Gerenciador de Nomes do Excel (disponível na área Nomes Definidos da guia Fórmulas), onde é possível identificar todos esses nomes, que serão comuns em todas as demais aplicações de planilha criadas nos demais capítulos deste livro.

---

**ATENÇÃO**: Caso não goste do layout empregado na Pasta de trabalho Dados Básicos.xlsx, sinta-se livre para criar o seu próprio, mantendo os mesmos nomes nas suas células, para poder tirar vantagem das demais planilhas citadas nos próximos capítulos.

---

**Figura 5.3:** Use o Gerenciador de Nomes para verificar todos os nomes de faixa definidos em uma Pasta de trabalho!

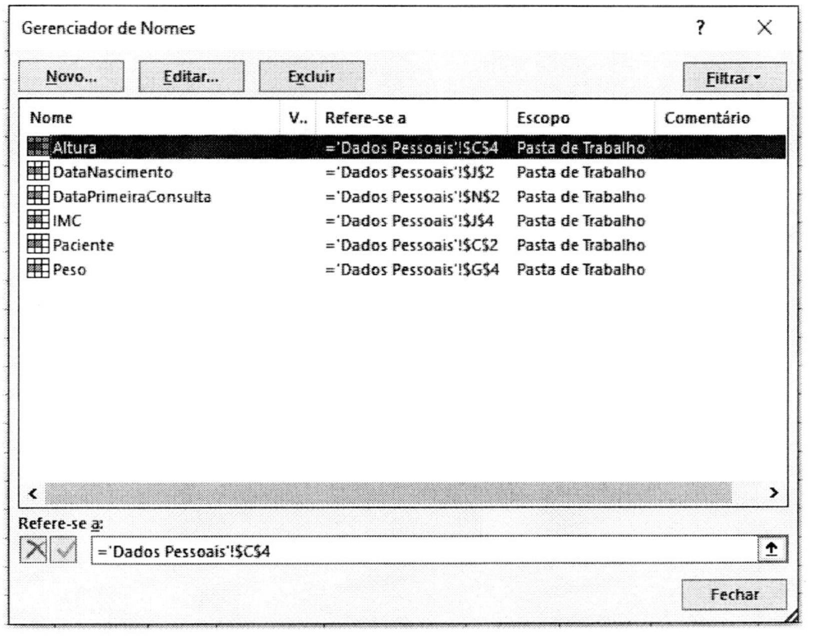


## Calculando a idade

Você notou que a planilha Dados Básicos.xlsx solicita duas datas distintas: data de nascimento e Primeira consulta?

Jamais solicite a idade do paciente, em vez disso, obtenha data de nascimento e calcule sua idade usando uma destas duas estratégias:

1. **Subtraindo a data de nascimento da data atual (data do sistema):** neste primeiro caso, sempre a aplicação de planilha retornará a idade corrente do paciente (supondo que a data do sistema está correta).
2. **Subtraindo a data de nascimento da data da primeira consulta:** neste segundo caso, o cálculo da idade calculada será relativa à data da primeira consulta, e só será atualizada se esta data for trocada.

Na seção "Digitando datas em uma célula" no Capítulo 1, "Guia de Sobrevivência no Excel: Compreendendo as Planilhas" foi informado que o Excel armazena datas como números seriais, onde o número 1 representa a data "1/1/1900", e cada dia após esta data representa uma contagem consecutiva dos dias passados. Portanto, ao subtrair-se duas datas, obtém-se como resultado o número de dias entre elas.

Portanto, para encontrar a idade do paciente em anos, basta subtrair sua data de nascimento da data desejada, e dividir o número de dias resultante por 365 dias/ano (onde DataAtual pode ser a data do sistema ou a da primeira consulta), assim:

=(DataAtual – DataDeNascimento)/365

Como na Figura 5.2 a data de nascimento do paciente é inserida na célula J2, para calcular a idade atual do paciente em relação à data atual, subtraia a data de nascimento da data do sistema usando a função HOJE( ) do Excel, mantendo-a atualizada sempre que a aplicação for aberta, desta forma (note que é necessário colocar a operação de subtração entre parênteses, para que esta seja efetuada antes da operação de divisão):

=(HOJE( ) – J2)/365

E para calcular idade na data da Primeira consulta na célula N2, a fórmula será:

=(N2 – J2)/365

Proponho calcular ambas, usando esta estratégia:

- Na célula K2 à direita da Data de nascimento, exiba a idade atual.
- Na célula N4 abaixo da data da Primeira consulta, calcule a idade nesta data, permitindo-se sempre comparar a idade atual com a idade na data da primeira consulta.
- Nomeie ambas as células para utilizá-las em qualquer fórmula nutricional que precise da idade do paciente (como as fórmulas de GET – Gasto Energético Total, que você usará nos próximos capítulos). Proponho que nomeie as fórmulas como:
  - Idade: para a idade corrente do paciente.
  - IdadePrimeiraConsulta. para a idade do paciente na data da primeira consulta.
- Use um Formato Personalizado para identificar ambas as idades! Para a idade corrente do paciente, use 0,0" anos". para a idade na data da primeira consulta, use 0,0" anos na primeira consulta".

**Idade atual**

Se usar a célula K2 para inserir a fórmula proposta para a idade atual do paciente, verá que quando o campo Data de nascimento estiver em branco, a fórmula retornará um valor inesperado – o número de dias passados desde 31-12-1899 (que represente o número serial 0, associado à data de nascimento em branco, Figura 5.4)

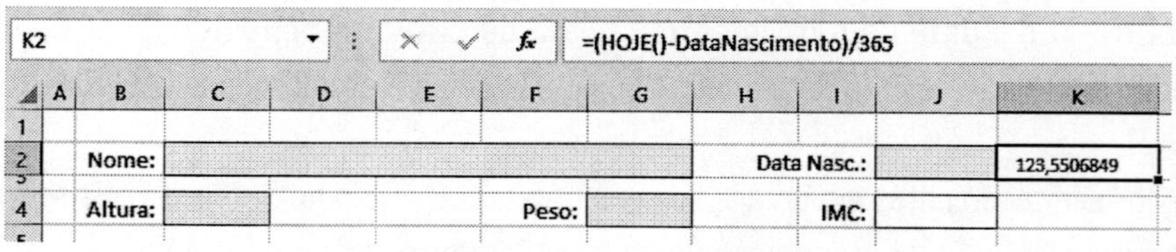


**Figura 5.4:** Use a célula K2 para inserir uma fórmula que calcule a idade atual do paciente baseada na data do sistema, retornada pela função HOJE( ) do Excel.

A data em que estou escrevendo estas palavras e criando a última figura é 19 de junho de 2023. O valor da função HOJE( ) do Excel reflete o número de dias consecutivos passados desde 1/1/1900, e como a data de nascimento, em branco é interpretada como 0 (zero), a Figura 5.4 exibe uma idade de aproximadamente 123,55 anos passados desde 31-12-1899.

Você precisa se antecipar ao comportamento inesperado desta fórmula usando uma destas duas abordagens:

1. Crie uma Formatação Condicional usando a função É.CEL.VAZIA( ) do Excel para testar se o nome DataNascimento está vazio () e, caso seja verdade, torne a cor do texto da célula K2 igual a sua cor de fundo (Branco), tornando o resultado invisível.
2. Reescreva a fórmula usando a função SE( ) do Excel para fazer o mesmo teste: se DataNascimento estiver vazia, retorne um espaço em branco "" (duas aspas duplas consecutivas), senão retorne a idade atual usando a mesma fórmula.

Vamos experimentar ambos!

**Idade atual com Formatação Condicional**

Para criar a regra de Formatação Condicional para ocultar o resultado da fórmula de idade sempre que a célula K2, nomeada como DataNascimento estiver em branco, siga estes passos:

1. Clique no botão Formatação Condicional da área Estilos da guia Página Inicial, escolha Nova Regra e use a opção "Usar uma fórmula para determinar quais células formatar".
2. Digite esta fórmula de Formatação Condicional (digite o nome da função com o parêntese de abertura, pressione F3 e selecione o nome na janela Colar Nome):
3. =ÉCEL.VAZIA(DataNascimento)
4. Clique no botão Formatar e escolha Branco para a cor da fonte (mesma cor do fundo).
5. Pressione OK para fechar a caixa de diálogo Nova Regra de Formatação e o resultado da fórmula se tornará invisível (a menos que a célula seja selecionada, veja a Figura 5.5).

**Figura 5.5:** Use a caixa de diálogo Nova Regra de Formatação para inserir uma Formatação Condicional que testa se a faixa DataNascimento está vazia e, caso seja verdadeiro, use a cor Branco para o texto da célula, tornando o resultado da fórmula invisível.

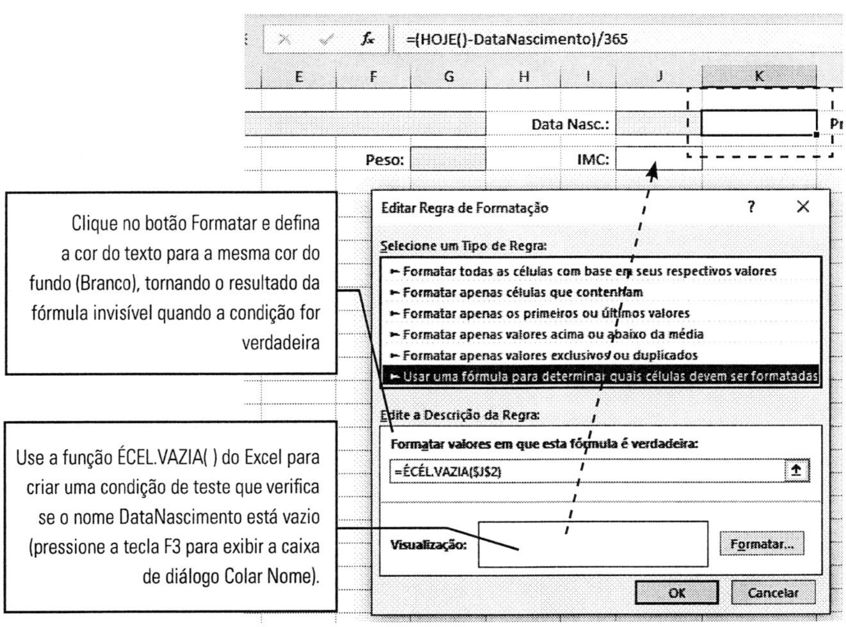

**Idade atual com a função SE( )**

A outra abordagem para o cálculo da idade atual emprega a função SE( ) que emprega a função ÉCEL.VAZIA(DataNascimento) como condição de teste, e caso seja verdadeiro, retorna um espaço vazio ("" – duas aspas duplas consecutivas). senão, deve calcular a idade atual do paciente.

Para recriar a fórmula inserida na célula K2 da planilha Dados Básicos.xlsx para calcular a idade usando a função SE( ), siga estes passos:

1. Clique no botão Inserir Função (fx) encontre a função SE( ), pressione OK para exibir a caixa de diálogo Argumentos da Função e defina:
   - **Teste_lógico:** ÉCEL.VAZIA(DataNascimento) (digite o nome da função com o parêntese de abertura, pressione F3 e selecione o nome na janela Colar Nome).
   - **Valor_se_verdadeiro:** "" (duas aspas duplas consecutivas para retornar um espaço vazio quando DataNascimento estiver em branco,).
   - **Valor_se_falso:** (HOJE()-DataNascimento)/365.

A Figura 5.6 mostra a caixa de diálogo Argumentos da Função para esta função SE( ). Ao pressionar OK, o Excel insere a fórmula na célula K2, passando a exibir a idade do paciente apenas após a data de nascimento ser digitada na célula J2. Figura 5.6: Sempre que suas fórmulas retornarem resultados incorretos devido à perda de informação (neste caso, DataNascimento está em branco), use a função ÉCEL.VAZI( ) no argumento Teste_lógico da função SE( ) para testar se uma ou mais células e, caso seja verdade, retornar uma string vazia

**Figura 5.6**: Sempre que suas fórmulas retornarem resultados incorretos devido à perda de informação (neste caso, DataNascimento está em branco), use a função ÉCEL.VAZI( ) no argumento Teste_lógico da função SE( ) para testar se uma ou mais células e, caso seja verdade, retornar uma string vazia

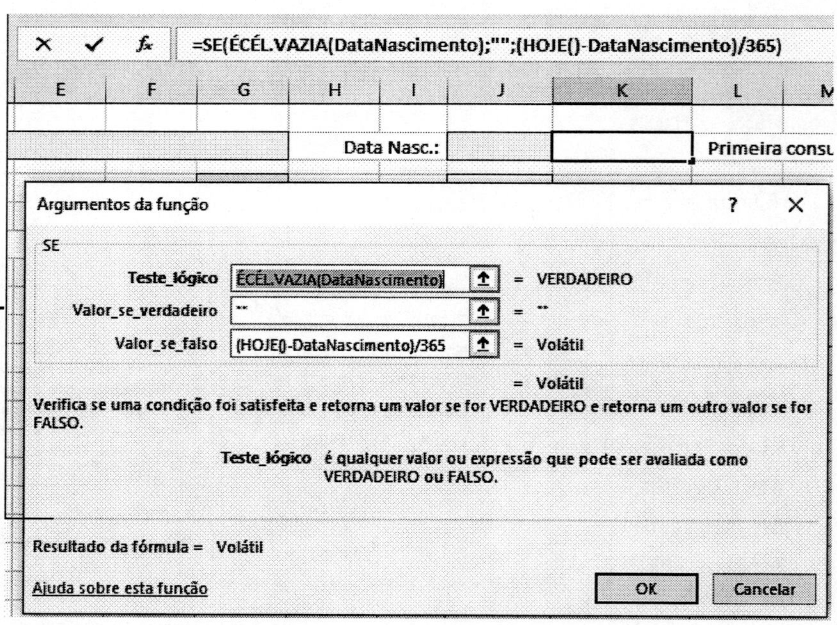


Pressione a tecla F3 para selecionar o nome de faixa correto

A Figura 5.7 fornece uma visão mais precisa da função SE( ) recém-criada para explicar como ela funciona.

**Figura 5.7:** Como usar a função SE( ) do Excel para calcular a idade atual usando as funções ÉCEL.VAZIA( ) e HOJE( ).

1) Primeiro argumento (Teste_lógico) usa a função ÉCEL.VAZIA( ) do Excel para verificar se DataNascimento ainda está em branco

=SE(ÉCÉL.VAZIA(DataNascimento);"";(HOJE()-DataNascimento)/365)

2) Se Teste_lógico for VERDADEIRO (DataNascimento está vazia), SE( ) retornará um espaço vazio (duas aspas duplas consecutivas)

3) Mas se DataNascimento contém uma data, calcula e a idade atual do paciente

---

**ATENÇÃO:** Após inserir a fórmula para o cálculo da Idade na célula K2, clique na caixa Nome do Excel (à esquerda da Barra de Fórmulas) e nomeie esta célula como Idade.

---

## Formato Personalizado para a idade atual

Para deixar bem claro que o valor retornado pela fórmula é a idade do paciente, aplique o Formato Personalizado 0,0" anos" à célula K2. a Figura 5.8 mostra como a planilha deverá ficar criar a Formatação Condicional (ou função SE( )) para calcular e exibir corretamente a idade atual do paciente.

**Figura 5.8:** Aplique o Formato Personalizado 0.0" anos" para formatar a idade calculada do paciente. Faça isso sempre que os cálculos mereçam fornecer uma explicação adicional ao usuário sobre seu significado.

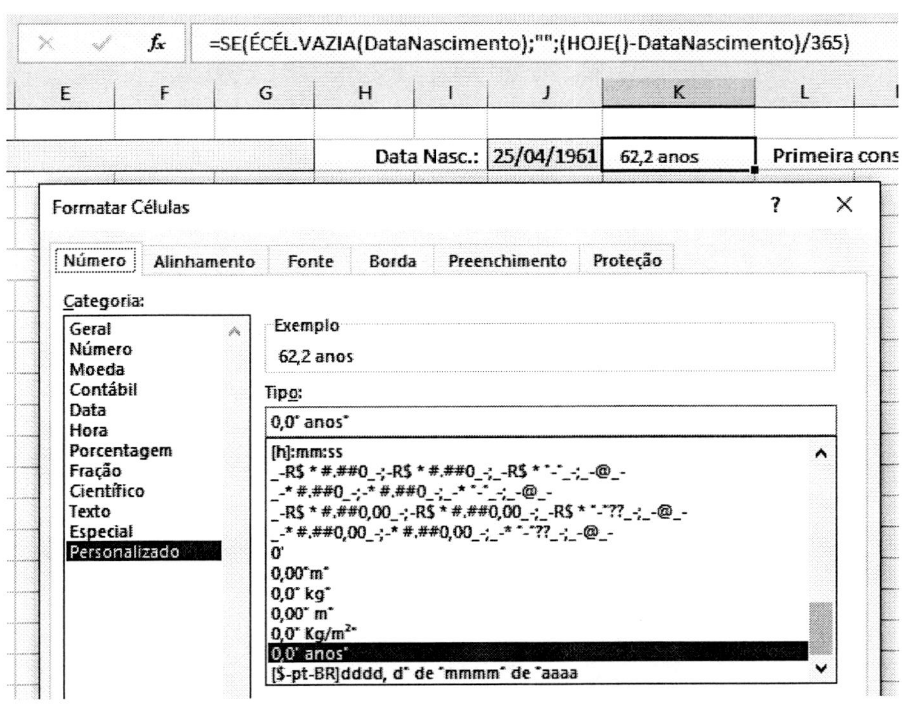

**Idade na data da primeira consulta**

Para calcular a idade do paciente na data da primeira consulta, você pode usar as mesmas duas abordagens empregadas para calcular a idade atual: Formatação Condicional ou função SE( ).

Mas desta vez, precisará fazer um duplo teste com a função ÉCEL.VAZIA( ): para verificar se os nomes DataNascimento e DataPrimeiraConsulta ainda estão em branco. Caso um deles esteja branco, a fórmula da função SE( ) deve retornar um espaço vazio (ou a Formatação Condicional aplicada à célula deve usar na cor do texto a mesma cor de fundo).

Sempre que precisar efetuar mais de um teste lógico para tomar uma decisão em uma fórmula, empregue uma destas funções do Excel:

- OU( ): esta função recebe vários testes condicionais, separados por ponto e vírgula. Se um OU outro retornar o valor VERDADEIRO, OU( ) retornará VERDADEIRO.
- E( ): esta função também recebe vários testes condicionais separados por ponto e vírgula, mas se apenas um deles retornar FALSO (ou zero), E( ) retornará FALSO (todos as condições dever retornar VERDADEIRO para E( ) retornar VERDADEIRO).
- NÃO( ): troca VERDADEIRO para FALSO e FALSO para VERDADEIRO (nega o teste lógico)

Assim, para testar de uma só vez se os nomes DataNascimento e DataPrimeiraConsulta não estão em branco, construa uma condição lógica usando uma fórmula como esta na célula O4, abaixo da célula O2, onde será exibida a idade do paciente na data da primeira consulta:

=OU(ÉCEL.VAZIA(DataNascimento), ÉCEL.VAZIA(DataPrimeiraConsulta))

Esta fórmula simples retorna VERDADEIRO caso DataNascimento OU DataPrimeiraConsulta estiverem em branco, como você pode ver na Figura 5.9, que exibe todas as quatro situações possíveis.

---

**ATENÇÃO:** Esta abordagem – usar outra célula para armazenar resultados intermediários – é uma boa prática de programação de planilhas, que deve ser perseguida por todos os novatos no Excel que ainda não se sintam confortáveis em criar longas e complexas fórmulas.

---

**Figura 5.9:** Use a função OU( ) para avaliar mais de uma condição de teste de uma só vez. Como estamos usando a função ÉCEL. VAZIA( ) para verificar se DataNascimento OU DataPrimeiraConsulta estão em branco, sempre que ambas ou qualquer delas estiver vazia, a função OU( ) do Excel retornará VERDADEIRO.

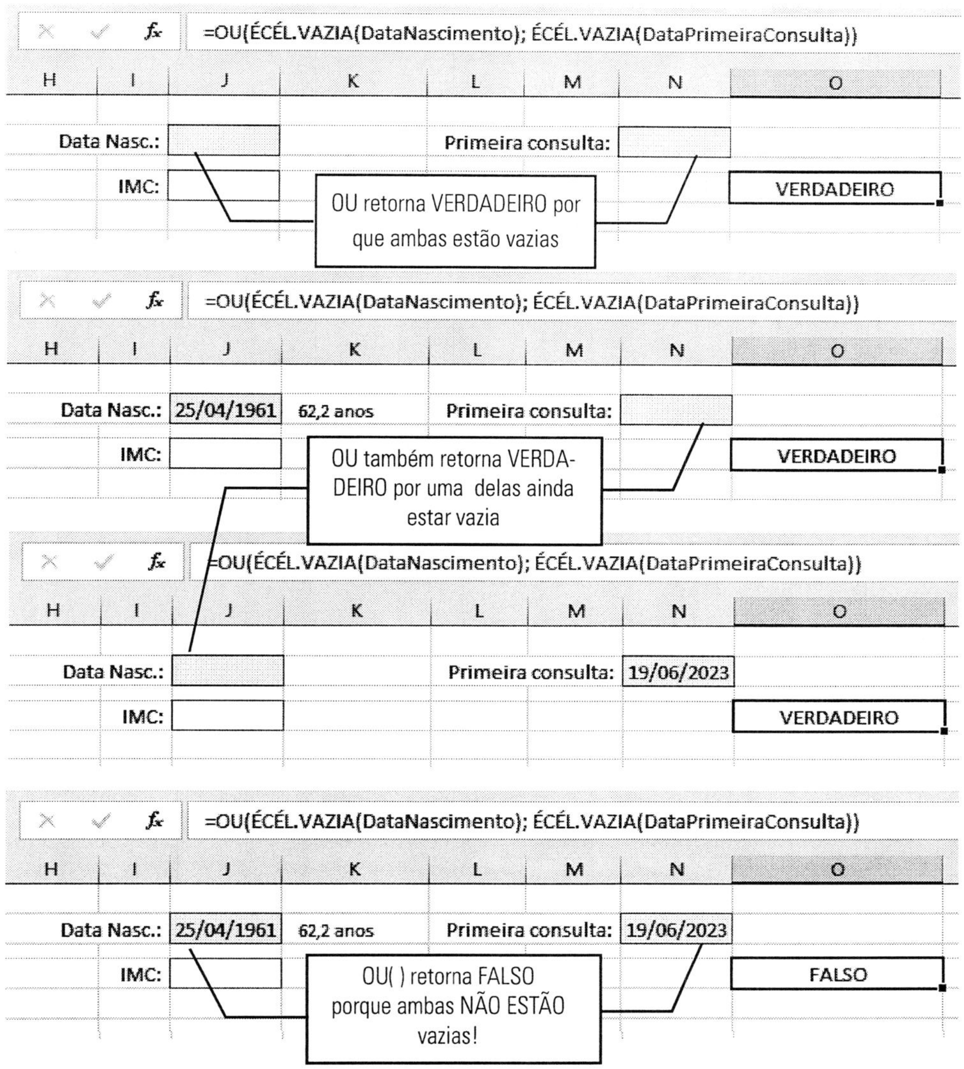


Agora você está pronto para digitar na célula O2 uma fórmula que empregue a função SE( ) para testar se o resultado da célula O4 é Falso (condição onde DataNascimento ou DataPrimeiraConsulta está vazia). Caso seja VERDADEIRO, SE( ) deve retornar um espaço vazio (""). caso seja FALSO, situação que aparece apenas quando ambas as datas forem fornecidas, então calcula a idade do paciente na data da primeira consulta.

A Figura 5.10 mostra como definir a caixa de diálogo Argumentos da função SE( ) para esta fórmula.

**Figura 5.10**: Quando o teste lógico é efetuado em outra célula, você precisa avaliar apenas o endereço da célula para verificar se este retorna VERDADEIRO ou FALSO. Nesta situação, caso a célula O4 seja VERDADEIRA (o argumento Teste_lógico mostra que contém FALSO) a função SE( ) deve retornar um espaço em branco, caso contrário, deve calcular a idade do paciente na data da primeira consulta.

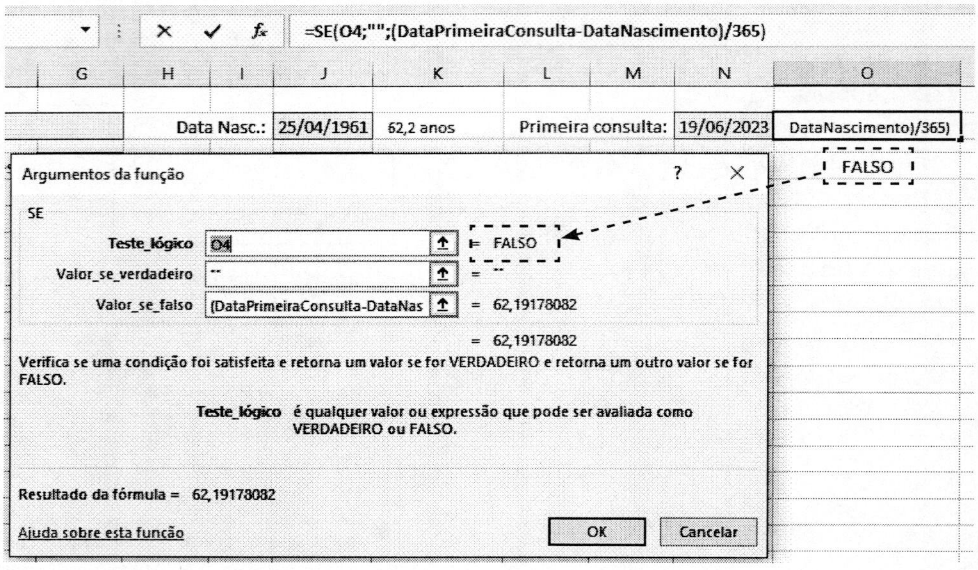

Ao pressionar Enter, o Excel avaliará a fórmula e calculará a idade do paciente na data da primeira consulta (Figura 5.11). Para ocultar o resultado intermediário do teste lógico com a função OU() inserido na célula O4, use Branco para tornar seu texto igual à cor do fundo, tornando-o invisível na interface.

**Figura 5.11:** Esta é a fórmula da função SE( ) usada para calcular a idade do paciente na data da primeira consulta usando a célula O4 para armazenar o resultado do teste intermediário, permitindo a criação de uma fórmula mais concisa e legível.

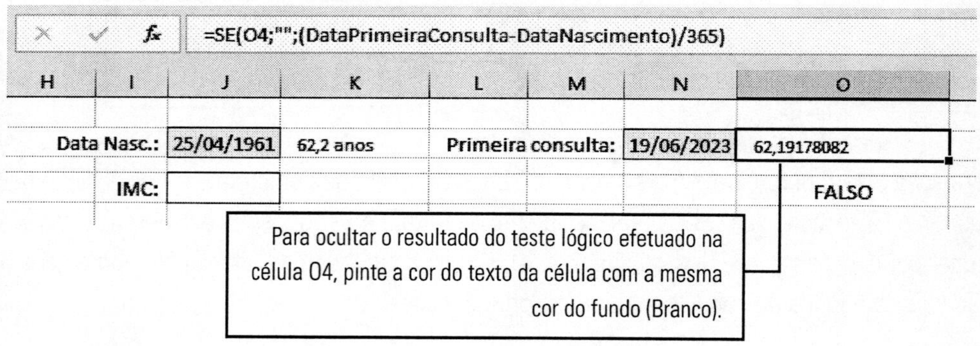


A Figura 5.12 fornece uma visão mais íntima desta fórmula com a função SE( ), para facilitar sua compreensão de como ela funciona!

**Figura 5.12**: É considerado boa prática de programação armazenar resultados intermediários – e complexos – em outra célula. A célula O4 contém uma função OU( ) que verifica que DataNascimento OU DataPrimeiraConsulta ainda estão vazias.

1) Primeiro argumento (Teste_lógico) verifica se O4 é VERDADEIRO ou FALSO

3) Mas se as datas não estão vazias, calcula a idade na data da primeira consulta

=SE(O4;"";(DataPrimeiraConsulta-DataNascimento)/365)

2) SE O4 contém VERDADEIRO, significa que DataNascimento OU DataPrimeiraConsulta ainda estão em branco e SE( ) retorna um espaço vazio (duas aspas duplas consecutivas)

Mas... (tem sempre um "mas"...), o armazenamento de resultados intermediários em células cujo valor é tornado invisível possui certas desvantagens:

1. Como você não pode ver que a célula contém um resultado intermediário, pode inadvertidamente excluir sua fórmula, toda a sua linha ou coluna, sem notar este fato.
2. A fórmula criada não é o que os programadores chamam "íntegra": uma peça de software que contém todo o código necessário para funcionar adequadamente. É a chamada "fórmula dependente" e, às vezes, pode ser tão difícil de se entender como uma longa e complexa (o que não é o caso...).

À medida que você sobe a inclinada curva de aprendizado no domínio do Excel, perceberá ser melhor usar uma única fórmula (sem cálculos intermediários em outras células) para calcular seus resultados. Se copiar o conteúdo da célula O4 (sem o operador "="), e editar a fórmula inserida na célula O2 (idade na data da primeira consulta) colando seu conteúdo sobre a referência O4, ela funcionará da mesma forma – mas será criada um tipo de Frankenfórmula que pode ser muito assustadora e às vezes impossível de interpretar para os novatos no Excel.

A Figura 5.13 mostra o processo de cópia em ação, criando uma fórmula muito grande e complexa!

=OU(ÉCÉL.VAZIA(DataNascimento);ÉCÉL.VAZIA(DataPrimeiraConsulta))

\+

=SE(O4;"";(DataPrimeiraConsulta-DataNascimento)/365)

=

=SE(OU(ÉCÉL.VAZIA(DataNascimento);ÉCÉL.VAZIA(DataPrimeiraConsulta);"";(DataPrimeiraConsulta-DataNascimento)/365)

Primeiro argumento de SE( ) faz o teste lógico

Se o teste lógico for VERDADEIRO, retorna ""

Senão calcula a idade na data da primeira consulta!

**Figura 5.13:** Sempre que tiver de testar mais de uma condição para tomar uma decisão dentro de uma fórmula, use as funções OU( ), AND( ) ou NÃO( ) do Excel.

Apavorante, não? Mas eficaz! E segura! É uma unidade atômica dentro de uma única fórmula e, como tal, está protegida de ter alguma de suas partes inadvertidamente apagada. Você também deve ter percebido que fórmulas grandes assim são difíceis de interpretar e construir usando a caixa de diálogo Argumentos da Função.

A Figura 5.14 mostra como sua planilha deve se parecer após ter feito a operação de colagem e clicado no botão Inserir Função (fx) para exibir a caixa de diálogo Argumentos da Função, para a função SE( ). Note que o espaço destinado ao argumento Teste_lógico não é suficiente para exibir o conteúdo da função OU() nele inserido.

---

**ATENÇÃO:** A intenção deste livro é ensinar o Excel e como criar e interpretar fórmulas complexas. A partir de agora, toda vez que abrir uma solução de planilha que esteja dentro de qualquer arquivo ZIP feito por mim, encontrará uma única fórmula como esta – mesmo que seja complexa e um pouco difícil de se interpretar!

---

**Figura 5.14:** Às vezes, a caixa de diálogo Argumentos da Função não é o lugar perfeito para se criar fórmulas compridas. Sempre que isso ocorrer, mantenha os olhos na Barra de Fórmulas do Excel para verificar se a função está sendo corretamente construída!

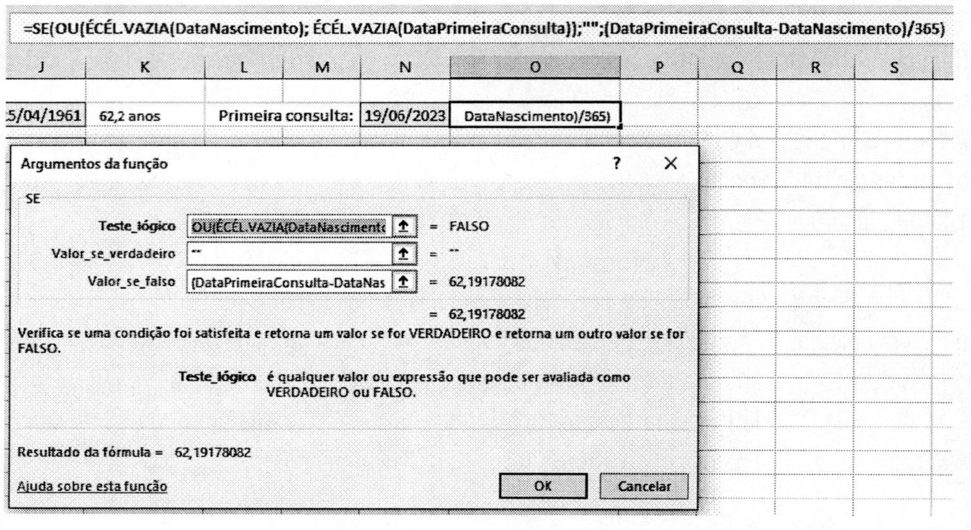


### Formato Personalizado da idade na data da primeira consulta

Para indicar claramente que a célula O2 calcula a idade do paciente na data da primeira consulta, aplique-lhe este Formato Personalizado: 0,0 anos na primeira consulta" (veja a Figura 5.15).

**Figura 5.15:** Aplique um Formato Personalizado para diferenciar a idade atual da idade na data da primeira consulta.

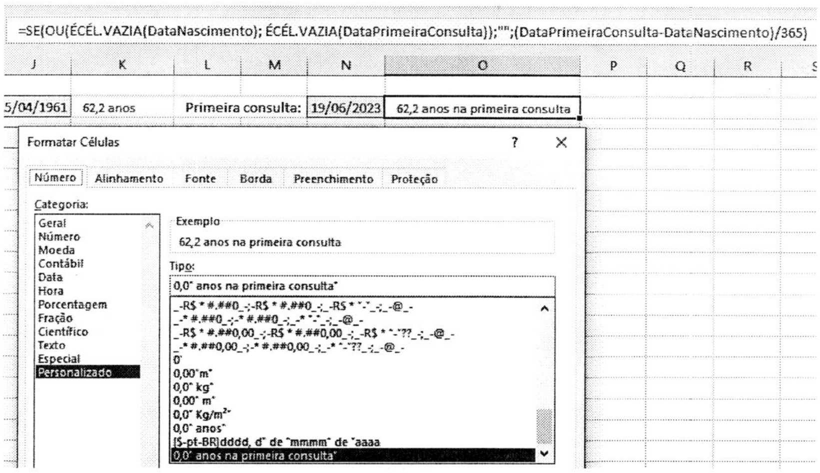


---

**ATENÇÃO:** Após inserir a fórmula para o cálculo da Idade na data da primeira consulta na célula O2, clique na caixa Nome do Excel (à esquerda da Barra de Fórmulas) e nomeie esta célula como IdadePrimeiraConsulta.

---

## Recuperando a situação de IMC

A OMS – Organização Mundial de Saúde, publica seu Global Database on BMI - Body Mass Index (Banco de Dados Global do IMC – Índice de Massa Corporal), a tabela International Classification of Adults according to BMI (Classificação Internacional de Adultos de acordo com o IMC), que pode ser vista na Figura 5.1:

**Tabela 5.1:** A classificação internacional de adultos para magreza, normal, sobrepeso e obesidade, de acordo com a OMS.

| | **IMC (kg/m2)** | |
|---|---|---|
| **Classificação** | **Pontos de corte principais** | **Pontos de corte adicionais** |
| Magreza | <18.50 | <18.50 |
| Magreza severa | <16.00 | <16.00 |
| Magreza moderada | 16.00 - 16.99 | 16.00 - 16.99 |
| Magreza leve | 17.00 - 18.49 | 17.00 - 18.49 |
| **Normal** | 18.50 - 24.99 | 18.50 - 22.99 |
| | | 23.00 - 24.99 |
| **Sobrepeso** | ≥25.00 | ≥25.00 |
| **Pré-obeso** | 25.00 - 29.99 | 25.00 - 27.49 |
| | | 27.50 - 29.99 |
| Obeso | ≥30.00 | ≥30.00 |
| Obesidade grau I | 30.00 - 34-99 | 30.00 - 32.49 |
| | | 32.50 - 34.99 |
| Obesidade grau II | 35.00 - 39.99 | 35.00 - 37.49 |
| | | 37.50 - 39.99 |
| Obesidade grau III | ≥40.00 | ≥40.00 |

Fonte: Adaptado de OMS 2006: http://www.assessmentpsychology.com/icbmi.htm

Observando a Tabela 5.1 você pode notar que a OMS estabelece uma classificação precisa para o IMC usando até 11 níveis, quando se inclui os pontos de corte adicionais (coluna 3) para cada categoria existente (coluna 1). Como está previsto que o arquivo Dados Básicos.xlsx deve calcular o IMC do paciente, porque não fornecer também a classificação do valor do IMC calculado, de acordo com a OMC?

Dentro do arquivo CAPÍTULO05.ZIP você encontrará o arquivo IMC-OMS.xlsx que pode ser visto na Figura 5.16.

**Figura 5.16:** Esta é a planilha IMC-OMS exibindo a classificação do IMC de acordo com a OMS, 2006, encontrada na Pasta de trabalhoo IMC-OMS.xlsx, disponível no arquivo CAPÌTULO05.ZIP.

A1 | $f_x$ Classificação do IMC - OMS

**Classificação do IMC - OMS**

**Classificaçao internacional de adultos: subpeso, normal, sobrepeso e obesidade, de acordo com a OMS**

Extraido de: http://apps.who.int/bmi/index.jsp?introPage=intro_3.html

| IMC | | Classificação | IMC(kg/m²) Pontos de corte principais | Pontos de corte adicionais |
|---|---|---|---|---|
| 0,00 | Subpeso | Magreza grau III (severa) | <16.00 | <16.00 |
| 16,00 | Subpeso | Magreza grau II (moderada) | 16.00 - 16.99 | 16.00 - 16.99 |
| 17,00 | Subpeso | Magreza grau I (leve) | 17.00 - 18.49 | 17.00 - 18.49 |
| 18,50 | Faixa Normal | Normal (corte 1) | 18.50 - 24.99 | 18.50 - 22.99 |
| 23,00 | Faixa Normal | Normal (corte 2) | | 23.00 - 24.99 |
| 25,00 | Sobrepeso | Pré-obseso (corte 1) | 25.00 - 29.99 | 25.00 - 27.49 |
| 27,50 | Sobrepeso | Pré-obseso (corte 2) | | 27.50 - 29.99 |
| 30,00 | Obsesidade | Obesidade grau I (corte 1) | 30.00 - 34-99 | 30.00 - 32.49 |
| 32,50 | Obsesidade | Obesidade grau I (corte 2) | | 32.50 - 34.99 |
| 35,00 | Obsesidade | Obesidade grau II (corte 1) | 35.00 - 39.99 | 35.00 - 37.49 |
| 37,50 | Obsesidade | Obesidade grau II (corte 2) | | 37.50 - 39.99 |
| 40,00 | Obsesidade | Obesidade grau III | ≥40.00 | ≥40.00 |

IMC-OMS

Como pode ver, todas as três colunas da Tabela 5.1 contêm apenas dados textuais: dados prefixados ou sufixados com algum tipo de texto ou símbolo matemático. Portanto, fiz algumas modificações na tabela original para permitir que a mesma seja pesquisada com a função PROCV( ) do Excel:

- A primeira coluna exibe os valores do limite inferior de cada ponto de corte do IMC:
  - **Magreza grau III (severa):** IMC se inicia no valor 0 (zero) e sobe até o maior valor que seja menor que IMC=16 (próximo ponto de corte).
  - **Magreza grau II (moderada):** IMC se inicia em 16 e sobe até o maior valor que é menor que IMC = 17, e assim sucessivamente.
- A segunda coluna da tabela exibe a classificação básica do IMC – como já utilizada no Capítulo 03, "Sua Primeira Aplicação em Excel: Gráfico de Acompanhamento do IMC!".
- A terceira coluna da tabela exibe a subclassificação textual de acordo com cada ponto de corte adicional.
- As colunas quatro e cinco permanecem as mesmas e não serão utilizadas nas aplicações de planilha citadas neste livro: permanecem ali para fins de informação.

A Figura 5.17 mostra que a planilha IMC-OMS também contém um nome de faixa chamado IMC_OMS associado às células B7:D18.

**Figura 5.17:** A planilha IMC-OMS contém o nome de faixa IMC_OMS associado às células B7:D18.

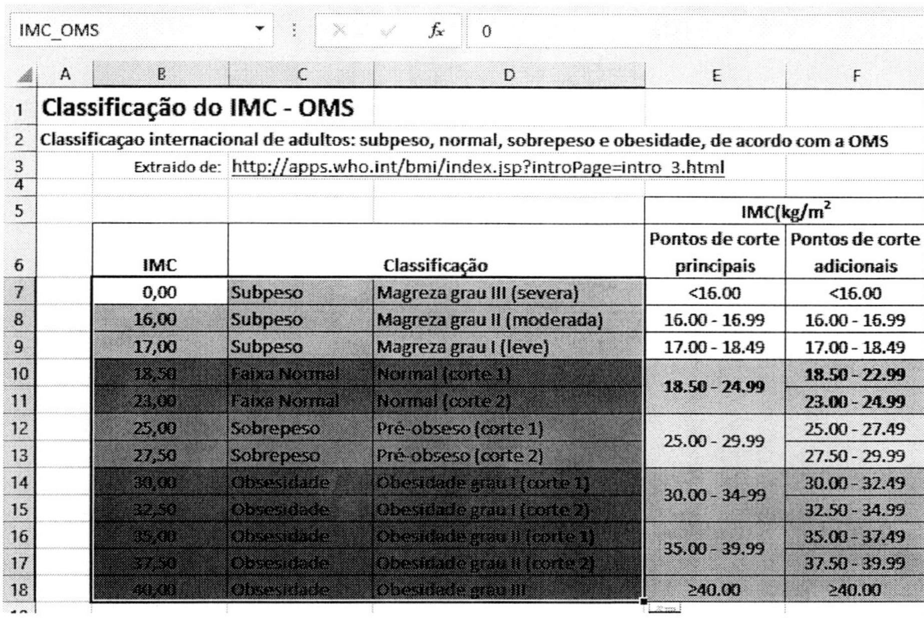

IMC_OMS | $f_x$ 0

**Classificação do IMC - OMS**

**Classificaçao internacional de adultos: subpeso, normal, sobrepeso e obesidade, de acordo com a OMS**

Extraido de: http://apps.who.int/bmi/index.jsp?introPage=intro_3.html

| IMC | Classificação | | IMC(kg/m²) Pontos de corte principais | IMC(kg/m²) Pontos de corte adicionais |
|---|---|---|---|---|
| 0,00 | Subpeso | Magreza grau III (severa) | <16.00 | <16.00 |
| 16,00 | Subpeso | Magreza grau II (moderada) | 16.00 - 16.99 | 16.00 - 16.99 |
| 17,00 | Subpeso | Magreza grau I (leve) | 17.00 - 18.49 | 17.00 - 18.49 |
| 18,50 | Faixa Normal | Normal (corte 1) | 18.50 - 24.99 | 18.50 - 22.99 |
| 23,00 | Faixa Normal | Normal (corte 2) | | 23.00 - 24.99 |
| 25,00 | Sobrepeso | Pré-obseso (corte 1) | 25.00 - 29.99 | 25.00 - 27.49 |
| 27,50 | Sobrepeso | Pré-obseso (corte 2) | | 27.50 - 29.99 |
| 30,00 | Obsesidade | Obesidade grau I (corte 1) | 30.00 - 34-99 | 30.00 - 32.49 |
| 32,50 | Obsesidade | Obesidade grau I (corte 2) | | 32.50 - 34.99 |
| 35,00 | Obsesidade | Obesidade grau II (corte 1) | 35.00 - 39.99 | 35.00 - 37.49 |
| 37,50 | Obsesidade | Obesidade grau II (corte 2) | | 37.50 - 39.99 |
| 40,00 | Obsesidade | Obesidade grau III | ≥40.00 | ≥40.00 |

**Pesquisa inexata com PROCV( )**

Como a fórmula do IMC é uma operação de divisão de dois números reais, o valor do IMC será também um número real, podendo possuir várias casas decimais (passíveis de arredondamento para a precisão desejada), em contraste aos pontos de corte adicionais da classificação da OMS, que os estabelece como precisos intervalos discretos.

A pergunta agora é: *"Como pesquisar o valor decimal calculado do IMC na primeira coluna da tabela IMC-OMS, usando uma subclassificação com pontos de corte associados a valores inteiros, discretos, que raramente serão equivalentes?"*

A resposta a este dilema encontra-se no uso do quarto argumento de PROCV( ): Procurar_intervalo!

Se você voltar na seção "Usando a Função PROCV()" do Capítulo 4, "Usando Nomes, Listas de Validação de Dados e Funções de Procura", verá que quando o argumento Procurar_intervalo é definido para VERDADEIRO (ou omitido) *"se uma correspondência exata não for encontrada, será retornado o maior valor mais próximo de Valor_procurado (exige que a primeira linha da tabela esteja classificada em ordem ascendente)"*

Olhando novamente na planilha IMC-OMS da Figura 5.17, note que a primeira coluna está classificada em ordem ascendente e que os valores desta coluna possuem uma característica importante: exibem o limite inferior de cada subclassificação de IMC!

Esta estratégia permite que se pesquise qualquer valor de IMC com PROCV( ) usando Procurar_intervalo = VERDADEIRO, encontrando do IMC calculado que seja menor que o limite inferior da faixa subsequente, usando uma sintaxe como esta:

=PROCV(18.49; IMC-OMS; 3; VERDADEIRO)

Esta fórmula tenta encontrar o valor de IMC = 18,49 na tabela representada pelo nome IMC-OMS, retornando sua terceira coluna (texto de subclassificação), efetuando uma pesquisa inexata!

Isso significa que, se PROCV( ) não encontrar o valor de IMC = 18,49 na primeira coluna da faixa IMC-OMS, selecionará o maior valor na primeira coluna da tabela que seja menor do que este: neste caso, retornará a subclassificação "Magreza grau I (leve)", associada ao IMC = 17 (veja a Figura 15.18).

**Figura 5.18:** Defina o quarto argumento de PROCV( ) para VERDADEIRO para forçar o Excel a fazer pesquisas inexatas em qualquer tabela que possua a primeira coluna classificada em ordem ascendente. O Excel retornará um valor exato, se o encontrar, ou o maior valor que seja menor do que o valor pesquisado, exigindo que, a primeira coluna da tabela possua os limites inferiores de cada subclassificação, classificados em ordem ascendente!

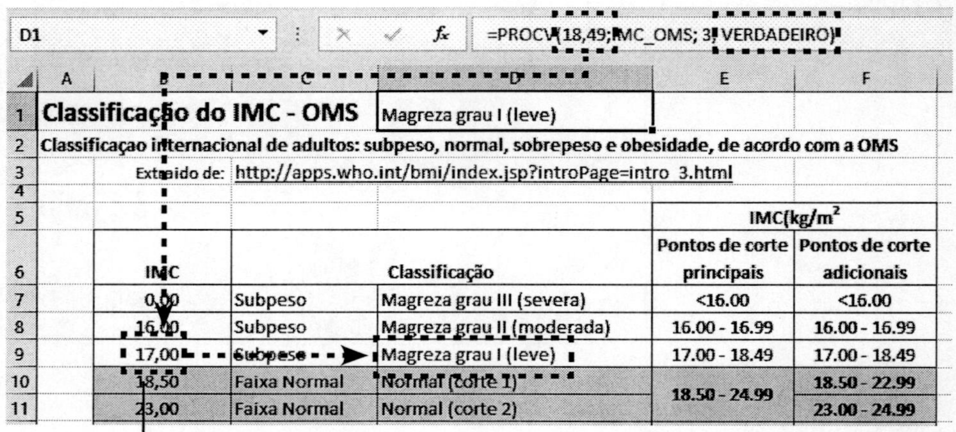

D1 =PROCV(18,49;IMC_OMS; 3; VERDADEIRO)

| | A | B | C | D | E | F |
|---|---|---|---|---|---|---|
| 1 | Classificação do IMC - OMS | | | Magreza grau I (leve) | | |
| 2 | Classificaçao internacional de adultos: subpeso, normal, sobrepeso e obesidade, de acordo com a OMS | | | | | |
| 3 | | Extraído de: | http://apps.who.int/bmi/index.jsp?introPage=intro_3.html | | | |
| 4 | | | | | | |
| 5 | | | | | IMC(kg/m²) | |
| 6 | | IMC | | Classificação | Pontos de corte principais | Pontos de corte adicionais |
| 7 | | 0,00 | Subpeso | Magreza grau III (severa) | <16.00 | <16.00 |
| 8 | | 16,00 | Subpeso | Magreza grau II (moderada) | 16.00 - 16.99 | 16.00 - 16.99 |
| 9 | | 17,00 | Subpeso | Magreza grau I (leve) | 17.00 - 18.49 | 17.00 - 18.49 |
| 10 | | 18,50 | Faixa Normal | Normal (corte 1) | 18.50 - 24.99 | 18.50 - 22.99 |
| 11 | | 23,00 | Faixa Normal | Normal (corte 2) | | 23.00 - 24.99 |

Esta fórmula usa PROCV( ) para pesquisar a faixa IMC_OMS com uma pesquisa inexata para encontrar o IMC=18,49. Como não existe, o Excel irá se posicionar no IMC=17,00 e retornar a terceira coluna: "Magreza grau I (leve)", que é a subclassificação correta!

E para usar a planilha IMC-OMS com eficiência, salve-a como outro Modelo do Excel!

**Salvando o arquivo IMC-OMS.xlsx como um modelo do Excel**

Agora que já foi apresentado à planilha IMC-OMS.xlsx, poderá extraí-la do arquivo CAPÍTULO05.ZIP, abri-la ou criar a sua própria e salvá-la como outro Modelo do Excel, para poder inseri-la na Pasta de trabalho Dados Básicos.xlsx. Estando com IMC-OMS.xlsx aberto, siga estes passos:

1. Clique na guia Arquivo e escolha Salvar como.
2. Na caixa de diálogo Salvar Como, selecione Modelo do Excel (*.xltx) na lista da opção Salvar como tipo.
3. O Excel irá alterar para a pasta Modelos Personalizados do Office do usuário atual do Windows. Pressione OK e feche a planilha.

**Inserindo o Modelo IMC-OMS.xltx dentro de Dados Básicos.xltx**

Uma vez que tenha salvo IMC-OMS.xltx como um Modelo, e tenha seguido os passos descritos na seção "Inserindo um Modelo na Pasta de trabalho Atual" do Capítulo 3, "Sua primeira Aplicação Excel: Gráfico de Acompanhamento do IMC" para colar um atalho da pasta Modelos Personalizados do Office dentro da pasta citada (C:\Users\...\Templates), insira uma cópia do Modelo IMC-OMS.xltx dentro da Pasta de trabalho Dados Básicos.xlsx:

1. Clique com o botão Direito do mouse na guia da planilha Dados Pessoais e escolha Inserir.
2. Na caixa de diálogo Inserir, selecione a guia Modelos Personalizados do Office e clique no Modelo IMC-OMS e pressione OK.
3. O Excel irá inserir uma cópia da planilha IMC-OMS dentro de Dados Básicos.xlsx, como a primeira planilha desta Pasta de trabalho.
4. Clique e arraste a guia IMC-OMS para a direita, tornando Dados Pessoais a primeira planilha desta Pasta de trabalho (Figura 5.19).

**Figura 5.19:** Para inserir a planilha IMC-OMS dentro do arquivo Dados Básicos.xlsx, clique com o botão direito na guia da planilha Dados Pessoais e escolha Inserir. Como toda planilha é inserida à esquerda da planilha atual, lembre-se de redefinir Dados Pessoais como a primeira planilha desta Pasta de trabalho.

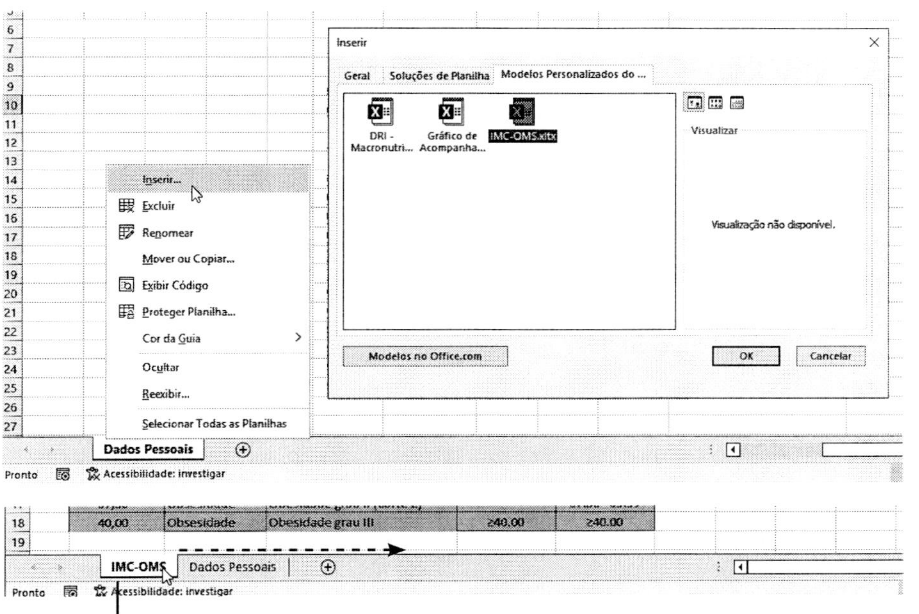


Após inserir IMC-OMS dentro de Dados Básicos.xlsx, clique na guia IMC-OMS e arraste-a para a direita para deixar Dados Pessoais como a primeira planilha,da Pasta de trabalho.

**Criando a fórmula do grupo de IMC com PROCV( )**

Estando com as planilhas Dados Básicos e IMC-OMS na mesma Pasta de trabalho, empregue a célula K4, à direita do campo IMC da planilha Dados Pessoais para recuperar o grupo de IMC deste paciente. Certifique-se de inserir o peso e a altura nas células respectivas para calcular o IMC na célula J4, selecione a célula K4 e:

1. Clique no botão Inserir Função (fx), pesquise pela função PROCV( ) e exiba sua caixa de diálogo Argumentos da Função.
2. Na caixa de diálogo Argumentos da Função, insira estes valores:

**Valor_procurado:** IMC (clique na célula J4, ou pressione F3 e use a janela Colar Nome).
**Matriz_tabela:** IMC_OMS (pressione F3 e selecione-o na janela Colar Nome).
**Núm_índice_coluna:** 3 (a terceira coluna da faixa IMC_OMS contém a subclassificação do IMC de acordo com a Organização Mundial de Saúde).
**Procurar_intervalo:** VERDADEIRO (para forçar PROCV( ) a fazer uma pesquisa inexata)

---

**ATENÇÃO:** Em vez de digitar VERDADEIRO, você pode deixar o quarto argumento de PROCV( ) em branco ou digitar qualquer outra coisa diferente de zero. Dá no mesmo!

---

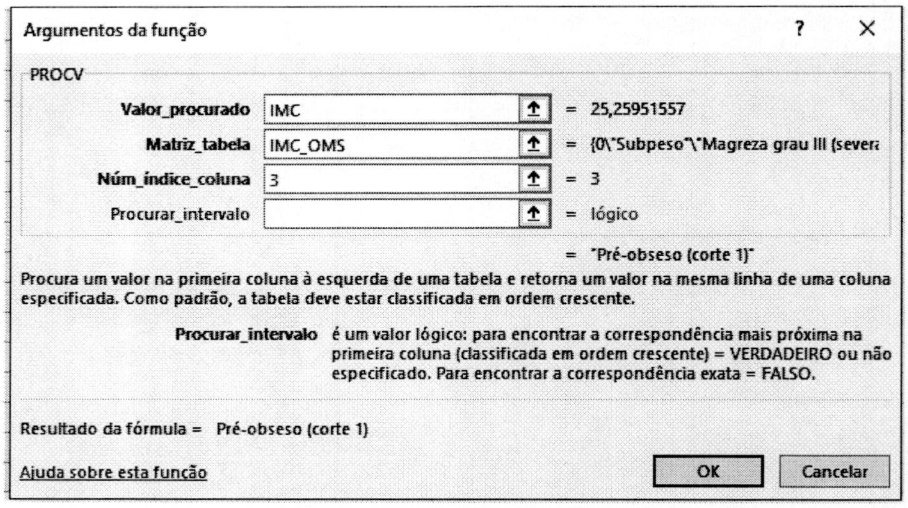


**Figura 5.20:** É assim que você deve definir a função PROCV( ) que recupera o status atual do IMC do paciente de acordo com a OMS. Note que o quarto argumento, Procurar_intervalo, não foi definido, forçando o Excel a fazer uma pesquisa inexata.

Ao pressionar Enter, a fórmula com PROCV( ) será inserida e a planilha retornará a subclassificação do IMC que melhor se adapta ao Índice de Massa Corporal calculado. Para dar um toque final, formate a célula K4 com uma fonte Calibri, 9 pontos.

Sinta-se livre para digitar sua própria altura e peso dentro da planilha Dados Básicos.xlsx para ver como a OMS está considerando o seu estado físico atual. A Figura 5.21 mostra minha classificação atual.

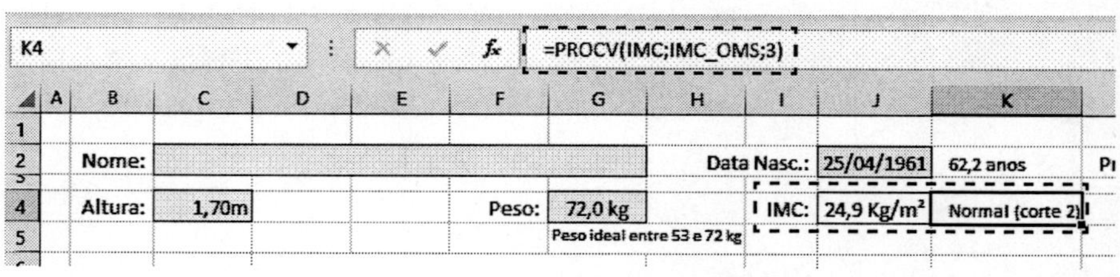


**Figura 5.21:** Após inserir a fórmula com PROCV( ) para recuperar a subclassificação atual do IMC, tente inserir seu peso e altura para ver como está se saindo!

---

**ATENÇÃO:** Minha experiência mostra que quando se digita o peso e altura de qualquer pessoa, a planilha calcula seu IMC e retorna sua subclassificação de acordo com a OMS, sempre que esta indica uma condição de Magreza (o que é raro), Sobrepeso ou Obesidade, ocorre um choque pessoal, levando-a a uma profunda reflexão (mesmo que breve), sobre sua situação de saúde. Afinal, não é alguém dando-lhe sua opinião: é o computador informando que ele/ela não está em um estado de saúde normal, e isso é simplesmente conclusivo.

E você? Como se sentiu? (Por favor, não quebre o computador: ele está apenas sendo honesto com você!)
Ei! Eu não menti sobre meu peso...

---

Para terminar o arquivo Dados Básicos.xlsx, dê uma boa olhada na Figura 5.22 que exibe a fórmula com a função PROCV( ) para recuperar a subclassificação da OMS a partir do IMC calculado.

**Figura 5.22:** Sempre que precisar efetuar uma pesquisa inexata com PROCV( ), a primeira coluna da tabela pesquisada deve estar classificada em ordem ascendente, e seus valores devem conter o limite inferior dos dados pesquisados. O quarto argumento de PROCV( ) deve ser definido para VERDADEIRO (ou deixado em branco).

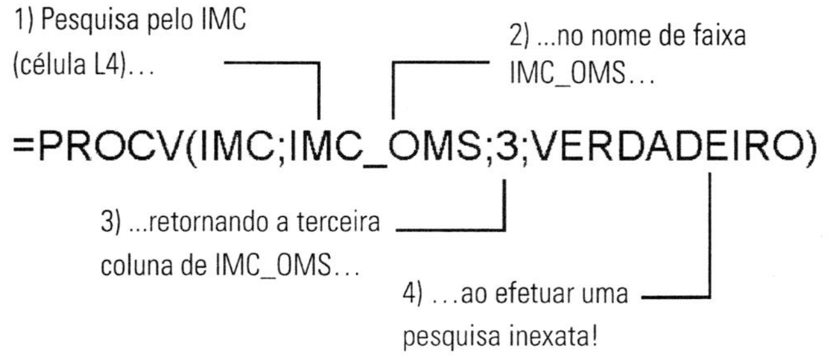


**Aplicando Formatação Condicional**

A fórmula do IMC criada em Dados Básicos.xlsx foi construída usando uma função SE( ) para testar primeiro se a altura é igual a zero, evitando um possível erro por tentativa de divisão por zero. Quando os valores para Altura e/ou Peso estiverem em branco, a faixa IMC também o deverá estar e, por não haver um IMC calculado nem o valor vazio na primeira coluna da faixa IMC-OMS, o Excel retornará o valor de erro #N/D (Não Disponível) para a subclassificação do IMC retornada pela fórmula inserida na célula K4.

Mas tão logo se digite uma altura, o IMC será calculado como 0 (zero). E como zero pertence à faixa IMC-OMS, a função inserida em K4 encontrará este valor na tabela pesquisada, e retornará incorretamente a subclassificação "Magreza grau III (severa)." A Figura 5.23 ilustra esta situação (exclua o valor do peso e verifique!).

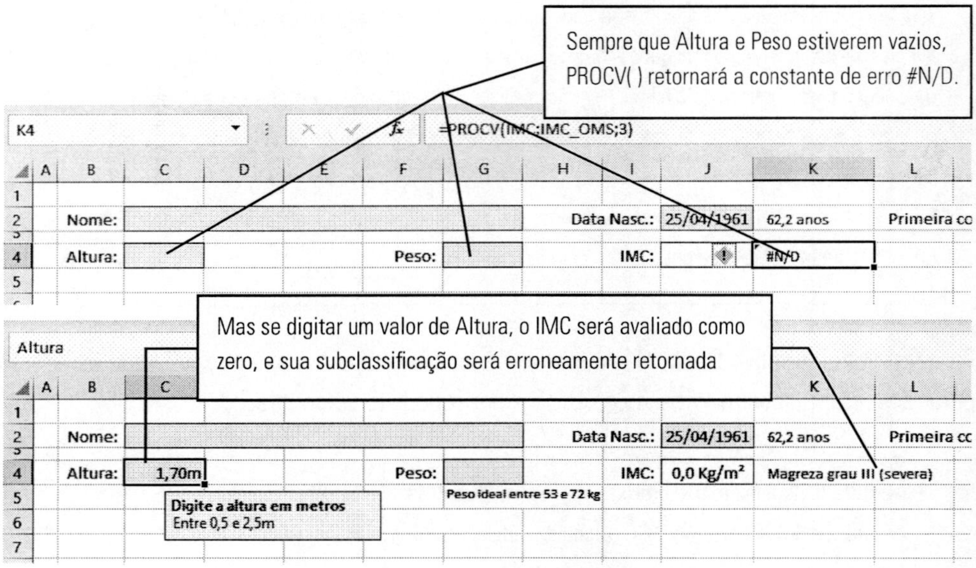


**Figura 5.23:** Você deve testar a aplicação de planilha contra todos os valores e combinações possíveis, verificando se suas fórmulas funcionam corretamente em todas as situações. Esta figura indica que quando a altura e peso estão vazios, PROCV( ) retorna o valor de erro #N/D. Mas tão logo se digite uma Altura, o IMC é avaliado como 0 (zero) e a subclassificação é incorretamente retornada como "Magreza grau III (severa)", que é obviamente um bug do software!

Nosso rigoroso controle de qualidade de software não pode permitir isso! Temos de agir criando uma regra de Formatação Condicional na célula K4 para evitar ambas as situações: testar se IMC="" (um espaço em branco) ou se IMC=0. Para criá-la, siga estes passos:

1. Selecione a célula K4, clique no comando Formatação Condicional da guia Página Inicial e selecione Nova Regra. Na caixa de diálogo Nova Regra de Formatação escolha a opção "Usar uma fórmula para determinar quais células formatar".
2. Use a função OU( ) do Excel para testar se o IMC = "" ou IMC = 0, digitando esta fórmula:
3. =OU(IMC=""; IMC=0)
4. Clique no botão Formatar e, na guia Fonte, escolha Branco para a cor do texto. A área Visualizar da caixa de diálogo Nova Regra de Formatação deve exibir um espaço em branco, sempre que a função OU( ) retornar VERDADEIRO (ou seja, quando uma OU outra condição retorne VERDADEIRO).
5. Pressione Enter para inserir a regra de Formatação Condicional
6. Clique na caixa Nome do Excel (à esquerda da Barra de Fórmulas) e nomeie esta célula como IMCClassificação.
7. Desbloqueie as células com fundo amarelo (C2, J2, N2, C4, e G4).
8. Salve a Pasta de trabalho Dados Básicos.xltx (Figura 5.24).

**Figura 5.24:** A Formatação Condicional deve ser sempre usada para ocultar erros inesperados nas fórmulas.

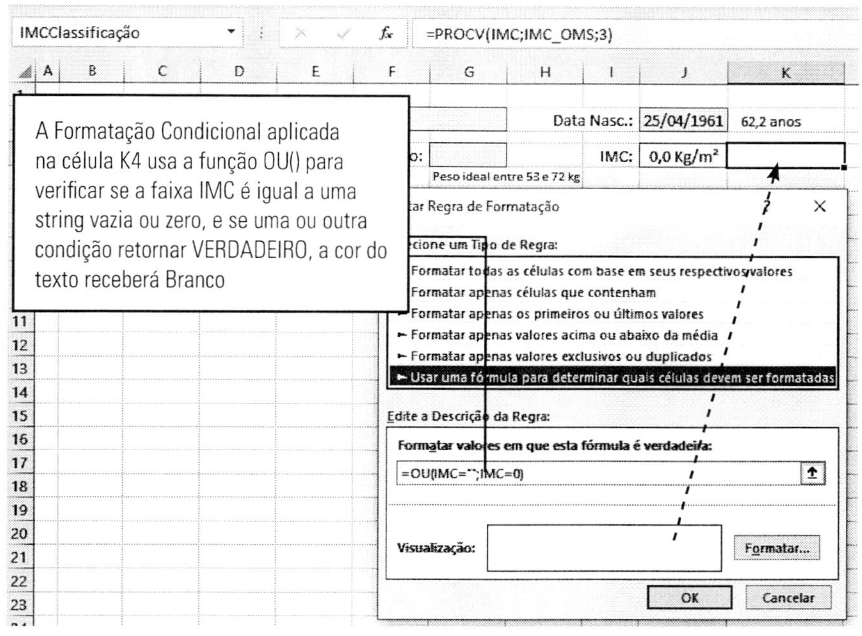


**ATENÇÃO:** O arquivo CAPÍ
TULO05.ZIP possui a Pasta de trabalho Dados Básicos – completo.xlsx, que contém todas as fórmulas e formatações citadas.

### Salve Dados Básicos.xlsx como um Modelo do Excel

E após salvar a Pasta de trabalho Dados Básicos.xlsx, salve-a novamente como um Modelo do Excel, para poder inseri-la na aplicação de planilha a ser criada neste capítulo:

1. Clique na guia Arquivo, clique em Salvar como e depois em Procurar.
2. Na caixa de diálogo Salvar como selecione na lista Salvar como tipo a opção "Modelo do Excel (.xltx)".
3. O Excel alternará para a pasta Modelos Personalizados do Office. Pressione OK para criar o Modelo Dados Básicos. xltx.

Após salvar a planilha como um Modelo, descarregue-a do Excel usando o comando Arquivo, Fechar.

A próxima seção traz um histórico e discussão técnica sobre os Valores Diários de Referência, que será utilizado nas aplicações de planilha criadas nesses livros. Se você não possui interesse nesta discussão, pule para a seção "Usando a Pasta de trabalho ANVISA Valores Diários Modificada.xlsx", adiante, neste capítulo.

## O que são Valores Diários de Referência

Os Valores Diários de Referência (VD) foram estabelecidos para determinar as exigências mínimas nutricionais de macronutrientes, vitaminas e minerais que uma pessoa deve ingerir diariamente para garantir que permaneça saudável.

Quando se lê uma etiqueta de Informação Nutricional em qualquer embalagem alimentar, as informações ali descritas parecem servir-lhe como uma luva, independente de seu estágio de vida, peso e altura. Quem os lê, aceita seus valores sem sequer se perguntar como é que eles podem servir para si, para uma criança, ou para aqueles que estão nos extremos das faixas de peso: obesidade ou subpeso?

Como pode ser isso? Como uma informação nutricional pode servir para pessoas subnutridas, com subpeso, peso normal, sobrepeso ou obesidade, e de qualquer faixa etária? É uma espécie de "tamanho único" para os valores nutricionais?

## Origem dos Valores Diários de Referência

Esta controvérsia foi levada muito a sério por um grupo de doutores e nutricionistas do IOM – Institute Of Medicine, que produziram em 2002, e publicaram em 2003 o "Guiding Principles for Nutrition Labeling and Fortification" do DRI – Dietary Reference Intakes (Ingestão Dietética de Referência), que pode ser descarregado do site do NAP - National Academy Press acessando-se este endereço na Internet:

http://books.nap.edu/catalog.php?record_id=10872

Esta publicação define a ingestão para 22 grupos diferentes, subdivididos por sexo e estágio de vida, fornecendo um subconjunto de recomendações nutricionais diárias, para a população da América do Norte (leia-se Estados Unidos e Canadá).

Em resumo, esta publicação define que:

1. **RDA – Recommended Daily Allowance** (Dose Diária Recomendada) é o valor nutricional a ser usado para indicar o percentual do Valor Diário (VD) ingerido de cada nutriente citado na etiqueta de Informação Nutricional, que garanta uma adequação para 97,5% da população contra quaisquer riscos de saúde por subnutrição.

2. **Valores Diários devem ser fornecidos para grupos de estágio de vida** alvo do alimento a ser consumido:
   a. **Recém-nascidos (até 1 ano de idade):** grupo que engloba dois subgrupos:
      i. **Recém-nascidos até 6 meses de idade:** que devem ser alimentados exclusivamente pelo leite materno.
      ii. **Recém-nascidos de 6 a 12 meses:** que começam a ingerir tipos específicos de alimentos infantis.
   b. **Crianças de 1 a 3 anos de idade:** grupo de crianças que ainda não possuem os hábitos alimentares dos adultos, merecendo alimentação especial e tratamento diferenciado nas etiquetas de Informação Nutricional.
   c. **Mulheres Grávidas e Lactantes:** que possuem necessidades nutricionais diferentes das demais mulheres;
   d. **Adultos e crianças com 4 ou mais anos de idade:** grupo que engloba adultos, adolescentes, e todas as crianças de mais de 4 anos por se enquadrarem no mesmo padrão alimentar dos adultos com os quais convivem;

3. **2.000 kcal** é o valor energético base para as necessidades energéticas de um adulto, valor usado para expressar a ingestão energética no desenvolvimento dos Valores Diários de Referência (VDs).

É nitidamente claro que os grupos a, b e c são compostos de estágios de vida humanos muito diferentes entre si e, portanto, merecem abordagem diferente para a ingestão diária dos nutrientes selecionados. Mas para construir o quarto grupo (adultos, adolescentes e crianças com mais de 4 anos de idade), foi usada uma abordagem diferente.

O primeiro item importante é que quando as crianças atingem os 4 anos de idade, suas exigências nutricionais tornam-se similares às de adultos pequenos, pouco ativos, e seu padrão de consumo alimentar se torna muito similar ao de seus cuidadores. O segundo item importante é que há muitas informações científicas indicando que as crianças estão assumindo o padrão de ingestão de adultos em idades cada vez menores.

Mas quando se olha para todos os diferentes grupos de estágio de vida que vão das crianças com 4 ou mais anos de idade até todos os adultos possíveis, nota-se que esta população é composta por grupos de estágio de vida diferentes, o que levou o grupo de estudos do IOM a concluir que a abordagem mais cientificamente significativa seria utilizar um valor médio de ingestão empregando-se os dados censitários para determinar a proporção dos grupos de estágio de vida que segmentam as crianças e adolescentes (de 4 a 8 anos, e 9 a 18 anos), considerando que a partir dos 19 anos são considerados como adultos.

## Valores Diários de Referência publicados pela ANVISA

A padronização dos Valores Diários de Referência definidos para os Estados Unidos e Canadá, foi adotada pela grande maioria dos países ocidentais por longo período de tempo: desde sua publicação em 1968 até aproximadamente o ano 2010.

Mas o pungente desenvolvimento da indústria alimentar brasileira, somado ao aparecimento de produtos alimentícios industrializados destinados à diferentes faixas etárias, fez com que a ANVISA – Agência Nacional de Vigilância Sanitária, emitisse recentemente a Instrução Normativa - IN nº 75, de 8 de outubro de 2020, para estabelecer os requisitos técnicos para declaração da rotulagem nutricional nos alimentos embalados, na qual os Anexos II e VIII estabelecem respectivamente, as regras para os VDR – Valores Diários de Referência para alimentos de "Uso geral" e para grupos etários específicos, podendo ser encontrada neste endereço eletrônico (acesso em julho de 2023):

https://in75.tabelanutricional.com.br/

A Figura 5.25 exibe o ANEXO VIII da IN-75, que estabelece os VDR para diferentes grupos etários, no qual a coluna "19 anos" fornece os mesmos valores encontrados no ANEXO II para alimentos destinados ao grupo "Uso geral".

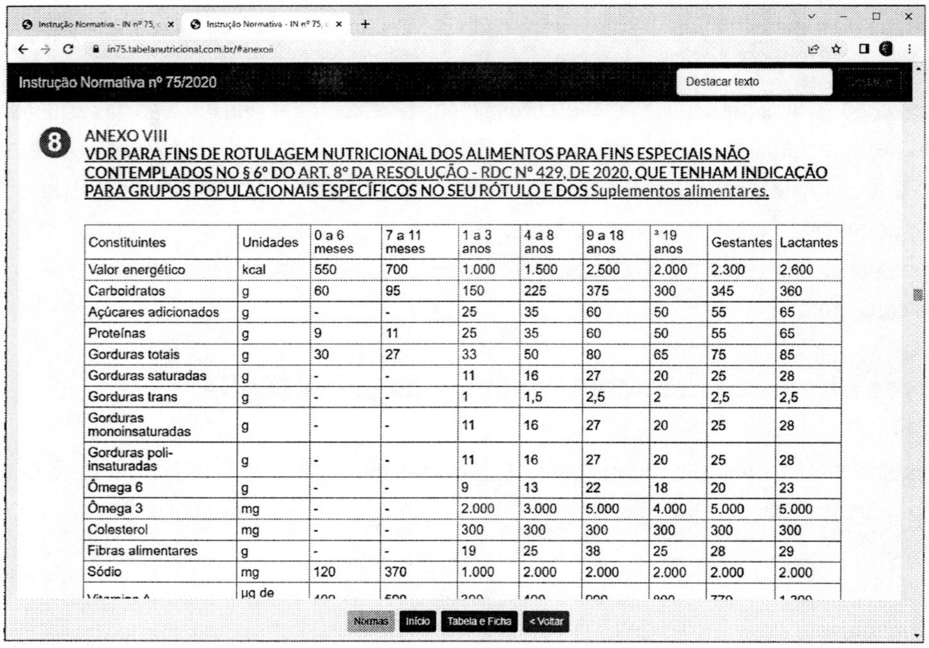


| Constituintes | Unidades | 0 a 6 meses | 7 a 11 meses | 1 a 3 anos | 4 a 8 anos | 9 a 18 anos | ³ 19 anos | Gestantes | Lactantes |
|---|---|---|---|---|---|---|---|---|---|
| Valor energético | kcal | 550 | 700 | 1.000 | 1.500 | 2.500 | 2.000 | 2.300 | 2.600 |
| Carboidratos | g | 60 | 95 | 150 | 225 | 375 | 300 | 345 | 360 |
| Açúcares adicionados | g | - | - | 25 | 35 | 60 | 50 | 55 | 65 |
| Proteínas | g | 9 | 11 | 25 | 35 | 60 | 50 | 55 | 65 |
| Gorduras totais | g | 30 | 27 | 33 | 50 | 80 | 65 | 75 | 85 |
| Gorduras saturadas | g | - | - | 11 | 16 | 27 | 20 | 25 | 28 |
| Gorduras trans | g | - | - | 1 | 1,5 | 2,5 | 2 | 2,5 | 2,5 |
| Gorduras monoinsaturadas | g | - | - | 11 | 16 | 27 | 20 | 25 | 28 |
| Gorduras poli-insaturadas | g | - | - | 11 | 16 | 27 | 20 | 25 | 28 |
| Ômega 6 | g | - | - | 9 | 13 | 22 | 18 | 20 | 23 |
| Ômega 3 | mg | - | - | 2.000 | 3.000 | 5.000 | 4.000 | 5.000 | 5.000 |
| Colesterol | mg | - | - | 300 | 300 | 300 | 300 | 300 | 300 |
| Fibras alimentares | g | - | - | 19 | 25 | 38 | 25 | 28 | 29 |
| Sódio | mg | 120 | 370 | 1.000 | 2.000 | 2.000 | 2.000 | 2.000 | 2.000 |

**Figura 5.25:** A página da Instrução Normativa - IN nº 75 da ANVISA, exibindo seu ANEXO VIII com os VDR – Valores Diários de Referência para alimentos, para grupos etários específicos.

## Usando a Pasta de trabalho ANVISA Valores Diários Modificada.xlx

Para ajudá-lo a lidar com os VDR - Valores Diários de Referência como preconizados pela IN-75 da ANVISA, foi preparada a Pasta de trabalho ANVISA Valores Diários Modificada.xlsx, disponibilizada no arquivo Capítulo05.zip, que pode ser descarregado digitando este endereço eletrônico da Internet na barra de endereços do seu navegador:

www.lcm.com.br

Abra a Pasta de trabalho ANVISA Valores Diários Modificada.xlsx na sua cópia do Excel e perceba que ela possui apenas a planilha ANVISA VDR Modificada, que contém a tabela representativa do ANEXO VIII da IN-75, adicionada da coluna "Uso Geral" para representar os valores do ANEXO II, cujos dados são idênticos aos da coluna "19 anos" (Figura 5.26).

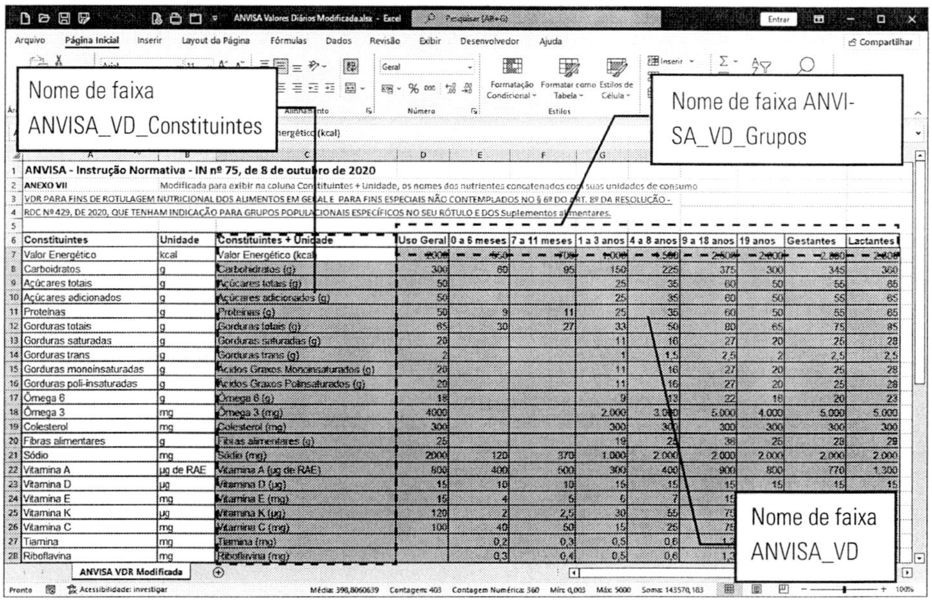


**Figura 5.26:** Esta é a planilha ANVISA VD Modificada do arquivo ANVISA Valores Diários Modificada.xlsx, encontrada no arquivo CAPÍTULO05.ZIP, com os nomes de faixa ANVISA_VD, ANVISA_VD_Constituintes.e ANVISA_VD_Grupos.

Usando a caixa Nome do Excel (ou o Gerenciador de Nomes), verifique que a planilha ANVISA VD Modificada possui três nomes de faixa:

- ANVISA_VD: para representar os dados dos nutrientes no grupo de estágio de vida desejado (faixa C7:L49).
- ANVISA_VD_Constituintes: para representar a concatenação dos nomes dos nutrientes na coluna A à sua Unidade na coluna B (faixa C7:C49).
- ANVISA_VD_Grupos: para representar os grupos de faixa etária definidos na linha 6 (faixa E6:L6).

Como será demonstrado, o emprego destes nomes de faixa permite o emprego das funções PROCV(), PROCH(), CORRESP() e ÍNDICE() para pesquisar valores de nutrientes associados a um determinado grupo de vida.

### Salve ANVISA Valores Diários Modificada.xlsx como um Modelo do Excel

Estando com a pasta de trabalho ANVISA Valores Diários Modificada.xlsx aberta na sua cópia do Excel, salve-a como um Modelo do Excel para poder inseri-la em outras aplicações nutricionais de planilha a serem criadas futuramente:

1. Clique na guia Arquivo, clique em Salvar como e depois em Procurar.
2. Na caixa de diálogo Salvar como selecione na lista Salvar como tipo a opção "Modelo do Excel (.xltx)".
3. O Excel alternará para a pasta Modelos Personalizados do Office. Pressione OK para criar o Modelo ANVISA Valores Diários Modificada.xltx.

Após salvar a planilha como um Modelo, descarregue-a do Excel usando o comando Arquivo, Fechar.

## 5.2 Montando a aplicação

Para construir a aplicação de planilha VD Pessoal – Valores Diários de Referência, é necessário criar uma Pasta de trabalho a partir de um Modelo inicial e então inserir nesta os demais Modelos necessários, montando virtualmente as peças da aplicação.

Como o Excel insere Modelos de planilha à esquerda da primeira guia de planilha da Pasta de trabalho, é recomendável começar a montagem da aplicação pelo Modelo cujas planilhas devem ficar mais à direita na lista de guias de planilha da Pasta de trabalho (apesar de se poder modificar facilmente a ordem das guias arrastando-as para a posição desejada).

Vamos começar criando uma nova Pasta de trabalho a partir do Modelo ANVISA Valores Diários Modificada.xltx::

1. Clique em Arquivo e escolha o comando Novo e, na janela Novo que aparece selecione a opção Pessoal.
2. Clique no Modelo ANVISA Valores Diários Modificada.xltx, para criar a Pasta de trabalho ANVISA Valores Diários Modificada 1.xlsx (Figura 5.27).

**Figura 5.27:** Para juntar as peças necessárias para criar a nova aplicação de planilha, comece criando uma cópia do Modelo ANVISA Valores Diários Modificada

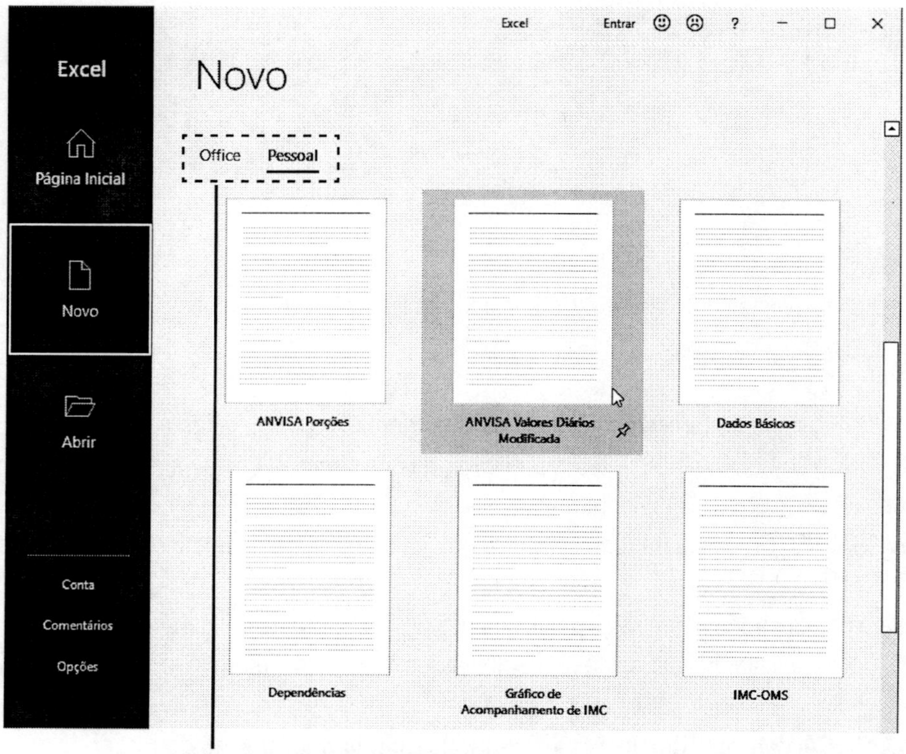


Na janela Novo, selecone a opção Pessoal e clique no modelo ANVISA Valores Diários Modificada

1. Clique com o botão direito do mouse na guia ANVISA VD Modificada e escolha Inserir.
2. Na caixa de diálogo Inserir, selecione a guia Modelos Personalizados do Office, selecione o Modelo Dados Básicos. xltx e clique em OK.

A Pasta de trabalho VD Pessoal - Valores Diários de Referência.xlsx deverá possuir 3 guias de planilha, posicionadas nesta ordem: Dados Pessoais, ANVISA VDR Modificada (Figura 5.28).

**Figura 5.28:** Após criar uma nova Pasta de trabalho baseada no Modelo ANVISA Valores Diários Modificada.xltx, clique com o botão direito na guia ANVISA VD Modificada, escolha Inserir, selecione a guia Modelos Personalizados do Office, escolha o Modelo Dados Básicos.xltx e pressione OK para inserir suas planilhas na pasta de trabalho atual.

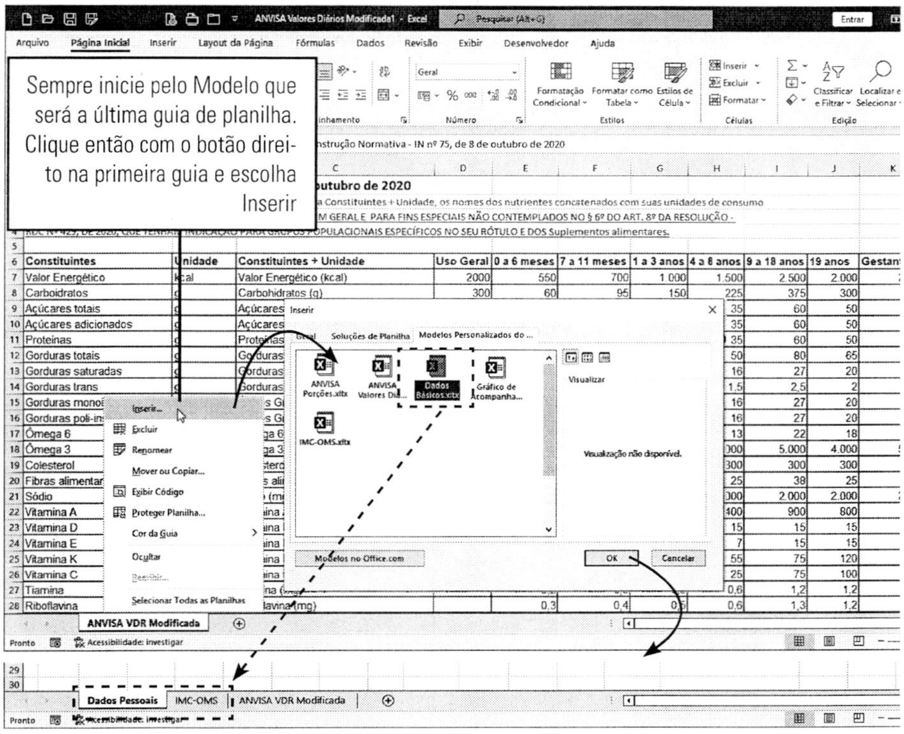


Antes de continuar, salve a Pasta de trabalho atual com as três planilhas desejadas, nomeando-a como VD Pessoal - Valores Diários de Referência.xlsx.

## Formatando a interface

Para criar a formatação da interface de Pessoal - Valores Diários de Referência como previsto no rascunho da Figura 5.1, note que há uma provisão de seleção do grupo de estágio de vida do paciente logo abaixo de seu peso e altura (deverá ficar na linha 6 da planilha Dados Pessoais).

Siga estes passos para criar a lista de Validação de Dados que permite selecionar o grupo de estágio de vida associado aos dados deste paciente na planilha Dados Pessoais:

1. Na célula B6, digite "Estágio de vida" e formate-a com negrito, alinhamento à direita.
2. Aumente a largura da coluna B para permitir exibir o texto das células B2 , B4 e B6 (Nome, Altura e Estágio de Vida).
3. Selecione as células C6 e D6, aplique o comando Mesclar e centralizar.
4. Clique na célula C6 (mescla de C6:D6) e formate-a como uma célula de entrada de dados (borda azul com fundo amarelo claro) e alinhamento à esquerda.
5. Na guia Dados, clique em Validação de Dados e defina:
   **Permitir:** Lista
   **Fonte:** pressione F3 e na janela Colar nome selecione ANVISA_VD_Grupos.
6. Pressione OK duas vezes para criar a lista de Validação de Dados na célula C6 que permite selecionar o grupo de estágio de vida desejado e nomeie-a como EstágioDeVida (Figura 5.29).

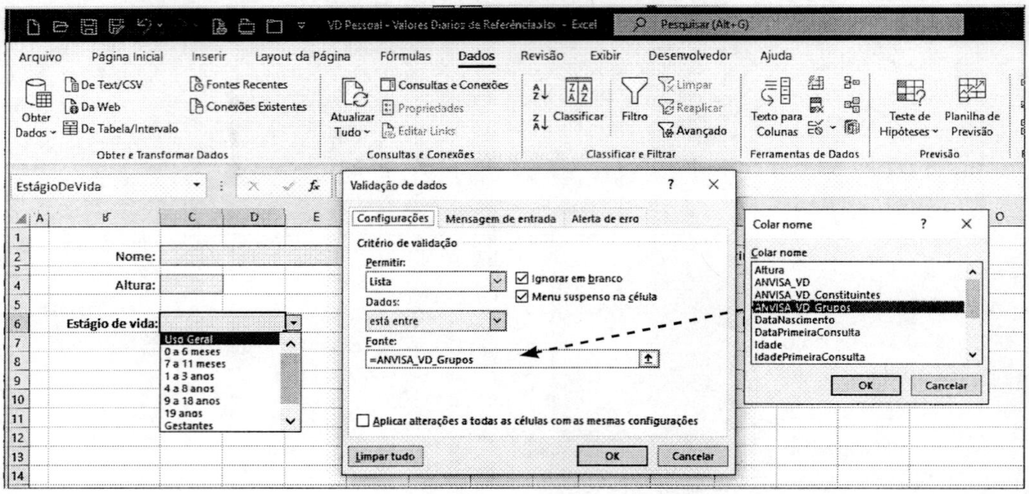

**Figura 5.29:** Selecione as células C2:D2 da planilha DRI Seleção, pressione Ctrl+X para recortar seu conteúdo para Área de Trabalho do Windows, selecione a planilha Dados Básicos, clique na célula C6 e pressione Ctrl+V para mover a faixa selecionada entre estas planilhas

## Modifique a estrutura da planilha Dados Pessoais

Após criar a Lista de Validação de Dados na célula C6 da planilha Dados Pessoais, modifique a estrutura da planilha Dados Pessoais, criando uma longa célula mesclada para separar os dados pessoais dos Valores Diários de Referência a serem exibidos para o Grupo de Estágio de Vida passível de ser selecionado:

1. Selecione as células B8:P8 da planilha Dados Pessoais.
2. Pressione o botão Mesclar e Centralizar para criar uma única grande célula para o título, e digite o texto "Valores Diários de Referência".
3. Formate a célula B8 (mescla de B8:P8) da planilha Dados Pessoais com a fonte Calibri 14, Negrito e troque sua cor de preenchimento para um tom de azul claro, sem borda (Figura 5.30).

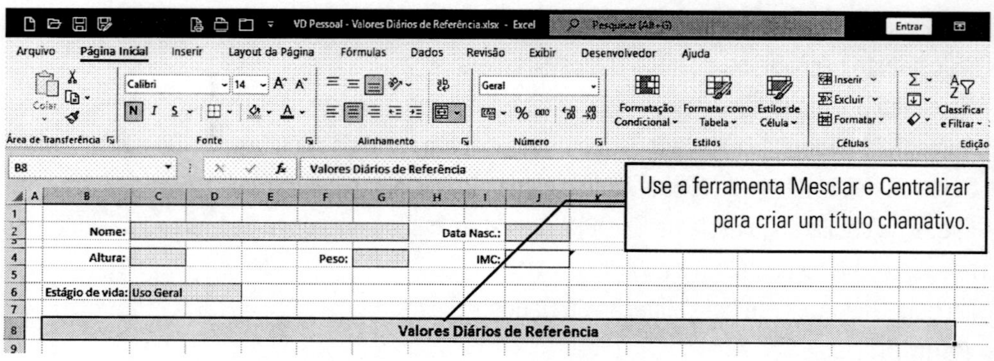


**Figura 5.30:** Na planilha Dados Pessoais, mescle e centralize a faixa B8:O8, digite na faixa mesclada o texto "Valores Diários de Referência" e formate-a com a fonte Calibre 14, negrito, fundo azul claro e sem borda.

Agora crie a seção que exibirá os Valores Diários para nutrientes disponibilizados pela planilha ANVISA VDR Modificada:

1. Nas células B10, H10 e N10, digite "Macronutrientes", "Vitaminas" e "Minerais", respectivamente (sem as aspas).
2. Formate as células B10, H10 e N10 com fonte Calibre 12, negrito.
3. Clique na guia da planilha ANVISA VDR Modificada, selecione as células C7:C20 e pressione Ctrl+C para copiá-la para a Área de Trabalho (lista com o nome dos Macronutrientes, de "Valor Energético (kcal)" até "Fibras Alimentares (g)").
4. Selecione a guia da planilha Dados Pessoais, clique com o botão Direito na célula B12 e escolha Valores para colar a lista com os nomes dos macronutrientes selecionados.
5. Repita os passos 3 e 4 acima para copiar os demais nomes dos nutrientes Vitaminas e Minerais:
   - Vitaminas: selecione as células C21:C34 da planilha ANVISA VDR Modificada, (de "Vitamina A (µg de RAE)" até "Tiamina (mg)"), e cole na célula H12 de Dados Pessoais.
   - Minerais: selecione as células C35:C49 (de "Sódio (mg)" até "Zinco (mg)"). e cole na célula N12 de Dados Pessoais.

Após ajustar a largura da coluna N (Minerais) para permitir a exibição integral do nome de todos os minerais e suas unidades de medida, a planilha Dados Pessoais deve ficar similar à exibida na Figura 5.31.

**Figura 5.31:** Copie toda a lista de Macronutrientes, Vitaminas e Minerais da planilha DRI Seleção para as colunas B, H e N da planilha Dados Pessoais.

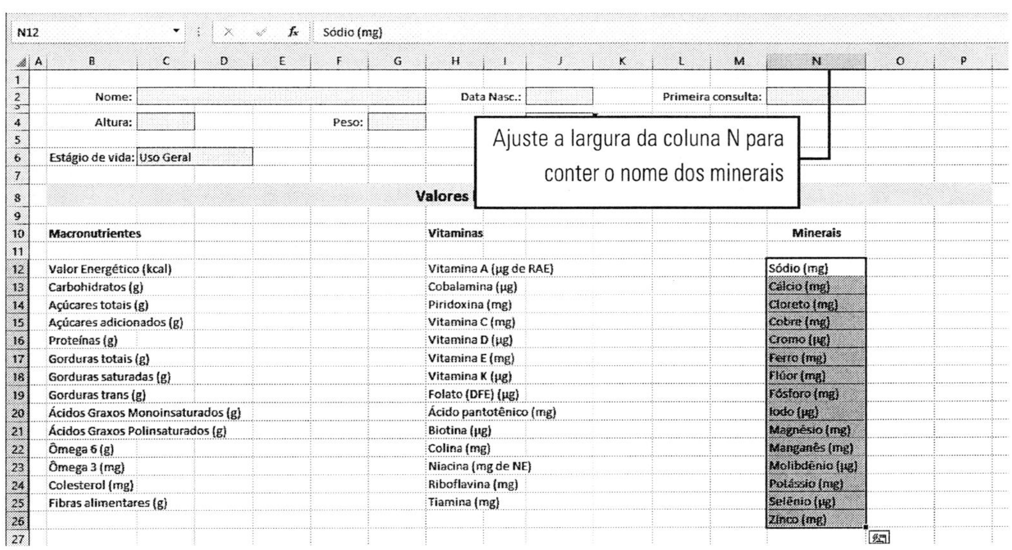


## Recuperando a coluna do grupo de Estágio de Vida

Para usar a função PROCV() para recuperar os Valores Diários de Referência dos nutrientes associados ao grupo de estágio de vida selecionado na lista de Validação de Dados da célula C6 da planilha Dados Pessoais, é necessário localizar primeiro o número da coluna associada a este grupo no nome de faixa ANVISA_VD da planilha ANVISA VDR Modificada.

Como indicado no capítulo anterior, isso pode ser feito empregando-se uma fórmula inserida em uma célula qualquer usando a função CORRESP().Siga estes passos para criar esta fórmula:

1. Escolha a opção "Uso geral" na lista de Validação de Dados da célula C6 da planilha Dados Básicos.
2. Selecione a célula E6 e clique no botão Inserir Função (fx) para exibir a caixa de diálogo Inserir Função.
3. Use a categoria "Pesquisa e Referência" para selecionar a função CORRESP( ) na lista de funções, clique em OK para exibir a caixa de diálogo Argumentos da Função e defina:

**Valor_procurado:** EstágioDeVida (clique na célula C6).

**Matriz_procurada:** ANVISA_VD_Grupos (pressione F3 e selecione este nome na janela Colar nome).

**Tipo_correspondência:** 0 (pesquisa exata).

4. Pressionar Enter, para atualizar a fórmula da célula E6 de Dados Pessoais e retornar a coluna associada ao grupo de estágio de vida selecionado (para o grupo "Uso geral" a fórmula retorna o valor 1). A fórmula inserida em E6 ficará assim:
   =CORRESP(EstágioDeVida;ANVISA_VD_Grupos;0)
5. Como a coluna "Uso geral" é a segunda coluna do nome de faixa ANVISA_VD, clique na barra de Fórmulas e adicione +1, para retornar o valor 2 (segunda coluna da faixa). A Fórmula ficará assim (Figura 5.32):
   =CORRESP(EstágioDeVida;ANVISA_VD_Grupos;0)+1
6. Nomeie a célula E6 como ColunaVD (uma sigla para Coluna Valor Diário).

**Figura 5.32:** Esta é a fórmula a ser usada na célula E6, nomeada como ColunaVD, para retornar o número da coluna associada ao grupo de estágio de vida selecionado em C5, relativo ao nome de faixa ANVISA_VD.

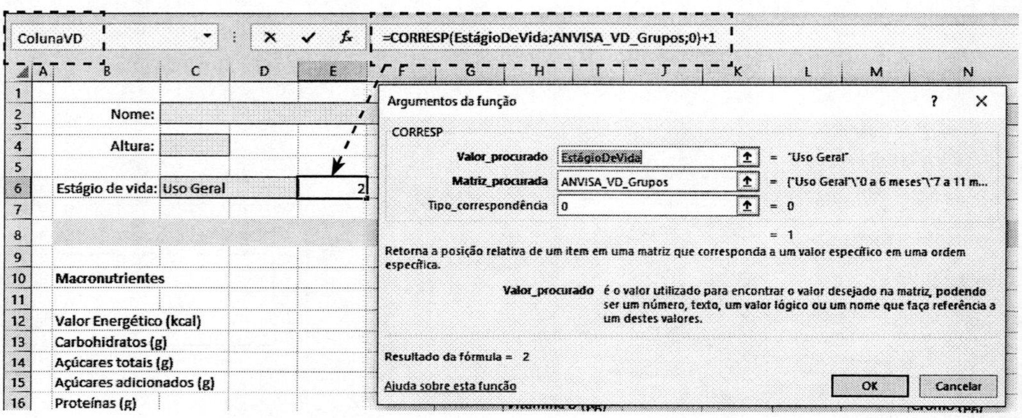


Para testar a fórmula, selecione outros grupos de Estágio de Vida na lista de Validação de Dados da célula C6, e observe se o valor da célula E6 (ColunaVD) se atualiza para indicar a coluna correta associada ao nome de faixa ANVISA_VD, onde se encontram seus Valores Diários de referência. Após o teste, reselecione o grupo "Uso geral" na célula C6.

## Inserindo a Tolerância

Os Valores Diários de Referência são definidos para garantir uma vida saudável, mas é muito difícil, senão impossível, garantir que em todo um dia de ingestão alimentar, se atinja exatamente os valores indicados para todos os nutrientes associados a um determinado grupo de estágio de vida.

Como a ANVISA não determina uma faixa de valores para cada nutriente, podemos simular esta faixa de valores acrescentando na interface um campo onde se define uma Tolerância percentual a ser definida pelo usuário. Por exemplo, se esta tolerância for de 5%, isto significa que a faixa deverá variar em ±5% do Valor de Referência.

Siga estes passos para inserir o campo Tolerância na interface da planilha Dados Pessoais:

1. Na célula I6, digite "Tolerância: ".
2. Na célula J6, digite 5% e aplique o formato para um campo de entrada de dados: borda azul com fundo amarelo claro.
3. Nomeie a célula J6 como Tolerância, com escopo apenas para a planilha Dados Pessoais usando esta sintaxe na caixa

Nome do Excel (note que o nome da planilha está envolto por aspas simples seguido do caractere !) (Figura 5.33):
'Dados Pessoais'!Tolerância

---

**ATENÇÃO:** Alternativamente, use o comando Fórmulas, Definir nome para criar e aplicar o nome Tolerância à célula J6 da planilha Dados Pessoais, usando escopo apenas para esta planilha.

---

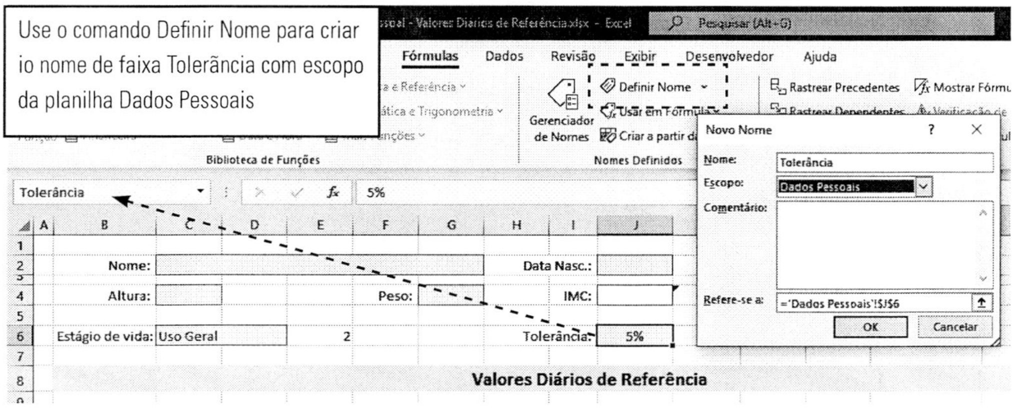


**Figura 5.33:** Usa a célula J6 para definir uma célula de entrada de dados para o campo Tolerância, com o valor padrão de 5%; Nomeie-a como Tolerância usando escopo apenas para a planilha Dados Pessoais,

## Valores Diários dos Macronutrientes

Agora que já se sabe o número da coluna do nome de faixa ANVISA_VD que contém os dados dos Valores Diários para o grupo de Estágio de vida selecionado, e se possui um campo que define a Tolerância para os Valores Diários, a planilha está pronta para receber fórmulas que usem a função PROCV() para recuperar estes valores.

Siga estes passos para recuperar os Valores Diários e calcular sua faixa inferior (Mínimo) para a coluna de Macronutrientes:

1. Na célula E11 digite "Mínimo"
2. Selecione a célula E12 (Valor Diário para "Valor Energético (kcal)"), clique no botão inserir Função (fx), escolha a função PROCV() e, na caixa de diálogo Argumentos da Função defina:
   **Valor procurado:** B12 (clique no nome do nutriente "Valor Energético (kcal)").
   **Matriz_tabela:** ANVISA_VD (pressione F3 e escolha na janela Colar nome).
   **Núm_índice_coluna:** ColunaVD (clique na célula E6)
   **Procurar_intervalo:** Falso (pesquisa exata).
3. Pressione Enter para atualizar a fórmula da célula E12 e retornar o Valor Diário do item "Valor Energético (kcal)": 2000 para o Estágio de vida "Uso geral". A Fórmula ficará assim:
   =PROCV(B12;ANVISA_VD;ColunaVD;FALSO)
4. Selecione novamente a célula E12, clique na Barra de Fórmulas e acrescente a expressão *(1-Tolerância), que retira o valor percentual estipulado pela célula J6 (Tolerância). A fórmula ficará assim (subtraindo 5% de 2000 para retornar o valor 1900, Figura 5.34):
   =PROCV(B12;ANVISA_VD;ColunaVD;FALSO)*(1-Tollerância)

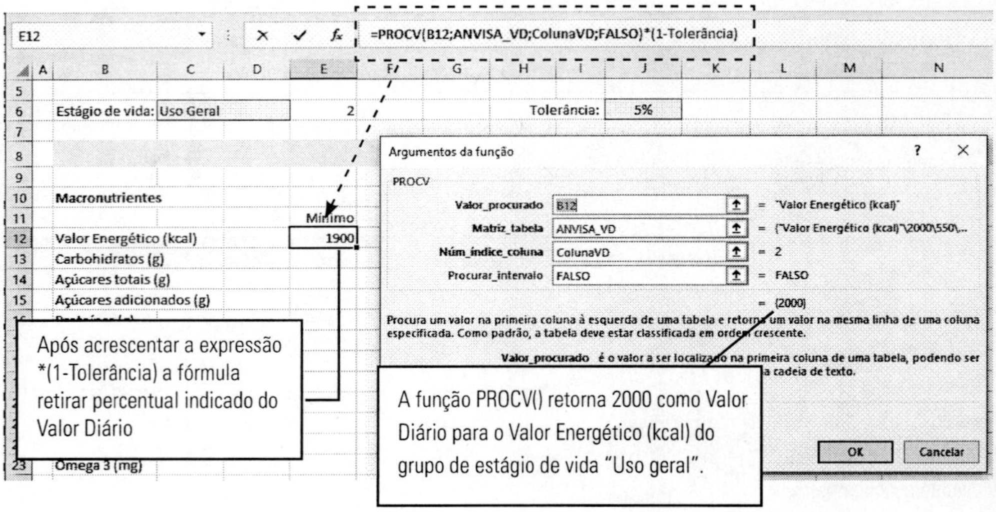


**Figura 5.34:** Para retirar o valor percentual definido pelo campo Tolerância do Valor Diário para o grupo de Estágio de vida selecionado retornado por PROCV(), multiplique este valor por (1-Tolerância), encontrando o valor Mínimo deste item.

5. Na célula F11 digite "Máximo".
6. Clique na célula E12 e arraste seu seletor para a direita, propagando sua fórmula para a célula F12 na coluna Máximo.
7. Selecione a célula F12 e altere sua fórmula para que ela acrescente o valor da Tolerância, que deverá ficar assim (somando 5% de 2000 para retornar valor 2100, Figura 5.35).
   =PROCV(B12;ANVISA_VD;ColunaVD;FALSO)*(1+Tolerância)

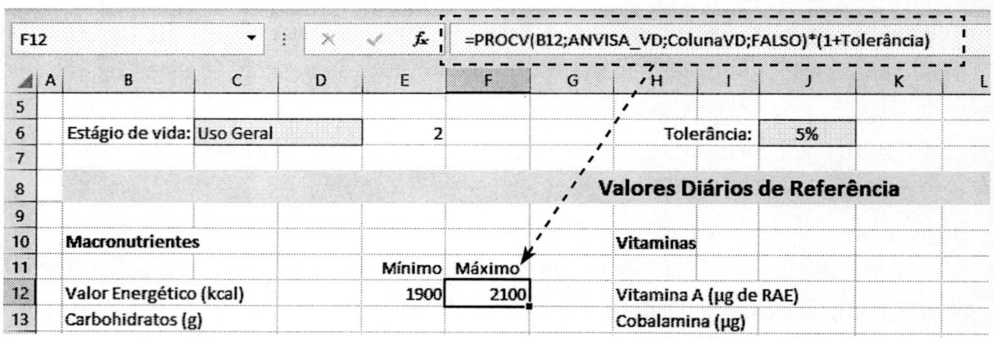


**Figura 5.35:** Para acrescentar o valor percentual definido pelo campo Tolerância ao Valor Diário para o grupo de Estágio de vida selecionado retornado por PROCV(), multiplique este valor por (1+Tolerância), encontrando o valor Máximo deste item.

## Valores Diários de Vitaminas e Minerais

As fórmulas empregadas para definir os valores Mínimo e Máximo do item Valor Energético (kcal) possuem apenas uma referências relativa à célula B12, permitindo ser facilmente copiada para retornar os mesmos valores dos demais nutrientes:

1. Selecione as células E12:F12.
2. Arraste seu seletor para baixo até a linha 25 (Fibras alimentares (g)), propagando as fórmulas para todos os demais Macronutrientes (Figura 5.36).

**Figura 5.36:** Selecione as células E12:F12 e arraste seu seletor para baixo para propagar suas fórmulas na faixa E12:F25 e calcular os valores Mínimo e Máximo para os demais Macronutrientes.

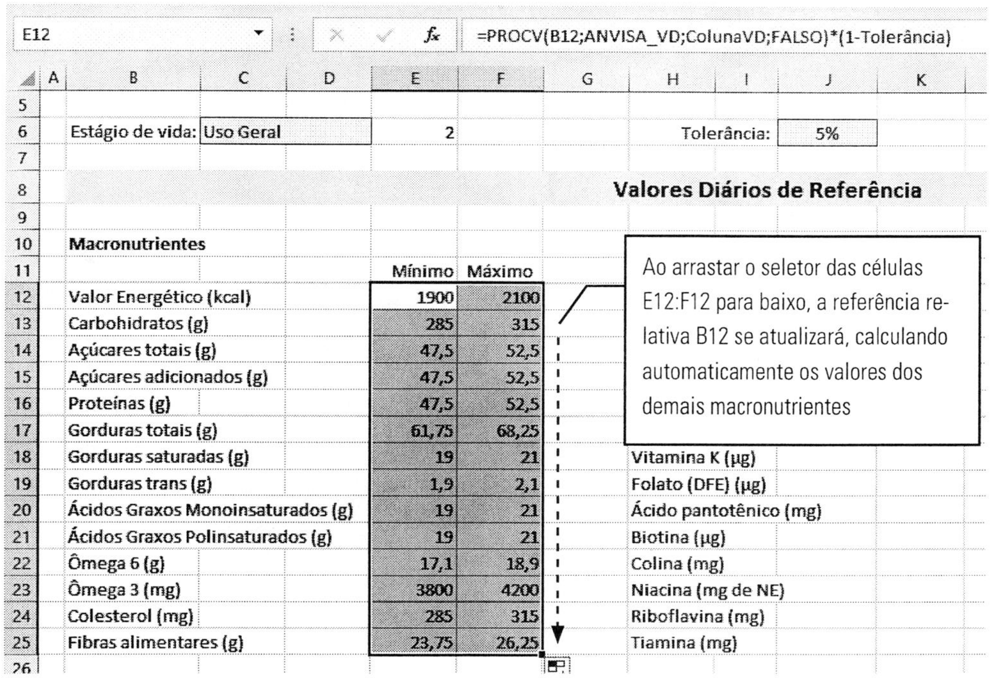


Como as fórmulas para os valores Mínimo e Máximo dos Macronutrientes foram inseridas na coluna E, referenciando nomes de nutrientes que se encontram na coluna B (duas colunas à sua esquerda), elas podem ser facilmente copiadas para recuperar o valor das Vitaminas:

1. Selecione a faixa de células E11:F25 (colunas dos valores Mínimo e Máximo dos Macronutrientes) e pressione Ctrl+C para copiá-las para a Área de Transferência.
2. Clique na célula K11 e pressione Ctrl+V para colar.

As fórmulas coladas terão as referências B12:B25 empregadas pelas funções PROCV() coladas nas células K12:L25 automaticamente atualizadas para referenciar as células H12:H25, calculando corretamente os valores Mínimo e Máximo para todas as Vitaminas (Figura 5.37)

**Figura 5.37:** Selecione as células E11:F25 (cabeçalho e fórmulas usadas para calcular os valores Mínimo e Máximo dos Macronutrientes) e cole-as na célula K11, calculando automaticamente os valores das Vitaminas.

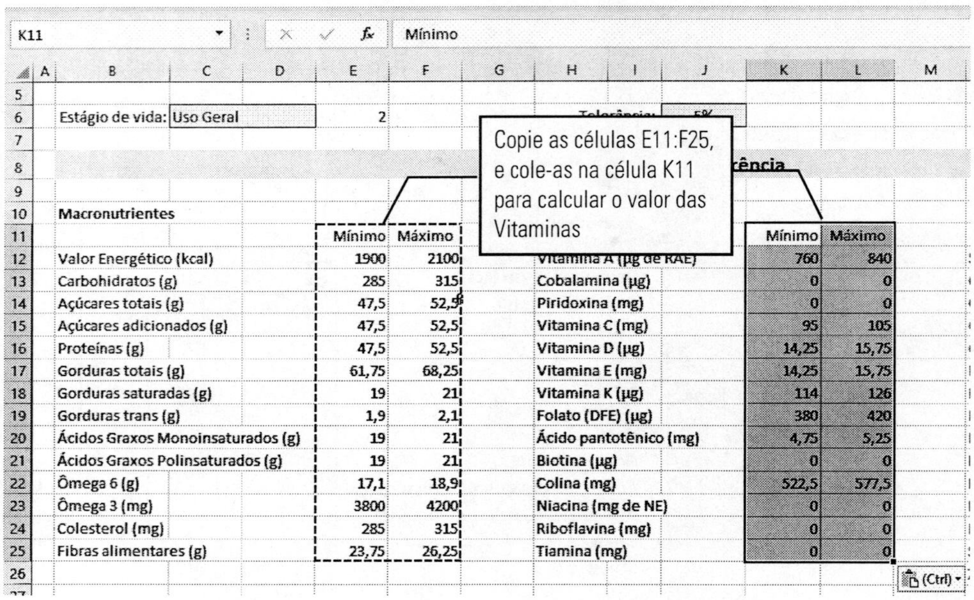


O mesmo não se dará automaticamente para os valores da coluna N, onde se encontram os nomes dos Minerais. As fórmulas copiadas deverão ser coladas na célula O11, que se encontra apenas uma coluna à direita do nome dos nutrientes, necessitando atualizar suas referências, o que pode ser feito seguindo-se estes passos:

1. Selecione as células K11:L12 (cabeçalho e valores Mínimo e Máximo para o item Vitamina A (µg de RAE)) e pressione Ctrl+C para copiá-las para a Área de Transferência.
2. Clique na célula O11 e pressione Ctrl+C para colar. O Excel atualizará as fórmulas exibindo a constante de erro #N/D (Não Disponível, Figura 5.38).

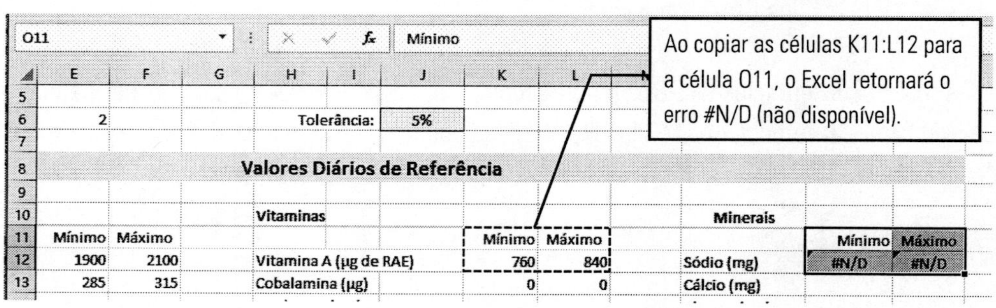


**Figura 5.38:** Ao copiar as células K11:L12 para a célula O11 as fórmulas serão atualizadas, fazendo com que a referência original à célula H12 (Vitamina A(µg de RAE)) seja atualizada para duas colunas à esquerda (célula L12), que não contêm um nome de nutriente existente na faixa ANVISA_VD, retornando o erro #N/D (Não Disponível),

3. Clique na célula O11 e coloque sua fórmula em edição (pressione F2 ou clique na Barra de Fórmulas).
4. Arraste a referência L12 para a célula N12 (Sódio (mg)) e pressione Enter para atualizar a fórmula do valor Mínimo da coluna Minerais.

**Figura 5.38:** Para corrigir o erro #N/D retornado pela fórmula da célula O12, selecione-a e coloque-a em modo Edição (pressione F12 ou clique na Barra de Fórmulas), arraste a referência L12 para a célula N12 (Sódio (mg)) e pressione Enter para atualizá-la.

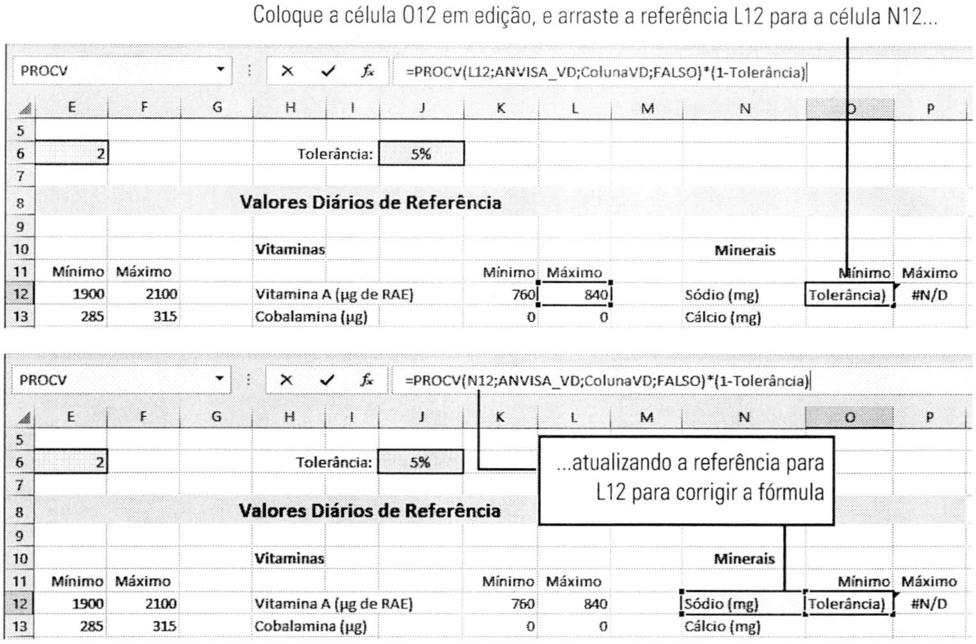


5. Repita o passo 4 para atualizar a célula P12, mudando a referência M12 para N12, atualizando também a fórmula do valor Máximo da coluna Minerais.
6. Selecione as células O12:P12 e arraste seu seletor até a linha 26 (Zinco (mg)), propagando as fórmulas para todos os demais Minerais (Figura 5.40).

**Figura 5.40:** Após corrigir as referências empregadas pelas funções PROCV() das células O12:P12, selecione-as e arraste seu seletor para baixo, propagando-as para recuperar os valoes Mínimo e Máximo de todos os itens da coluna Minerais.

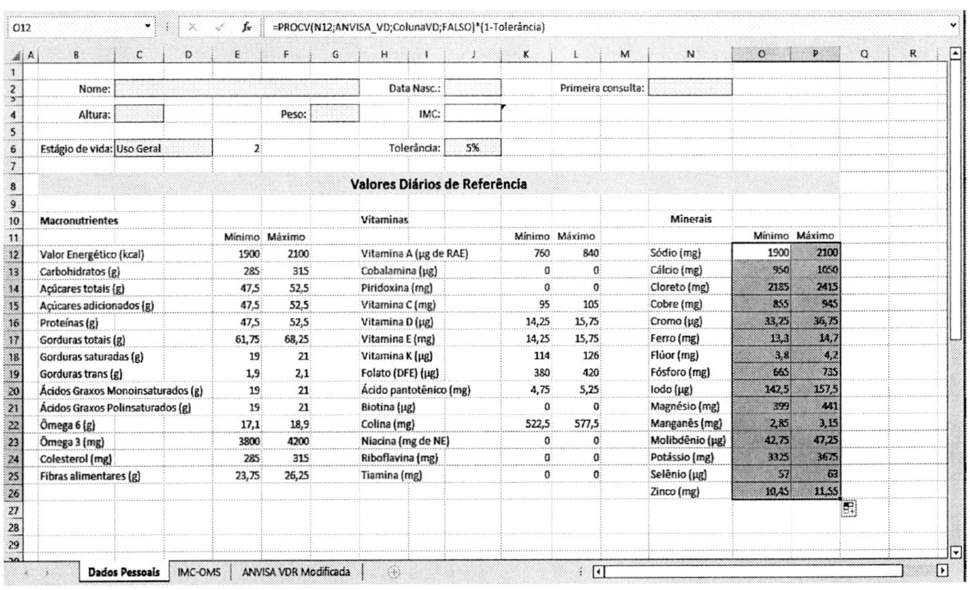


## Teste, Teste, Teste!

Nunca se esqueça de testar extensivamente suas aplicações de planilha. Selecione outro grupo de Estágio de vida na lista de Validação de Dados da célula C6 da planilha Dados Pessoais, clique na guia da planilha ANVISA VDR Modificada e verifique se esta informação está correta.

Troque então o valor da Tolerância para 0% e verifique se os valores Mínimo e Máximo convergem para um valor único. Use outro valor de Tolerância para testar novamente. Selecione então outro grupo de Estágio de vida e teste mais uma vez a planilha Dados Básicos contra os Valores Diários originais.

Teste TODOS os grupos. Nunca se esqueça de fazer isso. Não é incomum construir fórmulas que funcionam em algumas condições, mas falham em outras.

A ordem é: teste, teste, teste... É a única forma de se construir software confiável!

A Figura 5.41 mostra como a área de Valores Diários de Referência deve se parecer ao se escolher o grupo de Estágio de vida "4 a 8 anos" e uma Tolerância = 0%, que deve forçar os valores Mínimo e Máximo a convergir para os Valores Diários de Referência definidos para este grupo de estágio de vida.

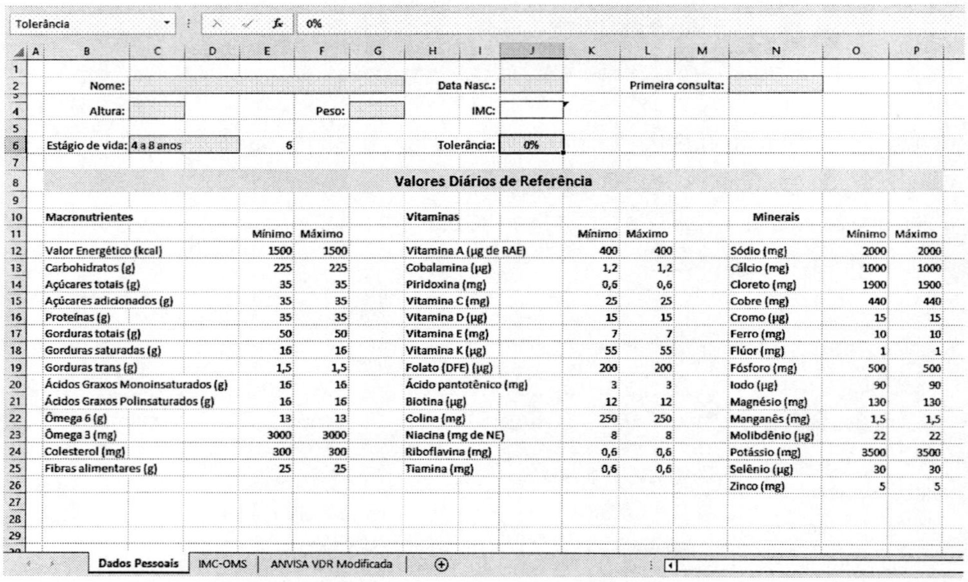


**Valores Diários de Referência**

| Macronutrientes | Mínimo | Máximo | Vitaminas | Mínimo | Máximo | Minerais | Mínimo | Máximo |
|---|---|---|---|---|---|---|---|---|
| Valor Energético (kcal) | 1500 | 1500 | Vitamina A (µg de RAE) | 400 | 400 | Sódio (mg) | 2000 | 2000 |
| Carbohidratos (g) | 225 | 225 | Cobalamina (µg) | 1,2 | 1,2 | Cálcio (mg) | 1000 | 1000 |
| Açúcares totais (g) | 35 | 35 | Piridoxina (mg) | 0,6 | 0,6 | Cloreto (mg) | 1900 | 1900 |
| Açúcares adicionados (g) | 35 | 35 | Vitamina C (mg) | 25 | 25 | Cobre (mg) | 440 | 440 |
| Proteínas (g) | 35 | 35 | Vitamina D (µg) | 15 | 15 | Cromo (µg) | 15 | 15 |
| Gorduras totais (g) | 50 | 50 | Vitamina E (mg) | 7 | 7 | Ferro (mg) | 10 | 10 |
| Gorduras saturadas (g) | 16 | 16 | Vitamina K (µg) | 55 | 55 | Flúor (mg) | 1 | 1 |
| Gorduras trans (g) | 1,5 | 1,5 | Folato (DFE) (µg) | 200 | 200 | Fósforo (mg) | 500 | 500 |
| Ácidos Graxos Monoinsaturados (g) | 16 | 16 | Ácido pantotênico (mg) | 3 | 3 | Iodo (µg) | 90 | 90 |
| Ácidos Graxos Polinsaturados (g) | 16 | 16 | Biotina (µg) | 12 | 12 | Magnésio (mg) | 130 | 130 |
| Ômega 6 (g) | 13 | 13 | Colina (mg) | 250 | 250 | Manganês (mg) | 1,5 | 1,5 |
| Ômega 3 (mg) | 3000 | 3000 | Niacina (mg de NE) | 8 | 8 | Molibdênio (µg) | 22 | 22 |
| Colesterol (mg) | 300 | 300 | Riboflavina (mg) | 0,6 | 0,6 | Potássio (mg) | 3500 | 3500 |
| Fibras alimentares (g) | 25 | 25 | Tiamina (mg) | 0,6 | 0,6 | Selênio (µg) | 30 | 30 |
| | | | | | | Zinco (mg) | 5 | 5 |

**Figura 5.41:** Esta é a aparência da planilha Dados Pessoais após ter o grupo de Estágio de Vida alterado para "4 a 8 anos" e a Tolerância trocada para 0, forçando os valores Mínimo e Máximo a convergirem.

## Formatando a Interface

Quando a interface da aplicação de planilha estabilizar, indicando que ela calcula corretamente para todos os casos possíveis, é hora de fazer algumas alterações cosméticas na sua aparência.
Vamos a elas!

### Formate os títulos de coluna

Aplique uma Borda Inferior Espessa para todas as células que identificam os títulos das colunas Macronutrientes (células B10:F10), Vitaminas (H10:L10) e Minerais (N10:P10). Selecione os títulos Mínimo e Máximo de cada uma destas áreas e aplique-lhes a formatação Negrito e Sublinhado (Figura 5.42).

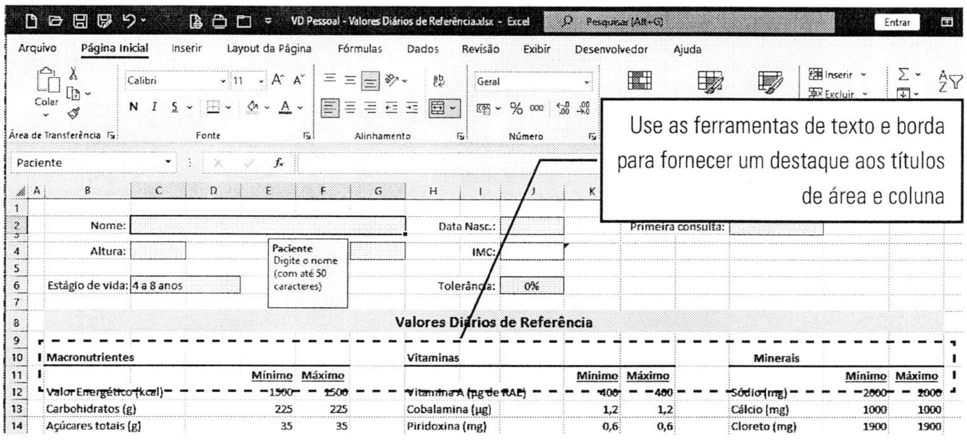


**Figura 5.42:** Aplique uma Borda inferior Espessa abaixo dos títulos de cada uma das áreas Macronutrientes, Vitaminas e Minerais, e formate os textos das colunas Mínimo e Máximo com Negrito.

## Aplique um Formato Personalizado

Para tornar os resultados mais fáceis de serem seguidos pelo olhar, uma boa ideia é usar Formatos Personalizados que apliquem rastros de pontos à direita das células que identificam o nome dos nutrientes (valores Texto), e à esquerda das células que possuem valores numéricos de Mínimo e Máximo (valores numéricos).

### Formato Personalizado para Texto

Como citado na seção "Formatos Personalizados: a forma que escolhemos para exibir valores" do Capítulo 1, "Sobrevivência no Excel: Entendendo as planilhas", para criar um Formato Personalizado que exibe rastros de pontos, use o caractere * (asterisco) seguido do caractere a ser repetido (no caso, o caractere ".", sem as aspas) na posição desejada do formato.

Mas como alguns nutrientes e unidades de medida são muito longos, estendendo-se por até 3 colunas, será necessário também mesclar suas células para que o rastro de pontos funcione corretamente.

Siga estes passos:

1. Selecione as células B12:D12 (nas quais se espalha o texto "Valor Energético" (kcal)).
2. Na guia Página Inicial, Alinhamento, clique no botão Mesclar e Centralizar.
3. Aplique alinhamento à esquerda na célula B12 (mescla de B12:C12).
4. Clique com o botão Direito do mouse na célula B12 e escolha Formatar células.
5. Na caixa de diálogo Formatar Células, escolha a guia Número, selecione Personalizado na lista Categoria e na opção Tipo digite o formato:
   ;;;@*.
6. Clique em OK para aplicar o formato à célula B12 e gerar o rastro de pontos à direita do texto inserido na célula (Figura 5.43)

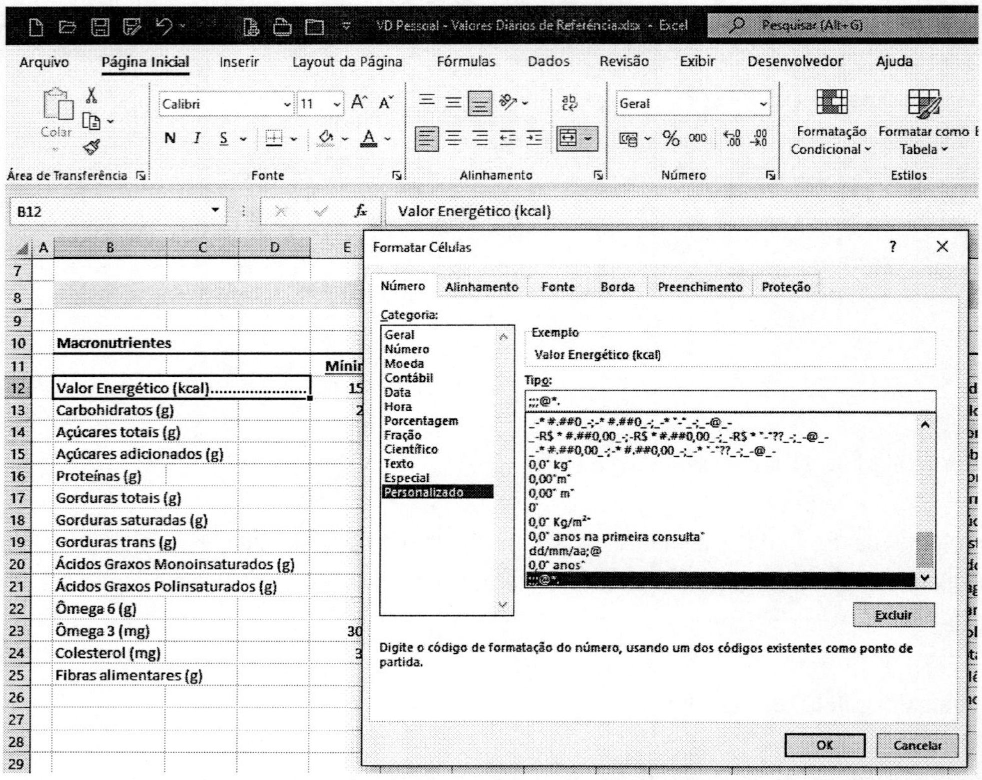


**Figura 5.43:** Mescle as células B12:C12 (Valor Energético (kcal)) e aplique-lhe um Formato Personalizado que crie um rastro de pontos à sua direita, usando o caractere repetido * no formato.

A Figura 4.44 permite observar mais atentamente como funciona o Formato Personalizado aplicado à célula B12, que insere um rastro de pontos à direita do texto digitado.

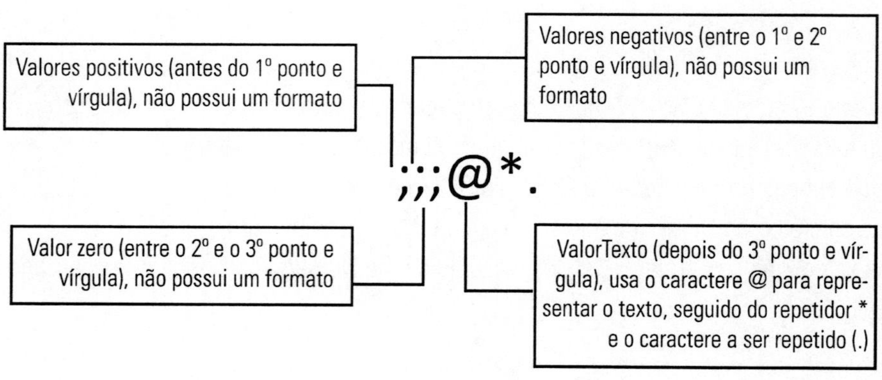


**Figura 4.44**: Como os formatos do Excel são formados por quatro partes (para números positivos, negativos, zero e valores textuais), apenas a parte Textual foi usada para adicionar o rastro de pontos.

---

**ATENÇÃO**: Cuidado ao usar o caractere @ nas três primeiras partes numéricas do formato (valores positivos, negativos e zero). Como ele transforma o conteúdo da célula em texto, até mesmo as fórmulas nela digitadas serão convertidas em texto.

---

E uma vez que a célula B12 foi mesclada e recebeu o Formato Personalizado que lhe adiciona um rastro de pontos à sua direita, copie a formatação desta célula para todas as demais células com nomes de nutrientes na planilha Dados Pessoais:

1. Clique na célula B12 (Valor Energético (kcal) com rastro de pontos).

2. Aplique um duplo clique na ferramenta Pincel de Formatação (localizada na guia Página Inicial, Área de Transferência) para travar a ferramenta como selecionada.
3. Arraste sucessivamente o mouse por estas faixas de células: B13:F15 (Macronutrientes), H12:H25 (Vitaminas), N12:N26 (Minerais, que usa apenas uma coluna).
4. O Excel aplicará o formato copiado, mesclando as células selecionadas quando necessário (Figura 5.45).

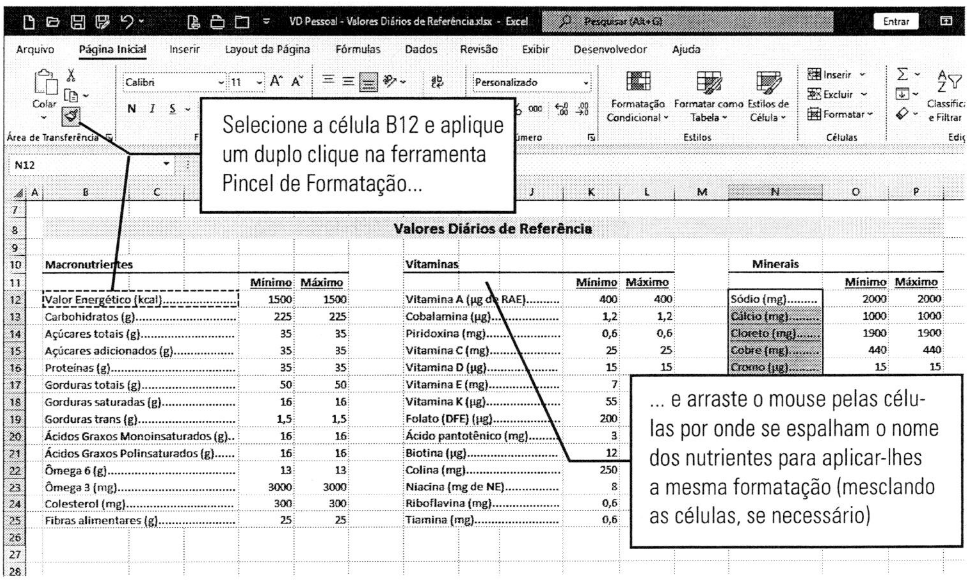


**Figura 5.45:** Aplique um duplo clique na ferramenta Pincel de Formatação para bloqueá-la como selecionada, copie a formatação da célula B12 e arraste o mouse pelas demais faixas de célula com nome de nutrientes, para propagar-lhes a formatação copiada.

## Formato Personalizado para Número

Para as células que retornam os valores Mínimo e Máximo para cada nutriente, a abordagem é mais direta, porque elas não precisam ser mescladas, podendo selecioná-las todas de uma vez, e então aplicar-lhe o formato desejado:

1. Na planilha Dados Pessoais, selecione as células que possuem as fórmulas que retornam os valores Mínimo e Máximo: faixas F12:F25, K12:L25 e O12:L26 (mantenha pressionada a tecla Ctrl enquanto arrasta o mouse em cada uma destas faixas).
2. Clique com o botão direito na seleção e escolha Formatar Células.
3. Na caixa de diálogo Formatar Células, escolha a guia Número, selecione Personalizado na lista Categoria e na opção Tipo digite o formato:

*.0"";""

4. Pressione OK para aplicar o Formato Personalizado a todas as células selecionadas (Figura 5.46)

**Figura 5.46:** Aplique o Formato Personalizado *.0;"";"" às células com fórmulas que retornam os valores Mínimo e Máximo de todos os nutrientes, para melhorar a legibilidade da planilha.

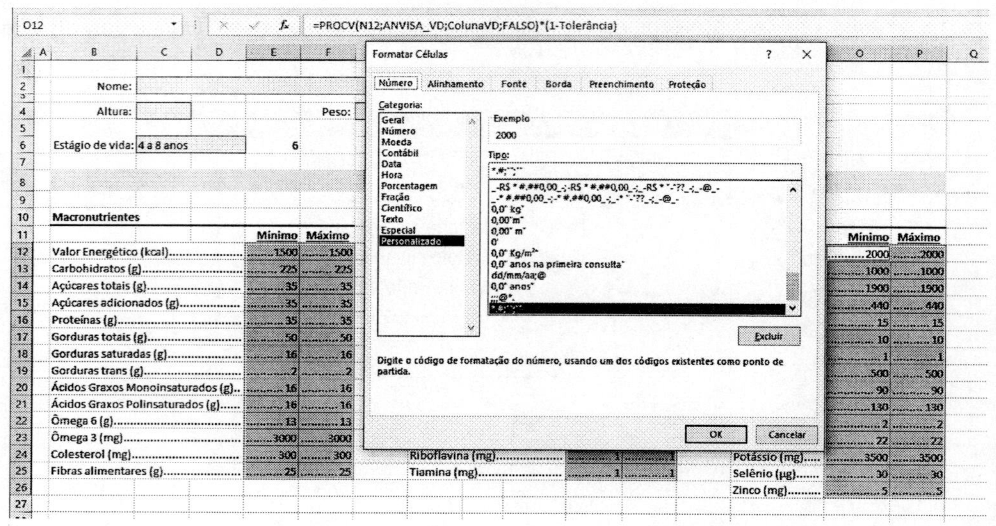


A Figura 5.47 detalha como funciona o Formato Personalizado aplicado às células que retornam os valores Mínimo e Máximo para os nutrientes da planilha Dados Pessoais.

**Figura 5.47:** Os valores numéricos são precedidos por um rastro de pontos usando os caracteres *. Antes do formato # a ser aplicado aos valores (valor inteiro, sem casas decimais).

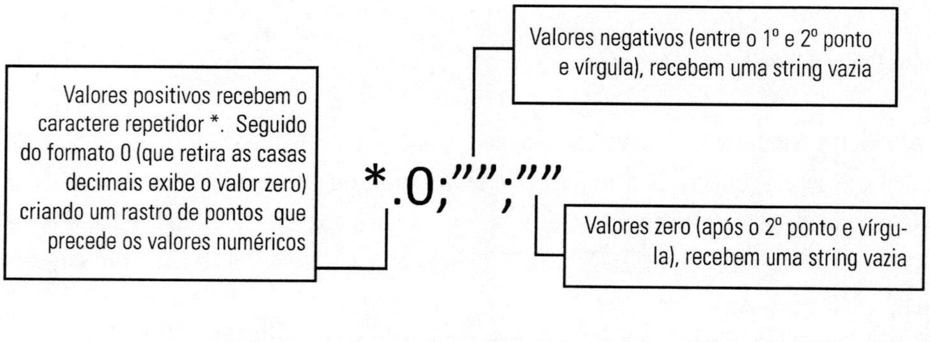


Para finalizar a formatação dos valores Mínimo e Máximo, selecione na lista de Validação de Dados da célula C6 o grupo de Estágio de vida "4 a 8 anos" (este grupo define Valores Diários para todos os nutrientes da planilha ANVISA VDR Modificada), pressione e mantenha pressionada a tecla Ctrl, selecione todas as células que exibem valores menores que 10 (entre 0 e 9,9), e aumente sua precisão para uma casa decimal usando o comando Aumentar Casas Decimais (Figura 5.48).

---

**ATENÇÃO:** Ao usar a ferramenta Aumentar Casas Decimais em uma célula que possui um Formato Personalizado, o Excel irá criar um novo formato para representar a precisão desejada. Abra a janela Formatar células, selecione a guia Número e verifique por si próprio!

---

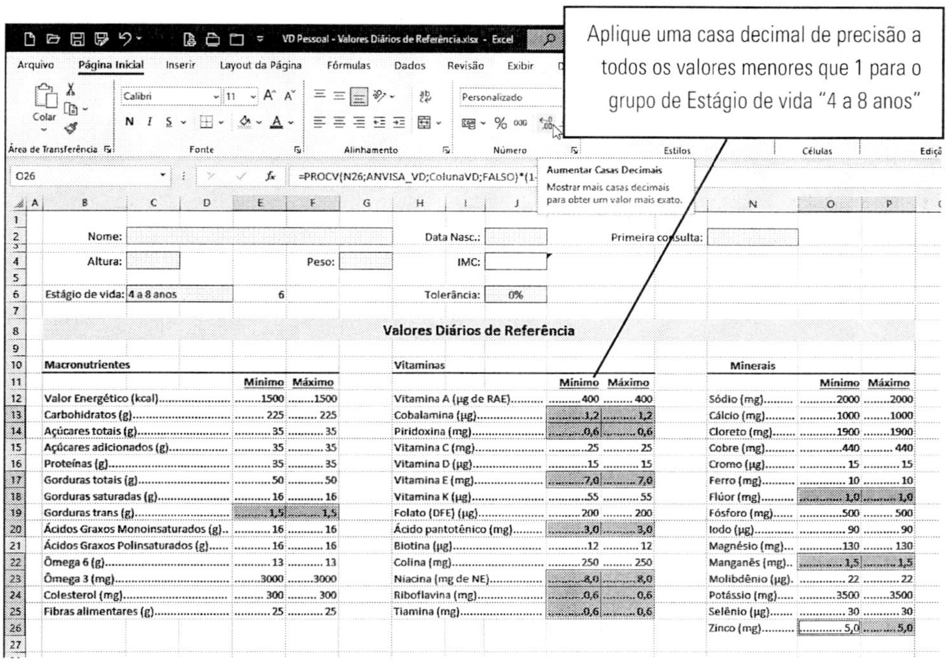


**Figura 5.48:** Para finalizar a formatação dos dados numéricos exibidos para as faixas de Valores Diários da planilha Dados Pessoais, escolha o grupo de Estágio de vida "4 a 8 anos", selecione todas as células com valores menores que 10 e use a ferramenta Aumentar Casas Decimais para aumentar sua precisão.

## Aplique o "Efeito Zebra"

Quer aprender um novo truque de formatação?

"Zebrar os dados" significa alternar a cor de preenchimento das células entre duas (ou mais) cores diferentes, em um intervalo de linhas especificado (normalmente, linha a linha), tornando mais fácil diferenciar o valor em cada linha daquele exibido acima ou abaixo, algo muito popular nos formulários contínuos impressos por impressoras matriciais e computadores de grande porte das décadas de 1970-80.

Os desenvolvedores de software usam este nome porque na maior parte das vezes alterna-se a cor de fundo das linhas entre branco e cinza claro, empregando preto para a cor do texto, fazendo com que a impressão se pareça uma Zebra (certo... as Zebras alternam suas faixas entre preto e branco, mas você capturou a ideia?).

Para aplicar este efeito, você deve aprender a usar duas novas funções do Excel: MOD( ), LIN() e NÃO().
A função MOD() retorna o resto da divisão de um número por outro, e sua sintaxe é:

MOD(Número. Divisor)
Onde:

- Número: é o dividendo, ou numerador que sofrerá a operação de divisão.
- Divisor: é o denominador que dividirá o argumento Número.

Assim, se você utilizar no argumento Número é par, e Divisor for 2, o resto da divisão será 0. Por outro lado, se Número é ímpar e Divisor for 2, o resto da divisão será 1.

Experimente por exemplo, selecionar qualquer célula da planilha e digitar esta fórmula:

=MOD(10,2)

Estará dividindo 10 (número par) por 2, que não tem resto: o resto da divisão será 0, que é o resultado da fórmula. Mas se digitar esta fórmula:

=MOD(11;2)

Neste caso, estará dividindo 11 (número ímpar) por 2, e o resto da divisão será 1, que é o resultado da fórmula.

---

**ATENÇÃO:** Para sua informação, há uma propriedade matemática que garante que o resto de qualquer operação de divisão ficará sempre entre 0 (quando não há resto) e Divisor – 1. Isso significa que sempre que se quiser alternar entre duas opções, use a função MOD( ) com Divisor = 2. O resto será 0 ou 1 (2 –1=1)! Se quiser alternar entre três opções, use a função MOD( ) com Divisor = 3. O resto nunca será 0, 1 e 2 (3 –1 =2), e assim sucessivamente.

---

Lembra que eu disse antes que para o Excel (e todas as linguagens de programação) o valor 0 (zero) é FALSO e qualquer coisa diferente de zero é VERDADEIRO?

Usando esta simples regra, sempre que usar =MOD(X,2) para qualquer valor de X que seja um número inteiro, esta fórmula irá alternar seu valor entre 0 e 1: 0 ocorrerá quando X for par e 1 quando X for ímpar. Interessante, não?

Vamos ser mais práticos!

O Excel possui outra função interessante chamada LIN( ), que retorna o número da linha atual da célula em que a função é inserida na fórmula (se você está pensando se existe uma função COL(), acertou: Ela retorna o número da coluna!).

Então, se para a função MOD() no argumento Número se utilizar a função LIN() (cujo valor alterna entre um número par e um ímpar) e no argumento Divisor usar o valor 2, observe a próxima função e responda rápido: *"Quais valores ela pode retornar?"*

=MOD(LIN( ); 2)

...

(PENSE!)

...

Ah, essa foi fácil! Sempre que colocar esta fórmula em uma célula e arrastá-la para cima ou para baixo, propagando-a entre linhas, seu resultado será alternado entre 0 e 1. Ou melhor, entre FALSO e VERDADEIRO, certo? (Tente inseri-la em qualquer planilha vazia e arrastar o seletor da célula para cima ou para baixo e veja os resultados se alternando).

Agora, vou desafiá-lo: *"Como se pode usar esta técnica para criar o chamado 'efeito zebra', alternando a cor das linhas da planilha?"*

PENSE!

...

ISSO!!! Mais uma vez, você está certo, provando a si mesmo que está se tornando um expert no Excel! Usaremos esta fórmula dentro de uma regra de Formatação Condicional para selecionar a cor alternativa a ser usada sempre que a função retornar VERDADEIRO (ou 1).

Mas tem mais uma coisinha: se a linha inicial que deve receber esta regra de Formação Condicional for uma linha par, o resultado da fórmula =MOD(LIN();2) será 0 (ou Falso), e a regra não será aplicada.

Como este é o caso da planilha Dados Pessoais, na qual os Valores Diários dos nutrientes se iniciam na linha 12 (par), é aqui que entra em ação a função NÃO() que tem como objetivo negar (ou inverter) um resultado lógico, transformando Falso em Verdadeiro, e vice-versa.

Para fazer com que a fórmula que usa MOD() e LIN() retorne Verdadeiro para as linhas pares e Falso para as linhas ímpares, basta usar a função NÃO() para negar seu resultado, desta forma:

=NÂO(MOD(LIN();2))

Entendeu?
Siga estes passos para alternar a cor de fundo do nome dos nutrientes e seus Valores Diários Mínimo e Máximo na planilha Dados Pessoais, usando a Formatação Condicional:

1. Na planilha Dados Pessoais, mantenha a tecla Ctrl pressionada enquanto arrasta o mouse sobre estas faixas: B12:F25 (Macronutrientes e seus valores), H12:L25 (Vitaminas) e N12:P26 (Minerais).
2. Na guia Página Inicial clique em Formatação Condicional, Nova Regra e na caixa de diálogo Nova Regra, escolha a opção "Use uma fórmula para determinar quais células devem ser formatadas".
3. Insira esta expressão para a regra de Formatação Condicional:
4. =NÃO(MOD(LIN( ); 2))
5. Clique no botão Formatar, selecione a guia Preenchimento e escolha uma cor salmão claro, mantendo o texto com a cor Preto, para ser aplicado sempre que a fórmula retornar VERDADEIRO (o que ocorrerá nas linhas pares).
6. Ao pressionar Enter, o Excel alternará a cor de preenchimento das células selecionadas entre a cor escolhida na regra de Formatação Condicional e a cor padrão Branco (Figura 5.49).

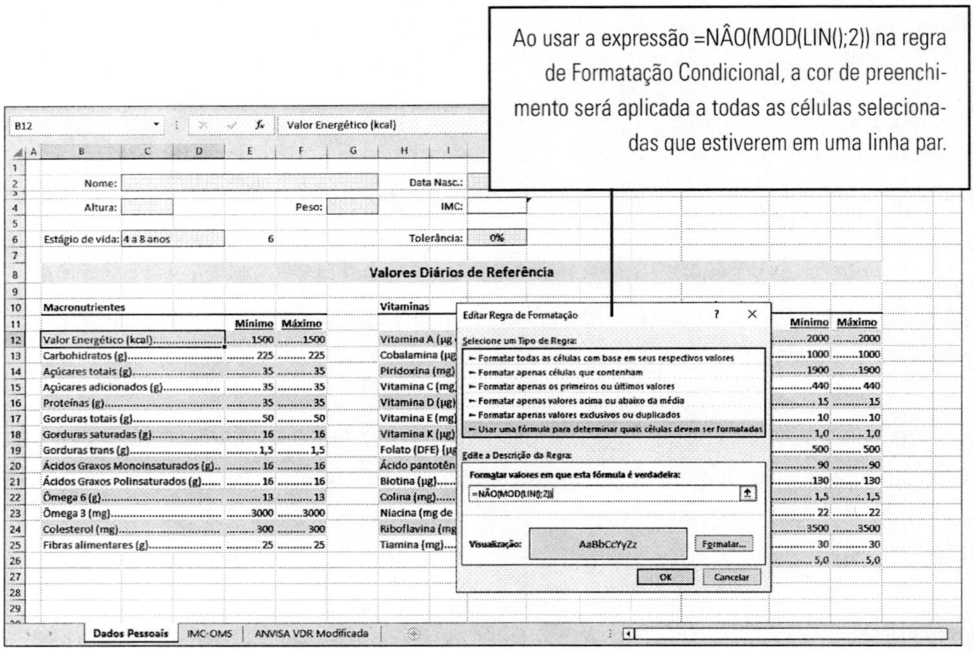


**Figura 5.49:** Selecione todas as células da planilha Dados Pessoais usadas para exibir o nome e os Valores Diários Mínimo e Máximo de todos os nutrientes, e aplique uma Formatação Condicional usando as funções NÃO(), MOD( ) e LIN( ) do Excel para criar o "Efeito Zebra".

---

**ATENÇÃO**: No arquivo Capítulo05.zip você encontra a Pasta de trabalho VD Pessoal - Valores Diários de Referência Completo.xlsx, que possui todas as fórmulas e funcionalidades exibidas até a Figura 5.49, pronta para receber os "Toques Finais" citados na próxima seção.

---

## 5.3 Toques Finais!

A aplicação de planilha Pessoal VD Pessoal - Valores Diários de Referência.xlsx está pronta para receber aqueles famosos toques finais que irão dar aquele acabamento profissional:

1. Oculte resultados intermediários.
2. Limpe e desbloqueie as células de entrada de dados (células com um fundo amarelo claro e borda azul).
3. Aplique a Formatação Condicional para ocultar os erros de fórmula por ausência de dados.
4. Oculte colunas e linhas não utilizadas.
5. Adicione um título e faça ajustes na interface.
6. Oculte Títulos (cabeçalhos de linha e coluna) e Linhas de grade.
7. Opcionalmente, oculte as guias de planilha que não devem ser exibidas ao usuário.
8. Proteja sua propriedade intelectual.
9. Salve a aplicação de planilha como um Modelo do Excel para que possa ser reutilizada.

Vamos aplicá-los, um de cada vez.

### Oculte resultados intermediários

A Figura 5.50 mostra que a planilha Valores Diários usa a célula E6 para retornar o número da coluna a ser pesquisada na planilha ANVIDA VDR Modificada, empregando uma fórmula com a função CORRESP() para gerar este resultado intermediário. Selecione a célula E6 e use a ferramenta Cor do Texto para aplicar-lhe a cor Branco, tornando este resultado invisível.

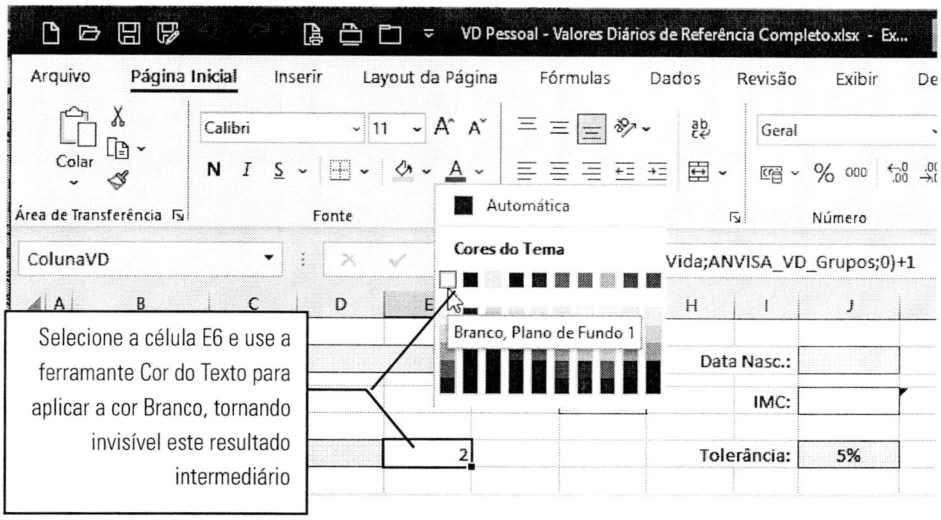


**Figura 5.50:** Oculte o valor retornado pela fórmula da célula E6, aplicando a cor Branco ao seu texto.

## Limpe e desbloqueie as células de entrada de dados

Selecione todas as células de entrada (com fundo amarelo claro e borda azul) e pressione a tecla Del para limpar seu conteúdo: C2 (Nome), J2 (DataNasc), N2 (Primeira consulta), C4 (Altura), G4 (Peso), C6 (Estágio de vida) e J6 (Tolerância). Ao fazer isso, todas as fórmulas que delas dependem passarão a exibir constantes de erro.

Clique com o botão Direito do mouse em uma das células selecionadas, escolha Formatar Células e, na guia Proteção da caixa de diálogo Formatar células, desmarque a opção Bloqueadas (Figura 5.51).

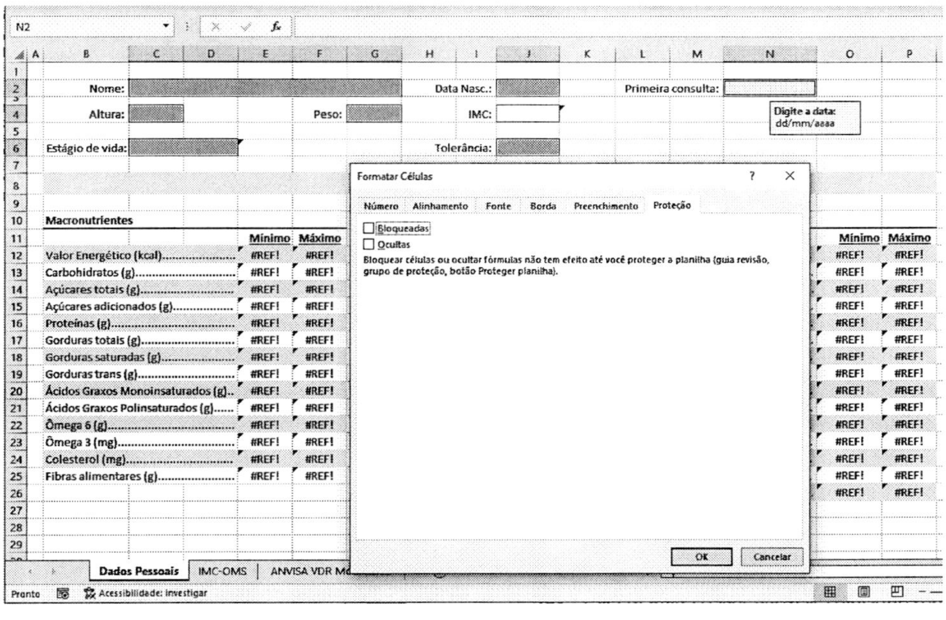


**Figura 5.51:** Selecione as células de entrada, pressione Delete para limpar seu conteúdo, clique com o botão Direito na seleção, escolha Formatar células e, na guia Proteção, desmarque a opção Bloqueadas.

## Aplique Formatação Condicional

Para evitar as constantes de erro #N/D e #REF! exibidas nas células da Figura 5.51 da planilha Dados Pessoais, será necessário criar duas regras de Formatação Condicional que empregam a função ÉERROS() do Excel, quando exibirem erros em suas fórmulas:

1. Uma para as células de fundo Branco, que devem aplicar a cor Branco ao texto.
2. Outra para as células de fundo Salmão claro, que devem aplicar esta cor ao texto.

Siga estes passos para criar estas regras de Formatação e ocultar os erros exibidos nas células que possuem fundo Branco na planilha Dados Pessoais:

3. Na planilha Dados Pessoais selecione todas as células com erros que possuem fundo branco: células com fundo Branco e linhas ímpares das faixas F13:F25, K13:L25 e O13:P25 (mantenha pressionada a tecla Ctrl para selecionar as faixas enquanto arrasta o mouse sobre elas).
4. Na guia Página Inicial clique em Formatação Condicional, escolha Nova Regra e, na caixa de diálogo Nova Regra de Formatação, selecione a opção "Usar uma fórmula para determinar quais células devem ser formatadas" e digite esta expressão para a regra de formatação (note que a célula E6 é uma referência relativa): ÉERROS(E6)
5. Clique no botão Formatar e, na guia Fonte, escolha a cor Branco para o texto. A área Visualização deverá exibir um espaço em branco para indicar como as células serão formatadas quando a expressão =ÉERROS(E6) retornar VERDADEIRO (Figura 5.52).

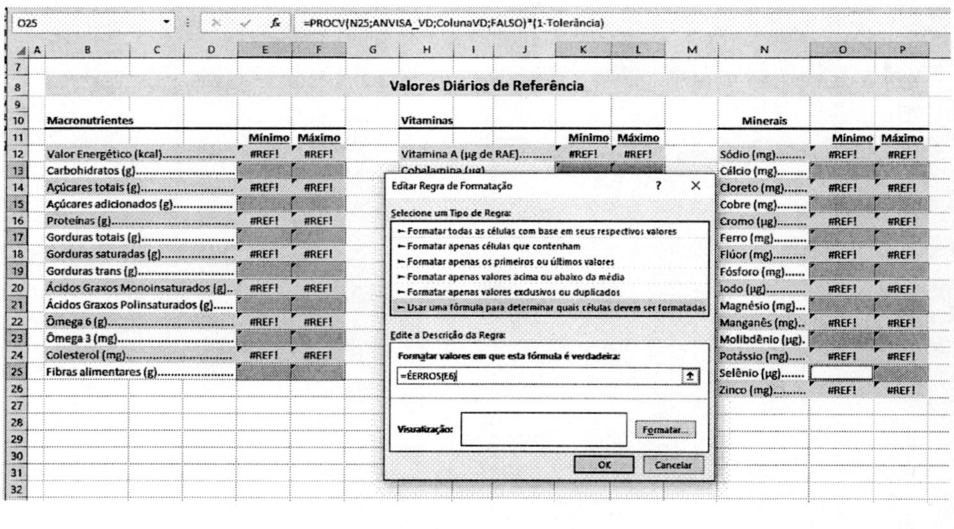


**Figura 5.52:** Use a regra de Formatação Condicional =ÉERROS(E6) para ocultar os erros de todas as células com fórmulas que exibem constantes de erro e possui fundo Branco, aplicando esta cor ao texto destas células.

---

**ATENÇÃO:** Há um erro persistente no Excel que troca a referência relativa usada na expressão de Formatação Convencional (como em =ÉERROS(E6)) para a referência de última célula da planilha, alterando a fórmula para =ÉERROS(XEY1048563). Para corrigir este erro e aplicar a regra de Formatação Condicional desejada, use o comando Gerenciar Regras, aplique um duplo clique na regra desejada e altere manualmente a referência fornecida para o endereço desejado (E6). Ao pressionar OK, o Excel deverá enfim aceitar a referência fornecida e atualizar corretamente a exibição da planilha.

---

Agora crie a segunda regra de Formatação Condicional nas células que possuem fundo Salmão claro (efeito zebra):

1. Na planilha Dados Pessoais selecione todas as células com erros que possuem fundo Salmão claro: células com erro as linhas pares das faixas F12:F22, K12:L24 e O12:P26 (mantenha pressionada a tecla Ctrl para selecionar as faixas enquanto arrasta o mouse sobre elas).
2. Na guia Página Inicial clique em Formatação Condicional, escolha Nova Regra e, na caixa de diálogo Nova Regra de Formatação, selecione a opção "Usar uma fórmula para determinar quais células devem ser formatadas", e utilize esta expressão para a regra formatação:
   ÉERROS(E12)
3. Clique no botão Formatar e, na guia Fonte, escolha para o texto a mesma cor Salmão claro usado no fundo destas células. A área Visualização deverá exibir um retângulo com texto na cor Salmão claro para indicar como as células serão formatadas quando a expressão ÉERROS(E12) retornar VERDADEIRO (Figura 5.53).

**Figura 5.53**: Use a regra de Formatação Condicional =ÉERROS(E12) para ocultar os erros de todas as células com fórmulas que exibem constantes de erro e possui fundo Salmão claro, aplicando esta cor ao texto destas células.

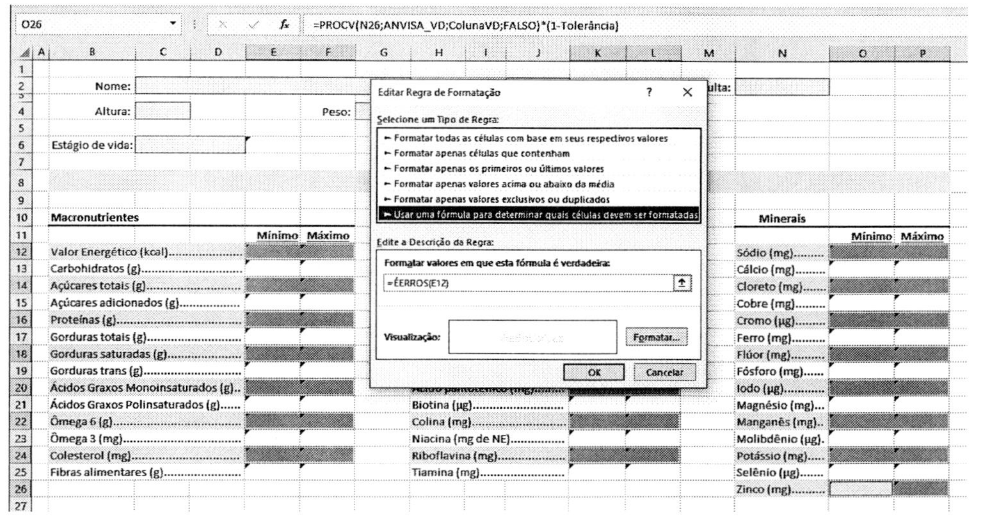

Agora todas as células devem ter as constantes de erro texto ocultas. Vá em frente e teste a planilha: na célula J6 (Tolerância) digite o valor 5%, e selecione um dos grupos de Estágio de vida para exibir seus Valores Diários de Referência.

## Oculte colunas e linhas não utilizadas

Role a planilha para a direita, até exibir a última coluna que deve permanecer visível *nesta interface*: para a planilha Dados Pessoais, oculte todas as colunas a partir da coluna R e as linhas a partir da linha 28:

1. Clique no cabeçalho da coluna R (toda a coluna será selecionada).
2. Pressione Ctrl+Shift+Seta da direita para selecionar até a última coluna da planilha.
3. Clique com o botão direito em qualquer dos cabeçalhos de coluna selecionados e, no menu de contexto que aparece, escolha Ocultar.
4. Role a planilha para baixo até exibir a linha a permanecer exibida e deixe uma linha em branco abaixo dela (no caso, a linha 26 que contém os dados do mineral Zinco, a linha 27 fica em branco e a linha 28 é a primeira a ser oculta).
5. Clique no cabeçalho da linha 28 (toda a linha será selecionada) e pressione Ctrl+Shift+Seta para baixo. Todas as linhas desde a 28 até a última linha da planilha serão selecionadas.
6. Clique com o botão direito em qualquer dos cabeçalhos de linha selecionados e, no menu de contexto que aparece, escolha Ocultar. (Figura 5.54).

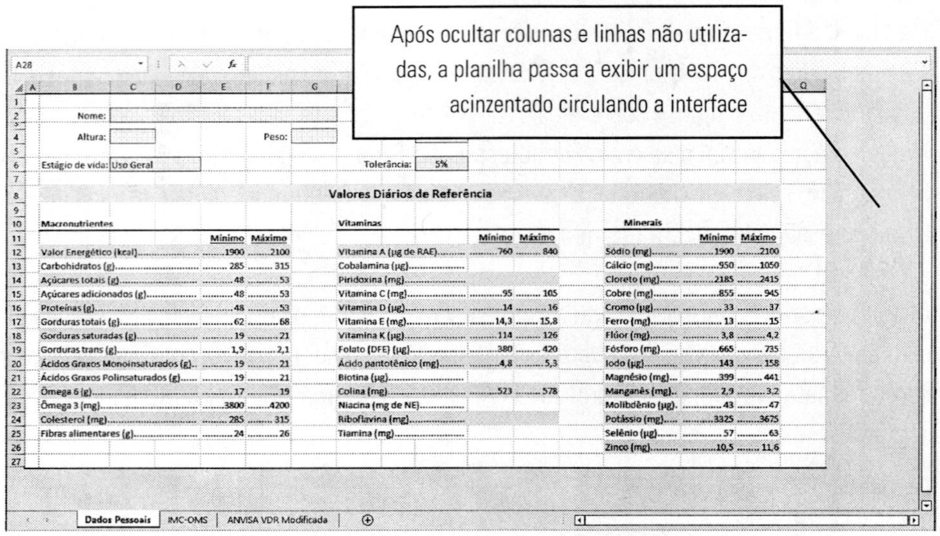


**Figura 5.54**: Oculte todas as colunas e linhas não utilizadas na sua planilha para remover a sensação de infinitude de sua aplicação, impedindo-a de rolar indefinidamente para à direita.

## Adicione um título e faça ajustes na interface

Insira duas linhas acima da linha 1 da planilha Dados Pessoas, e use a célula B2 para inserir o título "Dados Pessoais e Valores Diários de Referência", formatado com fonte Calibri 20 Negrito.

Para remover os espaços acinzentados à direita e abaixo da planilha, exibidos após se ocultar as colunas e linhas não utilizadas, manipule a largura da primeira e última colunas e linhas em branco exibidas, para que a interface tenha um fundo branco contínuo (Figura 5.55).

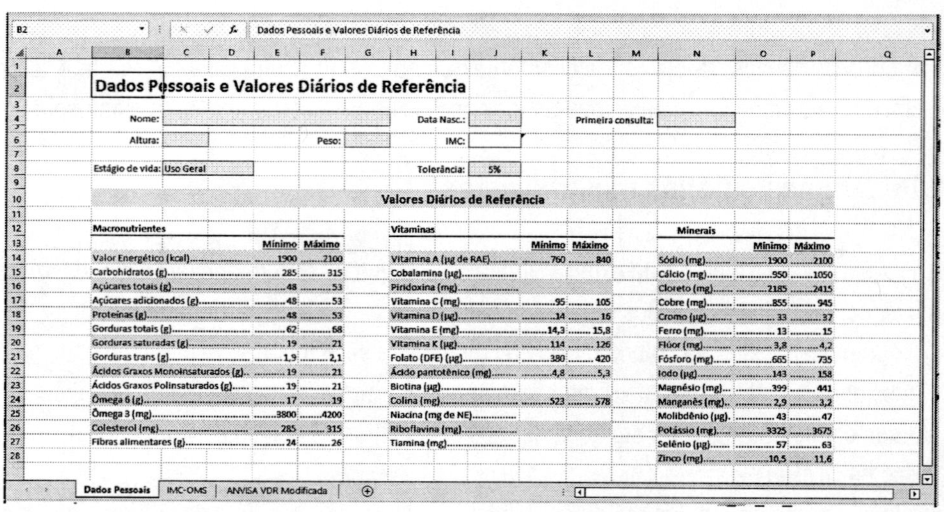

**Figura 5.55:** Adicione duas novas linhas em branco no topo da planilha Dados Pessoais e digite o título da aplicação. Em seguida, aumente a largura das colunas A e Q (primeira e última colunas e linhas em branco) e da linha 27 para remover o espaço acinzentado exibido ao se ocultar as linhas e colunas não utilizadas.

## Proteja as planilhas

Proteja as planilhas Dados Pessoais, IMC-OMS e ANVISA VDR Modificada para impedir sua alteração. Selecione a guia de cada planilha e, na guia Revisão clique na opção Proteger Planilha, deixando selecionada apenas a opção Selecionar células Desbloqueadas (Figura 5.56).

**Figura 5.56:** Use o comando Proteger Planilha da guia Revisão, mantendo selecionada apenas a opção "Selecionar células desbloqueadas". Se desejar, digite uma senha para proteger sua propriedade intelectual.

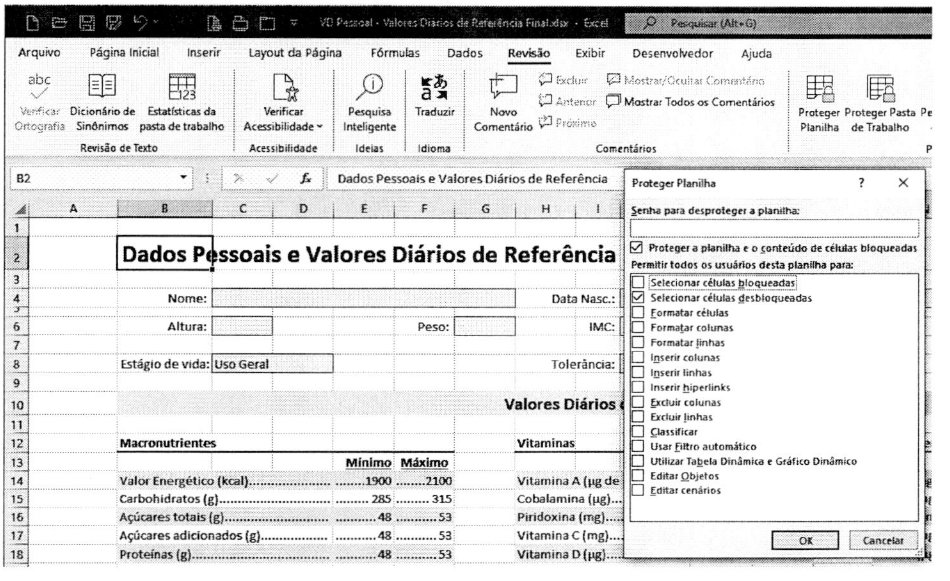

## Oculte elementos da interface do Excel

Selecione a guia Exibir da barra de ferramentas do Excel e na área Mostrar desmarque as opções Barra de Fórmula, Linhas de Grade e Títulos.

Use o comando Arquivo, Opções do Excel, clique na guia Avançado, role a interface até exibir a área "Opções de exibição desta Pasta de trabalho" e desmarque as opções "Mostrar barra de rolagem horizontal", "Mostrar barra de rolagem vertical".

E para finalizar, certifique-se de que a lista de Validação de dados para o Estágio de vida está com a opção "Uso geral" selecionada, e Tolerância possui o valor 5%, e que o campo Nome está selecionado, pronto para receber os dados do usuário. (Figura 5.57).

A aplicação de planilha VD Pessoal – Valores Diários de Referência está finalizada! Salve seu trabalho!

**Figura 5.57:** Esta é a aparência da planilha VD Pessoal – Valores Diários de Referência Final.xlsx após receber todos os Toques Finais sugeridos para finalizar a aplicação de planilha.

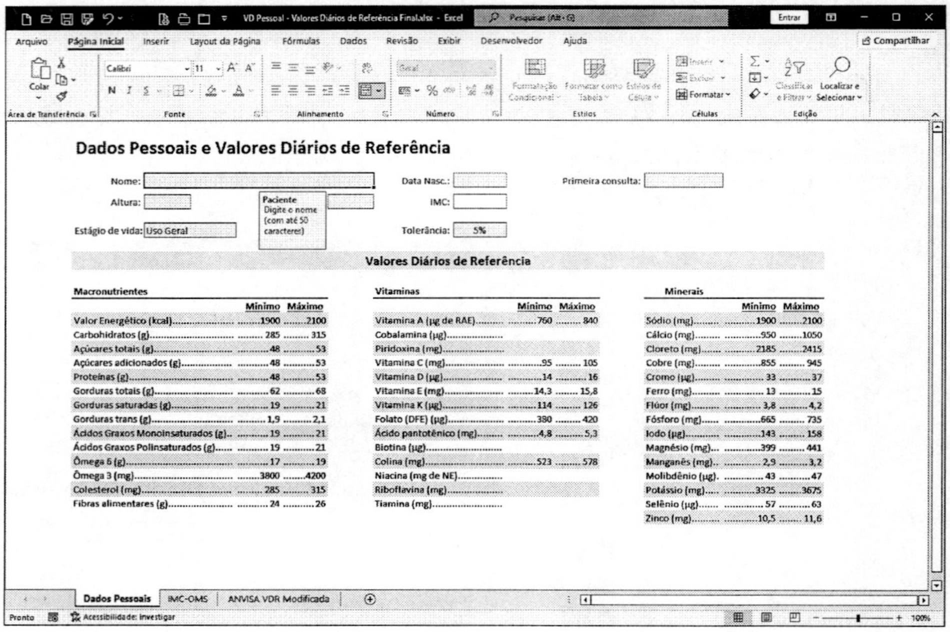


## Salve a aplicação como um Modelo

Para finalizar o trabalho efetuado nesta aplicação de planilha, vá em frente e salve-a como um novo Modelo do Excel:

1. Clique na guia Arquivo, clique em Salvar como e depois em Procurar.
2. Na caixa de diálogo Salvar Como que aparece, clique na lista Salvar como tipo e selecione a opção "Modelo do Excel (*.xltx)".
3. Isso irá fazer com que o Excel mude automaticamente para a pasta padrão de armazenamento de Modelos do Office no seu computador, que se localiza na sua pasta Documentos\Modelos Personalizados do Office.
4. Clique em Salvar para criar o Modelo do documento.

---

**ATENÇÃO:** Você encontra uma cópia da aplicação de planilha DRI – Recomendações Dietéticas Diárias Final.xlsx no interior do arquivo CAPÍTULO05.ZIP, com todas as modificações propostas. Estude-a! Use-a em seu benefício!

---

## 5.4 Resumo do Capítulo

Neste capítulo, você aprendeu:

- Que a idade nunca deve ser solicitada: calcule-a a partir da data de nascimento.
- Como calcular a idade atual e em uma data específica (como a primeira consulta).
- Como usar as funções SE( ) do Excel para evitar erros retornados pela fórmula de cálculo da idade.
- Como usar a função PROCV( ) do Excel para efetuar uma pesquisa inexata, de forma a encontrar um dado específico em uma tabela.
- Como formatar a tabela de uma planilha para ser capaz de usar PROCV( ) com uma pesquisa inexata.
- Como recuperar a subclassificação do IMC fazendo uma pesquisa inexata.
- Como usar os nomes de faixa da planilha ANVISA VDR Modificada para permitir a seleção de um grupo de estágio de vida específico usando uma lista de Validação de Dados.

- Como usar um Formato Personalizado para criar um rastro de pontos.
- Como criar o "Efeito Zebra" nos seus dados para melhorar a legibilidade e criar uma interface gráfica aprimorada, usando as funções LIN( ), MOD( ) e NÃO( ).

# Capítulo 6. NET Pessoal: Necessidade Energética Total e Planilhas dependentes

Outra interessante aplicação de planilha com ênfase na saúde e baseada em cálculos nutricionais simples, mais trabalhosos, é a que possa responder a uma dúvida bem popular: *"Qual é o máximo de calorias que eu posso ingerir em um dia, sem alterar meu peso?"*

Este capítulo lida com os métodos de estimação da NET - Necessidade Energética Total empregando uma típica aplicação em Excel, porque apesar de serem razoavelmente simples de se realizar, são de certa forma trabalhosos de se efetuar manualmente. Estes cálculos podem ser baseados em fórmulas que empregam seus dados pessoais (sexo, estágio de vida, altura, peso e idade), ou por multiplicadores simples, baseados em kcal/kg ou kcal/cm. Todos eles produzindo estimativas similares, com alguma variação nas estimativas energéticas.

O objetivo deste capítulo é criar uma aplicação que empregue os principais métodos disponíveis para calcular a NET, permitindo ao usuário tomar a decisão de quantas calorias deve ingerir diariamente para obter um determinado objetivo: manter, perder ou ganhar peso.

Minha visão de como a aplicação de planilha NET Pessoal - Necessidade Energética Total deve se parecer ao final deste capítulo pode ser vista em outro dos meus "rascunhos perfeitos" exibido na Figura 6.1.

**Figura 6.1:** Este rascunho mostra como a aplicação de planilha NET Pessoal: Necessidade Energética Total deverá se parecer ao final deste capítulo.

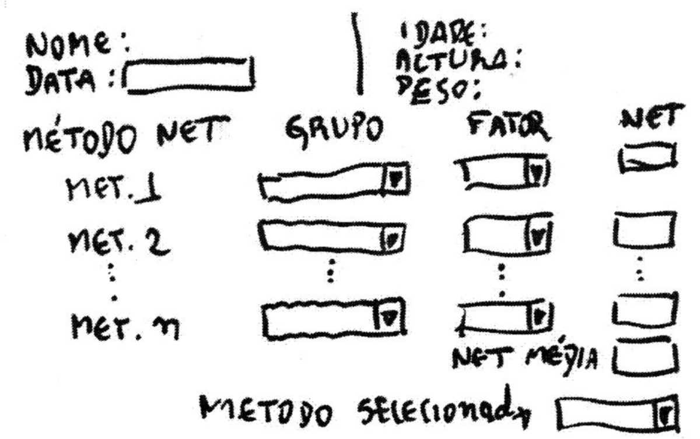


Esta solução será implementada em uma Pasta de trabalho para ser usada como um Modelo do Excel, com uma nova característica: ela não possui as informações necessárias para se calcular, como Nome, Altura, Peso e Idade, que podem ser facilmente obtidas de outra aplicação, como Dados Básicos.xltx, criado no início do Capítulo 5, "VD Pessoal – Valores Diários de Referência", evitando a redigitação da mesma informação ao se criar uma nova aplicação de planilha a partir de Modelos distintos.

Sua natureza adapta-se ao conceito de "planilha dependente": um tipo especial de Modelo que não pode ser usado sozinho, porque necessita de dados fornecidos por outra planilha (da qual depende) para receber os nomes de faixa necessários e se calcular corretamente.

A próxima seção explica o que é a NET – Necessidade Energética Total, como ela pode ser obtida, e seus métodos de cálculo. Se este assunto não for de seu interesse, pule para a seção "6.2 Fórmulas NET – Necessidade Energética Total.xlsx"

## 6.1 Estimativas da NET - Necessidade Energética Total

As estimativas da NET - Estimativa Energética Total indicam com razoável precisão a quantidade de energia que uma pessoa necessita para receber uma terapia dietética com o fim específico, que na maioria das vezes é perder peso.

Esta energia total diária provém de dois cálculos distintos, que determinam com certa precisão a quantidade de alimento que precisamos ingerir para impedir que nosso peso sofra variações:

- **GEB – Gasto Energético Basal:** compreende a energia necessária para manter as funções vitais do corpo, em ambientes termicamente neutros, quando se está em repouso. Podemos ter aproximações muito boas para este valor usando equações baseadas no sexo, altura, peso e idade do paciente.
- **Energia extra:** é a energia necessária para executar as atividades diárias, considerando-se o nível de atividade física ou condição clínica, sendo estimadas por fatores multiplicadores ao valor determinado para o GEB.

---

**ATENÇÃO:** Discussões sobre o melhor método para se obter a NET – Necessidade Energética Total usando métodos de estimativa do GEB estão além do escopo deste livro, mas o leitor pode encontrar excelentes fontes sobre este assunto no site da UNU (United Nations University), usando as publicações da categoria "Food and Nutrition", publicadas pelo International Dietary Energy Consultative Group (IDECG), que podem ser encontradas nesse endereço eletrônico:
http://www.unu.edu/Unupress/food/foodnutrition.html

---

Vamos ver então as equações científicas mais populares para calcular o GEB e como aplicar Fatores para se obter uma boa estimativa da NET, expressa em kcalorias/dia.

## Métodos de estimação do GEB

As equações mais citadas na literatura científica para estimação do GEB são as que foram obtidas nos estudos fundamentais de Harris e Benedict (publicadas em 1919), da FAO (Food Agriculture Organization), da OMS - Organização Mundial de Saúde, e da UNU - United Nations University, (publicadas em 1985, adaptadas de estudos anteriores do livro de Schofield, "Human Nutrition: Clinical Nutrition", publicado em 1985).

Estas equações podem ser vistas na Tabela 6.1 (equações da OMS, por Faixa etária, Sexo e Peso), Tabela 6.2 (equações da OMS, por Faixa etária, Sexo, Peso e Altura) e Tabela 6.3 (equações de Harris e Benedict, por Sexo, Peso, Altura e Idade), todas retornando um resultado em Kcal/kg.

---

**ATENÇÃO:** Todas as equações do GEB citadas usam Altura em metros, Peso em quilogramas e Idade em anos.

---

**Tabela 6.1:** Equações do GEB pela OMS usando Faixa etária, Sexo e Peso (kg)

| Faixa etária | Sexo | Fórmula proposta |
|---|---|---|
| 0 a 3 anos | Masculino | 60.9 x Peso - 54 |
| | Feminino | 61.0 x Peso - 51 |
| 3 a 10 anos | Masculino | 22.7 x Peso + 495 |
| | Feminino | 22.5 x Peso + 499 |
| 10 a 18 anos | Masculino | 17.5 x Peso + 651 |
| | Feminino | 12.2 x Peso + 746 |
| 18 a 30 anos | Masculino | 15.3 x Peso + 679 |
| | Feminino | 14.7 x Peso + 496 |
| 30 a 60 anos | Masculino | 11.6 x Peso + 879 |
| | Feminino | 8.7 x Peso + 829 |
| > 60 anos | Masculino | 13.5 x Peso + 487 |
| | Feminino | 10.5 x Peso + 596 |

Fonte: OMS - Organização Mundial de Saúde, 1985

**Tabela 6.2:** Equações da OMS usando Faixa etária, Sexo. Peso (kg) e Altura (m)

| Faixa Etária | Sexo | Fórmula Proposta |
|---|---|---|
| 10 a 18 anos | Masculino | (16.6 x Peso) + (77 x Altura) + 572 |
| | Feminino | (7.4 x Peso) + (482 x Altura) + 217 |
| 18 a 30 anos | Masculino | (15.4 x Peso) + (27 x Altura) + 717 |
| | Feminino | (13.3 x Peso) + (334 x Altura) + 35 |
| 30 a 60 anos | Masculino | (11.3 x Peso) + (16 x Altura) + 901 |
| | Feminino | (8.7 x Peso) + (25 x Altura) + 865 |
| > 60 anos | Masculino | (8.8 x Peso) + (1128 x Altura) - 1071 |
| | Feminino | (9.2 x Peso) + (637 x Altura) - 302 |

Fonte: OMS - Organização Mundial de Saúde, 1985

**Tabela 6.3:** Equações de GEB por Harris e Benedict, por Peso (kg), Altura (m) e Idade (anos)

| Sexo | Fórmula proposta por Harris e Benedict |
|---|---|
| Masculino | 66.47 + (13.75 x Peso) + (5 x Altura * 100) - (6.76 x Age) |
| Feminino | 655.1 + (9.56 x Peso) + (1.85 x Altura * 100) - (4.68 x Age) |

Fonte: Harris e Benedict, 1919

Você consegue perceber nas equações algo utilizado no capítulo anterior?

Ah, certamente! Elas usam os nomes de faixa Peso, Altura e Idade definidos na planilha Dados Pessoais do Modelo Dados Básicos.xltx, criado no início do capítulo anterior, que irão facilitar transformá-las em fórmulas, como será demonstrado adiante, neste capítulo.

## Fatores multiplicadores para o GEB

As fórmulas do GEB medem – de forma superestimada – a necessidade energética do organismo enquanto a pessoa está em repouso, o que ocorre quando dormirmos, ou em condições mais críticas, como em situações em que estamos acamados, impossibilitados de nos mexer.

Para obter o valor da NET a partir da estimativa do GEB, é necessário multiplicar o GEB calculado para uma pessoa específica por diferentes fatores, capazes de estimar seu nível de atividade física, condição hospitalar (se houver), condição clínica (se houver alguma injúria grave) e fator térmico (quando há febre), como exibido nas Tabelas 6.4 a 6.7.

A Tabela 6.4 mostra os Fatores de Atividade (FA) da OMS para algumas condições de pacientes hospitalizados; a Tabela 6.5 mostra os Fatores de Atividade por condição clínica e por Fatores de Injúrias (FI); e a Tabela 6.7 mostra os Fatores Térmicos (FT) para quando o paciente apresenta febre.

**Tabela 6.4:** Fatores de Atividade (FA) da OMS para o GEB por Idade, Sexo e Nível de Atividade Física.

| | | Fator de Atividade Física | | |
|---|---|---|---|---|
| Faixa Etária | Sexo | Leve | Moderada | Pesada |
| 10 a 18 anos | Masculino | 1.60 | 2.50 | 6.00 |
| | Feminino | 1.50 | 2.20 | 6.00 |
| 18 a 65 anos | Masculino | 1.55 | 1.78 | 2.10 |
| | Feminino | 1.56 | 1.64 | 1.82 |
| > 65 anos | Masculino | 1.40 | 1.60 | 1.90 |
| | Feminino | 1.40 | 1.60 | 1.80 |

Fonte: OMS - Organização Mundial de Saúde. 1985

**ATENÇÃO:** As Tabelas 6.5, 6.6 e 6.7 foram baseadas no trabalho original de John Martin Kinney et al., "Energy deficits in acute illness and injury" de 1966.

**Tabela 6.5:** Fatores de Hospitalização da OMS para o GEB.

| Condição Clínica | FH - Fator de Hospitalização |
|---|---|
| Acamado | 1.20 |
| Acamado + movimento | 1.25 |
| Ambulatório | 1.30 |

Fonte: Kinney et all 1976

**Tabela 6.6:** Fatores de Injúria (FI) da OMS para o GEB por condição clínica.

| | FI - Fator de Injúria | |
|---|---|---|
| Condição Clínica | Mínimo | Máximo |
| Desnutrição | 1.50 | |
| Pequena cirurgia (eletiva) | 1.10 | 1.20 |
| Pós-operatório (geral) | 1.20 | 1.50 |
| Peritonite, Infecção grave | 1.20 | 1.50 |
| Sepse | 1.40 | 1.80 |
| Infecção Grave | 1.30 | 1.35 |
| Câncer | 1.10 | 1.45 |
| Traumatismo dos tecidos moles | 1.40 | 1.70 |
| Fraturas múltiplas | 1.20 | 1.35 |
| Queimaduras de até 20% da superfície corporal | 1.00 | 1.50 |
| Queimaduras de 20 - 30% da superfície corporal | 1.50 | 1.85 |
| Queimaduras de mais de 30% | 1.85 | 2.85 |

Fonte: Kinney et all 1976

**Tabela 6.7:** Fator Térmico (FT) da OMS para o GEB de acordo com a temperatura corporal.

| Temperatura corporal | FT – Fator Térmico |
|---|---|
| 38°C | 1.10 |
| 39°C | 1.20 |
| 40°C | 1.30 |
| 41°C | 1.40 |

Fonte: Kinney et all 1976

Para se estimar a NET, os quatro tipos de fatores (Atividade física, Hospitalização, Injúria ou Térmico) devem ser consecutivamente multiplicados ao valor calculado por qualquer fórmula do GEB definida nas Tabelas 6.1, 6.2 e 6.3.

Por exemplo, para estimar a NET usando o Fator de Atividade física (FA), multiplique o valor calculado para a GEB usando esta expressão:
NET = GEB * FA

Se for necessário adicionar ao FA – Fator de Atividade um Fator de Hospitalização (FH), use esta expressão:
NET = GEB * FA * FH

Se quiser adicionar todos os fatores, a expressão final ficará assim:
NET = GEB * FA * FH * FI * FT

**ATENÇÃO:** Cuidado ao empregar um Fator de Atividade física inconsistente com o estado de hospitalização. Por exemplo, um Fator de Atividade Moderada ou Pesada é inconsistente com o estado de um paciente acamado.

## Estimativas do NET pelo IOM

Mais recentemente, o Food and Nutrition Board do IOM – Institute of Medicine da National Academy of Sciences, publicou em 2002 um conjunto de equações nutricionais baseado em estudos de *Água Duplamente Marcada* (Doubly-Labeled Water - DLW), que parecem ser capazes de estimar a GEB com excelente reprodutibilidade prática para a população Norte Americana, e que pode ser extrapolado para a população mundial em geral, como exibido na Tabela 6.8.

**Tabela 6.8: Equações do IOM** – Institute of Medicine para estimativa do GEB baseadas na Idade (anos), Sexo, Peso (kg) e Altura (m).

| Faixa etária | Sexo | Fórmula Proposta |
|---|---|---|
| 0 a 3 meses | | (89 x Peso) - 100 + 175 |
| 4 a 6 meses | | (89 x Peso) - 100 + 56 |
| 7 a 12 meses | | (89 x Peso) - 100 + 22 |
| 13 a 15 meses | | (89 x Peso) - 100 + 20 |
| 3 a 8 anos | Masculino | 88.5 - (61.9 x Age) + IOM_FA x ((26.7 x Peso) + (903 x Altura)) + 20 |
| | Feminino | 135.3 - (30.8 x Age) + IOM_FA x ((10 x Peso) + (934 x Altura)) + 20 |
| 9 a 18 anos | Masculino | 88.5 - (61.9 x Age) + IOM_FA x ((26.7 x Peso) + (903 x Altura)) + 25 |
| | Feminino | 135.3 - (30.8 x Age) + IOM_FA x ((10 x Peso) + (934 x Altura)) + 25 |
| > 19 anos | Masculino | 662 - (9.53 x Age) + IOM_FA x ((15.91 x Peso) + (539.6 x Altura)) |
| | Feminino | 354 - (6.91 x Age) + IOM_FA x ((9.36 x Peso) + (726 x Altura)) |

Fonte: IOM – Institute of Medicine, 2002

O resultado do GEB estimado pelas equações propostas pelo IOM empregam seu próprio conjunto de Fatores de Atividade física, e estão exibidos na Tabela 6.9.

**Tabela 6.9:** Fatores de Atividade Física do IOM para o GEB.

| | | Fator de Atividade Física | | | |
|---|---|---|---|---|---|
| **Age** | **Sexo** | **Sedentária** | **Baixa atividade** | **Ativa** | **Muito Ativa** |
| 3 a 8 anos | Masculino | 1.00 | 1.13 | 1.26 | 1.42 |
| | Feminino | 1.00 | 1.16 | 1.31 | 1.56 |
| > 19 anos, | Masculino | 1.00 | 1.11 | 1.25 | 1.48 |
| | Feminino | 1.00 | 1.12 | 1.27 | 1.45 |

Fonte: IOM – Institute of Medicine, 2002

## Fórmulas de bolso

Apesar de todas as fórmulas e métodos calcularem a NET pessoal com ótima precisão (havendo razoável variabilidade entre eles, como você logo irá perceber), nutricionistas e dietoterapeutas de todo o mundo possuem o hábito de calcular estimativas da NET usando um sistema prático conhecido como "Método de Bolso", baseando-se em um índice de consumo calórico por cada kg de peso corporal.

A OMS – Organização Mundial de Saúde publicou em 1985 algumas tabelas para ajudar a estimar o NET para crianças e adolescentes, e o NRC – Nutritional Research Council do FDA, publicou em 1989 outras tabelas para estimar a NET por calorias/kg e calorias/cm para crianças e adolescentes, e calorias/kg para adultos.

A Tabela 6.10 mostra o NET em calorias/kg baseado no objetivo da intervenção nutricional: para perder, manter ou ganhar peso, para condições normais e para catabolismos – situação que ocorre quando o propósito nutricional é sustentar o paciente acamado (como citado no manual de Martins e Cardoso, "Terapia Nutricional Enteral e Parenteral", publicado em 2000 no Brasil).

**Tabela 6.10:** Estimativa do NET por Objetivo da Intervenção Nutricional, condições normais.

| | **NET em calorias/kg** | |
|---|---|---|
| Objetivo Nutricional | Mínimo | Máximo |
| Perder peso | 20 calorias/kg | 25 calorias/kg |
| Manter Peso | 25 calorias/kg | 30 calorias/kg |
| Ganhar Peso | 30 calorias/kg | 35 calorias/kg |

Fonte: Martins e Cardoso (2000)

**Tabela 6.11:** Estimativa do NET pelo Objetivo da Intervenção Nutricional, para catabolismo,

| | **NET em calorias/kg** | |
|---|---|---|
| Objetivo Nutricional | Mínimo | Máximo |
| Manter Peso | 30 calorias/kg | 35 calorias/kg |
| Ganhar Peso | 35 calorias/kg | 40 calorias/kg |

Fonte: Martins e Cardoso (2000)

As Tabelas 6.12, 6.13 e 6.14 mostram a abordagem do NRC para o NET usando métodos de bolso. A Tabela 6.13 mostra estimativas para crianças de 5 meses à 10 anos em calorias/kg e calorias/cm. A Tabela 6.14 mostra a abordagem do NRC para adolescentes de 11 a 18 anos. A Tabela 6.15 mostra a abordagem do NRC para adultos de 19 a 51 ou mais anos, usando calorias/kg.

**Tabela 6.12:** Tabelas de cálculo do NET do NRC em calorias/kg e calorias/cm para crianças de até 10 anos.

| Faixa etária | calorias/kg | calorias/cm |
|---|---|---|
| Até 5 meses | 108 calorias/kg | |
| 5 a 12 meses | 98 calorias/kg | |
| 1 a 3 anos | 102 calorias/kg | 14.4 calorias/cm |
| 4 a 6 anos | 90 calorias/kg | 16.0 calorias/cm |
| 7 a 10 anos | 70 calorias/kg | 15.2 calorias/cm |

Fonte: NRC FDA 1989

**Tabela 6.13**: Estimativa do NET pelo NRC por Idade e Sexo, em calorias/kg e calorias/cm para adolescentes.

| Faixa etária | Sexo | calorias/kg | calorias/cm |
|---|---|---|---|
| 11 a 14 anos | Masculino | 55 calorias/kg | 16.0 calorias/cm |
| | Feminino | 47 calorias/kg | 14.0 calorias/cm |
| 15 a 18 anos | Masculino | 45 calorias/kg | 17.0 calorias/cm |
| | Feminino | 40 calorias/kg | 13.5 calorias/cm |

Fonte: NRC FDA 1989

**Tabela 6.14:** Estimativa do NET pelo NRC por Idade e Sexo em calorias/kg para adultos.

| Faixa etária | Sexo | calorias/kg |
|---|---|---|
| 18 a 24 anos | Masculino | 40 calorias/kg |
| | Feminino | 38 calorias/kg |
| 25 a 50 anos | Masculino | 37 calorias/kg |
| | Feminino | 36 calorias/kg |
| >51 anos | Masculino | 30 calorias/kg |
| | Feminino | 30 calorias/kg |

Fonte: NRC RDA 1989

A Tabela 6.15 mostra a abordagem da OMS para os métodos de bolso para crianças até 10 anos, por idade e sexo.

**Tabela 6.15:** Estimativa do NET pela OMS em calorias/kg para crianças até 10 anos, por idade e sexo.

| Faixa Etária | Sexo | calorias/kg |
|---|---|---|
| 0 a 3 meses | | 116 calorias/kg |
| 3 a 6 meses | | 99 calorias/kg |
| 6 a 9 meses | | 95 calorias/kg |
| 9 a 12 meses | | 101 calorias/kg |
| Média para o 1° ano de vida | | 103 calorias/kg |
| 1 a 2 anos | Masculino | 104 calorias/kg |
| | Feminino | 108 calorias/kg |
| 2 a 3 anos | Masculino | 104 calorias/kg |
| | Feminino | 102 calorias/kg |
| 3 a 4 anos | Masculino | 99 calorias/kg |
| | Feminino | 95 calorias/kg |
| 4 a 5 anos | Masculino | 95 calorias/kg |
| | Feminino | 92 calorias/kg |
| 5 a 6 anos | Masculino | 92 calorias/kg |
| | Feminino | 88 calorias/kg |
| 6 a 7 anos | Masculino | 88 calorias/kg |
| | Feminino | 83 calorias/kg |
| 7 a 8 anos | Masculino | 83 calorias/kg |
| | Feminino | 76 calorias/kg |
| 8 a 9 anos | Masculino | 77 calorias/kg |
| | Feminino | 69 calorias/kg |
| 9 a 10 anos | Masculino | 72 calorias/kg |
| | Feminino | 62 calorias/kg |

Fonte: OMS (1985)

Terminamos com 15 tabelas, que fornecem equações básicas para estimar o GEB e/ou Fatores necessários para estimar a NET para uma pessoa qualquer, e uma conclusão muito simples: nutricionistas, nutrólogos, dietoterapeutas etc., devem ter uma excelente memória!

Como uma pessoa comum não pode lidar com tantas fórmulas, índices e tabelas mentalmente, esta se torna obviamente uma tarefa computacional, a ser feita com o auxílio de uma aplicação de planilha como a que iremos construir neste capítulo.

A questão agora é: "*Como utilizar estas 15 tabelas de dados para construir uma aplicação planilha simples e eficiente?*"

## 6.2 Fórmulas NET – Necessidade Energética Total.xlsx

Para ajudá-lo a lidar com todas as fórmulas e fatores citados nas Tabelas 6.1 a 6.15, fiz o trabalho pesado para você e o disponibilizo na Pasta de trabalho Fórmulas NET – Necessidade Energética Total.xlsx, que pode ser encontrada no arquivo CAPÍTULO06.ZIP, disponibilizado neste endereço eletrônico:

www.lcm.com.br

Esta Pasta de trabalho fornece os dados das Tabelas 6.1 a 6.15, distribuídas em quatro planilhas distintas:

1. GEB: contém as fórmulas para o GEB fornecidas nas Tabelas 6.1, 6.2 e 6.3 para estimar o Gasto Energético Basal.
2. GEB Fatores: contém todos os fatores citados das Tabelas 6.4, 6.5, 6.6 e 6.7 para se produzir a NET baseado nas fórmulas das Tabelas 6.1, 6.2 e 6.3.
3. NET IOM: contém as tabelas do IOM para estimativa da NET das Tabelas 6.8 e 6.9.
4. NET Bolso: contém os dados das Tabelas 6.10, 6.11, 6.12, 6.13, 6.14 e 6.15.

A Figura 6.2 exibe a planilha GEB da Pasta de trabalho Fórmulas NET – Necessidade Energética Total.xlsx, onde podem ser encontradas as Tabelas 6.1,6.2 e 6.3, com os respectivos títulos para facilitar seu reconhecimento.

**Figura 6.2:** A planilha GEB da Pasta de trabalho Fórmlas NET – Necessidade Energética Total.xlsx, contém os dados das Tabelas 6.1, 6.2 e 6.3, reformatadas para apenas três colunas: a primeira discrimina faixas etárias e sexo, a segunda apresenta as fórmulas de cáclulo e a terceira está reservada para o cálculo do GEB.

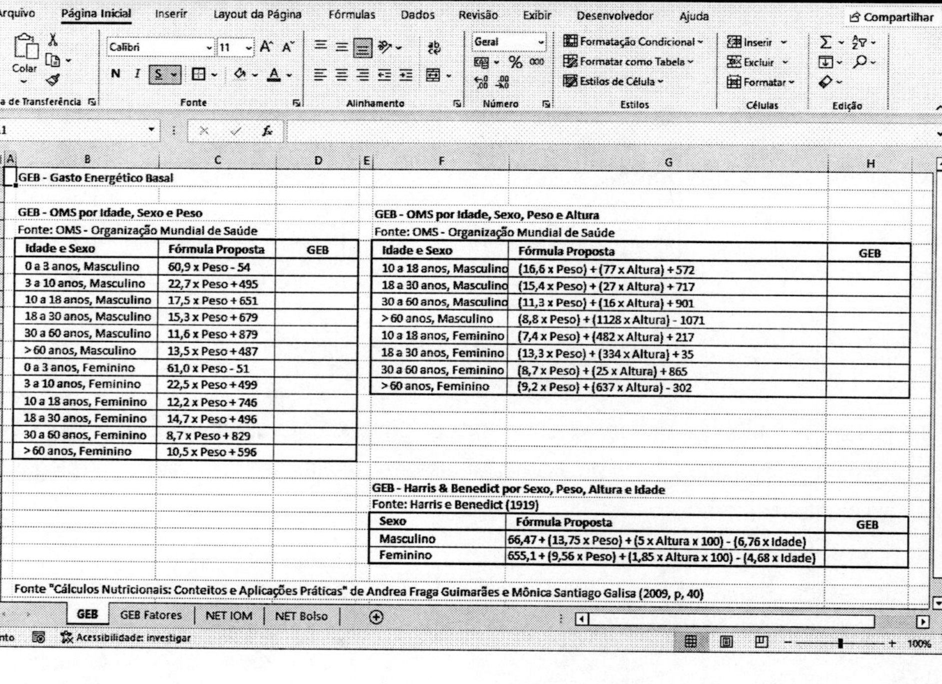

GEB - Gasto Energético Basal

GEB - OMS por Idade, Sexo e Peso
Fonte: OMS - Organização Mundial de Saúde

| Idade e Sexo | Fórmula Proposta | GEB |
|---|---|---|
| 0 a 3 anos, Masculino | 60,9 x Peso - 54 | |
| 3 a 10 anos, Masculino | 22,7 x Peso + 495 | |
| 10 a 18 anos, Masculino | 17,5 x Peso + 651 | |
| 18 a 30 anos, Masculino | 15,3 x Peso + 679 | |
| 30 a 60 anos, Masculino | 11,6 x Peso + 879 | |
| >60 anos, Masculino | 13,5 x Peso + 487 | |
| 0 a 3 anos, Feminino | 61,0 x Peso - 51 | |
| 3 a 10 anos, Feminino | 22,5 x Peso + 499 | |
| 10 a 18 anos, Feminino | 12,2 x Peso + 746 | |
| 18 a 30 anos, Feminino | 14,7 x Peso + 496 | |
| 30 a 60 anos, Feminino | 8,7 x Peso + 829 | |
| >60 anos, Feminino | 10,5 x Peso + 596 | |

GEB - OMS por Idade, Sexo, Peso e Altura
Fonte: OMS - Organização Mundial de Saúde

| Idade e Sexo | Fórmula Proposta | GEB |
|---|---|---|
| 10 a 18 anos, Masculino | (16,6 x Peso) + (77 x Altura) + 572 | |
| 18 a 30 anos, Masculino | (15,4 x Peso) + (27 x Altura) + 717 | |
| 30 a 60 anos, Masculino | (11,3 x Peso) + (16 x Altura) + 901 | |
| >60 anos, Masculino | (8,8 x Peso) + (1128 x Altura) - 1071 | |
| 10 a 18 anos, Feminino | (7,4 x Peso) + (482 x Altura) + 217 | |
| 18 a 30 anos, Feminino | (13,3 x Peso) + (334 x Altura) + 35 | |
| 30 a 60 anos, Feminino | (8,7 x Peso) + (25 x Altura) + 865 | |
| >60 anos, Feminino | (9,2 x Peso) + (637 x Altura) - 302 | |

GEB - Harris & Benedict por Sexo, Peso, Altura e Idade
Fonte: Harris e Benedict (1919)

| Sexo | Fórmula Proposta | GEB |
|---|---|---|
| Masculino | 66,47 + (13,75 x Peso) + (5 x Altura x 100) - (6,76 x Idade) | |
| Feminino | 655,1 + (9,56 x Peso) + (1,85 x Altura x 100) - (4,68 x Idade) | |

Fonte "Cálculos Nutricionais: Conteitos e Aplicações Práticas" de Andrea Fraga Guimarães e Mônica Santiago Galisa (2009, p, 40)

Note que apesar das tabelas originais fornecerem os dados para Idade e Sexo em duas colunas, foi necessário usar apenas uma coluna para fornecer esta informação (Idade e sexo). Cada tabela apresenta primeiro as faixas etárias para o sexo masculino e depois as do sexo feminino, permitindo que seus dados sejam selecionados de uma lista de Validação de dados e pesquisados pela função PROCV().

A Figura 6.3 exibe a planilha GEB Fatores, na qual foram codificadas as Tabelas 6.4, 6.5 e 6.6 para fornecer os fatores de Atividade Física, Hospitalar e Injúria. Note que a Tabela 6.4, OMS – Fator de Atividade Física, usa a mesma estratégia de empregar apenas duas colunas: a primeira discrimina as faixas etárias por sexo e nível de atividade física, e a segunda contém os fatores associados, permitindo que seus itens sejam exibidos em uma lista de Validação de Dados e pesquisados pela função PROCV().

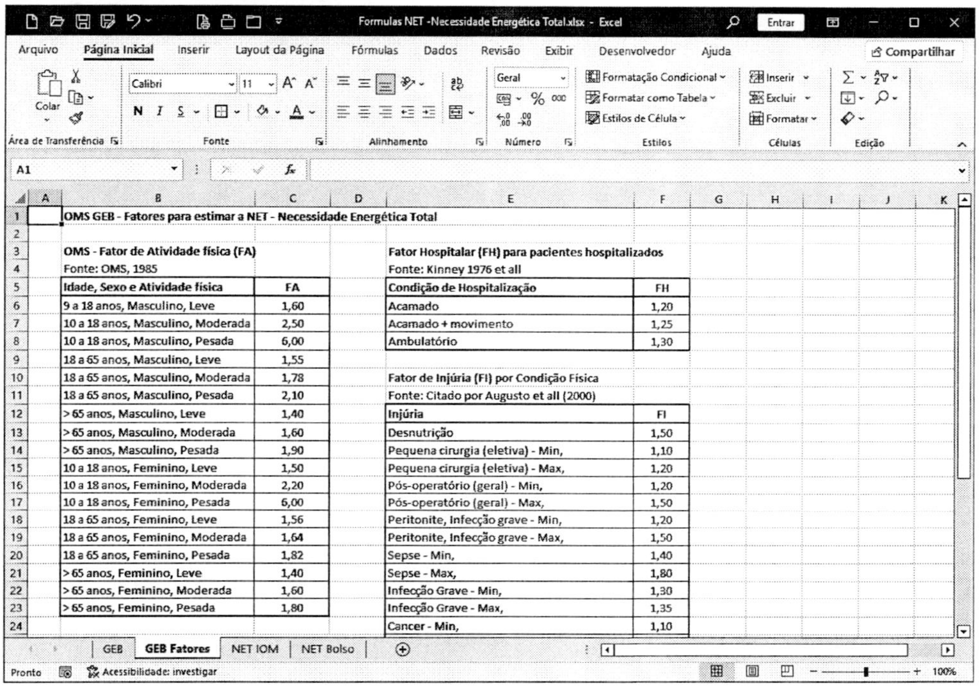

OMS GEB - Fatores para estimar a NET - Necessidade Energética Total

OMS - Fator de Atividade física (FA)
Fonte: OMS, 1985

| Idade, Sexo e Atividade física | FA |
|---|---|
| 9 a 18 anos, Masculino, Leve | 1,60 |
| 10 a 18 anos, Masculino, Moderada | 2,50 |
| 10 a 18 anos, Masculino, Pesada | 6,00 |
| 18 a 65 anos, Masculino, Leve | 1,55 |
| 18 a 65 anos, Masculino, Moderada | 1,78 |
| 18 a 65 anos, Masculino, Pesada | 2,10 |
| > 65 anos, Masculino, Leve | 1,40 |
| > 65 anos, Masculino, Moderada | 1,60 |
| > 65 anos, Masculino, Pesada | 1,90 |
| 10 a 18 anos, Feminino, Leve | 1,50 |
| 10 a 18 anos, Feminino, Moderada | 2,20 |
| 10 a 18 anos, Feminino, Pesada | 6,00 |
| 18 a 65 anos, Feminino, Leve | 1,56 |
| 18 a 65 anos, Feminino, Moderada | 1,64 |
| 18 a 65 anos, Feminino, Pesada | 1,82 |
| > 65 anos, Feminino, Leve | 1,40 |
| > 65 anos, Feminino, Moderada | 1,60 |
| > 65 anos, Feminino, Pesada | 1,80 |

Fator Hospitalar (FH) para pacientes hospitalizados
Fonte: Kinney 1976 et all

| Condição de Hospitalização | FH |
|---|---|
| Acamado | 1,20 |
| Acamado + movimento | 1,25 |
| Ambulatório | 1,30 |

Fator de Injúria (FI) por Condição Física
Fonte: Citado por Augusto et all (2000)

| Injúria | FI |
|---|---|
| Desnutrição | 1,50 |
| Pequena cirurgia (eletiva) - Min, | 1,10 |
| Pequena cirurgia (eletiva) - Max, | 1,20 |
| Pós-operatório (geral) - Min, | 1,20 |
| Pós-operatório (geral) - Max, | 1,50 |
| Peritonite, Infecção grave - Min, | 1,20 |
| Peritonite, Infecção grave - Max, | 1,50 |
| Sepse - Min, | 1,40 |
| Sepse - Max, | 1,80 |
| Infecção Grave - Min, | 1,30 |
| Infecção Grave - Max, | 1,35 |
| Cancer - Min, | 1,10 |

**Figura 6.3:** A planilha GEB Fatores contém os dados das tabelas 6.4, 6.5 e 6.6. A tabela OMS – Fator de Atividade Física contém apenas duas colunas: a primeira discrimina as faixas etárias por sexo e nível de atividade física, para discriminar

A mesma estratégia foi repetida para codificar as Tabelas 6.8 e 6.9 na planilha IOM (equações do IOM para a estimativa da NET, baseadas na Idade, Sexo, Peso e Altura) e seus fatores associados (Figura 6.4).

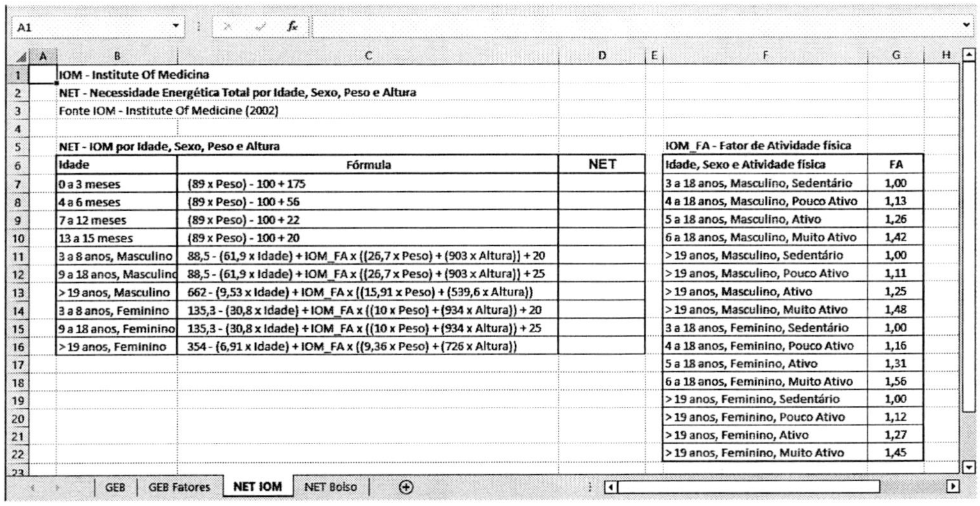

IOM - Institute Of Medicina
NET - Necessidade Energética Total por Idade, Sexo, Peso e Altura
Fonte IOM - Institute Of Medicine (2002)

NET - IOM por Idade, Sexo, Peso e Altura

| Idade | Fórmula | NET |
|---|---|---|
| 0 a 3 meses | (89 x Peso) - 100 + 175 | |
| 4 a 6 meses | (89 x Peso) - 100 + 56 | |
| 7 a 12 meses | (89 x Peso) - 100 + 22 | |
| 13 a 15 meses | (89 x Peso) - 100 + 20 | |
| 3 a 8 anos, Masculino | 88,5 - (61,9 x Idade) + IOM_FA x ((26,7 x Peso) + (903 x Altura)) + 20 | |
| 9 a 18 anos, Masculino | 88,5 - (61,9 x Idade) + IOM_FA x ((26,7 x Peso) + (903 x Altura)) + 25 | |
| > 19 anos, Masculino | 662 - (9,53 x Idade) + IOM_FA x ((15,91 x Peso) + (539,6 x Altura)) | |
| 3 a 8 anos, Feminino | 135,3 - (30,8 x Idade) + IOM_FA x ((10 x Peso) + (934 x Altura)) + 20 | |
| 9 a 18 anos, Feminino | 135,3 - (30,8 x Idade) + IOM_FA x ((10 x Peso) + (934 x Altura)) + 25 | |
| > 19 anos, Feminino | 354 - (6,91 x Idade) + IOM_FA x ((9,36 x Peso) + (726 x Altura)) | |

IOM_FA - Fator de Atividade física

| Idade, Sexo e Atividade física | FA |
|---|---|
| 3 a 18 anos, Masculino, Sedentário | 1,00 |
| 4 a 18 anos, Masculino, Pouco Ativo | 1,13 |
| 5 a 18 anos, Masculino, Ativo | 1,26 |
| 6 a 18 anos, Masculino, Muito Ativo | 1,42 |
| > 19 anos, Masculino, Sedentário | 1,00 |
| > 19 anos, Masculino, Pouco Ativo | 1,11 |
| > 19 anos, Masculino, Ativo | 1,25 |
| > 19 anos, Masculino, Muito Ativo | 1,48 |
| 3 a 18 anos, Feminino, Sedentário | 1,00 |
| 4 a 18 anos, Feminino, Pouco Ativo | 1,16 |
| 5 a 18 anos, Feminino, Ativo | 1,31 |
| 6 a 18 anos, Feminino, Muito Ativo | 1,56 |
| > 19 anos, Feminino, Sedentário | 1,00 |
| > 19 anos, Feminino, Pouco Ativo | 1,12 |
| > 19 anos, Feminino, Ativo | 1,27 |
| > 19 anos, Feminino, Muito Ativo | 1,45 |

**Figura 6.4:** A planilha NET IOM codifica as Tabelas 6.8 (equações do IOM baseadas na Idade, Sexo, Peso e Altura) e 6.9 (fatores de atividade física do IOM), usando a primeira coluna para discriminar as faixas etárias por sexo.

A planilha NET Bolso codifica as Tabelas 6.10 a 6.15, que estimam a NET pela intervenção nutricional para condições normais e catabolismo, pelos métodos da OMS para crianças até 10 anos, e do NRC-FDA para crianças e adultos por calorias/kg, e os métodos do NRC-FDA para estimar a NET de crianças e adolescentes em calorias/cm (Figura 6.5).

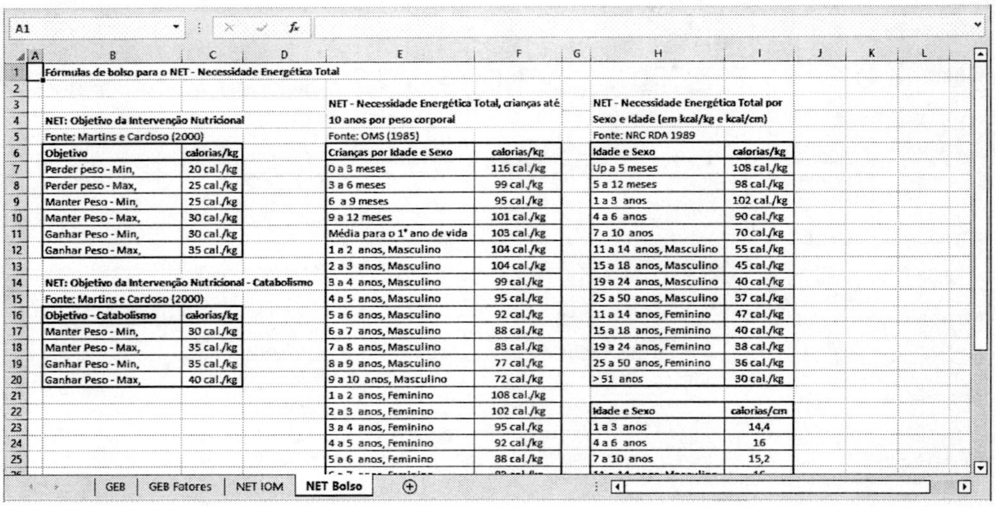


**Figura 6.5:** A planilha NET Bolso fornece os chamados "métodos de bolso" que estimam a NET por calorias/kg e calorias/cm, discriminando-os por faixa etára e sexo, para crianças, adolescentes e adultos.

## Regras para nomes de faixa

Para trabalhar eletronicamente com todos estes dados, foi necessário definir uma regra de nomenclatura capaz de nomear cada tabela de dados e sua primeira coluna, de forma a facilitar sua utilização na criação da interface com o usuário:

1. **Nome da tabela:** se inicia com um prefixo de letras minúsculas ("geb", "net", "fatores") seguido da sua sigla de origem (OMS, IOM, NRC..) e dos dados utilizados nas fórmulas (IdadeSexoPeso) ou fatores (Hospitalizado).

2. **Nome da primeira coluna da tabela:** nome da tabela com o sufixo "lista" (a ser usado nas listas de Validação de Dados).

Como exemplo, verifique que a primeira tabela exibida na planilha GEB (GEB por Idade, Sexo e Peso, faixa B6:D17, veja a Figura 6.2), foi nomeada como gebOMSIdadeSexoPeso e os dados de sua primeira coluna (faixa B6:B17) foi nomeada como gebOMSIdadeSexoPesoLista.

Use a caixa Nome do Excel (à direita da Barra de Fórmulas) para selecionar estes nomes de faixa e verifique os dados que cada um representa nas respectivas planilhas. A Figura 6.6 exibe a janela do Gerenciador de Nomes do Excel, com todos os nomes de faixa encontrados na Pasta de trabalho Fórmulas NET – Necessidade Energética Total.xlsx.

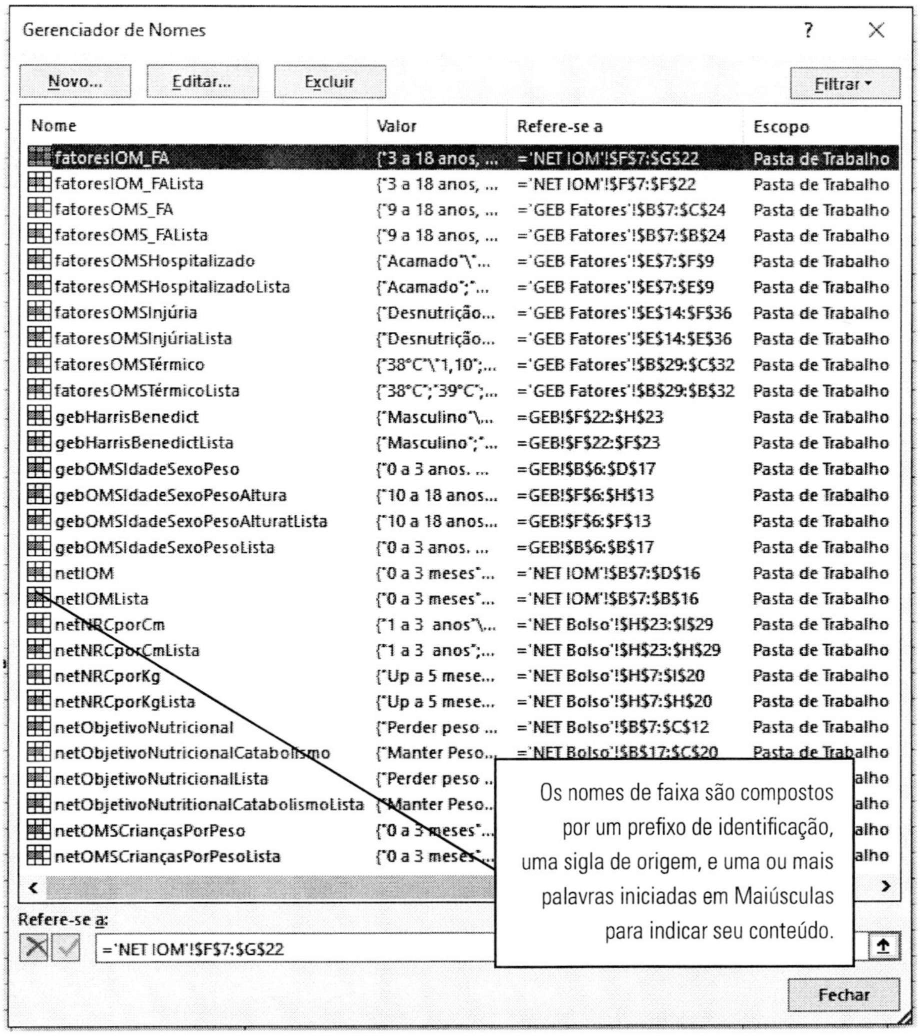


**Figura 6.6:** Use o Gerenciador de Nomes para exibir os nomes de faixa da Pasta de trabalho Fórmulas NET – Necessidade Energética Total.xlsx e note sua regra de nomenclatura: prefixo que indica seu conteúdo (fatores, geb ou net), seguido da sigla de sua origem (OMS, HarrisBenedict, NRC...) e os dados empregados para cálculo (Idade,Sexo...) ou tipo de fator IHospitalizado, Injúria...). O sufixo "lista" indica os nomes de faixa que representam os dados da primeira coluna de cada tabela.

## Adicionando o Modelo de planilha Dados Básicos

Você provavelmente notou que as três tabelas da planilha GEB e a primeira tabela da planilha NET IOM fornecem as fórmulas das equações propostas digitadas no formato em sua segunda coluna, e que possuem uma coluna em branco, onde seu valor deve ser calculado.

A pergunta agora é: *"Como converter as fórmulas textuais contidas nas tabelas destas planilhas para fórmulas do Excel que calculem os valores propostos?"*

Verifique que as três planilhas exibidas na planilha GEB e a primeira tabela da planilha NET IOM empregam fórmulas que usam uma ou mais destas expressões: "Peso", "Altura", "Idade" e "IOM_FA".

Estas expressões (excetuando-se IOM_FA) são idênticas aos nomes de faixa definidos no Modelo de planilha Dados Básicos.xltx, criado no Capítulo 5, "VD Pessoal – Valores Diários de Referência). Portanto, vá em frente e insira uma cópia do Modelo Dados Básicos.xltx dentro da Pasta de trabalho Fórmulas NET – Necessidade Energética Total.xlsx.

Siga estes passos:

1. Clique com o botão direito na planilha GEB e selecione Inserir para exibir a caixa de diálogo Inserir.
2. Selecione a guia Modelos Personalizados do Office, clique no modelo Dados Básicos.xltx e pressione OK.
3. As planilhas Dados Básicos e IMC-OMS serão adicionadas ao arquivo Fórmulas NET – Necessidade Energética Total.xlsx (Figura 6.7).

---

**ATENÇÃO:** Para que a janela Inserir exiba a guia Modelos Personalizados do Office, será necessário fazer a alteração proposta na pasta C:Users\...\Templates, citada na seção "Inserindo um Modelo na Pasta de trabalho atual", do Capítulo 3 "Sua primeira Aplicação Excel: Gráfico de Acompanhamento do IMC".

---

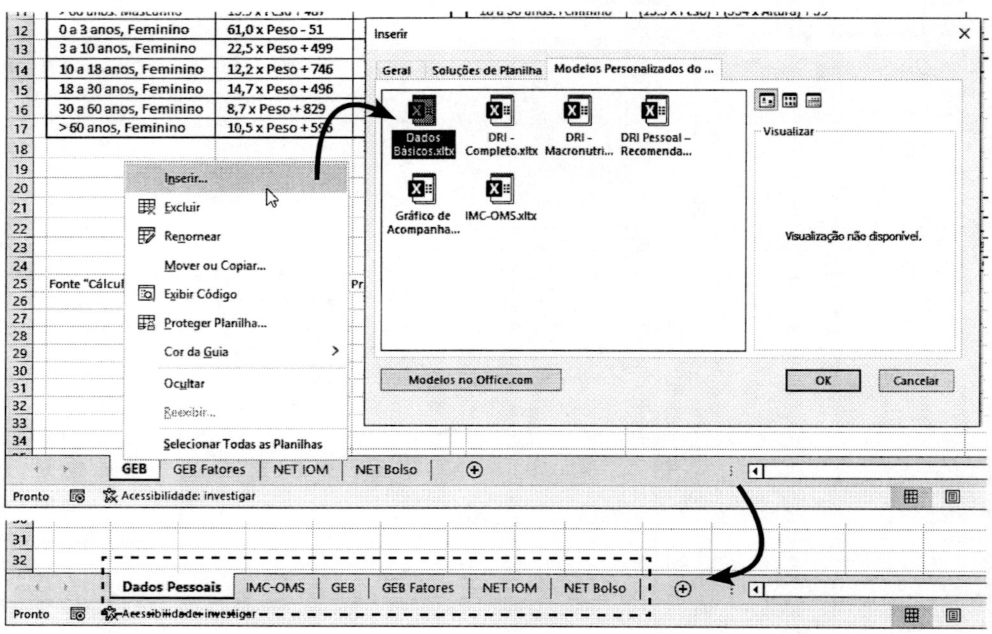


**Figura 6.7:** Adicionando uma cópia do Modelo Dados Básicos na Pasta de trabalho arquivo Fórmulas NET – Necessidade Energética Total.xls

Após inserir o Modelo Dados Básicos.xltx na Pasta de trabalho Fórmulas NET – Necessidade Energética Total.xlsx, esta deverá exibir duas novas planilhas, Dados Pessoais e IMC-OMS, e vários nomes de faixa, incluindo Altura, Peso e Idade. Abra a janela do Gerenciador de Nomes e clique no título da coluna Refere-se a para alterar a classificação e exibi-los sequencialmente (Figura 6.8).

**Figura 6.8:** Estes são os novos nomes de faixa inseridos na Pasta de trabalho Fórmulas NET – Necessidade Energética Total.xlsx após receber uma cópia do Modelo Dados Básicos.xltx.

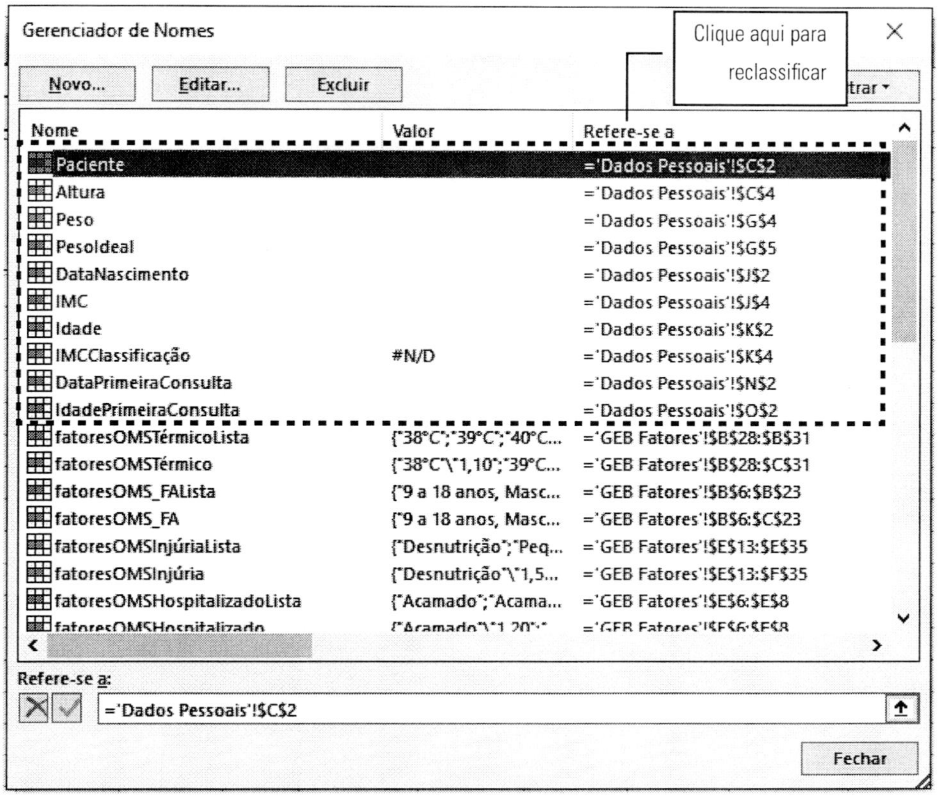


## Pesquisando e substituindo

Após inserir o Modelo Dados Básicos.xltx dentro da Pasta de trabalho Fórmulas NET – Necessidade Energética Total.xlsx, é necessário converter os textos que exprimem as equações contidas nas tabelas das planilhas GEB e NET IOM em Fórmulas do Excel, para evitar redigitá-las.

Observe atentamente o texto das fórmulas encontradas nas planilhas GEB e NET IOM exibidas nas Figuras 6.2 e 6.4 e responda: "O que há de errado com elas?"

(PENSE!)

O que não está correto no texto destas equações é o emprego do caractere "x" para representar a operação de multiplicação, quando o Excel (e todas as linguagens de programação) emprega o caractere "*" (asterisco) como o operador de multiplicação.

Siga estes passos para substituir todas as ocorrências do caractere " x " usado nestas equações pelo caractere "*" que representa o operador de multiplicação:

1. Selecione a planilha GEB e na guia Página Inicial, área Edição, clique no botão Localizar e Selecionar e escolha "Substituir..." para abrir a caixa de diálogo Localizar e Substituir.

---

**ATENÇÃO:** Em qualquer versão do Excel em Português, você pode exibir a caixa de diálogo Localizar e Substituir pressionando o atalho de teclado Ctrl+U.

---

2. Digite " x " na opção Localizar (um espaço, o caractere X e outro espaço).
3. Digite " * " na opção Substituir (note que há espaços antes e depois do "*").
4. Clique no botão Opções e na opção "Em" selecione "Pasta de trabalho", para localizar e substituir todas as ocorrência de " x " encontradas na Pasta de trabalho Fórmulas NET – Necessidade Energética Total.xlsx.
5. Pressione o botão Substituir tudo para efetuar a substituição de todas as ocorrências e clique em Fechar para terminar a operação (Figura 6.9).

**Figura 6.9:** Use a caixa de diálogo Localizar e substituir para encontrar e, opcionalmente, substituir qualquer ocorrência de um valor nas células do Excel, incluindo dentro das fórmulas.

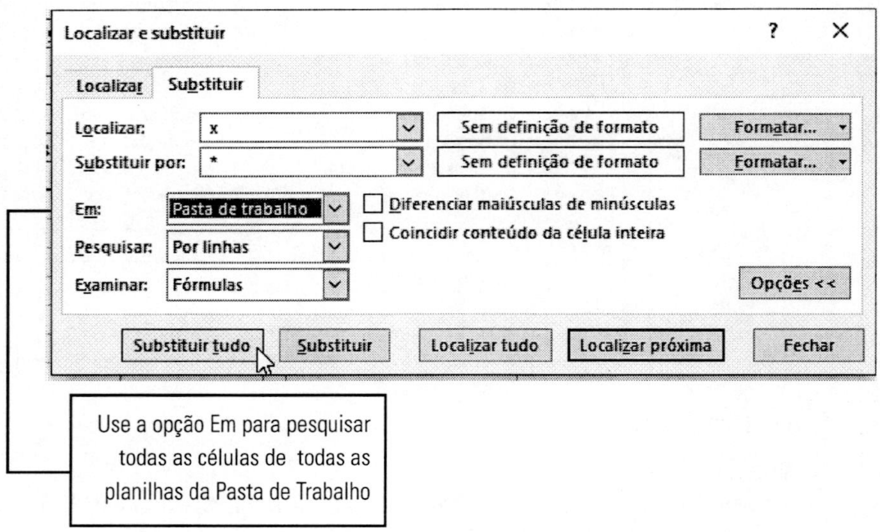


A Figura 6.10 mostra o que aconteceu com o texto das fórmulas da planilha GEB da pasta de trabalho Fórmulas NET – Necessidade Energética Total.xlsx após a operação de pesquisa e substituição (note que o Excel encontrou 62 ocorrências de " x " dentro das células de toda a Pasta de trabalho.

**Figura 6.10**: Executando uma operação de busca e substituição na Pasta de trabalho NET – Necessidade Energética Total.xlsx para trocar todos os caracteres "x" por "*" (asterisco) dentro das fórmulas de GEB e NET.

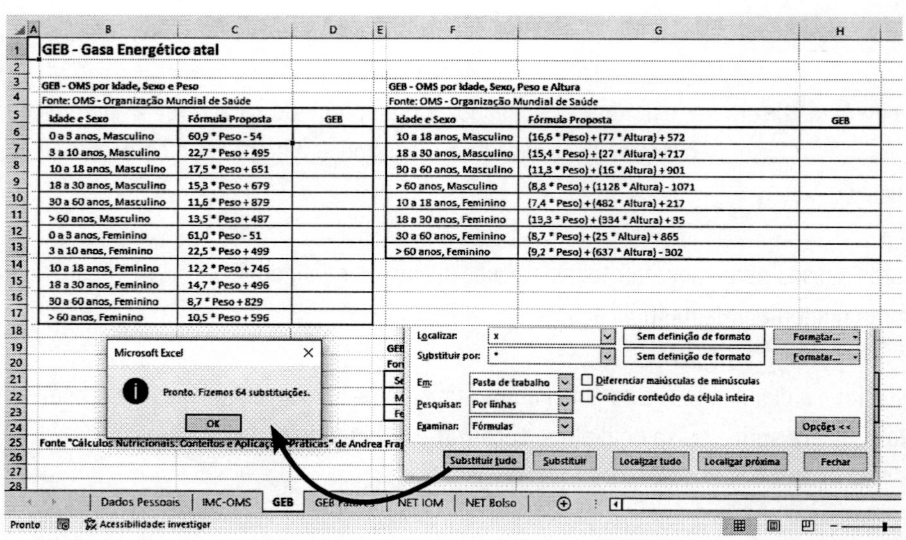

### Dicas para efetuar pesquisa e substituição no Excel

Use estas dicas sempre que precisar localizar, ou localizar e substituir algo em uma Pasta de trabalho:

- Verifique se o que está sendo localizado aparece como ocorrência única na Pasta de trabalho antes de clicar em Substituir tudo. Falhar em seguir este passo pode arruinar seus dados, pois o Excel substituirá cada ocorrência existente, com grande probabilidade de não fazer o que deseja. Por exemplo, ao pesquisar pelo caractere "x" usado como símbolo de multiplicação dentro das planilhas GEB e NET IOM, sugiro que procure por "um espaço, um x e outro espaço". A pesquisa por "x", sem espaços, fará sua substituição em qualquer palavra, mesmo que em uma fórmula, que use este caractere na Pasta de trabalho.
- É sempre possível desfazer a operação de substituição pressionando Ctrl+Z imediatamente após sua execução. Mas se salvar e fechar a Pasta de trabalho, a operação não poderá ser desfeita.
- Se não puder isolar o que deseja localizar em todas as ocorrências encontradas pelo Excel, use o botão Localizar próxima para encontrar cada ocorrência correta, e só então clique em Substituir (mas isso pode ser muito chato...).
- Você pode usar o caractere coringa "?" para pesquisar por qualquer caractere na posição em que colocar este símbolo, ou usar "*" (asterisco) para encontrar qualquer sequência de caracteres. Ex.: pesquisando-se por "?ltura" encontra-se "Altura" e por "*ino" encontra-se "Masculino" e "Feminino".
- Você pode pedir equivalência por capitalização (maiúsculas/minúsculas) do que deve ser localizado.
- Para localizar os caracteres coringas "?" e "*" dentro das células do Excel, coloque um til antes deles. Ex: ~? ou ~* pesquisa por "?" ou "*", respectivamente.

## Insira dados na planilha Dados Pessoais

Após ter feito a operação de pesquisa e substituição em todas as fórmulas da Pasta de trabalho Fórmulas NET – Necessidade Energética Total.xlsx, insira seus dados na planilha Dados Básicos: digite seu nome, data de nascimento, altura, peso e para calcular sua idade atual. Os nomes de faixa Altura, Peso e Idade ficarão automaticamente disponíveis para serem usados nas fórmulas das planilhas GEB e NET IOM (Figura 6.11).

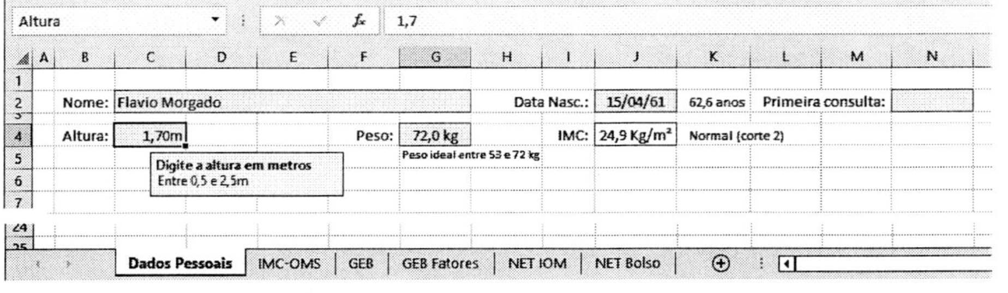


**Figura 6.11:** Digite sua data de nascimento, altura e peso na planilha Dados Pessoais para expor os nomes de faixa Altura, Peso e Idade para toda a Pasta de trabalho.

## Transformando o texto das equações em fórmulas

1. Começando na planilha GEB, selecione a faixa C6:C17 (fórmulas da tabela OMS por Idade, Sexo e Peso ) e arraste o seletor para a direita, copiando-as para as células D6:D17 ( coluna GEB, (Figura 6.12).

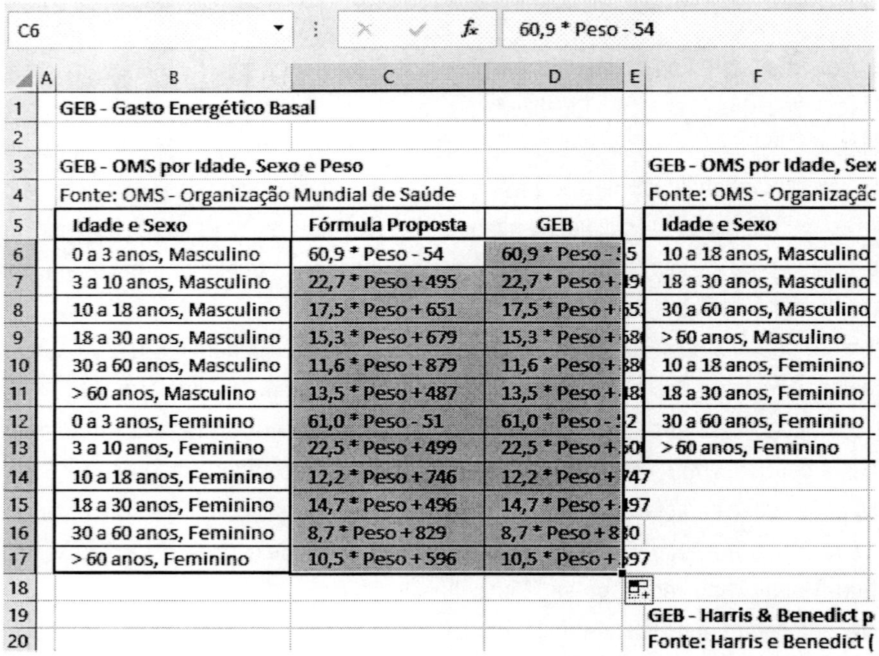


**Figura 6.12**: Na planilha GEB, Copie todas as fórmulas de GEB – OMS por Idade, Sexo e Peso da coluna Fórmula Proposta (faixa C6:C17) para a coluna GEB.

2. Aplique um duplo clique na célula D6 da planilha GEB (que agora contém uma cópia da fórmula do GEB para a linha "0 a 3 anos, Masculino") para colocá-la em edição (ou pressione F2, ou clique no início da Barra de Fórmulas).

3. Digite o sinal de "=" no início do texto da célula para iniciar uma fórmula, e pressione Enter. O Excel converterá o texto em fórmula, tentará avaliar o resultado e, se encontrar o nome de faixa Peso nela inserido, exibirá seu resultado (Figura 6.13).

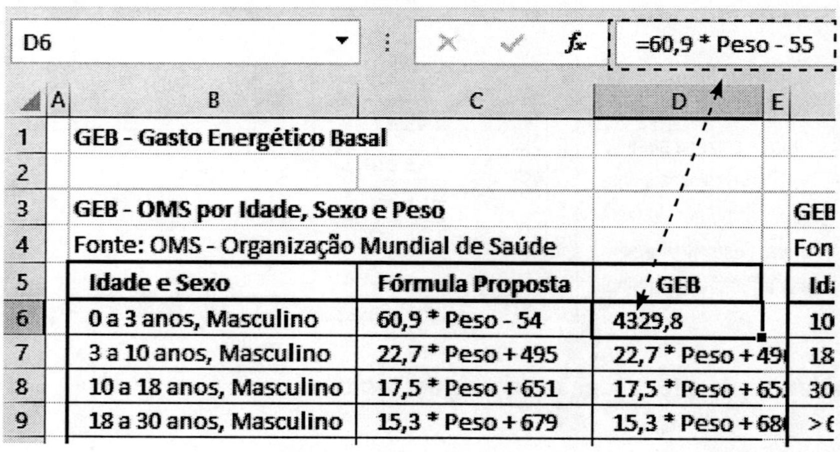


**Figura 6.13:** Para transformar o texto de uma equação em uma fórmula, coloque a célula em modo de Edição (aplique-lhe um duplo clique, pressione F2 ou clique no início da Barra de Fórmulas), insira o caractere do sinal de igual ("=") no início do texto e pressione Enter para forçar sua avaliação.

---

**ATENÇÃO:** Se o texto transformado em fórmula contiver um caractere ou nome de faixa inválido, o Excel retornará uma constante de erro ao tentar avaliá-la.

---

4. Repita os passos 1-3 acima para cada outra fórmula encontrada nas planilhas GEB e NET IOM para converter todas as equações textuais em fórmulas.

A Figura 6.14 mostra como a planilha GEB deverá ficar quando a célula H23 (fórmula Feminino para Harris e Benedict) estiver selecionada e todas as suas fórmulas corretamente convertidas (usando os dados pessoais exibidos na Figura 6.11).

H23 =655,1 + (9,56 * Peso) + (1,85 * Altura * 100) - (4,68 * Idade)

GEB - Gasto Energético Basal

GEB - OMS por Idade, Sexo e Peso
Fonte: OMS - Organização Mundial de Saúde

| Idade e Sexo | Fórmula Proposta | GEB |
|---|---|---|
| 0 a 3 anos, Masculino | 60,9 * Peso - 54 | 4329,8 |
| 3 a 10 anos, Masculino | 22,7 * Peso + 495 | 2130,4 |
| 10 a 18 anos, Masculino | 17,5 * Peso + 651 | 1912 |
| 18 a 30 anos, Masculino | 15,3 * Peso + 679 | 1781,6 |
| 30 a 60 anos, Masculino | 11,6 * Peso + 879 | 1715,2 |
| > 60 anos, Masculino | 13,5 * Peso + 487 | 1460 |
| 0 a 3 anos, Feminino | 61,0 * Peso - 51 | 4340 |
| 3 a 10 anos, Feminino | 22,5 * Peso + 499 | 2120 |
| 10 a 18 anos, Feminino | 12,2 * Peso + 746 | 1625,4 |
| 18 a 30 anos, Feminino | 14,7 * Peso + 496 | 1555,4 |
| 30 a 60 anos, Feminino | 8,7 * Peso + 829 | 1456,4 |
| > 60 anos, Feminino | 10,5 * Peso + 596 | 1353 |

GEB - OMS por Idade, Sexo, Peso e Altura
Fonte: OMS - Organização Mundial de Saúde

| Idade e Sexo | Fórmula Proposta | GEB |
|---|---|---|
| 10 a 18 anos, Masculino | (16,6 * Peso) + (77 * Altura) + 572 | 1899,1 |
| 18 a 30 anos, Masculino | (15,4 * Peso) + (27 * Altura) + 717 | 1872,7 |
| 30 a 60 anos, Masculino | (11,3 * Peso) + (16 * Altura) + 901 | 1742,8 |
| > 60 anos, Masculino | (8,8 * Peso) + (1128 * Altura) - 1071 | 1479,2 |
| 10 a 18 anos, Feminino | (7,4 * Peso) + (482 * Altura) + 217 | 1570,2 |
| 18 a 30 anos, Feminino | (13,3 * Peso) + (334 * Altura) + 35 | 1561,4 |
| 30 a 60 anos, Feminino | (8,7 * Peso) + (25 * Altura) + 865 | 1534,9 |
| > 60 anos, Feminino | (9,2 * Peso) + (637 * Altura) - 302 | 1442,3 |

GEB - Harris & Benedict por Sexo, Peso, Altura e Idade
Fonte: Harris e Benedict (1919)

| Sexo | Fórmula Proposta | GEB |
|---|---|---|
| Masculino | 66,47 + (13,75 * Peso) + (5 * Altura * 100) - (6,76 * Idade) | 1483,460685 |
| Feminino | 655,1 + (9,56 * Peso) + (1,85 * Altura * 100) - (4,68 * Idade) | 1365,067397 |

Fonte "Cálculos Nutricionais: Conteitos e Aplicações Práticas" de Andrea Fraga Guimarães e Mônica Santiago Galisa (2009, p, 40)

Dados Pessoais | IMC-OMS | GEB | GEB Fatores | NET IOM | NET Bolso

**Figura 6.14:** Todas as equações de GEB foram corretamente convertidas em fórmulas e avaliadas pelo Excel. Os valores exibidos nesta planilha são expressos em kcal/dia para cada grupo de estágio de vida.

---

**ATENÇÃO:** Não se importe se os valores das kcalorias/dia calculados para alguns grupos de estágio de vida ficarem desproporcionais, como os exibidos na Figura 6.16, que indica na tabela GEB – OMS por Idade, Sexo e Peso, que a faixa "0 a 3 anos, Masculino" necessita de 4.300 kcal/dia, enquanto a faixa "30 a 60 anos, Masculino" necessita de apenas 1,708 kcal/dia. Isso ocorre porque as equações de GEB e NET foram definidas para um valor máximo de idade e seus possíveis peso e altura (ou comprimento) para a faixa etária específica. A Figura 6.11 mostra que os dados inseridos pertencem a um adulto de 62 anos de idade, com altura e peso proporcionais: dados inadequados para o cálculo destas faixas etárias.

---

## Corrigindo a constante de erro #NOME?

A Figura 6.15 mostra o que ocorre com as fórmulas da planilha NET IOM (provavelmente você já notou ao converter as fórmulas da coluna GEB desta tabela). Repare que o Excel avaliou algumas das fórmulas – aquelas que se iniciam na faixa etária "3 a 8 anos, Masculino" - com a constante de erro #NOME?. Isso ocorre porque a planilha Dados Pessoais não oferece o nome de faixa IOM_FA exigido nestas fórmulas, levando assim a resultados inesperados.

D16 =354 - (6,91 * Idade) + IOM_FA * ((9,36 * Peso) + (726 * Altura))

**IOM - Institute Of Medicina**

**NET - Necessidade Energética Total por Idade, Sexo, Peso e Altura**

Fonte IOM - Institute Of Medicine (2002)

NET - IOM por Idade, Sexo, Peso e Altura

| Idade | Fórmula | NET |
|---|---|---|
| 0 a 3 meses | (89 * Peso) - 100 + 175 | 6483 |
| 4 a 6 meses | (89 * Peso) - 100 + 56 | 6364 |
| 7 a 12 meses | (89 * Peso) - 100 + 22 | 6330 |
| 13 a 15 meses | (89 * Peso) - 100 + 20 | 6328 |
| 3 a 8 anos, Masculino | 88,5 - (61,9 * Idade) + IOM_FA * ((26,7 * Peso) + (903 * Altura)) + 20 | #NOME? |
| 9 a 18 anos, Masculino | 88,5 - (61,9 * Idade) + IOM_FA * ((26,7 * Peso) + (903 * Altura)) + 25 | #NOME? |
| > 19 anos, Masculino | 662 - (9,53 * Idade) + IOM_FA * ((15,91 * Peso) + (539,6 * Altura)) | #NOME? |
| 3 a 8 anos, Feminino | 135,3 - (30,8 * Idade) + IOM_FA * ((10 * Peso) + (934 * Altura)) + 20 | #NOME? |
| 9 a 18 anos, Feminino | 135,3 - (30,8 * Idade) + IOM_FA * ((10 * Peso) + (934 * Altura)) + 25 | #NOME? |
| > 19 anos, Feminino | 354 - (6,91 * Idade) + IOM_FA * ((9,36 * Peso) + (726 * Altura)) | #NOME? |

| IOM_FA - |
|---|
| Idade, Sexo |
| 3 a 18 anos |
| 4 a 18 anos |
| 5 a 18 anos |
| 6 a 18 anos |
| > 19 anos, I |
| > 19 anos, I |
| > 19 anos, I |
| > 19 anos, I |
| 3 a 18 anos |
| 4 a 18 anos |

**Figura 6.15:** Algumas fórmulas da planilha NET IOM não puderam ser avaliadas porque a Pasta de trabalho NET – Necessidade Energética Total.xlsx não possui o nome de faixa IOM_FA.retornando a constante de erro #NOME?.

Para corrigir este erro e fazer com que todas as fórmulas da planilha NET IOM calculem corretamente, crie um novo nome de faixa chamado IOM_FA em qualquer lugar da planilha Dados Básicos e digite nele o fator 1. O Excel atualizará automaticamente as fórmulas da planilha NET IOM para mostrar que agora está calculando como esperado (veja a Figura 6.16).

**Figura 6.16:** Para corrigir os erros exibidos nas fórmulas da planilha NET IOM, crie na planilha Dados Básicos o nome de faixa IOM_FA e forneça-lhe o valor 1 para validar todas as fórmulas.

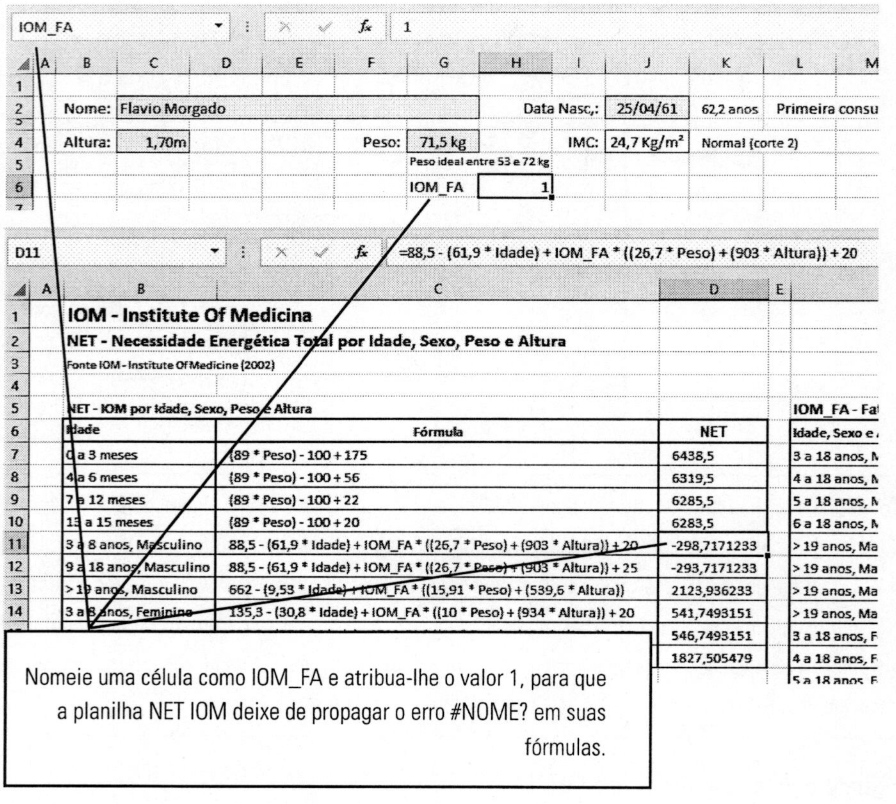


## Teste, Teste, Teste...

Uma vez que existam todos os nomes de faixa necessários para todas as fórmulas de GEB e NET, vá em frente e altere os valores de data de nascimento (para alterar a idade), altura e peso para valores razoáveis de cada faixa etária e verifique os resultados. Troque quantas vezes seja necessário os dados da planilha Dados Básicos e alterne para as planilhas GEB e NET IOM para ver se as fórmulas funcionam adequadamente.
Teste extensivamente a Pasta de trabalho antes de prosseguir.

## Excluindo as planilhas Dados Básicos e IMC-OMS

Você testou todas as fórmulas da Pasta de trabalho Fórmulas NET – Necessidade Energética Total.xlsx? Elas funcionaram como esperado?

Se funcionaram, é hora de excluir as duas planilhas inseridas nesta Pasta de trabalho quando adicionou nela uma cópia do Modelo Dados Básicos.xltx: Dados Pessoais e IMC-OMS. Siga estes passos:

1. Clique em uma destas guias de planilha: Dados Básicos ou IMC-OMS.
2. Mantenha pressionada a tecla Ctrl e clique na outra guia: ambas serão selecionadas.
3. Clique com o botão direito na seleção (em qualquer das guias selecionadas) e escolha Excluir.

4. O Excel irá exibir uma caixa de mensagem solicitando sua permissão para excluir as planilhas selecionadas e seus dados (não será possível desfazer a exclusão).

Ao pressionar Excluir para finalizar a operação, o Excel irá recalcular a Pasta de trabalho e todas as fórmulas que se referenciarem a nomes de faixa inexistentes, passarão a exibir a constante de erro #REF! (Figura 6.17)

**Figura 6.17:** Ao terminar de testar todas as fórmulas da Pasta de trabalho NET – Necessidade Energética Total.xlsx, pressione Ctrl para selecionar as guias das planilhas Dados Básicos e IMC-OMS. Clique com o botão direito em qualquer das guias selecionadas e escolha Excluir para retirá-las desta Pasta de trabalho.

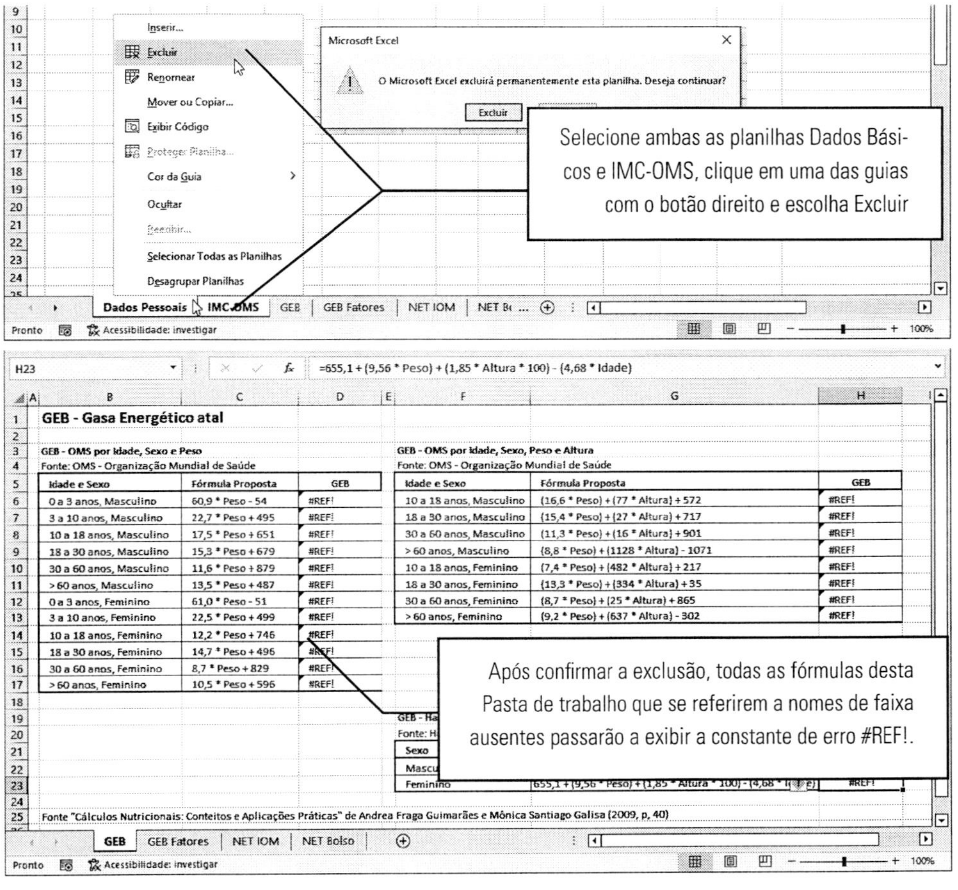


## Excluindo nomes de faixa inválidos

Todos os nomes de faixa originários do Modelo Dados Básicos.xltx foram inseridos na Pasta de trabalho Fórmulas NET – Necessidade Energética Total.xlsx. E agora, apesar de suas planilhas terem sido excluídas, estes nomes permanecem na Pasta de trabalho exibindo a constante de erro $REF! (Referência inválida), por faltar o nome da planilha ao qual pertenciam.

Você pode ver este comportamento abrindo a janela do Gerenciador de Nomes do Excel, onde poderá notar que todos os nomes de faixa associados às planilhas excluídas exibem a constante de erro #REF!.

---

**ATENÇÃO:** Se tentar reinserir o Modelo Dados Básicos.xltx nesta Pasta de trabalho, o Excel exibirá uma confusa mensagem indicando que existe um conflito de nomes como uma ou mais planilhas do Modelo que está sendo inserido, solicita o que fazer para resolvê-los (Figura 6.18).

---

**Figura 6.18:** Ao inserir um Modelo que possua nomes de faixa já existentes na Pasta de trabalho atual, o Excel perguntará o que deve fazer.

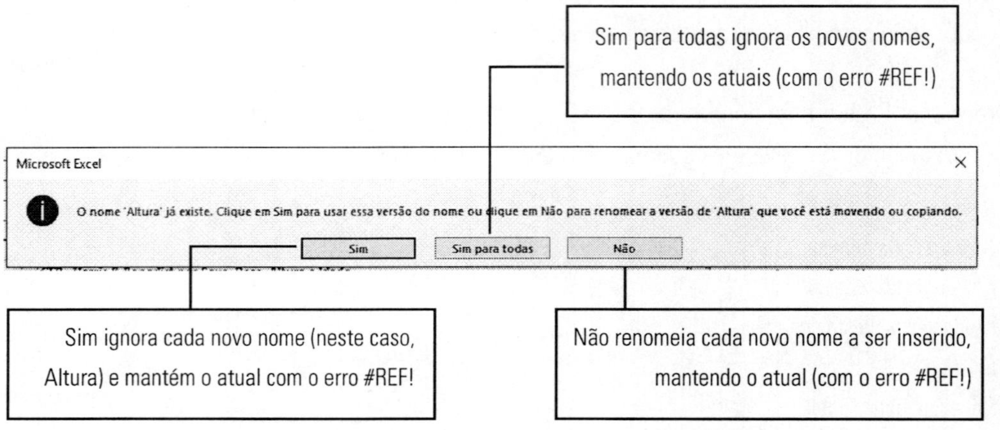


De qualquer forma, esta será uma tarefa trabalhosa e inútil, pois os nomes atuais serão mantidos com seus erros de vínculo, enquanto os novos, corretos, serão renomeados. Você pode ter uma experiência muito melhor apenas excluindo todos os nomes de faixa da Pasta de trabalho atual que exibam a constante de erro #REF! em suas referências, evitando esta mensagem de erro ao inserir um Modelo que possua conflitos de nome de faixa.

Siga estes passos para excluir os nomes de faixa com erros desta Pasta de trabalho:

1. Na guia Fórmulas, área Nomes Definidos, clique no botão Gerenciador de Nomes.
2. Na janela do Gerenciador de Nomes, clique no cabeçalho da coluna Valor para exibir primeiro os nomes que possuem constantes de erro.
3. Clique no primeiro nome com a constante de erro #REF! (Altura), mantenha pressionada a tecla Shift e clique no último nome com esta constante de erro (Peso).
4. Pressione Excluir para excluir os nomes selecionados (Figura 6.19).

**Figura 6.19:** Na janela do Gerenciador de Nomes do Excel, classifique os nomes pela coluna Valor e use a tecla Shift (ou Ctrl) para selecionar cada nome de faixa que exiba o erro #REF! nas coilunas Valor ou Refere-se a. Pressione Excluir para removê-los de uma só vez da Pasta de trabalho.

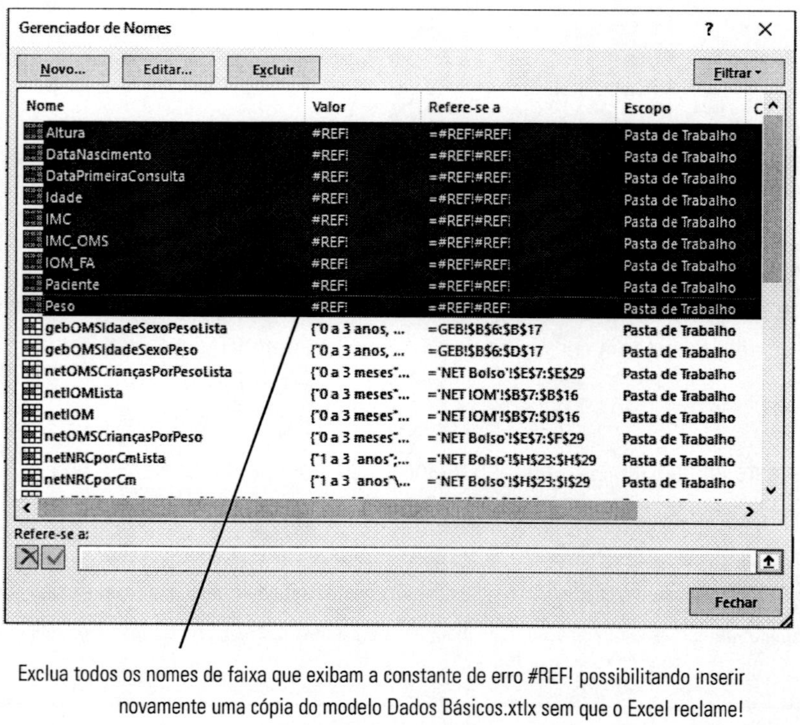

Após excluir todos os nomes de faixa dependentes, pressione Fechar para retornar à Pasta de trabalho Fórmulas NET – Necessidade Energética Total.xlsx e veja que agora, as planilhas GEB e NET IOM exibem em suas fórmulas a constante de erro #NOME? em vez da constante #REF! anterior: é o Excel te informando que estas fórmulas precisam de um ou mais nomes de faixa para funcionar adequadamente (Figura 6.20).

**Figura 6.20:** Após excluir os nomes de faixa defeituosos da Pasta de trabalho, todas as fórmulas que precisam destes nomes passarão a exibir a constante de erro #NOME?.

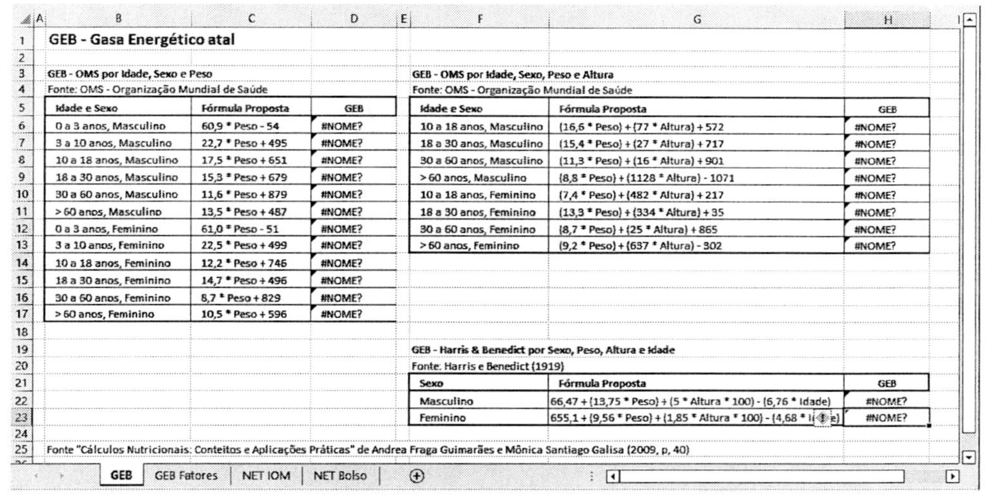


## Criando uma planilha de dependências

Agora que você já sabe que as fórmulas da Pasta de trabalho Fórmulas NET – Necessidade Energética Total.xlsx baseiam-se em dados contidos em nomes de faixa oriundos de outra planilha – como os da planilha Dados Básicos do Modelo Dados Básicos.xltx – um boa ideia para ajudar-lhe, ou a qualquer outro desenvolvedor em Excel em um futuro próximo, é inserir uma nova planilha nesta Pasta de trabalho para documentar as referências de que necessita para se calcular adequadamente.

Dentro do arquivo CAPÍTULO06.ZIP você encontrará a Pasta de trabalho Dependências.xlsx que pode ser usada para esta tarefa – ou se preferir, poderá criar a sua própria planilha. Ao abri-la no Excel, ela deve estar similar ao que pode ser visto na Figura 6.21.

**Figura 6.21**: Esta é a Pasta de trabalho Dependências.xlsx que você pode usar para documentar todos os nomes de faixa que qualquer Pasta de trabalho depende para calcular corretamente.

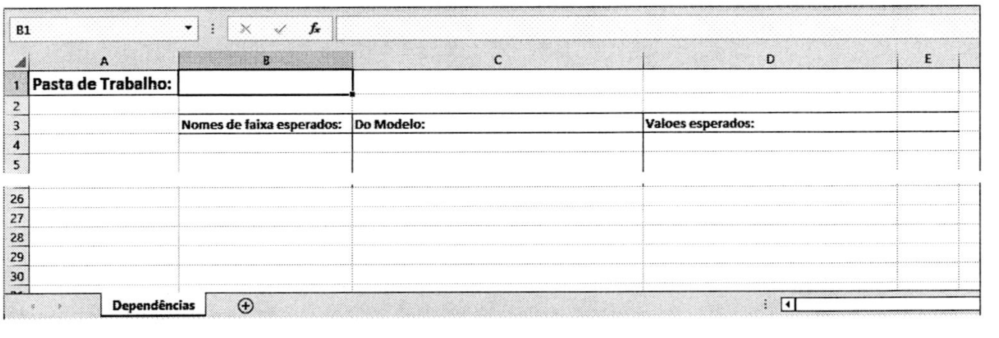

Como pode ver, a planilha Dependências é muito simples: contém um local para digitar o nome da Pasta de trabalho atual e três colunas:

1. **Pasta de trabalho:** digite na célula B2 o nome da Pasta de trabalho atual, para associá-la inquestionavelmente com o Modelo correto do Excel.
2. **Nomes de faixa esperados:** é onde deve-se digitar todos os nomes de faixa que a Pasta de trabalho atual necessita para funcionar, um por linha.
3. **Do Modelo:** aqui você digita o nome do Modelo do Excel onde estes nomes podem ser encontrados.
4. **Valor esperado:** use esta célula para digitar os valores possíveis que este nome de faixa deve representar, sempre que apropriado.

Como a planilha Dependências será inserida na Pasta de trabalho Fórmulas NET – Necessidade Energética Total.xlsx (e muitas outras no futuro), ela deve estar disponível no ambiente do Excel como um novo Modelo. Portanto, salve-a também como um Modelo seguindo estes passos:

1. Clique na guia Arquivo, clique em Salvar como e depois em Procurar.
2. Na caixa de diálogo Salvar Como que aparece, clique na lista Salvar como tipo e selecione a opção "Modelo do Excel (*.xltx)".
3. Isso irá fazer com que o Excel mude automaticamente para a pasta padrão de armazenamento de Modelos do Office no seu computador, que deve se localizar na sua pasta Documentos\Modelos Personalizados do Office.
4. Clique em Salvar para criar o Modelo do documento.

Quando terminar de salvá-la como um Modelo do Excel, estará pronto para descarregá-la do Excel usando o botão Fechar, localizado no canto direito superior da sua janela (ou escolhendo Arquivo, Fechar).

## Inserindo o Modelo Dependências

Agora que já possui um novo Modelo do Excel chamado Dependências.xltx, vá em frente e insira-o na Pasta de trabalho Fórmulas NET – Necessidade Energética Total.xlsx:

1. Clique com o botão direito na planilha NET Bolso e escolha Inserir.
2. Na caixa de diálogo Inserir, escolha a guia Modelos Personalizados do Office.
3. Selecione o Modelo Dependências.xltx e pressione OK para inseri-lo à esquerda da guia NET Bolso.
4. Arraste a guia da planilha Dependências para a direita, tornando-a a última guia de planilha da Pasta de trabalho (Figura 6.22).

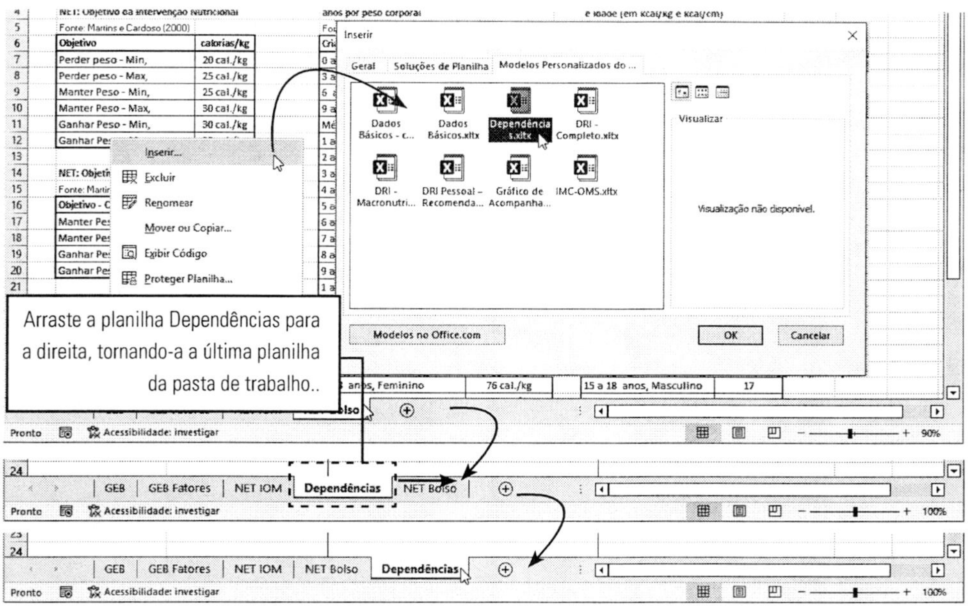


**Figura 6.22:** Após criar o Modelo Dependências.xltx, insira-o na Pasta de trabalho Fórmulas NET – Necessidade Energética Total.xlsx: para documentar os nomes de faixa dos quais esta solução planilha depende.

## Usando a planilha Dependências

Para usar a planilha Dependências efetivamente, terá de inserir o nome da Pasta de trabalho (nome do arquivo Excel) ao qual ela se refere e todos os nomes de faixa da Pasta de trabalho atual dos quais é dependente. A Figura 6.23 mostra como inserir esta informação na planilha Dependências para a Pasta de trabalho Fórmulas NET – Necessidade Energética Total.xlsx.

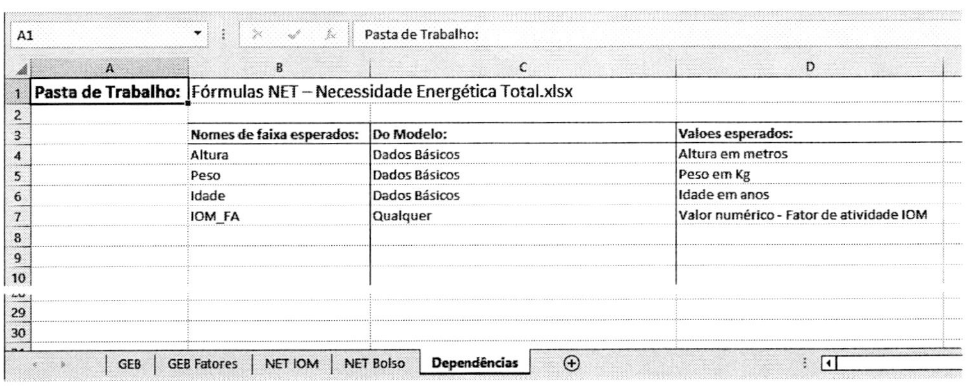


**Figura 6.23:** É assim que se deve inserir informações em qualquer planilha Dependências: digite todos os nomes de faixa esperados, onde pode encontrá-los e quais valores eles retornam.

Note que a planilha identifica cada nome de faixa necessário, sua possível origem e seu valor esperado. Esta organização é crucial para o sucesso futuro das suas atividades de desenvolvimento no Excel.

## Salvando Fórmulas NET – Necessidade Energética Total.xlsx como um Modelo

Uma vez terminado o trabalho na planilha Dependências, salve a Pasta de trabalho Fórmulas NET – Necessidade Energética Total.xlsx como um novo Modelo do Excel. Mas antes de fazê-lo, considere um importante fator: como distinguir Modelos do Excel dependentes daqueles que podem ser usados por si mesmos, sem necessidade de outras planilhas para funcionar?

## Nomeando planilhas dependentes

Os programadores resolvem tais problemas de nomenclatura aderindo a uma Regra de Convenção de Nomenclatura. Elas são muitas e diferentes entre si, mas a maioria usa a regra empregada na seção "Regras para nomes de faixa", vista anteriormente neste capítulo, para nomear os nomes de faixa da Pasta de trabalho Fórmulas NET – Necessidade Energética Total.xlsx: use um prefixo específico para diferenciar o nome dos arquivos.

Proponho agora o uso do prefixo "dep" (de "dependente") para prefixar o nome de todos os Modelos de planilhas dependentes que sejam usados a partir de agora neste livro – e na sua futura prática de desenvolvedor de soluções de planilha. Para salvar a Pasta de trabalho Fórmulas NET – Necessidade Energética Total.xlsx como um Modelo dependente, siga estes passos:

1. Clique na guia Arquivo, clique em Salvar como e depois em Procurar.
2. Na caixa de diálogo Salvar Como que aparece, clique na lista Salvar como tipo e selecione a opção "Modelo do Excel (*.xltx)".
3. O Excel alternará automaticamente para a pasta Documentos\Modelos Personalizados do Office.
4. Adicione o prefixo "dep" ao arquivo de Modelo a ser salvo no seu computador (ele se tornará o Modelo "depFórmulasNET – Necessidade Energética Total.xltx").
5. Clique em Salvar para criar o Modelo do documento (Figura 6.24).

**Figura 6.24:** A partir de agora, toda possível planilha dependente que criarmos receberá o prefixo "dep", tornando bem óbvio para qualquer desenvolvedor de planilhas que ela não funciona por si própria, dependendo de outras planilhas para funcionar

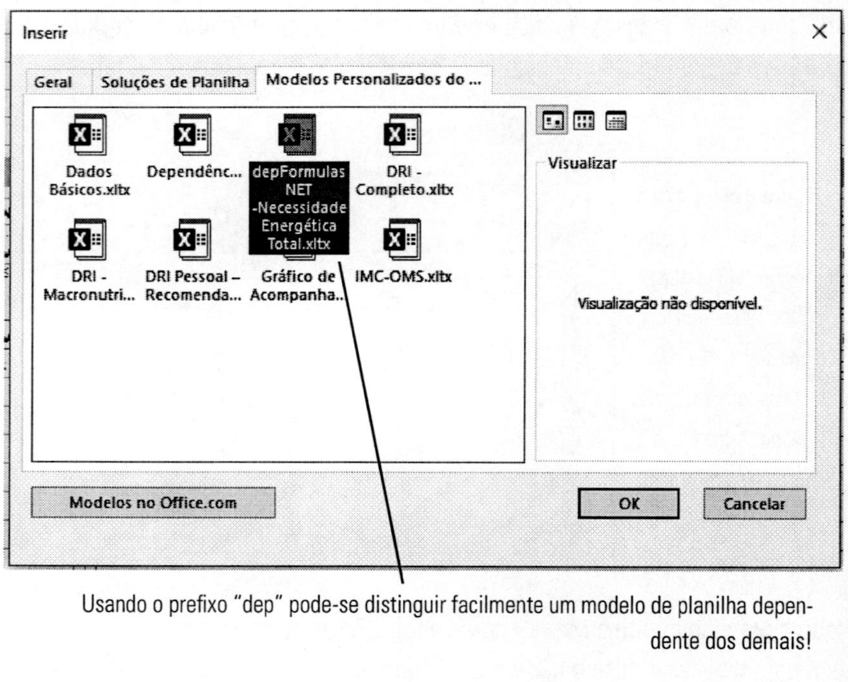


Uma vez que tenha criado o Modelo depFórmulas NET – Necessidade Energética Total.xltx, descarregue-o do Excel para que possamos continuar a produzir nossa nova aplicação de planilha.

---

**ATENÇÃO**: Você encontra uma cópia do arquivo depFórmulas NET – Necessidade Energética Total.xlsx dentro do arquivo CAPÍTULO06.zip, para que você possa abri-lo e salvá-lo como um Modelo na pasta Modelos Personalizados do Office do seu computador.

---

## 6.3 Juntando as peças

Agora que você provavelmente já tem um Modelo chamado depFórmulas NET – Necessidade Energética Total.xltx no seu computador, é hora de criar uma interface para usá-lo semelhante àquela linda abordagem exibida no meu belíssimo rascunho da Figura 6.1.

A ideia básica é fornecer ao usuário uma interface gráfica que permita-lhe selecionar o grupo de estágio de vida para cada possível método de cálculo do GEB e do NET, selecionar todos os fatores necessários e calcular para cada método, a necessidade energética total.

Observando a Figura 6.1 você nota que o meu lindo rascunho permite calcular o valor da NET por todos os métodos possíveis, e obter seu valor médio, máximo e mínimo.

O usuário da aplicação de planilha deve ser capaz de selecionar um dos métodos (ou o valor da Média, Máximo e Mínimo) a ser usado como meta para a NET pessoal – valor que será usado em outra aplicação de planilha construída no Volume 2 de "Desenvolvendo Aplicativos Excel com ênfase na Saúde e Cálculos Nutricionais"

A boa notícia que lhe trago é que já fiz a parte mais complexa, produzindo uma planilha com esta interface gráfica com o usuário (também chamada de GUI – Grafical User Interface). Seu nome é NET Pessoal – Necessidade Energética Total.xlsx e que também pode ser encontrada dentro do arquivo CAPÍTULO06.ZIP.

## Usando a planilha NET Pessoal – Necessidade Energética Total.xlsx

Vá em frente e abra o arquivo NET Pessoal – Necessidade Energética Total.xlsx que se encontra dentro do arquivo CAPÍTULO06.ZIP. Você pode ver o layout desta planilha na Figura 6.25, que também mostra todos os seus nomes de faixa (você pode vê-los todos de uma vez ativando a caixa de diálogo do Gerenciador de Nomes do Excel).

**Figura 6.25**: Esta é a aparência da Pasta de trabalho NET Pessoal – Necessidade Energética Total.xlsx: é uma interface para o Modelo depFórmulas NET – Necessidade Energética Total.xlsx.

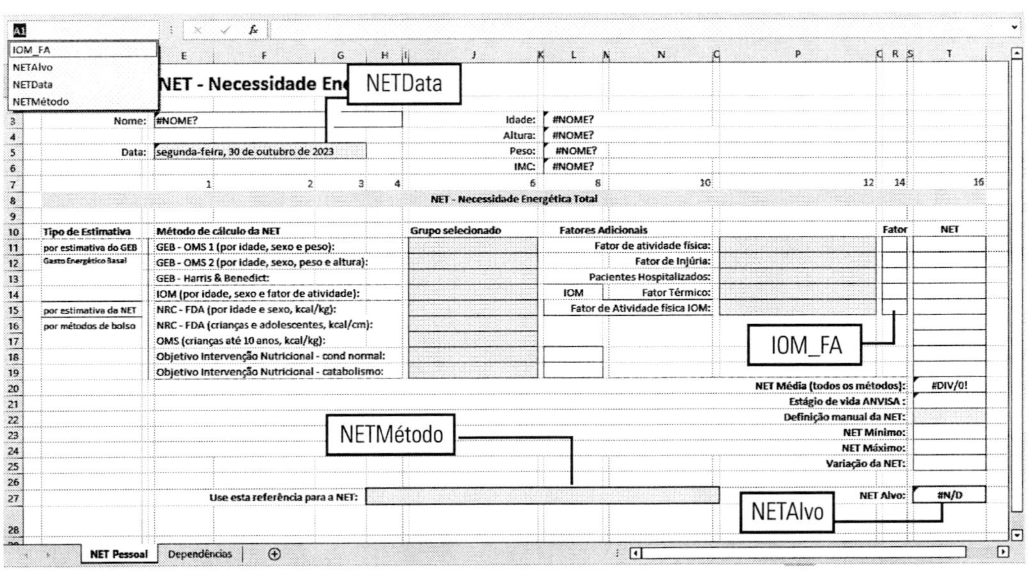

Há uma grande distância entre o meu rascunho exibido na Figura 6.1 e minha primeira interface para esta aplicação. O que você vê na Figura 6.25 é a evolução de uma ideia básica que foi exaustivamente reelaborada até estabilizar neste ponto. Na verdade, é o fruto de algumas técnicas de design de interfaces e muito trabalho para demonstrar alguns truques de construção de interface gráfica de planilha.

Estou sendo consistente com a estratégia para interfaces definida na primeira aplicação de planilha deste livro: cada célula de entrada possui um fundo amarelo claro e uma borda azul. resultados de fórmulas possuem apenas a borda azul. A melhor forma de compreender a interface proposta é desativando a opção Linhas de grade, localizada na guia Exibição, área Mostrar/Ocultar,. A Figura 6.26 mostra a planilha NET Pessoal se parece quando as Linhas de Grade estão ocultas.

**Figura 6.26**: A planilha NET Pessoal quando se desativa a opção Linhas de Grade da guia Exibição do Excel.

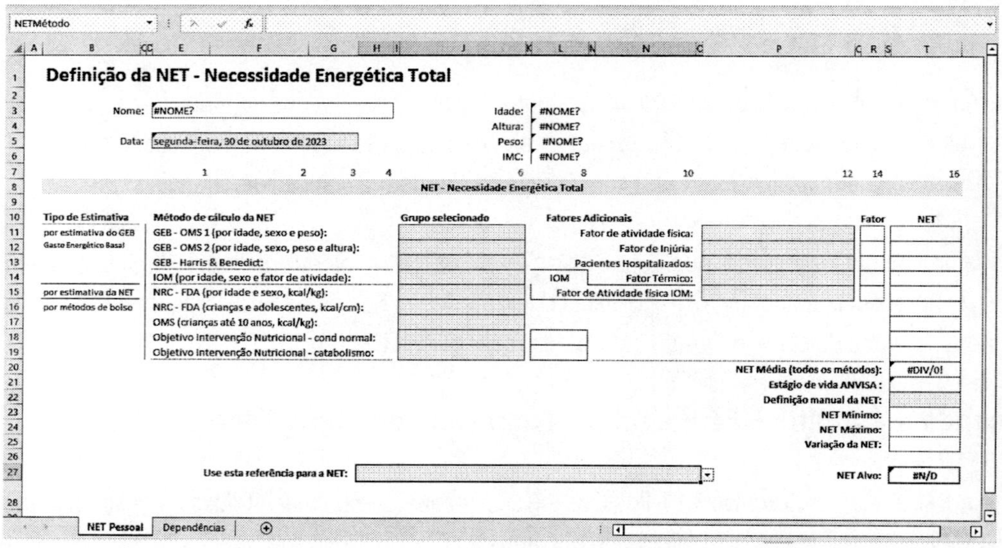


Note que usei algumas colunas bem estreitas (colunas A, C, D, I , K, N, O, Q e S) para gerar o espaço em branco desejado entre as células, permitindo desenhar linhas verticais e horizontais azul claras para "decorar" a interface.

Como deve ter notado em todas as interfaces anteriores já exibidas neste livro, sempre reservo algumas linhas e/ou colunas da parte superior da planilha para exibir alguma informação útil ao usuário, e chamo esta área da interface de ***área de identificação.***

Uma barra horizontal azul separa a área de identificação da área de ação: o local onde é selecionado o grupo de estágio de vida e os fatores multiplicadores para cada método proposto, permitindo à planilha fazer sua mágica. Chamo este local de ***área de seleção*** (a aplicação desenvolvida no Capítulo 5, "DRI Pessoal – Recomendações Dietéticas Diárias", também emprega esta filosofia!).

Vamos estudá-la mais um pouco!

## Usando a planilha Dependências

Percebeu nas Figuras 6.25 e 6.26 que a Pasta de trabalho NET Pessoal – Necessidade Energética Total.xlsx contém uma planilha Dependências?

Selecione a guia Dependências, leia suas dependências, e note que esta exibe os nomes de faixa de que esta Pasta de Trabalho necessita, quando usá-la como uma "planilha dependente" (Figura 6.27).

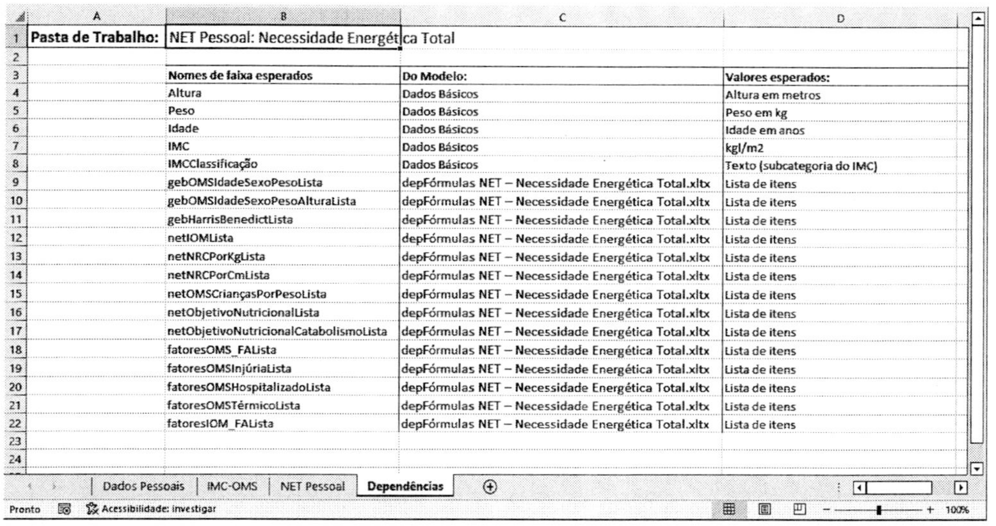

| | A | B | C | D |
|---|---|---|---|---|
| 1 | **Pasta de Trabalho:** | NET Pessoal: Necessidade Energética Total | | |
| 2 | | | | |
| 3 | | **Nomes de faixa esperados** | **Do Modelo:** | **Valores esperados:** |
| 4 | | Altura | Dados Básicos | Altura em metros |
| 5 | | Peso | Dados Básicos | Peso em kg |
| 6 | | Idade | Dados Básicos | Idade em anos |
| 7 | | IMC | Dados Básicos | kgl/m2 |
| 8 | | IMCClassificação | Dados Básicos | Texto (subcategoria do IMC) |
| 9 | | gebOMSIdadeSexoPesoLista | depFórmulas NET – Necessidade Energética Total.xltx | Lista de itens |
| 10 | | gebOMSIdadeSexoPesoAlturaLista | depFórmulas NET – Necessidade Energética Total.xltx | Lista de itens |
| 11 | | gebHarrisBenedictLista | depFórmulas NET – Necessidade Energética Total.xltx | Lista de itens |
| 12 | | netIOMLista | depFórmulas NET – Necessidade Energética Total.xltx | Lista de itens |
| 13 | | netNRCPorKgLista | depFórmulas NET – Necessidade Energética Total.xltx | Lista de itens |
| 14 | | netNRCPorCmLista | depFórmulas NET – Necessidade Energética Total.xltx | Lista de itens |
| 15 | | netOMSCriançasPorPesoLista | depFórmulas NET – Necessidade Energética Total.xltx | Lista de itens |
| 16 | | netObjetivoNutricionalLista | depFórmulas NET – Necessidade Energética Total.xltx | Lista de itens |
| 17 | | netObjetivoNutricionalCatabolismoLista | depFórmulas NET – Necessidade Energética Total.xltx | Lista de itens |
| 18 | | fatoresOMS_FALista | depFórmulas NET – Necessidade Energética Total.xltx | Lista de itens |
| 19 | | fatoresOMSInjúriaLista | depFórmulas NET – Necessidade Energética Total.xltx | Lista de itens |
| 20 | | fatoresOMSHospitalizadoLista | depFórmulas NET – Necessidade Energética Total.xltx | Lista de itens |
| 21 | | fatoresOMSTérmicoLista | depFórmulas NET – Necessidade Energética Total.xltx | Lista de itens |
| 22 | | fatoresIOM_FALista | depFórmulas NET – Necessidade Energética Total.xltx | Lista de itens |
| 23 | | | | |
| 24 | | | | |



**Figura 6.27:** Esta é a planilha Dependências da Pasta de trabalho NET Pessoal – Necessidade Energética Total.xlsx

Como pode ver, a planilha Dependências mostra quais nomes de faixa são necessários para a Pasta de trabalho NET Pessoal – Necessidade Energética Total.xlsx, onde encontrá-los (provêm dos Modelos Dados Básicos.xltx e depFórmulas NET – Necessidade Energética Total.xltx) e o tipo de informação que devem fornecer.

Usando a planilha Dependências, você pode informar a si mesmo agora, e no futuro, como usar esta Pasta de trabalho com outras aplicações Excel.

## Área de Identificação de NET Pessoal

A área de identificação da planilha NET Pessoal vai da linha 1 à linha 6, contém uma célula para exibir o nome do paciente (célula E3, que possui apenas a borda azul), uma célula de entrada (célula E5, com um fundo amarelo claro e borda azul) para coletar a data em que foi preenchida, exibindo as demais informações em um layout diferente na coluna de células L3:L6 (mescladas até a coluna O).

Espero que o treinamento feito até agora permita-lhe concluir que todas as células de informação que exibem a constante de erro #NOME? o fazem por lhes faltar um ou mais nomes de faixa empregados em suas fórmulas, certo?

Para ver as fórmulas que o Excel emprega nestas células em lugar de seu resultado, na guia Fórmulas, área Auditoria de Fórmulas, clique na opção Mostrar Fórmulas. O Excel deixa de avaliar as fórmulas e reajusta a largura das colunas para permitir a visualização das fórmulas inseridas nas células da planilha. A Figura 6.28 mostra como a área de identificação da planilha NET Pessoal se parecerá ao ativar a opção Mostrar Fórmulas.

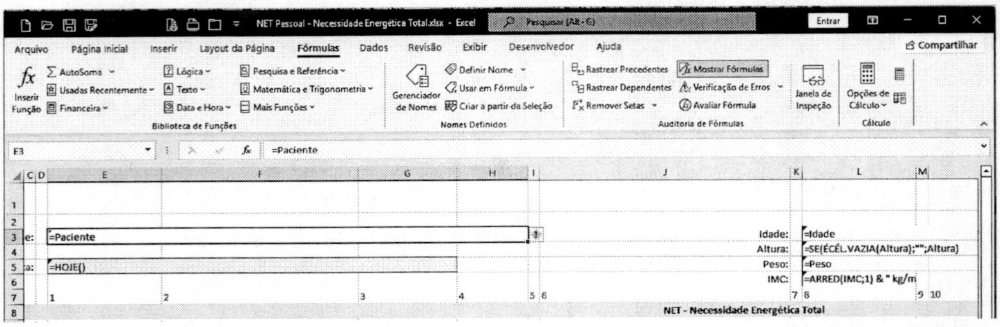

**Figura 6.28:** Área de identificação da planilha NET Pessoal exibindo as fórmulas inseridas em cada célula.

Note que a maioria das fórmulas usa um nome de faixa conhecido, como Idade, Altura, Peso, IMC etc. que pode ser facilmente obtido a partir do Modelo Dados Básicos.xltx. Apenas a célula E5 – única célula de entrada desta área – usa a função HOJE( ) para retornar a data atual, preenchendo automaticamente o valor desta célula com a data do sistema, usando o formato de data completa. Mas permite digitar outra data – e ao fazê-lo, sobrescreve-se a fórmula padrão.

**Inserindo o Modelo Dados Básicos.xltx**

Como a Figura 6.29 indica que estas fórmulas necessitam de dados passíveis de serem obtidos do Modelo Dados Básicos.xltx. Insira uma nova cópia deste modelo na Pasta de trabalho NET Pessoal – Necessidade Energética Total.xlsx e digite alguns dados para testá-las:

1. Clique novamente na opção Mostrar Fórmulas para parar a exibição das fórmulas e avaliar a planilha.
2. Clique com o botão direito na guia da planilha NET Pessoal e escolha Inserir.
3. Na caixa de diálogo Inserir, selecione a guia Modelos Personalizados do Office.
4. Selecione o Modelo Dados Básicos.xltx e clique em OK para inserir a planilha Dados Pessoais na Pasta de trabalho NET Pessoal – Necessidade Energética Total.xlsx.
5. Digite seus dados (nome, altura, peso e data de nascimento).
6. Clique na planilha NET Pessoal e observe os resultados (Figura 6.29).

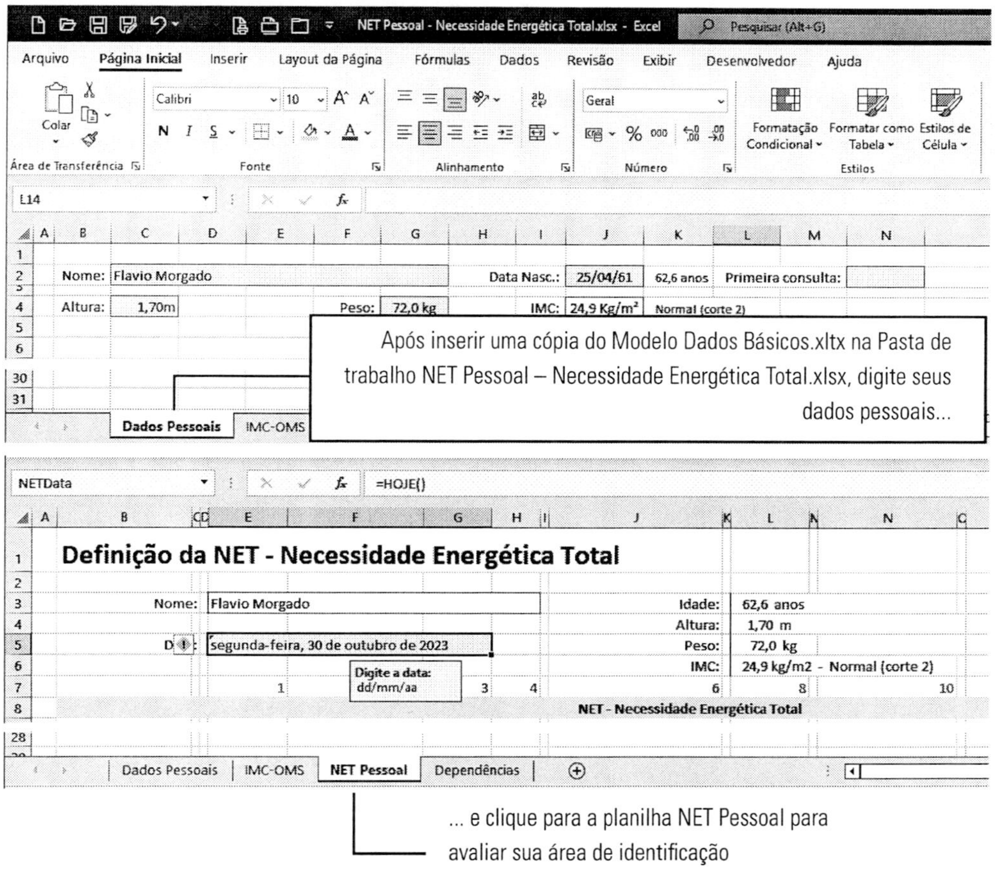


**Figura 6.31:** Insira uma cópia do Modelo Dados Básicos.xltx na Pasta de trabalho NET Pessoal – Necessidade Energética Total.xlsx, digite seus dados atuais e clique na planilha NET Pessoal para observar como ela os formata.

Se observar com mais atenção as fórmulas para Idade, Altura, Peso e IMC inseridas nas células L3:L6, perceberá que usam apenas os nomes de faixa associados a algum Formato Personalizado ou função do Excel para criar o valor textual exibido. A Tabela 6.16 mostra estas fórmulas e Formatos Personalizados para sua apreciação. Alguma dúvida?

**Tabela 6.16:** Fórmulas e Formatos personalizados usados para retornar os valores textuais na área de identificação de NET Pessoal a partir dos nomes de faixa de Dados Básicos.

| Célula | Fórmula | Formato Personalizado |
|---|---|---|
| L2 | =Idade | 0,0 " anos"; #,# |
| L3 | =SE(ÉCÉL.VAZIA(Altura)."".Altura) | 0,00 " m"; #,# |
| L4 | =Peso | 0,0 " kg"; #,# |
| L5 | =ARRED(IMC.1) & " kg/m2 - " & IMCClassificação | |

**ATENÇÃO:** Note que as células L3, L4 e L5 usam o caractere # para os valores negativos e zero de seus Formatos Personalizados. Desta forma, sempre que a Idade, Altura ou Peso forem negativos ou iguais a zero, não receberão os sufixos indicados.

Quando desativar a exibição das Linhas de Grade, a área de identificação de NET Pessoal se tornará como exibida na Figura 6.30. Simples e razoavelmente elegante, não?

---

**ATENÇÃO:** Este resultado final, aparentemente simples, não acontece acidentalmente: é fruto do trabalho árduo e persistente na aparência da interface, até ela se estabilizar em um design final. E ainda assim pode ser que você não goste dele! Sinta-se livre para alterá-lo para a forma que o desejar.

---

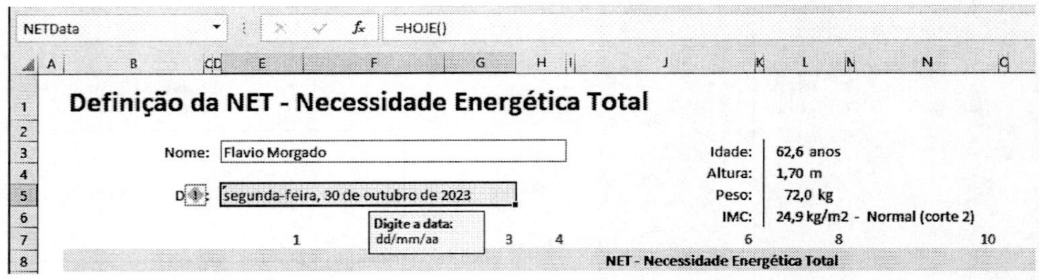


**Figura 6.30:** Desative a exibição das Linhas de Grade para ver como a interface da área de identificação irá aparecer para o usuário da sua aplicação de planilha.

## Área de seleção de NET Pessoal

O local de interação do usuário nesta interface, situa-se entre as linhas 7 a 27. Cada célula de entrada desta área (células com fundo amarelo claro e borda azul, nas faixas J11:J19, P11:P15 e H27) possuem já definida uma lista de Validação de Dados que permite selecionar o grupo de estágio de vida associado ao método de GEB ou NET indicado, assim como adicionar todos os fatores multiplicadores necessários para gerar as estimativas de necessidade energética total na coluna T (na faixa de células T11:T19).

Neste momento, enquanto a Pasta de trabalho NET Pessoal – Necessidade Energética Total.xlsx ainda não possui as planilhas GEB, GEB Fatores, NET IOM e NET Bolso, qualquer destas listas de Validação de Dados não poderá funcionar – e se você tentar expandi-las nada acontecerá, excetuando-se à da célula H27, indicada como "Use esta referência para a NET". Mas se selecionar qualquer célula destas faixas e escolher na guia Dados, área Ferramenta de Dados ativar, o comando Validação de Dados, verá na caixa de diálogo Validação de Dados que cada uma destas opções está associada a um nome de faixa existente no Modelo depFórmulas NET – Necessidade Energética Total.xltx (como indicado pela planilha Dependências exibida na Figura 6.27).

A Figura 6.31 mostra que a lista de Validação de Dados da célula J11 está associada ao nome de faixa gebOMSIdadeSexoPesoLista – que ainda não existe na Pasta de trabalho atual!

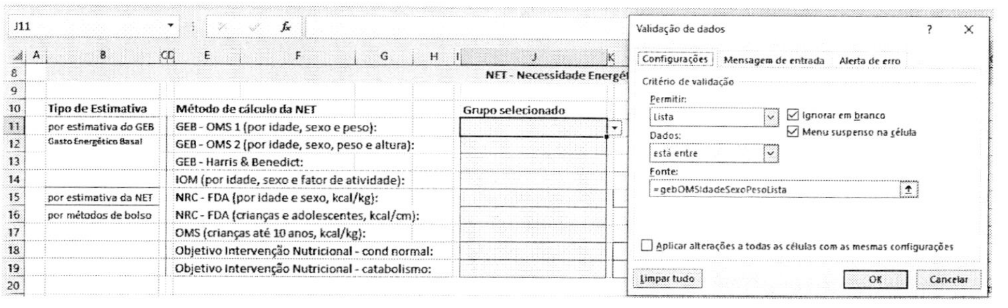

**Figura 6.31**: A lista de Validação de Dados da célula J11 está associada ao nome de faixa gebOMSIdadeSexoPesoLista.

A Tabela 6.17 mostra todos os nomes de faixa utilizados em cada lista de Validação de Dados associada a um método de cálculo do GEB, NET ou Fator nas células de entrada de dados da área de seleção da planilha NET Pessoal.

**Tabela 6.17:** Nomes de faixa usados em cada lista de Validação de Dados associadas às células da área de seleção da planilha NET Pessoal.

| Célula | Método ou Fator | Nome de Faixa |
|---|---|---|
| J11 | GEB – OMS 1 (por idade, sexo e peso) | gebOMSIdadeSexoPesoLista |
| J12 | GEB – OMS 2 (por idade, sexo, peso e altura) | gebOMSIdadeSexoPesoAlturaLista |
| J13 | GEB - Harris & Benedict | gebHarrisBenedictLista |
| J14 | IOM (por idade, sexo e fator de atividade) | netIOMLista |
| J15 | NRC - FDA (por idade e sexo, kcal/kg): | netNRCPorKgLista |
| J16 | NRC - FDA (crianças e adolescentes, kcal/cm) | netNRCPorCmLista |
| J17 | OMS (crianças até 10 anos, kcal/kg): | netOMSCriançasPorPesoLista |
| J18 | Objetivo intervenção Nutricional – cond normal | netObjetivoNutricionalLista |
| J19 | Objetivo intervenção Nutricional - catabolismo | netObjetivoNutricionalCatabolismoLista |
| P11 | Fator de atividade física | fatoresOMS_FALista |
| P12 | Fator de injúria | fatoresOMSInjúriaLista |
| P13 | Pacientes Hospitalizados | fatoresOMSHospitalizadoLista |
| P14 | Fator Térmico | fatoresOMSTérmicoLista |
| P15 | Fator de Atividade física IOM | fatoresIOM_FALista |

**A lista de Validação de Dados "Use esta referência para a NET"**

Você já deve saber agora que todos os nomes de faixa usados nas listas de Validação de Dados para gerar suas listas de opções, devem ter apenas uma dimensão (uma única linha ou coluna) ou o Excel não permitirá sua seleção.

Baseado neste conceito, outro truque de interface que merece ser mencionado é a forma como projetei a faixa E12:E24, onde residem todos os nomes dos métodos de cálculo da NET – incluindo Estágio de vida ANVISA e Definição manual da NET (que não possuem uma lista de validação de dados associada), e os valores calculados NET Média (média de todos os métodos), NET Mínimo e NET Máximo.

Note que a faixa E11:E24 contém células individuais alinhadas à esquerda, enquanto que a faixa E20:E24 possui cinco grandes células mescladas alinhadas à direita. Como qualquer célula mesclada recebe o endereço da célula do seu canto superior esquerdo (a célula E20 é agora o endereço para a faixa mesclada E20:R20, a célula E22 representa a faixa mesclada E21:R21, o mesmo se sucedendo para as células E22:E24), todas as cinco células da faixa E20:E24 são consideradas pelo Excel como um vetor unidimensional – e apesar de possuírem diferentes alinhamentos, o conteúdo de suas células pode ser usado para preencher qualquer lista de Validação de Dados.

Se clicar na célula H27 (a lista de Validação de Dados "Use esta referência para a NET", nomeada como NETMétodo) e expandir sua lista de opções, verá que NET Média (valor médio dos métodos utilizados), Estágio de vida ANVISA, Definição manual da NET, NET Mínimo e NET Máximo (valores mínimo e máximo dos métodos calculados) estão entre as opções passíveis de serem escolhidas (Figura 6.32).

**Figura 6.32:** Para permitir selecionar um entre todos os métodos de cálculo da NET, incluindo NET Média, Mínimo e Máximo, mantendo a interface consistente, as faixas E21:R21. E22:R22 e E23:R23 foram mescladas individualmente, permitindo assim fazer parte da lista de Validação de Dados da célula H26

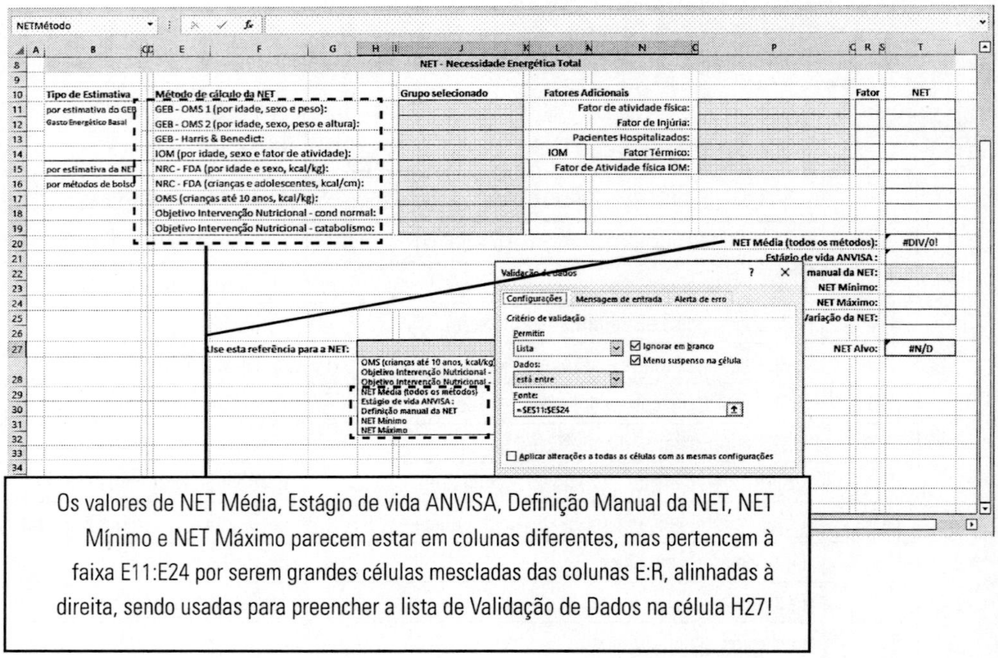


Interessante, não?

## Inserindo o Modelo depNET Fórmulas – Necessidade Energética Total.xltx

Vá em frente, clique na guia da planilha Dependências com o botão direito do mouse, escolha Inserir e insira uma cópia do Modelo depNET Fórmulas – Necessidade Energética Total.xltx dentro da Pasta de trabalho NET Pessoal – Necessidade Energética Total.xlsx, recebendo assim uma cópia das planilhas GEB, GEB Fatores, NET IOM, IOM Bolso e Dependências (2) (Figura 6.33).

**Figura 6.33:** Adicione uma cópia de depFórmulas NET – Necessidade Energética Total.xltx na Pasta de Trabalho NET Pessoal – Necessidade Energética Total.xlsx, que ficará com várias guias de planilha!

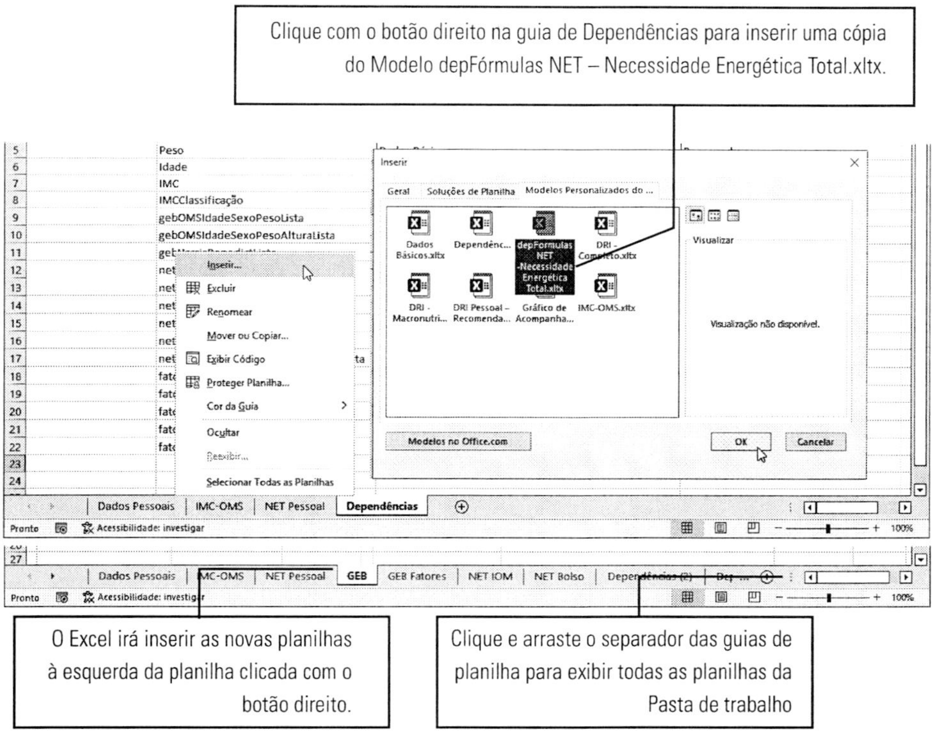


---

**ATENÇÃO:** Na minha cópia do Excel, ao inserir uma nova cópia do Modelo depNET Fórmulas – Necessidade Energética Total.xltx na Pasta de trabalho NET Pessoal – Necessidade Energética Total.xlsx, recebo inconsistentes mensagens alertando sobre conflitos de nomes oriundos do modelo Dados Básicos.xltx (Nome, Idade, Peso, IOM_FA), que realmente não existem. Se receber tais mensagens, apenas pressione Sim para todas sucessivamente. Ao terminar, use o Gerenciador de Nomes do Excel para verificar que tais conflitos não têm fundamento.

---

Após ter feito esta inserção, clique na guia NET Pessoal e tente expandir a lista de Validação de Dados de qualquer método de GEB, NET ou Fator e perceba que agora todos funcionam como esperado, exibindo todos os possíveis grupos, estágios de vida ou fatores de multiplicação disponíveis, permitindo selecionar aquele que se deseja para cada método (Figura 6.34).

**Figura 6.34:** Após inserir uma cópia do Modelo depFórmulas NET – Necessidade Energética Total.xltx dentro da Pasta de trabalho NET Pessoal – Necessidade Energética Total.xlsx, clique na guia da planilha Net Pessoal e verifique que todas as suas listas de Validação de Dados funcionam corretamente

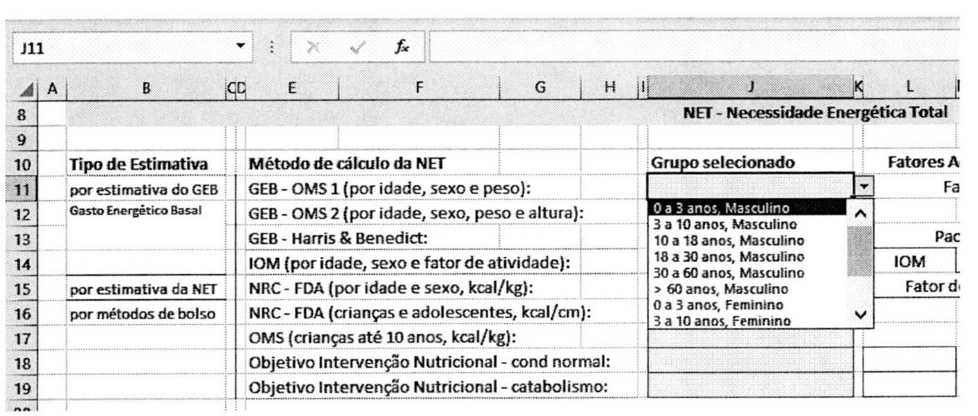

## Criando fórmulas para a NET

Anteriormente neste capítulo, você viu na seção "Regras para nomes de faixa" que usei um sistema de convenção de nomenclatura para nomear todas as tabelas e primeiras colunas das fórmulas e fatores passíveis de serem usados para o cálculo da necessidade energética total do Modelo depFórmulas NET – Necessidade Energética Total.xltx: a faixa que representa a primeira coluna de cada tabela (usada nas listas de Validação de Dados) recebeu o nome da tabela a que pertence, acrescido do sufixo "Lista".

Observando a Figura 6.31, note que a célula J11, lista de Validação de Dados para os grupos do método "GEB – OMS 1 (por idade, sexo e peso)" é preenchida pelo nome de faixa gebOMSIdadeSexoPesoLista e, de acordo com o sistema de nomenclatura proposto, sempre que selecionar um dos grupos de estágio de vida na lista da célula J11, desejamos retornar o valor calculado do GEB pesquisando-o no nome de faixa gebOMSIdadeSexoPeso (retirando o sufixo "Lista"). A pesquisa será feita usando uma fórmula com PROCV( ) como esta (considerando que a coluna 3 da tabela contém o resultado do GEB, efetuando-se uma pesquisa exata):

=PROCV(J11; gebOMSIdadeSexoPeso; 3; FALSO)

Vá em frente, selecione seu grupo de estágio de vida na célula J11 da planilha NET Pessoal, clique na célula T11 (NET calculada para o método "GEB – OMS 1 (por idade, sexo e peso)") e use o botão Inserir Função (fx) para selecionar a função PROCV() e inserir os argumentos na fórmula proposta, usando a caixa de diálogo Argumentos da Função do Excel (Figura 6.35).

**Figura 6.35**: Clique no botão fx à esquerda da Barra de Fórmulas, selecione a função PROCV( ) e digite estes valores na caixa de diálogo Argumentos da Função.

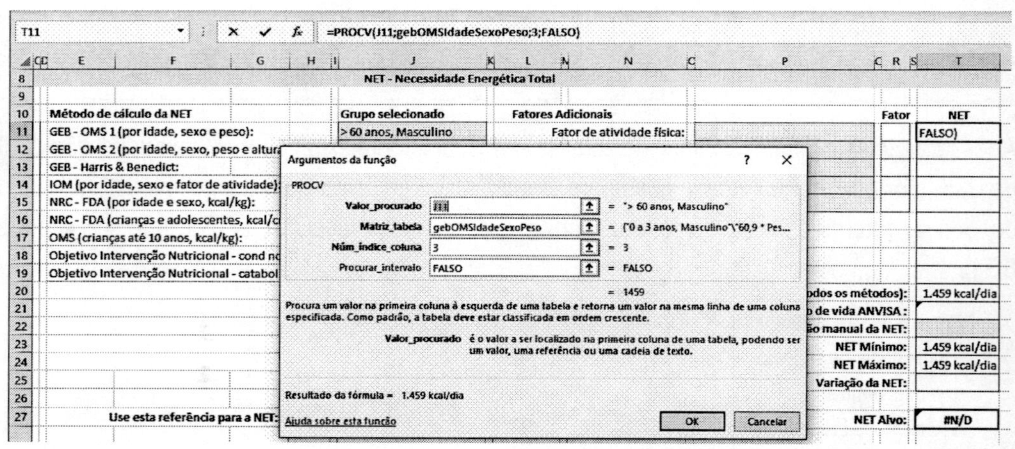

Ao pressionar Enter, o Excel avalia a função e retorna o valor do GEB – Gasto Energético Basal para o grupo de estágio de vida selecionado, como calculado na planilha GEB (Figura 6.36).

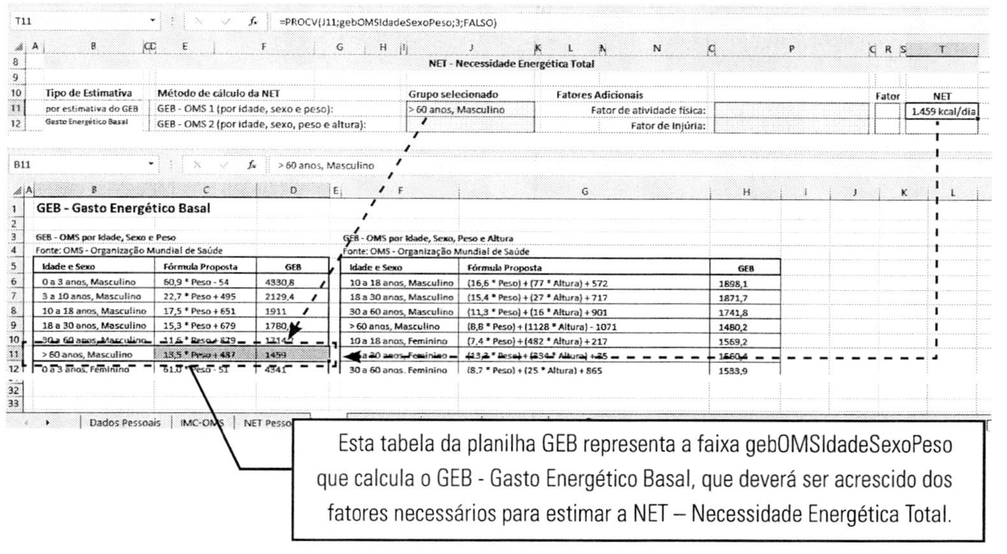


**Figura 6.36:** Valores retornados pelo nome de faixa gebOMSIdadeSexoPeso refletem apenas o gasto de energia basal: é necessário adicionar todos os fatores extras necessários para calcular a NET pessoal (Necessidade Energética Total).

### Recuperando fatores de multiplicação

Anteriormente neste capítulo, a seção "Fatores a serem adicionados às fórmulas de GEB" indicou que os valores calculados para o GEB – Gasto Energético Basal, devem ser multiplicados por todos os fatores de correção necessários para se atingir a NET Pessoal – Necessidade Energética Total.

Para dar maior transparência ao método de cálculo usado nas estimativas da NET baseadas nas fórmulas de GEB, a planilha NET Pessoal foi planejada para exibir à direita das listas de Validação de Dados, listas com os Fatores a serem utilizados para estimar a NET. Observando a Figura 6.36 você perceberá que na linha 11 da planilha NET Pessoal, a célula R11 deve receber o valor do fator desejado para o nível de Atividade Física selecionado na célula P11 desta estimativa da NET.

E como a lista de Validação de Dados da célula P11 foi preenchida pelo nome de faixa fatoresOMS_FALista, (que emprega o sistema proposto de nomenclatura de faixas), sempre que selecionar um item na lista desta célula, terá de recuperar o valor do fator de atividade física correspondente, pesquisando o nome de faixa fatoresOMS_FA (retirando o sufixo "Lista") da planilha GEB Fatores, usando uma fórmula que empregue a função PROCV( ) como esta:

=PROCV(P11; fatoresOMS_FA; 2; FALSO)

Mais uma vez, vá em frente e selecione na lista da célula P11 (Fator de atividade física da OMS) o fator mais compatível com o seu estilo de vida. E, uma vez que tanto o grupo de estágio de vida como o Fator de Atividade tenham sido selecionados, clique na célula R11 e use o botão Inserir Função (fx) para selecionar a função PROCV( ), e empregue a caixa de diálogo Argumentos da Função do Excel para criar esta fórmula (Figura 6.37):

**Figura 6.37:** Selecione na célula P11 um Fator de atividade física compatível com o grupo de estágio de vida selecionado na célula J11, clique na célula R11 e use a caixa de diálogo Argumentos da Função para definir como a função PROCV( ) deve recuperar o valor do fator associado.

Ao pressionar Enter, o Excel cria a fórmula desejada na célula R11 e, se os argumentos estiverem corretos, retorna o fator relacionado ao nível de atividade física selecionado na célula P11 (Figura 6.38).

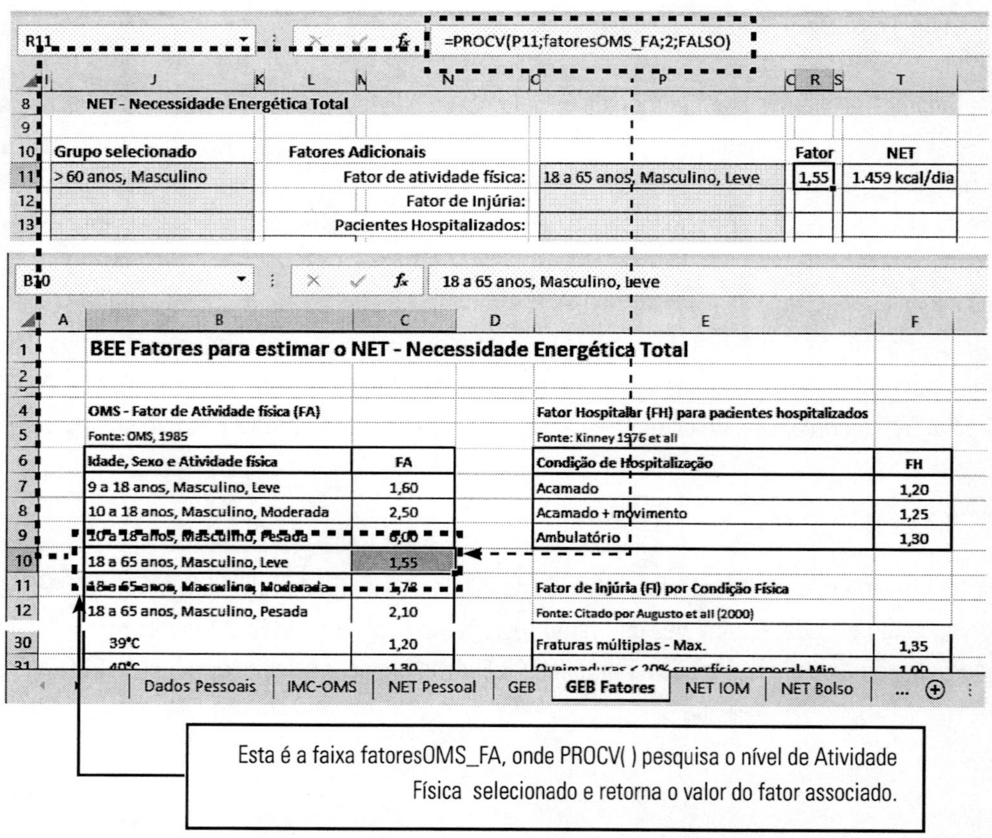


**Figura 6.38:** Ao selecionar qualquer item na célula P11 (Fator de Atividade Física) o Excel usará a função PROCV( ) para pesquisar o nome de faixa fatoresOMS_FA e retornar o fator multiplicador correspondente.

Não podemos usar uma única fórmula para recuperar todos os fatores necessários para calcular corretamente o NET pessoal, baseado na fórmula de GEB para um dado grupo de estágio de vida, já que cada função PROCV( ) usada nas células R11:R15 da planilha NET Pessoal – os quatro possíveis fatores a serem aplicados aos três primeiros métodos de GEB, mais o fator isolado para o método do cálculo da NET pelo IOM – precisam pesquisar diferentes nomes de faixa. Mas você pode ganhar um tempo precioso apenas arrastando a fórmula inserida na célula R11 para as células R12:R15 e então editar cada fórmula, alterando o nome da tabela onde a pesquisa deve ser feita. Siga estes passos:

1. Clique no seletor da célula R11 e arraste-o para baixo, até a célula R15.
2. A referência P11 usada na fórmula arrastada da célula R12 será atualizada para P12, P13, P14 e P15, respectivamente, mas a tabela onde pesquisar cada fator permanecerá constante (fatoresOMS_FA), já que esta é uma *referência absoluta.* Como todos os demais fatores ainda não foram selecionados, o Excel retornará a constante de erro #N/D (Não Disponível) para todas as células arrastadas.
3. Clique na célula R12 e, na Barra de Fórmulas, aplique um duplo clique no segundo argumento, FatoresOMS_FA para selecioná-lo na fórmula.
4. Pressione a tecla F3 para exibir a janela Colar Nome e para a célula R12, Fator de Injúria, selecione o nome de faixa fatoresOMSInjúria e pressione OK para substituí-lo no argumento Matriz_tabela.
5. Pressione Enter para atualizar a fórmula, escolha qualquer fator de injúria na lista da célula P12 e observe o Excel atualizar a planilha (Figura 6.39).

**Figura 6.39:** Arraste a fórmula inserida na célula R11 para as célula R12:R15, e edite cada uma delas individualmente, para fazer com que cada função PROCV( ) pesquise o nome de faixa associado ao fator selecionado.

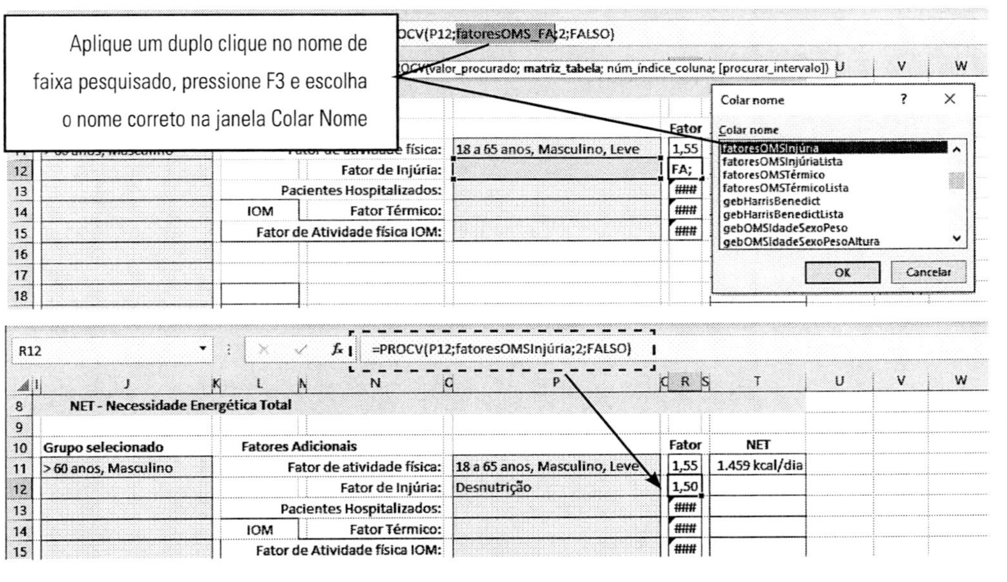


6. Repita os passos 1 a 6 acima para corrigir todas as fórmulas PROCV( ) das células R13:R15, usando a caixa de diálogo Argumentos da Função para alterar o argumento Matriz_tabela para os nomes listados na Tabela 6.18.

---

**ATENÇÃO:** Não é realmente necessário empregar a caída de diálogo Argumentos da Função. Basta dar dois cliques na célula desejada para colocá-la em edição, aplicar dois cliques no nome de faixa do segundo argumento de PROCV() para selecioná-lo, pressionar F3 para exibir a janela Colar Nome, escolher o nome desejado e pressionar OK duas vezes para atualizar a fórmula.

---

**Tabela 6.18:** Nomes de faixa usados nas funções PROCV( ) das células R11:R15 para pesquisar cada fator selecionado nas listas de Validação de Dados das células P11:P15 da planilha NET Pessoal.

| Célula | Fator | Nome de faixa pesquisado por PROCV( ) |
|---|---|---|
| R11 | GEB–OMS Fator de atividade física | fatoresOMS_FA |
| R12 | GEB-OMS Fator de injúria | fatoresOMSInjúria |
| R13 | GEB-OMS Pacientes Hospitalizados | fatoresOMSHospitalizado |
| R14 | GEB-OMS Fator Térmico | fatoresOMSTérmico |
| R15 | Fator de Atividade física IOM | fatoresIOM_FA |

A Figura 6.40 mostra a aparência da planilha NET Pessoal após corrigir os nomes de faixa pesquisados pelas fórmulas com PROCV( ) para recuperar os fatores multiplicadores usados no cálculo da NET pelos quatro primeiros métodos de estimação. Tente selecionar fatores diferentes e compare os valores retornados com aqueles contidos nas planilhas GEB Fatores e NET IOM, para garantir que sua planilha calcula corretamente.

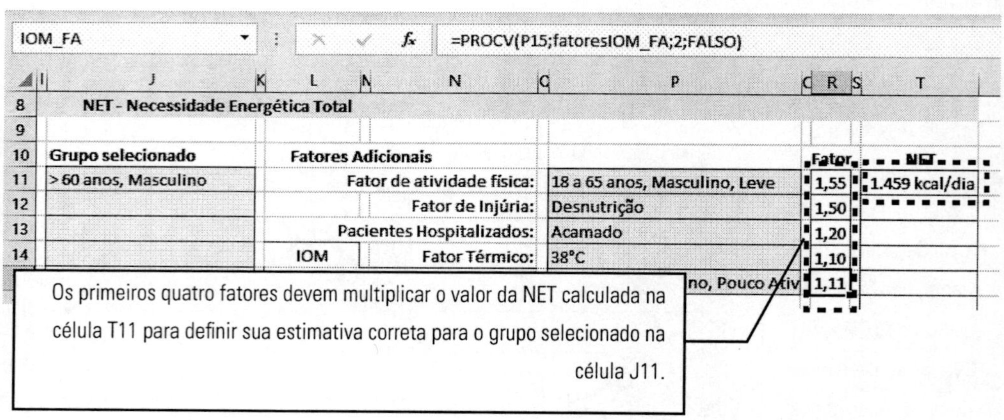


**Figura 6.40:** Quando tiver consertado todas as fórmulas PROCV( ) usadas para recuperar o valor dos fatores de cada lista de Validação de Dados, selecione aleatoriamente os fatores e observe se o Excel atualiza corretamente seus valores. Vá e volte nas planilhas GEB Fatores e NET IOM para verificar se a planilha calcula corretamente.

### Usando fatores de multiplicação nas fórmulas da NET

Para os três primeiros métodos de cálculo da NET baseados em fórmulas de GEB, a estimativa da NET é efetuada por sucessivas multiplicações do valor do GEB calculado pelos quatro primeiros fatores (atividade física, injúria, hospitalização e térmico).

Como a célula T11 contém uma fórmula PROCV( ), você deverá editá-la para adicionar-lhe os quatro primeiro fatores multiplicadores. E como estes fatores aplicam-se aos três primeiros métodos de estimativa do GEB, use referências absolutas às células R$11, R12, R13 e R14, para permitir copiá-la para os próximos três métodos, usando uma fórmula como essa:
=T11 * $R$11 * $R$12 * $R$13 * $R$14

Siga estes passos:

1. Clique na célula T11 para selecioná-la e coloque o cursor após o parêntese de fechamento da função PROCV( ) na Barra de Fórmulas.
2. Pressione * (asterisco, o operador de multiplicação) e então clique na célula R11
3. Pressione a tecla de função F4 para trocar a referência relativa para absoluta (o Excel a converterá para $R$11).
4. Repita o passo 2 para multiplicar também pelas células R12, R13 e R14.
5. Quando terminar, a célula T11 deverá conter esta fórmula:
6. =PROCV(J11; gebOMSIdadeSexoPeso; 3, FALSO)*$R$11*$R$12*$R$13*$R$14
7. Pressione Enter para inserir a fórmula. Se tudo estiver correto, o Excel avaliará corretamente a NET pessoal na célula T11, baseado no grupo de estágio de vida selecionado na célula J11 e em cada um dos fatores selecionados nas células R11:R14.

**Figura 6.41:** Adicione os fatores de multiplicação à fórmula PROCV( ) da célula T11, pressionando F4 para torná-las referências absolutas, de forma a poder copiar esta fórmula para as células T12:T14.

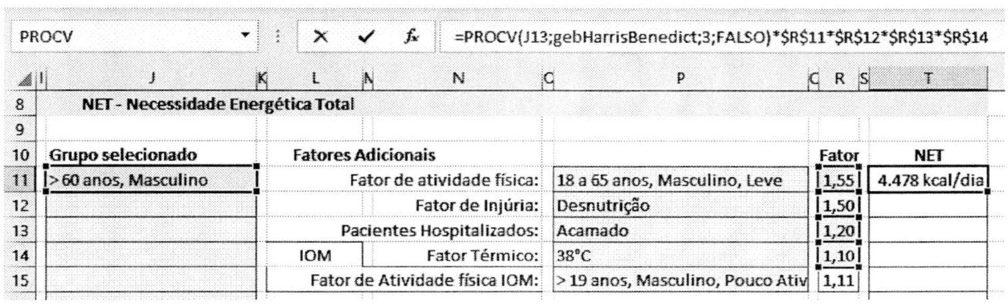


---

**ATENÇÃO:** O valor da NET exibido para o método "GEB – OMS 1 (por idade, sexo e peso), estabelece que uma pessoa pertencente ao grupo de estágio de vida ">60 anos, Masculino", com um Fator de atividade física "18 a 65 anos, Masculino, Leve", um Fator de Injúria de Desnutrição, Fator Hospitalizado Acamado, e Fator Térmico 38°C (Febre), precisa de 4,478 kcal/dia.

Oh-oh... é um bocado de comida para uma pessoa tão debilitada! E será difícil – senão impossível – que um paciente com tantos problemas de saúde consiga ingerir tantas calorias em um único dia. A conclusão é que apesar dos cálculos parecerem corretos, não se deve basear a decisão do plano nutricional apenas em operações matemáticas, selecionando múltiplos fatores, difíceis de serem utilizados. A lição que fica é esta: apenas o resultado matemático retornado por um programa qualquer pode denotar total ausência de bom senso!

---

A fórmula inserida na célula T11 para o primeiro método baseado no cálculo da GEB pode ser arrastada para as células T12:T14, fazer pequenas modificações em cada fórmula, considerando-se:

- A tabela pesquisada pela função PROCV() de cada célula (para as células T12:T17).
- O fator de multiplicação usado pelo método "IOM (por idade, sexo e fator de atividade)" (que possui apenas um fator independente na célula R15).
- Que nos métodos do "NRC – FDA", que empregam kcal/kg e kcal/cm, e no método "OMS (crianças até 10 anos, kcal/kg)", o valor retornado por PROCV() deve ser multiplicado pelo Peso ou Altura para fornecer o valor da NET corretamente calculada.

Para fazer estas pequenas modificações, siga estes passos:

1. Clique no seletor da célula T11 e arraste-o para baixo, até à célula T17. O Excel atualizará o valor das fórmulas para a constante de erro #N/D (Não Disponível, Figura 6.42).

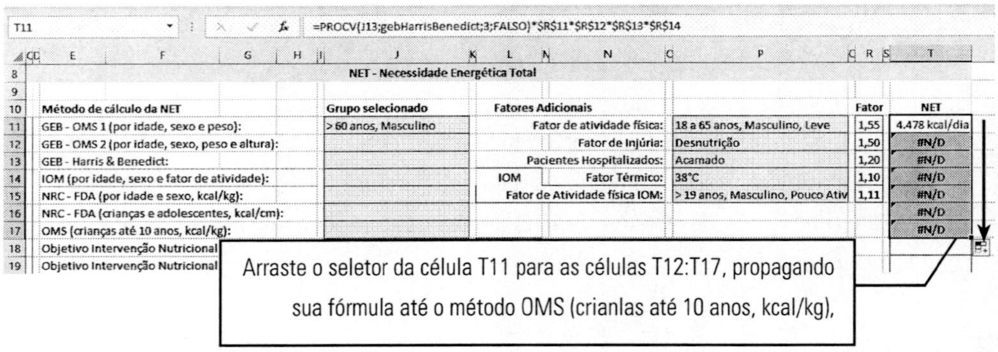


**Figura 6.42:** Copie a fórmula da célula T11 para as células T12:T17 para calcular o valor da NET baseado em diferentes métodos de cálculo, para os estágios de vida selecionados nas células J11:J17.

---

**ATENÇÃO:** As célula T11:T25 receberam o Formato Personalizado #.##0" kcal/dia".

---

2. Selecione a célula T12, aplique um duplo clique no nome de faixa gebOMSIdadeSexoPeso dentro da Barra de Fórmulas para selecioná-lo.
3. Pressione F3 para exibir a caixa de diálogo Colar Nome do Excel, selecione o nome gebOMSIdadeSexoPesoAltura e pressione Enter para atualizar o nome de faixa pesquisado pela fórmula da célula T12.
4. Pressione OK para atualizar a fórmula e escolha um grupo de estágio de vida na célula J12 para o método "GEB – OMS 2 (por idade, sexo, peso e altura)", forçando o Excel a recuperar o valor correto do GEB para o grupo escolhido, multiplicá-lo pelos fatores selecionados, e retornar o valor da NET calculada por este método (Figura 6.43).
5. Repita os passos 2 a 5 acima para atualizar as faixas pesquisadas pelas fórmulas das células T13:T17, usando os nomes de faixa exibidos na Tabela 6.19.

**Tabela 6.19:** Nomes de faixa que devem ser usados nas fórmulas com PROCV( ) das células T12:T17 para pesquisar cada valor de GEB, NET, kcal/kg e kcal/cm para os grupos de estágio de vida selecionados nas listas de Validação de Dados das células J12:J17 da planilha NET Pessoal.

| Célula | Método de cálculo da NET | Faixa pesquisada por PROCV( ) |
|---|---|---|
| T12 | GEB - OMS2 (por idade, sexo, peso e altura) | gebOMSIdadeSexoPesoAltura |
| T13 | BEE - Harris & Benedict: | gebHarrisBenedict |
| T14 | IOM (por idade, sexo e fator de atividade) | netOM |
| T15 | NRC - FDA (por idade e sexo, kcal/kg) | netNRCporKg |
| T16 | NRC - FDA (crianças e adolescentes, kcal/cm) | netNRCporcm |
| T17 | OMS (crianças até 10 anos, kcal/kg) /kg): | netOMSCriançasPorPeso |

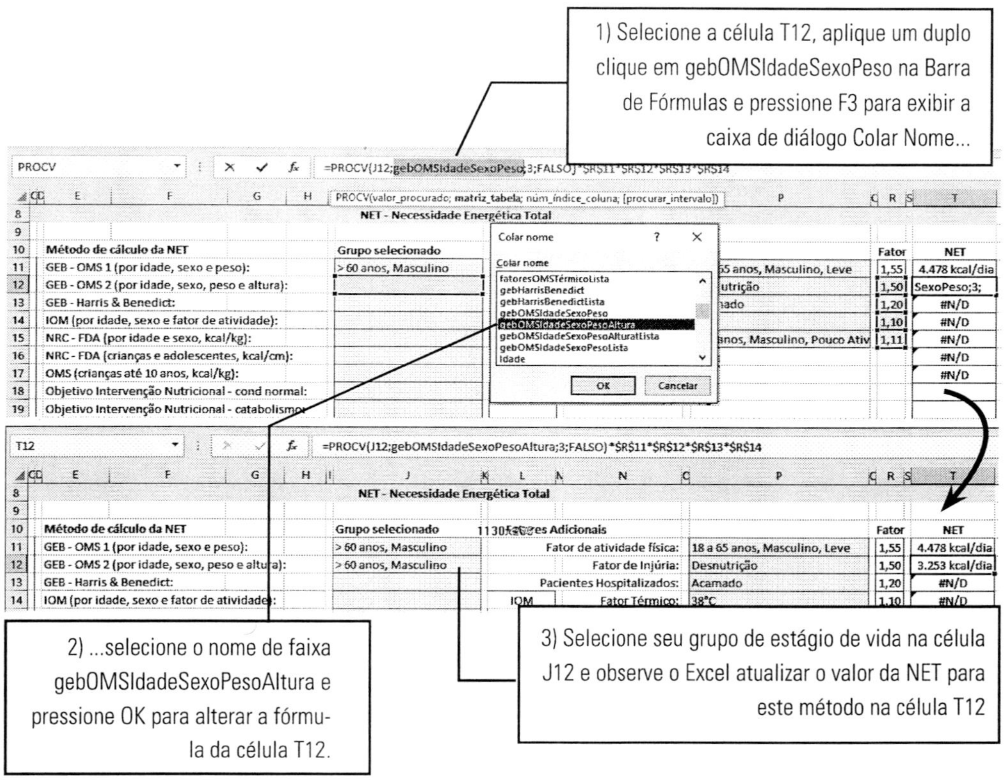


**Figura 6.43:** Uma vez que tenha arrastado a fórmula da célula T12 para as células T13:18, troque o nome de faixa associado à tabela a ser pesquisada para cada método.

A Figura 6.44 mostra os valores da NET calculados pelo método de Harris e Benedict na célula T13, usando os mesmos fatores. Note que este método pesquisa apenas por "Masculino" ou "Feminino" no nome de faixa gebHarrisBenedict

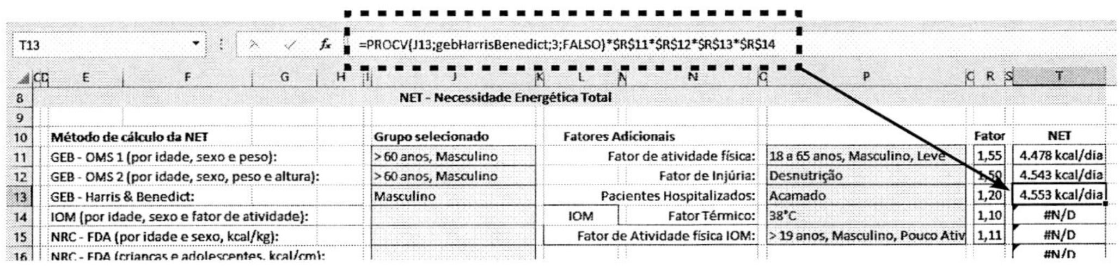


**Figura 6.44:** Esta é a fórmula para calcular a NET pelas equações de Harris e Benedict na célula T13, usando os mesmos quatro primeiro fatores (observe a Barra de Fórmulas).

Como pode ver, os três primeiros métodos estimam um valor da NET muito similar entre si, mas ainda é um bocado de comida para se ingerir em um dia só, não é?

A Figura 6.45 mostra o valor da NET para o método "IOM (por idade, sexo e fator de atividade)". Note que ele usa um único fator de atividade definido na célula R15 (nome de faixa IOM_FA, como estabelecido anteriormente na Figura 6.25). Como este método não leva em conta qualquer injúria, fator de hospitalização ou condição clínica, estima uma necessidade energética muito menor do que aquela calculada pelos primeiros três métodos.

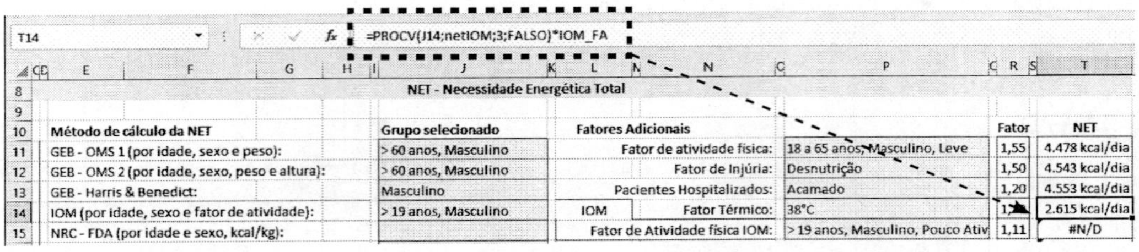


**Figura 6.45:** Esta é a fórmula que retorna o valor da NET para o método "IOM (por idade, sexo e fator de atividade)". Ele pesquisa o nome de faixa netIOM e usa apenas o fator de atividade IOM_FA (célula R15).

A Figura 6.46 mostra o valor da NET calculada para o método "NRC – FDA (por idade, sexo, kcal/kg)". Note que a fórmula PROCV( ) pesquisa o valor no nome de faixa netNRCporKg e retorna sua *segunda coluna*, o valor em kcal/kg que deve ser multiplicado pelo Peso do paciente. Como este método não leva em conta quaisquer fatores, retorna uma necessidade energética muito menor que os anteriores.

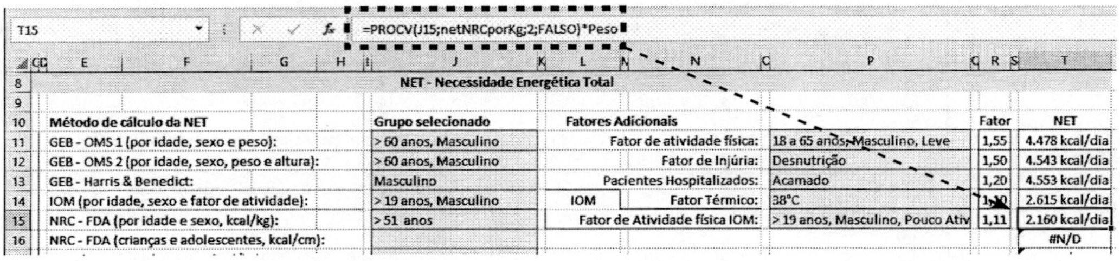


**Figura 6.46:** A fórmula para o método "NRC – FDA (por idade, sexo, kcal/kg) pesquisa a faixa netNRCporKg e retorna sua segunda coluna (número 2 no terceiro argumento de PROCV( )): um valor em kcal/kg que deve ser multiplicado pelo peso pessoal para produzir a estimativa energética

As Figuras 6.47 e 6.48 são exibidas apenas para propósitos de referência das fórmulas, já que ambas retornam valores inconsistentes: usam um grupo de estágio de vida incompatível com o peso, altura e idade fornecidos (como definido na área de identificação da planilha NET Pessoal).

A Figura 6.47 mostra a fórmula para o método "NRC – FDA (crianças e adolescentes, kcal/cm)". Ela pesquisa o nome de faixa netNRCporCm e retorna sua segunda coluna: um valor em kcal/cm que deve ser multiplicado pela Altura (em metros) e depois pelo fator 100 cm/m.

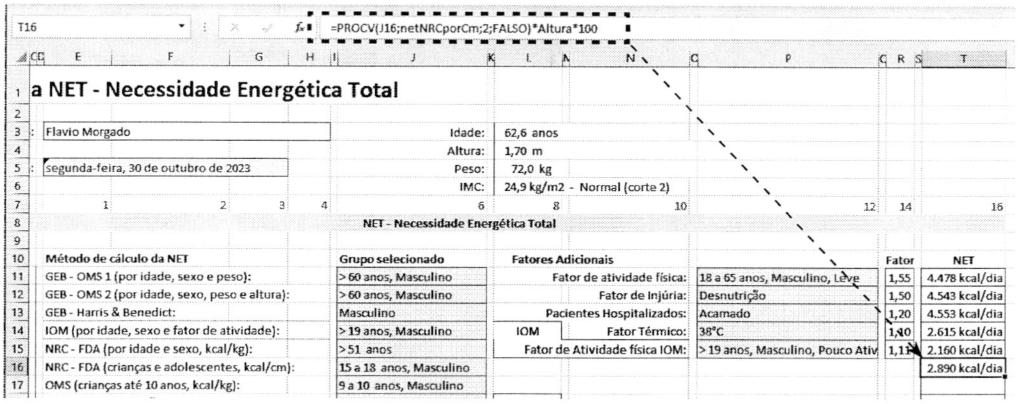


**Figura 6.47:** A fórmula para o método "NRC – FDA (crianças e adolescentes, kcal/cm)" pesquisa o nome de faixa netNRCporCm e retorna sua segunda coluna: um valor em kcal/cm que deve ser multiplicado pela Altura (em metros) e pelo fator de conversão 100 cm/m, para produzir a estimativa energética correta.

A Figura 6.48 emprega a mesma estratégia multiplicando o valor retornado pelo método OMS (crianças até 10 anos, kcal/kg) pelo Peso do paciente, que supõe-se ser o de uma criança até 10 anos. Como os dados fornecidos são para um adulto, o valor calculado é muito elevado e inadequado.

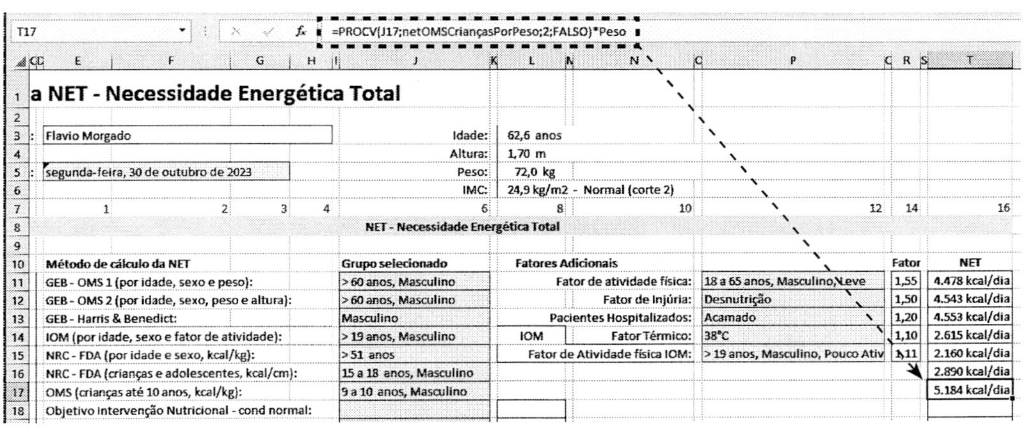


**Figura 6.48:** Esta é a fórmula para o método "OMS (crianças até 10 anos, kcal/kg)". Ele pesquisa o nome de faixa netOMSCrianças-PorPeso e retorna sua segunda coluna: um valor em kcal/kg que deve ser multiplicado pelo Peso para produzir a estimativa energética correta.

Os últimos dois métodos para o cálculo da NET são baseados na prática clínica empregando fatores em kcal/kg para produzir uma boa aproximação para a necessidade energética para indivíduos em condições normais ou em catabolismo, permitindo escolher entre perder, manter ou ganhar peso, sendo muito populares entre os profissionais de saúde devido à sua simplicidade de cálculo e efetividade de aproximação da NET verdadeira: "Quer perder peso? Use um plano dietético que forneça entre 20-25 calorias/kg.dia e você irá emagrecer!"

Estes métodos devem selecionar o alvo do Objetivo da intervenção nutricional nas células J18 e J19 e retornar o fator em kcal/kg nas células L18 e L19, respectivamente. Siga estes passos para criar a primeira fórmula PROCV( ) nestas células:

1. Clique na célula J18 e selecione qualquer valor na lista de Validação de Dados (escolhi "Manter Peso, Max." para poder comer o máximo sem engordar).
2. Selecione a célula L18, clique no botão Inserir função (fx), selecione a função PROCV(), e na caixa de diálogo Argumentos da Função, defina:

   **Valor_procurado:** J18 (alvo selecionado na lista de Validação de Dados deste método).
   **Matriz_tabela:** netObjetivoNutricional (pressione F3 e selecione na janela Colar Nome).
   **Núm_índice_coluna:** 2 (retorna a segunda coluna da faixa netObjetivoNutricional).
   **Procurar_intervalo:** Falso (pesquisa exata)
3. Ao pressionar OK, a função PROCV( ) é inserida na célula L18 e o Excel recupera o valor associado em kcal/kg para o objetivo selecionado na célula J18.
4. Arraste o seletor da célula L18 para a célula L19 e troque o nome da tabela pesquisada por PROCV( ) para o nome de faixa netObjetivoNutricionalCatabolismo (Figura 6.49).

**Figura 6.49:** A fórmula da célula L18 usa PROCV() para pesquisar a faixa netObjetivoNutricional e retornar o valor da sua segunda coluna (fator em kcal/kg). Arraste o seletor da célula L18 para a célula L19 e troque o nome de faixa pesquisado para netObjetivoNutricionalCatabolismo.

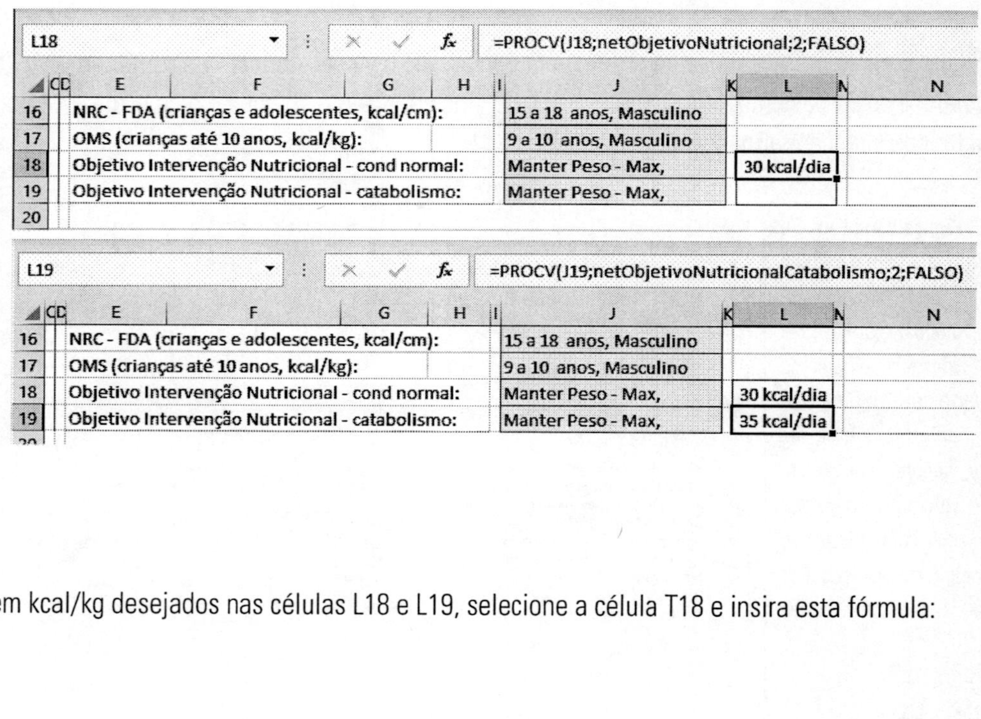


Quando possuir os fatores em kcal/kg desejados nas células L18 e L19, selecione a célula T18 e insira esta fórmula:

=L18 * Peso

Arraste então o seletor da célula T18 para a célula T19 e está feito! Todas as fórmulas da NET foram criadas com sucesso na planilha NET Pessoal, e você pode observar o resultado na Figura 6.50.

---

**ATENÇÃO:** Se você não é um profissional de saúde e está lendo este livro para aprender alguns truques nutricionais, esteja consciente de que uma dieta abaixo de 2,000 kcal/dia produzirá perda de peso em qualquer adulto – fazendo-o provavelmente sentir muita fome. Tenha cuidado ao impor programas dietéticos que usam tais dietas restritivas ao consumo energético porque elas frequentemente geram pessoas muito magras, infelizes e depressivas. Afinal, uma das melhores coisas da vida é uma boa, rica e abundante refeição – sem exageros!

---

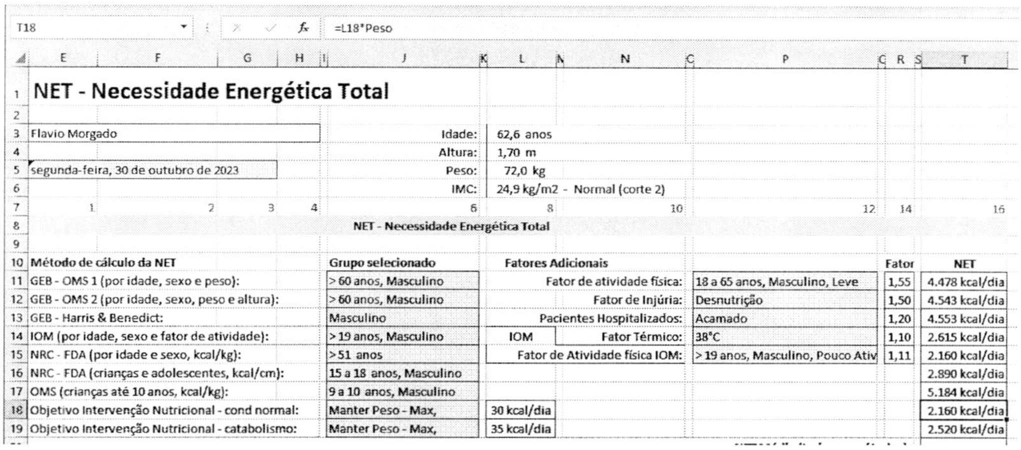


**Figura 6.50:** Esta figura mostra os resultados da NET para todos os métodos, exibindo na Barra de Fórmulas do Excel a fórmula usada na célula T18 para calcular a NET pelo "Objetivo da intervenção Nutricional". Como pode ver, ao selecionar a opção "Manter Peso – Max" na célula L18, obtém-se um fator de 30 kcal/dia, que leva a uma NET de 2.138 kcal/dia para uma pessoa de 72kg – um valor energético que certamente irá manter em forma, e sem sentir fome!

## Retornando valores de NET Média, Máximo e Mínimo

Após ter efetuado todos os métodos de cálculo da NET, use as células T20, T23 e T24 para inserir as fórmulas que retornam os valores de Média, Mínimo e Máximo dos valores calculados (ou digitados). Como deve imaginar, o Excel possui funções especializadas para calcular estes valores e elas estão listadas na Tabela 6.20.

**Tabela 6.20:** Funções estatísticas do Excel para retornar os valores da média, máximo e mínimo de uma faixa de células.

| Função | Objetivo |
|---|---|
| MÉDIA( ) | Retorna a média de uma ou mais faixas, separadas por ponto e vírgula |
| MÁXIMO( ) | Retorna o maior valor de uma ou mais faixas separadas por ponto e vírgula |
| MÍNIMO( ) | Retorna o menor valor de uma ou mais faixas separadas por ponto e vírgula |

Todas as três funções ignoram células vazias, valores textuais e lógicos que existam em qualquer dos argumentos fornecidos. Note também que não há uma função do Excel para retornar a variação de uma série de valores, mas você pode calcular facilmente este valor usando as funções MÁXIMO( ) e MÍNIMO( ) com uma fórmula como esta (onde faixa representa o intervalo de células que deseja analisar):

=MÁXIMO(faixa) – MÍNIMO(faixa)

Para retornar o valor da Média da NET de todos os métodos calculados na célula T20, siga estes passos:

1. Clique na célula T20, pressione o botão Inserir Função (fx), selecione a categoria Estatística, localize a função MÉDIA( ) e pressione OK para exibir a caixa de diálogo Argumentos da Função.
2. O Excel deve selecionar automaticamente a faixa T11:T19 (células com os valores calculados da NET acima da célula T20).

3. Pressione OK para calcular a média dos resultados da NET (Figura 6.51).

**Figura 6.51:** Insira a função MÉDIA( ) do Excel na célula T20 usando como argumento a faixa de células T11:T19 para calcular o valor médio da NET.

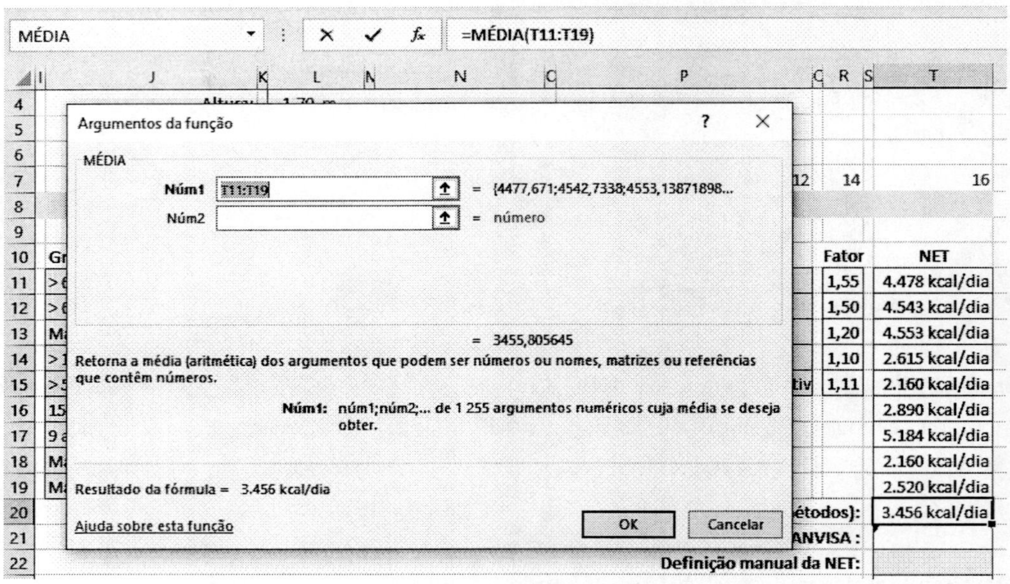


A fórmula a ser inserida nas células T23 e T24 para encontrar os valores mínimo e máximo da NET devem empregar a faixa T11:T22 para incluir os valores das opções a serem definidas para Estágio de vida ANVISA (célula T21) e Definição manual da NET (célula T22):

Além disso, em situações reais, jamais será selecionado um método destinado à crianças e adolescentes para um adulto, e por algum outro motivo, o usuário pode querer usar apenas alguns dos métodos de cálculo disponibilizados na interface da planilha NET Pessoal.

Quando esta situação ocorrer, o cálculo da NET para estes métodos ficará em branco e será considerado como zero, o que fará com que a função MÍNIMO( ) retorne o valor 0 como o menor valor da NET encontrado entre os métodos.

Para evitar esta distorção, use a função SE() como argumento da função MÍNIMO(), para verificar se algum valor na faixa pesquisada é igual a zero, e caso seja verdadeiro, retorne uma string vazia.

=MÍNIMO(SE(T11:T22=0;"";T11:T22))

Para calcular o valor máximo, insira a seguinte fórmula na célula T24:
=MÁXIMO(T11:T22)

A célula T25 deve calcular a variação dos valores calculados da NET com esta fórmula, que do valor máximo o valor mínimo:

=T24–T23

A Figura 6.52 mostra estas fórmulas inseridas nas células T21:T24, após pressionar o botão Mostrar Fórmulas da área Auditoria de Fórmulas da guia Fórmulas do Excel, e os valores calculados para todos os métodos selecionados.

---

**ATENÇÃO:** Repare novamente que a grande variabilidade calculada na célula T25 (3.024 kcal/dia, como exibido na Figura 6.52), deve-se ao fato de ter-se empregado os fatores recomendados pelo método "OMS (crianças até 10 anos, kcal/kg)" para o Peso de uma pessoa adulta.

---

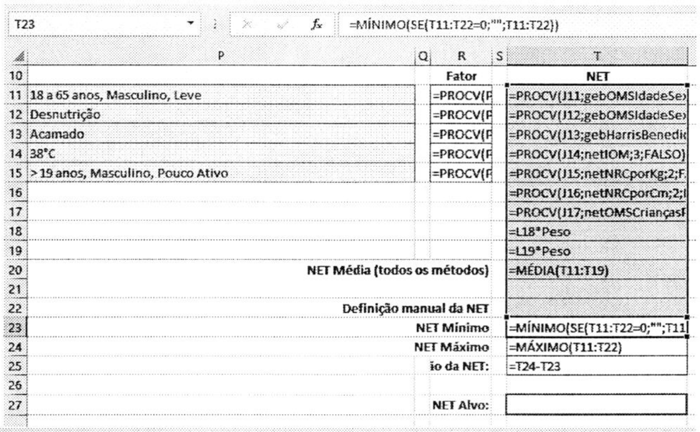


**Figura 6.52:** Use a opção Mostrar Fórmulas do Excel para exibir as fórmulas inseridas nas células T11:T25 incluindo as avaliações para a NET Média, NET Máximo, NET Mínimo e Variação da NET (máximo – mínimo). Note que NET Mínimo possui uma fórmula diferente da esperada.

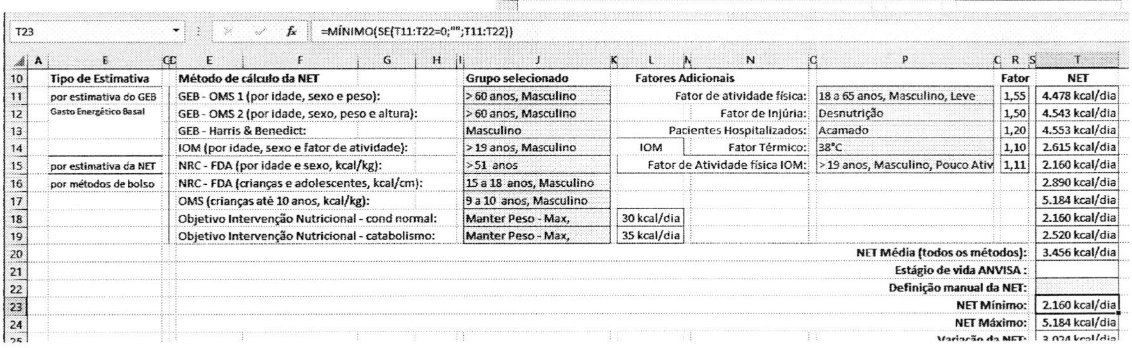


## Escolhendo qual valor da NET será usado

Anteriormente neste capítulo, na seção "Área de seleção da NET Pessoal"", foi citado que a lista de Validação de Dados da célula H27 é preenchida com a faixa de célula J11:J124, que permite selecionar entre todos os métodos de cálculo da NET, e dos valores de Média, Mínimo e Máximo, qual deles será usado para definir o alvo da NET Pessoal – que deverá aparecer automaticamente na célula T27.

Para fazer isso, será necessário inserir uma função PROCV( ) na célula T27 que use como primeiro argumento (o que deve ser pesquisado) o método selecionado na lista de Validação de Dados da célula H27, como segundo argumento (onde será pesquisado), a faixa de células E11:T24, e como terceiro argumento (qual coluna da faixa E11:T24 deve ser retornada), o número da coluna que contém os valores da NET para o método selecionado (este valor está na última coluna da tabela pesquisada, ou coluna T).

### Usando as funções COLS( ) e LINS( )

Como PROCV( ) precisa receber em seu terceiro argumento, o número da coluna que será retornada da faixa pesquisada, é necessário contar todas as colunas entre E (primeira coluna da faixa, ou coluna 1, onde PROCV( ) irá pesquisar pelo método da NET) e a coluna T (última coluna da faixa, onde a NET é calculada).

A pergunta é: *"Quantas colunas existem entre a coluna E, e a coluna T, de forma que PROCV( ) sempre retorne o valor correto da NET?"*

Para responder a esta simples pergunta, você pode usar apenas os dedos – ou a mente – e contar as colunas da planilha NET Pessoal e, para ser o mais sincero possível, esta é uma tarefa tão trivial que qualquer um pode fazê-la em segundos! Mesmo assim, a interface da planilha NET Pessoal faz esta contagem nas células E7:T7, usando números formatados com a cor Vermelho, indicando que a coluna T é a 16ª coluna desta faixa (veja na Figura 6.50 os números inseridos na linha 7).

Mas haverá momentos em que você poderá precisar contar o número de colunas ou linhas em grandes faixas de dados, e quando isto ocorrer, poderá contar com as funções COLS( ) e LINS( ) do Excel que possuem esta sintaxe:

COLS(matriz)
LINS(matriz)

Onde:

- Matriz: é uma matriz ou fórmula que retorna uma matriz (...) ou uma referência a uma faixa de células na qual se deseja descobrir o número de colunas ou linhas.

Não podia ser mais fácil! Para verificar o número de colunas na faixa de células E11:T24, digite em uma célula vazia da planilha esta fórmula para saber o número da última coluna desta faixa:

=COLS(E11:T124)

A Figura 6.53 mostra como esta fórmula inserida na célula U27 – à direita da célula T27, onde a fórmula com PROCV( ) será criada - indicando que a coluna T é a 16a coluna da faixa E11:T24: valor a ser usado no terceiro argumento (o que deve ser retornado) da função PROCV( ).

**Figura 6.53:** Para saber qual número de coluna uma função PROCV( ) deve retornar, use a função COLS( ), passando-lhe como argumento a faixa de células desejada (lembre-se que a primeira célula da faixa é onde PROCV( ) irá pesquisar e, neste caso, a última célula é o que PROCV( ) deve retornar)!

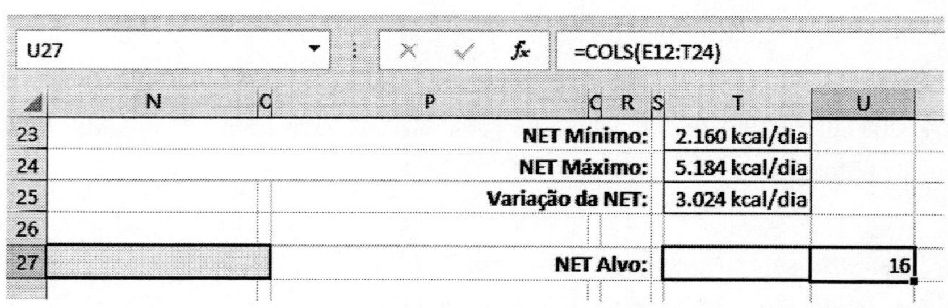


Como a lista de Validação de Dados da célula H27 foi chamada de NETMétodo, para retornar o valor da NET na célula T27, para o método selecionado na célula H27, use uma função similar à exibida na Figura 6.54:

**Figura 6.54:** Esta é a fórmula PROCV( ) que será inserida na célula T27 para retornar o alvo da NET Pessoal, baseado em qual método é selecionado na célula H27.

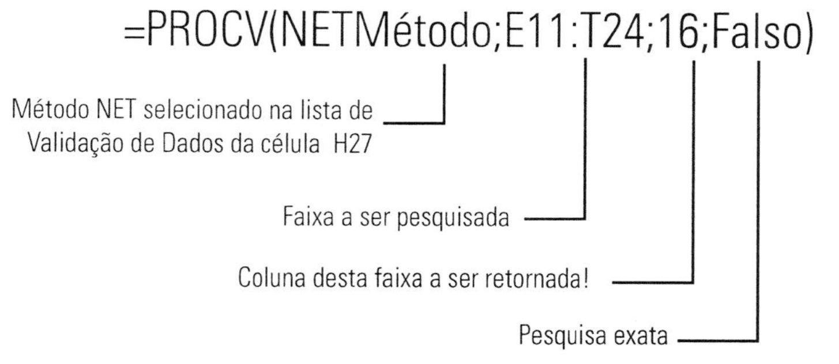


---

**ATENÇÃO:** Você também pode usar uma fórmula mais complexa, que empregue a função COLS() para retornar o número da coluna diretamente no terceiro argumento de PROCV(), como esta aqui:
=PROCV(NETMétodo;E12:T23;COLS(E11:T24);FALSO)

---

Vá em frente e insira esta fórmula na célula T27 da planilha NET Pessoal, e então teste-a selecionando sucessivos métodos na lista de Validação de Dados da célula H27. A Figura 6.55 mostra o que aconteceu quando eu selecionei a opção "NET Média (todos os métodos)".

**Figura 6.55:** A função PROCV( ) inserida na célula t27 da planilha NET Pessoal, pesquisa a faixa de células E12:T23 pelo valor selecionado na célula H27 (NETMétodo) e retorna o valor da última coluna desta faixa (16a coluna).

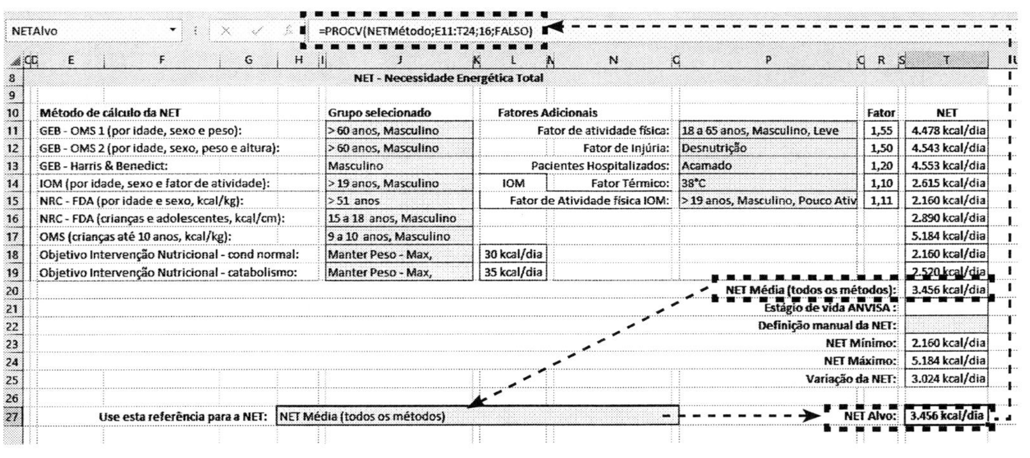


Após criar e testar a fórmula que define o valor da NET a ser utilizado na célula T27 (NETAlvo), mantendo Ctrl pressionado, selecione a faixa de células E7:T7 (números em vermelho que efetuam a contagem das colunas), e a célula U27 (na qual foi inserida a fórmula com a função COLS( )), e pressione a tecla Delete para limpá-las. Não precisamos mais destes valores!

## Usando a função SEERRO()

Tão logo o trabalho duro na área de seleção da planilha NET Pessoal terminou, coloquei em campo o meu famoso "Programa de Controle da Qualidade de Software" (composto por mim e... hummm... só eu mesmo!) para pesquisar e encontrar quaisquer falhas na planilha NET Pessoal. E eles (eles?) acharam algumas...

A Figura 6.56 mostra o que ocorreu após ter sido excluído o grupo selecionado para o método "GEB – OMS1 (por idade, sexo e peso)".

**Figura 6.56:** Quando se exclui o grupo de estágio de vida selecionado em qualquer método, o Excel reavalia sua fórmula da NET e retorna a constante de erro #N/D: todas as funções estatísticas (MÉDIA, MÍNIMO( ) e MÁXIMO( )) usadas nas células T21:T24 deixam imediatamente de funcionar!

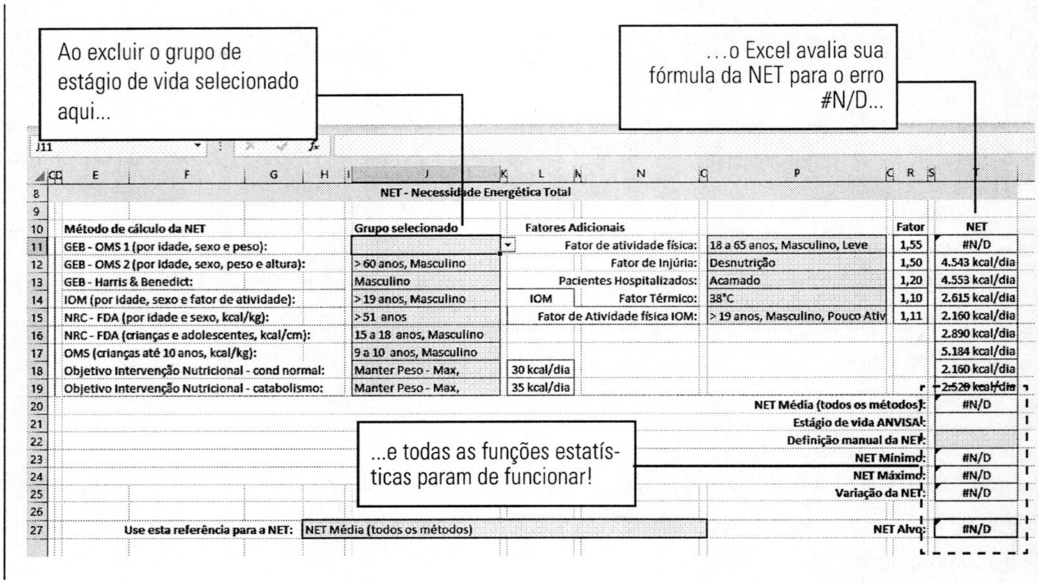


A constante de erro #N/D (Não Disponível) retornada na fórmula da célula T11 da Figura 6.56 indica que PROCV( ) não encontrou uma célula em branco na faixa especificada

Mas a mesma constante de erro retornada pelas células da faixa T20:T27 é um evento muito didático: chama-se "propagação do erro", e funciona assim: se o valor de uma célula usada em uma faixa que é o argumento de uma expressão ou função retornar uma constante de erro, a expressão ou função propagará este erro. (este erro também ocorrerá se for excluído um Fator de atividade necessário para o cálculo da NET para o método selecionado).

Do conhecimento obtido nos capítulos anteriores, você pode estar inclinado a usar uma regra de Formatação Condicional em todas as fórmulas da faixa T11:T27 para ocultá-los, mas como as funções estatísticas propagam o erro existente em qualquer célula usada em seus argumentos, terá de seguir outra abordagem: usar a função SEERRO(), que possui esta sintaxe:

SEERRO(Valor, Valor_se_erro)

Onde:

- Valor: é o argumento (expressão ou endereço) verificado quanto ao erro.
- Valor_se_erro: obrigatório, é o valor a ser retornado caso o argumento Valor seja avaliado para um destes erros: #N/A, #VALUE!, #REF!, #DIV/0!, #NUM!, #NAME?, ou #NULL!.

Siga estes passos para usar a função SEERRO( ) para verificar se a fórmula da célula T11 retorna um erro, e caso seja verdade, retorne uma sequência vazia (""),que será ignorada por todas as funções estatísticas:

1. Coloque a célula T11 em modo Edição (aplique-lhe um duplo clique, selecione-a e pressione a tecla F2 ou clique na Barra de Fórmulas).

2. Após o sinal de "=" que inicia a fórmula, digite isso: SEERRO( e a fórmula ficará assim:
=SEERRO(PROCV(J11;gebOMSIdadeSexoPeso;3;FALSO)*$R$11*$R$12*$R$13*$R$14

3. Pressione Enter para atualizar a fórmula e o Excel irá reclamar, fornecendo a misteriosa caixa de diálogo exibida na Figura 6.57 – que ninguém nunca lê – na vã tentativa de informar algo como:
*"Ei, você esqueceu de fechar o parêntese que foi aberto para a função SE( ), e é necessário inseri-lo para finalizar a fórmula!"*

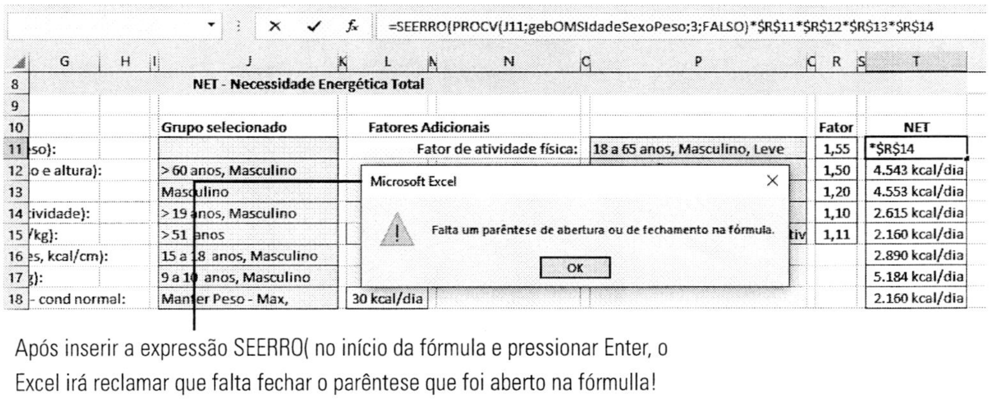


**Figura 6.57:** Edite a fórmula da célula T11 inserindo a expressão SEERRO( no início da fórmula, e pressione Enter. O Excel irá se queixar da falta do parênteses de fechamento (e também do segundo argumento obrigatório da função).

4. Na verdade, também falta o segundo argumento da função SEERRO(): vá para o fim da fórmula e digite isso: ;""), e a fórmula ficará assim:
=SEERRO(PROCV(J11;gebOMSIdadeSexoPeso;3;FALSO)*$R$11*$R$12*$R$13*$R$14;"")

5. Pressione Enter para o Excel atualizar a fórmula – e todos os erros anteriores serão varridos da planilha (Figura 6.58).

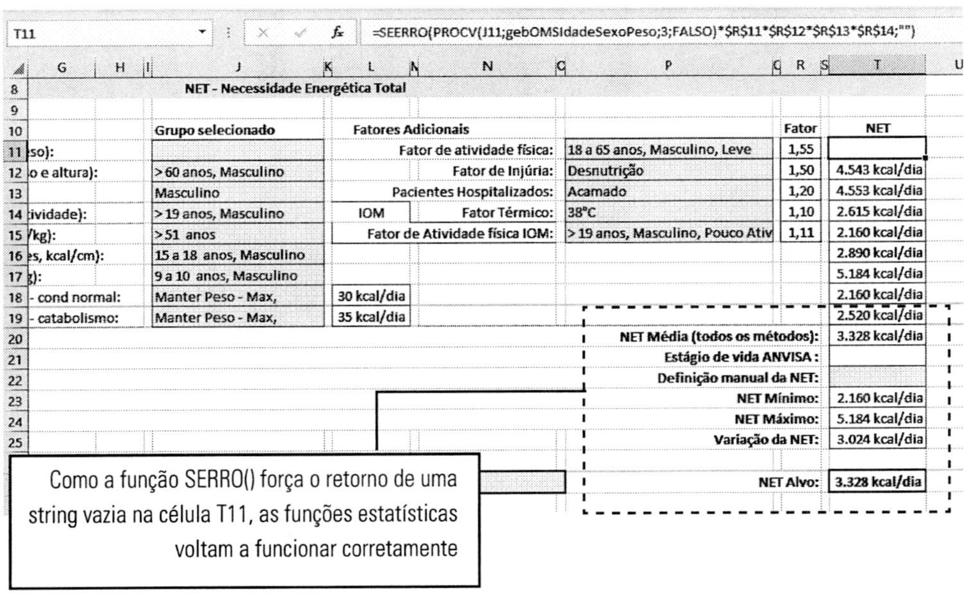


**Figura 6.58:** Após acrescentar o segundo argumento da função SEERRO(), indicando que em caso de erro ela deve retornar uma string vazia, a célula T11 deixa de retornar o erro #N/D e as funções estatísticas voltam a funcionar normalmente!

Vamos parar um instante e observar atentamente a fórmula recém-criada para a célula T11, exibida em detalhe na Figura 6.59. É apavorante, não? Mas você agora a entende, não é verdade?

A função SEERRO( verifica se a expressão inserida na célula J11 retorna um erro

Se a expressão retornar um erro, a função SEERRO() retornará uma string vazia

=SEERRO(PROCV(J11;gebOMSIdadeSexoPeso;3;FALSO)*$R$11*$R$12*$R$13*$R$14;"")

Esta é a expressão a ser testada: ela calcula a NET pessoal para o método selecionado e todos os seus fatores

**Figura 6.59:** Esta é a enorme fórmula inserida na célula T11, que emprega a função SEERRO() para verificar se a expressão desejada retorna um erro. Caso seja verdade, a fórmula retornará um espaço vazio (""), caso contrário, retorna o valor da expressão avaliada.

Agora que você já sabe como usar a função SEERRO( ), vá em frente e atualize todas as demais fórmulas para o cálculo da NET na faixa de células T12:T19), seguindo os últimos 5 passos (lembre-se de testar a fórmula para cada método).

---

**ATENÇÃO:** Você não pode arrastar o seletor da célula T11 para baixo para propagá-la para as demais células da faixa T12:T20, porque cada fórmula pesquisa um nome de faixa e/ou número de coluna diferente – e pode ou não usar os mesmos fatores para calcular uma NET.

---

**O problema persiste...**

A equipe de "Programa de Controle da Qualidade de Software" (Eu!) é imparável e continuou a pesquisar por outras falhas na interface gráfica com o usuário. Após atualizar todas as demais fórmulas da coluna NET na faixa T11:19, tente outra coisa: assegure-se de ter selecionado qualquer grupo de estágio de vida nas células J11:J13 para os três primeiros métodos baseados no cálculo da GEB, clique em qualquer dos fatores selecionados na faixa de células R11:R14 e pressione a tecla Delete para excluí-lo: a célula que retorna o fator excluído passará a retornar a constante de erro #N/D , enquanto todas as fórmula da coluna NET que empregam este fator, ficarão em branco, devido à ação da função SEERRO() (Figura 6.60).

**Figura 6.60:** Ao excluir um fator, toda a célula que retorna seu valor passa a exibir a constante de erro #N/D, enquanto as fórmulas da NET que o utilizam, passam a ficar em branco devido à ação da função SEERRO().

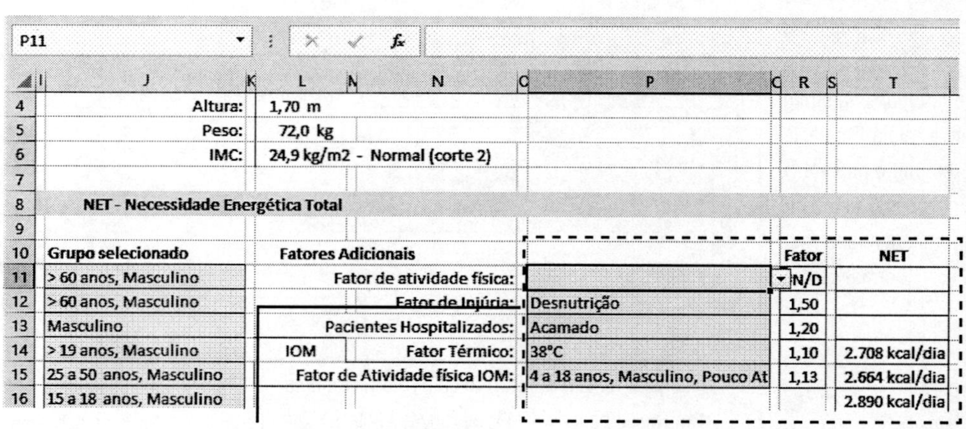


Ao excluir qualquer um dos quatro primeiros fatores, as três primeiras fórmulas da NET deixam de calcular corretamente.

Este tipo de erro é agora mais previsível por ser provocado pelo mesmo fenômeno apontado anteriormente: a "propagação de erros em fórmulas" entrando em ação.

Quando exclui-se o valor da célula P11 (Fator de Atividade física), a fórmula com PROCV( ) da célula R11 não consegue encontrar um valor em branco na tabela representada pelo nome de faixa fatoresOMS, e retorna a constante de erro #N/D (Não Disponível). E como esta célula é usada como fator multiplicador nas fórmulas das células T11:T13, todas estas fórmulas propagam o mesmo erro: a função SEERRO() de cada uma delas entra em ação, e elas ficam em branco, deixando de calcular corretamente!

Para corrigir este erro, siga a mesma estratégia anterior: no início da fórmula inserida na faixa de células R11:R15, use a função SEERRO( ) para testar a expressão da fórmula. Mas desta vez, quando a expressão retornar um erro, faça com que a fórmula retorne o valor 1, pois sempre que se multiplica qualquer coisa por 1, não se altera o resultado final, certo?

Para corrigir a fórmula da célula R11, siga estes passos:

1. Selecione a célula R11 e coloque-a em modo de edição (aplique-lhe um duplo clique, pressione a tecla de função F2 ou clique na Barra de Fórmulas).
2. Após o sinal de "=" que inicia a função, digite SEERRO( deixando a fórmula assim:
   =SEERRO(PROCV(P11;fatoresOMS_FA;2;FALSO)
3. Pressione End para ir para o final da fórmula e digite ;1) deixando a fórmula assim:
   =SEERRO(PROCV(P11;fatoresOMS_FA;2;FALSO);1)
4. Pressione Enter para atualizar a fórmula.

Agora quando não houver um item selecionado na lista de Validação de Dados da célula P11, a célula R11 receberá o valor 1, e as fórmulas das células T11:T13 voltarão a calcular corretamente.

Aplique os passos 1 a 4 acima para atualizar as fórmulas das células R12,R15, mas não esqueça de que cada função SEERRO( ) inserida nesta faixa testa uma célula diferente.

A Figura 6.61 mostra o comportamento da planilha NET Pessoal após terem sido feitas todas as alterações necessárias nas fórmulas da faixa de células R11:R15. Note que foram excluídos quase todos os fatores, menos os de atividade física para os três primeiros métodos baseados no cálculo da GEB e para o método "NET IOM...", e que não há seleção de grupos de idade nos métodos destinados a crianças e adolescentes, deixando-os vazios.

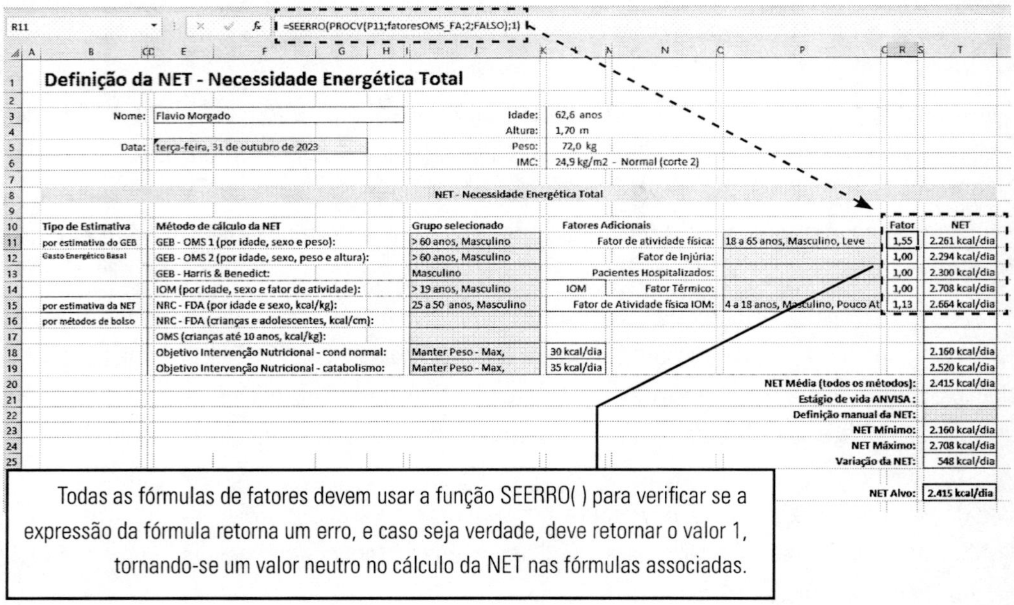


**Figura 6.61:** Deve ser usada uma função SEERRO( ) nas fórmulas da faixa R11:R15 para verificar se elas retornam um erro quando a lista de Validação de Dados associada está em branco.. Caso seja verdade, o segundo argumento da função SEERRO()deve retornar o valor 1, evitando que o valor seja usado no cálculo da NET.

Como pode ver, os valores calculados da NET possuem agora uma tendência a convergir para valores similares – mas diferentes entre si, situando-se entre 2,160 e 2,708 kcal/dia – uma variação aceitável da NET (548 kcal/dia, ou uma refeição extra) entre métodos diferentes!

O trabalho pesado a ser feito na planilha NET Pessoal finalmente terminou! Salve seu trabalho na Pasta de trabalho NET Pessoal – Necessidade Energética Total.xlsx, AGORA!

---

**ATENÇÃO:** A pasta de trabalho NET Pessoal – Necessidade Energética Total - Completo.xlsx, encontrada no arquivo CAPÍTULO06.ZIP, fornece a planilha NET Pessoal no estado exibido pela Figura 6.61.

---

## 6.4 Toques Finais

Nosso objetivo agora é finalizar a interface da planilha NET Pessoal para poder produzir a Pasta de trabalho dependente depNET Pessoal – Necessidade Energética total.xlsx. Para fazer isso, teremos de efetuar algumas ações para melhorar sua usabilidade.

- Excluir as planilhas desnecessárias.
- Excluir nomes de faixa inválidos.
- Limpar as células de entrada.
- Usar Formatação Condicional nas fórmulas com erros.

As próximas seções o conduzirão nesses passos.

### Exclua as planilhas desnecessárias

Três das planilhas usadas neste exercício não serão necessárias para a criação do Modelo Dependente. Siga estes passos para excluir as planilhas Dados Pessoais, IMC-OMS e Dependências(2).

1. Clique na guia da planilha Dados Pessoais para selecioná-la.
2. Mantenha a tecla Ctrl pressionada e clique nas planilhas IMC-OMS e Dependências(2) para selecionar as três guias.
3. Libere a tecla Ctrl, clique com o botão direito em qualquer das guias selecionadas e escolha Excluir.
4. O Excel solicitará sua confirmação porque esta operação é irreversível, e não poderá ser desfeita. Clique em OK para confirmar a exclusão e removê-la da Pasta de trabalho atual.
5. Se necessário, arraste a guia da planilha NET Pessoal para à esquerda, tornando-a a primeira planilha da Pasta de trabalho (Figura 6.62).

**Figura 62:** Clique na planilha Dados Pessoais e, mantendo a tecla Ctrl pressionada, clique sucessivamente nas guias IMC-OMS e Dependências(2). Clique então com o botão direito em qualquer das guias selecionadas e escolha Excluir para retirá-las da Pasta de trabalho.

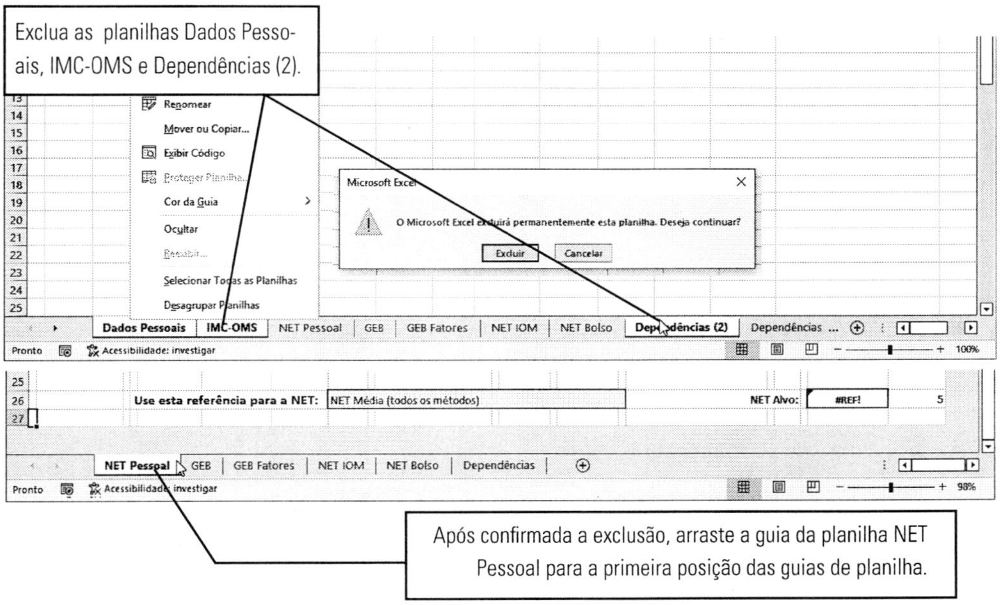


## Exclua os nomes de faixa inválidos

Após excluir as três planilhas de apoio, na guia Fórmulas use o comando Gerenciador de Nomes. Na janela do Gerenciador de Nomes, clique na coluna Valor (ou Refere-se a) para classificar os nomes por ordem ascendente, selecione e exclua todos os nomes de faixa que retornem a constante de erro #REF! (Figura 6.63).

**Figura 6.63:** Após excluir todas as planilhas de apoio, use o Gerenciador de Nomes para excluir todas as referências inválidas.

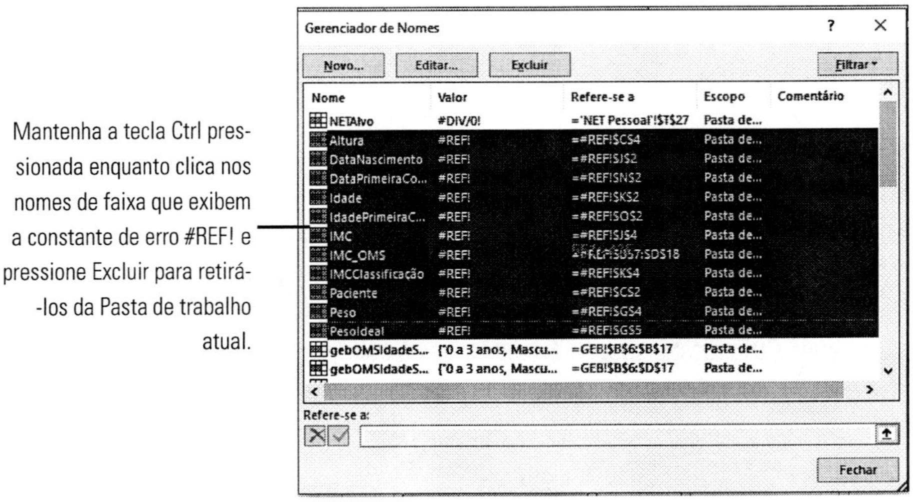

## Limpe as células de entrada

Quando a Pasta de trabalho NET Pessoal – Estimativa Energética Total.xlsx for aberta, deverá exibir a NET Pessoal pronta para ter suas células de entrada manipuladas pelo usuário da aplicação. É necessário limpar as células de entrada de dados, para que o usuário receba uma interface sem dados:

Na planilha NET Pessoal, mantenha a tecla Ctrl pressionada e selecione sucessivamente as faixas J11:J19, P11:P15 e a célula H27 (células de entrada que possuem um fundo amarelo claro e borda azul) e pressione Delete para apagar seu conteúdo (não exclua a fórmula da célula E5, que retorna a data do sistema, Figura 6.64).

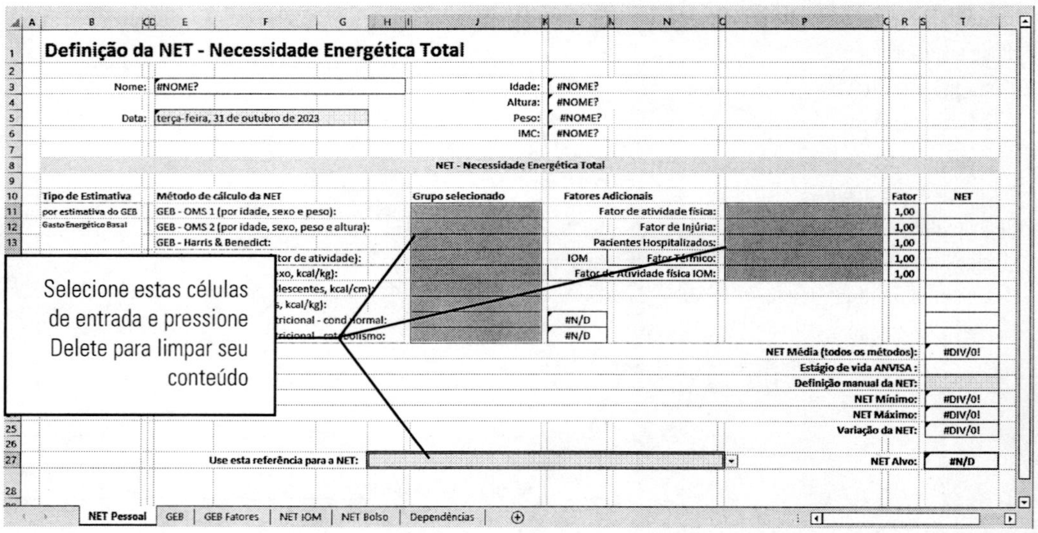


**Figura 6.64:** Mantendo a tecla Ctrl pressionada, selecione todas as demais células de entrada (faixas J11:J19, P11:P15 e célula H27) e pressione Delete para apagar seu conteúdo.

Após excluir as planilhas de apoio, salve a Pasta de trabalho adicionando-lhe o sufixo "dep", como depNET Pessoal – Necessidade Energética Total.xlsx. É a forma correta de indicar ao nome do arquivo que ele necessita dos dados de outras planilhas para funcionar corretamente.

## Use Formatação Condicional nas fórmulas com erros

A Figura 6.64 indica que após excluir os nomes de faixa inválidos e limpar as células de entrada, a planilha NET Pessoal exibe a constante de erro #NOME? nas células E2, L2:L5, cujas fórmulas usam nomes de faixa que não existem mais na Pasta de trabalho, o erro #N/D nas células L18:L19, e a constante de erro #DIV/0! em algumas células da faixa T20:T26 (fórmulas com funções estatísticas e T27, NetAlvo).

Para ocultar estes erros na interface do usuário, crie uma regra de Formatação Condicional usando a função ÉERROS( ) para verificar se cada uma destas células retorna um erro. Em caso positivo, pinte a cor do texto da célula com a mesma cor de fundo (Branco), ocultando virtualmente os erros. Siga estes passos:

1. Mantendo Ctrl pressionado, selecione todas as células que exibem constantes de erro.
2. Na guia Página Inicial, área Estilos, clique no botão Formatação Condicional e escolha a opção Nova Regra.
3. Na caixa de diálogo Nova Regra de Formatação, clique na opção "Use uma fórmula para determinar quais células devem ser formatadas" e insira esta fórmula:

=ÉERROS(E3)

**ATENÇÃO:** Note que a fórmula =ÉERROS(E2) usa uma referência relativa à célula E2 para permitir que o Excel aplique a mesma regra à todas as demais células selecionadas.

4. Clique no botão Formatar e, na guia Fonte da caixa de diálogo Formatar células que aparece, escolha para cor de fonte o Branco.

Ao fechar todas as caixas de diálogo abertas e retornar à planilha, as constantes de erro não estarão mais visíveis na planilha (Figura 6.65).

**Figura 6.65:** Selecione todas as células da planilha NET Pessoal que exibem constantes de erro e crie uma regra de Formatação Condicional usando a função ÉERROS(E3) para pintar a cor do texto de todas as células selecionadas com Branco sempre que as células retornarem erro.

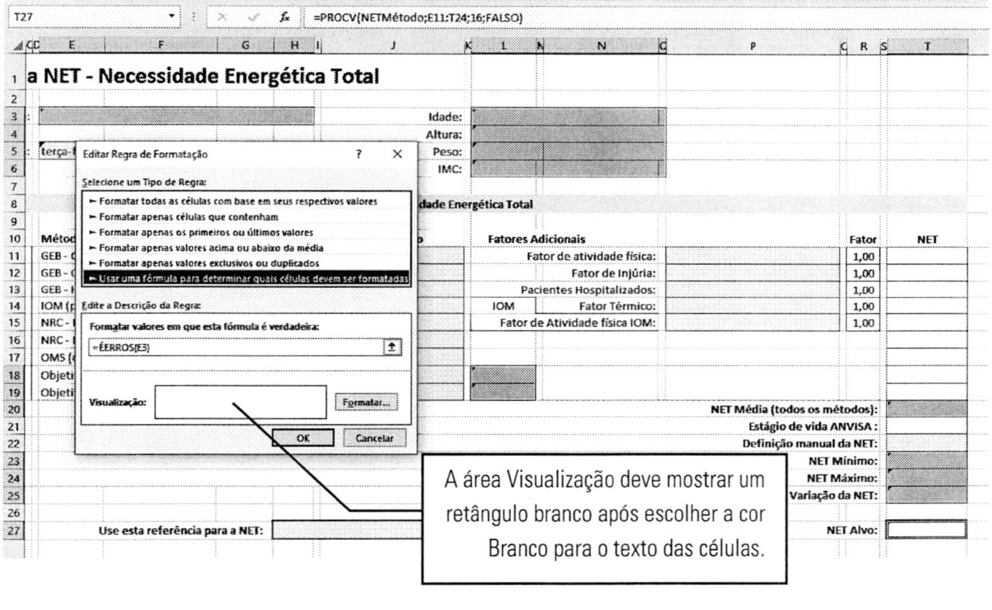


**ATENÇÃO**: Novamente, minha cópia do Excel alterou a referência E3 para algo como XET1048554, necessitando utilizar o comando Formatação Condicional, Gerenciar Regras para exibir a janela Gerenciador de Regras de Formatação Condicional, onde é possível editar esta Regra de Formatação e substituir a esdrúxula referência pela célula E3 desejada.

## Oculte fatores não selecionados

Meu time de "Controle de Qualidade do Software" estudou a interface mais uma vez e encontrou informações inconsistentes que devem ser corrigidas: quando não há qualquer fator selecionado, as células com o valor do fator a eles associados exibem o valor 1. Como não há seleção de fator, deve-se supor que não exista um fator, certo?

Você pode corrigir este pequeno problema criando uma nova regra de Formatação Condicional que testa se a célula que seleciona o fator está ou não em branco e, caso isso seja verdade, pinte a cor de texto da célula com a mesma cor de fundo (Branco), fazendo com que o valor 1 das células R11:R15 fiquem ocultos, usando a função ÉCEL.VAZIA() com a seguinte expressão (para a célula R11 – Fator de Atividade física):

=ÉCEL.VAZIA(R11)

Siga estes passos para criar esta regra de Formatação Condicional para os fatores da faixa de células R11:R15:

1. Selecione as células R11:R15 (todas as células de fatores).
2. Clique no botão Formatação Condicional da área Estilos da guia Página Inicial, escolha a opção Nova Regra.
3. Na janela Nova Regra de Formatação, selecione a opção "Use uma fórmula para determinar quais células devem ser formatadas" e insira esta fórmula (note que R12 é uma referência relativa):
   =ÉCEL.VAZIA(P11)
4. Clique no botão Formatar e, na guia Fonte, escolha a cor Branco.

Ao fechar todas as caixas de diálogo abertas e retornar à planilha, as células que retornam o valor dos fatores deixarão de exibir o fator 1.00 (Figura 6.66).

**Figura 6.66:** Aplique uma regra de Formatação Condicional que use a fórmula "=ÉCEL.VAZIA(P11) a todas as células que exibem valor de fatores, para evitar que exibam o valor 1 quando não houver um fator selecionado nas listas de Validação de Dados das células associadas.

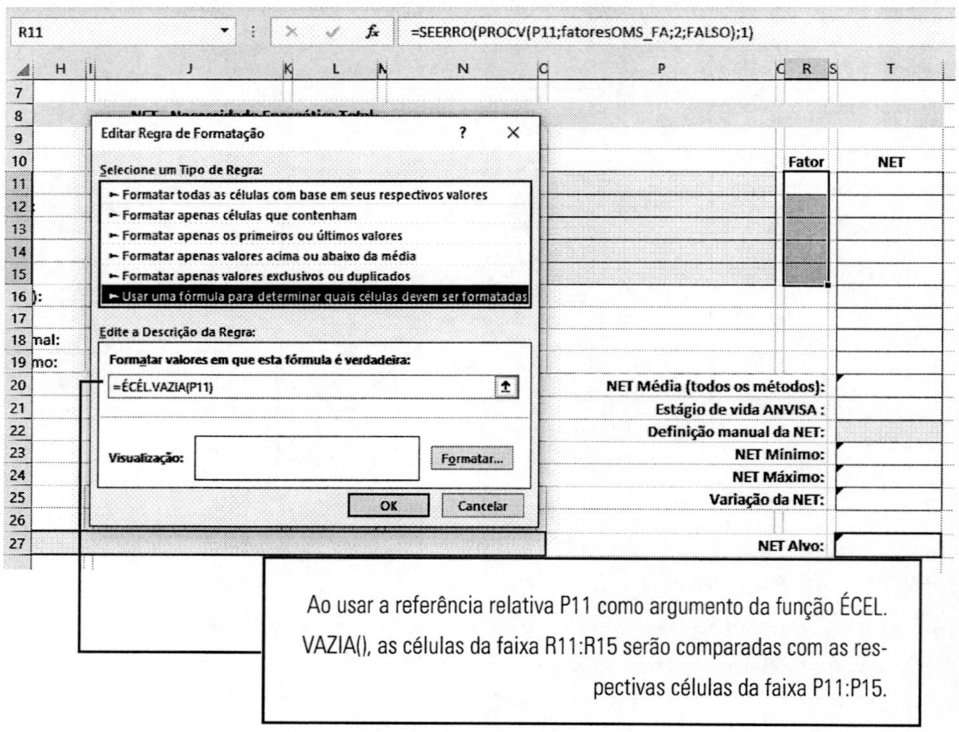


## Oculte as linhas e colunas desnecessárias

Oculte todas as colunas e linhas desnecessárias para fornecer a sensação de finitude à interface. Você deve ocultar todas as colunas à partir da coluna V (clique no cabeçalho da coluna V, pressione Ctrl+Seta de direita para selecionar todas as colunas não utilizadas, clique com o botão direito em qualquer cabeçalho das colunas selecionadas e escolha Ocultar) e todas as linhas a partir da linha 29 (clique no cabeçalho da linha 29, pressione Ctrl+Seta para baixo para selecionar todas as linhas não usadas, clique com o botão direito em qualquer cabeçalho das linhas selecionadas e escolha Ocultar, Figura 6.67)

**Figura 6.67:** Oculte todas as colunas e linhas desnecessárias para fornecer uma aparência profissional à interface.

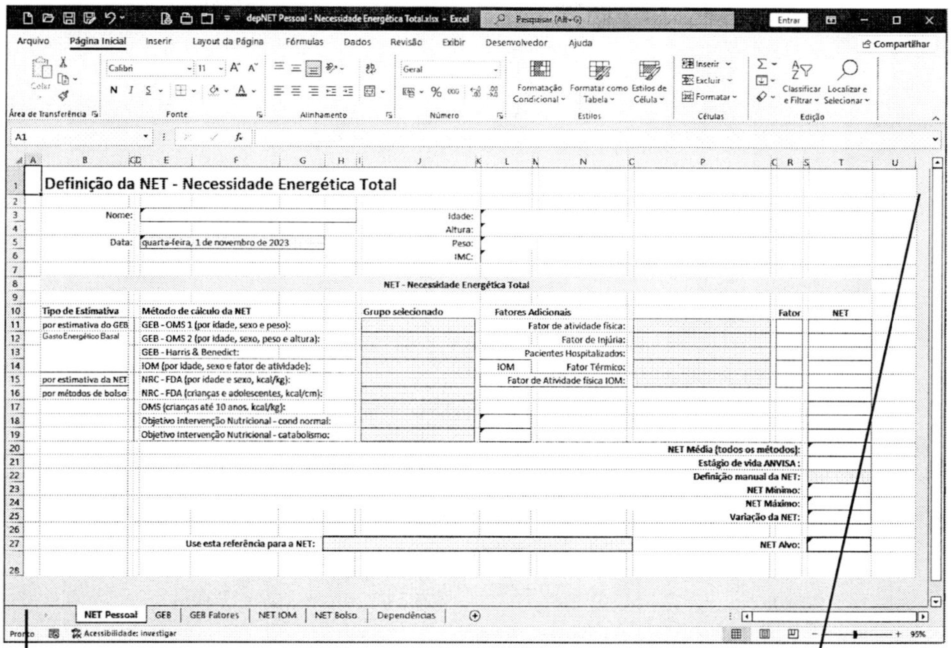


Clique no cabeçalho da coluna V, pressione Ctrl+Seta da direita, clique com o botão direito em qualquer coluna selecionada e escolha Ocultar. Repita este procedimento clicando no cabeçalho da linha 29, pressionando Ctrl+Set para baixo para selecionar todas as linhas não utilizadas.

## Desproteja as células de entrada

Antes de salvar esta Pasta de trabalho como um Modelo de planilha dependente, proteja sua propriedade intelectual executando estes passos para desproteger as células de entrada de dados:

1. Selecione todas as células de entrada (células E5, J11:J19, P11:P15 e H27).
2. Clique com o botão direito do mouse em qualquer célula selecionada e escolha Formatar células.
3. Na caixa de diálogo Formatar células, selecione a guia Proteção e desmarque a opção Bloqueadas para todas as células de entrada (Figura 6.68).

**Figura 6.68:** Para proteger sua propriedade intelectual, selecione todas as células de entrada, clique com o botão direito do mouse na seleção e escolha Formatar Células. Na caixa de diálogo Formatar Células, escolha a guia Proteção e desmarque a opção Bloqueadas.

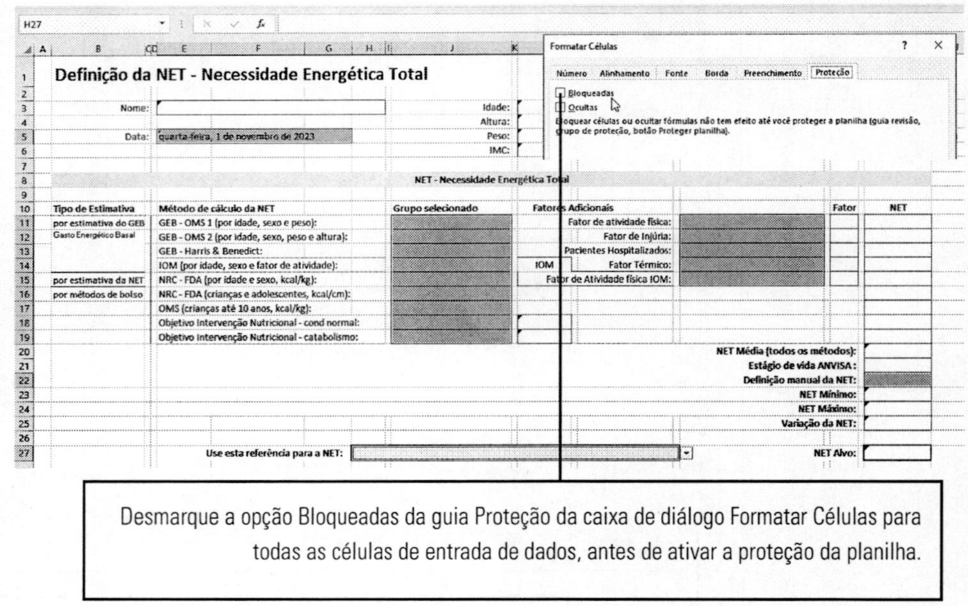


## Oculte Cabeçalhos, Linhas de Grade e Barras de Rolagem

Para terminar o trabalho com a planilha NET Pessoal, forneça-lhe uma aparência profissional tornando invisíveis os cabeçalhos de linha e coluna, linhas de grade: na guia Exibir, área Mostrar, desmarque as opções Barra de Fórmulas, Linhas de Grade e Títulos.

Use o comando Arquivo, Opções do Excel, clique na guia Avançado, role a interface até exibir a área "Opções de exibição desta Pasta de trabalho" e desmarque as opções "Mostrar barra de rolagem horizontal", "Mostrar barra de rolagem vertical" (Figura 6.69).

## Proteja sua propriedade intelectual

Para finalizar o processo de proteção intelectual da sua aplicação de planilha, você deverá ativar a proteção do Excel para a planilha NET Pessoal. Selecione a guia de cada planilha e, na guia Revisão clique na opção Proteger Planilha, deixando selecionado apenas a opção Selecionar células Desbloqueadas (Figura 6.70).

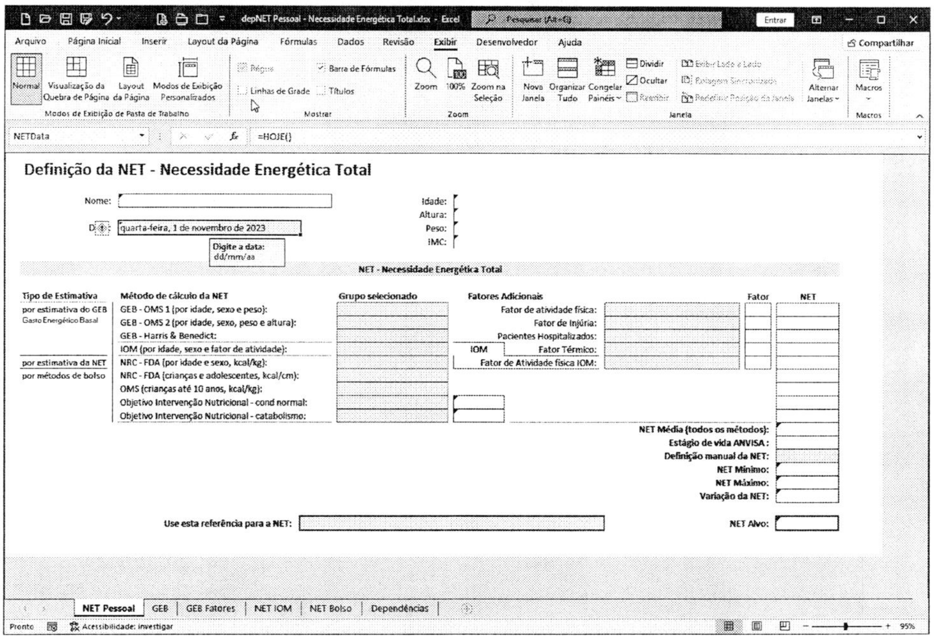

**Figura 6.69:** Oculte os cabeçalhos de linha e coluna (Títulos), Linha de Grade e Barras de Rolamento para fornecer um toque profissional à sua aplicação de planilha.

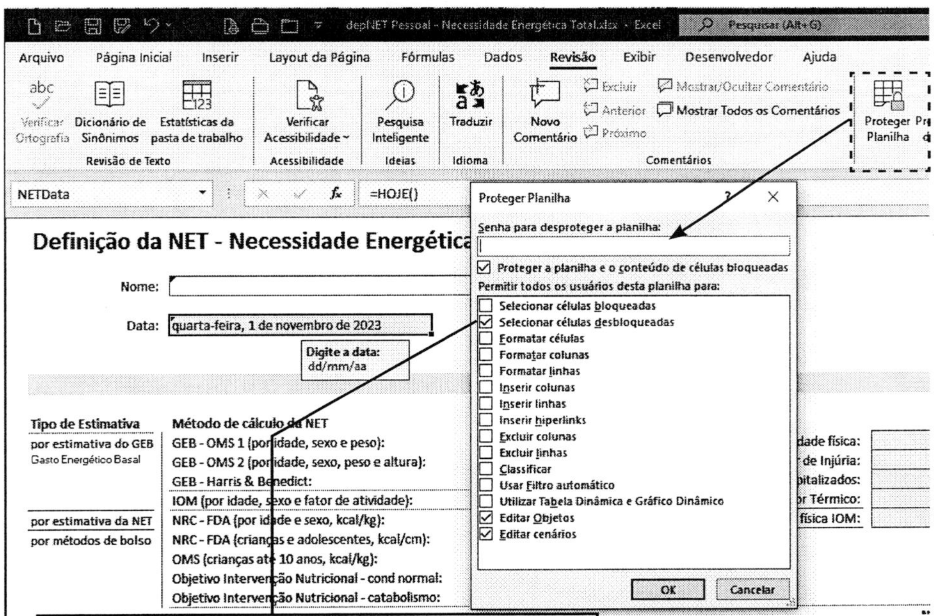

Mantenha selecionada apenas a opção "Selecionar células desbloqueadas" para que o usuário tenha acesso apenas às células de entrada.

**Figura 6.70:** Após desproteger as células de entrada, ative a caixa de diálogo Proteger Planilha do Excel, mantenha marcada apenas a opção "Selecionar células desbloqueadas" e clique em OK para ativar a proteção (forneça e confirme uma senha de desbloqueio, caso necessário.)

---

**ATENÇÃO:** Apesar de não ser imprescindível, você deve ativar a proteção de todas as demais planilhas desta Pasta de trabalho para evitar mudanças não intencionais nos dados que elas contêm. Vá em frente, selecione individualmente as planilhas GEB, GEB Fatores, NET IOM e NET Bolso, repetindo em cada uma delas os passos acima, para garantir que seus dados não sejam alterados por acidente.

---

## Atualize a planilha Dependências

Selecione a planilha Dependências e digite os nomes de faixa dos quais esta planilha depende (todos devem vir de um Modelo como Dados Básicos.xltx). Sua planilha Dependências deverá ficar similar à exibida na Figura 6.71.

**Figura 6.71:** Verifique se a planilha Dependências informa aos futuros usuários da planilha NET Pessoal quais nomes de faixa são esperados para que ela possa funcionar, e onde eles podem ser encontrados.

B1 | fx | depNET Pessoal: Necessidade Energética Total

| | A | B | C | D |
|---|---|---|---|---|
| 1 | **Pasta de Trabalho:** | depNET Pessoal: Necessidade Energética Total | | |
| 2 | | | | |
| 3 | | **Nomes de faixa esperados** | **Do Modelo:** | **Valores esperados:** |
| 4 | | Altura | Dados Básicos | Altura em metros |
| 5 | | Peso | Dados Básicos | Peso em kg |
| 6 | | Idade | Dados Básicos | Idade em anos |
| 7 | | IMC | Dados Básicos | kgl/m2 |
| 8 | | IMCClassificação | Dados Básicos | Texto (subcategoria do IMC) |
| 9 | | gebOMSIdadeSexoPesoLista | depFórmulas NET – Necessidade Energética Total.xltx | Lista de itens |
| 10 | | gebOMSIdadeSexoPesoAlturaLista | depFórmulas NET – Necessidade Energética Total.xltx | Lista de itens |
| 11 | | gebHarrisBenedictLista | depFórmulas NET – Necessidade Energética Total.xltx | Lista de itens |
| 12 | | netIOMLista | depFórmulas NET – Necessidade Energética Total.xltx | Lista de itens |
| 13 | | netNRCPorKgLista | depFórmulas NET – Necessidade Energética Total.xltx | Lista de itens |
| 14 | | netNRCPorCmLista | depFórmulas NET – Necessidade Energética Total.xltx | Lista de itens |
| 15 | | netOMSCriançasPorPesoLista | depFórmulas NET – Necessidade Energética Total.xltx | Lista de itens |
| 16 | | netObjetivoNutricionalLista | depFórmulas NET – Necessidade Energética Total.xltx | Lista de itens |
| 17 | | netObjetivoNutricionalCatabolismoLista | depFórmulas NET – Necessidade Energética Total.xltx | Lista de itens |
| 18 | | fatoresOMS_FALista | depFórmulas NET – Necessidade Energética Total.xltx | Lista de itens |
| 19 | | fatoresOMSInjúriaLista | depFórmulas NET – Necessidade Energética Total.xltx | Lista de itens |
| 20 | | fatoresOMSHospitalizadoLista | depFórmulas NET – Necessidade Energética Total.xltx | Lista de itens |
| 21 | | fatoresOMSTérmicoLista | depFórmulas NET – Necessidade Energética Total.xltx | Lista de itens |
| 22 | | fatoresIOM_FALista | depFórmulas NET – Necessidade Energética Total.xltx | Lista de itens |

NET Pessoal | GEB | GEB Fatores | NET IOM | NET Bolso | **Dependências**

---

**ATENÇÃO:** A planilha Dependências do arquivo NET Pessoal – Necessidade Energética Total.xlsx já deve possuir todos os nomes de faixa que precisa para funcionar adequadamente. Estas instruções estão sendo fornecidas novamente apenas como um lembrete das "Boas Práticas de Programação" a serem seguidas.

---

Salve seu trabalho, a aplicação de planilha dependente está terminada.

---

**ATENÇÃO:** Você encontra uma cópia da Pasta de trabalho dependente depNET Pessoal – Necessidade Energética Total.xlsx dentro do arquivo CAPÍTULO06.ZIP.

---

## Sobre Modelos do Excel e planilhas ocultas

A Pasta de trabalho Dependente depNET Pessoal – Necessidade Energética Total.xlsx possui agora seis diferentes planilhas em seu interior. Cinco delas – GEB, GEB Fatores, NET IOM, NET Bolso e Dependências – foram usadas apenas como um repositório para armazenar os dados das tabelas e fórmulas utilizadas pela planilha NET Pessoal, tanto para preencher suas listas de Validação de Dados como para calcular as diversas fórmulas de GEB e NET, ou documentar os nomes de faixa dos quais depende.

Nós as chamamos de "planilhas de apoio" porque sua função básica é apenas auxiliar a construção da interface da planilha NET Pessoal – e baseado nos princípios fundamentais da filosofia de desenvolvimento de software, jamais devem estar disponíveis para os usuários, porque:

- Oferecem informações imprecisas e ambíguas (vários dos valores calculados para o GEB e a NET não se aplicam aos dados originais, devido à dicotomia adultos x crianças e adolescentes).
- As diversas fórmulas por elas calculadas e suas várias tabelas de fatores podem ser muito confusas para o usuário médio.
- Eles podem destruir ou invalidar os dados acidentalmente.

Quando comecei a imaginar como ensinar o processo de desenvolvimento profissional de software usando apenas aplicações de planilha, uma das minhas esperanças fundamentais baseava-se que estas *planilhas de apoio* deveriam ficar sempre ocultas da visão do usuário (clicando em suas guias com o botão direito do mouse e escolhendo a opção Ocultar no menu de contexto).

Mas para minha surpresa, após salvar a Pasta de trabalho depNET Pessoal – Necessidade Energética Total.xlsx como um Modelo Dependente do Excel, tendo todas as planilhas de apoio ocultas, percebi que o Excel não permite inseri-lo em outra Pasta de trabalho usando a técnica de clicar com o botão direito do mouse nas guias de planilha e escolher o comando Inserir.

Você pode usar qualquer versão do Excel para tentar este experimento:

1. Crie uma nova Pasta de trabalho do Excel (Pasta1).
2. Insira-lhe uma nova planilha (Planilha2) e oculte-a.
3. Salve Pasta1 como um Modelo e fecha a pasta de trabalho
4. Crie uma nova Pasta de trabalho no Excel (Pasta2).
5. Tente inserir em Pasta2 o Modelo Pasta1.xltx recém-salvo, contendo a Planilha2 oculta.

O Excel simplesmente não finaliza a tarefa, sem exibir qualquer mensagem de erro ou fornecer alguma dica sobre o que está ocorrendo.

Portanto, anote esta dica: ao desenvolver uma aplicação de planilha que será usada como um Modelo dependente (uma que depende de nomes de faixa contidos em outra planilha para se calcular), não oculte suas planilhas de apoio, pois o Excel (ainda...) não permite em outra Pasta de trabalho.

## Salvando o Modelo depNET Pessoal – Necessidade Energética Total

É hora de salvar a Pasta de trabalho depNET Pessoal – Necessidade Energética Total.xlsx como um novo Modelo do Excel no seu computador:

1. Clique na guia Arquivo, clique em Salvar como e depois em Procurar.
2. Na caixa de diálogo Salvar Como que aparece, clique na lista Salvar como tipo e selecione a opção "Modelo do Excel (*.xltx)".
3. Isso irá fazer com que o Excel mude automaticamente para a pasta padrão de armazenamento de Modelos do Office no seu computador, que deve se localizar na sua pasta Documentos\Modelos Personalizados do Office.
4. Pressione OK para que o Excel salve-o como um novo Modelo no seu computador.

Clique em Salvar para criar o Modelo do documento (Figura 6.72).

Agora, o arquivo "depNET Pessoal – Necessidade Energética Total.xltx" está disponível como um novo Modelo do Excel na sua pasta atual de Modelos! Feche esta pasta de trabalho para continuar.

**Figura 6.72:** Salve o seu trabalho como um novo Modelo dependente do Excel, adicionando o prefixo "dep" ao início do nome do arquivo, tornando-o facilmente identificável.

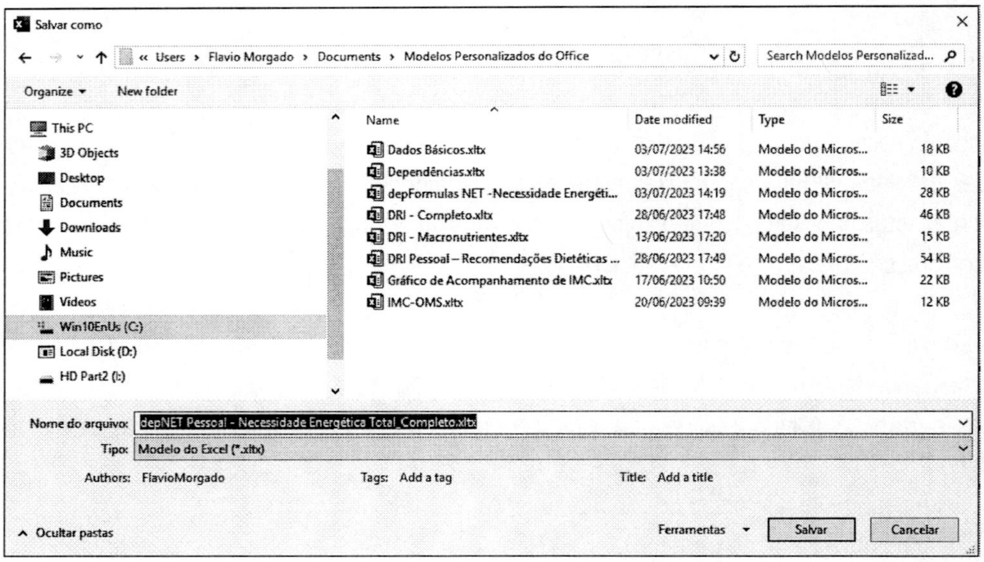

**ATENÇÃO:** Use o arquivo depNET Pessoal – Necessidade Energética Total.xltsx disponibilizado no arquivo CAPÍTULO06.ZIP, para criar o Modelo Dependente na pasta Modelos Personalizados do Office do seu computador.

## 6.5 Usando a aplicação de planilha depNET Pessoal – Necessidade Energética Total

Para testar como a aplicação de planilha depNET Pessoal – Necessidade Energética Total.xltx se sai como uma planilha dependente, vamos simular uma provável prática de desenvolvimento de aplicações de planilha com ela, criando um novo Modelo do Excel que poderá ser reutilizado quantas vezes desejar. Siga estes passos:

1. Feche todos os arquivos abertos no ambiente do Excel.
2. Clique em Arquivo, Novo e clique no link Pessoal.
3. Clique no Modelo VD Pessoal – Valores Diários de Referência.xltx (a aplicação de planilha criada no Capítulo 5) para criar uma nova cópia desta aplicação de planilha.
4. Na pasta de trabalho VD Pessoal – Valores Diários de Referência1.xlsx criada pelo Excel, clique com o botão direito do mouse na planilha IMC-OMS e escolha Inserir.
5. Na caixa de diálogo Inserir, selecione a guia Modelos Personalizados do Office (exige que você tenha feito o procedimento citado no Capítulo 3 para alterar a pasta C:\Users\...\Templates), escolha o Modelo depNET Pessoal – Necessidade Energética Total.xltx e pressione OK para inseri-lo na Pasta de trabalho

**ATENÇÃO:** Você receberá aquelas mensagens de alerta sobre conflitos de nomes de faixa da planilha Dados Básicos.xltx que, de fato, não existem. Pressione Sim para todas para ignorá-las!

6. Todas as seis planilhas do Modelo depNET Pessoal – Necessidade Energética Total.xltx serão inseridas na Pasta de trabalho Pessoal – Valores Diários de Referência1.xltx (que deve possuir agora 9 guias de planilha).
7. Clique com o botão direito do mouse na planilha Dependências e escolha Excluir para retirá-la da Pasta de trabalho (Figura 6.73).

**Figura 6.73:** Exclua a planilha Dependência: todos os nomes de faixa necessários são oriundos da planilha Dados Pessoais.

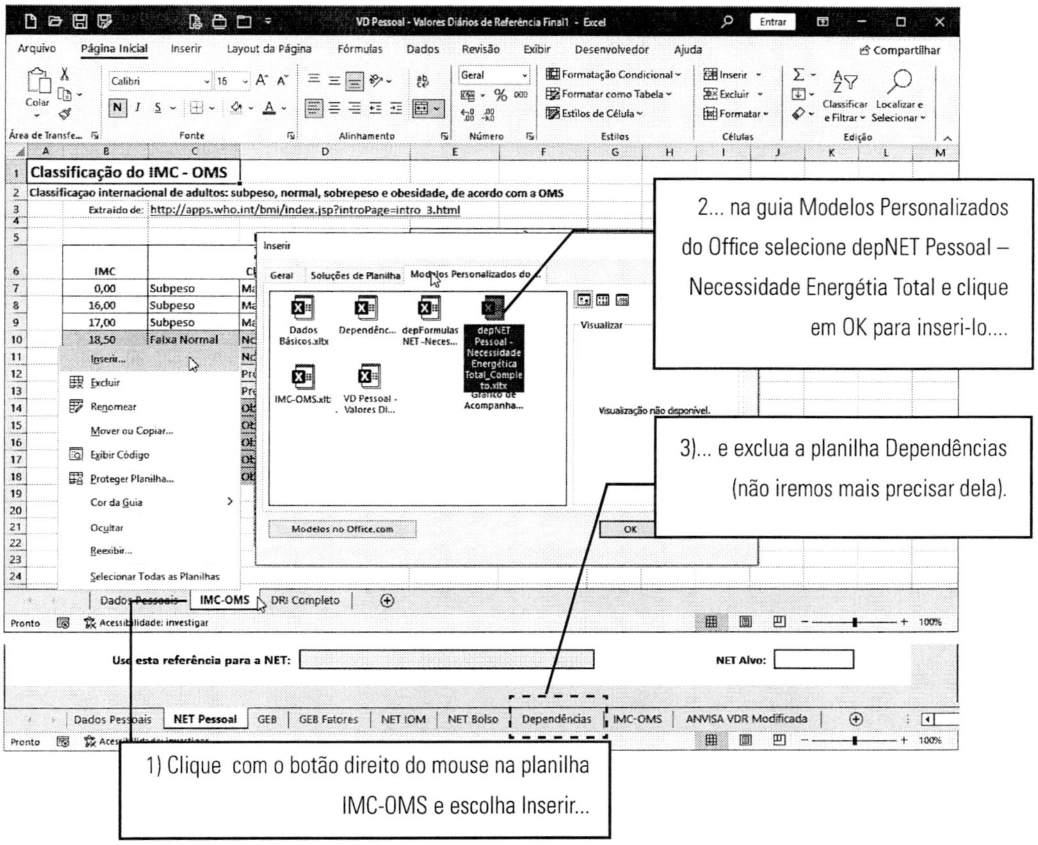


8. Oculte todas as planilhas de apoio: clique na guia da planilha GEB, mantenha a tecla Ctrl pressionada e clique nas guias GEB Fatores, NET IOM, NET Bolso, IMC-OMS e ANVISA VDR Modificada).

9. Clique com o botão direito em qualquer uma das planilhas selecionadas e escolha Ocultar (Figura 6.74).

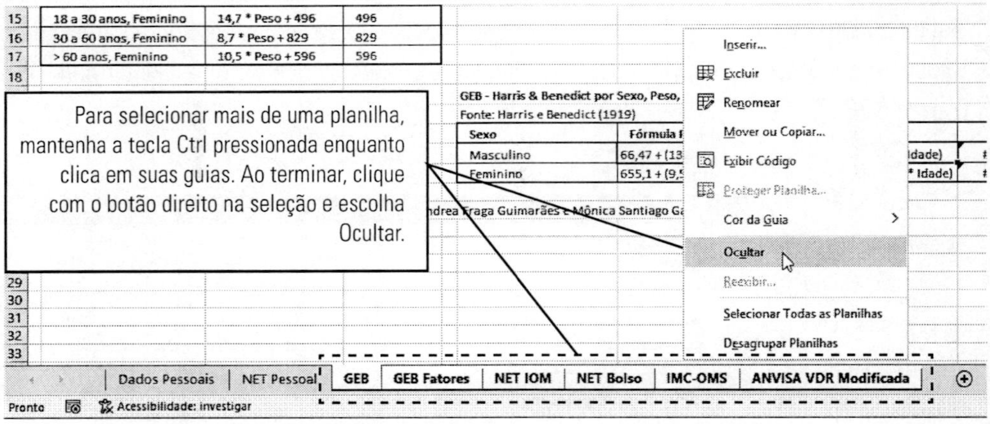


**Figura 6.74:** Selecione todas as planilhas de apoio (as últimas seis planilhas, desde GEB até ANVISA VDR Modificada), clique com o botão direito na seleção e escolha Ocultar para ocultá-las de uma só vez.

Sua Pasta de trabalho deve estar agora com apenas duas planilhas exibidas: Dados Pessoais e NET Pessoal, e pronta para aceitar dados na planilha Dados Pessoais que serão imediatamente atualizados na planilha NET Pessoal.

A Figura 6.75 mostra como a planilha NET Pessoal desta aplicação se parece após suas células de entrada serem preenchidas com meus dados pessoais.

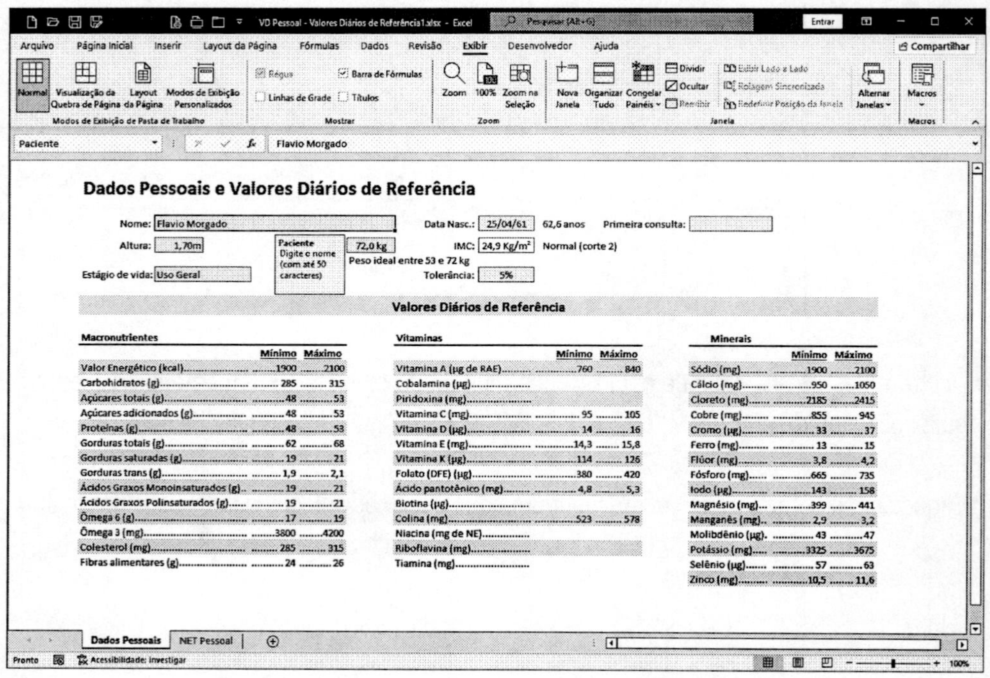


**Figura 6.75:** A planilha Dados Pessoais deve se parecer desta forma na nova aplicação de planilha, montada a partir de uma nova cópia do Modelo VD Pessoal – Valores Diários de Referência.xltx, na qual foi adicionado o Modelo Dependente depNET Pessoal – Necessidade Energética Total.xltx, compondo uma única e fácil interface que parece possuir apenas duas planilhas!

A Figura 6.76 mostra como a planilha NET Pessoal cabe como uma luva dentro da Pasta de trabalho, propagando facilmente os dados inseridos na planilha Dados Pessoais em sua área de identificação, permitindo ao usuário calcular o valor da NET – Necessidade Energética Total por vários métodos diferentes!

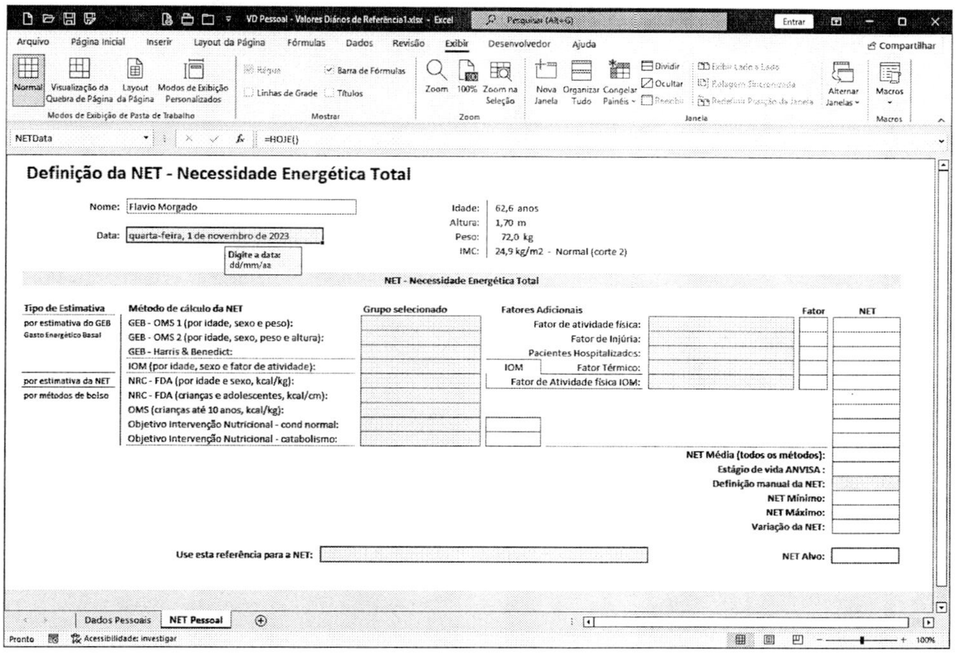


**Figura 6.76:** Ao clicar na planilha NET Pessoal, todos os dados pessoais digitados nas células de entrada da planilha Dados Pessoais aparecerão elegantemente formatados na parte superior da planilha.

Não pode ser mais fácil, não é? É como um iceberg, exibindo apenas uma parte pequena e fácil de usar de uma grande solução de software, desenvolvida passo a passo. E funciona de forma suave, precisa!

## Atualizando a planilha NET Pessoal

Se você é um leitor atento, deve ter percebido que não utilizei a célula associada ao método da NET chamado de "Estágio de vida ANVISA" na planilha NET Pessoal. Ele foi colocado ali para receber o "Valor Energético (kcal)" para o grupo de Estágio de vida selecionado na planilha Dados Pessoais, e portanto, necessita ser atualizado.

Para fazer isso, será necessário criar uma fórmula que use a função PROCV() para retornar o item "Valor Energético (kcal)" na planilha ANVISA VDR Modificada (oculta), para o grupo de Estágio de vida selecionado na planilha NET Pessoal. Siga estes passos:

1. Selecione a planilha NET Pessoal e execute o comando Revisão, Desproteger Planilha para desproteger a planilha (não há senha de proteção).
2. Clique na célula T21 (célula com borda azul e fundo branco, à direita da opção "Estágio de vida ANVISA"), clique no botão Inserir Função (fx), escolha a função PROCV() e, na caixa de diálogo Argumentos da Função, defina:
   **Valor_procurado:** Valor Energético (kcal) (digite o nome exato do item procurado)
   **Matriz_tabela:** ANVISA_VD (pressione F3 e selecione na janela Colar Nome).
   **Núm_índice_coluna:** ColunaVD (pressione F3 e selecione na janela Colar Nome).
   **Procurar_intervalo:** Falso (pesquisa exata)
3. Pressione OK para inserir a fórmula na célula T21 e retornar o "Valor Energético (kcal)" para o grupo de Estágio de vida selecionado (Figura 6.77).

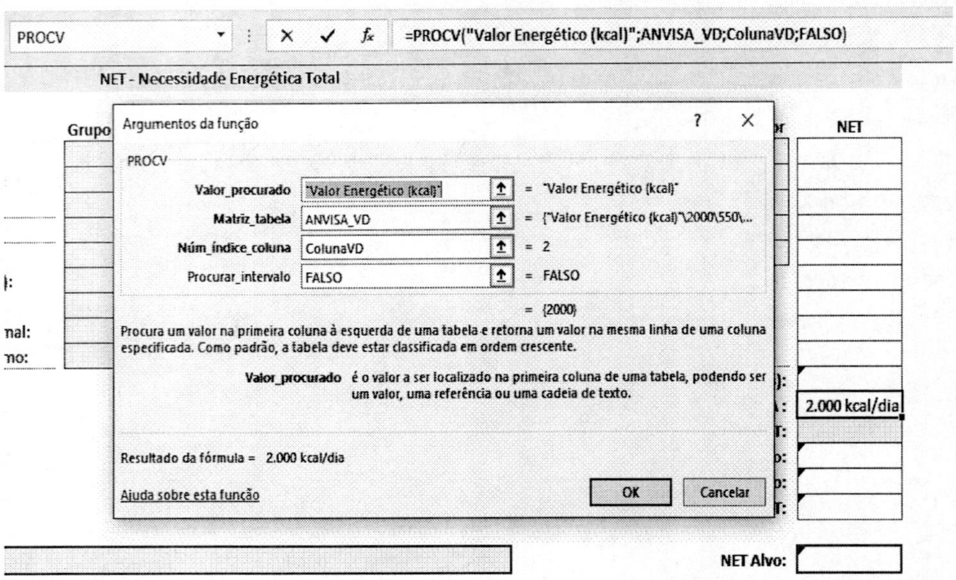

**Figura 6.77:** Use a função PROCV() para pesquisar pelo item "Valor Energético (kcal)" no nome de faixa ANVISA_VD, retornando a coluna associada ao nome de faixa ColunaVD, que indica o grupo de estágio de vida selecionado na planilha Dados Pessoais.

4. Na guia Revisão, use o comando Proteger Planilha para reativar a proteção da planilha NET Pessoal.

Para verificar se tudo funciona corretamente, selecione outros grupos de Estágio de vida na planilha NET Pessoal e verifique se a fórmula inserida se altera como esperado.

## Inserindo outras planilhas dependentes

A Pasta de trabalho VD Pessoal – Valores Diários de Referência1.xlsx pode ter sua utilidade melhorada quando se produzir outras planilhas dependentes que possam ser inseridas.

Lembra da aplicação de planilha Gráfico de Acompanhamento do IMC.xlsx, criada no Capítulo 3, "Sua primeira aplicação em Excel: Gráfico de Acompanhamento do IMC"?

Esta aplicação foi transformada na Pasta de trabalho depGráfico de Acompanhamento do IMC.xlsx (também encontra no arquivo CAPÍTULO06.ZIP), alterando suas células de entrada para células dependentes, que propagam dados pessoais usando os nomes de faixa empregados pelo Modelo Dados Básicos.xltx (e reutilizados pelo Modelo VD Pessoal – Valores Diários de Referência.xltx).

Ao abri-la em sua cópia do Excel, perceberá que ela também contém uma planilha Dependências, para ser consistente com as regras de planilhas recomendadas neste capítulo (Figura 6.78).

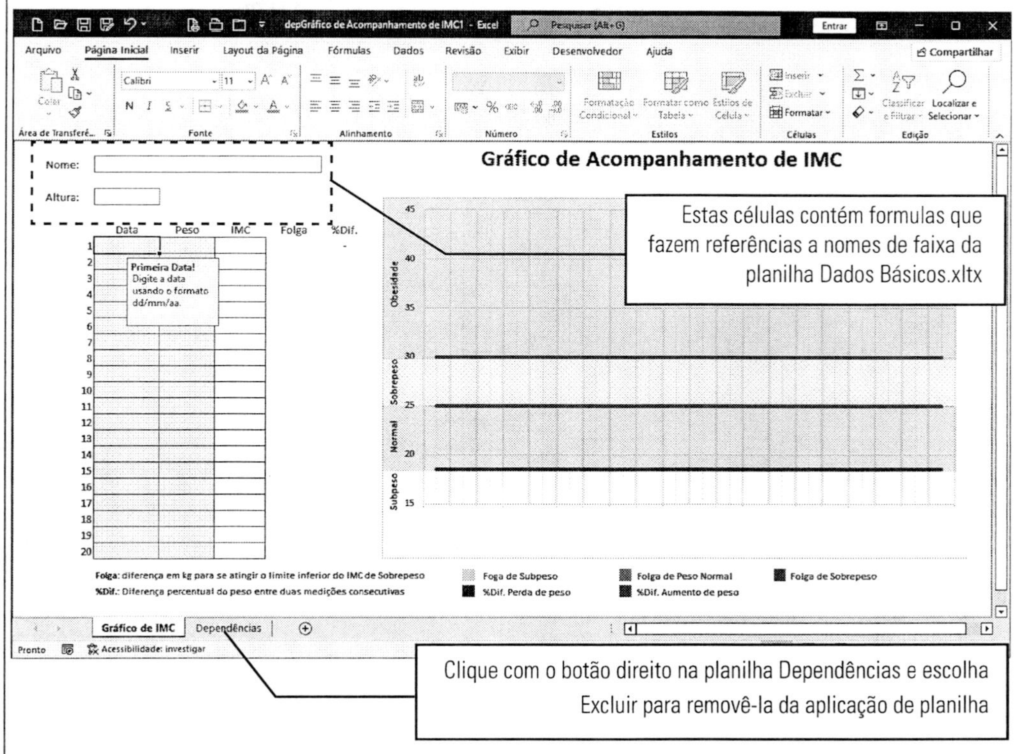


**Figura 6.78:** Esta deve ser a aparência da Pasta de trabalho depGráfico de Acompanhamento do IMC.xlsx quando for abrerta em sua cópia do Excel.

A planilha Dependências contém apenas os alertas usuais sobre os nomes de faixa que esta aplicação de planilha necessita para funcionar corretamente (Paciente e Altura). E como agora que você já sabe como ela funciona, salve-a como um novo Modelo Dependente do Excel no seu computador. Quando terminar, feche sua janela para poder obter acesso a novas cópias do seu Modelo armazenado.

---

**ATENÇÃO:** O Excel não permite que a utilização de uma cópia de um Modelo armazenado na pasta Modelos Personalizados do Office do seu computador, enquanto sua Pasta de trabalho estiver aberta em sua interface.

---

Siga estes passos para inserir uma cópia do Modelo Dependente depGráfico de Acompanhamento do IMC.xltx na Pasta de trabalho VD Pessoal – Valores Diários de Referência1.xlsx que está sendo manipulado:

1. Clique com o botão direito do mouse na guia NET Pessoal da Pasta de trabalho VD Pessoal – Valores Diários de Referência1.xlsx nova, selecione Inserir.
2. Na guia Modelos Personalizados do Office, selecione depGráfico de Acompanhamento do IMC.xltx e clique em OK para inseri-la na Pasta de trabalho atual.
3. Clique com o botão Direito na guia da planilha Dependências e escolha Excluir para removê-la da Pasta de trabalho (Figura 6.79).

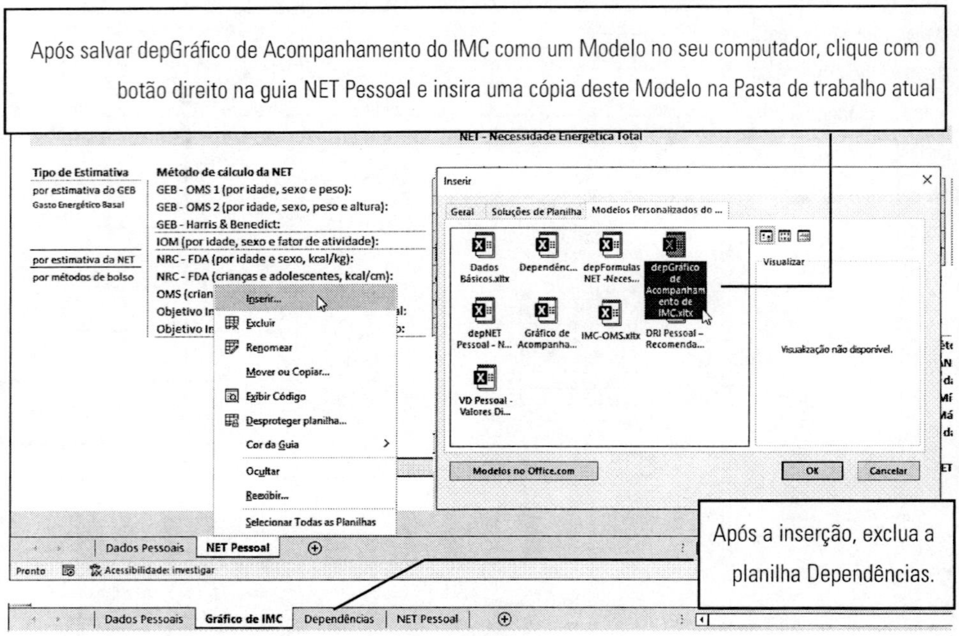


**Figura 6.79:** depGráfico de Acompanhamento do IMC.xlsx é uma aplicação de planilha dependente que pode ser inserida dentro de DRI – NET Pessoal.xlsx ou de DRI Pessoal – Recomendações dietéticas diárias, recebendo dados da planilha Dados Pessoais.

Você poderá reinserir quantas cópias necessitar, lembrando sempre de excluir a planilha Dependências, propagando facilmente as informações existentes na planilha Dados Pessoais (Figuras 6.81)!

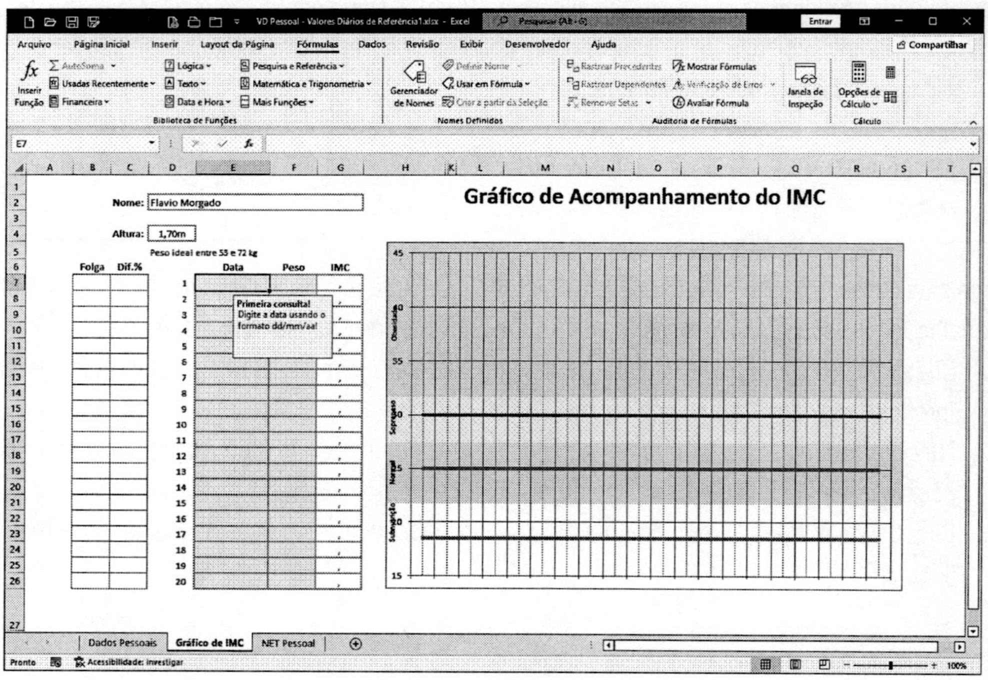


**Figura 6.81:** A Pasta de Trabalho agora possui uma cópia do modelo depGráfico de Acompanhamento do IMC.xltx. que propaga com facilidade as informações da planlha Dados Pessoais (nomes de faixa Paciente e Altura).

Eu chamei esta aplicação de planilha de VD NET Pessoal, Gráfico de Acompanhamento do IMC.xlsx, e ela também está disponível no arquivo CAPÍTULO06.ZIP.

## 6.6 Resumo do Capítulo

Neste capítulo você aprendeu:

- Que a NET – Necessidade Energética Total pode ser calculada usando diferentes métodos, levando a estimativas ligeiramente diferentes para a NET.
- Que apesar das fórmulas da NET serem feitas para diferentes grupos de estágio de vida, a melhor estratégia é calcular todas elas e usar uma lista de Validação de Dados para selecionar o resultado apropriado para uma dada pessoa.
- Que alguns métodos calculam primeiro o GEB – Gasto Energético Basal, e então acrescentam fatores específicos para encontrar a NET pessoal adequada.
- Que você pode usar uma Pasta de trabalho do Excel para digitar dados pessoais em nomes de faixa específicos, usar estes nomes para resolver todas as fórmulas de outras planilhas, excluir a planilha básica de onde estes dados se originam e produzir o que se chama de uma "Planilha Dependente".
- Que qualquer planilha "dependente" precisa de uma planilha "Dependências" para informar quais nomes de faixa ela espera receber, o tipo de dados que eles devem conter e onde eles podem ser encontrados.
- Que você pode usar um prefixo como "dep", para nomear qualquer planilha dependente salva como um Modelo do Excel, permitindo inseri-la em outra Pasta de trabalho para resolver suas dependências.
- Que pode criar planilhas elegantemente formatadas para fazer tarefas, cálculos ou gráficos específicos e então criar uma nova, e pronta para usar aplicação de planilha, juntando duas ou mais soluções diferentes.
- E por que não: que você pode finalmente dizer que: *"Eu finalmente entendo o Excel, e ele pode ser muito útil para a minha prática profissional."*

# Epílogo

Então chegamos ao final deste volume "Desenvolvendo Aplicativos Excel com ênfase na Saúde e Cálculos Nutricionais". Enquanto você leu essas páginas, você foi apresentado a 24 diferentes funções do Excel, listadas aqui em ordem alfabética. Você é capaz de citar a utilidade de cada uma delas? Se o for, considero ter atingido meu objetivo: ensiná-lo a usar o Excel usando uma abordagem diferente, baseada na utilidade, desenvolvimento de software e diversão! E espero sinceramente que agora possa você dizer: *"Eu entendo o Excel!"*

1. ARRED
2. COL
3. COLS
4. CORRESP
5. E
6. ÉCEL.VAZIA
7. ÉERROS
8. ESQUERDA
9. HOJE
10. ÍNDICE
11. INDIRETO
12. LIN
13. LINS
14. MÁXIMO
15. MÉDIA
16. MÍNIMO
17. MOD
18. NÃO
19. OU
20. PROCH
21. PROCV
22. SE
23. SEERRO
24. SOMA

Todas as aplicações construídas neste volume foram baseadas em princípios fundamentais do Excel: fórmulas, referências de células, Formatos Personalizados, Formatação Condicional, Listas de Validação de Dados, ocultar linhas, colunas e planilhas, copiar planilhas, criar e inserir Modelos do Excel.

O Volume 2 de "Desenvolvendo Aplicativos Excel com ênfase na Saúde e Cálculos Nutricionais", continua a criação de outro conjunto de aplicações de planilha ainda mais interessantes, poderosas, profissionais, velozes e precisas!

E se quiser auxiliar a expandir as possibilidades do Excel, por favor faça-me saber o que está fazendo! Seu retorno é muito importante para a publicação de outros livros que possam vir a auxiliar no desenvolvimento deste tipo de aplicação!

Sinta-se livre para escrever para flaviomorgado@gmail.com.

Tentarei responder o mais rápido possível, mas se você tiver de esperar um pouco, por favor, seja paciente – sempre irei me esforçar para lhe dar retorno.

*Que a paz, saúde e o amor estejam sempre ao seu lado!*
*Flavio Morgado, 01.11.2023*

Impressão e acabamento
Gráfica da Editora Ciência Moderna Ltda.
Tel: (21) 2201-6662